Brigitte Hamann

RUDOLF

Brigitte Hamann

Rudolf

Kronprinz und Rebell

Amalthea

5. Auflage, 20.–24. Tsd.

Schutzumschlagentwurf: Doris Byer, Wien
Gesamtherstellung: Wiener Verlag, Himberg bei Wien
Printed in Austria 1984
ISBN 3-85002-092-4

INHALT

Vorwort 9

1. Kapitel: Kindheit am Wiener Kaiserhof 15

Österreich nach 1848 – Der junge Kaiser Franz Joseph – Erzherzogin Sophie – Die junge Kaiserin – Ehekrisen – Der kleine Soldat – Gondrecourt – Das Ultimatum der Kaiserin – Joseph Latour von Thurmburg – Sieg bei Custozza – Niederlage von Königgrätz – Budapest im Jahre 1867 – Andrassy und Falk – Deutsch-Französischer Krieg – Familienleben

2. Kapitel: Eine bürgerliche Erziehung 53

Die Lehrer: Josef Zhisman – Hyazinth Rónay – Anton Gindely – Dionysius Grün – Josef Krist – Ferdinand Hochstetter – Adolf Exner – Carl Menger

3. Kapitel: Ein Jahr auf Reisen 86

Selbständigkeitserklärung – Charles Bombelles – Der erste Zeitungsartikel – Mit Carl Menger in England – Carl Scherzer – Die Schrift gegen den Adel – Ludwig II. – Erste Liebeserlebnisse

4. Kapitel: Ornithologie 112

Freundschaft mit Alfred Brehm – Die Donaureise – Das erste Buch – Ornithologische Arbeiten – Spanienreise – Höfische und klerikale Proteste gegen Brehm – Jagdreise in den Orient – Heinrich Brugsch-Pascha – Jerusalem

5. Kapitel: Residenz in Prag 135

Die nationale Frage in Böhmen – Rudolf als Slawenfreund – Die erste politische Denkschrift – Opposition gegen die nationale Föderalisierungspolitik des Grafen Taaffe – Ideal einer übernationalen liberalen Partei – Plener und Chlumecky – Kampf gegen den Nationalismus in Böhmen – Anton Gindely – Moritz Benedikt –

Kampf für die liberalen Schulgesetze – Das Prager Judenmädchen – Verlobung und Heirat – Erster Hausstand in Prag – Differenzen mit dem böhmischen Adel – Friedrich Kardinal Schwarzenberg – Die Affäre Coudenhove – Fürst Karlos Auersperg – Gegen den Spiritismus

6. Kapitel: Eine unstandesgemäße Freundschaft 175

Moriz Szeps – Die Art der Zusammenarbeit – Das »Neue Wiener Tagblatt« als politisches Forum für den Kronprinzen – Höfische und politische Aktivitäten gegen Szeps – Prozeß Schönerer gegen Szeps – Finanzierungsprobleme – Baron Moritz Hirsch – Stiftung für galizische Kinder – Rudolf und Frankreich – Treffen mit Georges Clemenceau

7. Kapitel: Repräsentation für Wissenschaft und Gewerbe 209

Elektrische Ausstellung – Ornithologischer Kongreß – Rudolfinerverein – Concordiaball – Karl Emil Franzos – Peter Rosegger – Das »Kronprinzenwerk«

8. Kapitel: Militär 239

Stationierung in Prag – Joseph von Philippovich – Vortrag über das Gefecht von Spicheren – Als General nach Wien – Anonymes Streitgespräch über »Drill und Erziehung« – Konflikte mit Erzherzog Albrecht – Heeresmuseum – Sorge um Nationalisierung der Armee – Hentzi-Affäre – Generalinspektor der Infanterie

9. Kapitel: Ungarn 263

Solidarität mit der liberalen Tisza-Partei – »Die Wacht an der Leitha« – Freundschaft mit ungarischen Journalisten – Max Falk und Gyula Futtaki – Freimaurerei – Kritik an Ungarn – Gegen den Dualismus – Verschwörungshypothesen – Wehrgesetznovelle

10. Kapitel: Balkanwirren 286

Okkupation Bosniens und der Herzegowina – Opposition gegen Kalnoky – Balkanreise 1884 – Bulgarienkrisen 1885/86 – Rudolf Graf Khevenhüller – Berlin als Schlüsselpunkt der Orientpolitik – Aspirationen Gyula Andrassys – Politische Denkschrift von 1886 – Alexander von Bulgarien – Milan von Serbien – Erzherzog Johann Salvator – Bekenntnis zur Kriegspartei

11. Kapitel: Deutschland 313

Rudolf und die Bismarckpolitik – Berlinreisen – Hilfe von Erzherzog Albrecht – Ladislaus von Szögyenyi – Herzog Ludwig in Bayern als Informant Bismarcks – Gespräch mit Bismarck 1887 – Das deutsche Kronprinzenpaar – Prinz Wilhelm – Herbert Graf Bismarck – Krankheit des deutschen Kronprinzen – Zusammenbruch aller liberalen Hoffnungen – Nachruf auf Wilhelm I.

12. Kapitel: Die große Wende 344

Die Broschüre des »Julius Felix« – Die Affäre Kuhn – Regierungsantritt Wilhelms II. und der Kommentar in Österreich-Ungarn – Besuch Wilhelms II. in Wien – Berliner Einmischungen in die österreichische Innenpolitik – Internationale Pressekampagne für Andrassy – Schwarzgelb – Deutsch-österreichischer Pressekrieg – Heinrich Bresnitz – Agitationen Vogelsangs

13. Kapitel: Der Weg nach Mayerling 389

Krankheit – Testament – Affäre Pernerstorfer – Edouard Drumont – Der »unsaubere« Artikel für den Pariser Figaro – Kampf gegen den Antisemitismus – Schönerer-Prozeß 1888 – Demonstrationen am Maria-Theresien-Denkmal – Parteinahme für den »Semiten« Eduard Sueß – Heinrich Heine im Mittelpunkt des antisemitischen Kampfes – Zusammenbruch Rudolfs – Eheprobleme – Scheidungsgerüchte – Mizzi Caspar – Erster Selbstmordplan mit Mizzi – Mary Vetsera

14. Kapitel: Mayerling 437

Die letzte Woche – Der 26. Januar – Der 27. Januar – Der 28. Januar – Der 29. Januar – Der 30. Januar – Reaktionen

Anhang 497

Anmerkungen
Abkürzungsverzeichnis
Kronprinz Rudolf – Schriftenverzeichnis
Register

Vorwort

Sicherlich – alles was Hermann Broch für so charakteristisch für das ausgehende 19. Jahrhundert in Österreich-Ungarn hielt, gehört auch und besonders in diese Biographie hinein: die Frivolität, die Vergnügungssucht inmitten einer Welt in Untergangsstimmung, die geisterhafte »Operetten-Weisheit« und melancholische Heurigenseligkeit. Die »fröhliche Apokalypse« Wiens scheint sich geradezu um die Gestalt des Kronprinzen Rudolf zu kristallisieren. Doch sind die im Übermaß bekanntgewordenen Skandalgeschichten nur der unbedeutendste Teil im Leben dieses Habsburgers.
Den Historikern ist kaum ein Vorwurf zu machen, daß Kronprinz Rudolf hauptsächlich als Schürzenjäger (der er war), als antiklerikaler Freigeist (der er ebenfalls war) und als politischer Narr (der er keineswegs war) in die Geschichte einging. Denn Politiker war der Kronprinz nur insgeheim – hinter dem Rücken seines Vaters, der ihn von jedem offiziellen Einfluß eifersüchtig fernhielt. Seine politischen Leitartikel in einem »jüdischen« liberalen Boulevardblatt hielt er vor seiner höfischen Umgebung (und auch vor den Historikern) ebenso geheim wie seine politischen Schriften.
Seine für den Hof Kaiser Franz Josephs revolutionären politischen Ansichten verschwieg der Kronprinz deshalb, weil er mit Recht fürchtete, nie an die Regierung zu kommen, falls diese Ansichten publik würden. Er schwamm wie kaum ein anderer gegen den Strom der in den achtziger Jahren modernen politischen Richtungen: Denn er war Philosemit in einer Zeit des ärgsten Antisemitismus, er dachte und handelte übernational in einer Zeit erbitterter Nationalitätenkämpfe, er polemisierte gegen das deutsch-österreichische Bündnis – in einer Zeit, wo nicht nur Schönerer die Lösung mancher Probleme im Anschluß an das Deutsche Reich erblickte, er bekannte sich zu Toleranz auch in religiöser Beziehung in einer Zeit des politischen Katholizismus. Schließlich bekämpfte er die immer

noch überragende Rolle von Aristokratie und Klerus im Staat und sah im Bürgertum die »Basis des modernen Staates«.
Das unrühmliche Ende von Mayerling machte die Hoffnung auf eine gerechte Beurteilung Rudolfs in der Geschichte fast zunichte. Nun »verschwanden« auch die letzten Quellen, die hätten Aufschluß geben können. 27 Jahre lang, bis zum Tod Kaiser Franz Josephs, durfte der Name des Kronprinzen Rudolf am Hof nicht genannt werden, geschweige denn der Versuch einer Rehabilitierung unternommen werden. Erst 1928 erschien die erste und bisher einzige wissenschaftliche Biographie Rudolfs aus der Feder des damaligen Direktors des Haus-, Hof- und Staatsarchivs, Oskar von Mitis. Sie ermöglichte erste Einsichten in die politischen Anschauungen Rudolfs.
Nach dem Erscheinen der Mitis-Biographie trat in der wissenschaftlichen Behandlung des Kronprinzen eine lange Pause ein, verursacht durch die so manchen möglichen Nachfolger abschrekkende Qualität und Quellennähe des Mitis-Buches, vor allem aber durch die weitere Politik bis 1945. Denn der Antiliberalismus vor allem des katholischen Ständestaates bis 1938 bot keine günstige Voraussetzung für eine objektive Beurteilung des demonstrativ antiklerikalen Kronprinzen. Die Verwirklichung des von Rudolfs Erzfeind Schönerer herbeigesehnten Anschlusses Österreichs an das Deutsche Reich 1938 lief dann dem betont österreichischen Patriotismus Rudolfs gänzlich zuwider. Der »Völkische Beobachter« (21. 8. 1938) verhöhnte zudem »Rudolfs jüdisch verwirrte Gedankenwelt«. »Die habsburgische Dekadenz« sei »den wohlgezielten Giftpfeilen der jüdischen Intelligenz« unterlegen.

Seit der Mitis-Biographie ist nun ein halbes Jahrhundert vergangen. Alle Zeitgenossen Rudolfs sind tot, auch die, auf die Mitis Rücksicht genommen hatte: die Witwe Stephanie (sie starb als Fürstin Lonyay 1945), die Tochter Elisabeth (sie starb als Frau Petznek 1963), der Widersacher in Berlin, Wilhelm II. (er starb im Exil 1941). Auch die Ideen, die Rudolf verzweifelt bekämpfte, sind inzwischen in den Bombennächten und auf den Schlachtfeldern des Zweiten Weltkrieges untergegangen: der Antisemitismus, der Na-

tionalismus vor allem großdeutscher Prägung mit seinem Anschlußgedanken an das Deutsche Reich. Ein österreichisches Staatsgefühl, ganz unabhängig von Deutschland, hat sich in der Zeit der Unselbständigkeit 1938 bis 1945 gebildet.
Das sind Tatsachen, die meiner Ansicht nach neue Voraussetzungen für eine Biographie Rudolfs schaffen. Ich bin davon überzeugt, daß erst unsere Zeit, die den übernationalen Gedanken wiederentdeckt hat (so ist der heutige Chef des Hauses Habsburg überzeugter Vertreter des Europagedankens), die die nationale und religiöse Toleranz wenigstens theoretisch als selbstverständlich annimmt, für die die Zeiten eines Schönerer (und seines alle Grenzen der Vorstellungskraft sprengenden ideologischen Nachfolgers aus Braunau am Inn) endgültig vorbei sind, der Person des Kronprinzen Rudolf eine gerechtere Beurteilung zukommen lassen kann.
In den letzten fünfzig Jahren sind eine Reihe neuer Quellen über den Kronprinzen bekanntgeworden. Vor allem erschienen die Erinnerungen der Kronprinzessin Stephanie. Auch die Szeps-Tochter Berta Zuckerkandl veröffentlichte bisher unbekanntes Material, vor allem über Rudolfs Gespräch mit Clemenceau. Egon Caesar Conte Corti verarbeitete in seinen Büchern eine Vielzahl neuer Quellen, die auch für eine Biographie des Kronprinzen von Belang sind. In wissenschaftlichen Zeitschriften erschien eine ganze Anzahl bisher unbekannter Rudolf-Briefe.
Die wichtigsten neuen Quellen, die ich in dieser Arbeit vorlege, sind: Die zahlreichen Briefe und Schriften Rudolfs aus dem Nachlaß des Erzherzogs Albrecht (Originale im Ungarischen Staatsarchiv, Mikrofilme im Haus-, Hof- und Staatsarchiv) und aus dem Nachlaß Erzherzog Franz Ferdinands (mit freundlicher Genehmigung des Fürsten Hohenberg), Rudolfs Briefe an den Zoologen Alfred Brehm (Deutsche Staatsbibliothek Berlin), Tagebücher der Lehrer Zhisman (Universitätsbibliothek Wien) und Hochstetter (mit freundlicher Unterstützung von Univ.-Prof. Dr. Arthur von Hochstetter, Basel), weiters die Tagebücher des Fürsten Carl Khevenhüller (Depot Khevenhüller im Haus-, Hof- und Staatsarchiv Wien) und General Kuhns (Kriegsarchiv Wien). Schließlich wurden auch die Nachlässe Anton Gindelys (Archívni Sprava in Prag) und

Heinrich Friedjungs (Stadtbibliothek Wien) ausgiebig benützt. Selbstverständlich wurden die einschlägigen politischen Akten des Haus-, Hof- und Staatsarchivs und der anderen Wiener Archive, vor allem aber die diplomatischen Akten des Auswärtigen Amtes (heute in Bonn) herangezogen.
Besonders wichtig erschien es mir, bei einem Mann wie dem Kronprinzen, der Journalist aus Passion war, die zeitgenössischen Zeitungen jeder Richtung als Quellen heranzuziehen. Zum erstenmal wird aus der deutschfeindlichen Wochenschrift »Schwarzgelb« zitiert, die mit großer Wahrscheinlichkeit (ebenso wie das »Wiener Tagblatt«) vom Kronprinzen »inspiriert« war.
Ausführlich wird eine 1888 in Paris erschienene Broschüre zitiert, die mit an Sicherheit grenzender Wahrscheinlichkeit von Rudolf verfaßt wurde: »Österreich-Ungarn und seine Alliancen. Offener Brief an S. M. Kaiser Franz Joseph I.«
Aber auch wenn hier wieder einige neue Quellen verarbeitet werden konnten, muß ich darauf hinweisen, daß nach wie vor der Großteil der Korrespondenzen Rudolfs (sowohl die Briefe an ihn als die, die er selbst schrieb) verschollen sind, ebenso wie die Aktenstücke über seine politischen und journalistischen Aktivitäten, von den Mayerling-Papieren erst gar nicht zu reden.

Im Laufe meiner fünfjährigen Arbeit habe ich viel Hilfe in Form von Ratschlägen und Informationen in Anspruch genommen, für die ich hier herzlich danken möchte. Vor allem danke ich den Damen und Herren der von mir benützten Archive und Sammlungen, besonders Herrn Hofrat Dr. Rudolf Neck (Haus-, Hof- und Staatsarchiv), Herrn Dr. Peter Broucek (Kriegsarchiv) und Herrn Dr. Rudolf Ziesche (Sammlung Preußischer Kulturbesitz Berlin). Dank gebührt meinem Mann für seine Hilfe bei der umfangreichen Korrespondenz, Herrn Univ.-Prof. DDr. Heinrich Benedikt für das Lesen des Manuskriptes und Herrn Univ.-Prof. Dr. Adam Wandruszka für sein Verständnis und seine Toleranz, die erste Fassung dieser Arbeit als Dissertation anzunehmen.

Wien, im Januar 1978 Brigitte Hamann

Kronprinz Rudolf zu Georges Clemenceau im Dezember 1886:

»Deutschland wird es niemals verstehen, welch ungemeine Bedeutsamkeit und Weisheit es ist, die Deutsche, Slawen, Ungarn, Polen um die Krone gruppiert. Der Staat der Habsburger hat längst, wenn auch in Miniaturform, Victor Hugos Traum der ›Vereinigten Staaten von Europa‹ verwirklicht. Österreich ist ein Staatenblock verschiedenster Nationen und verschiedenster Rassen unter einheitlicher Führung. Jedenfalls ist das die grundlegende Idee eines Österreich, und es ist eine Idee von ungeheuerster Wichtigkeit für die Weltzivilisation. Und wenn auch vorläufig die Ausführung dieser Idee, um mich diplomatisch auszudrücken, nicht vollkommen harmonisch ist, so will das nicht besagen, daß die Idee selbst falsch ist. Es besagt nur, daß eine solche Idee im liberalsten Sinn Harmonie und Gleichgewicht sichern müßte.«

1. Kapitel

KINDHEIT AM WIENER KAISERHOF

Die Zeiten waren so schlecht, daß der 28jährige Kaiser Franz Joseph kurz vor der dritten Niederkunft seiner Frau in den amtlichen Zeitungen den Willen kundtat, »daß auch bei diesem freudenreichen Anlasse jede kostspielige Festlichkeit unterbleiben, wohl aber auf die Armen und Nothleidenden Rücksicht genommen werden möge[1]«.

Die Revolution von 1848/49 in allen Teilen der Monarchie hatte das Land erschöpft. Die Militärausgaben für das gewaltsame Niederhalten großer unruhiger Provinzen wie Oberitalien und Ungarn erforderten riesige Summen. Die neoabsolutistische Staatsform, vom Kaiser bald nach dem Aufbruch der liberalen Ideen des Jahres 1848 durchgesetzt (womit er seinen feierlichen Eid gebrochen hatte, dem Lande eine Verfassung zu geben), war nicht dazu angetan, die Unzufriedenheit der vielfach belasteten Bürger zu verringern. Ein zu kostspieliges Fest, vor allem höfischer Prunk, hätten nur zu leicht der Funke zu neuen Unruhen werden können.

So aber wurde die Geburt des Kronprinzen Rudolf am 21. August 1858 in Laxenburg bei Wien zum »wahren Feste der Humanität«, wie der »Pester Lloyd« befriedigt konstatierte. Wie der Kaiser es gewünscht hatte, so gaben die Reichen den Armen wenigstens aus diesem patriotischen Anlaß Almosen. Großgrundbesitzer und Bankiers spendeten für hilfsbedürftige Wöchnerinnen, Findelkinder, verstümmelte Krieger aus den Jahren 1848/49, Sieche und arme Offizierswitwen. Bäcker gaben Brot für die Armen aus, einige Gemeinden verschenkten Brennholz. Das Militär erhielt da und dort eine Extraration Fleisch oder Wein.

Der Kaiser stiftete in Wien ein neues Krankenhaus, das »Rudolfsspital«, für »mindestens Ein Tausend Kranke ohne Unterschied der

Angehörigkeit und Religion«. Die Gemeinde Wien erhielt außerdem noch 20 000 Gulden »vorzugsweise auf die Unterstützung der bedrängten Gewerbs- und arbeitenden Klassen, dann der verschämten Armen«.
Auch die Provinzen nahmen an der Freude des Kaisers teil. Zehn Studienplätze an der Theresianischen Akademie wurden für Jünglinge aus Kroatien und Slawonien, der serbischen Woiwodschaft, dem Temeser Banat und Siebenbürgen gestiftet. Zehn hinterlassene Töchter verdienter Beamter und Militärs aus denselben Ländern erhielten Versorgungsstipendien. Erzherzog Albrecht, der älteste Agnat der Habsburger und Generalgouverneur des 1849 mit Hilfe der russischen Armee besiegten Ungarn, spendete für die Armen von Ofen-Pest. Erzherzog Ferdinand Maximilian, der jüngere Bruder des Kaisers und Generalgouverneur im nur mit größter Mühe und Militärgewalt stillgehaltenen Oberitalien, spendete für die Armen Mailands und Venedigs.
Der Habsburgerhof konnte befriedigt die Festtagsfreude einer Bevölkerung registrieren, die in den letzten dreißig Jahren kaum Patriotismus gezeigt hatte. Ob diese patriotischen Freudenbeweise, von denen die streng zensurierten Zeitungen der Monarchie viel Aufhebens machten, wirklich Aussagewert für die Beliebtheit des jungen Kaiserpaares und des Hofes hatten, bleibe jedoch dahingestellt.
Jedenfalls erfreuten sich vor allem die seit jeher schaulustigen Wiener an den traditionellen Bräuchen, die einer Kronprinzengeburt folgten. Die letzte lag ja schon Jahrzehnte zurück – die Geburt des geistesschwachen Kaisers Ferdinand »des Gütigen« 1793 (es sollte auch bis zum Ende des Reiches keine mehr folgen): Zwanzig Kanonen waren auf den Wällen der alten Stadtmauer aufgefahren und teilten das frohe Ereignis mit 101 Böllerschüssen mit. (Kurze Zeit später wurden die Basteien abgebrochen und der Bau der Ringstraße begonnen.) In den großen Städten der Monarchie – Wien, Ofen-Pest, Prag, Mailand, Venedig, Triest, Lemberg, Krakau – waren zumindest die Kasernen, Schulen und Amtsgebäude beleuchtet und beflaggt. Alle in der Monarchie vertretenen Religionen und Konfessionen – römische und griechische Katholiken, griechische

und russische Orthodoxe, Lutheraner, Calvinisten, Juden, Mohammedaner – feierten Festgottesdienste. Die Theater gaben Festvorstellungen, deren Ertrag den Armen gespendet wurde. Unter den Spendern war auch »Herr Johann Nestroy, Direktor und Pächter des k. k. privaten Theaters in der Leopoldstadt«. Die Strauß-Dynastie wahrte die Familientradition, große Ereignisse zum Anlaß für Kompositionen zu nehmen, mit dem »Österreichischen Kronprinzen-Marsch« und der »Laxenburger Polka« von Josef Strauß. Patriotische Versemacher und Komponisten hatten Hochkonjunktur.
Der so vielfach gefeierte und angedichtete Säugling bekam von seinem Vater den Orden des Goldenen Vlieses in die Mahagoni-Wiege gelegt und wurde auch gleich Oberst-Inhaber eines Infanterie-Regimentes. Seine Titel waren: »Rudolph Franz Carl Joseph, des Kaiserthumes Österreich Kronprinz und Thronfolger, königlicher Prinz von Ungarn und Böhmen, der Lombardei und Venedigs, von Dalmatien, Croatien, Slawonien, Galizien, Lodomerien und Illyrien. Erzherzog von Österreich. Ritter des Goldenen Vlieses und Inhaber des Infanterie-Regimentes Nr. 19.«
Die prunkvolle Taufe in Laxenburg war gleichzeitig eine politische Demonstration des Konkordatstaates gegen die freiheitlichen Ideen des Jahres 1848. Kardinal Rauscher bekräftigte in seiner Taufansprache die enge Verbindung zwischen Staat und Kirche: »Österreich ist als ein Hort der Kirche und der Gesittung, als ein Hüter des Friedens und der Gerechtigkeit zwischen den Osten und Westen gestellt ... Diesem Berufe getreu vertreten Ew. Majestät die Grundsätze, von deren Siege das Heil der Gesellschaft abhängt, in einer Gährung der Geisterwelt, welche den Lebensbedingungen des Staates gilt, und nicht blos dann, wenn sie auf der Gasse tobt, gefährlich ist ...«
Die mit Hilfe von Polizeispitzeln (»Naderern«) stillgehaltene Opposition der Verfassungstreuen konnte nur versteckt äußern, welche Hoffnungen sie auf den Kronprinzen setzte. So teilte zum Beispiel ein Herr Jos. A. M. der »Wiener Zeitung« ein lateinisches Gedicht mit, dessen Übersetzung im Kleindruck zu lesen war: »Sei vielmal gegrüßt, kaiserlicher Prinz! Österreichs aufgehendes Morgenroth!«

Dieser Satz beleuchtet den Unterton des so plötzlich aufgeflammten Patriotismus der Völker der Donaumonarchie. Ein Kronprinz war geboren, und an diesen schwachen Knaben knüpften sich von nun an die Hoffnungen der unzufriedenen, aber loyalen Bürger der Monarchie. Selbst die Ungarn schlossen sich von diesen Gefühlen nicht aus. Sie machten aus dem Namen Rudolf ein Anagramm: fordul – es ändert sich[2].

Der Journalist Moriz Szeps faßte diese Gefühle später in einem Brief an den Kronprinzen zusammen: »Als wäre es heute, so steht der 21. August des Jahres 1858 mit allem seinem festlichen Gepränge in den Straßen, den Musikbanden, welche durch dieselben zogen und den jubilirenden Volksmassen vor den Augen. Die Leute in den politisirenden Caffee- und Wirthshäusern munkelten allerlei von einer großen Amnestie aus Anlaß der Geburt des Thronfolgers und wenn es ganz sicher schien, das heißt, wenn kein ›Naderer‹ zu fürchten war, so fielen wohl auch die Worte ›Constitution‹, ›Aufklärung‹, ›Freiheit‹, ›Gleichberechtigung‹. ›Das kommt mit dem Kronprinzen‹, flüsterte man sich zu und stieß die Gläser aneinander, ›denn jetzt heißt es die Zukunft des kleinen Prinzen sicher stellen und das geht heutzutage ohne Constitution, Aufklärung und Freiheit nicht mehr[3].«

Wesentlich nüchterner schrieb später die »Deutsche Zeitung«: »Das Volk liebt die Kronprinzen, weil es Hoffnungen auf sie setzt, die sich leider nur selten verwirklichen. Ein Volk im Ganzen hat immer etwas Kindliches, daher ist dieses Vertrauen in die Zukunft, gleich der Zuversicht des Lotteriespielers, einmal den großen Treffer zu machen, wohl erklärlich[4].«

Das Jahr 1848 war unvergessen, als der Kaiser mit Kartätschen sein rebellisches Volk bezwungen und die verfassunggebende Versammlung in Kremsier mit Waffengewalt aufgelöst hatte – von den Bluturteilen gegen die ungarischen Rebellenführer ganz zu schweigen. Selbst die aufgezwungene Verfassung hatte Franz Joseph 1852 wieder aufgehoben, alle Versprechungen, dem Volkswillen entgegenzukommen, nicht gehalten. Der junge Kaiser war absoluter Herrscher, von keiner Volksgewalt kontrolliert. Er war oberster Kriegsherr, und die Armee war die Stütze seines Thrones. Diesem Heer verdankte es Franz Joseph, daß sein Reich (wenigstens gebietsmäßig) ungeschmälert die Revolution überstanden hatte. Er zeigte seine Dankbarkeit, indem er sich völlig mit dieser Armee identifizierte, stets in Uniform auftrat, was die Bevölkerung von den früheren Kaisern nicht gewöhnt war und als Soldatenspielerei verspottete.

Wie ernst dem jungen Kaiser die Liebe zu seiner »braven Armee« war, mag man aus dem Armeebefehl ersehen, den er gleich nach der Geburt seines Sohnes erließ: »Ich will, daß der durch Gottes Gnade Mir geschenkte Sohn von seinem Eintritte in diese Welt an Meiner braven Armee angehöre, und ernenne ihn hiernach zum Oberst-Inhaber Meines 19ten Linien-Infanterie-Regiments, welches von nun an den Namen ›Kronprinz‹ zu führen hat. Laxenburg, am 22. August 1858. Franz Joseph m. p.«

Dieser Armeebefehl entsprach durchaus nicht habsburgischer Tradition. Keiner der Vorgänger Franz Josephs, weder Maria Theresia, Joseph II., noch Leopold II., Franz I., noch gar der »gütige« Kaiser Ferdinand waren auf die Idee gekommen, einen neugeborenen kaiserlichen Prinzen zum Offizier zu befördern. Dies war auch nicht in anderen Herrscherhäusern dieser Zeit üblich. In Preußen zum Beispiel, das doch als Militärstaat par excellence galt, trat der gleichaltrige Prinz Wilhelm, der spätere Wilhelm II., wie es Hohenzollernbrauch war, erst mit zehn Jahren in die Armee ein. Kronprinz Rudolf, von dessen Existenz sich vor allem die Bürgerlichen, die Verfassungstreuen, die Liberalen und »Zivilisten« das »aufgehende Morgenroth« erhofften, war also Offizier vom ersten Lebenstage an.

Selbst die »Aja« für das »durchlauchtigste Kind« war unter militärischen Gesichtspunkten ausgesucht worden. Die damals 45jährige kinderlose Karoline Freifrau von Welden war die Witwe des Feldzeugmeisters Ludwig von Welden, der sich 1848 bei der Niederwerfung des ungarischen Aufstandes einen Namen gemacht hatte. Ihre Wahl war ganz offensichtlich eine Würdigung der militärischen Verdienste ihres verstorbenen Gatten. Andere Gründe gab es kaum, denn die Freifrau von Welden hatte weder eine pädagogische Vorbildung noch kannte sie sich überhaupt mit Kindern aus. Die Hofgesellschaft hatte allen Grund zum Hohn: »Aber sage mir ganz unter uns, welche Wahl von einer Aja! Die gute Welden, die in ihrem Leben kein kleines Kind noch gesehen hat, die gar nichts davon versteht und etwas sehr Unentschlossenes hat! dabei eine schwache Gesundheit – – – in München ging sie zur Zurheim um nur zu lernen, ein Kind auf den Arm zu nehmen! . . . Sie hat aber vermutlich nur den Namen, ohne die Pflicht, anordnen zu müssen[5].«

Auch der letzten Hofdame war klar, wer anzuordnen hatte: die Mutter des Kaisers, Erzherzogin Sophie, die auch schon die Erziehung der beiden älteren Mädchen des Kaiserpaares übernommen und der Mutter wenig Chancen gegeben hatte, sich um die Kinder zu kümmern.

Erzherzogin Sophie war zweifellos die dominierende Persönlichkeit in der kaiserlichen Familie. Die politisch begabte und willensstarke Erzherzogin hatte kräftig am Sturz Metternichs und der Abdankung des epileptischen »gütigen« Kaisers Ferdinand mitgearbeitet (freilich immer hinter den Kulissen). Aber obwohl sie die Gattin des offiziellen Thronfolgers (des jüngeren Bruders Ferdinands, Franz Carl) war, verzichtete sie darauf, Kaiserin zu werden. Sie sah ein, daß Franz Carl nach den beschämenden Jahren des Kaisers Ferdinand dem monarchischen Gedanken in Österreich kaum neue Kraft hätte geben können. Er war zwar gutmütig, hatte aber selbst nach Aussage seines Beichtvaters »keinen Willen, keine Kraft und keine Selbstbestimmung[6]«. Man hatte ihr offen angeboten, durch die Person ihres Mannes praktisch zu regieren, aber sie verzichtete zugunsten des damals 18jährigen Franz Joseph.

Sie hatte ihrem Sohn ihre Vorstellungen vom Gottesgnadentum der Könige, ihren Abscheu vor der Revolution eingeimpft, über die sie eine unerbittliche Meinung hatte: »Leichter hätte ich mich über den Verlust meiner Kinder getröstet als über die Schmach, einer Studentenwirtschaft zu unterliegen[7].« Vor allem das Konkordat, das der Kirche übergroße Macht in der Ehegerichtsbarkeit, den Schulen, ja den Zeitungen und Theatern einräumte, galt als Werk der überaus frommen Erzherzogin. Kein Wunder, daß sie beim Volk unbeliebt war und als Seele der Gegenrevolution galt. Ihr Einfluß auf den jungen Kaiser war offensichtlich. Rudolf schrieb später, Kaiser Franz

Joseph sei »zu Zeiten der armen Großmama: klerikal, schroff und mißtrauisch« gewesen[8].

Sophie erzog ihre Enkel, wie sie ihre Söhne erzogen hatte: streng »klerikal«, absolutistisch im Sinne des Gottesgnadentums der Könige.

Welche Rolle aber fällt bei dieser Erziehung der Mutter zu, der bei der Geburt ihres einzigen Sohnes erst zwanzigjährigen Kaiserin Elisabeth? Sie hatte sich in den ersten Ehejahren wiederholt gegen die Schwiegermutter aufgelehnt und kleine Teilerfolge in der Erziehung ihrer erstgeborenen beiden Töchter errungen; so als Franz Joseph endlich seine Mutter bat, die Kinderzimmer zu verlegen: »Ich bitte Sie jedoch inständigst, Sisi nachsichtig zu beurteilen, wenn sie vielleicht eine zu eifersüchtige Mutter ist, – sie ist ja doch so eine hingebende Gattin und Mutter! Wenn Sie die Gnade haben, die Sache ruhig zu überlegen, so werden Sie vielleicht unser peinliches Gefühl begreifen, unsere Kinder ganz in Ihrer Wohnung eingeschlossen mit fast gemeinschaftlichem Vorzimmer zu sehen, während die arme Sisi mit ihrem oft so schweren Volumen die Stiege heraufkeuchen mußte, um dann selten die Kinder allein zu finden[9].«

Aber Elisabeth führte den Kampf um ihre Kinder, zumindest nach dem Tod der kleinen Sophie (1857), nicht weiter. Das Kind war auf einer Reise in Ungarn gestorben, wohin es die Kaiserin gegen den Willen der Erzherzogin mitgenommen hatte. Der Schock über den Verlust des Kindes kann durchaus bei Elisabeths ausgesprochen kühler und gleichgültiger Haltung gegenüber dem nächsten Kind, Rudolf, mitgespielt haben. Sie resignierte, spielte mit ihren Papageien und Wolfshunden, flüchtete sich voll Heimweh nach den geliebten bayrischen Bergen in Träumereien und schrieb klagende Verse über ihr unglückliches, unverstandenes Leben als Kaiserin.

Elisabeth entstammte der kinderreichen Familie des Herzogs Max in Bayern, einer Wittelsbacher Nebenlinie, und stand also eine beträchtliche Stufe unter ihrer Schwiegermutter, die zwar auch Wittelsbacherin und Elisabeths Tante, aber eine Tochter des Königs von Bayern war – ein Unterschied, der in der aristokratischen Geisteshaltung des Wiener Hofes von beträchtlicher Bedeutung war.

Schon als die 16jährige kindliche Elisabeth nach Wien kam, galt sie im Gegensatz zu Sophie als recht wenig »vornehm«. Dazu kam noch, daß Elisabeth fern aller Etikette in der bescheidenen Pracht des Schlößchens Possenhofen mehr als Naturkind denn als Aristokratin aufgewachsen war. Herzog Max hatte seinen neun Kindern zwar kein geordnetes Familienleben geboten (über die Zahl seiner mit Bauernmädchen gezeugten unehelichen Kinder streiten sich heute noch die Experten), doch die ungezwungene Atmosphäre, die skurrilen Neigungen des Vaters vom Zirkusreiten über Zitherspielen bis zum Dichten machten diese Kindheit doch für Elisabeth zum verlorenen Paradies, dem sie zeitlebens nachtrauerte und das ihr in der von strengen Etiketteregeln beherrschten Umgebung des Wiener Kaiserhofes besonders liebenswert erschienen sein mag.

Konflikte konnten nicht ausbleiben, vor allem, da es in Wien niemanden gab, der die Vorzüge der jungen Kaiserin anerkannte: ihre Natürlichkeit, ihre Hilfsbereitschaft, ihre Intelligenz, der allerdings jede systematische Bildung fehlte, ihre Phantasie und ihr Gerechtigkeitsgefühl. Erzherzogin Sophie tat alles, um ihre Nichte zu einer Kaiserin ihrer eigenen Vorstellung zu machen, tyrannisierte sie mit strengen Regeln und ständiger Forderung, gehorsam zu sein und Disziplin zu halten. Bei ihrem Sohn hatte sie mit dieser Erziehung Erfolg gehabt, sogar in solchem Ausmaß, daß schon der junge Mann kaum Gefühlsregungen zeigte (freilich mit der bedeutenden Ausnahme seiner Eheschließung mit Elisabeth). Die Mahnungen und Vorwürfe Sophies erreichten bei der jungen Elisabeth jedoch nur das Gegenteil.

Manche Ansichten der Kaiserin sind nur aus ihrer Feindschaft gegen die alte Erzherzogin zu erklären, so Elisabeths antiklerikale Haltung, die die fromme Erzherzogin bis aufs Blut reizte, ihre Neigung zum einfachen Volk, die der aristokratisch-elitären Haltung Sophies direkt entgegengesetzt war, schließlich Elisabeths fanatisch wirkende Liebe zu den Ungarn, vor allem den Rebellen des Jahres 1848, die die Schwiegermutter Sophie ebenso fanatisch und unerbittlich haßte.

Einen sicherlich nicht in diesem Ausmaß beabsichtigten Erfolg konnte Sophie verbuchen: das Verhältnis der überempfindlichen

jungen Kaiserin zu ihren ältesten Kindern Gisela und Rudolf war nachhaltig gestört. Ein mütterliches Verantwortungsgefühl Elisabeths für diese beiden Kinder kam ebensowenig auf wie ein Zutrauen der Kinder zu ihrer Mutter. Erst bei ihrem jüngsten Kind, der 1868 geborenen »Einzigen« (wie sie von den Hofdamen spöttisch genannt wurde) Valerie, entdeckte Elisabeth ihre Mütterlichkeit. Elisabeth an Valerie: »Bei meinen anderen Kindern hat Sophie Mutterstelle vertreten, bei Dir, habe ich mir vom ersten Augenblick an gesagt, muß es anders werden ... und alle Liebesfähigkeit meines bis dahin verschlossenen Herzens habe ich dann auf Dich ausgeströmt[10]« – ein klares Bekenntnis der Kaiserin, als Mutter der beiden älteren Kinder versagt zu haben.
Der kleine Kronprinz war kaum ein Jahr alt, als der Kaiser nach Italien in den Krieg zog, als Oberbefehlshaber seiner Armee. Österreich hatte sich in den italienischen Provinzen provozieren lassen und schließlich – gerade so, wie es Napoleon III. und Sardiniens Cavour gewünscht hatten – den Verbündeten Frankreich und Sardinien-Piemont den Krieg erklärt. Es war so in einen weder militärisch noch diplomatisch vorbereiteten Krieg geschlittert, zu dem überdies gar kein Geld vorhanden war.
Der blamable Krieg wurde durch Franz Josephs persönliches Engagement nicht erfolgreicher. Er hoffte zwar noch bis zum letzten Augenblick, Bundesgenossen zu finden und »daß vielleicht Deutschland und der schmähliche Auswurf von Preußen uns doch im letzten Augenblick beistehen werden[11]«. Aber die Hoffnung trog. Niemand kam Österreich zu Hilfe. Allein in der Schlacht von Solferino mußten 40 000 Menschen ihr Leben lassen, in der Mehrzahl österreichische Soldaten, die wegen der mangelnden Organisation tagelang nichts zu essen bekommen hatten und völlig entkräftet in den Kampf gegen gut ausgerüstete Franzosen und überzeugte italienische Nationalisten gehen mußten. Eine der reichsten Provinzen Österreichs, die Lombardei, war verloren. Kaiser Franz Joseph kehrte geschlagen und gedemütigt nach Wien zurück.
Hier kursierten ungeheuerliche Gerüchte über Korruption und schlechte Kriegführung. Die Popularität des Kaisers war auf den Nullpunkt gesunken, das Schlagwort über die tapferen österreichi-

schen Soldaten: »Löwen von Eseln geführt« in aller Munde. Die Zeitungen konnten trotz der scharfen Zensur den Wunsch nach einer Volksvertretung nicht mehr unterdrücken. Moriz Szeps schrieb die berühmten »Freien Worte eines Bürgers an den Kaiser von Österreich« und forderte eine Verfassung. Der Kaiser fühlte sich gezwungen, ein bescheidenes Zugeständnis zu machen: das Oktoberdiplom. Er entschuldigte sich dafür quasi bei seiner strengen Mutter: »Wir werden zwar etwas parlamentarisches Leben bekommen, allein, die Gewalt bleibt in meinen Händen [12].«

In dieser angespannten Situation trieb auch die Krise innerhalb der kaiserlichen Familie ihrem Höhepunkt zu. Hin und her gerissen zwischen Mutter und Gattin, militärisch und politisch erfolglos, wandte sich der Kaiser offenbar außerehelichen Tröstungen zu. Elisabeth erkrankte an einer bis heute geheimnisvollen Krankheit. Der Schock war so groß, daß sie Mann und Kinder verließ und möglichst weit wegfuhr: nach Madeira.

Die Sophie ergebenen Hofkreise kommentierten mit Genugtuung: »Jetzt werden die Familiendiners immer bei Tante Sophie sein. Ich glaube, so sehr es ihr leid ist, daß der Kaiser seit der Abreise seiner Frau so einsam ist, so wird sie im Stillen hoffen, daß er sich ihr mehr anschließen und ihr vielleicht die meisten seiner Abende weihen wird. In Wien hat man kein Mitleid mit der Kaiserin; es thut mir leid, daß sie sich nicht die Liebe der Leute erwerben konnte. Der Kaiser zieht jetzt mit seinen Kindern in die Stadt, denn in Schönbrunn waren sie gar so allein [13].«

Der zweijährige Kronprinz empfing in dieser Zeit in der Hofburg eine Abordnung seines Regimentes, dessen Oberst-Inhaber er ja war, und zwar den Hauptmann, einen Oberleutnant und sieben Rekruten. Der Hauptmann erzählte:

»Ich stellte mich vor der Front neben den Kronprinzen hin und sagte: ›Kronprinz! Sie sind nicht nur Inhaber, sondern auch Oberst des Regiments, sollten uns daher kommandieren. Dazu aber wäre es freilich geboten, daß Sie zu Pferde erschienen‹ ... Hier unterbrach mich der Kronprinz mit äußerst lebhaften Gesten. ›O, ich hab ein Pferd, Liechtenstein bacsi [Prinz Rudolf Liechtenstein] hat mirs geschenkt – aber nur von Holz!‹

›Das wollen wir doch gleich herbringen‹, sagte ich, und freudig erregt lief der Kleine fort – ich ihm nach durch zwei bis drei Räume. Da fanden wir dann einen kunstvoll gebauten Schimmel – im Nu waren wir vor der Front und der Kronprinz im Sattel – die Mannschaft setzte die Czakos auf und der Kronprinz kommandierte mit heller Stimme die von mir ihm vorgesagten: ›Figyelj! vigyázz!‹ ›Jobbra nézz!‹ ›Jobbra, balra fordulj!‹ ›Indulj!‹ etc. Es machte dies nicht nur ihm, sondern auch der kleinen Erzherzogin große Freude [14].«

Als dann auch noch der Kaiser erschien, war das Glück der Besucher vollkommen. Der Hauptmann hob »die Feierlichkeit und hohe Bedeutung des soeben Erlebten« hervor. Niemand, am allerwenigsten der Kaiser, empfand diese Szene als grotesk. Der Zweijährige wurde als Oberst behandelt und bekam, kaum daß er aus den Windeln war, seine erste Oberstenuniform. Der kaiserliche Vater betrachtete seinen Sohn voll Stolz und sah in ihm schon einen strammen Soldaten. Nur wenn der Kleine allzusehr kränkelte, und das war sehr häufig, machte sich Franz Joseph Sorgen und nannte den kleinen Oberst scherzhaft und durchaus liebevoll-wienerisch »mein Krepierl«.

Die junge Kaiserin kehrte nach einem halben Jahr aus Madeira zurück nach Wien, hielt es aber nur sechs Wochen im Schoße ihrer kaiserlichen Familie aus und reiste wieder ab – diesmal nach Korfu, von wo sie Briefe dieser Art schrieb: »Mein Leben ist hier noch stiller wie in Madeira. Am liebsten sitze ich am Strand, auf den großen Steinen, die Hunde legen sich ins Wasser und ich schaue mir den schönen Mondschein im Meer an [15].«

Inzwischen wurde Rudolf in Reichenau, der Sommerfrische seiner Kindheit, drei Jahre alt. Der Kaiser besuchte ihn zum Geburtstag auf einige Stunden: »Die Kinder waren unendlich lustig und herzig, besonders der Kleine. Heute ist sein dritter Geburtstag. Das ganze Dorf war mit Blumen und Fahnen geschmückt, besonders die Kirche; vor dem Eingang stand ein Triumphbogen mit den Anfangsbuchstaben des Kaisers und Rudolphs. Im Garten hat man eine Jägerstätte für die Größe des Kronprinzen errichtet, ganz so wie die Wirklichen und mit Sprüchen verziert. Heute soll der Kaiser mit seinen Kindern das ganze geschmückte Dorf ansehen und dann mit ihnen in die Kirche gehen[16].«

Die Mutter sah das Kind freilich erst Monate später wieder. Elisabeth weigerte sich zwar, nach Wien zu kommen, doch die Kinder wurden Anfang November auf drei Monate nach Venedig gebracht, um dort die Mutter zu treffen. Erzherzogin Sophie war hier nicht erwünscht. Sie hatte aber als Begleitung der Kinder ihre Vertraute, Gräfin Esterházy, durchgesetzt, die sie über ihre Schwiegertochter informierte. So wurde auch dieses Zusammensein alles andere als spannungsfrei. Auch der Kaiser kam auf einen kurzen Besuch nach Venedig, um seine Familie einmal wieder vollzählig zu sehen. Höhepunkt seines Aufenthaltes war eine Parade des Rudolf gehörenden 19. Infanterie-Regimentes, die der Kaiser, neben ihm sein dreijähriger Sohn, abnahm.

Wieder nach Wien zurückgekehrt, griff Franz Joseph brieflich in die Erziehung ein. Wieder ging es um militärische Fragen. Einmal lobte er seinen Sohn: »Es hat mich sehr gefreut, daß Du so brav und freundlich warst, wie die Offiziere von Deinem Regimente bei Dir waren und Du so schön ungarisch gesprochen hast[17].« Dann wieder tadelte er den Dreijährigen: »Ihr habt ja die Soldaten von Deinem Regimente tanzen sehen; das muß sehr hübsch gewesen sein, nur höre ich, daß Du Dich gefürchtet hast, was eine Schande ist[18].«

Nach einem kurzen Abstecher nach Reichenau, wo sie die Kinder zurückließ, fuhr die Kaiserin Anfang Juni nach Kissingen, dann zu ihren Eltern nach Possenhofen. Am 14. August 1862, nach fast zweijähriger Abwesenheit, war sie wieder in Wien, von 20 000 Menschen mit einem Fackelzug empfangen.

Der kleine Kronprinz, zwischen Großmutter, Mutter, Vater und verschiedenen Bedienten hin und her gerissen, gesundheitlich schwach, außerdem empfindsam und weinerlich, konnte kaum wie ein normales Kind leben. Der Vater überforderte ihn mit militärischem Ehrgeiz. Die Mutter beklagte ihr eigenes Unglück (oder was sie dafür hielt) und sah die Verlorenheit des kleinen »Krepierls« nicht.

Seit dem dritten Lebensjahr hatte der Kleine Unterricht: in Religion, Tschechisch, Ungarisch, Rechnen und Schreiben. Der noch nicht

Vierjährige setzte seinen ersten offiziellen Namenszug auf die Urkunde der Schlußsteinlegung des Rudolfsspitals. Tägliche Exerzier- und Schießübungen strapazierten den körperlich schwachen Knaben. Er mußte, neben seinem Vater stehend, stundenlange Paraden anschauen, Kasernen und Militärakademien besuchen.
Dabei stimmen alle Quellen darin überein, daß der Kleine überaus feinnervig und ängstlich war, von labiler Gesundheit, die auch der Kaiser seiner Mutter gegenüber beklagte: »Rudolph war auch einige Tage im Bett mit seinem gewöhnlichen Übel, nämlich Katarrh der Schleimhäute, der im Bauch begonnen und mit Schnupfen und großer Heiserkeit geendigt hat ... Es dauert nur jede Kleinigkeit bei ihm so lang[19].«
Eines aber fiel schon früh bei diesem Knaben auf: er hatte einen regen Geist, war frühreif, altklug, vorlaut, vor allem von einer nicht zu stillenden Wiß- und Lernbegierde. Gerade diese geistige Frühreife scheint jedoch bei dem kaiserlichen Vater keine Befriedigung ausgelöst zu haben. Zwar lobte er in seinen Briefen den Lerneifer des Kindes, war aber stets bemüht, ihm vor allem körperliche Übungen, so das Reiten und Schießen, nahezulegen, Sportarten, in denen sich der Kleine gar nicht hervortat.

Bald nach dem sechsten Geburtstag erhielt der Kronprinz, wie es alte Habsburger Tradition war, einen eigenen Hofstaat und einen Obersthofmeister, der gleichzeitig Erzieher war. Er wurde von seiner Schwester Gisela getrennt, die nicht in den reinen »Herrenhaushalt« mitgenommen werden durfte. Die innigste Bindung, die Rudolf zu einem Familienmitglied hatte, die zu seiner um zwei Jahre älteren Schwester, wurde so gestört.
Die Aufgabe des Erziehers war eindeutig die, aus dem Knaben einen strammen Soldaten zu machen: »Se. k. H. sind phisisch und geistig mehr als Kinder seines Alters entwickelt, jedoch eher vollblütig und nervös-reizbar, es muß daher die geistige Entwicklung verständig gedämpft werden, damit jene des Körpers gleichen Schritt halte[20].«
Generalmajor Leopold Graf Gondrecourt wurde für das Amt des Erziehers für würdig befunden. Er war gerade aus dem dänischen Krieg als »Sieger von Oversee« zurückgekommen. Dieser in Wien

so bejubelte Sieg war aber, wie ein zeitgenössischer Kritiker schrieb, errungen »nicht durch Geist und Genie, sondern durch massenhafte Blutopfer, die durch den Wert ihres Einsatzes in keinem Verhältnisse mit dem Preis standen«. Man nannte Gondrecourt einen »der rücksichtslosesten Aristokraten, tyrannisch roh« und beschuldigte ihn, »nutzlos noch Hunderte von Menschenleben« geopfert zu haben[21].

Aus den Erfahrungen mit dem preußischen Waffenbruder in Holstein hatte Gondrecourt den Schluß gezogen, daß die Preußen noch in den Kinderschuhen der Kriegsführung steckten. Am Wiener Hof, wo er durch Generaladjutant Crenneville großen Einfluß hatte, glaubte man ihm das und beeilte sich (zwei Jahre vor Königgrätz) nicht sonderlich mit der militärischen Aufrüstung. Denn alles war noch auf deutsch-österreichische Freundschaft eingestellt. Der sechsjährige Kronprinz erhielt vom König von Preußen den Schwarzen Adler-Orden, was ihm laut Kaiser Franz Joseph »unendlich schmeichelte«, ihn aber zwei Jahre später, als Preußen plötzlich Österreichs Erzfeind war, um so mehr verunsicherte.

Gondrecourts Erziehungsmethoden entstammten dem Militär, das hatte man ja gewußt und gewollt. Er hatte nie eine eigene Familie gehabt. Er kannte keine Kinder. Woher hätte er es besser wissen sollen, dazu noch bei einem so schwierigen, hochsensiblen Kind. In dieser Überbetonung des Militärischen und der Außerachtlassung jeder pädagogischen Befähigung des Erziehers lag eine große Schuld Kaiser Franz Josephs gegenüber seinem Sohn. Man denke nur einmal daran, mit welcher Sorgfalt der preußische Kronprinz Friedrich Wilhelm (der spätere Friedrich III.) in derselben Zeit einen Pädagogen für seinen Sohn Wilhelm suchte und in dem Bürgerlichen und Zivilisten, dem Gymnasiallehrer Hinzpeter, fand. Kaiser Franz Joseph fand dagegen noch vierzig Jahre später, als es um die Erziehung seines Enkels ging, wenig Gefallen an der Gelehrsamkeit und meinte, daß ein Offizier als Erzieher besser sei »als ein mehr oder weniger pedantischer Professor[22]«.

Gondrecourt wollte das unglückliche, seiner Schwester und seiner Aja nachtrauernde Kind mit allen Mitteln mutig und stark machen. So ließ er es zum Beispiel allein im Lainzer Tiergarten stehen und rief ihm über die hohe Mauer zu: »Da kommt ein Wildschwein!« Das Kind brüllte vor Angst, schlug gegen das Tor, das verschlossen blieb. Nachts riß Gondrecourt das Kind mit Pistolenschüssen aus dem Schlaf, er erschreckte es mit Kaltwasserkuren und ließ es stundenlang bei Wind und Wetter ohne Erbarmen exerzieren[23].

Der erst sechsjährige Kronprinz wurde immer ernster, stiller und verschreckter und war schließlich so schwach und verfallen, daß man glaubte, er sei an Diphtherie erkrankt.

Der Vater und die Großmutter sahen dies alles mit an, nahmen aber keinen Anstoß. Die Mutter war wie immer viel auf Reisen und sah ihren Sohn erst ein Jahr später in Ischl wieder. Sie fand ihn so nervös, daß es »lebensgefährlich« sei, und meinte, die Erziehung müsse Rudolf ja »beinahe zum Trottel« machen. »Es ist ein Wahnsinn, ein Kind von sechs Jahren mit Wasserkuren erschrecken und zum Helden machen zu wollen.«

Endlich raffte sich Elisabeth auf und beschwerte sich beim Kaiser. Franz Joseph zögerte wieder und wollte nichts gegen den Willen seiner Mutter tun. Wieder gab es eine der üblichen Familienszenen. Doch diesmal blieb Elisabeth hart. Sie schrieb ein Ultimatum, dessen Ton ein bezeichnendes Licht auf die Gefühlskälte innerhalb der ersten Familie der Monarchie wirft: »Ich wünsche, daß mir vorbehalten bleibe unumschränkte Vollmacht in allem, was die Kinder betrifft, die Wahl ihrer Umgebung, den Ort ihres Aufenthaltes, die komplette Leitung ihrer Erziehung, mit einem Wort, alles bleibt mir ganz allein zu bestimmen, bis zum Moment der Volljährigkeit. Ferner wünsche ich, daß, was immer meine persönlichen Angelegenheiten betrifft, wie unter anderem die Wahl meiner Umgebung, den Ort meines Aufenthaltes, alle Änderungen im Haus etc. etc. mir allein zu bestimmen vorbehalten bleibt.

Elisabeth. Ischl, 24. August 1865[24].«

Gondrecourt mußte gehen. Der Kaiser, dem die Entlassung offenbar unangenehm war, beförderte ihn aber zum kommandierenden General des 1. Armeekorps. Als solcher tat sich Gondrecourt wenige Monate darauf in der Schlacht von Königgrätz nicht gerade durch besondere Fähigkeiten hervor (sein Korps wurde gleich zu Anfang geschlagen), sondern durch eine für ihn typische Affäre: Er hieb einem Soldaten, der nachts nicht gleich aufstehen wollte, vor Zorn ein Ohr ab. Daß dieser Soldat zufällig ein Geistlicher war, machte die Sache besonders peinlich[25]. Die Affäre ging in der Katastrophe von Königgrätz völlig unter, verdient aber eine Erwähnung, weil sie die Persönlichkeit des Mannes kennzeichnet, dem nach dem Willen des Kaisers die Erziehung des Kronprinzen bis zum achtzehnten Lebensjahr hätte anvertraut werden sollen.

Getreu dem Wortlaut des Ultimatums lag nun die Verantwortung für die Erziehung Rudolfs bis zur Volljährigkeit allein bei der Kaiserin. Sie war nicht mehr das schüchterne Landkind, sondern eine sich ihrer Schönheit wohl bewußte Frau, die ihre Macht gegenüber dem ihr trotz allem ergebenen Kaiser kaltblütig ausspielte und so an Einfluß gegenüber ihrer Schwiegermutter gewann. In diesem Fall machte sie ihn einmal zugunsten des Sohnes geltend, um den sie sich ansonsten auch in der Zukunft kaum kümmerte.

Der noch nicht siebenjährige Kronprinz war jedoch zu diesem Zeitpunkt, als seine Erziehung wiederum abrupt geändert wurde, ein bereits schwer geschädigtes Kind. Schon die problematischen Erbanlagen einer Familie, die sowohl in der Habsburger als auch der Wittelsbacher Linie mehrere Fälle von Geisteskrankheiten, Epilepsie oder nur »Sonderlichkeiten« aufwies, und der durch Inzucht bedingte »Ahnenschwund« waren nicht die idealen Voraussetzungen für eine problemfreie Entwicklung. Die Umwelt des Kleinkindes, so prunkvoll und großartig sie nach außen auch war, bot die schlechtesten Voraussetzungen, diesen ungünstigen Start, den das Erbteil bot, auszugleichen.

Selbstverständlich ist es verfehlt, kleinbürgerliche Maßstäbe an diese Erziehung anlegen zu wollen. Das Kind mußte unter der schlechten Ehe seiner Eltern nicht in dem Ausmaß leiden, wie es in einer normalen Familie der Fall gewesen wäre. Er vermißte seine Mutter nicht so sehr, weil er vom ersten Lebenstag an in Bedientenhänden war. Elisabeth spielte für den kindlichen Kronprinzen die Rolle einer schönen Fee, die oft monatelang nicht sichtbar war. Wenn sie von einer der vielen Reisen nach Wien kam, stiftete sie in der Umwelt des Kindes, die ganz auf die Befehle der Erzherzogin

Sophie eingeschworen war, nichts als Verwirrung. Sie zog die Kinder in einer Laune an sich und stieß sie im nächsten Moment wieder von sich, aus für die Kinder unerfindlichen Gründen.
Der Kaiser, so stolz er auch auf seinen Sohn war, hatte doch den Kopf voller Sorgen. Er hatte Akten zu studieren, Kriege zu führen, militärische, politische und persönliche Niederlagen zu verkraften. Wer will es ihm verdenken, daß er in seinen Mußestunden die Jagd mehr schätzte als Spaziergänge mit seinem Sohn, dem immer fragenden und anstrengenden »Rutschepeter«. Die Briefe Kaiser Franz Josephs an seinen Sohn, so lieb und humorvoll sie auch oft waren (und jedenfalls weitaus herzlicher als die Elisabeths an Rudolf), handelten doch von fast nichts anderem als der Jagd und dem Militär.
Einen »Helden« wollte man (nach Elisabeths Worten) aus dem sensiblen Kind machen. Das Ergebnis dieser Bemühungen war jedoch ein Kind, das deutliche Anzeichen von Hospitalismus aufwies: eine krankhaft gesteigerte Angst, häufige Unehrlichkeit und eine oft schwärmerisch hartnäckige, ja aufdringliche Liebe zu jenen Menschen, die er mit seiner Anhänglichkeit geradezu verfolgte. Es kam zu Krisen, wenn einer dieser geliebten Menschen starb, so etwa der Leiblakai Martin Possega. Auch die Liebe zur Baronin Welden überdauerte alle Krisen in Rudolfs Leben bis zu seinem Tod in Mayerling, wo er die alte Aja noch in seinem Abschiedsbrief erwähnte.
Die Diskrepanz zwischen den glanzvollen äußeren Umständen dieses Kinderlebens – von der kunstvollen Mahagoniwiege mit den Spitzenvorhängen bis zu den Triumphbögen, die am Geburtstag für ihn aufgestellt wurden – und der inneren Vereinsamung ist beklemmend.
In einer der Festschriften für die vaterländische Jugend allerdings liest sich diese frühe Kindheit so: »Die Züge echter Herzensgüte, die seinem Vater eigen sind, sie übertrugen sich auf ihn; die hingebungsvolle Liebe, mit welcher seine erlauchte Mutter ihn beglückte, sie fand reichlichen Widerhall in dem Herzen des zarten Kindes. So wurden durch das schöne Zusammenwirken der kaiserlichen Eltern die edelsten Keime in das Herz des Kronprinzen gesenkt[26].«

Die Berufung des neuen Erziehers, Joseph Latour von Thurmburg, war eine der wenigen glücklichen Wendungen im Leben des Kronprinzen. Daß die Kaiserin sich gerade für diesen Erzieher einsetzte und trotz vieler Intrigen unbeirrt an ihm festhielt, machte wohl einige ihrer Fehler wieder gut.

Oberleutnant Latour war zur Zeit seiner Berufung 44 Jahre alt und Junggeselle. Er war zwar ebenso wie Gondrecourt kein ausgebildeter Lehrer, doch hatte er immerhin Jura studiert und war sieben Jahre lang Beamter, bevor ihn das Jahr 1848 als guten Patrioten zu Radetzkys Fahnen nach Italien führte. Er kannte also das Zivilleben und hatte sein Leben nicht wie Gondrecourt ausschließlich in Kasernen verbracht.

Seit 1860 war Latour als Flügeladjutant in der Nähe der kaiserlichen Familie. Er hatte das persönliche Vertrauen sowohl des Kaisers als auch der Kaiserin, was sich darin äußerte, daß er mehrmals mit privaten Aufträgen Franz Josephs zur Kaiserin nach Madeira geschickt worden war. Über die ehelichen Schwierigkeiten des Kaiserpaares in dieser Zeit war Latour wie kaum ein anderer informiert. Mustergültig war seine Diskretion.

Seit 1864 war Latour dem Kronprinzen zugeteilt, war also Untergebener des verantwortlichen Erziehers Gondrecourt, gegen dessen Methoden er opponierte. Bezeichnend für Latours problematische Stellung am Hofe war, daß er nicht sofort nach der Ablösung Gondrecourts offiziell neuer Erzieher des Kronprinzen wurde, sondern diesen Titel erst 1870 erhielt, obwohl er die Funktion schon seit 1865 ausfüllte. Seine Stellung war also mindestens bis zur offiziellen Ernennung, also fünf Jahre lang, wenig abgesichert.

Die Intrigen und Kämpfe gegen Latour dauerten jahrelang. Er galt als Günstling der bei Hofe unbeliebten Kaiserin und als »liberal«, was in den Augen der Erzherzogin Sophie und des Erzherzogs Albrecht schon fast »revolutionär« bedeutete. Doch der Kaiser hielt sich peinlich an Elisabeths »Verfassungsurkunde« und unterstützte Latour, der gelegentlich Schwierigkeiten durchblicken ließ: »Ich gehe ohne jedwede Rücksicht auf Persönlichkeiten meinen geraden Weg. Dadurch wird man zwar nicht beliebt, aber es ist das einzige Mittel, um bei Hofe ein selbständiges Urteil zu behalten[27].«

Die Bewährungsprobe für Latour war das Jahr 1866 und die Niederlage Österreichs bei Königgrätz. Die Liebe zur österreichischen Armee war dem Kronprinzen vom ersten Lebenstage an geradezu eingeimpft worden. Er kannte die Kommandos, trug die Uniform. Die rauhbeinigen Soldatengeschichten Gondrecourts aus dem dänischen Krieg, das abfällige Urteil über die preußische Armee, hatte auch er gehört. Es war also selbstverständlich, daß der Siebenjährige die österreichische Armee, die sein Vater über alles liebte, für die großartigste der Welt hielt, hatte er doch die schmähliche Niederlage von 1859 nicht bewußt miterlebt.
Der Kronprinz war Anfang Juli mit Latour und einigen Lehrern nach Ischl geschickt worden, war aber über die jeweilige Lage bestens informiert, was sein aufgeregter Brief an den Kaiser zeigt: »Lieber Papa! ... Ich weiß wohl, daß Du jetzt sehr viel zu thun hast. Wo ist jetzt der Onkel Ernst? Ist es wirklich, daß die Preußen in Sachsen sind? Wo sind jetzt die Sachsen? Wie viele Brigaden hat jetzt der Benedek unter sich? und der Onkel Albrecht, wie viele hat der? Papa, ist es wahr, daß beim Benedek die Musikbanden auch beim Sturm spielen müssen? Wann wird denn der Krieg losgehen[28]?«
Am nächsten Tag, nach Veröffentlichung des kaiserlichen Manifestes, das den Krieg ankündigte, schrieb Rudolf: »Mein lieber Papa! Ich schicke Dir mein Gebet, was ich für Dich in der Früh immer bete. Ich habe Dein Manifest gelesen, mir hat es sehr gefallen.«

Das Gebet hatte folgenden Wortlaut:
»Zum Heil des Feldzuges von 1866.
Allmächtiger, ewiger Gott! Höchster Herr des Himmels und der Erde! Ich bitte Dich demütig, entziehe in dieser Zeit der Gefahr unserem Vaterland Österreich Deine Hilfe nicht; segne die Waffen seiner Krieger, damit sie im Kampf für Recht und Ehre nicht unterliegen, sondern mit Deiner Gnade den Sieg erlangen! Laß – o gütiger Vater im Himmel – besonders jetzt meinen lieben Papa Deiner Allmacht und Liebe empfohlen sein. Bewahre ihn von allen Gefahren, wende jedes Leid von ihm und schenke seinem Herzen Trost und Freude durch einen glücklichen Ausgang des Krieges. Heilige Jung-

frau, bitte für uns und, Herr Jesus Christus, erhöre uns! Amen.«
Rudolfs Urteil über Preußen war eindeutig: »Ich habe auch das Manifest vom König von Preußen gelesen – er lügt dem lieben Gott ins Gesicht, mir gefällt es nicht[29].«

Die ersten Nachrichten, die in Ischl eintrafen, waren nicht ungünstig, wenn auch ungeheure Blutopfer zu beklagen waren. Aber immerhin konnte ein österreichisches Korps in Trautenau in Böhmen einen (bescheidenen) Sieg erfechten, und auch vom italienischen Kriegsschauplatz, aus Custozza, kamen Siegesmeldungen. Grotesk war nur, daß die österreichische Südarmee unter Erzherzog Albrecht um ein Land kämpfte, das bereits wenige Wochen vorher durch einen Geheimvertrag verlorengegangen war. Denn bereits am 12. Juni hatte Kaiser Franz Joseph Venetien, gegen das Versprechen der Neutralität, an Frankreich abgetreten.
So sinnlos dieser so gefeierte Sieg von Custozza heute auch anmuten mag, der kleine Kronprinz war jedenfalls begeistert und schrieb an Erzherzog Albrecht: »Lieber Onkel! Wie freue ich mich, daß Du gesiegt hast. Die Mama und auch die Gisela gratulieren Dir von ganzem Herzen. Ich habe den lieben Gott gebeten, daß wir siegen, und daß er Dich auch ferner beschützt! Ich denke sehr viel an unsere brave Armee, und an die armen verwundeten Soldaten. Wie viele Brigaden waren im Feuer? War mein Regiment auch schon im Feuer? Ich lese alle Telegramme, die vom Süden und Norden kommen. Viele Grüße an Onkel Rainer. Behalte mich lieb, ich habe Dich auch sehr lieb. Dein Rudolf[30].«
Erzherzog Albrecht antwortete dem Siebenjährigen: »Morgen werden wir über den Mincio gehen mit der ganzen Armee, die Truppen aus Tyrol gleichzeitig in die Thäler der lombardischen Grenzgebirge einfallen. Die Husaren und Uhlanen sind schon heute voraus u. haben mehrere Gefangene gemacht. Die Schlacht war sehr blutig, aber Alles ging sehr gut, wie am Exercirplatz. Im Ganzen haben wir an Todten und Blessirten bei 8000 Mann verloren, der Feind noch viel mehr u. zudem machten wir über 4000 Gefangene u. eroberten 16 Kanonen[31].«
Ein paar Tage später schrieb Rudolf an seine Mutter: »... Ich habe

vom Onkel Albrecht mit Freuden gehört, daß mein Regiment so tapfer war. Der Oberstlieutenant ist schwer verwundet und Viele sind gestorben. Fechtet noch immer die Nordarmee[32]?«

Die Nachrichten von der Nordarmee aus Böhmen wurden allerdings immer schlechter. Kaiserin Elisabeth, die in diesen Tagen der Not endlich ihre persönlichen Kümmernisse beiseite schob und sich auf ihre Pflichten als Gattin eines schwer geprüften Mannes und auch als Landesmutter besann, unternahm es, ihren Sohn über die Lage zu informieren: »... Trotz der traurigen Zeit und den vielen Geschäften sieht der liebe Papa Gott lob gut aus, hat eine bewunderungswerthe Ruhe und Vertrauen in die Zukunft, obwohl die preußischen Zündnadelgewehre einen ungeheuren Erfolg haben. Tante Maria schrieb aus Dresden an die Großmama, daß die ganze Stadt wie eine preußische Kaserne ist, in einem fort ziehen Truppen unter ihren Fenstern vorüber, oft stundenlang ohne Unterbrechung, eine Truppe schöner wie die andere ... Von den letzten großen Treffen bekam Papa heute Nachmittag ausführliche Berichte, die beßer sind, als er dachte, nur der Verlust ist furchtbar, da die Truppen zu tapfer u. hitzig sind, so daß der Feldzeugmeister einen Armeebefehl erließ, sie sollen mit dem Bajonette Angriff warten bis die Artillerie mehr gewirkt habe. Von Italien hat der Papa auch ausführliche Berichte bekommen ... Die Piemontesen benehmen sich ganz unmenschlich gegen die Gefangenen, sie bringen die Verwundeten, Gemeine wie Officire um, ja sie erhängten sogar einige Jäger, zwei konnte man noch retten, einer wurde aber verrückt. Onkel Albrecht drohte ihnen mit Repreßalien. Es hat allen Anschein, daß in Italien jetzt einige Zeit Ruhe sein wird, denn die Piemontesen haben genug zu thun sich von dem Schlag zu erholen. Wenn wir nur mit den Preußen auch schon so weit wären ... Morgen oder übermorgen wird aber sicher eine entscheidende Schlacht sein ...[33]«

Am 1. Juli schrieb Elisabeth an Latour: »Die Verhältniße sind leider so, daß ich Ihnen durch den Telegraf leider keine Nachrichten mehr geben kann, aber um meinem Versprechen nachzukommen, will ich Ihnen schriftlich mitteilen, wie es jetzt um uns steht. Die Nordarmee hat durch die letzten Kämpfe furchtbar gelitten, bei 20 000 Mann Verlust, fast alle Stabs und höheren Officire sind aus den Regimen-

tern herausgeschoßen. Auch die Sachsen sind schlecht zugerichtet. Dennoch bleiben aber immer noch Corps intact, trotzdem zieht sich das Hauptquartier mit der Armee zurück, vor der Hand nach Mähren. Sie sehen aus allem dem, daß wir nicht sehr gut daran sind. Der Kaiser ist bewunderungswürdig, immer gleich ruhig und gefaßt; Er erwartet heute Nacht Obstlt. Beck aus dem Hauptquartier, der endlich Details bringen wird über das Vorgefallene, nach denen sich die zu ergreifenden Maßregeln richten müßen. – Das sind schlechte Nachrichten, die ich Ihnen gebe, aber man darf den Muth nicht sinken lassen. Theilen Sie Rudolf mit so viel Sie für gut finden ...[34]«
Latour antwortete: »Sr. kaiserlichen Hoheit dem Kronprinzen habe ich nur im Allgemeinen den Rückzug unserer Truppen bekannt gegeben – er frug mich öfter – eine Lüge will ich ihm nicht sagen, und hielt es auch für richtiger ihm die offene Wahrheit, wenn sie auch unangenehm klingt, mitzutheilen, als ganz darüber zu schweigen. Kinder sind für Freuden empfänglicher als für Trauer, daher seine traurige Stimmung nur ganz kurz andauerte. Ich sagte ihm auch, daß er auf Gott und unser gutes Recht und auf jene Zähigkeit vertrauen soll, die in Österreichs Geschichte so oft eine entscheidende Rolle spielte und von der ich ihm Beispiele anführte[35].«

Doch die Katastrophe von Königgrätz war bereits an diesem Tage, als Latour seinen Schützling noch mit Vertrauen »auf Gott und unser gutes Recht« beruhigte, in vollem Gange. Elisabeth an Latour am 4. Juli 1866: »Was jetzt geschehen wird glaube ich weiß Niemand. Gott gebe nur, daß kein Friede geschloßen wird, wir haben nichts mehr zu verlieren, also lieber in Ehren ganz zu Grunde gehen. Wie schrecklich es Ihnen und Pálffy sein muß, jetzt in Ischl ruhig auszuhalten, das begreife ich nur zu gut, aber Gott wird es Ihnen lohnen, daß Sie dieses schwerste Opfer bringen und das arme Kind nicht verlaßen, deßen Zukunft eine so traurige ist.«
Der Kronprinz profitierte von dem vertrauensvollen Verhältnis der Kaiserin zu Latour. Es ist kaum auszudenken, welchen Verlauf diese für den Charakter des Kronprinzen so wichtigen Wochen genommen hätten, wäre noch der »grobe Oberst« Gondrecourt an seiner Seite gewesen. Niemals hätte die Kaiserin diesem von ihr ver-

achteten Militär, dem Kandidaten ihrer Schwiegermutter, solches Vertrauen entgegengebracht, das bei dem Buben ein bisher unbekanntes Zusammengehörigkeitsgefühl mit seiner Familie hervorrief.

Das Kind fühlte sich einig mit den Eltern, die sich nun auch ein wenig besser verstanden. Es nahm leidenschaftlichen Anteil an allen Vorgängen: »... Der Gablenz habe ich gehört, ist zu den Preußen gegangen, um Waffenstillstand zu machen. Ich weiß auch, daß Onkel Wilhelm und Onkel Josef blessirt sind. Ich weiß auch, daß Du sehr viel für mich thust – ich danke Dir sehr dafür, lieber Papa. Hier wird ein Spital errichtet[36].«

Vor allem aber bewunderte Rudolf seine Mutter, die Lazarette und Spitäler besuchte, allerdings unter dem Einfluß Andrassys nicht in Wien, sondern in Budapest, was Anlaß zu bitteren Kommentaren in Wien bot. Rudolf an Elisabeth: »Es wird die armen Soldaten sehr freuen, daß Du in die Spitäler gehst. Hat sich der Soldat den Arm abschneiden lassen, dem Du so oft zugeredet hast? Wie viele Spitäler sind in Ofen? Sind viele Verwundete dort? Sind Nonnen in den Spitälern? Sind noch Truppen in Ofen?«

Großmutter Sophie stellte sich mit tröstenden Worten ein: »Einige Worte richte ich in Eile an Dich, mein innigst geliebtes Kind, um Dir, Gisella und Eurer treuen Umgebung zum Trost zu sagen, daß der arme liebe Papa Gottlob wenigstens körperlich wohl ist u. die liebe Mama ihm wie ein guter Engel zur Seite steht, stets in seiner Nähe weilt u. ihn nur verläßt, um von einem Spital zum anderen zu ziehen um überall Trost u. Hilfe zu spenden. Die männliche Ruhe und Faßung des armen Papa, seine unveränderte, ungebrochene Thätigkeit, noch so viel wie möglich gut zu machen, was leider gefehlt u. unterlaßen wurde, u. ohne Klage, ohne Bitterkeit sind erhebend! Mir zerreißt sein stummer Schmerz, deßen Ausdruck tief in seine Züge gegraben ist, das Herz u. ich kann nur Gott innig bitten, daß Er Seinen so schönen männlichen Muth nicht sinken laße! Bethet mir auch recht, liebe Kinder, für den armen Papa, dass ihm der liebe Gott nach langen schweren Prüfungen u. rastloser Pflichttreue endl. gute, friedliche Tage schenke! Ich kann mir denken, wie schmerzlich Euch in diesen trüben Tagen die Trennung von Papa

u. Mama sein muß. Ihr allein könntet sie ihnen wohlthuend erheitern ...[37]«

Darauf antwortete Rudolf im festen Kinderglauben, daß Gott den Guten hilft und die Bösen straft: »... Ich glaube, der liebe Gott wird uns helfen, weil unsere Sache ist gerecht.«

Die Preußen waren indes bis kurz vor Wien vorgerückt. Panik und Weltuntergangsstimmung herrschten. Die Kritik und Unzufriedenheit der Wiener an der Regierung und am Kaiser gipfelten in Zurufen an Franz Joseph: »Es lebe Kaiser Maximilian!«, eine unverhohlene Aufforderung, zugunsten des jüngeren, liberalen Bruders abzudanken.

In dieser hektischen Stimmung wurde der Kronprinz mit seiner Schwester aus Ischl zurückgeholt. In Wien wurde in aller Eile gepackt, ein kurzes Wiedersehen mit dem auch in diesen Unglückstagen einsamen Kaiser. Dann mußten die Kinder, wie die Kroninsignien, die kostbarsten Stücke der Hofbibliothek und der kaiserlichen Sammlungen in Sicherheit gebracht werden: nach Budapest, wo die Kaiserin sich bereits seit Wochen aufhielt, um sich die Unterstützung der Ungarn zu sichern.

Auch von Budapest aus nahm Rudolf weiter regen Anteil an den Ereignissen: »Die Preußen sind schon bei Preßburg. Weißt Du schon, daß der Tegetthoff ein feindliches Panzerschiff in die Luft gesprengt und ein anderes in Grund gebohrt, und die italienische Flotte verjagt hat? Wenn es nur bei Wien auch so gut gehen würde[38].«

Latour hatte aber noch eine andere Methode, das Kind über diesen Krieg zu informieren: er machte den Buben mit Soldaten bekannt, die am Krieg teilgenommen hatten. Bezeichnend für ihn war aber, daß er keinen der Generäle oder sprichwörtlich gewordenen »groben Oberste« zur Audienz zu dem achtjährigen Kronprinzen beorderte, sondern einen Mann, der als »Gemeiner« in den Krieg nach Böhmen gezogen war, dabei aber dem österreichischen Hochadel angehörte, was eine damals vielberedete Sensation war: den Grafen Hans Wilczek.

Wilczek machte aus seiner Entrüstung über die schlechte Ausrüstung der österreichischen Soldaten kein Hehl. Die Leute ergriff, wie er erzählte, »zornige Entrüstung und sie sagten, unsere Generale hätten doch schon im holsteinischen Krieg sehen können, daß mit unseren Vorderladern, mit denen man höchstens 400 Schritte etwas treffen kann, gegen die weittragenden Zündnadelgewehre nicht aufzukommen sei ... Unsere Truppen hatten sich gut geschlagen, waren aber schlecht geführt worden.« Typisch war seine Reaktion, nachdem er aus dem Hinterhalt einen preußischen Offizier erschossen hatte: »Aber als ich zu meinen Leuten zurückging, war ich nicht mehr so unternehmend wie vorher, es war mir ein peinlicher Gedanke, nicht im Kampf, sondern eher meuchlings einen Mann getötet zu haben, der mir vielleicht gleichwertig war und Frau und Kind zu Hause hatte. Das quälte mich fürchterlich und ich hatte die Empfindung, dafür eine Sühne leisten zu müssen[39].«

Mehrere Stunden dauerte die Audienz Wilczeks bei dem kleinen Kronprinzen in der Ofner Burg. Mit Humor und Feuer erzählte er seine Erlebnisse, die ganz anders waren als die rein statistischen Angaben von Blessierten, Gefangenen und Gefallenen, die der Kaiser und Erzherzog Albrecht in ihren Briefen an das Kind aufreihten. Daß Latour, wahrscheinlich im Einvernehmen mit der Kaiserin, diesen Gesprächspartner mit Bedacht ausgewählt hatte, damit er, der alles andere als höfisch war, Einfluß auf den jungen Prinzen nehmen sollte, geht aus einer Bemerkung Wilczeks in seinen Erinnerungen hervor: »Ich dachte mir, daß ich, mein ganzes Leben an seiner Seite stehend, ihm und vielen anderen würde viel helfen können[40].« Der mehr als zwanzig Jahre ältere Wilczek wurde einer der wenigen Freunde, die der Kronprinz in der Aristokratie hatte.

Inzwischen war der Waffenstillstand ausgehandelt. In Wien waren peinliche Untersuchungen im Gange. Leute wie Gondrecourt verschwanden ohne viel Aufhebens von der Bildfläche. Der unglückliche General von Königgrätz, Feldzeugmeister Benedek, wurde zum Prügelknaben für Armee und Regierung. Rechtfertigen durfte er sich gegen die Anklagen, die ihn zum Alleinverantwortlichen an der Katastrophe machten, nicht. Die Bevölkerung nahm die Benedek-Verurteilung nur widerwillig in Kauf, weil nur zu klar war, daß Benedek zwar mitschuldig, aber auch andere, unter ihnen der Kaiser und Erzherzog Albrecht, Anteil an der Niederlage hatten.

Es ist wahrscheinlich, daß der Kronprinz auch in diese Diskussionen eingeweiht war, denn Latour war mit Benedek befreundet und brach nach Königgrätz keineswegs den Kontakt mit dem öffentlich kritisierten Feldherrn ab. Der Kaiser beauftragte einige Jahre später (1873) seinen Sohn, gemeinsam mit Latour eine Aussöhnung mit dem verbitterten Benedek zu versuchen, doch ohne Erfolg.

Der Friede von Prag wurde nach Bismarcks Anweisungen geschlossen. Österreich brauchte zwar an Preußen keine Länder abzugeben, aber die vorherrschende Stellung in Deutschland war dahin. Der Deutsche Bund wurde aufgelöst. Preußen vergrößerte sich um Hannover, Kurhessen, das Herzogtum Nassau und die Freie Stadt Frankfurt. Der Siegestaumel brachte Bismarck viele, bis dahin noch skeptische Anhänger. Bei vielen deutschen Österreichern erwachte die Bewunderung für den »Blut-und-Eisen«-Politiker.

Die Stimmung am Wiener Hof war dementsprechend. Der Kaiser gratulierte seinem Sohn zum achten Geburtstag: »Durch diese Zeilen wünsche ich Dir alles mögliche Glück und Gottes besten Segen. Vor allem aber, daß Du einst bessere Zeiten erlebst, als wie sie mir beschieden wurden.« Aber selbst in dieser Lage versäumte es der Kaiser nicht, den Sohn über militärische Einzelheiten auf dem laufenden zu halten: »Hier sind wir jetzt ganz von sächsischen Truppen umgeben, die in allen den Dörfern in der Gegend liegen und von welchen einige alle Tage vor dem Schloß vorbei auf die Schmelz zum Exerciren marschiren. Hier in Schönbrunn liegt jetzt das 28. Jäger-Bataillon, welches aber sehr viele Leute bei Trautenau und Königgrätz verloren hat, auch keine Röcke hat, da es bei Trautenau die Tornister, in welchen dieselben waren, zum Sturm ablegte und nicht mehr zu ihnen gekommen ist, so daß die Leute jetzt immer in Mänteln sind[41].«

An seine Mutter aber schrieb sich der Kaiser den Groll von der Seele: »Erst jetzt kommt man so recht auf alle die Infamie und den raffinierten Betrug, dem wir zum Opfer gefallen sind. Das war alles zwischen Paris, Berlin und Florenz lange vorbereitet und wir waren sehr ehrlich, aber sehr dumm. Es ist ein Kampf auf Leben und Tod, der noch lange nicht aus ist, und es ist mit Berechnung auf unsere vollkommene Zerstörung abgesehen. Wenn man alle Welt gegen sich und gar keinen Freund hat, so ist wenig Aussicht auf Erfolg, aber man muß sich so lange wehren als es geht, seine Pflicht bis zuletzt tun und endlich mit Ehre zu Grunde gehen[42].«

Der Kaiser bereiste die Schlachtfelder, das ganze Elend Österreichs trat ihm hier vor Augen, während sein kleiner Sohn schrieb: »... Du schaust auch die Schlachtfelder an – bringe mir gewiß eine Kugel von Königgrätz mit[43]«, und: »Die Dienstmagd, die Verwundete in der Schlacht verbunden hat, hast Du sie wirklich gesehen? Papa, wie ist die Bürgerwache in Prag uniformirt? In Trautenau wirst Du ja diesen gepeinigten Bürgermeister sehen? Sind die Felder in Tobitschau sehr verwüstet[44].«

Diese Briefe zeigen, welch leidenschaftlichen Anteil der Kronprinz an den Ereignissen des Jahres 1866 nahm, nicht anders als der gleichaltrige Prinz Wilhelm in Berlin, der spätere Wilhelm II., der Sieg auf Sieg erlebte. Welch ungeheurer Stolz bei dem jungen Hohenzollern, durch den Deutsch-Französischen Krieg und die Gründung des deutschen Kaiserreiches noch verstärkt – welch ungeheure Niederlage für das Selbstbewußtsein des Habsburgers, der in seiner Jugend mit ansehen mußte, wie Österreich eine Position seiner einstigen Größe nach der anderen aufgab: die Lombardei 1859, Venetien 1866, die Vorherrschaft in Deutschland, schließlich die staatliche Einheit im Ausgleich mit Ungarn 1867.

Der vor preußischen Truppen aus Wien nach Ofen geflüchtete junge Kronprinz wurde von den Ungarn mit Jubel empfangen. Das war alles andere als selbstverständlich, bedenkt man, wieviel Geld es sich Bismarck hatte kosten lassen, die Klapka-Partei zu unterstützen, die für ein selbständiges Ungarn kämpfte. Die liberale Partei unter Franz Deák und Gyula Andrassy konnte sich jedoch durchsetzen und sagte dem Kaiser Unterstützung zu.

Die begeisterte Elisabeth sah in Deák und Andrassy Retter in der Not. Dagegen zögerte der Kaiser noch, sich wie seine Gemahlin auf den »ausschließlich ungarischen Standpunkt zu stellen und diejenigen Länder, welche in fester Treue namenlose Leiden erduldeten und gerade jetzt der besonderen Berücksichtigung und Sorgfalt bedürfen, zurückzusetzen[45]«, womit das durch die Schlachten verwüstete Böhmen gemeint war.

Doch Elisabeth setzte sich, allen berechtigten Einwänden zum Trotz, nach langem Hin und Her durch. Sie war ein eifriges, ja fanatisches Werkzeug Andrassys auf dem Weg zur dualistischen Staatsform der Monarchie. Die Deutschen und Ungarn teilten sich seit 1867, dem Jahr des »Ausgleichs«, die Herrschaft aller Stämme und degradierten damit die anderen Nationalitäten zu Völkern zweiter Ordnung. Das Ideal einer einheitlichen Monarchie unter deutscher Führung, eines starken »Großösterreich«, mußte endgültig zu Grabe getragen werden. Ab nun gab es zwei getrennte Staatsgebiete mit eigenen Verwaltungen, zwei Verfassungen, zwei Parlamente, zwei Residenzstädte und komplizierte gemeinsame Koordinierungsstätten (»Delegationen«). Vor allem aber: die neue Staatsform und die Machtstellung der Magyaren behinderte jeden künftigen Reformversuch, was der Kronprinz in seinen reifen Jahren bitter beklagen sollte.

Franz Joseph an Elisabeth: »Ich bin sehr melancholisch und der Muth sinkt mir immer mehr, je mehr wir uns dem Frieden nähern und die inneren Schwierigkeiten klarer hervortreten, die zu bekämpfen sein werden. Mein Pflichtgefühl allein hält mich aufrecht und die leise Hoffnung, daß vielleicht doch noch aus den jetzt beginnenden europäischen Verwicklungen einst bessere Zeiten hervorgehen werden[46].«

Der Kronprinz ahnte nichts von den Schwierigkeiten, die sein Vater in Wien zu bewältigen hatte. Er war ganz im Einflußbereich seiner Mutter, die hier in Budapest zum ersten und einzigen Mal in ihrem Leben tätig war, politisch wie karitativ. Er sah, daß Elisabeth voll hinter der liberalen Politik Andrassys stand. Noch viel später, als die Kaiserin längst wieder ihr selbstsüchtiges Leben aufgenommen hatte, dachte Rudolf an diese Tage zurück, mit schwerem Herzen, da er erkannt hatte, daß Elisabeth mit ihren Ansichten und ihrem Einfluß auf den Kaiser eine Chance für die Durchsetzung liberaler Ideen gewesen wäre, sie aber aus Trägheit, Resignation oder welchen Gründen auch immer nicht genutzt hatte: »Es hat eine Zeit gegeben, wo die Kaiserin oft, ob mit Glück, das will ich dahingestellt sein lassen, sich um die Politik gekümmert hat und mit dem Kaiser über ernste Dinge, geleitet von Ansichten, die den seinen diametral entgegengesetzt waren, gesprochen hat. Diese Zeiten sind vorüber. Die hohe Frau kümmert sich nur mehr um den Sport; so ist jetzt auch dieser Einlaß fremder und im großen Ganzen eher liberal angehauchter Meinungen verschlossen[47].«

Außer Andrassy lernte der kleine Rudolf in Budapest noch einen Mann kennen, der in seinem Leben Bedeutung haben sollte: den führenden liberalen Journalisten, Chefredakteur des »Pester Lloyd«, Max Falk. Die Kaiserin nahm – auf Andrassys Empfehlung – Unterricht im Ungarischen bei Falk und schrieb über ihn an den stets mißtrauischen Kaiser: »Mit den Manieren des Falk bin ich sehr zufrieden, hoffe auch, daß ich endlich wirklich Fortschritte machen werde. Brauchst auf ihn nicht eifersüchtig zu sein, er ist das lebendige Bild des echten Juden, aber sehr gescheit und angenehm[48].«

Die Kaiserin schrieb ihrem Mann nicht, daß Falk ihr als Ungarischlektüre verbotene politische Literatur bringen mußte, so auch das Pamphlet »Der Zerfall Österreichs« und andere radikale Schriften, die sich bis zu der Behauptung verstiegen, daß erst auf einem Zerfall Österreichs der Friede Europas beruhe. Auch die Geschichte des ungarischen Freiheitskampfes von 1848 bekam die Kaiserin nun aus anderer Sicht zu hören. Auf ihre Fürbitte hin wurden einige »Achtundvierziger« vom Kaiser begnadigt. Der Einfluß Andrassys und Falks auf die Kaiserin (und durch sie auf den Kronprinzen) kann nicht hoch genug eingeschätzt werden.

Daß auch Rudolf über die blutige Niederwerfung des Aufstandes 1848 informiert wurde, ist sicher. Ließ doch die Kaiserin keine Gelegenheit verstreichen, die österreichische Politik des Jahres 1848 zu kritisieren und damit Erzherzogin Sophie zu belasten, die ja die Hauptfürsprecherin einer gnadenlosen Politik gegen die Aufständischen gewesen war. Sophie wird kaum erfreut gewesen sein, als der kleine Kronprinz, aus Budapest zurückgekehrt, ihr keine Ruhe ließ mit der Frage, wie es denn 1848 gewesen sei[49].

Erstaunlich ist die Fülle der Informationen, die der Achtjährige bereits erhalten hatte und die auch keineswegs einseitig waren. Bei der Großmutter Sophie erlebte er abgrundtiefen Haß gegen die Revolution und alles, was mit Verfassung oder gar demokratischen Rechten zu tun hatte, bei der Mutter Elisabeth eine schwärmerische Verherrlichung des freien liberalen Geistes, der gegen ein festes konservatives System kämpft. Ob eine Beeinflussung durch solche Extreme der Entwicklung des Kindes allerdings guttat, bleibe dahingestellt. Es nahm die Erzählungen ja nicht teilnahmslos auf, sondern ließ sich von allen, oft sehr blutrünstigen Geschichten über die Maßen aufregen und wurde so, je nachdem, in wessen Nähe und Einflußbereich es sich gerade befand, hin und her gerissen.

Bei der Krönung Franz Josephs zum König von Ungarn wurde der ganze Pomp des »dekorativen« 19. Jahrhunderts entfaltet. Der Krönungszug, die prunkvollen Magnatentrachten, goldglänzendes Geschirr der edelsten Pferde des Landes, der achtspännige Galawagen mit dem Königspaar, die Leibgarden mit wehendem Leopardenfell über den Schultern, der Jubel vor allem um die blendend schöne Elisabeth, das alles war ein Schauspiel, das den Kronprinzen, der zum erstenmal den Orden des Goldenen Vlieses trug, begeistern mußte, wenn auch der Schweizer Gesandte nüchtern schrieb: »Der ganze Zug machte trotz seiner Pracht und wirklichen Großartigkeit auf den unbeteiligten Zuschauer doch etwas den Eindruck eines Faschings(mummen)schanzes ... Dieses Stück Mittelalter paßt nun nicht einmal in unsere Zeit[50].«
Die Krönung in der Ofner Pfarrkirche beschrieb Rudolf in seinem Schulheft recht linkisch und mit unsicherer Rechtschreibung: »... Dann fiengen Leute mit Pauken an zu spielen und Papa und Mama kamen herein. Mama gieng auf eine Art von Thron. Papa gieng zum Altar und kniete sich nieder und man laß viel Lateinisch ... Andrassy und Primas setzten ihm die Krohne auf[51].«
Andrassy und Elisabeth waren die Helden der Krönungstage. In Wien und Prag hörte man bittere Kommentare, und der Schweizer Gesandte berichtete nach Bern: »Es gewährte einen höchst eigentümlichen Eindruck zu sehen, wie der Mann, dessen Todesurteil Kaiser Franz Joseph 1849 unterschrieben hatte und dessen Name in Pest an den Galgen geheftet wurde, jetzt nach achtzehn Jahren die Krone auf das Haupt des Monarchen setzte, dessen höchstes Vertrauen er heute genießt[52].«
Ein Jahr später schrieb Rudolf in einem Aufsatz über die »Unter-

schiede zwischen der deutschen und ungarischen Nation«: »Der Ungar hengt aber mit Leib und Seele am Vaterland und gibt für dasselbe den letzten Blutstropfen her, was beim Deutschen nicht der Fall ist[53].«

Auch den Deutsch-Französischen Krieg 1870/71 erlebte der kleine Kronprinz intensiv mit. Sein Herz stand ganz auf der Seite der Franzosen. Die bayrischen Verwandten allerdings, auch die Brüder der Kaiserin, mußten gegen Frankreich kämpfen. Sophie schrieb ihrem Enkel nach Ischl: »Nun wird der liebe Gott durch viele Gebethe bestürmt in diesen angstvollen Tagen! Ich kann mir denken, wie Eure arme Mama sich für Ihre Brüder abängstigt und beklage sie tief! ... Daß die Baiern sich so sehr ausgezeichnet haben, freut mich sehr als Stammesverwandte, kann aber nur innig bedauern, daß es nicht lieber im Jahr 66 so kam u. sie nun als echter deutscher Michel für den gänzlichen Ruin ihrer Unabhängigkeit u. selbständigen Existenz fechten und bluthen[54]!«

Sophies Deutschenhaß und ihr Wunsch, Österreich-Ungarn möge mit Frankreich gegen Preußen kämpfen und sich für Königgrätz revanchieren, war nur zu deutlich. Auch Erzherzog Albrecht, Rudolfs damals noch verehrtes Vorbild, gehörte zur Franzosenpartei des Jahres 1870, in Ungarn Gyula Andrassy, der ja viele Jahre im Pariser Exil verbracht hatte. Die Haltung des Kronprinzen wurde von ihnen geprägt.

Als der deutsche Kaiser im Sommer 1871 den österreichischen Kaiser in Ischl und Gastein traf, um die Beziehungen zu verbessern, schrieb der inzwischen dreizehnjährige österreichische Kronprinz ein blutrünstiges Rachegedicht in 32 holprigen Zeilen über eine Geisterparade gefallener Soldaten von Königgrätz und Sedan, die nach dem Blut der Preußen rufen:

»Da ist er nun zu büßen seine Sünden
Menschenleben kann er schinden
Österreichs Völker fühlten dies
Frankreichs Heldenleben er aus blies ...
Wehe, wenn wir je erstarken
Wenn die blutigen Marken

Die er uns schlug wieder zugeheilt.
Dann hat ihn, nicht uns der Tod ereilt.
Möge Gott es uns ertheilen
Daß Österreichs Frankreichs Wunden heilen
Dann treten aus den Gräbern gleich
Mit entstelten Gesichtern gar sehr bleich
Die Königgrätzer Werther Sedaner Helden
Sie fordern ihr Blut, sie fordern Rache ihre entstelten
blaßen rache süchtigen Gesichter
Verfolgen ihn den Wilhelm bis vor den Richter
Und geben ihn nie frei
Und hetzen ihn selbst im Jenseits ohne Scheu
Und so gehe es allen Hohenzollern Fürsten
Die stets und immer nach Blut dürsten
Alle sie treffe dieses Los
Alle alle nicht Wilhelm bloß.«

Nicht seinem Vater, der ja eine Verständigung mit Wilhelm I. trotz aller Antipathien suchte, sondern dem Großonkel, Erzherzog Albrecht, dem Haupt der Franzosenpartei am Wiener Hof, widmete der Kronprinz dieses Gedicht: »Diese Zeilen in Treue und Verehrung geschrieben / Gewidmet den Helden, die wacker geblieben, / Und ihm: der mein Vorbild mein Stern / Ihm meinem gnädigen muthigen Herrn[55].«
Rudolfs deutschfeindliche Haltung wurde auch in der Öffentlichkeit bekannt: »Nicht unerwähnt darf hier bleiben, daß es in Hofkreisen als feststehend galt, der Kronprinz Rudolf, dessen jugendliches Alter ihn zwar noch von jeder aktiven Teilnahme an der Politik ausschloß, dessen Intelligenz aber zu großen Hoffnungen berechtigte, mache aus seiner Gegnerschaft wider eine Allianz mit Preußen kein Hehl und werde darin von seiner Großmutter Erzherzogin Sophie unterstützt[56].«
Die durch Gondrecourts Erziehung angegriffenen Nerven des Kronprinzen hatten sich seit Latours Amtsantritt beruhigt – trotz der übergroßen Belastungen, die das eifrige Studium von inzwischen fünf Fremdsprachen (Ungarisch, Tschechisch, Polnisch,

Französisch und Latein), sportliche und militärische Übungen und wachsende Repräsentationspflichten mit sich brachten. Zum Spielen mit Gleichaltrigen blieb kaum Zeit, außerdem war genau geregelt, welches Kind wie lange beim Kronprinzen sein durfte, um niemanden zu bevorzugen. Zwölf gleichaltrige Knaben aus der Hocharistokratie und die etwa gleichaltrigen Erzherzöge Johann Salvator, Franz Ferdinand, Otto und Friedrich waren zum Kronprinzen zugelassen.

Der einzige, der intellektuell dem Kronprinzen gewachsen war, war der um sechs Jahre ältere Erzherzog Johann Salvator (später Johann Orth). Rudolf fühlte sich ihm deutlich unterlegen, was er ihm noch Jahre später, als Johann in Schwierigkeiten war, nicht verhehlte: »Jetzt bist Du nicht mehr der brave Gianni, der immer so fleißig lernt[57].« Mit den anderen jungen Herrschaften hatte er weniger Schwierigkeiten. Stolz schrieb der Geschichtslehrer Zhisman in sein Tagebuch über den Zehnjährigen: »Zeigt sich allen geistig überlegen; erklärte ihnen letztens die Abyssinische Expedition; die jungen Cavaliere wußten ihm nicht zu folgen[58].«

Familienleben gab es eigentlich nur zu Weihnachten, wo sich auch die Vettern Rudolfs einfanden. Erzherzogin Sophie hielt in ihrem Tagebuch das »Regierungs«spiel der kleinen Erzherzöge zu Weihnachten 1868 fest. »Rudolf erhebt den fünfjährigen, in einem großen Fauteuil sitzenden Franz Ferdinand zum König. Er und alle anderen sind die Minister. Nun tritt der Kronprinz vor und fragt: ›Welche Statthalter wollen Eure Majestät ernennen?‹ Franz Ferdinand will aufstehen, macht das aber recht ungeschickt und fällt zu Boden. Tolles Gelächter, Rudolf aber sagt bedenklich: ›Das ist kein gutes Vorzeichen, wenn eine Majestät vom Throne fällt[59].‹«

Eine Reihe von Anekdoten wurden aus der Kindheit Rudolfs erzählt, wie die von seiner Arretierung: Dem Knaben Rudolf wurde einmal zur Strafe die geliebte Mehlspeise entzogen. Kurz nachher war er aus der Hofburg verschwunden. Er hatte sich durch einen Nebenausgang davongemacht, schlenderte durch die Stadt, kam schließlich zu einem Zuckerbäcker auf der Wieden und ließ sich von diesem die besten Süßigkeiten bringen. Daß er dafür bezahlen mußte, wußte der Knabe nicht und war sehr erstaunt, als der Bäcker ihn beschimpfte, beim Kragen nahm und zum nächsten Wachmann auf die Straße brachte, ungeachtet der Beteuerungen Rudolfs, er sei der Sohn des Kaisers. Der Wachmann klärte alles auf. Der Zuckerbäkker erhielt einige Golddukaten zum Andenken, die er zu einer Halskette für seine Frau umarbeiten ließ. Noch die Enkelkinder zeigten ihren Kunden stolz dieses Andenken und vergaßen nicht zu erzählen, der Kronprinz sei schon früh ebenso freiheitsdurstig wie seine Mutter gewesen.

Ab dem achten Lebensjahr bekam Rudolf 15 Gulden Taschengeld pro Monat und hatte über seine Ausgaben genau Buch zu führen, zum Beispiel im Monat Juli 1868:

Einnahmen:		Ausgaben:	
Taschengeld:	fl. 15.—	Trinkgeld:	fl. –.40
In Silber	fl. 3.80	Bonbons	fl. –.80
	5 Dukaten	Einem armen Invaliden	1.—
Übertrag von Juni	6.60	Sesselträger in Ischl	–.60
Summe	fl. 25.40	Einer armen Frau	fl. 5.—
	5 Dukaten	Der armen Witwe von	
		Ebensee	fl. 5.—
			fl. 12.80

Latour berichtete dem Kaiser regelmäßig über den Kronprinzen, und zwar keineswegs nur positiv. So erwähnte er auch die Unarten des Kindes, Unwahrhaftigkeit und nachlässiges Beten. Der Kaiser möge mit seinem Sohn darüber sprechen, »aber ich bitte in tiefster Ehrfurcht keine Strenge, zu einem leicht empfänglichen Herzen sprechend und ja nicht vor der Frau Erzherzogin Gisela[60]«.

Der Vater nahm den Platz des obersten strengen Richters ein. Das Kind fürchtete sich vor ihm, und Latour versuchte nach Kräften, die Strenge des Vaters zu mildern. Den Lehrern, so auch Josef Zhisman, hatte der Kaiser deutliche Weisung gegeben: »Nehmen Sie ihn scharf her; der Junge nimmt mir die Sache zu leicht; ich leide nicht diese Spielereien.« So war die Aufregung Rudolfs verständlich, wenn der Kaiser einmal den Unterrichtsstunden beiwohnte. Zhisman schrieb, Rudolf »zeigte ein feuriges Streben, sich und mir Ehre zu machen[61]«.

Hin und wieder lobte Franz Joseph seinen Sohn für dessen Fleiß, interessierte sich aber hauptsächlich dafür, ob Rudolf auch im Schießen Fortschritte machte. »Was Sie mir über Rudolfs Befinden und Lernen schreiben, erfreut mich sehr, auch befriedigt es mich, daß es mit dem Schießen wieder besser geht[62]«, schrieb er an Latour. Er war nie herzlicher zu seinem Sohn, als wenn dieser ihm Erfolge auf der Jagd meldete. Stolz berichtete Franz Joseph seiner Mutter: »Rudolph schießt im Garten Eichhörnchen und in der Fasanerie Kaninchen. Der Jäger steckt ihm im Blute[63].« Noch vor dem neunten Geburtstag schoß Rudolf seinen ersten Hirsch. Der Kaiser telegraphierte nach Ischl: »Weidmanns Heil. Ich gratulire zum Hirsch. Habe eine ungeheure Freude[64].«

Von dieser Zeit an bildete die Jagd den Hauptgesprächsstoff zwischen Vater und Sohn, wie man aus den Briefen sehen kann. Es ging um Abschüsse von Füchsen, Kaninchen, Tauben, Schnepfen, Gemsen, Hirschen, Kormoranen. Die Großmutter Sophie blieb ob dieser Begeisterung skeptisch. Rudolf: »Großmama, bedaure nicht die Vögel, die ich geschossen habe; denn es waren ja Elstern, Krähen und Falken, und die Letzteren zerreißen kleine Vögel, daher bin ich der Beschützer der Gimpel und Finken[65].«

Die Bemühungen des Knaben, ein guter Jäger wie sein Vater zu werden, waren aber offenbar nicht so von Erfolg gekrönt, wie Franz Joseph hoffte, denn in den späteren Briefen wiegen Tadel vor: »Ich bedaure sehr, daß Du, trotz beneidenswerthen Anlaufes, auf der Jagd Alles gefehlt hast und hoffe nur, daß Du auf künftigen Jagden, zu denen es wohl noch Gelegenheit geben wird, besser schießen wirst. Es ist eben etwas Anderes zahme Thiere im langweiligen Thiergarten zu schiessen und echtes Wild im herrlichen Gebirge zu erlegen. Die Hauptsache ist aber, den Muth nicht zu verlieren und bei jeder neuen Jagd von der Überzeugung auszugehen, daß man treffen muß[66].«

Auch an den Geschenken, die das Kind erhielt, ersieht man den übergroßen Anteil der Jagd und des Militärs an der Erziehung. Erzherzog Wilhelm schenkte dem Achtjährigen ein neues Gewehr: »Ich kann mir das Vergnügen nicht versagen, Dir ein Modell des für die Neubewaffnung der Armee beantragten Werndl-schen Ge-

wehres hier mitfolgend zu übersenden und gleichzeitig einige Stück scharfe Patronen beizulegen, wobei ich nur bemerke, daß zum wirklichen Feuern der lederne Zündstiftschutz beseitigt werden muß[67].«
Von der Pariser Reise 1867 brachte Franz Joseph seinen Kindern als Überraschung »eine Armbrust und die französische Armee in Bildern« mit. Zum Namenstag bekam der Achtjährige ein Porträt des Prinzen Eugen, des Retters vor den Türken, von den Lehrern Korallen, Seesterne, Schwämme, Spinnen in Spiritus, Skorpione, ausgestopfte Vögel für seine Naturaliensammlung und: »Alle meine Spielgewehre sind auch mit neuen Tragriemen versehen, auch waren sechs neuartige Patronentaschen mit Riemen da«, von der Schwester Gisela bekam er »den Robinson im Ungarischen, eine Torte, Bilderbögen und ein Bouquet«. Erzherzog Albrecht schenkte schließlich ein Gemälde: »Ein verwundeter österr. Officier in den franz. Feldzügen bei einem Kapuzinerkloster«, die Eltern noch eine Pony-Equipage.

Die Ehe des Kaiserpaares hatte sich im Jahr der ungarischen Krönung gebessert. Das »Versöhnungskind« Marie Valerie wurde 1868 in Ungarn geboren, was dem Kaiser Anlaß gab, seinem Sohn einen langen, lieben Brief nach Wien zu schreiben: »... Sie ist recht hübsch, hat große dunkelblaue Augen, eine noch etwas zu dicke Nase, sehr kleinen Mund, ungeheuer dicke Backen und so dichte dunkle Haare, daß man sie jetzt schon frisiren könnte ... Sie kanonisirt öfter und dann stinkt sie meistens ein wenig, was bei kleinen Kindern nicht anders möglich ist[68].«
Für die beiden ältesten Kinder, Gisela und Rudolf, änderte sich jedoch mit der Geburt Valeries kaum etwas. Denn Elisabeth zog es vor, sich mit ihrer Jüngsten, der »Einzigen«, vom Hof in Wien fernzuhalten. Sie war mit der fast hysterischen Sorge um dieses Kind derartig ausgefüllt, daß ihr keine Zeit für die älteren blieb. Um Familienleben zu genießen, mußte sich der Kaiser nach Ungarn begeben: »Die beiden größeren Kinder folgen mir mit ihrem ganzen Hofstaat und zahlreichen Professoren übermorgen, und so wird die ganze Familie zu einem stillen, gemüthlichen Familienleben wieder ver-

einigt sein, auf das ich mich unendlich freue[69]«, schrieb der Kaiser zufrieden an seine Mutter.

Daß aber auch diese seltenen Treffen Probleme aufwarfen, deutete Gräfin Fürstenberg wenig später in Ischl an: »Es war so ruhig hier, nun die ganze Familie beisammen ist, herrscht Rastlosigkeit und Ärgernis; und jedes ohne Unterschied freut sich in seines Herzens innerstem Winkel auf die allseitige Trennung und auf das Ausruhen vom Zwang, den ihm das Beisammensein mit seinen Lieben auferlegte[70].«

Von diesen wenigen Ausnahmen abgesehen, waren die beiden älteren Kaiserkinder mit ihrem Hofstaat in Wien allein. Der Kaiser war mit Geschäften überhäuft und schrieb hin und wieder mitfühlende Briefe an den stets kränkelnden Sohn: »Ich bedaure sehr, daß Du jetzt so einsam in Wien bleiben mußt und daß ich Dir nicht Gesellschaft leisten kann. Allein Du wirst diese Zeit mit gewohnter Pflichttreue zum fleißigen Studiren nützlich verwenden und Weihnachten ist ja nicht mehr ferne, wo wir Alle wieder vereint sein werden[71].« Einige Wochen später: »... Es thut mir sehr leid, daß Du wieder so allein bist und ich hoffe nur, daß Deine Studien und manchmal das Theater Dich zerstreuen werden. Auch ich fühle mich hier sehr einsam und sehne mich nach dem Augenblick, wo ich wieder mit Dir vereint sein kann[72].«

Bei dem so spannungsreichen kaiserlichen Familienleben kam dem Erzieher Latour eine überragende Rolle zu. Sein Einfluß ging weit über den der Eltern hinaus. Immer noch mußte er mit den Schäden kämpfen, die Gondrecourt in der Psyche des Knaben angerichtet hatte. Noch drei Jahre nach Gondrecourts Abgang schrieb Zhisman in sein Tagebuch über eine Lateinstunde: »Bei der Bemerkung der Sage über den Kampf der Hunnen und Römer in den Wolken plötzliche Erregung; Wirkungen der Erziehung Gondrecourts u. Nachwehe der Gespensterfurcht«, und: »Bei dem Ausdrucke umbrae Schatten, Gespenster fuhr der Kr. zusammen. Eine Nachwirkung der Erziehung Gondrecourts.«

Traurige Erlebnisse verstörten den Prinzen tagelang, so als er zufällig im Schönbrunner Schloßpark Zeuge wurde, wie ein Mann mit Laugenessenz Selbstmord verübte, sich in Schmerzen wand und

starb. Unglück, Armut, Tod belasteten das Kind bis zur Schwermut. Die ständige Konfrontation mit dem Tod von Tieren auf den Jagden hatte den Knaben nicht abhärten können, ganz im Gegenteil noch mehr sensibilisiert. Die erhaltenen Kinderzeichnungen Rudolfs von den Jagden zeigen geradezu sein Grauen vor den erlegten Tieren, denn er zeichnete große, schauerlich anmutende Kleckse in grellroter Farbe bei jedem erlegten Tier.
Der Wechsel von lebhafter Fröhlichkeit zu Melancholie machte die Erziehung äußerst schwierig, trug allerdings dazu bei, daß der Knabe der unbestrittene Liebling der Hofdamen wurde, deren mütterliche Gefühle das Kind herausforderte. Gräfin Marie Festetics schrieb über den Dreizehnjährigen in ihr Tagebuch: »Der Kronprinz ist gar so nett und sympathisch, seine braunen Rehäugerln erinnern mich an die Kaiserin und das lacht und kichert und freut sich seines Lebens und fragt unaufhörlich; am Attersee saß er neben mir auf dem Schiffe, ich sah in die blaue Flut, da sagte er plötzlich: ›Was haben Sie denn jetzt gedacht? Aber auf Ehre ehrlich?‹ ›Ich dachte, wie leichtsinnig wir alle seien, so ein gebrechliches kleines Fahrzeug und das tiefe Wasser. Wir finden es ganz natürlich, daß es uns glücklich herüberbringt, denken gar nicht daran, wie wir eigentlich über den Tod dahingleiten. Ein Ruck und vorüber ist alles.‹ Er sah mich ernsthaft an und sagte: ›Über den Tod hingleiten, das klingt verdammt schauerlich, es wird einem kalt dabei.‹ Mir war gleich leid, daß ich es sagte[73].«
Gespräche dieser Art führte das Kind freilich nur mit seinen Lehrern, mit Hofdamen, Dienern. Die Eltern waren ihm weit entrückt.

2. Kapitel

Eine bürgerliche Erziehung

Der Lehrplan für den Kronprinzen entsprach der Volksschule und dann dem Gymnasium, allerdings mit zusätzlichen Fremdsprachen (Latein, Französisch, Ungarisch, Tschechisch und Polnisch). Dazu kamen die militärischen Fächer und ausgiebige körperliche Übungen. Ob der alte Habsburgerbrauch, daß jeder Erzherzog ein Handwerk lernen müsse, auch bei Rudolf gepflegt wurde, ist ungewiß. Nach einigen Quellen soll er das Buchdruckerhandwerk gelernt haben, worüber sich in den Studienunterlagen allerdings kein Hinweis finden läßt.

Für fast jedes der vielen Fächer gab es eigene Lehrer, und Latour nahm sorgfältig darauf Bedacht, daß alle Nationalitäten der Monarchie in irgendeiner Form vertreten waren. Fast alle Lehrer waren Bürgerliche, im Hauptberuf Lehrer an Volksschulen, Gymnasien, später an Hochschulen. Das bedeutete, daß sie keineswegs dem sozialen Milieu der traditionellen erzherzoglichen Lehrer angehörten: dem im weiteren Sinne doch höfischen, mindestens aber klerikalen Kreis. Viele von ihnen stammten aus ärmlichen Verhältnissen, waren als Wanderburschen nach Wien gekommen und hatten es allein ihrer Tüchtigkeit zu verdanken, daß sie es zu geachteten Stellungen gebracht hatten. Diese Lehrer waren Fremdkörper am aristokratisch gesinnten Wiener Hof und der Kritik der Hofbeamten besonders ausgesetzt.

Daß Latour, nur vom Kaiserpaar abhängig, Lehrer auswählen durfte, die sogar engagierte liberale Schulreformer waren und somit zwangsläufig Gegner des alten, allein von der Kirche abhängigen Schulsystems, kam einer Revolution gleich, für die die Kaiserin verantwortlich war, vielgescholten von der Hofpartei, die alles Übel im weiteren Lebensgang Rudolfs auf diese liberale Erziehung zurück-

führte, aber bedankt von ihrem Sohn, der zeitlebens für die liberalen Schulgesetze und damit seine Lehrer leidenschaftlich eintrat.
Man muß sich die Tatsache vergegenwärtigen, daß 1865, als Latour seine Stelle antrat, die Kirche laut Konkordat noch die Oberaufsicht über das gesamte Schulwesen hatte. Pfarrer und Bischöfe waren nicht nur für den Religionsunterricht, sondern ebenso in Rechnen, Schreiben, Geschichte und allen anderen Fächern die letzte Instanz. Es wirkt paradox, daß eine von Grund auf »klerikale« Erziehung für alle Kinder in Österreich Geltung hatte (soweit sie überhaupt in Schulen gingen), außer für den an einem demonstrativ katholischen Hofe aufwachsenden Kronprinzen, dessen Vater und Großmutter sich 1855 so vehement für das Konkordat eingesetzt hatten.

Die Gesichtspunkte der Auswahl werden vor allem beim Geschichtslehrer deutlich. Latour konnte ja nicht zulassen, daß ein nationalistischer Lehrer dem jungen Prinzen eine der Nationalitäten der Monarchie so sympathisch machte, daß er darüber die anderen und deren Bedürfnisse vergaß. Bezeichnend für Latour war, daß er diese Gefahr vor allem bei den Deutschnationalen sah. So schrieb er dem Kaiser als Entschuldigung, daß die Suche allzulang dauerte: »Die Auskünfte, die ich bis jetzt erhalten, genügen mir nicht, viele dieser Lehrer sind wegen ihrer Deutschtümelei nicht verläßlich[1].« Rudolfs Lehrer waren »Schwarzgelbe«, dem übernationalen Reich und nicht einer bestimmten Nation verpflichtet (freilich, wie so oft, die Ungarn ausgenommen).

Eine weitere Bedingung, Lehrer des Kronprinzen zu werden, war die Enthaltsamkeit von jeder politischen Tätigkeit. Das hinderte Latour nicht daran, liberale Gelehrte zu bevorzugen, nur durften sie kein politisches Amt haben. Die Vorschlagsliste Latours über die in Frage kommenden Geschichtslehrer ist erhalten: »Er soll ein guter Katholik sein (besonders notwendig bei der Geschichte der Reformation), aber kein ultramontaner und intoleranter und kein solcher sein, der der Kirche einen nicht gerechtfertigten Einfluß auf die Regierungsgewalt vindiciren will.

Auf der hiesigen Universität sind 4 gute Geschichtslehrer:
Professor Philipps – allgemein bekannt als ultramontan.

Dr. Sickel – Protestant
Dr. Lorenz – gemein, treibt sich mit Studirenden in Kneipen herum u. ist excessiv
Professor Aschbach – 1801 geboren –
Alle 4 dürften sich nicht eignen.
In Wien dann noch Regierungsrath Arneth, bekannt als Geschichtsschreiber, nur steht vielleicht zu besorgen, daß er kein Geschichtslehrer ist ...
In Lemberg Profeßor Zeißberg, der sehr gut sein soll.
Endlich würde sich auch Profeßor Zhisman wenigstens für die ersten Jahre des Geschichtsunterrichtes eignen, da er Geographie und Geschichte im Gymnasium vorzüglich vorgetragen hat – seine Wahl hätte vielleicht auch den Vortheil, daß nicht gar so viele Lehrer Unterricht ertheilen[2].«
Auf Josef Zhisman fiel die Wahl. In einem Vorgespräch, das er in seinem Tagebuch festhielt, wurde die Grundlinie des Unterrichts festgelegt: »Man wünsche ... eine liberale Auffassung; es solle überall die Wahrheit gesagt, nichts bemäntelt werden. Die Fehler, die man in der Erziehung früher begangen, würden gegenwärtig bitter beklagt sein[3].«
Josef Zhisman war Slowene und kam aus ärmsten Verhältnissen. Er war zu Fuß von Laibach nach Wien gewandert, um hier zu studieren, erlebte die Revolution von 1848, über die sein Bruder Anton, der nach Amerika auswanderte, das erste Buch in englischer Sprache schrieb. Josef Zhisman wurde Professor am Theresianum, beschäftigte sich aber nebenbei mit dem Kirchenrecht der griechisch-orientalischen Kirche, arbeitete über dieses Thema auch in Archiven in Oxford und Paris. Wegen seiner Unvoreingenommenheit hat der Name Zhisman in der Ostkirche heute noch einen guten Klang. 1871 wurde er Ordinarius für Kirchenrecht an der Universität Wien.
Zhisman faßte, wie man aus seinem Tagebuch ersieht, eine besonders innige Zuneigung zu dem kleinen Prinzen: »Kr. ist die Herzigkeit selbst. Wird immer liebenswürdiger« und »Der Krp. ist eine Alpenblume, so zart und so jung.« Er bedauerte den damals Achtjährigen, der oft in der Früh um vier Uhr aufstehen mußte und den

ganzen Tag mit Lernen geplagt wurde. Auch gegen die übermäßigen Repräsentationspflichten des Kronprinzen opponierte Zhisman, so wenn der Achtjährige Waisenhäuser und Schulen besuchen und dort Gleichaltrige und ältere Schüler examinieren sollte. »Kr. soll auch im Theresianum examiniren. Ich warnte davor; wieder vergebens. Latour aber meinte, der Kr. soll dadurch gewandte und schlagfertige Formen gewinnen. Ich machte nochmals meine Vorstellungen.« Doch nach dem Besuch war Zhisman von Stolz auf seinen Schüler erfüllt: »Der Erfolg war wie ich ihn vorausgesagt. Kr. stellte in der 1. und 2. Klasse Fragen; besuchte dann die 3. Klasse; sprach böhmisch und ungarisch, beantwortete gewandt die Anrede des Curators Schmerling u. ließ den Eindruck des liebenswürdigsten Knaben zurück.«
Zhisman hatte offenbar eine ungewöhnliche pädagogische Begabung. Er machte den Lehrstoff so anschaulich wie möglich und bezog immer wieder, auch außerhalb des Lehrplanes, die Geschichte Wiens in den Unterricht ein. So übersetzte er mit dem Knaben die Inschriften der antiken Statuen im Schönbrunner Schloßpark, wodurch der Schüler gleichzeitig Latein, antike Mythologie und Heimatkunde lernte. »Der Kronprinz erklärte bei der Abreise, wieviel er doch jetzt wisse u. sich der Vergangenheit schäme. Früher glaubte er nur eine Statue zu kennen, den Adam (Paris mit dem Apfel), jetzt verlasse er alle als bekannte Freunde.«
Die Wiener beobachteten mit Freude, daß der kleine Kronprinz auch dazu angehalten wurde, das große Ereignis der sechziger Jahre, den Fall der Basteien und den Bau der Ringstraße, mitzuerleben. Ein Holzschnitt aus den sechziger Jahren zeigt den Buben, wie er auf der Löwelbastei mitten unter den Arbeitern Steine auf einem Kinderschubkarren wegführt – sicherlich eine Szene, die gestellt war, die Wiener aber trotzdem freute. Die Bindungen zur Vaterstadt, die sich in einem großen Umbruch zur modernen Großstadt befand, wuchsen zu einer lebenslangen, fast schwärmerischen Zuneigung Rudolfs zu seinem »lieben Wien«.
Man muß sich die üblichen Lehrpläne der Gymnasien in Geschichte in dieser Zeit vergegenwärtigen. Die Antike stand im Mittelpunkt. Die »Zeitgeschichte« mit den Revolutionen von 1789 und 1848

wurde völlig mißachtet, worüber manche Zeitgenossen Rudolfs in ihren Erinnerungen klagten, so auch der gleichaltrige Wilhelm II., der in seiner ganzen Schulzeit im Kasseler Gymnasium nicht über die Geschichte des Dreißigjährigen Krieges hinauskam[4].
Der österreichische Kronprinz dagegen befaßte sich schon mit dreizehn Jahren ausführlich, und wie man aus den wenigen erhaltenen Studienheften ersehen kann, mit großer Objektivität mit der Geschichte des 19. Jahrhunderts, einschließlich der Revolutionen. Typisch für die liberale Einstellung Zhismans ist die Verehrung für den Bürgerkönig Louis Philippe, über den Rudolf in sein Geschichtsheft schrieb: »Geliebt, geehrt von den Franzosen, die müde waren der Bourbonschen Regierung. Er hatte sich seine Ansichten von Amerika geholt, und war einige Zeit Mathematik-Professor in Reichenau in der Schweiz. In Paris lebte er gehaßt vom König und der Familie Bourbon. Während den Tagen der Revolution wurde er gewählt, aber er hatte sich nicht aufgedrängt ... Er war der echte Bürgerkönig, und er hing mit Liebe an der Nationalgarde, seine Söhne wurden in öffentlichen Schulen erzogen und unterrichtet, der alte Adel der Bourbon haßte ihn, aber der von Napoleon I. gegründete neue Adel waren alle seine Freunde, gleich vertrieb er alle diese vielen Geistlichen die am Hofe des Bourbons die Macht hatten[5].«
Zhisman begeisterte den Knaben für den modernen Fürsten liberaler Vorstellung: für einen König nicht von Gottes Gnaden, sondern vom Willen des Volkes abhängig, in einer Revolution vom Bürgertum zum König gewählt. Ein König, der die Volkssouveränität anerkennt und dem nicht zuletzt durch seine Bildung und wissenschaftliche Arbeit auch ein natürlicher Vorrang gegeben ist. Diesem Ideal eines Bürgerkönigs im bürgerlichen 19. Jahrhundert strebte der Kronprinz zeitlebens nach, unbeeindruckt von den Haßausbrüchen des Wiener Hofes gegen den »revolutionären Emporkömmling« Louis Philippe.
Nicht zu übersehen ist in den wenigen erhaltenen Studienheften die Opposition gegen Aristokratie und Klerus. Der Vierzehnjährige ereiferte sich auch außerhalb des Geschichtsunterrichtes in den ersten selbständigen Schriften über nichts so sehr wie über den Adel, den er in Gegensatz zu Wissenschaft, Bildung, Bürgertum stellte:

»Auch lepisch ist das ewige französisch reden, wozu haben wir unsere schöne deutsche Sprache, die jetzt die Sprache der Wissenschaften ist, doch fast ist es besser, dass diese edle Sprache nicht von denen gesprochen wird, die ihr nicht gewachsen sind. Was wissen diese Leute von Wissenschaft, schimpfen thun sie darüber, und auch über die Gelehrten, wie können sie das überhaupt thun, über was zu reden, von dem sie keinen blauen Dunst haben, was sind hunderte und hunderte von solchen Pariser Auslagepuppen denn, was sind sie denn anders gegen einen Humboldt, sie sind nicht würdig, seinen hohen Namen auszusprechen, oder gegen unsere beiden deutschen Dichter Göthe, Schiller[6]!« Zitate dieser Art könnten seitenlang fortgesetzt werden.
Auch die Geistlichkeit kam in den Geschichtsheften Rudolfs schlecht weg. So steht dort zum Beispiel über die Tiroler Bauern zur Metternich-Zeit zu lesen: »Tyrol ... der größte Theil der Bauern waren alle clerical, ganz für die Geistlichkeit, für die Ignoranz und die blinde Unwissenheit[7].« Ein Jahr vorher hatte Erzherzogin Sophie dem Kronprinzen noch diese klerikalen Tiroler Bauern besonders ans Herz gelegt und Rudolf nach Meran geschrieben: »Die Bauern, die so treu und dynastisch gesinnt sind, werden sich freuen Dich zu sehen u. werden auch Dich interessiren, denn sie haben im Allgemeinen einen richtigen, scharfen Verstand u. einen tiefen, festen Glauben[8].« Rudolf lernte nun im Geschichtsunterricht, daß dieser tiefe, feste Glaube »Ignoranz und die blinde Unwissenheit« einschlösse.
Zhisman wurde 1871 Mittelpunkt einer Pressekampagne katholischer Zeitungen. Er hatte sich nicht nur als Sympathisant Ignaz Döllingers bekannt, als dieser das Unfehlbarkeitsdogma ablehnte. Er machte auch anläßlich einer öffentlichen Geschichtsprüfung des Kronprinzen keinen Hehl daraus, daß er die Krönung der mittelalterlichen deutschen Könige durch den Papst nicht guthieß – sein Beitrag zum aktuellen Streit der Gelehrten Sybel und Ficker.
Die wütenden Einwände des klerikalen »Vaterland« gegen Zhisman waren nicht unberechtigt. Denn daß Rudolf unter Zhismans Einfluß antiklerikal wurde, ist eine nicht abzuleugnende Tatsache. Er sollte sein Leben lang für Toleranz gegenüber anderen Bekennt-

nissen eintreten. Vor allem sollte er als guter Zhisman-Schüler gegen die Missionierung der Griechisch-Orthodoxen auf der Balkanhalbinsel opponieren.
Aber kein Satz ist in den vielen Schriften Rudolfs zu finden, in denen er das Christentum als solches abträglich beurteilt hätte. So finden sich schon in den Studienheften des Knaben neben häufigen Ausfällen gegen die »Clericalen« Sätze folgender Art: »Das Christenthum ideal aufgefaßt ist eine Lehre voll höchster Philosophie und den edelsten Principien; Friede den Menschen auf Erden, Arbeit Aller für Alle, und Aussicht auf ein Reich, wo dem Verdienste gemäß gerichtet, die Wesen alle gleich in Erkenntniß höchster Wahrheiten und Principien in einer unbestimmten Verklärung wandeln; ... Christus müßen wir vor Allem als den Profeten der modernsten Ideen betrachten, denn er gab dem Streben der folgenden Jahrhunderte die Basis der Menschenfreundlichkeit und Nächstenliebe, er war der Typus eines edlen für die Menschheit schwärmenden Geistes, ein Märtyrer seiner Principien, die aber durch das Reelle ihrer Basis sich schnell über die Erde verbreiteten; die ersten Christen wage ich als edle und von den wahren idealen Ansichten dieser Richtung durchdrungenen Socialisten zu bezeichnen[9].«
Wohlgemerkt: diese Sätze entstammen keineswegs dem Religionsunterricht, sondern den Stunden, die der Knabe von seinen als kirchenfeindlich verleumdeten liberalen Lehrern erhielt.

Die Ungarn setzten 1871 einen eigenen Lehrer für ungarische Geschichte durch, der von Gyula Andrassy der Kaiserin empfohlen wurde: Hyazinth Rónay. Er war zwar Geistlicher (Benediktiner), aber keineswegs das, was die Liberalen der Zeit »klerikal« nennen konnten, sondern fortschrittsgläubig, tolerant, ein Parteigänger der liberalen Partei Ungarns. Feldkaplan beim Aufstand von 1848, dann Flucht nach England. In London arbeitete Rónay als Erzieher, Journalist und Schriftsteller. Die Themen zweier seiner Bücher sind bezeichnend für ihn und ungewöhnlich für einen Geistlichen seiner Zeit: »Das naturwissenschaftliche System der Seele« und »Die Entstehung der Rasse«. Er soll im Londoner Exil dem Freimaurerorden beigetreten sein[10].

Unbedingte Toleranz in Glaubenssachen bestimmte den Unterricht, den Rónay dem Kronprinzen erteilte. So verurteilte er zum Beispiel die Kreuzzüge, weil er der Meinung war, Religion dürfe man nicht mit Waffengewalt ausbreiten: »Das Schwert kann einen stumm machen, aber nicht überzeugen.« Auch die gewaltsame Rekatholisierung nach dem Dreißigjährigen Krieg stellte er als abschreckendes Beispiel hin[11].

Rónay war, ganz den traditionellen liberalen Ansichten der »Achtundvierziger« gemäß, ein glühender Verehrer Josephs II. Sein Schüler Rudolf tat es ihm nach, selbst in einer Diskussion mit dem konservativen Erzherzog Albrecht, der die liberalen Ideen des »Volkskaisers« scharf ablehnte und seinem Großneffen zur Beherzigung ein langes Elaborat »Meine Anschauung über Kaiser Joseph II.« schrieb: »Nichts ist lehrreicher, als das trübe Lebensende dieses seltenen Mannes, besonders für einen österreichischen Kronprinzen, damit ihm erspart werden dessen traurige Erfahrungen, damit er bewahrt bleibe von dessen Irrthümern[12].«

Es war reine Polemik gegen Rudolfs Lehrer, wenn der älteste und mächtigste Agnat des Habsburgerhauses für das Gottesgnadentum der Könige, gegen jede Art von Mitsprache des Volkes im Staat wetterte und seinen Großneffen Rudolf vor liberalen Parolen gegen Kirchen- und Adelsmacht warnte: »... alle Unzufriedenen hofften auf Ihn, alle Neuerer drängten sich an Ihn umsomehr als sie nun von der Verkörperung der Staatsomnipotenz, d. h. vom Souverän, die Erfüllung ihrer Träume hoffen konnten, namentlich im Kampfe gegen die Kirche und ständischen, meist aristokratischen Institutionen.«

Allerdings sei Joseph »das Gegentheil eines modernen Culturkämpfers, zu dem Ihn die Jetztzeit zu stempeln versucht« und »von einer Entchristlichung der Schule, wie sie heutzutage angestrebt wird, wollte er nichts hören«, eine klare Polemik gegen die liberalen Schulgesetze.

Der wichtigste Punkt betraf die Stellung des Kaisers in Österreich-Ungarn: »Gleich Friedrich II. liebte Er es, sich als ersten Beamten des Staates hinzustellen, unbewußt der Gefahr, daß einst daraus die Volkssouveränität und die Absetzbarkeit des Monar-

chen deducirt werden könne. Er vergaß, daß die einzig richtige Benennung die ›von Gottes Gnaden‹ sein könne.«
Angeregt von den Diskussionen mit Rónay und Erzherzog Albrecht verfaßte auch der siebzehnjährige Kronprinz einen langen Aufsatz: »Einzelne Gedanken über Kaiser Joseph und seine Zeit[13].« In dem pathetischen, weltverbessernden Stil seiner Jünglingsjahre befaßte er sich zunächst mit der Französischen Revolution. Es ist erstaunlich, daß Rudolf das Vertrauen hatte, seinem Großonkel Ergüsse solcher Art zuzusenden: »Gegenüber der Sittenlosigkeit des französischen Hofes, einem König, der gleichgültig auf die Geschicke seines Volkes blickte, sein Volk aussog und die Menschheit so wenig wie seinen hohen Beruf achtete, standen Männer wie ein Montesquieu und nach ihm die Enciclopedisten, welche eine Philosophie der Humanität, der Menschenrechte und der hohen Stellung des Menschen in der Schöpfung aufstellten; sie verfochten Principien, die noch nicht gekannt waren. Sie stellten den Begriff des Monarchen fest, so wie er sittlich es stets sein soll, als den Schützer aller, als den Gipfel des ganzen Volkes, auf den sie vertrauend blicken, der ihnen zum Muster und zum Vorbild gereiche, nicht aber als den großen Spieler, der am Spieltische der Weltereigniße nach eigener Lust und Willkühr mit den Menschen, wie mit Würfeln spielt, ihre persönlichsten Menschenrechte außer acht laßend ...
Darum war diese Zeit besonders in Frankreich eine großartige, welche beherrscht war von einem sittlichen Geist und einem sittlichen Moment der Neugestaltung. Selbst die Revolution, die in einer leidenschaftlichen fast thierischen Form ausbrach, war nur die Folge der früheren Zeiten, und der gräßliche Ausbruch der Leidenschaften war das Kind der gräßlichen Unterdrückungen der Menschen und aller ihrer Rechte. Die geistige Revolution durch die Entstehung der neuen Ideen und die materielle Revolution des Volkes mußten kommen, sie waren eine Nothwendigkeit, und als Ende überlebter ungesunder Zustände und als Beginn einer neuen kräftigen Epoche lag eine sittliche Bedeutung darin.«
Kaiser Joseph II. wurde von Rudolf, ganz im Sinne der von Albrecht so gehaßten Liberalen, als Herrscher geschildert, der dem Gedanken der Französischen Revolution »vom Gipfel der Staatsgewalt zum

Wohle der Gesammtheit« zum Durchbruch verhalf, »er ward zum Verfechter der neuen Zeit und ihrer treibenden Ideen am Throne und dadurch wird er zu einer ethischen Gestalt, die sich unsterblichen Ruhm für die Menschheit erworben hat«.

»So edel alle seine Neuerungen waren, und so weise er es wußte, des Adels und der Geistlichkeit veraltete Macht in die richtigen Schranken zu weisen und trotzdem er auch bemüht war, dem Landmann und Bürger als den wahren Säulen eines modernen Staatswesens ihre geziemende Stellung zu geben, wurde er deßen ungeachtet von vielen, und oft von jenen, für die er stritt, nicht verstanden. Er war seiner Zeit und der Bildung der Völker Österreichs weit vorangeeilt. Doch trotzdem waren seine Schöpfungen ein Segen, denn er brach die in vielem schon krankhaft gewordenen mittelalterlichen Einrichtungen und ersparte Österreich im Jahre 1848 eine noch ganz andere Revolution, als wie jene welche thatsächlich erfolgt ist. Ferners lehrte er seine Völker, in vielem selbst erst die späteren Generationen, den neuen damals noch unbekannten Gedanken der Menschenrechte, der Freiheit im edlen Sinn und des wahren Fortschritts, wie er eine Pflicht und eine der ersten Aufgaben der Menschheit und ein Naturgesetz ist.«

»Die in den Fürstenhäusern so seltenen Eigenschaften wahrer Humanität« machten Joseph nach Rudolfs Meinung »ähnlich Friedrich dem Großen, beide sind leuchtende Sterne im Vergleich zu den Herrschern der vorangegangenen Decenien, besonders den französischen Königen. Diese beiden Herrscher waren in ihren Ländern die Spitzen einer neu sich regenden Geistesrichtung, und durch ihre hohe Stellung waren sie nur durch das einfache Bekennen ihrer Ansicht für den Fortschritt von ungemeinem Segen, denn das Gefühl, daß Monarchen eine Richtung als die ihrige bekennen, giebt derselben einen besseren Halt in den Gemüthern des geistig ruhigeren Theiles der Bevölkerung.«

Joseph »vertrat allenthalben das Princip, daß der Monarch für die Völker bestehe als ihr von ihnen anerkannter Lenker und Leiter, nicht aber diese für jenen, was ein vielverbreiteter Wahn krassen Egoismusses mancher Fürsten war«.

»Auch wußte er den Begriff und die Aufgabe der Kirche richtig aufzufaßen und dieselbe in ihre gesetzlichen Schranken zu weisen; er achtete sehr in derselben eine ethische Macht, die berufen sei dem Volke den moralischen Halt des Glaubens zu verleihen, doch er verfolgte sie als weltliche Macht, als hinderndes Hemmniß einer modernen Staatsentwicklung, wodurch sie ihre sittliche Berechtigung und ihren hohen Beruf durch sich selbst verliert; dadurch versuchte er getragen durch die Reinheit und Moralität seiner Ideen die Kirche von dem weltlichen Getriebe und der Verweltlichung, in den sie tief verflochten war, durch Zwang zu ihren eigentlichen Zielen zurückzuführen.«

Auch die einzige Kritik, die Rudolf an Joseph II. übte, stammte offenkundig von Rónay. Joseph sei gegen die Ungarn im Unrecht gewesen, »und bald zwang die Aufregung dieser Nation zur Rückkehr zum Recht«.

Daß sich der vielbeschäftigte Feldmarschall wiederum die Zeit nahm, seinem Großneffen postwendend in einem langen Brief auf diesen Aufsatz zu antworten, ist bemerkenswert. Er sparte sogar nicht mit Lobesworten, bevor er zur Kritik kam: »Mit ebenso viel Interesse als Freude las ich diesen Aufsatz; mit großer Freude darüber, daß der Thronerbe sich seine eigenen Gedanken u. aus ihnen ein Urtheil bildet, die Dinge im Großen auffaßt und sich nicht in Nebensächlichem verliert oder durch dieses beeinflussen läßt. Fährt er in dieser Weise fort, so bereitet er sich würdig für jenen schwersten aller Berufe vor, für welchen ihn die Vorsehung bestimmt hat und für dessen bestmögliche Erfüllung er dereinst wird Gott Rechenschaft ablegen müssen. Ebenso erfreulich ist die Werthschätzung der Menschen, die Achtung ihrer Rechte wie ihrer Ansprüche an das Leben, an den Staat u. an die Fürsorge ihres Monarchen. Mit vollem, warmem Herzen den Nebenmenschen entgegenkommend, kann man auf ihre Anhänglichkeit und Erkenntlichkeit zählen; nirgends gilt das mehr als bei uns, denn die Völker der Monarchie sind seit Jahrhunderten von unseren Ahnen daran gewöhnt worden, wie in keinem anderen Lande[14].«

Dann ging Albrecht zu ausführlicher Kritik über: »Man muß sich dabei nur vor Irrwegen hüten, auch vor jenen der Zeit, in der man lebt; wenn man diesen auch nicht immer entrinnen kann, soll man

sich doch nie von ihr gedankenlos oder durch Übereifer forttreiben lassen, am meisten gilt dieß von den Höchststehenden.« Er warnte den Kronprinzen vor dem Mißbrauch von »modernen Schlagworten«: »Eigentlich ganz richtige Worte werden von der einen oder anderen Parthei, eben wegen ihres guten Klanges u. ihrer Unverfänglichkeit dazu gewählt, um damit ganz etwas Anderes zu bezeichnen. Ist dieses Manöver einmal bekannt, so wird derjenige, der sich mit Vorliebe dieser Worte bedient, als zu der Parthei gehörend, oder ihr im Herzen zustimmend, betrachtet. Wie schön ist das Wort *Freiheit,* wenn die gesetzliche u. nicht die Ungebundenheit – *Toleranz,* wenn darunter christliche Duldung aus Menschenliebe u. Achtung des Nächsten u. nicht bis ins konfessionslose gehende, religiöse Gleichgiltigkeit – verstanden wird! *Liberal* war einst das Lob des großmüthigen, edelsinnigen Grandseigneurs, u. jetzt?
Dasselbe gilt auch von den häufig wiederkehrenden Worten: *Fortschritt* und *Humanität;* letzteres muß heutzutage alle konfessionslosen und antireligiösen Bestrebungen bemänteln. *Weltordnung* soll hier wohl die göttliche Vorsehung bedeuten, wird aber mit Vorliebe und Absicht von den modernen Ungläubigen benützt, um eben Gott und dessen Vorsehung zu ignoriren, oft als Gegensatz gegen beides.« Daß mit diesem Einwand Albrechts nicht nur der Liberalismus, sondern vor allem die Freimaurerei gemeint war, ist kaum zu übersehen.

Mit vielen ernstzunehmenden Argumenten versuchte Albrecht seinem Neffen klarzumachen, daß er sich, ebenso wie Joseph II., in den Händen der Liberalen, der »Umstürzler«, befinde und daß er sich von diesen Einflüssen freimachen müsse, wolle er nicht so enden wie der unglückliche Sohn Maria Theresias, dessen Beurteilung zum Streitpunkt der Parteien im 19. Jahrhundert geworden war. So paradox es auch klingt: mit der positiven, ja schwärmerischen Einstellung gegenüber seinem Vorfahren Joseph II. deklarierte sich der junge Rudolf als Anhänger der liberalen »Umsturzpartei«. Er saß in einem Boot mit der Opposition gegen das »Gottesgnadentum« der Könige, mit allen auch, die vom Toleranzpatent Josephs II. profitiert hatten: den Protestanten, Juden, Freidenkern, selbstverständlich auch den Freimaurern, deren Organisation zur Zeit Franz Jo-

sephs in der westlichen Reichshälfte verboten war, die aber in ihren Zeitschriften regelmäßig Lobeshymnen auf den »edlen Kaiser Josef« veröffentlichten[15].
Daß die Verehrung Rudolfs für Joseph II. keine vorübergehende Laune war, bezeugen seine Briefe und Schriften auch der späteren Zeit. Daß er seine mit der herrschenden Auffassung am Hofe nicht übereinstimmende Meinung offen demonstrierte und oft übertrieb, um seine Umgebung zu reizen, brachte ihm auch außerhalb der Familie und des Hofes heftige Kritik ein. So schrieb zum Beispiel die »graue Eminenz« von Berlin, Friedrich von Holstein, noch 1885 in sein Tagebuch: »Der Kaiser von Österreich hat sich über den Prinzen Wilhelm ungünstig geäußert: ein für sein Alter überraschend fertiger Mann mit allzu entschiedenen Ansichten. Na, das heißt, mit dem ausgemergelten, von Autoreneitelkeit wegen seiner Reise- und Jagdbücher strotzenden, Joseph II. nachahmen wollenden Kronprinzen Rudolf tauschen wir nun doch noch lange nicht. Um Joseph II. zu spielen, macht er den Freigeist. Zu Gf. Wedel sagte er mal, auf zwei Priester zeigend: ›Wenn ich mal regiere, der Gesellschaft werde ich ihren Standpunkt klarmachen.‹ Ein Narr; für den Kaiser von Österreich ist die katholische Kirche nicht wie für den unsrigen ein unversöhnlicher Feind, sondern vielmehr das Hauptbollwerk gegen das griechische Slawenthum[16].«
Daß diese Überzeugungen des Kronprinzen auf niemand anderen als den Benediktiner (und Freimaurer) Hyazinth Rónay zurückgingen, ist bemerkenswert.
Wie sehr sich der Facettenreichtum der alten Monarchie in der Erziehung des Kronprinzen widerspiegelt, zeigt sich auch in dem Böhmen Anton Gindely, der ab 1873 auf Forderung der Tschechen dem Prinzen die böhmische Geschichte näherbringen sollte. Auch er war ein Vertreter der Toleranz, und zwar jener zwischen Deutschen und Tschechen in Böhmen. Als Sohn eines deutsch-ungarischen Vaters und einer tschechischen Mutter fühlte er sich weder als Deutscher noch als Tscheche, sondern als begeisterter, übernational denkender Österreicher. Er hielt seine Vorlesungen an der Prager Universität abwechselnd in Deutsch und Tschechisch, schrieb deutsche und tschechische Lehrbücher für Geschichte. Freilich

wurde er im Zeichen des wachsenden Nationalismus, den er bitter beklagte, von beiden nationalen Parteien angefeindet.
Gindely hatte in den sechziger Jahren versucht, in Böhmen eine »staatliche Partei« zu gründen, die sich »von allen nationalen Überschwenglichkeiten fernhielt und der deutschen Sprache den ihr für das gemeinsame Verständnis nötigen Raum und Bedeutung zugesteht[17]«. Er mußte bald resignieren: »Das Prinzip der Nationalität mit solcher Schärfe ... betont, läßt keine Confoederation zu, sondern führt nur zur Auflösung. Ich bin überzeugt, daß es nur zwei Auswege jetzt gibt, entweder Ruin des Ganzen oder nach heftigen inneren Kämpfen eine furchtbarere Absolutie wie je ... ich suche die Geschichte eines Reiches zu schreiben und kann mich der Furcht nicht verschließen, daß ich es mit einem Leichnam zu tun habe«, hatte er schon 1860 geschrieben.
Als Ausweg aus dem Dilemma schwebte Gindely ein straffer Zentralismus vor: »Alle Mal, wenn ich zwischen den anarchischen Wogen des Föderalismus und dem schroffsten Zentralismus wählen sollte, würde ich den letzteren vorziehen ... Wäre der Absolutismus der vergangenen Periode glücklicher, ruhmvoller, liberaler und vor allem nicht banquerot gewesen, so hätte er nach einer 50jährigen Dauer meiner Überzeugung nach mehr für Österreich getan, als dies noch 20 Parlamente tun können[18].«
Anzunehmen ist, daß Gindely in der Unterrichtung des Kronprinzen eine Chance zur Verwirklichung seiner Ideen sah und den Prinzen, der ausersehen war, dieses auseinanderstrebende Reich einst zu beherrschen, für seine Überzeugung der zu fördernden nationalen Toleranz in einem straffen Zentralismus zu gewinnen. Er tat dies offenbar mit Erfolg, denn Rudolf vertrat später ebendiese Ideen von einem zentralistisch geführten Reich, das freilich alle Völker gleich gut behandeln, vor allem die Minderheiten schützen und jeden Versuch einer übernationalen Zusammenarbeit unterstützen und fördern sollte.
Angeleitet von Gindely und dem Tschechischlehrer Hermenegild Jirecek wuchsen Rudolfs Sympathien für die Slawen, die er bei jeder Gelegenheit gegenüber den deutschen und ungarischen Nationalisten verteidigte. Ebenso deutlich nahm er Partei für die arme sla-

wische Landbevölkerung gegen die böhmischen Adeligen: »Die Slawen sind die elendsten und schlechtsten unter den Bewohnern Europas. Sie wurden aber auch immer am allermeisten als Thiere behandelt, und jeder Hase am Felde lebt freier und beßer, als so ein armer Bauer in slawischen Ländern ... Der Adelige bleibt beim Volke noch der Herr, während er Staatsbürger ist, wie jeder Bauer. Kommt einmal in diese gedrückte Nation ein Funken Wißens, lernen sie einmal alle diese Schlechtigkeiten, die ihnen und ihren Vorfahren angethan wurden kennen, dann wird die thierische Demuth und Enthaltsamkeit in bestialische Wuth ausarten und die Rache und die Leidenschaft wird blutige Tage hervorrufen. Sie haben nicht die Bildung und das Wißen, das sie an alle dem hindern würde; und was die Könige und Adeligen angestrebt, das Volk dumm zu erhalten, wird ihr eigenes Ende sein. Die Rache ist gut, Jahrhunderte haben die Hohen gräulich gehaust, die Zeit ist um, Blut fordert Blut, und des gemeinsten Bauern Blut wird Rache hervorrufen. Das Alte sind Ruinen, wir blicken in eine neue beßere Zeit, die Macht wird fallen, die Wißenschaft wird bleiben, und die Schlechtigkeit, die durch die ungleiche Macht und Armuth entstanden, wird schwinden[19].«
»Die neue Zeit« für den Vielvölkerstaat der Monarchie sah der junge Kronprinz, beeinflußt von den Lehrern Gindely und Jirecek, im Erstarken der slawischen Völker und dem »Blick nach Osten«.

Die Tendenz, Rudolf zur Toleranz gegenüber allen Völkern der Monarchie, vor allem aber den bisher vernachlässigten slawischen, zu erziehen, verstärkte noch Rudolfs Geographie-Lehrer (1872 bis 75), Dionysius Grün. Auch er hatte eine für höfische Verhältnisse absonderliche Karriere gemacht: Sohn armer jüdischer Eltern aus Mähren, zunächst Landwirt, dann Besuch des Gymnasiums und Studium in Prag und Berlin, vielfach unterbrochen durch den Zwang, als Hauslehrer und Schriftsteller Geld zum Leben zu verdienen. Auch Grün war »Achtundvierziger«. Wegen Zeitungsaufsätzen über den ungarischen Aufstand war er 1849 in Berlin verhaftet und einige Zeit im Gefängnis gehalten worden. In Österreich war er zum Katholizismus übergetreten und dann Lehrer in Wien geworden. Er stand den Ideen Fischhofs nahe (wie man auch den Studienheften Rudolfs in Geographie deutlich anmerkt), wurde aber später, als Professor an der Deutschen Universität Prag, entschiedener Deutschnationaler und Gegenpol Gindelys.

Dem Unterricht bei Dionysius Grün entstammte der wichtigste Aufsatz des jungen Kronprinzen »Die Lage Wiens und unsere Zukunft[20]« 1875, der deutlich von Fischhofs Ideen beeinflußt war, jenes intellektuellen Führers des Jahres 1848, der nun, verbannt, nur noch mittelbar, durch seine alten Freunde, politisch wirkte. Viele Grundideen von Rudolfs politischen Ansichten sind in dieser Schrift schon zu erkennen – ein Beispiel dafür, wie die politische Meinung des reifen Kronprinzen eindeutig in seiner Studienzeit gebildet und später nur noch unwesentlich geändert wurde. Die Schrift ist eine strikte Absage an das neue deutsche Kaiserreich, trotz bewußt deutschliberaler Einstellung, und engagiert sich für einen betont österreichischen Patriotismus. Den deutschen Österreichern wurde ganz wie bei Fischhof die Aufgabe zuerteilt, Lehrmeister für die noch unterentwickelten Slawen zu sein:

»Der Grundcharakter Österreichs, die Vielheit, zeigt sich wie im großen im ganzen Staate so im kleinen in Wien ... Österreich hat neun Millionen Deutsche und 28 Millionen Nichtdeutsche. Unmöglich kann es sich auf einen deutschen Staat hinausspielen, doch geistig sind diese neun Millionen der großen anderen Zahl überlegen. Das Deutsche Reich erreicht bald den Gipfelpunkt seiner Bildung, dann folgt die Überkultur und, den Romanen gleich, geht es dann abwärts. Also Heil jenem Staate, der noch viel zu zivilisieren hat. Die Slawen sind im Begriffe, Menschen zu werden, in gewissen Gegenden sind sie selbst schon sehr im Fortschritt begriffen. Ihnen steht die glücklichste Zukunft voraus ... Jener Staat, jene Macht, die sich der Erziehung dieser großen Nation – wenigstens eines Teiles derselben – bemächtigt, hat sich eine sehr fruchtbare Aufgabe gestellt, denn er arbeitet für die Zukunft. Darum ist Österreichs jetzige große Aufgabe und der Zweck unserer Existenz, die Südslawen zu beherrschen, zuerst geistig, dann faktisch, und sie zu erziehen und dadurch sich an ihre Spitze zu stellen ... Hiemit haben wir die große Aufgabe unseres kleinen Teiles deutscher Bevölkerung. Sie sind dazu berufen, deutsche Bildung, deutschen Ernst und deutschen Fleiß, doch nicht deutsche Gesinnung, in ein großes kulturfähiges Volk zu bringen, sie haben die Aufgabe, die Lehrmeister einer Nation zu sein, sie geistig zu beherrschen. Was wäre schöner und erhabener als diese Aufgabe! Und auch für den Ehrgeiz schmeichelnder! Denn was hilft diesen neun Millionen Deutschen ein Anschluß an das Deutsche Reich? Als unkultiviert und ungebildet, als Anhängsel an einem hochgebildeten, aber durch Zwietracht zerrissenen Staat, der nie einig wird, zu hängen und zu gelten, und noch dazu mit einem Staat verbunden zu sein, der in Gewohnheit, Charakter, Wesen, und selbst Aussehen, ein ganz anderes Volk hat. Unsere Deutschen würden sich noch unheimlicher in der Verbindung fühlen, als der Elsässer und der Holsteiner. Diese Aufgabe, die ihnen hier blüht, ist eine Beherrschung der Südslawen auf friedliche Weise.«

So vorbereitet, den Traum eines vitalen, den Balkan kultivierenden Donaureiches träumend, erlebte der Kronprinz drei Jahre später die Okkupation Bosniens und der Herzegowina.

Für die naturwissenschaftlichen Fächer wurden vor allem prominente Schulreformer berufen. Denn erst seit der Aufkündigung des Konkordates 1871 und den neuen Schulgesetzen konnten die Naturwissenschaften ungehindert von weltanschaulichen Vorurteilen (die die Kirche vor allem gegen die neue Entwicklungslehre Darwins hatte) vorgetragen werden. Sowohl der steirische Botaniker Matthias Wretschko als auch der Mährer Josef Krist, der zehn Jahre lang dem Kronprinzen Naturgeschichte vortrug, entstammten den Kreisen dieser liberalen Schulreformer.

Da der Kronprinz keine besondere Begabung für Mathematik und abstrakte Physik zeigte, interessierte Krist ihn mit Museumsbesuchen, Exkursionen und Experimenten an seinem Stoff. Vor allem leitete Krist seinen Schüler dazu an, über seine Beobachtungen in der Natur, bei der Jagd oder bei Spaziergängen, schriftliche Aufzeichnungen zu machen und berichtete Latour, »daß Se. kaiserliche Hoheit von Ihren Spaziergängen nicht selten Naturgegenstände mitbrachten und auf eine kleine Anregung hin manche zur Erholung bestimmte Stunde für die Ausarbeitung schriftlicher Aufsätze

über selbstgewählte Themata aus dem Gebiete der Naturgeschichte verwendeten[21]«. Einige Hefte des 12jährigen über Vogelbeobachtungen sind erhalten und ein langer Aufsatz über »Geschichten und Leben der Thiere«, »gewidmet meinem lieben Alterle« (Latour).
Josef Krist hatte auch die Aufgabe, den 13jährigen, körperlich eher unterentwickelten Knaben sexuell aufzuklären. Er hatte ihm »Aufschlüße über die Fortpflanzung der Thiere, unter anderem über den Unterschied zwischen Hengst und Wallach zu geben. Nur zu bewußt, mit wie viel Vorsicht dieses Thema für die Jugend behandelt werden muß, war der Unterzeichnete zunächst darauf bedacht einen geeigneten Zeitpunkt zu finden, um jeden Anschein der Absichtlichkeit zu vermeiden. Da nun im vergangenen Sommer die Mineralogie naturhistorischer Gegenstand war, so mußte der Abschluß derselben abgewartet und die Behandlung der in Rede stehenden Frage bis zur Zeit der Wiederholung der Zoologie verschoben werden. Dieser Zeitpunkt fiel glücklicherweise gerade mit dem Aufenthalte in Salzburg zusammen, wo sich eine sehr gut eingerichtete Anstalt für künstliche Fischzucht befindet. Der Unterzeichnete glaubte nämlich in der anschaulichen Vorführung des bei der künstlichen Fischzucht stattfindenden Vorganges das geeignete Mittel zu erblicken, um über die heicklige Frage nach der Fortpflanzung der Thiere hinwegzukommen. Denn es ist immer besser eine bestimmte Anschauung zu bieten, als der Phantasie durch dunkle Worte Stoff zu wirren Bildern zu geben ...[22]«
Über das Ergebnis der Unterweisung berichtete Krist an Latour: »Se. kaiserliche Hoheit verfolgte die ganze Procedur der künstlichen Befruchtung, der Entwicklung und Versendung der Fischeier, so wie die einfachen, klaren Erörterungen des Directors der Anstalt mit gespanntester Aufmerksamkeit ...« Von den Fischen ausgehend, erörterte Krist mit seinem Schüler dann Kreuzungen wie Maultier und Maulesel, erklärte ihm die Kastrierung von Pferden und ähnliche Dinge: »Schließlich wurde hinzugefügt, daß über den eigentlichen Vorgang der Fortpflanzung der Thiere noch große Unklarheit herrscht und daß man über denselben als einem der tiefsten und wunderbarsten Geheimniße der Natur stets mit heiliger Scheu denken und sprechen soll.« Damit war alles gesagt, was

dem Knaben gesagt werden sollte und durfte. Das Wichtigste wußte er immer noch nicht.

Als Krist nach zehnjährigem Unterricht 1876 seinen Schüler verließ, schrieb er in seinem Abschiedsbrief sein Glaubensbekenntnis nieder: »Euer Kaiserliche Hoheit wollen stets an der Überzeugung festhalten, daß die Wissenschaft überhaupt nicht blos aufklärt, sondern auch veredelt, und daß dadurch die Wissenschaft eine Macht wird, deren Einfluß kein Staat sich entziehen darf, will er nicht die Grundlagen seiner geistigen und materiellen Entwicklung aufs tiefste schädigen[23].«

Ein Nachhall von Rudolfs Liebe gerade für diesen Lehrer ist noch 1884, neun Jahre nach dem Ende der Studienzeit bei Krist, zu spüren, als der Kronprinz seinem alten Lehrer schrieb: »Die Liebe zu den naturwissenschaftlichen Studien haben Sie erst in mir wachgerufen, und dafür werde ich Ihnen mein Leben lang dankbar sein[24].«

Mit fortschreitendem Studium des Kronprinzen wurden immer mehr Universitätsprofessoren als Lehrer berufen, so 1872 der schon damals weltberühmte Geologe Ferdinand Hochstetter, dessen Berufung von den Liberalen enthusiastisch gefeiert wurde. Denn Hochstetter war nicht nur der einzige Protestant unter Rudolfs Lehrern, sondern auch prominenter Anhänger der Entwicklungslehre Darwins. Das gab den liberalen Zeitungen Anlaß, gegen die Wissenschaftsfeindlichkeit der Kirche zu polemisieren.

Die Polemik über Darwins Lehre wurde in Rudolfs Studienheften fortgesetzt. Im Religionsunterricht mußte der Jüngling Thesen auswendig lernen, die den Darwinismus aufs strengste verurteilten; so etwa im Dogmatik-Heft unter § 54: »Der Mensch ist die Verbindung von Geist und Körper; er ist aber keine höhere Form der Thierwelt, sondern ein durch Gottes Schöpferkraft *unmittelbar* hervorgebrachtes Geschöpf. Die Ähnlichkeit der Körperformen läßt durchaus nicht auf Verwandtschaft zwischen Thier und Mensch schließen.«

Bei den liberalen Lehrern lernte der Kronprinz genau das Gegenteil. Ihre Ausstrahlungskraft, vor allem die Hochstetters, ihre Begeisterung für den schier grenzenlos erscheinenden Fortschritt, die neuen naturwissenschaftlichen Erkenntnisse waren so stark, daß Rudolfs Denken bald völlig von diesem Themenkreis bestimmt war. Alle anderen Disziplinen, Kunst, Literatur, Musik, Mathematik, Sprachen, Sport, ja sogar das Theater, traten in den Hintergrund, wurden nur noch pflichtschuldig absolviert. Der moderne Geist des 19. Jahrhunderts lag für den jungen Kronprinzen allein in den Naturwissenschaften, deren Gesetze er wie selbstverständlich auf Geschichte und Politik übertrug.

In welchem Ausmaß sich Rudolf von diesen Anschauungen, die ja denen der zeitgenössischen Kirche direkt entgegengesetzt waren, prägen ließ, ist seiner ersten größeren schriftstellerischen Arbeit zu entnehmen, die er als Vierzehnjähriger verfaßte und seinem Vater zum 25jährigen Regierungsjubiläum überreichte. Alle Hauptpunkte der naturwissenschaftlichen Ideologie, wie sie Wretschko, Krist und Hochstetter vertraten, begegnen uns hier in äußerst polemischer Form wieder: der Glaube an den Darwinschen Kampf der Kräfte und daran, daß die Naturwissenschaften veredeln und geradewegs zur Humanität führen, zur Gleichberechtigung vor dem Gesetz, das wie in der Natur für alle Menschen gleich sein soll, die Vorherrschaft nicht für den Aristokraten oder den Reichen, sondern allein für den geistig Stärkeren, den Gebildeten. Dem Kaiser, der sich sein ganzes Leben lang mit solchen »Wolkenkraxeleien« (wie er auch die literarischen Versuche der Kaiserin nannte) nicht anfreunden konnte, kann diese wohlgemeinte Festgabe seines einzigen Sohnes kaum einhellige Freude bereitet haben, mußte er doch folgendes lesen:

»Daß der Mensch ein Thier ist, diesen Satz bekämpfen die hohen Herren, die stolzen Aristokraten durch das ganze Mittelalter, und sie thuen es jetzt noch immer, indem sie sagen das sei gegen die Religion, doch das läßt sich unmöglich leugnen, denn sonst müßten wir das Eßen und Trinken und alle thierischen Triebe aufgeben, und dieses laßen jene Leute am wenigsten fallen, denn das ist ja ihre einzige Beschäftigung, diese Heuchler! was thun sie denn? Sie die die Religion immer auf den Lippen, statt im Herzen tragen, den Tag über in feiner Gesellschaft, in die nur Wesen hineinkommen dürfen, welche wenigstens ein Bataillon Ahnen aufweisen und feine Titel besitzen, und französische Conversation führen können, dort wird über die schlechten Zeiten geschimpft, Leute, gescheidte, Leute der Menschheit nützliche, ausgerichtet, weil sie keine Grafen sind, dann wird dort Schlechtes zugetragen, dann etwas gebetet, dann ins Theater gegangen; und diese Leute sind aufbrausend, wenn man sagt: ›Der Mensch ist ein Thier‹ und sie vergeßen, daß sie durch Jahrhunderte ein festes Bollwerk gegen jeden Aufschwung und Bildung errichtet haben, den Menschen mit Feuer und Schwert thierisch erhalten, geknechtet, für ihren eigenen Vortheil, doch endlich brausten die Wogen zu heftig an das Bollwerk an, es brach, und die Wogen der neuen Zeit brausten über die Verechter der Menschheit[25].«

Die Verbindung zwischen Aristokratie und Klerus war der Hauptangriffspunkt des jugendlichen Prinzen, auch in dieser Festgabe an den Kaiser. Er nahm »die schrecklichen Tage des Mittelalters« als Beispiel und urteilte hart und feurig: »Aber genauer darf man diese Frömmigkeit und Christlichkeit nicht untersuchen, zu Hause denn auf den Gütern, wie wurden dort die Leibeigenen behandelt? Jeder solcher Ahn hat seine eigenen armen Knechte, die Bauern, am Gewißen, und seine frechen Lippen wagten dann von nichts als Frömmigkeit zu reden, und für solche groben Sünden hatte der Pabst keine Ohren, so was überging er ganz, doch die kleinste Freiheit in kirchlichen Sachen, von einem armen bemerkte er. Hunderte von armen gescheidteren Menschen verbrannten oder wurden verstümmelt als Ketzer ... Was wollten denn diese unglücklichen Leibeigenen der hohen Herren und was, als das, was jedes Thier hat die Freiheit!«

Die Errungenschaften der Franz-Joseph-Zeit wurden denn auch gemäß der Widmung zum Regierungsjubiläum gehörig gepriesen: »Jetzt in dieser neuen Zeit sind eben diese Herren auf ihren Gütern gar nichts mehr. Der Bauer ist frei, fehlt er, so kommt er vor ein gerechtes Gericht, er kann aus einem Dorfe in das andere wandern, kann heirathen wann er will und ist sein eigener Herr auf seinem Acker ... und fühlt sich ein Bürger in diesem Staat, wie alle diese Aristokraten, das ist eben was sie so ärgert, denn sie wollen immer mehr wie die anderen Menschen sein, und da in unseren schönen

Tagen, jeder gleichviel von welcher Religion und welchem Stande, zu allen Ämtern des Staates gelangen kann, wollen diese jungen Aristokraten gar nichts werden, denn bei jedem Amte denken sie, dorthin gelangt ebenso gut der Sohn eines Trödlers, drum bleiben sie sehr elegante, feine Tagediebe die nichts gelernt haben, sich also draussen im Leben vor jedem gescheidten Studenten oder Bürgerssohne schämen, drum sich in den Salons der ersten Gesellschaft hinter den Kitteln und Kleidern der Gräfinnen und Fürstinnen verkriechen, französisch conversiren und dann charmant gefunden werden, jemehr sie über die Zeit schimpfen und recht fromm thun. Wie lang das noch so fort dauern soll weiss ich nicht, aber das diese erste Gesellschaft mit wenigen, sehr wenigen Ausnahmen eine faule Eiterbeule am Staatskörper ist, kann man mir glauben.«

Ob und wie der Kaiser auf diese Ergüsse seines vierzehnjährigen Sohnes reagierte, ob er diese Festgabe überhaupt las, wissen wir nicht. Die weiteren Aufsätze Rudolfs waren nicht mehr dem Kaiser, sondern dem damals noch verehrten Großonkel, Erzherzog Albrecht, und Latour gewidmet. Das mag ein Hinweis darauf sein, daß der Kronprinz mit dieser Festschrift keine Anerkennung bei seinem Vater gefunden hatte, was ja nicht verwunderlich ist.

Verwunderlich war nur, daß Latour weiterhin freie Hand hatte (unter der Patronanz der Kaiserin), obwohl die Hofgesellschaft die ketzerischen Äußerungen des Kronprinzen sehr wohl registrierte und in heftiger Opposition der Erziehung Rudolfs gegenüberstand. General Beck: »Das junge, exaltierte Gemüt des Kronprinzen, die Unreifheit seiner Auffassung, die Überspanntheit seines nicht zu leugnenden Verstandes ließen befürchten, daß er Ideen und Tendenzen in sich aufnehmen werde, die dem konservativen Charakter eines zukünftigen Monarchen nicht entsprechen würden[26].«

Auch nach Beendigung der Studienzeit behielt Rudolf den Kontakt mit seinem Lehrer Hochstetter bei. Gesprächsthemen waren laut Hochstetter-Tagebuch die Geographische Gesellschaft, die Afrikanische Gesellschaft, der Wissenschaftliche Club, selbstverständlich das Naturhistorische Museum, dessen erster Intendant Hochstetter war. Rudolf ließ sich von Hochstetter in der Sternwarte eine Mondfinsternis erklären, besuchte ihn im Mineralienkabinett und in der Technischen Hochschule. Hochstetter vermittelte dem jungen Prinzen die Bekanntschaft mit dem Zoologen Alfred Brehm und mit den berühmtesten österreichischen Reisenden seiner Zeit: Ernst Marno, Emil Holub. Julius von Payer und Carl Weyprecht benannten auf ihrer Entdeckungsreise zum Franz-Josephs-Land die nördlichste Insel Eurasiens nach dem österreichischen Kronprinzen: »Rudolfa«, wie sie noch heute heißt[27].

Die Wissenschaften waren für den Kronprinzen zur Religion des modernen Menschen des 19. Jahrhunderts geworden. Der Siebzehnjährige schrieb in eines seiner vielen »Brouillon«-Hefte: »Wißenschaft ist ein Hauptmotor unserer Entwicklung, und im Steigen der Bedeutung und der Achtung vor derselben im öffentlichen Leben erkennt man das Aufblühen des gesamten Fortschrittes. In den früheren Zeiten mußte sie, verfolgt von der Kirche und den Mächtigen, im Verborgenen betrieben werden und ihre edelsten und erhabensten Jünger waren von außen verfolgte Märtyrer; seit hundert Jahren ist die Wißenschaft zu einem mächtigen Factor im Leben dei Staaten geworden und so wie sie mit zu den großen Umwälzungen beigetragen hat, so hat sie dieselben auch ausgenützt; in den letzten Jahrzehnten hat die freie Wißenschaft in allen Gebieten geistigen Denkens die größten Fortschritte, und die schönsten Siege errungen; sie ist nun ein Haupt-Factor zur Veredelung der Menschheit, und die rein geistigen Wißenschaften werden bei den vorangeschrittenen Generationen durch ihre erhabene Moral und die Verehrung der unwandelbaren Naturgesetze und der Weltordnung die Stelle der einzelnen Cultuse vertreten, die durch gehäßige Parteikämpfe und Spitzfindigkeiten tief gesunken sind, und sich bald überlebt haben werden.«

Gegen die Überbewertung der Naturwissenschaften traten nicht nur der Hofburgpfarrer und Erzherzog Albrecht auf, sondern auch (allerdings von einer ganz anderen Warte her) der Jurist Adolf Exner, Lehrer für Staatsrecht 1875/76. Unter seiner Anleitung schob sich allmählich die Politik in Rudolfs Gesichtskreis.

Aus dem engen Beieinandersein von Lehrer und Schüler im Winter 1875 in Gödöllö entstand ein Aufsatz des Siebzehnjährigen über die konstitutionelle Staatsform: »... Es ist ein auf einem idealen und großen Standpunkte ruhendes System, welches vielleicht zu ideal für das praktische Leben ist, und einen zu großen Grad der Sittlichkeit und Kultur von den Menschen verlangt ... Diese Art von Verfassung wird nur in einem kultivierten Lande blühen, in dem der Reichtum ein großer, aber im Verhältnis zur Arbeit verteilt ist, und durch den Ernst des Volkes und die Stetigkeit der Regierungsform ein Staatsleben sich entfalten kann, in dem Parteien sich entwickeln und im edlen Wettstreit den höheren sittlichen Standpunkt einzunehmen trachten, und dadurch die einzelnen Glieder des großen Staatskörpers in steter Berührung und Betrachtung des allgemeinen Wohles der Blüte des Staates bleiben, und vor dem Versinken in den krassen Materialismus des körperlichen Lebens geschützt sind. Der Kampf der Parteien im schönsten Sinne ideal aufgefaßt ist ein sittlicher Moment ... Wo die Parteien sich gegenüber stehen, nicht um Feinde im Leben zu sein, sondern Rivalen in der Erreichung des höchsten Zweckes, der Wohlfahrt des Volkes, und die Partei der Ausdruck einer Ansicht eines Teiles des geistigen Adels des Landes ist; und durch die Reibung der Parteien durch friedliche Debatte, die, bar jeder Leidenschaft, vor Verranntheit und Steifheit im Prinzipe schützt, da sind die Parteien im Vorteil, da sie den Drang nach höherer Entwicklung des Staatslebens nicht einschlummern lassen. Doch wo Nationalitätenhaß, Glaubensverschiedenheit und Kampf der Stände die Parteien bilden, sind sie nicht der Hebel zur Erfüllung der Blüte, sondern die Reizmittel zur steten Nahrung der Leidenschaften in den Völkern. Der Staat, der zur Lösung seiner höchsten Aufgaben nicht dem Erfolge einer reifen Überlegung und Debatte, sondern dem erhitzten Streite und dem durch Zank und Zwist errungenen Siege der einen Partei folgt, ist auf verfehlten Wegen und nicht reif zu diesem so idealen Gebilde ethischer Geister, nämlich der konstitutionellen Staatsform.«

Die Bedeutung Exners für die politische Weltanschauung des Kronprinzen ging über die eines Lehrers weit hinaus. Er blieb auch nach Beendigung der Studien noch Rudolfs »philosophischer Gewissensrat«, wie Gottfried Keller schrieb[28].

Als Beispiel dafür, wie exotisch sich ein liberaler Jurist wie Exner am Hof ausnahm, sei hier aus dem Heft »Aufgaben aus den Rechtswissenschaften« die Behandlung der Ehescheidung angeführt. Rudolf schrieb: »Manchmal aber kann durch das Verbot der Ehescheidung die größte Ungerechtigkeit und Grausamkeit ausgeübt werden, indem man z. B. einen Teil zwingt, bei dem anderen Teil auszuharren, der ihn mit Gemeinheit, Schmach und Haß überhäuft. – Die Erlaubnis der Ehescheidung ist gut; sie lockert zwar etwas die erhabene Idee der Ehe, doch da die Menschen Fehler und Gebrechen haben, darf es nicht nur Einrichtungen für vorzügliche, sondern auch für schlechte geben; und daher ist die Ehescheidung eine rein menschliche und humane Sache, deren Mangel eben solche Fehler nach sich zöge, als die Notwendigkeit ihres Bestandes die Unvollkommenheit der Menschen beweist.«

An Lektionen solcher Art wird der Kaiser kaum gedacht haben, als er in dieser Zeit seinem Sohn nach Ischl schrieb: »Die Studien hast Du also auch wieder begonnen und ich bin überzeugt, daß Du denselben mit gewohntem Fleiße obliegen wirst, besonders auch den juridischen Gegenständen, die für Dich von eben so großer Wichtigkeit sind, wie die militärischen[29].«

Rudolfs Lehrer für Nationalökonomie, Carl Menger, wurde immer wieder zum Hauptverantwortlichen für die »atheistische, demokratische und republikanische Weltanschauung« des Kronprinzen gemacht. Daß diese Vorwürfe unrichtig waren, ergibt sich aus Rudolfs Schriften und Studienheften vor Mengers Amtsantritt im Jahre 1876 eindeutig. Ein Gegner des Adels, des politischen Katholizismus, des Absolutismus, kurz: ein Liberaler, war der Kronprinz schon, als er Menger noch gar nicht kannte. Menger konnte nur noch Akzente setzen in einer von Grund auf liberalen Erziehung, in die er sich als einer von vielen, wenn auch als einer der von seinem Schüler verehrtesten, einfügte.

Menger stammte aus einer österreichischen Beamtenfamilie. Das Adelsprädikat »Edle von Wolfesgrün« führten die drei prominenten Menger-Brüder jedoch aus Bürgerstolz nicht.

Nach seinem Jusstudium hatte Menger sich zunächst als Journalist versucht. Drei Monate lang (von November 1865 bis Februar

1866) war er Herausgeber des »Neuen Wiener Tagblattes« gewesen, des liberalen Boulevardblattes, das 1867 von Moriz Szeps übernommen wurde. Nach dieser Episode schrieb Menger nur noch anonyme Artikel zu wirtschaftlichen, aber auch allgemeinen Fragen für verschiedene Wiener Zeitungen, zunächst das »Neue Wiener Tagblatt« und später für die »Neue Freie Presse«. Er verdiente seinen Lebensunterhalt im Ministerialdienst, wurde aber auch dort für Presseangelegenheiten eingesetzt – als Sekretär im Redaktionsbüro der amtlichen »Wiener Zeitung«.

Neben seiner Arbeit im Ministerium schrieb der Dreißigjährige sein Hauptwerk, die »Grundsätze der Volkswirtschaftslehre«, das ihm seinen Rang unter den führenden Denkern der Welt sicherte. 1872 habilitierte er sich, lehnte ausländische Berufungen ab und blieb als Extraordinarius in Wien. Er führte ein zurückgezogenes Gelehrtenleben, ohne Familie, konzentriert auf die Universität und seine Bibliothek, die noch heute als Prunkstück der Hitotsubashi-Universität in Tokio gepflegt wird.

Menger hielt sich mit Kritik am Hof und an der Gesellschaft sehr zurück. Seine politischen Ansichten sind nicht aus seinen Büchern, sondern nur aus seinen anonym verfaßten (und in der Mehrzahl bis heute noch nicht identifizierten) Zeitungsaufsätzen und Broschüren zu erkennen. Das erklärt die Unmöglichkeit eines abschließenden Urteils, zumal der Nachlaß bisher der Forschung nicht zugänglich gemacht wurde.

Mengers Ideal war das des Aufklärers (und berühmten Freimaurers) Sonnenfels: der Mann ohne Vorurteile. In Mengers Bibliothek finden sich zahlreiche Schriften gegen den Antisemitismus, gegen die Privilegien der Kirche und des Feudaladels. Vor allem sein soziales Engagement war bemerkenswert, weil es nicht selbstverständlich war bei einem erklärt liberalen Nationalökonomen. Dazu eine seiner Randbemerkungen: »Je mehr die reichen Leute verzehren, umso flotter lebt man in der Gegenwart auf Kosten der Entwicklung der Zukunft. Würden die Reichen statt zu prassen sparen, so hätten bald alle Arbeiter gute Wohnungen, denn statt Friseuren und Huren gäbe es dann Maurer und Tischler etc. Allgemeine Volksbildung und öffentliche Zwecke etc. Freilich müssten die Stände die nur dem Luxus dienen untergehen. Dagegen würden alle jene, welche den nächsten Bedürfnissen der Menschen nachkommen, sich sehr vermehren (Ärzte etc.). Bald würden die Arbeiter gesünder und besser leben, als jetzt die Reichen[30].«

Carl Menger schrieb über die zweijährigen nationalökonomischen Studien seines Schülers (1876 bis 1877 mit vierzehn Wochenstunden), Rudolf sei »vielleicht der erste Kronprinz in Europa, welcher eine vollständige wirtschaftliche Ausbildung erhalten hat ... Dieser Unterricht war nicht blos eine Tändelei, welche so oft bei den Söhnen der Fürsten angewendet wird, um sie mit einer äußeren Fertigkeit auszustatten ... Die Vertrautheit mit den ökonomischen Gesetzen äußerte eine starke Wirkung auf den Character und auf den regen Geist des Kronprinzen. Aus seinen Fragen und Bemerkungen war zu erkennen, daß schon der Jüngling ganz von dem Bewußtsein seines hohen Berufes erfüllt war. Immer wieder lenkte er das Gespräch auf den Zusammenhang der Finanzen eines Staates und dessen Machtstellung ... Der Gedanke, daß ein schlechtes Budget und ein großes Deficit eine Schwächung des Reiches herbeiführen, ließ ihn nicht los, und er horchte gespannt auf, wenn dieser Gegenstand gestreift wurde. Er kannte die Vergangenheit Österreichs, und sein jugendliches Gemüth wurde mit Sorge beschattet, wenn ihn die Furcht vor einer Rückkehr ähnlicher Ereignisse überfiel.«

Carl Menger bestärkte den Kronprinzen in seinen schriftstellerischen Ambitionen. In etwa vierzig längeren Aufsätzen behandelte Rudolf nationalökonomische Themen. »Schon damals zeigte sich seine literarische Begabung«, schrieb Menger, »und selbst die Behandlung so trockener Themen wußte er mit den Goldfäden seines künstlerischen Talentes zu umspinnen. In diesen Abhandlungen trat ein selbständiger Geist hervor, der oft durch überraschende Wendungen und originelle Bemerkungen in Erstaunen setzte. Dabei hatte der Kronprinz die Frische und Naivität eines Kindes bewahrt.«

Wiederholt betonte Menger das Interesse Rudolfs für die soziale Frage: »Er war volksfreundlich durch und durch«, schrieb er. »Mit einer Milde, die sonst nur aus Erfahrung gewonnen wird, wendete er sein Auge immer zu den Qualen der Armuth, und am liebsten sprach er von den Mitteln, welche ein Fürst anwenden könne, um der Dürftigkeit zu steuern. Nicht um die Theorie war es ihm zu thun, sondern um die praktische Möglichkeit, Balsam in die socialen Wunden zu träufeln, die Schwankenden zu stützen, die Hingesunkenen wieder aufzurichten ... Es lebte in ihm ein Trieb zur Gerechtigkeit, welcher allen Vorrechten einzelner Classen widerstrebte[31].«

Die Schriften des Jünglings bestätigen diese Aussage vollauf, vor allem die unter Mengers Anleitung verfaßten Studienhefte: »Die Institution des Eigenthums hat aber auch ihre unleugbaren Schattenseiten; eines der größten Übel desselben ist der im Laufe der Entwicklung entstandene krasse Unterschied zwischen arm und reich, der uns furchtbar entgegentritt bei den häufigen Gegensätzen eines genußreichen Lebens ohne Thätigkeit und Arbeit, gegen ein Leben voll Elend und Mangel oft an der Befriedigung der nothwendigsten Bedürfniße.«

Der Staat habe die Pflicht, sich auf die Seite des überlasteten Arbeiters gegen den Fabrikanten zu stellen: »um eine Degenerirung des Arbeiterstandes durch Überbürdung mit Arbeit zu verhindern. Daher wird es den Fabrikbesitzern nicht gestattet, ihre Arbeiter über ein gewisses Maß arbeiten zu lassen, selbst wenn diese durch Noth oder höheren Lohn zu dieser ihnen verderblichen Behandlung sich bereitwillig veranlaßt fühlen würden. Z. B. werden 15 Arbeitsstunden täglich von der Regierung aus verboten, da die physische Kraft und die Gesundheit des Arbeiters darunter leidet, wenn er eine so große Stunden-Anzahl in schwerer Arbeit verbringt, wodurch seine geistige Entwickelung völlig abgestumpft wird und er zu einer Maschine herabsinkt. Ein noch verderblicheres Übel des Fabrikslebens ist die Zuziehung unmündiger Kinder zur Arbeit. Dadurch leidet die körperliche und geistige Entwickelung ganzer Generationen des Arbeiterstandes; denn die schwere Arbeit in so jungen Jahren untergräbt für immer die Gesundheit und hindert ein kräftiges Wachsthum; ferner schwindet dadurch die Möglichkeit eines geregelten Schulbesuchs und nebst dem Mangel jeder Bildung führt auch der fortwährende Umgang mit den oft verderbten älteren Arbeitern eine völlige moralische Verkommenheit herbei. Hier ist es die Sache des Staates, im Interesse eines so wichtigen und großen Standes mit Macht aufzutreten, um dadurch das Interesse der Gesammtheit zu wahren. So wichtig es für einen Staat ist, viele und reiche Fabriksbesitzer aufweisen zu können, die ein Haupt-Factor der allgemeinen Entwicklung und der Wohlhabenheit sind, so ist es dennoch seine Pflicht, bei Eintritt der oberwähnten Fälle, in ihre wirthschaftlichen Bestrebungen einzugreifen und lieber ihren Mehrgewinn zu hindern, um dadurch ein großes noch allgemeineres Interesse des Staates zu wahren, und eine ganze Bevölkerungsklasse, auf deren Schultern der Bestand jeder Industrie beruht, vor Schadennahme in ihren wichtigsten Interessen zu schützen. Hier bringt der Staat seinen momentanen Vortheil der unstreitig im Reichthum seiner Bürger liegt, zu Gunsten der Gerechtigkeit und Menschlichkeit ein Opfer.«

In einem langen undatierten Aufsatz erging sich der Kronprinz über »die Gleichheit der Menschheit, die Einheit des Besitzes«: »... Aus Wohlstand und allgemeinem ziemlich gleich vertheiltem Besitze, wo durch Ausnützung einer jeden Sache und Bewegung in den Vermögen der Einzelne nach Reichthum im Interesse aller strebt und es für Alle vermuthet, wird Bildung und Aufklärung blühen und gedeihen und im gesicherten Leben den Geist veredeln. Dort, wo in krassen Besitzes-Unterschieden die große Vielheit der Dürftigen in den Wenigen Feinde und Verzehrer des allgemeinen Gutes erblickt und Haß gegen diese und Kummer wegen der eigenen Erhaltung bei den Unglücklichen Verkommenheit erzeugt, wird ein edler Aufschwung nicht möglich und ein Fortschritt schwierig sein. Deshalb müßen wir vom idealen Standpunkte aus gesehen ziemlich gleich vertheilten Reichthum und Wohlstand aller als eine Quelle sittlicher Entwicklung betrachten.«

Erzherzog Albrecht verstärkte seine Bemühungen, den Kronprinzen von allzu liberalen Ansichten abzubringen. Albrecht versuchte es mit Lob und Wärme, was wenige von ihm erfuhren. Er war der einzige der Hofpartei, der sich die Zeit nahm, sich mit den naturgemäß unausgewogenen Ideen des Jünglings auseinanderzusetzen, ihm seitenlange Briefe und Stellungnahmen zu schreiben. Kaiser Franz Joseph konnte mit den Problemen, die sein Sohn wälzte, gar

nichts anfangen. Er tat alles mit dem Satz ab: »Der Rudolf plauscht wieder«, und blieb bei seinem Hauptgesprächsthema, der Jagd und dem Militär.
Zur Zeit, als der siebzehnjährige Kronprinz nächtelang über seinen weltverbessernden Schriften saß, schrieb auch der Feldmarschall wieder Beherzigenswertes, diesmal die »Charwochen-Betrachtung« mit dem Titel: »Wie haben sich die Prinzen einer alten, historisch mit ihren Völkern erwachsenen Dynastie heut zu Tage zu benehmen[32]?«, geschrieben in Form eines Fragenkatalogs ähnlich einem Beichtspiegel.
Gegen die liberale Wissenschaftsgläubigkeit Rudolfs trat Albrecht ganz unverblümt auf: »Warum muß auf Gemüth, Charakter ein größerer Werth gelegt werden, als auf bloßes Wissen? Warum auf praktisches Wissen, dem sich das Können anschließen muß, mehr als auf meist unfruchtbare blosse Theorien?«
Unverhohlen polemisierte Erzherzog Albrecht auch gegen Rudolfs Verehrung für die Lehrer. Er gab dem Jüngling den Rat, Gelehrte so zu behandeln, »daß sie sich geachtet und geehrt fühlen, ohne sich als die Herrn, die Priester der Wissenschaft, die Prinzen hingegen als ihre Schüler, Diener, Tributpflichtige solcher hochmüthigen Gelehrten betrachten zu dürfen? (Humboldt und Friedrich Wilhelm IV.!) Welches sind die Gefahren, für einen Gelehrten gelten, nur mit solchen meist Einseitigen umgehen zu wollen?«
Was Kaiser Franz Joseph seinem Sohn zuwenig gab an Lebenshilfe und guten Ratschlägen, tat Erzherzog Albrecht zuviel. Außerdem bemühte sich der Feldmarschall ganz umsonst mit seinen langen Moralpredigten. Der Kronprinz sollte das genaue Gegenteil von all dem tun, was ihm Albrecht als Aufgabe eines Kronprinzen hinstellte. Allerdings – vergleicht man diese Auffassung des Hofes, dessen Sprecher Erzherzog Albrecht ja war, mit den Maximen, die sich Rudolf, angeregt von seinen liberalen Lehrern, im Laufe der Jahre aneignete, so werden alle späteren Konflikte Rudolfs klar.
Das Interesse der kaiserlichen Eltern an dem heranwachsenden Sohn war minimal. Elisabeth schrieb von ihren Reisen höchst selten an den Kronprinzen, und wenn, dann ging es hauptsächlich um Pferderennen oder um das Wohlergehen der kleinen Valerie, die

meist mit der Mutter reiste. Der Kaiser schrieb zwar öfter und sah den Sohn auch häufiger – bei Paraden, Jagden, offiziellen Veranstaltungen –, aber so gut wie sein einziges Interesse war, ob und was sein Sohn auf den Jagden geschossen hatte.

Das Ausmaß der militärischen Übungen neben dem Unterricht, den Sprachstudien und den Repräsentationspflichten war beachtlich und wurde in den patriotischen Schriften stets besonders hervorgehoben: »Hier leitete Oberst-Lieutenant Carl Wagner den Unterricht in der Terrainlehre, Waffenlehre und Heeresorganisation; Ober-Lieutenant von Grünewald lehrte das Reglement der Fußtruppen und das Exerciren; Oberst-Lieutenant von Rößler gab Unterweisung über Feldbefestigung, permanente Befestigung und Festungskrieg; Major Anton Kraus über das Exerciren im Bataillon; Hauptmann Hugo Kerchnawe über den Pionnirdienst; Oberst Rheinländer über Taktik und Strategie; Hauptmann Ritter von Eschenbacher über das Reglement für Artillerie und das Exerciren mit der Batterie; Flügeladjutant Major Freiherr von Gemmingen über das Cavallerie-Reglement[33].« Über eine etwaige Vorliebe des Kronprinzen für eines dieser Fächer schweigen sich die sonst so beredten Jubelschriften aus.

Keinerlei Anzeichen sind darüber vorhanden, daß der Jüngling, der doch auf intellektuellem Gebiet so überaus weit entwickelt war, jemals gegen die Wünsche und Forderungen des Vaters opponiert hätte. Ganz im Gegenteil: fast krampfhaft, übereifrig bemühte er sich, allen Wünschen des Kaisers gerecht zu werden und das zu sein, was er sein sollte: ein guter Jäger, ein guter Reiter, vor allem aber ein guter Soldat.

Selbstverständlich war die Anwesenheit des Prinzen in Oberstenuniform bei allen großen Paraden und militärischen Feiern neben dem Kaiser. Bezeichnend für Vater und Sohn war die Feier des 25jährigen Regierungsjubiläums, die Franz Joseph fast ausschließlich zu einem »Ehrentag der Armee« gemacht hatte, mit der von »Zivilisten« übel aufgenommenen Rede: »Ich spreche die Zuversicht aus, daß auch künftig die Wehrkraft die festeste Stütze des Thrones und Vaterlandes sein wird, daß sie der Felsen bleibt, an welchem im Sturme die Wogen sich brechen, daß sie Meinem Sohne dieselbe Liebe und Treue weihen wird, wie sie Mir stets bewiesen hat.« Bei dieser Stelle »brach der [fünfzehnjährige] Kronprinz in ein heftiges Schluchzen aus und auch der Kaiser wurde nur mit Mühe der inneren Rührung so weit Meister, um die Rede fortsetzen zu können. Die Augen der anwesenden Offiziere füllten sich mit Thränen[34].«

Die Empfindsamkeit Rudolfs, dieses so eindeutige Erbteil der Kaiserin Elisabeth, milderte sich auch in der Pubertät nicht. Die rein männliche Umgebung, die Entbehrung eines Familienlebens taten das Ihre dazu und machten aus dem Jüngling einen glühenden Schwärmer fast hysterischen Ausmaßes, den Latour durch das Gegengewicht eifriger Studien abzulenken bemüht war.

Doch die schwärmerische Grundhaltung verstärkte sich noch, sobald das Interesse des Knaben an der Weiblichkeit erwachte. Ein kleines Notizheft des Fünfzehnjährigen ist erhalten, worin er ein Mädchen andichtete, das er ganz offensichtlich nur einmal von weitem gesehen, nie aber gesprochen hatte. Aus diesem intimen, mit Bleistift beschriebenen Heftchen soll hier zitiert werden, nicht aus Sensationslust, sondern um sich den jungen Mann selbst charakterisieren zu lassen, von dem seine Feinde schon zu dieser Zeit, schokkiert von manchen darwinistischen Äußerungen, behaupteten, er sei ein kalter Zyniker gewesen: »D. M. sehr lustig mich angelacht, sie genau angeschaut und ihr gewunken. O Liebe! Womöglich morgen. Geschicke jetzt schrecklich, ich so melancholisch, weiß nicht wo aus und ein. Ich fühle mich so dumm, was muß ich, und was soll ich noch alles wissen?«

Pathetisch heißt es da: »Ich war und bin von Natur aus leicht erregbar, gefühlvoll, doch durch viele Studien und zu vielem Nachdenken bekam ich eine gewisse Begeisterung für den Materialismus, und durch besten Willen, Überwindung jeden Gefühles, und einer größeren Liebe zu den alleszersetzenden Naturwissenschaften war ich im Stande mir alle Frömmigkeit, jeden Glauben an Gott, jede Poesie und Liebe zu den Mitmenschen auszureden; da sah ich bei Wien ein Mädchen, Bernhardine! und die entzückte mich, die Sehnsucht rieb mich völlig auf, leider mußte ich fort.«

Schier endlos geht es in dieser Tonart weiter. Das Mädchen weckte in Rudolf eine überschwengliche Frömmigkeit. Er schrieb Briefe, die er nicht abschickte, die aber einen späteren Konfliktstoff bereits klar umreißen: »... doch meine Stellung vernichtet jedes Verhältnis zu einer Plebejerin«, und: »Doch hoffen wir und glauben, vertrauen wir auf Gott, er ist unser mächtigster Hort, vor ihm ist der Bettler gleich dem König, vor ihm sind wir alle gleiche Menschen, deren Glück kein Stand und kein Adel trennt.«

Gegenstand der jugendlichen Schwärmerei des Kronprinzen war auch Rudolfs Tante, Erzherzogin Maria Theresia, eine der sechs berühmt schönen Braganza-Schwestern, nur drei Jahre älter als Rudolf, verheiratet mit dem Bruder des Kaisers, dem um 22 Jahre älteren Erzherzog Karl Ludwig, und Stiefmutter der Erzherzöge Franz Ferdinand und Otto. Rudolfs Schwester Gisela, bereits in München verheiratet, war die Vertraute dieser Schwärmerei. Sie klagte mit ihrem Bruder, die schöne Tante bemitleidend: »Was Du mir über Maria Theresia schreibst, ist eigentlich traurig, man ersieht daraus, daß sie nicht glücklich sein kann. Es ist auch zu arg, einen so alten Mann zu haben, wenn man noch so jung ist[35].«

Der »alte Mann« war allerdings in einem schon krankhaft zu nennenden Ausmaß eifersüchtig, und die Schwärmerei, das Bemitleiden seiner schönen jungen Frau, vom Kronprinzen ziemlich offen zur Schau getragen, kann das ohnehin gespannte Verhältnis des als »klerikal« bekannten Erzherzogs zu seinem liberalen Neffen kaum verbessert haben.

Schwierigkeiten deuteten sich bei dem Jüngling in Hülle und Fülle an, und General Beck drückte die allgemeine Anschauung des Hofes aus, als er schrieb: »Habe in Gödöllö meine Studien über den Kronprinzen gemacht ... Er ist noch ein sprudelndes Gemüt und hat das Herz leicht auf der Zunge und viele liberale Doktrinen einiger seiner Professoren nicht verdaut; ansonsten wird die Liebe bei ihm bald eine Hauptbeschäftigung sein[36].«

3. Kapitel

Ein Jahr der Reisen

Am 24. Juli 1877 endete Rudolfs Studienzeit und damit die Verantwortung der Kaiserin für die Erziehung des Kronprinzen. Elisabeth machte offensichtlich keinen Versuch, weiterhin Einfluß auf die Umgebung Rudolfs zu nehmen und für ein Verbleiben Latours als Obersthofmeister zu intervenieren, was sich Rudolf wünschte. Sie war mit Pferden, ihrer Schönheit und dem Wohlergehen der kleinen Valerie vollauf beschäftigt und die meiste Zeit auf Reisen.

Nun war die Bahn frei für die so viele Jahre gereizten Gegner der liberalen Erziehung des Kronprinzen.

Das Pendel, das von einer streng konservativ-militärischen Erziehung unter Gondrecourt 1865 in eine extrem liberale unter Latour ausgeschlagen war, schlug nun hart zurück zugunsten der Hofpartei um Erzherzog Albrecht und den Bruder des Kaisers, Erzherzog Karl Ludwig. Keine Rede war davon, daß der Kronprinz nun ein Studium beginnen könnte, wie er es sich seit jeher wünschte und wie es der Rivale in Berlin, Prinz Wilhelm, in dieser Zeit tat, mit weit weniger Begeisterung für die Wissenschaften, als der österreichische Kronprinz sie bewies. Rudolf sollte nach dem unumstößlichen Willen das werden, wozu ihn der Kaiser schon am ersten Lebenstag bestimmt hatte: Soldat.

Es gab die obligaten Festlichkeiten anläßlich der Großjährigkeitserklärung. Die Lehrer wurden mit dem Orden der Eisernen Krone 3. Klasse bedacht und hatten damit das Recht, sich um den Ritterstand zu bewerben (was allerdings zum Beispiel Menger und Exner nicht taten, weil sie lieber Bürgerliche blieben). Rudolf erhielt »als Zeichen der Anerkennung für die ruhmvoll beendete Studienzeit« das Großkreuz des St.-Stephans-Ordens. Es gab einen feierlichen

Dankgottesdienst und gute Ratschläge des Erzherzogs Albrecht, diesmal in Form von »Aphorismen[1]«.
Er warnte den nun selbständig werdenden Jüngling vor einem üppigen, luxuriösen Lebensstil und nannte die Bourbonen des 17. und 18. Jahrhunderts als warnende Beispiele: »Statt des christlichen Vorbildes sah endlich das Volk nur entnervte, im Serailleben eines üppigen Hofes verkommene Prinzen, und lernte sie um so mehr hassen u. verachten, als ihm ihre sonstigen guten Eigenschaften nicht bekannt werden konnten u. sie den Herrn nach seinen, den Massen näher stehenden corrupten Dienern beurtheilten.« Diesem stellte Albrecht das Haus Österreich gegenüber mit »der würdigen Einfachheit seines häuslichen und Familienlebens, der Leutseligkeit und Menschenfreundlichkeit seiner Mitglieder«.
Auch diese Gelegenheit ließ Albrecht nicht ungenützt, um wieder einmal gegen die Liberalen und Freimaurer aufzutreten. Diesmal wurde der deutsche Kronprinz Friedrich Wilhelm (der spätere Friedrich III.), bekannt als erklärter Liberaler und Großmeister der preußischen Logen, gerügt und als schlechtes Beispiel hingestellt: »Nach Kaiser Wilhelms Tod ist eine bedeutende Verweichlichung am preußischen Hofe zu erwarten ... Gott soll Österreich vor Ähnlichem bewahren!«
Auch Joseph II. bekam wieder seinen Teil: »Auf Reisen sieht man viel und lernt manches. Man hüte sich, es sogleich zu Hause einführen zu wollen. In diesen Fehler fielen Peter der Große und Joseph II.« Man versteht, daß dem jungen Kronprinzen die gutgemeinten Ratschläge des Großonkels bald zuviel wurden.
Die Abrechnung über dreizehn Jahre Erziehung wurde vorgelegt: 388 564 Gulden 55 Kreuzer hatte Latour von November 1864 bis Ende 1877 für den Unterricht und für alle anderen Ausgaben der Kammer des Kronprinzen ausgegeben[2]. Das war eine horrende Summe, andererseits aber bescheiden zu nennen, wenn man sie mit den Ausgaben der Kaiserin vergleicht: Elisabeth brauchte zum Beispiel für wenige Wochen ihrer Englandreise 1876 nicht weniger als 106 516 Gulden 93 Kreuzer, für ihre Irlandreise mit Pferden und einem großen Troß von Freunden und Bedienten 158 337 Gulden 48 Kreuzer[3].

Neuer Obersthofmeister wurde der Kandidat des Erzherzogs Karl Ludwig: Charles (Charly) Graf Bombelles. Diesmal hatte endlich einmal die klerikale Presse Grund zur Zufriedenheit mit Rudolfs Umgebung: »Die Wahl des neuernannten Obersthofmeisters Sr. kais. Hoheit des Kronprinzen ist eine der glücklichsten Wahlen, die überhaupt getroffen werden konnte. Reiches Wissen, vielseitige Erfahrung, gesammelt in einer wechselvollen Vergangenheit und bei Bereisung eines großen Theiles der Erde, feinste Lebensart mit weltmännischem Auftreten zeichnen diesen tüchtigen, erprobten Cavalier aus, den seine langjährige Dienstleistung bei Hofe mit den Schwierigkeiten seiner künftigen Stellung so vertraut gemacht hat, daß er dieselben leichter überwinden wird als ein Neuling auf diesem Boden; das Reich aber darf beruhigt sein, denn die Einführung des Kronprinzen in das praktische Leben ist einem vielbewährten Patrioten und treuen Diener der Dynastie anvertraut[4].«

Erzherzog Karl Ludwig gratulierte Bombelles: »... Sehr froh bin ich, daß auf diese wichtige Stelle ein Mann berufen ist, der unsere Familientraditionen und die dem Rudolf durch Verwandtschaft und Freundschaft Nahestehenden genauer kennt ...[5]«

Bombelles war Spielgefährte des Kaisers und seiner Brüder gewesen, war dann mit Maximilian nach Mexiko gefahren, wo er, wenn man dem Tratsch glauben will, besonderes Geschick bewiesen hatte, dem Kaiser Max bei Liebesabenteuern behilflich zu sein. Diese Fähigkeit stand auch bei seinem Dienst für den jungen Kronprinzen an wichtiger Stelle, wie gutmeinende Zeitgenossen fürchteten, so etwa Pribram: »Ernste Freunde der Dynastie bedauerten nur die Wahl eines ausgesprochenen Lebemanns und echten Höflingstypus zum Posten eines Obersthofmeisters, welchem man keinen günstigen Einfluß auf den jungen Herrn zumutete, der sich zu den Kreisen der Intelligenz viel mehr hingezogen fühlte[6].« Nach der Katastrophe von Mayerling fand man in Bombelles einen der Schuldigen, so ein Polizeiagent: »Die Schuld, daß alles so gekommen, wird indirekt nur auf das Kerbholz des Grafen Bombelles geschrieben. Der Graf, selbst ein Gourmand in puncto ... (sic) habe es versäumt, je seine warnende Stimme zu erheben, habe vielmehr ein ›Vergnügen‹ nach dem Anderen vorbereitet[7].«

Wie der Einfluß Bombelles' aussah, mag man aus den blumenreichen Worten einer patriotischen Schrift ersehen, wo es heißt, die Hauptsorge Bombelles' sei es gewesen, »seinen hohen Herrn ... durch körperliche Übungen, durch Zerstreuungen aller Art einer ausgeglichenen Seelenstimmung zuzuführen. Er benützte jede Gelegenheit, um ihn von den Büchern hinweg ins Freie zu locken und bewirkte, daß Kronprinz Rudolf ein ebenso ausgezeichneter Reiter und Schütze wie leidenschaftlicher Jäger und Naturfreund wurde[8].«
Wie ähneln doch diese Sätze dem Erziehungsauftrag an Gondrecourt im Jahre 1864, die geistige Entwicklung des damals sechsjährigen Prinzen »verständig zu dämpfen, damit jene des Körpers gleichen Schritt halte«! Wiederum, wie bei Gondrecourt, führte der Einfluß der Hofpartei letztlich zur Katastrophe. Denn die »geistige Aktivität« Rudolfs wurde keineswegs gedämpft, aber eine Vergnügungssucht gefördert, die die von Kindheit an schwachen Nerven des Kronprinzen zerrüttete. Die »Zerstreuungen aller Art« führten den hohen Herrn keineswegs einer »ausgeglichenen Seelenstimmung« zu, wie der gutmeinende Chronist glauben machen wollte. Und auch wenn Bombelles den Kronprinzen immer wieder mit Erfolg von den als so verderblich angesehenen »Büchern hinweg ins Freie« lockte, so konnte man doch sicher sein, daß der junge Mann die Vergnügungen zwar willig mitmachte, seine Bücher aber trotzdem nicht ungelesen ließ und sich ständig überforderte.
Selbst Bismarck in Berlin war über die Person des »angeblich ultramontan gesinnten« neuen Obersthofmeisters alarmiert und vermutete, man habe diesen Herrn ausgesucht, »um von vorneherein die Gesinnung des künftigen Herrschers zu vergiften«. Er verlangte vom deutschen Botschafter »eine eingehende Darlegung darüber, ob die Ernennung des Grafen Bombelles und andere Erscheinungen als Anzeichen einer Kursänderung im ultramontanen Sinn zu gelten hätte[9]«. Der deutsche Botschafter in Wien hatte alle Mühe, den Kanzler zu beruhigen. Er ging so weit, zu behaupten, das Engagement der Klerikalen für Bombelles sei nichts als »ein geschicktes Manöver zur Irreführung der öffentlichen Meinung« und Bombel-

les sei auf »speziellen Wunsch Rudolfs zu seiner gegenwärtigen Stellung berufen« worden[10].

Diese Aussagen passen aber gar nicht mit Rudolfs heftiger Reaktion auf die plötzliche Änderung in seiner Umgebung zusammen: Der knapp Neunzehnjährige erlebte eine heftige Nervenkrise und trauerte bitter seinem »lieben Alterle« Latour nach, dem er sehnsüchtige Briefe schrieb: »Zum erstenmale, daß ich zur Feder greife, um Ihnen zu schreiben, bis jetzt waren wir seitdem ich überhaupt Briefe schreibe, immer zusammen. Es kommt mir so eigenthümlich vor, Sie nicht immer um mich zu haben, alle Augenblicke will ich Sie bitten laßen herüber zu kommen, und erst langsam gewöhne ich mich an das neue Leben. Es ist keine Phrase, wenn ich Sie versichere, daß trotz Selbständigkeit, ich die ersten Tage hindurch sehr traurig war, der Abschied in Schönbrunn ging mir gar nicht aus dem Kopf, auf den Jagden gingen Sie mir ab, und am Stande hatte ich viel Zeit an Sie und an verfloßene schöne Tage zu denken[11]!« Am Tag vor seinem neunzehnten Geburtstag schrieb Rudolf an Latour: »Es fällt mir schwer, den 21. August ohne Ihnen zuzubringen, ich war so gewohnt Sie immer als den Ersten zu sehen, der mir gratulirte ...[12]«

Bombelles versuchte seinerseits, den besorgten Latour zu beruhigen, und versicherte, »daß es Deinem Kronprinzen physisch und geistig wohlergeht, daß er keine Gelegenheit vorübergehen läßt, um in dankbarster Anhänglichkeit Deiner zu erwähnen, der weisen Vorsicht, der hingebenden Liebe mit der Du seine Jugend geleitet enthusiastischer Anerkennung zu zollen. Sowie ich Dich kenne, weiß ich daß Du Dich freuen wirst wenn ich Dir sage: ich fühle es, wie ich mich täglich mehr in seinem Vertrauen befestige. Der erste Schritt war auf der Fahrt von Schönbrunn nach Penzing, ich sah wie er krampfhaft gegen sein Gefühl ankämpfte, ich sagte ihm: ›Weinen Sie sich aus; Sie haben sich Ihrer Thränen nicht zu schämen.‹ Er that es, wir sprachen von Dir, sein Herz öffnete sich gegen mich und so ist es geblieben ... Er hat große Sehnsucht Dich wieder zu sehen. Am 23. früh ist er in Schönbrunn. Hast Du den Muth hinzukommen? Du würdest ihm eine große Freude damit bereiten[13]!«

Auch vierzehn Tage später war die trübe Stimmung des Kronprinzen noch nicht verflogen, obwohl er zur Ablenkung mit Bombelles eine Reise nach Korfu machen durfte. Bombelles versuchte wiederum, Latour brieflich zu beruhigen: »Zwei Worte in der Hetze um Dir zu sagen daß es unserem lieben Kronprinzen so vieles beßer geht, daß wir ihn ganz hors d'affaire betrachten können – das ruhige, regelmäßige Landleben, die große jedoch gar nicht drückende Hitze, haben ihm unendlich wohl gethan ...[14]«

Es muß als Versuch angesehen werden, den durch den Wechsel seiner Umgebung stark angegriffenen Kronprinzen aufzumuntern, daß der Kaiser seinem Sohn noch einige Reisen nach dem Abschluß der Studienzeit mit einem der liebsten der Lehrer, Carl Menger, erlaubte. Unter Anleitung Mengers sollte Rudolf wichtige Industrien in der Schweiz und in England kennenlernen. Vor diesen Reisen aber schlug Erzherzog Albrecht eine Besichtigung seiner immens reichen Güter in Schlesien vor: »Das Interessanteste ist wohl die auf kleinem Raume sich vorfindende Vielseitigkeit von Landbau, Ausnützung der Forste u. Holzindustrie, Eisenwerke, Kohlengruben, Brennerzinn, Brauerei u. Flachsspinnfabrik. Ich bin sehr erfreut, Dir dieß *vor* Deiner Reise zeigen zu können, *nach* selber würde dieß Alles kleinlich u. unbedeutend erscheinen[15].«
Diesem Besuch folgte ein schwärmerischer Brief Rudolfs an seinen Großonkel. Dem Brief lag die »Wiener Zeitung« vom Vortag bei: »Du wirst darinnen einen unter dem Titel ›Die erzherzoglich-Albrechtschen Domänen in Schlesien‹ geschriebenen Aufsatz finden, der aus Professor Mengers und meiner Feder stammt. Während der Rückreise besprachen wir es, theils von Deiner Liebenswürdigkeit für mich, theils von all dem Großartigen, das wir auf Deinen Gütern gesehen, begeistert, folgten wir unserem Drange, schwarz auf weiß unsere Bewunderung vor den volkswirthschaftlichen Meisterwerken öffentlich auszusprechen; außerdem war ich ganz entzückt von der idealen Auffaßung der Aufgabe Deiner Güter; man sieht, daß sie nicht bloß die Melkkuh sein sollen, welche dem Besitzer das baare Geld in die Tasche liefert, sondern dem Volke eine belehrende, wirklich humane Wohlthat, dem Vaterland eine Zierde ... Diese Auffaßung, dieser Geist, entsteht in einer so practischen Sa-

che, wie es volkswirthschaftlich gut administrirte Güter sind, nicht von selbst, auch Beamte können es nicht einimpfen, das kann nur die Ideenrichtung des Besitzers schaffen. Diese edlen Motive, die ich da gesehen, drängten mich, die Sache mit Menger zu besprechen, geschrieben habe ich es, doch ich bitte Dich so wenig als möglich es weiter zu erzählen, denn es wäre mir unangenehm, wenn man in der Öffentlichkeit erführe, daß ich in eine Zeitung geschrieben. Verzeihe diesen Jugendstreich, diese Belobung, die ein noch empor strebender, arbeitender junger Mensch einem gereiften, vielerfahrenen Manne gegeben, doch es kam von Herzen und Du mußt es nur als einen Ausdruck meiner Dankbarkeit für die Freundschaft betrachten ... [16]«

Rudolfs erster Zeitungsartikel brachte keine sensationellen Neuigkeiten, war im Gegenteil eine eher trockene Schilderung der Mustergüter Albrechts. Der Stein des Anstoßes konnte nur folgender Absatz sein: »Der mächtige Eindruck, welchen diese großartige, aus einem Mittelpunkte musterhaft geleitete Vermögensverwaltung auf den Beobachter übt, wird dadurch noch gesteigert, daß die ganze Richtung derselben von humanitären und gemeinnützigen Tendenzen erfüllt ist. Allerdings steht auch hier, wie in jeder rationellen Wirthschaft, das finanzielle Interesse zunächst in dem Vordergrunde; was aber der erzherzoglichen Verwaltung ihren besonderen Charakter verleiht, ist der Umstand, daß die Rücksichtnahme auf das finanzielle Ergebniß überall dort sofort in den Hintergrund tritt, wo Rücksichten der Humanität oder des Gemeinwohles dies irgendwie erfordern. Die Bevölkerung des östlichen Schlesiens anerkennt dankbar, daß Se. k. und k. Hoheit in einer nicht geringen Anzahl von Fällen Industrien begründete, deren Rentabilität von vorn herein in Frage stand, wenn es sich darum handelte, einer an Arbeitsmangel leidenden Bevölkerung dauernd Arbeit und Brot zu verschaffen; sie anerkennt, daß Se. k. und k. Hoheit in einer noch größeren Anzahl von Fällen Industrien, deren Rentabilität aufgehört hatte, noch durch Decennien fortführen ließ, lediglich, um der Arbeiterbevölkerung den gewohnten Erwerb nicht zu entziehen ... [17]«

Die Wirkung dieses gutgemeinten, harmlosen Artikels war nieder-

schmetternd. Albrecht antwortete postwendend: »Deinen Aufsatz hatte ich bereits am 4. gleich bei seinem Erscheinen gelesen; ich vermuthetete, daß Prof. Menger der Autor, u. hätte ihn daher, ehrlich gesagt, lieber vermißt; das mir darin gespendete überreiche Lob verdiene ich nicht, denn mein Vater war der erste Schöpfer dieser humanen Richtung, zu der Zeit der Patrimonialgerichtsbarkeit, wo sie noch viel wichtiger u. einschneidender in alle Verhältnisse war ... Dazu wird solches Lob in einer *offiziellen* Zeitung leicht als Sozialismus verdächtigt u. wirkt dann leicht verkehrt. Du wirst diesen Aufsatz in keinem anderen Blatte reproducirt finden[18].«
Nach einigen gnädigen Lobesworten für den »idealen Zug«, den sein Großneffe in diesem Artikel gezeigt habe, folgte aber die Warnung vor Leuten wie Menger, der es wagte, als Journalist zu arbeiten: »Du hast sehr Recht zu verlangen, daß der Name des Autors nicht in die Öffentlichkeit trete. Ein junger Prinz, am allerwenigstens ein Kronprinz, darf als Zeitungskorrespondent figuriren. Der Nimbus geht nur zu leicht verloren, u. es gibt nichts zudringlicheres u. arroganteres, korrupteres als unsere Journalistiker.«
Albrechts Trostpflaster in Form von ein paar herzlichen Worten konnte die Enttäuschung des Jünglings nicht mildern: Unverkennbar kühlten sich nach diesem Briefwechsel die einst guten Beziehungen zwischen Albrecht und Rudolf ab. Wieder war das Wort »Sozialismus« gefallen im Zusammenhang mit Menger. Der Kronprinz konnte sicher sein, daß jede seiner schriftstellerischen und vor allem journalistischen Aktivitäten, die ja bald mit großer Intensität einsetzten, die unbedingte Feindschaft des alten Erzherzogs herausfordern würden.

Die erste Auslandsreise mit Carl Menger ging in die Schweiz. Die Ruinen der Habsburg und die Schweizer Uhrenindustrie standen auf dem Programm. Dann ging es nach England, dem gelobten Land der Liberalen des 19. Jahrhunderts. Die acht Wochen in England sollten für den Kronprinzen, vor allem durch das enge Zusammensein mit Menger, mehr Bedeutung haben als alle beschwörenden Briefe des Großonkels, sich vor den »liberalistischen« Ideen der modernen Zeit zu hüten.

In London trafen die Reisenden auf Karl Ritter von Scherzer, zu dieser Zeit österreich-ungarischer Handelskonsul, der das Reiseprogramm ausgearbeitet hatte. Auch Scherzer war einer der Aktiven des Jahres 1848 gewesen und damals Begründer der Buchdruckergewerkschaft. 1851 war ihm vor dem Kriegsgericht vorgeworfen worden, eine staatsgefährliche Phalanx zwischen österreichischen, deutschen und englischen Arbeitern geplant zu haben, seine Schriften wurden beschlagnahmt. Daraufhin hatte sich Scherzer durch weite Forschungsreisen der Heimat entzogen. Erzherzog Maximilian war es, der den durch seine Bücher inzwischen berühmten Scherzer rehabilitierte. Er schickte ihn als wissenschaftlichen Leiter auf die erste österreichische Weltumseglung der »Novara«, gemeinsam mit Hochstetter, der wahrscheinlich den ersten Kontakt zwischen Rudolf und Scherzer herstellte.

Auch in seinem dem Kronprinzen gewidmeten Werk »Weltindustrien. Studien während einer Fürstenreise durch die britischen Fabriksbezirke« verhehlte Scherzer seine Meinung nicht: »Man hat in Großbritannien schon frühzeitig die ernste Gefahr erkannt, welche in dem ›Lande der Fabriken‹ aus der Nichtbeachtung der berechtigten Forderungen der Arbeiter erwachsen mußte. Die Besten und Edelsten der Nation widmen der Arbeiterfrage und Allem, was damit zusammenhängt, die theilnahmsvollste Aufmerksamkeit, und ihre Bestrebungen sind bereits von manchem erfreulichen Resultate begleitet gewesen.

Die Bemühungen der britischen Regierung, durch zweckentsprechende Fabrik- und Werkstättengesetze die Erwerbsthätigkeit im Interesse aller Betheiligten zu reformiren; das intelligente Wohlwollen, mit welchem die Industrieherren durch die Errichtung von Arbeiterwohnungen, durch die Gründung von Konsumvereinen, Bildungsanstalten, Sparbanken, Unterstützungskassen für brotlose, kranke oder erwerbsunfähige Arbeiter das Loos der Fabrikbevölkerung zu erleichtern trachten, sind doppelt wohlthuende Erscheinungen: denn sie zeigen nicht allein, wie das ›Niveau der Philanthropie‹ stetig sich hebt; wie die Beziehungen zwischen Arbeitgeber und Arbeitnehmer freundlicher sich gestalten; wie einer immer grösseren Anzahl von Menschen der Segen der Zivilisation zu Theil wird; sie deuten zugleich die Richtung an, in welcher durch ein einsichtsvoll-beharrliches Zusammenwirken jenes große soziale Problem am ehesten noch einer Lösung entgegengeführt zu werden vermag!«

Scherzer stellte England als Muster dafür hin, daß die Industrie weit mehr für den »Kulturfortschritt« tue als eine große Armee: »Maschinen, Dampf und Freihandel haben sich unwiderstehlicher erwiesen als Gußstahlkanonen und Präzisionsgewehre. Mit ihrer Hilfe ist England der Spinner, der Weber, der Schiffbauer, der Metallarbeiter, der Ingenieur, der Verfrachter, der Kommissionär und der Geldleiher für die ganze Welt geworden.

Der überlegene Einfluß, welchen England in ökonomischer Beziehung auf das übrige Europa, sowie theilweise auch auf die anderen Theile der Erde ausübt, ist hauptsächlich erst im Laufe des gegenwärtigen Jahrhunderts errungen worden. Und es ist für junge Nationen ein ermuthigender Gedanke, dass eine verhältnismässig so kurze Periode in der Geschichte eines Volkes zuweilen hinreicht, die Prosperität desselben mächtig zu entwickeln ... Englands glückliche Erfolge auf der industriellen Rennbahn waren Kulturgewinne der Menschheit[19].«

Menger berichtete später: »In London wurde er [Rudolf] in eine neue Welt eingeführt, und mit nie rastendem Eifer suchte er die Wurzeln der Macht des englischen Reiches zu ergründen, die auf den unzähligen Wimpeln der Schiffe, auf den überall emporragenden Schloten und auf einer märchenhaften Beherrschung der Dampfkraft beruhen. Der Kronprinz interessierte sich mit wahrer Leidenschaft für das commercielle Getriebe dieses Handelsstaates[20].«

Zur Illustration dieser raschen industriellen Entwicklung machten Scherzer und Menger den Kronprinzen auch mit Selfmademen der englischen Industrie bekannt, um das liberale Schlagwort vom Tüchtigen, dem die Welt gehört, anschaulich zu machen. Rudolf lernte Mr. Salt, den Erfinder des Alpacca-Stoffes, kennen, Mr. Lister, den Begründer der englischen Kammgarnindustrie, und John Brown, der Panzerplatten entwickelt hatte. Allen dreien war nicht nur gemeinsam, daß sie »als Kind dürftiger Eltern geboren« und

durch ihre Einfälle und Tüchtigkeit zu enormem Reichtum gelangten, sondern auch, darauf wies Menger ausdrücklich hin, daß sie ihren Reichtum »mit einer beispiellosen Großherzigkeit zu Gunsten der Armen« verwendeten.
Selbstverständlich besuchte Rudolf auch die Universitäten, so Edinburgh: »Und so groß war die Sympathie, welche der Thronerbe bei den schottischen Studenten erweckte, daß er von ihnen und dem anwesenden Publicum dicht umringt wurde und einem geradezu gefährlichen Gedränge ausgesetzt war.« Daß Rudolf »viele Tage« dem Britischen Museum widmete, vor allem der ornithologischen Sammlung, wo er durch seine Ausdauer seine ornithologisch offenbar nicht interessierte Umgebung »bis zur Erschöpfung ermüdete«, wurde in Wien stolz berichtet. Daß er sich aber über Scherzer, der seit langem mit Darwin korrespondierte und ihn auch persönlich kannte, intensiv bemühte, Charles Darwin kennenzulernen und in Down zu besuchen, wußte man in Wien nicht. Dieses Treffen kam zum großen Leidwesen Rudolfs nicht zustande[21].
Scherzer, der sich in Österreich für eine Reform des Strafwesens eingesetzt hatte, führte den Kronprinzen auch in englische Gefängnisse, um ihm das neue System der Einzelhaft für Schwerverbrecher zu zeigen, das nach den vorher üblichen Massenunterbringungen einen großen Fortschritt bedeutete. Für das Strafrecht hatte sich der Kronprinz schon während seines Unterrichts bei dem Juristen Gustav Keller interessiert, hatte Gerichtsverhandlungen in Wien beigewohnt und, angeregt durch eine Vorlesung Kellers, einen Aufsatz über die Todesstrafe verfaßt, der leider nicht im Nachlaß erhalten ist. Rudolf bekannte sich darin als Gegner der Todesstrafe und als Befürworter einer humaneren Behandlung der Gefangenen.
Nach Wien schrieb Rudolf: »Ich benütze jeden Augenblick und sehe mir so viel als möglich an; England hat meine Erwartungen noch weit übertroffen, ich bin bis jetzt mit meiner Reise ungemein zufrieden, und von England ganz entzückt, ohne die grossen und sehr crass hervortretenden Schattenseiten dieses Landes zu verkennen. Das Leben hier ist so überaus großartig und intereßant und ich trachte es so viel als möglich nach allen Richtungen kennen zu lernen[22].«

Eines von vielen Huldigungsbildern zur Geburt des Kronprinzen am 21. August 1858. Eine ganze Reihe von Kronen lag auf dem Thron bereit. Angehörige der verschiedenen Nationalitäten begrüßten ihren zukünftigen Kaiser. Unter den Schwingen des bekrönten Doppeladlers schwebte das Bild des Ahnherrn Rudolf von Habsburg, gehalten von Kaiserin Maria Theresia und Franz I. Stephan, dem Begründer des Hauses Habsburg-Lothringen. Das Haus Habsburg wurde als Verteidiger des katholischen Glaubens dargestellt mit Hostie, Bischofsstab, Lothringer Kreuz und Bibel – drei Jahre vor Rudolfs Geburt war das Konkordat geschlossen worden. Ganz oben in der Mitte das Elternpaar, Kaiser Franz Joseph und Elisabeth, links die Eltern des Kaisers, Erzherzog Franz Karl und Erzherzogin Sophie, rechts die Eltern der Kaiserin, Herzog Max in Bayern und Ludovika (die Schwester der Erzherzogin Sophie).

Aus dem kaiserlichen Familienalbum:
Die zwanzigjährige Kaiserin Elisabeth mit dem neugeborenen Kronprinzen und der zweijährigen Erzherzogin Gisela. Das Bild an der Wand zeigt das 1857 gestorbene erste Kind des Kaiserpaares, Sophie.

Familienbild von 1859

Vom ersten Lebenstag an Soldat:
Der Dreijährige mit dem Kaiser bei der Truppenparade in Venedig 1862.

Unten links: Der kleine Kronprinz in Spieluniform mit seiner Familie.

Unten rechts: In der echten Uniform eines k. u. k. Obersten des 19. Infanterie-Regimentes.

Eine Freude für die Wiener: der Kronprinz, diesmal in »bürgerlichem« Gewand, hilft mit seinem Kinderschubkarren, Steine auf der Löwelbastei fortzuschaffen. Er nimmt damit Anteil an dem großen Ereignis der sechziger Jahre: dem Fall der Basteien und dem Bau der Ringstraße. Hinter ihm der Großvater, Erzherzog Franz Carl, und Oberst Latour.

Mit dem kaiserlichen Vater auf der Jagd am Gosausee/Dachstein.

Eine in seiner Familie beliebte Unterhaltung verschmähte Rudolf in England jedoch: das Parforcereiten. Kaiserin Elisabeth feierte in dieser Zeit in Northamptonshire Triumphe bei der Jagd auf Füchse, umgeben von ihr blind ergebenen sportsmen. Rudolf hatte ihr versprechen müssen, bei diesen wilden und gefährlichen Reitjagden nicht mitzumachen. Offenbar fürchtete die Kaiserin, sich mit den mittelmäßigen Reitkünsten ihres Sohnes zu blamieren. Rudolf hatte dagegen süffisant an Latour geschrieben: »In England werde ich es wirklich vermeiden, die Parforcejagden mitzureiten, das Publikum bei uns findet darin keine große Heldenthat, wenn man sich dabei das Genick bricht, und mir ist meine Popularität auch zu viel werth, um sie für dergleichen Dinge zu verscherzen[23].«
Nur kurz sahen sich die Kaiserin und der Kronprinz während des Englandaufenthaltes. Die Umgebung der Kaiserin registrierte: »Der kleine Herr unterhält sich gut, hat das Land liebgewonnen und auch er gefällt den Leuten sehr gut[24].« Daß Rudolf zu anderen Zwecken nach England gekommen war, als sich dort von früh bis spät zu unterhalten, konnte man sich in dieser vergnügungssüchtigen Gesellschaft offenbar nicht recht vorstellen. Die Beziehungen zwischen Mutter und Sohn waren auf ihrem Tiefpunkt.
Damals blühte gerade der Tratsch um die Beziehungen Elisabeths zu Bay Middleton, in dessen Begleitung sie tagaus, tagein in England jagte. Die Schwester der Kaiserin, die Königin von Neapel, die ebenfalls im Troß der Kaiserin in England war, war so unklug, den Kronprinzen einzuweihen. Rudolf hielt den Tratsch für wahr und wurde grob mit Captain Middleton. Dieser beschwerte sich bei Elisabeth über ihren Sohn. Die Kaiserin war empört. Die Umgebung, vor allem die mitreisende Gräfin Marie Larisch, schürte das Feuer. Kurz, der Krach war wieder einmal fertig. Elisabeth verließ verärgert und früher als geplant England. Rudolf fuhr zurück zu Carl Menger nach London[25].
Wesentlich wohler als bei seiner sportbesessenen Mutter scheint sich Rudolf in Osborne gefühlt zu haben, im Familienkreis der englischen Königin Victoria, die an den Prinzen von Wales schrieb: »He is very pleasing, but looks a little over grown and *not* very robust[26].« Die alte Queen zeigte ihre Zuneigung zu Rudolf so offen,

daß Mary von Cambridge dem österreichischen Botschafter Beust gegenüber scherzte: »Die Königin ist in den Kronprinzen verliebt, aber seien Sie ruhig, sie will ihn nicht heiraten[27].«
Mit dem englischen Thronfolger, der eine Generation älter war als er, war Rudolf zu dieser Zeit schon eng befreundet.

Immer wieder in Wirtschaft und Politik stieß Rudolf in England auf die mächtige Rolle des Adels, der es auch nicht verschmähte, die Tüchtigsten der bürgerlichen Schichten in sich aufzunehmen. Wieder lebte in Rudolf der alte Groll gegen den Adel in Österreich auf. Er schrieb in England ein 48 Seiten langes Pamphlet »Der österreichische Adel und sein constitutioneller Beruf«, ein Glaubensbekenntnis für den Verfassungsstaat, gegen die autoritären und patriarchalischen Ansprüche, die Erzherzog Albrecht vertrat.
Die Mitarbeit Mengers an der Schrift ist nicht zu verkennen, denn die offensichtlich von ihm geschriebene Polemik gegen die unzureichenden Studienmöglichkeiten der Staats- und Politikwissenschaft an den österreichischen Universitäten, eine alte Klage Mengers, nimmt einen bedeutenden Teil der Broschüre ein.
Der brisanteste Teil stammte aber offenkundig aus Rudolfs Feder, denn es waren die schon aus den Studienheften bekannten Vorwürfe gegen den österreichischen Adel, der »dem Kenner ihrer ruhmvollen Vergangenheit fast wie die Ruine eines vormals stolzen Gebäudes« erschien. »Wenn man auf die grosse Stellung hinblickt, welche der Adel anderer Länder auch in dem modernen Staate behauptet und wahrnimmt, wie er dort neben den liberalen Elementen als ein wichtiger Factor des modernen politischen Lebens auftritt, mit wie viel Eifer und Hingebung er sich dem Staatsdienste überhaupt und dem Militärdienste insbesondere widmet, wenn man sieht, wie eng seine geselligen Gewohnheiten mit der Förderung der edelsten Culturbestrebungen verknüpft sind; da kann man wahrlich nicht umhin, zum Glauben zu gelangen, die geringe Bedeutung unseres Adels in dem staatlichen und socialen Leben sei nicht so sehr das Ergebniss einer dem Adel ungünstigen Entwicklung der allgemeinen politischen Verhältnisse, als vielmehr die Folge seines eigenen Verschuldens.«

Rudolf rief die österreichische Aristokratie auf, sich tatkräftiger für den Staat einzusetzen, der dringend einer guten konservativen Partei, allerdings im Rahmen eines konstitutionellen und streng parlamentarischen Systems, bedürfe:
»Es liegt in der gegenwärtigen ruhmlosen Thatenlosigkeit unseres Adels eine augenfällige Gefahr für seine Zukunft. Aber die Passivität eines so wichtigen Factors unseres politischen Lebens, wie der Adel in Österreich, lähmt zugleich die Functionen des politischen Organismus überhaupt und verschiebt geradezu den Schwerpunkt der Verfassung. Sie ist die Ursache ... auch jener Mattherzigkeit unserer liberalen Parteien, welche aus dem Bewußtsein entspringt, dass sie die *ganze* Verantwortung für die Thätigkeit des Parlamentes tragen, dass ihnen auch der Schutz des von der Aristokratie im öffentlichen Leben preisgegebenen conservativen Gedankens obliegt.«
Diese Zurückhaltung des Adels führten Rudolf und Menger auf den zu geringen Bildungsstand des österreichischen Adels zurück, »der gränzenlosen Trägheit ... und ihrer Scheu vor jeder Art mühseliger Studien«, der sie gegenüber dem Bildungsbürgertum nicht mehr konkurrenzfähig mache. Vor allem zeige sich dies im Militärdienst. Die Hauptlast der Niederlagen von 1859 und 1866 wurde den mangelhaft ausgebildeten adeligen Militärs gegeben.
Nicht die individuellen Leistungen einiger Adeliger, die er keineswegs leugnete, zog Rudolf zur Beurteilung heran, sondern den aristokratischen Lebensstil: »Die socialen Gewohnheiten ... sind der unverfälschte Ausdruck des Ganzen, oder doch der herrschenden Mehrheit einer Gesellschaftsklasse.« Pferderennen, Jagden, Besuche, Reisen in berühmte Seebäder oder ins Gebirge, »wo sie unter grösster Langeweile das Ende des Sommers abwarten«, Bälle und Feste »mit einer zumeist unglaublich flachen Causerie«, Praterfahrten, Schlittschuhlaufen: »Dies Programm füllt, wenn wir von einigen Ausnahmen absehen, Jahr für Jahr das Leben unserer Aristokraten aus, absorbirt ihr Sinnen und Trachten und zwar in solchem Maasse, dass in der Mehrzahl derselben kaum eine Ahnung von den grossen Bestrebungen, Kämpfen und Erfolgen der anderen Stände auftaucht!«

Die »Sporting-Character-Manieren«, der »Fiakerton« wurden scharf verurteilt, ebenso die Erziehung in klerikal-konservativen Schulen wie dem vornehmen Jesuitengymnasium Kalksburg: »Anstatt hier mit Verständniss und Verehrung für die grossen Culturbestrebungen der Gegenwart, mit Liebe für ihr verjüngtes Vaterland und dessen Institutionen erfüllt und solcherart für die öffentliche Wirksamkeit im modernen Sinne vorbereitet zu werden, lernen die jungen Adeligen hier die wesentlichsten culturellen Institutionen und Bestrebungen unserer Zeit mißverstehen, vielleicht sogar verabscheuen, um dann in das Leben gleich Fremdlingen zu treten, nicht erfüllt etwa von conservativen Ideen und von Liebe zu dem historisch Gewordenen, sondern von Abneigung gegen bestehende, gesetzmässig gewordene Institutionen und jeden culturellen Fortschritt.« Dieser Teil des Adels sei »nur ein Hemmschuh jeder naturgemässen Entwicklung unserer öffentlichen Institutionen«.
Carl Menger übergab diese anonyme Schrift dem Verlag Ackermann in München, wo sie Anfang März 1878 erschien. Der Kronprinz machte zu dieser Zeit auf der Rückreise von England noch Besuche am Berliner und am Württemberger Hof, berührte München wohlweislich nicht, um keine Spuren zu liefern.
In Berlin besuchte er gemeinsam mit dem gleichaltrigen Prinzen Wilhelm Bälle. Eine der Damen, Prinzessin Catherine Radziwill, schilderte den Eindruck, den Rudolf auf die Gesellschaft und vor allem die Weiblichkeit machte: »Er war nicht gerade ein hübscher junger Mann, aber doch außerordentlich attraktiv. Das jugendliche Gesicht war sehr ernst, was ihn viel älter aussehen ließ, und das rötliche Haar war ausgesprochen häßlich. Aber die Augen hatten einen träumerischen Ausdruck, voll von Geheimnis und Eifer, was ihm die Sympathien von jedem, mit dem er sprach, einbringen mußte. Rudolf machte einen ganz anderen Eindruck, als man von ihm erwartete, und ein gewisses stoßweises Sprechen ließ einen rätseln, welche Gründe er für seine Ungeduld und Unzufriedenheit haben könnte. Seine Manieren waren extrem höflich, aber doch ziemlich kühl und hatten auch eine Spur von Verächtlichkeit ... Er tanzte nicht, entschuldigte sich unter dem Vorwand einer Familientrauer[28].«

Inzwischen erschien in Wien die Adelsschrift. Das konservative »Vaterland« wehrte sich in einem vierspaltigen Leitartikel und fuhr scharfes Geschütz gegen »den für unser modernes Verfassungsleben begeisterten Autor« auf[29]. Es bestritt die Güte der in der liberalen Ära reformierten Gymnasien, die Rudolf so gelobt hatte: »Alles, was ihnen das Studium eingetragen hat, besteht in der Erdrückung ihrer geistigen und körperlichen Spannkraft, in der Ertödtung ihres Wissensdurstes durch eine sinnlose Überfüllung mit Material.« Der Bildungsstand der Adeligen stehe dem der »Sprößlinge unserer reich gewordenen Börsengrößen« kaum nach.
Vor allem gegen den in der Adelsschrift so hochgelobten Verfassungsstaat hatte das »Vaterland« einiges einzuwenden: »Das jammervolle Fiasco des modernen Systems liegt vor Aller Augen; es erstreckt sich ausnahmslos auf alle Felder des öffentlichen Lebens; von den Finanzen – das wird der Herr Verfasser gewiß am wenigsten leugnen? – bis zur Dorfschule. Nur wenn es noch oder wieder eine Anzahl von Männern gibt, die sich Geist und Character frei erhalten haben von der Narcose des Liberalismus, Männer, welche befähigt sind, in der Gegenwart die Continuität zwischen Vergangenheit und Zukunft wieder herzustellen und die Characterkraft haben, allem liberalen Aberglauben Trotz zu bieten: nur dann dürfen wir hoffen, ohne schwere Leiden dem Sumpfe uns zu entziehen, der uns verschlingen will.«
Die Wogen des Skandals hatten sich bei Rudolfs Rückkehr aus Deutschland wieder gelegt. Das Geheimnis über den Autor blieb bis lange nach Rudolfs Tod gewahrt, Anspielungen auf Carl Menger als Autor wurden allerdings im »Vaterland« gemacht.
Carl Menger war zweifellos eine der bedeutendsten Persönlichkeiten im Leben des Kronprinzen. Rudolf verdankte ihm vor allem sein gutes Verständnis für wirtschaftliche und soziale Zusammenhänge. Seine späteren Aktivitäten im »Neuen Wiener Tagblatt« zur Änderung des Steuersystems und Durchsetzung einer Bodenreform gehen auf Anregungen Mengers zurück, wie anhand der Studienhefte unschwer nachzuweisen ist. Berthold Frischauer, Rudolfs journalistischer Vertrauter, schrieb: »Der Kronprinz hatte Ideen, die seiner Zeit weit vorauseilten. Er dachte schon damals an eine Bodenre-

form, aus der er für die Bevölkerung wirtschaftliche Vortheile ziehen wollte, wenn er einmal den Thron bestiegen hätte. Keine gewaltsame Enteignung, die man heute ›Bodenreform‹ nennt. Er dachte an eine gesetzliche Aufhebung der Fideikommisse, aus der sich eine allmähliche Verteilung von Grund und Boden ergeben hätte[30].«

Daß der Kronprinz daran gehindert wurde, diese Dinge auch nur zur Diskussion zu stellen, daß man ihn völlig aus der Politik abdrängte, sobald er volljährig war, ist der Grund für die Erfolglosigkeit dieser Ideen. Fest steht, daß Rudolf in fast messianischem Eifer dafür eintrat, endlich die überalterten sozialen und wirtschaftlichen Strukturen zugunsten breiterer Massen der Bevölkerung zu Lasten der bisher bevorzugten Schichten von Adel und Kirche zu verändern. Menger (und später Szeps) führten ihm die Wechselwirkung von Politik und Wirtschaft vor Augen, zwei Dinge, die man in der österreichischen Politik dieser Zeit noch gerne getrennt hielt.

Die ganze Tragik von Rudolfs Leben zeigt sich darin, daß er, der geeignete Mittel für eine Änderung in der Hand zu haben glaubte (die er von Menger bezog), ohnmächtig mitansehen mußte, wie die sozialen Unterschiede in dieser Zeit immer krasser wurden, ohne daß der großen Masse der Bevölkerung eine Hilfe gegeben wurde, vielmehr Änderungsversuche mit dem Schlagwort »Sozialismus« im Keim erstickt wurden. Anonyme Artikel in Zeitungen oder anonyme Broschüren zu schreiben, war alles, was der Kronprinz der österreichisch-ungarischen Monarchie tun konnte, um für diese seine Überzeugung einzutreten. Das Verhängnisvollste aber war, daß die neue Umgebung seit 1877 den Kronprinzen ganz offenkundig vom Studium solch heikler Fragen zurückhielt.

Carl Menger impfte seinem Schüler Hochachtung vor jeder wissenschaftlichen Leistung ein und vertiefte Rudolfs Vorliebe für das Bildungsbürgertum. Er erzog ihn zu Vorurteilslosigkeit und Toleranz gegenüber Minderheiten aller Art, machte ihn immun gegen den Antisemitismus. Vor allem erzog er ihn dazu, demokratische Institutionen möglichst zu fördern und den Absolutismus abzulehnen. Letzten Endes brachte ihn Menger in einen für einen Kronprinzen ungewöhnlichen Zwiespalt, hatte er ihm doch die Liebe zu Demokratie und Verfassung so nahe gebracht, daß Rudolf fast zu einem »alten Achtundvierziger« wurde, die Berechtigung der Monarchie nur in der konstitutionellen Form anerkannte und sich als Zwanzigjähriger als Ideal vorstellte, nicht Monarch, sondern Präsident einer Republik zu sein.

Höhnende Kommentare blieben nicht aus, so Fürst Khevenhüller nach einem Besuch Rudolfs: »Um 7 Uhr kam der Kronprinz, er soupirte alein mit mir, dann lag er am Kanapé rauchend und Sherry trinkend bis 11 Uhr in der Bibliothek, dann fuhr er erst nach Hause. Er schwazte viel incongruentes Zeug von Freiheit und Gleichheit, schimpfte über den Adel, er sei ein überwundener Standpunkt und wünschte sich als schönste Stellung Präsident einer Republik zu sein! Ich dachte mir ›entweder hast Du einen Rausch oder bist ein Narr!‹ Er fuhr endlich ab[31].«

Später, als die Resignation über die Zukunft der Monarchie ihn immer stärker ergriff, sah Rudolf in der Republik, vor allem der französischen, den Zufluchtsort, das mögliche Exil. Berthold Frischauer: »Er hatte auch große Sympathie für republikanische Ideen. In einem Brief schrieb er, daß der republikanischen Staatsform die Zukunft gehöre. Und einmal bemerkte er zur mir: ›Wenn man mich hier fortjagt, trete ich in die Dienste einer Republik, wahrscheinlich in die Dienste Frankreichs[32].‹«

Auch in diesem Zusammenhang sei auf die Kaiserin Elisabeth verwiesen, die sich in der Schweiz ohne Wissen des Kaisers ein ansehnliches Vermögen beiseite geschafft hatte, um für den Fall des Exils gesichert zu sein. Von der Standfestigkeit und Notwendigkeit der Monarchie in Österreich-Ungarn war sie ebensowenig überzeugt wie ihr Sohn, auch sie führte hauptsächlich soziale Argumente an, als sie in ihr Tagebuch schrieb: »Die schöne Phrase von König oder Kaiser und seinem Volk! Ich habe ein merkwürdiges Gefühl. Warum soll das Volk, ich meine das arme, niedrige Volk uns lieben, uns, die wir im Überfluß, im Glanze leben, während die anderen bei schwerer Arbeit kaum das tägliche Brot haben und darben? Unsere Kinder in Samt und Seide – die ihrigen oft in Lumpen! Sicherlich kann man nicht allen helfen, mag noch so viel geschehen, um Not zu lindern. Dennoch bleibt die Kluft! Unser gnädiges Lächeln kann sie nicht überbrücken. Mich erfüllt ein Gruseln beim Anblick des Volkes. ... Und unsere ›Sippe‹! Die verachte ich mit all dem Firlefanz um uns herum. Gern möchte ich zum Kaiser sagen:

›Das beste wäre, Du bliebst zu Haus,
Hier im alten Kyffhäuser.
Bedenk ich die Sache ganz genau.
So brauchen wir keinen Kaiser[33].‹«

Bayern war eines der Hauptreiseziele des jungen Kronprinzen. Er besuchte hier seine Schwester Gisela, die mit dem Prinzen Leopold von Bayern verheiratet war, traf die bayrischen Verwandten seiner Mutter und selbstverständlich auch König Ludwig II. Die enthusiastisch gezeigte Zuneigung des exzentrischen Königs zu dem jungen österreichischen Kronprinzen erregte Aufsehen, hatte sie doch einen starken politischen Unterton. Denn Ludwig, der an der Seite Österreichs 1866 von Preußen besiegt worden war und der 1871 seine Selbständigkeit verloren hatte, wich mit Beharrlichkeit jeder Begegnung mit dem deutschen Kaiser aus, verließ sogar München, als das deutsche Kronprinzenpaar sich dort aufhielt. Wenn jedoch Rudolf in Bayern war, demonstrierte er innige Freundschaft, fuhr ihm entgegen, begleitete ihn auf der Rückreise ein gutes Stück, sprach sich immer ihm gegenüber »sehr gut österreichisch« aus, eine nur zu deutliche Spitze gegen Berlin. Ludwig bot dem jungen Prinzen, der an Musik nicht sonderlich interessiert war, das Höchste, das er sich vorstellen konnte: Wagnermusik, in Privatvorstellungen nur den beiden ungleichen Freunden dargeboten.
In seiner Verachtung für Berlin und seiner Liebe zur Kaiserin Elisabeth und Kronprinz Rudolf ging Ludwig II. sogar so weit, Rudolf Bayern zu versprechen, ein Ziel, das schon Joseph II. vergeblich angestrebt hatte: »Ich hänge an Niemandem so fest und treu wie an Dir, und so ist es mein großer Wunsch, daß Du nach meinem Tode dereinst Bayern erhältst[34].«
Kein Wunder, daß die Münchner Diplomaten über das seltsame Freundesgespann munkelten: »Freundschaftliche Gesinnungen und Beweise ganz spezieller Aufmerksamkeit König Ludwigs II. für

Kronprinz Rudolf haben hier in allen Kreisen das regste Erstaunen hervorgerufen. Man will darin Demonstration gegen den preußischen Hof erkennen. Hofkreise verblüfft[35].«

In stundenlangen nächtlichen Gesprächen unterhielten sich der bayrische König und der um dreizehn Jahre jüngere Rudolf über Richard Wagner, über das verachtete Berlin, über Religion, Literatur, Rudolfs Studien. Nur ein schwacher Abglanz dieser Gespräche ist in den Briefwechsel eingegangen.

Immer wieder versicherte Ludwig dem jungen Rudolf seine Liebe: »Noch lange, lange werde ich an der Erinnerung der seligen, mit Dir verlebten Stunden zehren, die mich wie ein beglückender Traum umschweben. Lebewohl, theuerster Bruder und gedenke meiner in Freundschaft, ich bitte Dich herzlich darum. Empfiehl mich, ich ersuche Dich darum, recht vielmals Ihren kaiserlichen Majestäten, für welche meine Verehrung tief in meiner Seele eingegraben ist. Sie haben wahrlich Grund stolz auf einen solchen Sohn zu sein, wie Du bist. Mit den Gesinnungen aufrichtigster Anhänglichkeit, felsenfester Treue bleibe ich bis zum letzten Hauche meines Lebens, mit meinem Herzen das in innigster Freundschaft Dir ergeben ist, bis zu seinem letzten Schlag Dein treuergebener Vetter Ludwig[36].« Und: »In Deinem Haupte wohnt Maria Theresias und Josephs des Zweiten Geist, dies ist die Wahrheit, und wer sie in Abrede stellen würde, den würde ich hassen, als wäre er mein persönlicher Feind[37].«

Den drängenden Bitten Ludwigs II., ihm doch seine religiösen Überzeugungen zu erläutern, verdanken wir einen charakteristischen Brief des 19jährigen Rudolf, den dieser in der Zeit des größten Menger-Einflusses aus London an Ludwig schrieb:

»Du bist so überaus gnädig, Dich nach jenen Büchern zu erkundigen, welche Einfluß nahmen auf meine religiösen Ansichten. Ich muß gestehen, daß ich sehr ungern mit meinem Glaubensbekenntnisse herausrücke, da ich nie weiß, ob ich nicht Andere damit in ihren Ansichten verletze, doch Dir sag ich Alles, was ich denke und fühle, da ich Deine überaus gnädige Freundschaft für mich kenne und da ich weiß, daß Du in Deinen Ansichten auch sehr aufgeklärt und nicht von einem alle höhere geistige Entwicklung hemmenden religiösen Wahn beherrscht bist. Ich achte die Religion, wo sie in

wirklich segensreicher Weise zur Erzieherin des Volkes wurde und dem gemeinen Mann die ersten Anfänge eines moralischen Gefühles einpflanzte, doch ich fürchte sie, wenn sie zur Waffe und zum Mittel zur Erreichung der Zwecke einzelner Stände und Parteien wurde, wo sie dann den blinden Glauben und den Aberglauben, statt wahre Bildung, unter das Volk säte. Für den gebildeten Menschen, der auf jenem Punkt geistiger Entwicklung steht, daß er sich von dem alltäglichen Leben emporhebt und zu forschen und geregelt zu denken beginnt, für den, wie gesagt, halte ich den christlichen Glauben in den engen Schranken, wie sie unsere Kirche verlangt, ganz unmöglich. Er wird seine Religion, oder besser gesagt: seine Gesetze der Moral haben, die er sich selbst stellt und nach denen er sein geistiges Leben richtet, doch das werden keine Schranken sein, wie sie die Kirche uns durch das Verlangen nach dem Himmel und durch die Furcht vor der Hölle auferlegen will, sondern bloß die Ketten, durch welche das geistige Leben der Menschen das physische des Körpers beherrscht[38].«
Der Gegenbrief Ludwigs ist bezeichnenderweise nur bruchstückhaft erhalten. Nur ein Satz zeigt, daß sich auch Ludwigs Brief mit Weltanschauungsfragen beschäftigte: »Das Volk soll nur seinem guten katholischen Glauben treu bleiben mit den wohlthuenden Vertröstungen auf ein Jenseits, seinen Wundern und Sakramenten, dem Gebildeten aber können wie Du so richtig sagtest, diese veralteten Anschauungen unmöglich genügen[39].«
Die Freundschaft lockerte sich nach 1878 mit Rudolfs größerer geistiger Selbständigkeit, und dadurch, daß Ludwigs Geist sich mehr und mehr verwirrte.

Mit dem Entschluß des Kaisers, Gelehrte aus der engsten Umgebung des Kronprinzen zu entfernen, ihm kein Studium zu erlauben und Höflinge wie »Charly« Bombelles an seine Seite zu geben, änderte sich Rudolfs Lebensstil schlagartig. Er, der stolz darauf war, wie ein Bürgerlicher hinter seinen Büchern zu sitzen, »gelehrte« Abhandlungen zu schreiben, wurde nun »von den Büchern hinweg ins Freie gelockt« zu adeligen Vergnügungen: Jagd, Reiten, Hundezucht, schönen Frauen und geradezu bestärkt, sich auszuleben und

Abenteuer auf Abenteuer mitzunehmen. Vielleicht war Bombelles (und die, die gerade ihn als Obersthofmeister lanciert hatten) wirklich der Meinung, den übersensiblen, verdächtig intellektuellen Kronprinzen mit diesen Vergnügungen abzuhärten.

Das bürgerliche Publikum und gutmeinende Freunde faßten diese Abhärtungsmethoden allerdings weniger positiv auf. So ließ die Schriftstellerin Edith Salburg in einem Schlüsselroman einen alten Lehrer Rudolfs zu Wort kommen: »Statt ihn früh einzuführen in die Regierungsgeschäfte, ist es den maßgebenden Leuten lieber gewesen, er unterhält sich. Das hat er dann getan, nach einem ganzen System; höfische Schufte haben ihm alles Schlechte zugeführt und zugetragen. Er hat trotzdem auf die Politik einer Zukunft, wie er sie sich gedacht, auf die Wissenschaften nie ganz vergessen. Und weil er eben anders war, anders als seine Vorfahren, und anders sein würde auf dem Thron, da fanden es vielleicht die maßgebenden Leute besser, daß er zugrunde gehe; eben als Feind des Systems! Sie leisteten dem Verderben Vorschub in allem. Es gibt Morde, die kann man nicht beweisen. Sie sind die ruchlosesten[40].« Aussagen dieser Art haben Quellencharakter: die Gräfin Salburg war nicht nur Zeitgenossin Rudolfs, sondern einer der besten Kenner und Kritiker der höfischen Gesellschaft der Franz-Joseph-Zeit.

Nüchterner freilich drückte sich der berühmte Anonymus des »Berliner Börsen Courirs« aus über Rudolfs »Beziehungen zur Frauenwelt, welche sehr früh begannen und sehr intensiv waren; es hat niemals an Stimmen gefehlt, welche urtheilten, daß sie viel zu früh begonnen und viel zu intensiv gewesen ... Gewiß ist, daß seine Umgebung diesen flüchtigen Beziehungen nur deshalb keine Hinderniß in den Weg legte, weil man sie für seine Gesundheit minder schädlich hielt, als die allzu angestrengte geistige Beschäftigung, zu der er neigte, ferner deshalb, weil er sich auch hier als ein junger Mann von durchaus realistischer, ja geradezu nüchterner Denkweise erwies[41].«

Der Hoftratsch, die »erste Liebe« Rudolfs sei die (sorgfältig ausgesuchte) Burgschauspielerin Johanna Buska gewesen, scheint zu stimmen, denn einige Hinweise auf sie sind im Nachlaß Rudolfs zu finden: ihr Aquarellporträt – diskret in einer blauen Samtmappe

verborgen[42] – zeigt eine blonde, hübsche Frau, freilich nicht von der grazilen, dunklen Schönheit, die Rudolf später bevorzugte.
Rudolfs alter Lehrer Max von Walterskirchen schrieb an seinen ehemaligen Schüler besorgt und erstaunlich offenherzig: »Sie haben eine schöne, freudenvolle Jugendzeit hinter sich; Sie haben nicht Noth, den Becher des Lebens mit Hast – einem lange Dürstenden gleich – hinunterzustürzen. Genießen Sie die Freude des Daseins mit Maß. Sie haben ein Recht dazu. Und lassen Sie sich durch trübende Spekulationen, deren Spuren ich ebenfalls aus den Augen Ihres Porträts zu lesen glaube, die Lebensfreude nicht vergällen. Daß Sie im Strudel der Vergnügungen nicht untergehen werden, dafür bürgt mir Ihr Verstand und Ihr auf Höheres gerichtetes Streben[43].« Und die gutmeinende Gräfin Festetics atmete auf, wenn sich der junge Kronprinz einmal harmlos unterhielt: »Er ist zu nett, kennt aber kein Maß, andererseits ist es gut, wenn er unschuldige und normale Unterhaltung genießt, denn sonst hat er so viele Abenteuer, daß einem etwas bange wird[44].«
Dieser Lebensstil war für junge Erzherzöge und Aristokraten damals durchaus üblich. Ein Erzherzog stand quasi über den Regeln bürgerlicher Ordnung und Moral, die doch Rudolf in seiner Adelsschrift noch als vorbildlich auch für den Adel hingestellt hatte. Diesen Lehren Carl Mengers, Vorbild zu sein in jeder Beziehung und nach denselben Prinzipien zu leben wie der normale Bürger, sich eben gerade keine Vorrechte auf Kosten anderer zu verschaffen, alles durch Arbeit und Leistung erst zu verdienen, wurde nun in einem rücksichtslosen Hofleben entgegengearbeitet. Der jugendliche, noch unausgeglichene, überstreng erzogene Kronprinz hatte nicht die Kraft, diese Einflüsse unbeschadet zu überstehen.
Zieht die Person eines jungen Kronprinzen an sich schon die Phantasien der romantischen Weiblichkeit an (selbst der schwachsinnige Ferdinand soll als Kronprinz Verehrerinnen gehabt haben), so verstärkte sich die Gunst der schönen Frauen durch die von allen Zeitgenossen bezeugte starke persönliche Ausstrahlung Rudolfs. Nach den vorliegenden Fotografien war er zwar nicht gerade eine Schönheit zu nennen, klein und schmal, mit leicht rötlichem, schütterem Haar, doch war er mit Geist und jener Einfühlsamkeit ausgestat-

tet, die ihn zum Liebling der Frauen geradezu prädestinierte. Prinzessin Louise von Coburg, Rudolfs Schwägerin, schwärmte: »Er war mehr als schön; er war verführerisch. Mittelgroß und sehr proportioniert, war er, trotzdem er zart schien, sehr kräftig. Deutlich zeigte sich seine Reinrassigkeit, und man dachte bei ihm unwillkürlich an ein Vollblutpferd; denn von ihm hatte er auch das Wesentliche ... wie dieses hatte er leichten Sinn und Launen. Auf seinem matten Teint spiegelte sich Sentimentalität; sein Auge, dessen braune, glänzende Iris im Moment der Erregung zu schillern begann, schien mit dem Ausdruck auch seine Form zu ändern. Er war sehr sensibel und wechselte seine Stimmung; war in einem Moment liebenswürdig, im nächsten zornig, und war imstande, im dritten Augenblick wieder der entzückendste Mensch zu sein. Er war verwirrend; seine aufnahmsfähige Seele schien geklärt und verfeinert. Das Lachen Rudolfs machte vielleicht noch mehr Eindruck; es war das Lachen eines rätselhaften Menschen, ähnlich dem der Kaiserin. Rudolfs mysteriöse Art zu sprechen fesselte seine Zuhörer, von denen jeder sich geschmeichelt fühlte, etwas von seinem Wesen zu begreifen[45].«

Anzustrengen brauchte sich der Kronprinz jedenfalls nicht, wenn ihm der Sinn nach einem Abenteuer stand. Die Frauen drängten sich an ihn heran, sie lauerten ihm auf, sie erfanden alle möglichen Tricks, um aufzufallen und von ihm verführt zu werden. Das ging so weit, daß der Zwanzigjährige sich beim Wiener Polizeipräsidenten Hilfe holte. Er beklagte sich in einem Brief über das auffällige Benehmen zweier junger Damen, »die beiläufig seit drei Wochen jeden Tag in das Theater kommen« und ununterbrochen in seine Loge starren, dann herüberlachen und auch Zeichen machen. Rudolf vermutete, daß diese Mädchen mit anonymen Briefen in Verbindung zu bringen seien, die er seit einiger Zeit bekäme[46].

Auch der Kaiser, selbst nicht verwöhnt von Frauengunst, sah die Beliebtheit seines Sohnes staunend an: »Was die Frau mit Rudolf treibt, ist unglaublich. Reitet ihm auf Schritt und Tritt nach. Heute hat sie ihm sogar etwas geschenkt[47].« Hier ist die Rede von Helene Vetsera, der Mutter der »kleinen Mary«.

Das vielberedete Geschenk der Baronin Vetsera war eine Zigarettentasche. »Er freute sich kindlich mit dem Geschenk, zeigte es jedermann, auch dem Kaiser, den die Gräfin Festetics aufmerksam machte, daß sie in die Tasche den Namen Helene einlegen ließ. Das sei doch furchtbar von einer Dame – war die Bemerkung des Kaisers zur Gräfin. Noch am selben Tage fand sich der Kronprinz zum Nachmittagsthee bei der Gräfin ein und sagte zur ihr: ›Ich werde Ihnen etwas zeigen!‹ Darauf die Gräfin: ›O ich weiß alles.‹ Der Kronprinz fühlte sich geschmeichelt, wies ihr die schöne Tasche auf; doch als die Gräfin dann den Namen Helene las, warf sie die Tasche verächtlich auf den Tisch, um dem Kronprinzen ihre Meinung über das kleine Abenteuer zu zeigen. ›Nein, wie imposant!‹ rief der Kronprinz übermütig bei dieser Bewegung aus. Darauf zog er eine Zigarette aus der Tasche, suchte nach einem Zündhölzchen und sah, daß in der Tasche nicht bloß dafür, sondern auch für einen Fidibus gesorgt war. Er fand das sehr nett und aufmerksam und wollte den Fidibus in Brand stecken, als er Schriftzeichen darauf gewahrte. Er breitete das Ding aus und las die Worte: ›Morgen um 1/2 12 Uhr in meiner Wohnung!‹ Er war sehr ungehalten über die Einladung und fand das Verhalten der Dame selbst unpassend, worin ihn die Gräfin bestärkte[48].«

Der Hoftratsch, wie so oft von Kammermädchen informiert, wußte bald von einer »Affäre« des Kronprinzen mit der um elf Jahre älteren, vierfachen Mutter zu berichten. Mary Vetsera war damals sechs Jahre alt.

Affären dieser Art, immer wieder erlebt, müssen einen jungen Mann prägen, auch wenn er noch so idealistisch sein mag. Die Dutzenden von Frauen, die sich ihm an den Hals warfen, waren verantwortlich für das Bild, das sich Rudolf von der Frau als solcher machte: er mißachtete sie. Er war sehr verwöhnt, was Frauenschönheit anlangt, er hatte seinen bevorzugten Typ: klein, zart, schwarzhaarig, etwa wie seine schöne Tante, die von ihm weiterhin verehrte Erzherzogin Maria Theresia. Außer den physischen stellte er allerdings kaum Ansprüche. Die Frau war für ihn, je mehr Erfahrungen er machte, nur Jagdgegenstand. Keine der vielen Frauen, die zeitweilig in seiner Begleitung waren, hatte Einfluß auf ihn, keine war auch genug Persönlichkeit, um einen Einfluß auf den intellek-

tuell hochbegabten Kronprinzen möglich zu machen. Es waren liebeshungrige, abenteuerlustige, meist verheiratete Frauen, die es sich zum Sport machten, den umschwärmten Prinzen unter die Zahl ihrer Liebhaber einzureihen. In ihrer Frivolität und Oberflächlichkeit erscheinen diese eleganten, schönen Frauen, dieser junge, lebenshungrige Offizier und der die Abenteuer fördernde alternde Lebemann Bombelles wie einem Schnitzler-Stück entstiegen.
Mehr und mehr wurde aus dem idealistischen Jüngling ein Frauenheld. Louise von Coburg: »Der Kronprinz war oft kindlich und ein wirklich angenehmer Gesellschafter, aber oft herrschsüchtig und anmaßend und es empörte mich ein von ihm gethaner Ausspruch: ›Es hat noch keine Frau gegeben, die mir widerstanden hätte[49].« Kronprinzessin Stephanie klagte später, daß Rudolf »infolge der vielen Erfahrungen, die er von jung auf mit Frauen gemacht hatte, die Frau als solche geringschätzte«, er habe sie »nicht für ein ebenbürtiges Wesen« erachtet[50].

4. Kapitel

ORNITHOLOGIE

Rudolfs Steckenpferd war von klein auf die Vogelkunde. Schon früh übte er sich in Aufsätzen mit Beobachtungen von Vögeln in der Natur und verfaßte als Zwölfjähriger eine über hundert Seiten lange Schrift »Adlerjagden«. Der Jüngling übernahm 1876 das Protektorat des ornithologischen Vereins und pflegte eifrig den persönlichen Kontakt mit bedeutenden Ornithologen.

Nur zu verständlich war es, daß er das Bedürfnis hatte, den berühmtesten Ornithologen und Zoologen seiner Zeit, Alfred Brehm, persönlich kennenzulernen. Er besaß bereits die erste Auflage des »Illustrirten Thierlebens« und verfolgte eifrig die Erzählungen Hochstetters über Brehm, der in diesen Jahren in ganz Europa enthusiastisch gefeiert wurde und in allen großen Städten, auch in Wien, Lesungen hielt, zu denen sich die gute Gesellschaft drängte.

Rudolf lernte Brehm bei der Wiener Weltausstellung 1873 durch die Vermittlung Hochstetters kennen. Anfang 1877 war die Freundschaft des jungen Prinzen mit dem um 30 Jahre älteren Gelehrten bereits so weit gediehen, daß Brehm die beiden Bände über die »Vögel« in der zweiten Auflage des »Thierlebens« dem Kronprinzen widmete. Rudolf an Brehm: »Ich bin stolz darauf, mit diesem Werke, welches gewiss einzig in seiner Art dasteht, durch meinen Namen, der in der Widmung steht, so enge verflochten zu sein. Auch kann ich Sie versichern, dass ich Ihr Werk, besonders die beiden Bände über Vögel, sehr liebgewonnen habe; sie sind meine steten Begleiter, die ich sehr viel benütze, da ja Zoologie, besonders aber die Ornithologie, meine Lieblingsstudien sind, denen ich sowohl in freier Natur, als am Studiertische fleissig obliege [1].«

Brehm war häufiger und wochenlanger Gast des Kronprinzen in dessen erster Residenz im Prager Hradschin. Er ging unangemel-

det, mit Büchern, ausgestopften oder gerade erlegten Vögeln im Arm, in seiner bequemen Joppe, Pfeife rauchend, durch die Privatgemächer des Kronprinzen, der in seinem Enthusiasmus für den großen Gelehrten ihm so gut wie alles erlaubte und allen naserümpfenden Höflingen zum Trotz diese Freundschaft hochhielt.
Rudolf und Brehm werteten gemeinsam die Jagdbeute wissenschaftlich aus, maßen die Spannweiten der erlegten Vögel, untersuchten Färbung und Federn und Krallen, schrieben alle Werte in lange Tabellen, ereiferten sich über Mischformen, stritten sich gelegentlich auch wegen einer unklaren Zuordnung. Brehm hatte keine Spur von höfischen Formen an sich. Er war offen, rasch aufbrausend, wenn man ihm widersprach, gelegentlich grob. Rudolf sah ihm alles nach. So konnten sie stunden-, ja tagelang über die Frage streiten, ob etwa Nebelkrähen unter Schutz gestellt werden sollten oder nicht – Brehm war dafür, Rudolf dagegen, weil er Nebelkrähen nicht für eine besonders seltene und interessante Vogelgattung hielt. Über diesen Widerspruch war Brehm sehr ungehalten, wie ein zeitgenössischer Ornithologe schrieb[2].
Vor allem aber erregte damals die »Adlerfrage« die Gemüter der eingefleischten Ornithologen und führte zu erbitterten Fehden. Man stritt darum, ob Stein- und Goldadler verschiedene Arten oder nur verschiedene Färbungsphasen der gleichen Art seien. Rudolf bemühte sich, zur Aufhellung dieser ihn und Brehm so bewegenden Frage seinen Freund mit erlegten Adlern aus der vogelreichen Monarchie zu versorgen und schlug ihm eines Tages vor: »Wollen Sie mich zu Adlerjagden nach Südungarn begleiten? Ich habe bestimmte Nachrichten von vielleicht 20 Adlerhorsten und glaube, daß wir alle werden lernen können, wenn wir sie besuchen und fleißig dabei beobachten[3].« Brehm, der einen solchen Reichtum an Raubvögeln aus Deutschland nicht gewöhnt war, nahm den Vorschlag begeistert auf.
Rudolf lud zu dieser Reise noch einen weiteren deutschen Ornithologen, den damals schon siebzigjährigen Eugen von Homeyer, ein. Homeyer lebte auf einem Rittergut in Pommern, wo er sich sein Leben lang mit dem Sammeln von Vogelbälgen, Gelegen und Eiern beschäftigt hatte. Er war reiner Praktiker und Autodidakt.

Die für Hofverhältnisse reichlich skurrile Gesellschaft wurde ergänzt durch den Präparator und Amateur-Ornithologen Eduard Hodek mit Sohn und Gehilfen, die die erbeuteten Tiere gleich auf dem Expeditionsschiff präparierten. Von Hodek war wahrscheinlich die Anregung für diese Reise gekommen, denn er fuhr seit den sechziger Jahren regelmäßig in die Sumpfgebiete der Donau, um dort reiche Beute für seinen Tierhandel zu machen.
Ein wenig höfischen Aufputz bekam die Expedition durch die Teilnahme des Prinzen Leopold von Bayern, des Gatten der Erzherzogin Gisela, und des Obersthofmeisters Bombelles, der für organisatorische und finanzielle Belange zuständig war, sich aber von den langen Gesprächen über Ornithologie am liebsten fernhielt.
Der kleine Expeditionsdampfer wurde gehörig von den ungarischen Dörflern bestaunt, wie Rudolf schrieb: »Der Dampfer hatte einen höchst bizarren Charakter erhalten; das Verdeck strotzte von Waffen aller Art, von Büchsen und Flinten, von Kisten mit Munition; die vordersten Theile des Oberdecks waren belebt von einer ganzen Menagerie, bestehend aus jungen Adlern, jungen Uhus, Waldkäuzchen, meinem Uhu und meinen zwei Hunden; ferner stand daselbst ein großer Präparirtisch, an dem die Mannschaft, dirigirt vom jungen Hodek, an den Bälgen arbeitete und die schon fertigen Exemplare an der Sonne trocknete. Vom vielen Blut des erlegten Wildes, von Federn, Knochen und dem Schmutze der ganzen Menagerie bot unsere schwimmende Wohnung einen nichts weniger als reinlichen Eindruck[4].«
Hier ging es nicht wie bei einer höfischen Jagd um möglichst lange Schußlisten und möglichst kapitale Geweihe, sondern darum, Material für die ornithologische Forschung zu sammeln. Einerseits wollten Brehm, Homeyer und Rudolf einige bisher kaum bekannte Adler- und Geierarten in der freien Natur beobachten – sie führten deshalb ausgiebig Tagebücher –, andererseits wollten sie viele seltene Gattungen erlegen, sie gleich im Schiff wissenschaftlich bearbeiten und präparieren, um sie später in naturkundliche Sammlungen aufzunehmen. Die Vogelkunde war ja damals, was das Leben der Vögel in der Natur angeht, erst in den Anfängen.
Manchmal kam auch Besuch aus den von jeder Zivilisation abge-

sperrten Dörfern an der Donau. Brehm erzählte: »Wenn aber der letzte Sonnenstrahl verglomm, sammelte sich der jüngere Theil der Bewohnerschaft des Dorfes um unser Schiff. Geige und Dudelsack vereinigten sich zu wundersamer, obschon höchst einfacher Weise, und Burschen und Mädchen schwangen sich, dem hohen Gaste zu Ehren, im volksthümlichen, ebenmäßig wogenden Reigen[5].« Das war die Art von Unterhaltung, die der Kronprinz zeitlebens schätzte, abseits höfischer Formen, adeliger Gesellschaft, gekünstelter, leerer Konversation sich mitten in der Natur und unter natürlichen Menschen zu bewegen und ihre Musik zu hören.

Aber selbst in dieser entspannten Atmosphäre, fern von höfischen Kritikern, umgeben von Freunden, hatte Rudolf Schwierigkeiten mit sich selbst, seiner Furcht und seinen empfindsamen Nerven, so als er zum erstenmal Kuttengeier beobachten und schießen wollte. Er erzählte selbst: »Die nackten bläulichen Hälse hielten die ekelhaften Thiere weit vor, die fleischfarbenen Fänge hingen schlaff herab und die jetzt zusammengezogenen krummen Schwingen bewegten sich hastig, um sich einen Stützpunkt zum Aufholzen zu schaffen ... Das für mich erste Auftreten dieser Thiere, der dunkle Wald, die schönen steilen Gebirgsthäler, der riesige Horst und seine mächtigen Bewohner, dies Alles trug bei, um mich fast in einen unzurechnungsfähigen Zustand des Jagdfiebers zu versetzen. Bevor ich noch zum Anschlage fuhr, wusste ich, dass es an diesem Horste verspielt sei. Die Büchse zitterte mir wie ein Rohrstäbchen in den Händen, vergebens suchte ich die Brust des Geiers, der noch immer aufrecht am Rande seiner Behausung stand, auf der Mücke auftanzen zu lassen, der Schuss krachte – und unversehrt fuhren beide Geier in das Thal hinab. Lange hörte ich noch den Schlag der Schwingen durch die Lüfte sausen. Im Zustande völliger Verzweiflung kauerte ich mich ruhig in mein Versteck[6].«

Nach der ereignisreichen Reise eilte Brehm nach Hause, zur Arbeit am »Thierleben«. Rudolf: »Dagegen aber werden Sie jetzt gewiss in den quälenden Krallen der Verleger schmachten, um während der aufreibenden Arbeit manchmal an die ungebundene Freiheit des Räuberlebens in der Fruska Gora zurückzudenken: mir geht es gerade so, mit Sehnsucht habe ich noch lange an die leider zu rasch

verflogenen Tage unserer Donaureise gedacht; es war eine schöne Zeit!« Von Brehm angeregt, machte sich auch Rudolf an die Arbeit: »Jetzt bin ich in vollem Zuge, eine kleine Reisebeschreibung auszuarbeiten, die ich in einigen Exemplaren bloss werde drucken lassen, um sie dann nur an gute Bekannte zu vertheilen[7].«
Während des Schreibens wuchs Rudolfs Hochachtung vor Brehms Leistung: »Eine genaue Schilderung der ganzen Reise und aller der vielen, einzelnen Jagdmomente nimmt viel Zeit in Anspruch, ich hätte mir die Arbeit nicht so gross vorgestellt; sobald die Broschüre fertig ist, werden Sie der Erste sein, der ein Exemplar erhält. Mit lebhaftem Bedauern denke ich bei meiner im Vergleich doch so unbedeutenden, aber zugleich überaus anregenden Thätigkeit an die Riesen-Arbeit, der Sie sich jetzt mit voller Kraft widmen[8].«
Rudolfs Beschreibung der Donaureise wurde länger und länger. Er plagte sich neben seinen militärischen Pflichten nicht wenig und stöhnte gegenüber Brehm: »... Ich habe jetzt ungemein viel zu thun, das Kommando eines Bataillons und die ganze Verwaltung desselben nehmen sehr in Anspruch; auch ist jetzt die Epoche der grösseren Übungen, die den ganzen Vormittag über dauern. Meine ornithologischen Studien musste ich theilweise an den Nagel hängen und nur an Sonn- und Feiertagen kehre ich zu meinen Lieblingsarbeiten zurück. Leider konnte ich, der häufigen Jagden halber, meine Reisebeschreibung in Ischl nicht ganz vollenden, und hier sieht es damit gar traurig aus; wenn ich die Woche über um zwei bis drei Seiten vorwärts komme, kann ich zufrieden sein[9].«
Rudolfs erstes Buch »Fünfzehn Tage auf der Donau« erschien 1878 anonym. Der Autor war aber schon durch die Widmung (»Meinem Schwager Leopold dem tüchtigen Waidmanne in treuer Freundschaft zugeeignet«) unschwer zu erraten. Rudolf zeigte offen seinen Stolz, daß seine Heimat das Ziel der Expedition war: »Die meisten wissenschaftlichen Vereine, Clubs, Versammlungen und wie sie alle heißen, rüsten, falls sie einmal zu Geldmitteln gelangten, grosse Expeditionen in andere Welttheile aus und die nächste Nähe, die Gebiethe unserer eigenen Heimat bleiben in mancher Beziehung thatsächlich in einen geheimnisvollen Schleier gehüllt[10].«
Für die Ursprünglichkeit der Darstellung und den naturnahen Geist

des Buches sei hier nur ein Beispiel angeführt: »Die Ringel- und Hohltauben flatterten auf den Eichen und ruckten so friedlich ihr Lied; die Tauber stiegen von Liebe geplagt in die blauen Lüfte, um schwirrend sich dann auf die dürren Wipfel des gegenüberliegenden Waldes niederzulassen; Krähen und Dohlen kamen und gingen und das fröhliche Heer der Sänger stimmte die melodischsten Lieder an; leider erstickten die einsilbigen Rufe der Blassente und des grünfüßigen Teichhuhnes so wie das endlose Quaken der Frösche jede Poesie; diese Thiere sind eine wahre Plage der Auwälder, doch was für liebe Geschöpfe sind sie noch im Vergleiche zur ärgsten Qual des Waidmannes, der sich in jene Wälder vertieft, nämlich den blutdürstigen Gelsen. Kaum waren wir ruhig in unserem Verstecke untergebracht, als es sich schon um uns her summend zu rühren begann; auf mein Gesicht und meine Hände machten die elenden Thiere ihre kühnsten Angriffe, und wie sollte das erst Abends werden, wenn die Dünste aus der feuchten Erde empor und ober der dampfenden Wasserfläche gespenstisch umher schwebten? Dieser Gedanke war nicht angenehm, doch es galt einem Adler und wer wirklich edles Wild jagen will, darf keine Mühen und keine Unannehmlichkeiten scheuen[11].«

Die Zeitungen der Monarchie machten viel Aufhebens von dieser vermeintlich ersten Schrift des jungen Kronprinzen (als Autor der Adelsschrift war Rudolf ja nicht bekannt), rühmten sie als wissenschaftliche und literarische Großleistung. Rudolf an Brehm: »Meine Broschüre über unsere Donaureise feiert Triumpfe, die sie wahrlich nicht verdient, von allen Seiten erhalte ich Zuschriften darüber und Bitten, das Buch noch weiteren Kreisen zugänglich zu machen, doch ich beharre auf meinem ersten Entschluß, dasselbe nur zu verschenken[12].«

Das Buch des Kronprinzen gehörte in die Kategorie der adeligen Reise- und Jagdgeschichten, deren prominentester Autor bisher der Bruder des Kaisers, Maximilian (von Mexiko), gewesen war. Nicht zu vergessen ist, daß Rudolfs Großvater, der Vater der Kaiserin, Herzog Max in Bayern, neben geschichtlichen Aufsätzen und ländlichen Lustspielen auch eine Reisebeschreibung über eine Orientreise (1838) verfaßt hatte. (Auch er hatte übrigens anonyme Zeitungsartikel verfaßt.) In diese Fußstapfen war der Kronprinz nun getreten. Literarische oder gar wissenschaftliche Maßstäbe an Bücher dieser Art anlegen zu wollen, hielt er für verfehlt: »Was wir von ornithologisch Wichtigem gesehen, beobachtet und geleistet haben, wird von Männern zu Papier gebracht, die das Glück geniessen, in vollem Maße der Wissenschaft anzugehören. Dies drängt mich selbstverständlich in den bescheidenen Ton einer einfachen Reisebeschreibung zurück[13].«

Der Lohn für dieses Buch war überreichlich. Beim Makart-Festzug zur Silbernen Hochzeit des Kaiserpaares 1879 ließ die Buchdrukkergilde Gutenberg die noch druckfeuchten Blätter der »Donaureise« von ihrem Prunkwagen in die Volksmenge hinabflattern, ein Reklamegag, dem bald seriösere, wenn auch nicht verdientere Ehrungen folgten: Die kaiserliche Akademie der Wissenschaften in Wien ernannte den Kronprinzen zu ihrem Ehrenmitglied, die Universität Budapest zum Ehrendoktor.

Bei aller Freude über diese Ehrungen war Rudolf doch zu intelligent, um nicht zu verkennen, daß er diese hohen Würden ausschließlich wegen seiner Stellung als Kronprinz erhalten hatte, sein hochgelobtes Buch nur einen willkommenen Anlaß für Ehrungen als Kronprinz abgegeben hatte. Die bescheidenen Dankworte an die Budapester Universität müssen ebenso ernst genommen werden wie Rudolfs Briefe an seine Freunde, zum Beispiel Theodor Billroth: »Legen Sie vor allem die scharfe Brille des Kritikers ab und beurteilen Sie mit Nachsicht bescheidene Versuche eines Stümpers. Ich bin fanatischer Bewunderer der Natur und der Naturwissenschaften; aber damit ist auch alles gesagt; Zeit, Bildung und Gründlichkeit fehlen. Doch der Wille ist gut und die Freude an der Arbeit bietet genußreiche Stunden. Die ›Donaureise‹ als erzählende Reisebeschreibung ist nur eine schlichte Wiedergabe jener herrlichen Natureindrücke, wie sie unvergeßlich sich in mein Gedächtnis eingeprägt haben[14].«

Eine stattliche Anzahl von vogelkundlichen Aufsätzen Rudolfs entstand Ende der siebziger Jahre und wurde in den Mitteilungen des ornithologischen Vereins in Wien und der Jagdzeitung »Cabanis« gedruckt. Häufig erschienen diese Beiträge anonym, da Rudolf immer

noch den Ehrgeiz hatte, nicht als Kronprinz in den Vordergrund gestellt zu werden, sondern als Ornithologe, wenn auch Autodidakt, ernst genommen zu werden. Rudolf an Brehm nach der Donaureise: »Der Artikel in der Jagdzeitung, der nur eine ganz kurze Schilderung der Jagden und eine Schussliste enthält, wurde von mir verfaßt. Ich verfertigte denselben zu Fleiß in einer solchen Weise, daß niemand auf den Gedanken kommen könne, derselbe sei von mir geschrieben. Denn sonst hätte es in diesem Blatt, das stets bemüht ist, die lästigsten Phrasen in der schmeichlerischesten Weise zu bringen, auch diesmal nicht an dergleichen Zeug gefehlt[15].«
Als Brehm einige Vogelbeobachtungen Rudolfs wörtlich in der nächsten Auflage der »Vögel« zitierte und ihn so einer großen Leserschaft als Ornithologe bekannt machte, bedankte sich der noch nicht zwanzigjährige Kronprinz: »Mit vieler Freude lese ich die Aushängebogen [die die neue Auflage ankündigten]; Sie haben mich ordentlich beschämt, indem Sie meine bescheidenen Schilderungen des Milans und des Rohrweihes wörtlich anführen und meines in wissenschaftlichen Dingen so unbedeutenden Namens auf solch rühmliche Weise gedenken. Keine andere Auszeichnung, in welch einer Form sie zur Geltung käme, könnte mich nicht so freuen als wie in einem wissenschaftlichen Werke, von einem wahren Gelehrten genannt zu werden; ich habe es leider nur zu wenig verdient[16].«
Brehm sparte im »Thierleben« nicht mit warmen Worten für seinen jugendlichen Freund, so etwa bei der Beschreibung der Wiesenweihe: »Die Lebensschilderung durch Kronprinz Rudolf von Österreich ist so frisch und lebendig geschrieben und dabei so treu und verläßlich, daß sie von keiner anderen mir bekannten erreicht, geschweige denn übertroffen wird[17].«
Auch für diese bescheidenen Arbeiten überschütteten die Zeitungen den jungen Kronprinzen mit Lob. Rudolf an Brehm: »In der Deutschen Zeitung in Wien erscheinen Artikel, die meine Beschreibung des Milans und zweier Weihen wiedergeben und sie mit ungemein schmeichelnden und meine leider nur allzugeringen Verdienste beschämenden Weise begleiten. Gewiss hat Dr. Spiegel das Ganze in Scene gesetzt. Ich weiss nicht, ob ich mich darüber freuen

soll, meine wissenschaftliche Thätigkeit scheint mir bis jetzt wahrlich noch so unbedeutend, als daß man von ihr sprechen könnte[18].«

Rudolf ging in seinem ornithologischen Eifer so weit, Brehm mit seitenlangen Berichten über die verschiedensten Vogelarten samt genauen Maßen der erlegten Tiere zu versorgen, oft genug von Kisten mit präparierten Stücken für Brehms Sammlung, manchmal allerdings auch nur zur Ansicht, begleitet (gelegentlich wurden sie von Brehm noch an andere Ornithologen weitergesendet und schließlich wieder zum Kronprinzen nach Wien zurückbefördert). Er regte auch andere zu gewissenhaften Jagdberichten an, um den Freund in Renthendorf mit Material zu versorgen. Das fiel oft schwer, vor allem bei Jägern, die des Schreibens nicht recht kundig waren: »Endlich kann ich Ihnen die versprochene Schilderung des Eisenerzer Aquila-fulvus-Horstes übersenden; es hat lang gedauert, bis dieser brave Sohn der Alpen seine wissenschaftliche Abhandlung glücklich zu Papier brachte; Sie werden erstaunen über die steyrische Orthographie, die einen noch ausgesprochen mittelalterlichen Anstrich an sich hat[19].«

Aus den bis zu 31 Seiten langen Briefen Rudolfs an Brehm können hier nur spärliche Beispiele gegeben werden, die aber deutlich den Unterschied der Mentalität Rudolfs zu der der üblichen höfischen Jäger (etwa dem Kaiser oder dem sprichwörtlichen »Schießer« Erzherzog Franz Ferdinand) zeigen. In einer romantischen Art – ganz ähnlich der Brehms – erlebte er das Tier in der Natur. Ein kleiner Ausschnitt aus einem langen Brief über eine Auerhahnjagd in Böhmen:

»Der Mond war untergegangen, unzählige Sterne leuchteten auf dem wolkenlosen Firmamente, es war eine herrliche Nacht; gewürzig dufteten die Nadelholzwälder. Ein schmaler Weg schlängelte sich auf einen Hügel empor. Vorsichtig umhertappend gingen die Pferde im finstern Gehölze. Am Kamme des langgedehnten Höhenzuges angelangt, fanden wir einen Jäger, der uns bat, von den Pferden abzusteigen.

Schnell schritten wir nun durch einen aus alten Wettertannen, schlanken Fichten, hochstämmigen Buchen, verkrüppelten Buchen,

und auch einzelnen Eichen bestehenden Wald, an der entgegengesetzten sehr flach abfallenden Lehne des Berges herab.
Einzelne trauliche, von moosigem Grund, abwechselnd mit steinigem Gerölle gezierte Waldwiesen, durchrieselt von hell plätschernden Bächleins gaben dem Bilde einen freundlichen Charakter. Auf einer dieser Blössen wurde halt gemacht. Es war 4 Uhr. Hell schreckte ein Reh, das von uns Wind bekommen hatte; unaufhörlich erklang das menschenähnliche, unheimliche Gelächter des Steinkauzes, von allen Seiten her, laut schrien die Waldkäuze, und die Waldohreulen; und aus dem Thale empor erscholl das U-hu des mächtigen Schuhus. Einen ähnlichen Reichthum an Eulen habe ich noch nie in keiner Gegend beobachtet. Alle Augenblicke huschte irgend ein düsterer Geselle ober unseren Köpfen vorbei ...[20]« In dieser Tonart ging es über Dutzende von Seiten weiter.
Diese langen Briefe an Brehm waren nicht für die Öffentlichkeit bestimmt, sie erhoben weder literarischen noch wissenschaftlichen Anspruch und sollten auch nicht mit solchen Maßstäben gemessen werden. Allein die Tatsache, daß sich ein 21jähriger, vielbeschäftigter Mann nächtelang an den Schreibtisch setzte, um Berichte dieser Art an einen Freund zu verfassen, ihn an der Freude teilhaben zu lassen, ist bemerkenswert – wie das Bedürfnis Rudolfs zu schreiben.
Die Natur war dem Kronprinzen, diesem getreuen Sohn des 19. Jahrhunderts, Labsal in allen Kümmernissen des Alltags. Er gestand Brehm: »Ich denke hier aus den Mauern Wiens, aus dem Dunste des Charwochengottesdienstes mit Sehnsucht an die herrlichen Morgen, die ich in den böhmischen Wäldern verlebte. Ich bin nicht für das Stadtleben geschaffen. Besonders, wenn ich nicht, wie in Prag, etwas positives zu thun habe. Hier in Wien ist für mich gar keine Beschäftigung, nur Menschen sehen, grösstentheils recht langweilige[21].«
Auch Rudolfs nächste Reise, nach Spanien, stand ganz im Zeichen der Ornithologie und im Dienste Brehms, der den Kronprinzen wieder begleiten durfte und schon Monate vor der Abreise nach Prag kam, um alles vorzubereiten. Neben Leopold von Bayern und Bombelles sollte diesmal auch Graf Hans Wilczek, einer der wärmsten Förderer Brehms, mitfahren.

Vor Antritt der Reise verfaßte der zwanzigjährige Kronprinz sein erstes Testament[22]:

»Prag, 15. April 1879

Testament

In wenigen Tagen beginne ich eine große Reise. Bei meiner Freude an wilden Jagden und schwierigen Unternehmungen aller Art ist es leicht möglich, daß ich großen Gefahren entgegengehe, bei einer derselben mein Leben lasse.

Aus diesem Grunde drängt es mich, einige Verfügungen zu treffen.

Alles, was ich von baarem Gelde hinterlasse, soll für wohlthätige Zwecke verwendet werden.

Bombelles soll in gleichen Theilen meiner ganzen Dienerschaft, auch allen jenen, welche hier in Prag mich bedient haben, von meinem baaren Gelde geben; was übrig bleibt, ist für Schulen. Meine Kleider gehören meiner Dienerschaft. Alle meine Schriften, Briefschaften und Papiere, die sich in meinen Schreibtischen in Wien und Prag befinden, soll Bombelles vernichten. Meine Bibliothek soll an Schulen der ganzen Monarchie vertheilt werden. Meine Bilder und übrigen Kleinigkeiten können Leute, die es der Mühe werth finden, von mir Andenken zu besitzen, sich nehmen; was überhaupt mit alledem geschieht, ist mir ganz gleichgiltig.

Meine Sammlungen, alle, wie sie sind, ungetheilt der Wiener Universität, deren Kapazitäten ich so viel verdanke.

Meinen Hund Blak soll Latour in der Erinnerung an mich gut pflegen, es war ein treuer Jagdkumpan. Kastor und Schlifferl soll Bombelles pflegen und erhalten, der eine ist gut und treu und der andere kann sehr schön lachen.

Meine Uhu's und Schweißhunde so wie die Dachseln armen Jägern.

Meine Insel Lacroma lege ich meinem Vater zu Füßen. Er möge sie gnädigst erhalten, ihr Seinen Schutz angedeihen lassen, sie nicht in andere Hände kommen lassen. Es ist ein Andenken an den armen Onkel Max und ein echt südslawischer Boden, den man heutzutage nicht verachten darf.

Meine Dienerschaft empfehle ich dem allerhöchsten Schutz Seiner Majestät, es sind brave Leute, die mir stets treu gedient haben; desgleichen bitte ich Ihn aus ganzem Herzen, gnädig des Majors Spind-

ler und seiner Familie zu gedenken. Seit meinem dritten Jahr ist er bei mir; und immer hat er seine Pflicht gewissenhaft erfüllt.
Beiliegender Brief ist für Wilczek bestimmt, auch sollen ihm 20 000 fl. von meinem baaren Gelde übergeben werden.
Meinen Feinden, allen jenen, die mich, besonders in der letzten Zeit oft geärgert haben, verzeihe ich; ich bin andere Bahnen gegangen, als die meisten meiner Verwandten; doch auch ich habe nur immer die reinsten Motive gehabt. Unsere Zeit fordert neue Ansichten. Reaktion ist überall, besonders aber in Österreich, der erste Schritt zum Untergang. Diejenigen, die Reaktion predigen, sind die gefährlichsten Feinde, sie habe ich immer verfolgt, vor ihnen warne ich! Heil Österreich und seinem großen Kaiser! Heil Österreichs Heer. Sieg seinen Fahnen!
Ein Gruß dem 36ten Regiment, meiner eigentlichen Heimat.
Ein letzter Abschiedskuß in Gedanken allen schönen Frauen Wiens, die ich so sehr geliebt!
Meinen Eltern küsse ich aus ganzem Herzen die Hände und bitte sie um Verzeihung für jeden Kummer, den ich Ihnen gethan.
Meine Geschwister umarme ich.
Ihnen allen danke ich für Ihre Liebe.
Der letzte Gruß allen meinen Bekannten, meinem ganzen lieben Österreich! Rudolf«

Daß dieses Testament nicht von großem Ernst zeugt, ist einem Zwanzigjährigen wohl kaum vorzuwerfen. Es zeigt neben anderem, daß in dieser Zeit Graf Hans Wilczek Rudolfs engster Vertrauter war. Denn die 20 000 Gulden, die ihm mit dem einzigen beiliegenden Brief übergeben werden sollten, waren kaum für den immens reichen Wilczek bestimmt, sondern von ihm entweder an eine Geliebte oder ein Kind Rudolfs weiterzugeben. Der um zwanzig Jahre ältere, also der Vatergeneration angehörende Wilczek war bis in die frühen achtziger Jahre als treuer Freund an der Seite des jungen Kronprinzen.
Wilczek galt in der Hofgesellschaft als Freigeist, als »Liberaler«, ja man verdächtigte ihn demokratischer und freimaurerischer Gesinnung. Er war erklärter Gegner des Antisemitismus und bean-

spruchte keine aristokratischen Vorteile, was ihm die Sympathien des Bürgertums sicherte, unter dem er auch viele Freunde, vor allem unter den Gelehrten, hatte. Wilczeks Einfluß auf den jungen Kronprinzen muß man sich immer vergegenwärtigen, wenn auch leider die umfangreiche Korrespondenz der beiden Freunde als verloren gelten muß.

Die Spanienreise im April/Mai 1879 ging mit dem Dampfschiff »Miramar« von Venedig aus nach Barcelona – unter endlosen Gesprächen zwischen Rudolf und Brehm, der seit dem Tod seiner Frau im Vorjahr resigniert und weniger tatendurstig war. Um so mehr konzentrierte sich der junge Kronprinz auf ihn und ließ alle anderen, vor allem repräsentative Pflichten beiseite. Wilczek: »In Barcelona wohnten einige vornehme Familien, die noch die habsburgischen Traditionen aus der Zeit des Kaisers Karl VI. pflegten und nun durchaus dem Kronprinzen ihre Aufwartung machen wollten, allein dieser zog es unter dem Einflusse Dr. Brehms vor, in den Wäldern der Umgebung seltene Vögel zu beobachten und zu schießen. Da er sich den ganzen Tag dort aufhielt, so ersuchte er mich, jene hohen Herren zu besuchen und sein Fernbleiben zu entschuldigen, da er Wichtigeres zu tun habe. Das war für mich ein peinlicher Auftrag und ich glaube, die loyalen Barcelonesen dürften dadurch sehr gekränkt gewesen sein[23].«

In Madrid gab es selbstverständlich noch mehr gesellschaftliche Verpflichtungen, vor allem, da es an diesem Hofe Prinzessinnen gab, die als Ehepartner des Kronprinzen schon in die engere Wahl gezogen waren. Die laut Aussage Wilczeks »zwar nicht sehr hübschen, aber ungemein liebenswürdigen Schwestern des Königs« konnten den Kronprinzen aber auch nicht in seiner Ornithologie-Begeisterung bremsen.

Nach einer Jagd auf Steinböcke in der Sierra de Gredos und auf Kuttengeier in Cartagena fuhr die Gesellschaft zur Mittelmeerinsel Alboran, »um eine Gattung Seemöven zu beobachten und zu schießen, die sonst nirgends als nur auf dieser Insel vorkommt«. In der Sierra Nevada, die noch durch Räuberbanden heimgesucht war, stand der Kronprinz zu seinem großen Mißvergnügen unter Bewachung spanischer Polizisten. Wilczek erzählte später die abenteuerliche Geschichte, wie sich Rudolf, er und ein Jäger heimlich aus der Hazienda schlichen, um wenigstens für einen Tag die Polizisten abzuhängen und dann prompt über Nacht in einer Räuberherberge landeten, wo Wilczek und der Jäger den Kronprinzen mit gezogener Pistole bewachten.

Auch in Gibraltar und Tanger wurden Honneurs gemacht. Der österreichische Konsul in Tanger empfing die Reisenden mit einem guten Mittagessen, »zu dem uns seine ältere, nicht sehr hübsche Tochter das ›Gott erhalte‹ am Klavier vorspielte«. Xerez, Lissabon, Oporto, Bilbao und Asturien standen auf dem Programm.

Der ornithologische Eifer Rudolfs und Brehms fand bei den Schiffsoffizieren wenig Verständnis. Sie meinten, die Reise sei nicht geglückt, weil die Schußlisten viel zu dürftig ausfielen. Sie waren die Jagdreisen anderer Erzherzöge auf der »Miramar« gewöhnt und standen der Begeisterung für kleine Vögel unverständig gegenüber, wußten auch kaum zu schätzen, daß Brehm und Rudolf auf dieser Reise immerhin eine neue Spezies der Lerche entdeckt hatten, die sie »Galerida miramare« nannten und über die es in der Folgezeit eine große wissenschaftliche Korrespondenz geben sollte.

Überschwenglich bedankte sich der Kronprinz bei Brehm: »Innigsten Dank, daß Sie auf dieser Reise mein treuer Freund und Begleiter waren. Eine schöne, herrliche Zeit liegt hinter uns, wie ein guter Traum, so rasch ist es verflogen und aus interessanten, in ihrem ganzen Wesen eigenthümlichen, wundervollen Expeditionen ist man wieder zurückversetzt in das schablonenhafte, gleichmässig von der Cultur geebnete Mittel-Europa, unter die grosse Schaar der Alltags-Menschen ... Denken Sie manches Mal zurück an all die schönen Reise-Erinnerungen, an die Tage im Gebirg, und an Bord der treuen Miramare. Mit herzlichstem Gruß Ihr treuer Freund Rudolf[24].«

Brehm hinterließ keine Reisebeschreibung über Spanien, wohl mit Rücksicht auf Rudolf, der ein Buch plante. Fragmente und Vorarbeiten fanden sich im Nachlaß: »... Spanien hatte mir gefallen; der Friedhof einstiger Größe, der Schauplatz riesiger Umwälzungen, der Blutacker der Inquisition und des Schergenthumes, die Ruine des düsteren Mittelalters und der Intriguen der ersten Jahrhunderte der Neuzeit regen den Geist an; schaurig schön sind die menschenleeren, kahlen Hochgebirge, die verlaßenen Schlösser, verfallenen Klöster und dunklen Kirchen. Ich habe sie durchstöbert, freudelos; und nur ein Bild trat mir immer und immer wieder vor Augen gleich einem Sonnenblick aus dem fernen Osten, aus der Heimath des Islams! Die Alhambra war es mit ihren leichten Bauten, arabischen Ornamenten, blühenden Gärten und sprudelnden Quellen. Ein Stück Orient, in der vollen Pracht der Farben, ein Capitel aus Tausend und einer Nacht[25]!«

Die demonstrative Verachtung, die der Kronprinz der Aristokratie und ihrem Lebensstil entgegenbrachte, und die ebenfalls demonstrative Zuneigung, ja schwärmerische Verehrung für Alfred Brehm und seine gelehrten Freunde hatten schon längst gereizte Kommentare in höfischen Kreisen hervorgerufen. Denn Alfred Brehm war nicht nur Protestant, Darwinist, Bürgerlicher, er war auch Freimaurer und verheimlichte das keineswegs.

Die Proteste gegen den Umgang des Kronprinzen mit dem Freimaurer Brehm nahmen bald, vor allem nach der Spanienreise, so wütende Formen an, daß nicht nur Zeitungen konfisziert werden mußten, die diese unstandesgemäße Freundschaft anprangerten, sondern sogar ein »katholischer« Redakteur landesverwiesen wurde, weil er gegen den freimaurerischen Einfluß durch Brehm protestiert hatte (so überliefert es jedenfalls ein antifreimaurerisches Pamphlet)[27]. Brehms Aufsätze in Freimaurerzeitungen wurden in den vornehmen Wiener Salons schaudernd herumgereicht, wenn sie auch bereits zwanzig Jahre vorher erschienen waren.

Aus den erhaltenen Briefen Rudolfs an Brehm ist nicht zu ersehen, daß sich die beiden Freunde über Weltanschauungsfragen unterhielten. Immer stand die Ornithologie im Mittelpunkt. Freilich können andere Briefe vernichtet sein (aus dem Krisenjahr 1880 sind nur acht Briefe Rudolfs an Brehm erhalten). Und auch die nächtelangen Diskussionen der beiden Freunde auf der Miramare mögen manchen Stoff für Tratschereien am Hof abgegeben haben. Fest steht jedenfalls, daß Rudolf sich in seiner Prager Zeit als Antiklerikaler und Freigeist exponierte. Man vermutete gleich, der Kronprinz sei Freimaurer geworden (was dieser aber energisch bestritt), und fand den Schuldigen in Alfred Brehm, in dessen Tierleben man außerdem »sittlich anstößige Stellen« gefunden haben wollte. Jedenfalls wußten klerikale Zeitungen nach Rudolfs Tod zu berichten, daß es dem Prager Kardinalerzbischof Schwarzenberg »zu danken« gewesen sei, daß »der Verfasser des Thierlebens, Herr Brehm, seinerzeit aus der Nähe des Kronprinzen Rudolf entfernt wurde. Der Kardinal reiste zu diesem Zwecke eigens nach Wien und machte den Kaiser unter Vorzeigung mehrerer sittlich anstößiger Stellen in dem genannten Buche aufmerksam darauf, wie bedenklich es sei, daß ein solcher Mann einen so großen Einfluß auf den Kronprinzen habe[28].«

Rudolf erzählte später Moriz Szeps über diese Zeit: »Da befand ich mich in einer schrecklichen Situation. Man hatte ein Netz um mich geworfen und den Glauben verbreitet, ich sei Mitglied des Freimaurerordens geworden oder irgend einer anderen, geheimen, antireligiösen und revolutionären Verbindung. Diese Beschuldigung trat immer frecher auf, und endlich wußte ich mir nicht anders zu helfen, als daß ich hinging und folgendes sagte: Als Offizier darf ich keiner wie immer gearteten geheimen Verbindung angehören und darauf habe ich geschworen. Man beschuldigt mich, einer solchen Verbindung anzugehören, und ich fordere, wozu ich das Recht habe, die Einsetzung eines Kriegsgerichtes, welches die Sache in der strengsten Weise untersuchen soll. Als ich darauf beharrte, zogen sich allerdings die Denunzianten scheu zurück und seit jener Zeit läßt man mich mit dieser Geschichte in Ruhe[29].« Daß auch diesmal wieder Erzherzog Albrecht ein gewichtiges Wort gegen Rudolfs zu liberale Umgebung und gegen Brehm mitsprach, ist gewiß.

Diese Differenzen zogen sich über mehrere Jahre hin, begannen aber gleich nach der Spanienreise. Rudolf wurde in der Demonstration seiner Freundschaft nach außen vorsichtiger. Als zum Beispiel Brehm ihn durch den Grafen Wilczek um die Patenschaft an seinem fünften Kind bat, fragte Rudolf bei Bombelles an: »Ich weiß gar nicht, ob man Taufpathe eines protestantischen Kindes sein kann? auch weiß ich nicht ob jetzt, nach alledem, was ich in Ischl über meinen armen Brehm hören mußte, dies angezeigt ist. Ich würde es ja natürlich mit der größten Freude thun, doch bei dem jetzigen reactionären [Wort unleserlich] und Weihrauchgestank, der über unsere arme Heimath weht, könnte man mir vielleicht jeden Umgang mit Brehm verbieten, wenn ich jetzt gerade meine Freundschaft zu ihm, durch solche deutliche Zeichen, die unstreitig ihren Weg durch die Zeitungen nehmen, zu sehr hervorhebe[30].«

Brehms Besuche beim Kronprinzen wurden spärlicher. Rudolf bat seinen Freund um Verständnis: »Ich würde Sie bitten, mich ... zu besuchen, aber keinen Vortrag hier zu halten. Ich werde Ihnen die Gründe, die mich dazu bewegen mündlich mittheilen, sage Ihnen aber jetzt schon, daß Sie mir dadurch viele Unannehmlichkeiten ersparen würden. Ich werde viel von gewissen Partheien wegen meiner freien Richtung, meiner Liebe zu den Naturwissenschaften, mit scheelen Augen betrachtet. Ich habe keinen angenehmen Sommer zugebracht, das weitere mündlich. Eines ist gewiss, meine Freundschaft zu Ihnen ist unerschütterlich, da kann geschehen, was da will[31].«

Am Schluß dieses für ihre Freundschaft so bedeutsamen Jahres schrieb Rudolf an Brehm: »Lieber Freund! In wenigen Tagen ist der Jahreswechsel. Ein langes Jahr, voll schönen, interessanten Erinnerungen für uns Beide liegt hinter uns; auch garstige, traurige Erfahrungen haben wir in diesem Zeitabschnitte gemacht; doch in treuer, unwandelbarer Freundschaft übersende ich Ihnen, für Sie und Ihre Kinder meine herzlichsten, innigsten Glückwünsche für das kommende Jahr; möge es für uns alle gute, angenehme, freudige Tage bringen; möge es die Verblendung und die heimtückische Niedrigkeit unserer Gegner zerstreuen und unschädlich machen ...[32]«

Die Freundschaft zwischen Rudolf und Brehm blieb unerschüttert. Ein Beispiel aus einem Rudolf-Brief 1883: »Die Finsternis, die uns umnachtet, soll weichen neuen freiheitlichen Bestrebungen und die Wissenschaft und der Wohlstand sollen blühen in langen friedlichen Zeiten. Hoffentlich sehen wir uns einmal in dem anbrechenden Jahre und wenn auch ungünstige traurige Verhältnisse uns trennen, die Freundschaft vereinigt uns in geistiger Arbeit. Seien Sie herzlichst gegrüßt von Ihrem treuen Freunde Rudolf[33].«

Persönliche Treffen wurden allerdings, auf welche Art ist ungewiß, vereitelt. Rudolf: »Ihren Aufenthalt bei uns in Österreich habe ich mit viel Aufmerksamkeit und Bedauern verfolgt. Wie schade, daß wir uns nicht sehen konnten ... Zu lange schon warteten wir und ließen uns von den verschiedenen Gegnern aus jenem dunklen Lager einschüchtern; nun wollen wir doch nicht das Vergnügen uns zu sehen ein für alle Mal diesen Leuten zu Ehren aufgeben! Das wäre denn doch zu viel; sie sollen nur, wenn es sie freut, über mich herfallen, sie thun es auch so und ich bin an dergleichen heimtückische und oft auch offene Angriffe zur Genüge gewöhnt! ...[34]«

Auf dem Höhepunkt der Brehm-Krise 1880 wurde der Kronprinz auf eine Reise nach Ägypten und Palästina geschickt. Nicht der Freimaurer Brehm, sondern Hofburgpfarrer Dr. Laurenz Mayer, Rudolfs ehemaliger Religionslehrer, durfte ihn begleiten. Die Reise sollte auch nicht der Ornithologie gewidmet sein, sondern vor allem der Jagd, bei der der Kronprinz, gemessen am Aufwand und dem Ehrgeiz seines kaiserlichen Vaters, bisher nur mäßige Erfolge aufzuweisen hatte. Das Gefolge bestand demnach aus guten Jägern, an der Spitze Rudolfs Onkel, der Großherzog von Toscana.

Die Sehenswürdigkeiten Alt-Ägyptens waren für die vornehme Jagdgesellschaft nur Kulisse für nicht alltägliche Jagdfreuden. So wußte man ausgerechnet auf der Cheops- und auf der Gizeh-Pyramide nichts besseres zu tun, als die dort hausenden Schakale zu schießen. Rudolf war offenbar der einzige, der sich auch für die Altertümer interessierte. In seinem Buch »Eine Orientreise« räumte er ihnen jedenfalls einen durchaus gemäßen Platz ein, indem er seitenlange Zitate des Ägyptologen Heinrich Brugsch, seines auf dieser Reise erworbenen Freundes, einflocht. Deutlich spürt man Rudolfs Bedürfnis, diesen Gelehrten herauszustellen. Während er die anderen Reisegefährten kaum erwähnt, betonte er demonstrativ seine innige Freundschaft zu Brugsch.

Der Berliner Heinrich Brugsch (seit 1881 Brugsch-Pascha) war so alt wie Alfred Brehm (31 Jahre älter als der Kronprinz) und nach Mariette wohl der berühmteste Ägyptologe des späten 19. Jahrhunderts. Der österreichische Gesandte in Kairo hatte ihn als Begleiter des Kronprinzen empfohlen: »Er rechnet zu den angenehmsten Gesellschaftern und tischt jedem die Egyptologie in der witzig-

sten und angenehmsten Form auf[35].« Nicht unerwähnt darf hier bleiben, daß auch Brugsch begeisterter Freimaurer war.
Brugsch begleitete die höfische Jagdgesellschaft durch Oberägypten bis zur Insel Philä. Er führte den Kronprinzen in die ägyptische Geschichte und Religion ein. Brugsch war kein Jäger, und er gestand in seinen Memoiren, daß ihm bei den touristischen Übungen der höfischen Gesellschaft »der Atem ausging, so daß ich ihm [dem Kronprinzen] häufig die Bitte ausdrückte, ein langsameres Tempo einschlagen zu wollen[36]«. Brugsch paßte in diesen Kreis ebensowenig wie Brehm, gerade zu ihm aber fühlte sich Rudolf hingezogen.
Brugsch, der anläßlich der Eröffnung des Suezkanals viele Prominente, auch Kaiser Franz Joseph, an die alten Stätten Ägyptens geführt hatte, war überrascht über den Eifer des Prinzen und schrieb, es offenbarte sich Rudolfs »Sinn für die Wissenschaft in dem Eifer, mit dem er meinen täglichen Vorträgen über altägyptische Geschichte, Geographie, Mythologie, Baukunst u.s.w. lauschte. Seine Bemerkungen, die er hie und da einstreute, hatten, wie man zu sagen pflegt, Hand und Fuß, und Vergleichungen mit anderen Gebieten der Geschichte der Völker des Altertums oder der Neuzeit zeigten den Kenner, der seines Gegenstandes sicher war.«
So arrogant und hochmütig Rudolf gegenüber der Aristokratie sein konnte, so bescheiden wirkte er gegenüber Gelehrten wie Brugsch: »Ein besonderer Zug, den ich mit wahrer Freude in dem Charakter des Kronprinzen entdeckte und täglich bestätigt fand, war die Einfachheit seiner Sitten und eine wahre Bedürfnislosigkeit, die nur selten eine Eigenschaft der Großen dieser Erde bildet. Fern von dem Hofparkett des Palastes bot ihm der Aufenthalt in Ägypten einen unglaublichen Genuß dar, da ihm auf Schritt und Tritt in den Landesbewohnern die einfachsten Menschen gegenübertraten, mit denen er sich durch meine Vermittlung in der gemütvollsten Weise unterhielt und stets freundliche Antworten und Auskünfte gab.«
Auch wenn Rudolf inmitten seiner Gesellschaft nichts anderes tat, als (abgesehen von offiziellen Empfängen und Besichtigungen mit Brugsch) von morgens bis abends zu jagen, so schlug er doch im vertraulichen Gespräch mit Brugsch ganz andere Töne an, die seine

Jagdbegleiter, vor allem aber sein Vater, nicht hätten hören dürfen. Brugsch berichtete, Rudolf »versicherte mich, auch nicht das geringste Vergnügen bei den Jagden auf Rotwild und Gemsen zu empfinden, da ihm das Töten, am allermeisten aber ein Massenmord unschuldiger Tiere geradezu einen Widerwillen bereite. Seine Neigung für das Studium der Tierwelt, besonders der geflügelten Bewohner der Lüfte, hatte eine reiche Nahrung durch seine Bekanntschaft mit dem Tier-Brehm gewonnen ... Er hatte dazu beigetragen, in dem jungen Fürsten eine kaum glaubliche Neigung für seine eigenen Untersuchungen zu erwecken, und ich selber kann es bezeugen, mit welchem Eifer der gelehrige Schüler es sich angelegen sein ließ, nach einem vollendeten Jagdzug die heimgebrachte Beute nach Dr. Brehms Tafeln wissenschaftlich zu untersuchen. Weder Müdigkeit noch Hunger und Durst konnten für ihn einen Grund abgeben, seine Beute auch nur auf einen Augenblick liegen zu lassen. Er maß die Körper- und Flügellängen der geschossenen Geier, Adler und Falken, er trug die Zahlen in sein Jagdbuch ein, fügte sonstige Eigentümlichkeiten in dem Körperbau oder in der Färbung des Geflügels bei und hielt ein so genaues Register, als ob der Kronprinz von Österreich das Muster eines grundgelehrten Zoologen abgäbe[37].«

Unter Anleitung Brugschs kaufte Rudolf, wie so viele Touristen dieser Zeit, ägyptische Altertümer, soviel er konnte. Er schrieb an Latour: »Ägypten hat mich entzückt; Ober-Ägypten noch alle meine Erwartungen übertroffen. Die Alterthümer sind noch coloßaler als ich mir je erwartet hätte. Man kann viel einhandeln und einfach wegnehmen. Mit Hilfe des berühmten Brugsch-Pascha bringe ich superbe Sachen, theils Unicas für das Wiener Museum mit ... Edfou ist in Sicht und ich eile gleich an Land, um meine Forschungen u. Plünderungen fortzusetzen ...« Über die auf diese Art erworbenen Altertümer ließ sich Rudolf von Brugsch genaue Erklärungen geben. Sicherlich darf man die Bedeutung solcher Aktivitäten nicht überbewerten. Sie waren nicht mehr als eine liebevolle Verneigung vor der Wissenschaft, fern aller eigenen wissenschaftlichen Betätigung. Aber auch eine solche Haltung war ja alles andere als selbstverständlich in höfischen Kreisen.

Der zweite Teil der Orientreise 1881 war Palästina gewidmet. Hier, angesichts der Ziele frommer Pilgerscharen, mußte sich die religiöse Einstellung des Kronprinzen offenbaren. Jetzt zeigte sich, daß auch der Einfluß des Hofburgpfarrers als geistlicher Reisebegleiter keine Änderung in Rudolfs Weltanschauung bewirkt hatte. Die heiligen Stätten waren für ihn kaum mehr als Kulisse für seine Jagden und Tierbeobachtungen. Er kritisierte: »Palästina ist, so lange man auf den normalen Heerstraßen der frommen Caravanen wandert, ein echtes Touristenland, die Schweiz in's Religiöse übersetzt; dort wird der Sinn nach Naturschönheiten der Reisenden, hier der Glaube und die Andacht ausgebeutet und zu Geld gemacht[38].«
Jerusalem und der Grabeskirche waren allerdings einige Seiten der »Orientreise« gewidmet, die der Kronprinz selbst für die gelungensten des Buches hielt[39]: »Der Glaube und alle Traditionen, die man seit der Kindheit aufgesogen, treten einem deutlich sichtbar entgegen, umgeben von einer unheimlich todten Gegend, an der der Fluch haftet, dem das Volk, das hier geherrscht, für ewig weichen mußte. Wer lange in Jerusalem bleibt, muß endlich ein Fanatiker werden; man lebt sich dort, vom ersten Anblick der Stadt angefangen, in einen mystisch-schwärmerischen Gedankenkreis hinein, der leicht dauernde Macht erhält. Es sind dies dieselben Gefühle, welche die Kreuzfahrer kein Opfer an Gut und Blut scheuen ließen und allen Religionskriegen jene wilde Kraft verliehen[40].«
Seine Sympathie für die vertriebenen Juden zeigte der Kronprinz unverhohlen: »Aus den vielen im Wesen gleichen, in den Hauptgedanken ähnlichen, nur im Ritus verschiedenen Glaubensbekenntnissen und Götter-Culten des morgenländischen Alterthums hat sich nur *eine* rein erhalten, die hebräische, die Lehre des alten Jehova, seines Propheten Moises; doch das Volk, das auserwählte Volk der Juden, es hat Heimat und Staatsgewalt verloren, und der ewige Jude ist unsterblich, immer Typus und Glauben unverfälscht erhaltend, in alle Länder der Erde vertheilt. Unbewußt rächt er sich durch sein Wesen, bewußt vertritt er eine gewisse Macht, die ihm der scharfe Geist des Morgenlandes verleiht. Das Abendland hat ihnen alles genommen, sie über die Erde zerstreut, doch ihr Wesen auszumerzen war es nicht im Stande; und so lebt das alte vielge-

prüfte Volk noch heute und hat Anspruch auf die unleugbare Gerechtigkeit der Weltgeschichte[41].«

Im Jordantal erkrankte der Kronprinz an einem Fieber, das ihn in einen »jämmerlichen Zustand« versetzte und veranlaßte (oder, wenn man so will, die willkommene Ausrede lieferte), einige Empfänge abzusagen, so auch in Nazareth und am See Genezareth, was sehr übel vermerkt wurde.

Von Haifa aus trat die durch Krankheiten erschöpfte Jagdgesellschaft die Heimreise an: »Jeder will es durch den letzten Blick ins Gedächtniß eingraben, damit später, in kalten, grauen Wintertagen, wenn die Nordstürme den armen Europäer martern und peinigen, jene Bilder wie im Traume am geistigen Auge vorbeiziehen und man sich versetzt denkt in die Wiege des Menschengeschlechtes, dorthin, wo das Paradies stand, in den heiligen, goldenen, farbenprächtigen Orient[42].«

Nach der Reise gingen genaue Berichte an Homeyer und Brehm ab. Rudolf an Brehm: »Ich kann es selbst sagen, dass ich während dieser Reise fleißig war. Alles, was wir erlegten, wurde bestimmt, gemessen, und noch Beobachtungen hinzu geschrieben. Ihr Thierleben und noch einige andere ornithologische Werke verließen mich nie, selbst während den etwas mühsamen Caravanen-Reisen im Oberen Jordanthale[43].« Es folgt eine lange Aufzählung aller erlegten Tier- und Vogelarten.

Alfred Brehm starb 1884, von Rudolf innig betrauert. Er schrieb an Latour: »Der Tod des armen Brehm ist mir sehr nah gegangen. Durch viele gemeinschaftliche Arbeiten, zusammen verlebte Tage, zu Wasser und zu Land, war ich mit ihm eng befreundet, und trotz mancher Fehler war er ein großer tüchtiger Mann[44].«

Der Ornithologie blieb der Kronprinz auch nach Brehms Tod treu, wenn sich auch die Politik immer stärker in seinen Gesichtskreis drängte. Er führte die wissenschaftliche Korrespondenz mit den international führenden Ornithologen bis in seine letzten Lebenstage fort. Auf seine Anregung wurden ornithologische Beobachtungsstationen gebaut, die sich bald über alle Länder der Monarchie ausbreiteten und jährliche Tätigkeitsberichte herausgaben. Auf dem Ersten Internationalen Ornithologen-Kongreß 1884 in Wien, dessen Protektor Rudolf war, regte er mit den ihm befreundeten Ornithologen Homeyer, Finsch und A. B. Mayer die Gründung eines »Permanenten internationalen ornithologischen Comités« an zur Errichtung weltweiter Stationen zur Erforschung des Vogelzuges. Dieser Plan blieb jedoch in den Vorarbeiten stecken und scheiterte nach Rudolfs Tod an der Uneinigkeit der Forscher. Erst Jahrzehnte später erinnerte man sich wieder des Plans und führte ihn wirklich aus.

Drei Bände mit ornithologischen Aufsätzen des Kronprinzen erschienen zwischen 1880 und 1884 im Druck. Rudolfs ornithologische Arbeiten wurden nicht nur im »Thierleben«, sondern auch von anderen Fachleuten bis heute immer wieder zitiert. Eugen von Homeyer widmete sein Buch »Die Wanderungen der Vögel« (Leipzig 1881) mit warmen Worten dem jugendlichen Freund und betonte im Vorwort: »Von hervorragendem Einflusse auf das Leben in den Wissenschaften, speciell in den Naturwissenschaften, hat sich das Interesse gezeigt, welches Se. k. k. Hoheit Erzherzog Kronprinz Rudolf von Österreich für die Wissenschaften hat. Es scheint in der That, als wenn in der ganzen österreichischen Monarchie ein neues, reges Leben erwacht sei, als wenn nicht allein viele Kräfte neu gewonnen, sondern die alten auch neu belebt werden.«

5. Kapitel

Residenz in Prag

Voll Begeisterung für die slawische Sache, gut vorbereitet durch die Lehrer Gindely und Jirecek, kam der Kronprinz 1878 nach Prag. Er rückte hier als k. k. Oberst beim Infanterieregiment Nr. 36 ein und wohnte im Prager Hradschin, dem gegenüber der Budapester Burg so vernachlässigten Sitz des Königs von Böhmen.

Seit den Verwüstungen Böhmens im Krieg von 1866, besonders aber dem Ausgleich mit Ungarn, hatte sich das Klima in Böhmen gegen den Hof und die Wiener Regierung rapide verschlechtert. Nicht nur Tschechen, auch auf Ausgleich bedachte deutsche Politiker in Wien sahen im Prager Aufenthalt des als slawophil bereits bekannten Kronprinzen eine späte, aber vielleicht noch nicht zu späte Hoffnung für eine Verständigung zwischen Prag und Wien.

Als Beispiel sei hier aus einer Denkschrift des Geographen Alexander Helfert zitiert, der aus Anlaß von Rudolfs Übersiedlung nach Prag die Situation in der Hauptstadt Böhmens schilderte: »Besonders in jüngster Zeit schreitet das geistige Leben und Bewußtsein des Volkes mit Riesenschritten vorwärts, in einer Weise, von der man auswärts und namentlich in Wien, weil man sich darum nicht kümmert, keine Ahnung hat. Doch wie wird mit diesem Volke seit nahezu zwei Dezennien – von Wien aus verfahren? Es läßt sich ohne Übertreibung sagen, daß nicht so bald in der Geschichte, in der Österreichs gewiß nicht, einem intelligenten und energischen, und bisher treuen und loyalen Volke in so consequent verletzender, zurückstoßender Weise begegnet worden sei wie dem böhmischen[1].«

Helfert schrieb, daß die Tschechen einen »unverhohlenen Mismuth und Groll, eine Auflehnung gegen alles was von Wien kommt oder von Wien aus begünstigt wird, zur Schau tragen. Man beachte die

auffallenden Demonstrationen womit im letzten Sommer das Andenken des Jan Hus gefeiert wurde.«
Zwiespältig waren auch die Kommentare der Zeitungen, wie ein Konfidentenbericht zeigt: »Wiener und offiziöse Blätter schwärmen von einem angeblichen Enthusiasmus, davon kann aber absolut keine Rede sein. Der Kronprinz geht zur Rekrutenabrichtung nach Prag – was soll es da auch Besonderes geben? Die tschechischen Blätter aller Schattierungen verhielten sich auch merklich kühl. Riegers ›Politik‹ erinnerte den Kronprinzen recht zart daran, daß es am Hradschin auch ›historische Fenster‹ gäbe; Skrejsowskys ›Epoche‹ ärgerte sich offen über die Freudenbezeigungen, und ›Narodni listy‹, das liberale Jungtschechenblatt, schwieg ganz. Und das nennt man tschechischen Enthusiasmus für das angestammte Herrscherhaus[2]!«
Rudolf konnte in den ersten Prager Jahren wirklich Sympathien in Böhmen gewinnen. Er nahm tschechischen Unterricht bei dem Philologen Professor Martin Hattala, obwohl er ja bereits fließend tschechisch sprechen konnte, bildete sich eifrig weiter und betonte bei jeder Gelegenheit seine Vorliebe für die Slawen, vor allem, wenn er sich gelegentlich einmal über die Wiener ärgerte: »Jeder muß wissen, wo seine Berufspflichten ihn hinrufen. In Wien ist der Kaiser, in den Provinzen ist es gut, wenn auch im dynastischen Sinne gearbeitet wird, daß ich gut gearbeitet habe, kann ich ohne Selbstüberhebung sagen. Ich bin in Böhmen sehr beliebt ... daß ich endlich für den größten Theil der Bevölkerung unserer Monarchie, für alle Slaven große Sympathien habe, erkläre ich ebenfalls ganz offen[3].«
Hier in Prag, inmitten der nationalen, sozialen und politischen Kämpfe, wandte sich Rudolf von den bisher überwiegenden wissenschaftlichen Beschäftigungen den politischen zu. Hautnah war vor allem die nationale Frage, noch aufgeheizt durch die Okkupation Bosniens und der Herzegowina 1878, die das slawische Element in der Monarchie bedeutend verstärkte. Ohne zu zögern nahm der Kronprinz die Partei der seiner Ansicht nach unterprivilegierten Slawen gegenüber den Deutschen und Ungarn ein. Er arbeitete an einer Flugschrift über die Aufgabe der Slawen in der Monarchie: »Die Slaven, welch immer Volksstamm sie auch angehören

mögen, haben ihrer Selbst willen dank ihres Characters eine große, eine mächtige Zukunft vor sich, und Wahnsinn wäre es in einem Staate wie Österreich, eine die Slaven nicht berücksichtigende Politik zu führen. In wie weit diese unseelige Richtung doch eingeschlagen ist und was für Gefahren und zu welch ungeheuren Kämpfen sie das österreichische Staatsschiff bringen wird, das sei in kurzen Umrissen skizzirt, die Aufgabe dieser Flugschrift.

Österreich ist seit dem düsteren Jahre 1866 durch Unglücke in die traurige Lage gedrängt worden, seine Macht im Dualismus zu theilen und zu gefährden. Das deutsche Element kam in Cisleithanien, das Ungarische in Transleithanien zu einer Macht, die diesen beiden Völkern im Concerte der gesamten österreichischen Völker nicht gebührt[4].«

Ob dieses »Slaven-Memorandum« jemals fertiggestellt und als anonyme Broschüre gedruckt wurde, ist ungewiß. Im Nachlaß ist nur eine Gliederung der Schrift erhalten, die mit dem stolzen Satz endet: »Das Donaureich muß bis an das Meer, nach Saloniki, das ist nur vom slavischen Standpunkt zu erreichen.«

Wieder war es Erzherzog Albrecht, der lange Briefe des jungen Kronprinzen erhielt. Rudolf ereiferte sich sogar gegen seine Gesinnungsgenossen, die Wiener liberalen Parlamentarier, die sich ja in der Mehrzahl gegen die Okkupation Bosniens ausgesprochen hatten: »Da können die Deutschen und insbesondere die Wiener Parlamentarier so viel sie wollen schreien und dagegen ankämpfen, auch die Zeitungen werden nichts ihrer Sache helfen, sondern nur erbittern. Die Slaven sind jetzt schon der Zahl nach den anderen weit überlegen; in der Bildung stehen sie den Deutschen noch zurück; doch mit der zunehmenden Cultur nimmt auch ihre Macht und ihr Einfluß immer mehr und mehr zu. In Ungarn sind sie vollkommene Parias, in Cisleithanien war es bis jetzt auch nicht viel beßer. Man muß ihnen eine beßere Stellung verschaffen; damit die treuen Stämme, wie die Böhmen und mehrere andere, so gut gesinnt bleiben, und die Südslaven, besonders die Neuerworbenen, es im selben Maße werden.

In Wien treiben die sogenannt verfaßungstreuen Deutschen immer nur eine Politik für die Stadt Wien, sie schaffen sich Zustände, und schildern sie in ihren Reden und Zeitungen, so wie sie in Wirklichkeit nicht sind. All diese berühmten Staatsmänner beider Häuser, welche in den letzten 20 Jahren eine große Rolle gespielt haben, kennen die Zustände in den Provinzen gar nicht[5].«

In seiner slawischen Umgebung in Prag war Rudolf vor allem gegen die Ungarn eingenommen und schrieb dem Großonkel: »Wenn man so wie ich, gestern waren es 2 Jahre, unter Slaven lebt, am Lande und in der Stadt viel mit ihnen verkehrt, gewinnt man die Überzeugung, daß diese Bevölkerung eine gute, kräftige und treue ist; nur darf man sie nicht durch kleine und große Mißgriffe in eine falsche Richtung drängen. In Cisleithanien that man dieß jetzt Jahre hindurch in Böhmen, in Ungarn wird es in einer viel ärgeren Weise noch betrieben.

Durch das Leben in Gödöllö und viele Jagden in verschiedenen Theilen des Landes hatte ich oft Gelegenheit die ungarische Wirtschaft zu beobachten. Die Slaven werden vollkommen unterdrückt, wie Hunde behandelt ... Eine positive Gefahr hingegen ist die Art, wie die Ungarn die Slaven behandeln, auch eine Folge ihrer Pacha-Wirtschaft, es erinnert an die Behandlung der türkischen Slaven; wird in der Folge zu denselben Erscheinungen führen, wie in der Balkanhalbinsel, und schon jetzt drängt es die Unzufriedenen vom österreichischen Staatsgedanken ab nach Serbien und weiter nach Petersburg und zu den panslavistischen Ideen. Österreich ist kein slavischer Staat, doch die Slaven müßen in ihm anders behandelt werden als jetzt; man darf nicht vergessen, daß der weitaus größere Theil der Bevölkerung der Gesammtmonarchie slavisch ist; daß wir ferners noch unbedingt im Oriente Fortschritte machen müßen; wir können nicht stehen bleiben, wo wir sind; bis Saloniki führt unser Weg.

Die Slaven werden bei uns zunehmen, ihre Bildung wächst von Jahr zu Jahr, damit auch die Ansprüche; die Slovaken, Ruthenen, Stämme der Südslaven werden allmählich zu Cultur-Menschen. Sie werden nicht begreifen, warum es ihnen weniger gut gehen soll, als den Deutschen und Ungarn[6].«

Um Mißverständnissen vorzubeugen, muß klargestellt werden, daß der Kronprinz zwar eindringlich für die Sache der Slawen eintrat,

aber nie aus nationalen Gründen. Er setzte sich für sie ein, weil er einsah, daß eine Ausbreitung Österreich-Ungarns auf dem Balkan (die er zu dieser Zeit noch begrüßte) nur mit Hilfe der slawischen Bevölkerung durchsetzbar wäre. Ein zweiter Gesichtspunkt war der soziale. Denn die Slawen waren gegenüber den Deutschen und Ungarn die sozial, wirtschaftlich und kulturell schwächsten und brauchten am meisten Hilfe. Rudolf an Latour: »Viel wichtiger und ernster als alle diese Geschichten [nämlich die nationalen Kämpfe] sind die socialen Unruhen, die immer mehr an den Tag treten. In den böhmischen Bergwerken gehrt es fürchterlich; auch hier waren schon einige bedenkliche Symptome und ich mußte nun in den letzten Wochen mehrmals die Truppen meiner Division consignirt behalten[7].«
So paradox es auch klingen mag: die etwa fünfzig Lehrer aus allen Nationalitäten der Monarchie hatten dem Kronprinzen zwar eine lebendige Vorstellung eines bunten Vielvölkerreiches gegeben, aber keine Ahnung von der sprengenden Kraft des Nationalismus vermittelt. Alle (freilich mit der Ausnahme der Ungarn) waren »schwarzgelb«, Anhänger eines übernationalen, »großösterreichischen« Reiches. Gerade diese übernationale Partei verlor in den achtziger Jahren immer mehr Anhänger, überall gewann das nationale (und damit anti-österreichische) Element an Bedeutung, was dem Kronprinzen erst hier in Prag, inmitten der Kämpfe zwischen Deutschen und Tschechen und des schließlichen Fiaskos der »schwarzgelben« Partei zu Bewußtsein kam.

Diese Problematik zeigte sich in voller Schärfe, als 1879 Graf Taaffe mit einer tschechenfreundlichen, klerikal-feudalistischen Politik die bisher liberale Regierung ablöste. Vergeblich hatte der Kronprinz versucht, seinen Freund Latour zu überreden, das Amt des Ministerpräsidenten zu übernehmen, wie es ihm der Kaiser angeboten hatte. Ein Kabinett Taaffe lehnte der Kronprinz ab: »Der ist für alles zu haben, er kann an einem Tage Pfaffe und Democrat sein[8].« Unter der Taaffe-Regierung sah Rudolf den Liberalismus gänzlich schwinden und den Klerikalismus und Nationalismus an Boden gewinnen: »Eine ekelhafte Stimmung herrscht jetzt in Mittel-Euro-

pa, eine Zeit, in der sich Pfaffen und hohe Trotteln im Dr... (sic) ihrer eigenen Dummheit herumwälzen! ... Was in langem Ringen erworben wurde, der Begriff eines modernen Culturstaates, ist bei uns in Gefahr. Preußen gibt das Beispiel, wir äffen es nach[9].«
1881 verfaßte Rudolf seine erste politische Denkschrift: *»Über die gegenwärtige politische Situation in Österreich. Ein schriftstellerischer Versuch auf dem Gebiete der Inneren Politik*[10]«, eine eindringliche Warnung vor »dem abermaligen Auferstehen und Emporblühen der Clericalen und Reaktionären, dieser Gespenster Österreichs, die dem Staat schon so viel geschadet haben und die, wenn sie in der Nähe der Regierung auftauchen, nur durch ihr bloßes Erscheinen Schrecken, Erbitterung und fast lächerlich viel böses Blut bereiten«.
Der vermeintliche Widerspruch, daß der slawen- und tschechenfreundliche Kronprinz so vehement gegen die »Versöhnungspolitik« Taaffes auftrat, der den Tschechen ja nationale Zugeständnisse machte, löst sich durch die Aussagen der »Denkschrift« auf. Rudolf bekennt sich darin zu einer ähnlichen liberalen Verständigungspolitik, wie sie Adolf Fischhof 1878 in den »Emmersdorfer Konferenzen« gemeinsam mit dem Führer der liberalen Tschechen, Rieger, und dem Chefredakteur der »Neuen Freien Presse«, Michael Etienne, versucht hatte. Der Unterschied zwischen den beiden »Versöhnungsparteien« Fischhofs und Taaffes bestand darin, daß Taaffe nationale Zugeständnisse machte (nationale Schulen, Hochschulen etc.) und damit nach Rudolfs Meinung die nationalen Gegensätze erst von der Regierungsebene aus förderte (damit nach Rudolfs Meinung den Zerfall Österreich-Ungarns besiegelte). Fischhof dagegen setzte sich für eine gemeinsame politische Arbeit der verschiedenen Parteien, über alle nationalen Schranken hinweg, ein. Rudolf hatte diese übernationale Zusammenarbeit in der sich formierenden Arbeiterpartei stets fast bewundernd kommentiert: »Was hat bei uns im Laufe weniger Jahre die sozialistische Partei für Fortschritte gemacht. Hier in Böhmen sind es allein die Angehörigen und Jünger derselben, bei denen jede nationale Differenz vor den anderen Zwecken weichen muß. Deutsche und Cechen arbeiten da ganz gemeinschaftlich[11]« und »Merkwürdig ist, daß unter dem

Zeichen des Socialismus jeder Racenhaß aufhört und Cechen hier und Deutsche für dieselbe Sache als Brüder eintreten[12].«
Dasselbe Ziel galt es für die anderen politischen Parteien zu erstreben: »Wenn es gelingen würde alle Clericalen und überhaupt reaktionären Elemente von den slavisch-Liberalen zu trennen; dann wäre endlich zu erhoffen, daß die Parteien im Parlamente sich nicht vom nationalen, sondern vom politischen Standpunkt aus bekämpfen; und als Sieg könnte man begrüßen die Gründung einer großen liberalen und einer conservativen Partei, die dann, wie überall in anderen Staaten, im parlamentarischen Wettkampf um die Herrschaft ringen würden[13].«
Der Kronprinz hoffte, daß die Slawen (wegen ihrer dem Klerikalismus Wiener Färbung naturgemäß fernstehenden Haltung) das liberale Element in der österreichischen Politik entscheidend verstärken dürften: »Doch niemals waren noch so heterogene Elemente durch momentane Utilitätsgründe in ein Fahrwaßer gebracht als es eben unter den Cechen der Fall war und ist ... Die feudalen Herren stehen auf ihrer Seite, trotzdem große Verschiedenheit der Ansichten zwischen den sogenannt feudalen Aristokraten Böhmens und den Cechen der unteren Stände herrscht, doch letztere schließen sich an sie auch nur, um ihre Sonderzwecke zu erreichen; der Augenblick, in dem sie die Herrn fallen laßen und die liberale Fahne, der sie in mancher Hinsicht noch radicaler angehören als manche deutsche Verfaßungstreue, ihren Bestrebungen vorantragen werden, dürfte nicht in so weiter Ferne sein.«
Nicht aus deutschnationalen Gründen wie so viele Wiener Politiker, sondern aus Angst um die Einheit des Reiches trat Rudolf gegen Taaffes Föderalisierungsprogramm auf: »Diese Conceßionen bedeuten aber nicht nur eine Gefährdung der Intereßen der Deutschen, sondern auch einen allgemeinen culturellen Rückschritt, eine Lockerung des staatlichen Zusammenhanges und dadurch eine Schwächung Österreichs. Eine tiefe und dauernde Verbitterung des deutschen Stammes wird geschaffen und schroff stehen sich Völker gegeneinander, die vereint leben und arbeiten sollten. Mit den Conceßionen wachsen die Wünsche, und die volle Befriedigung der nationalen Bestrebungen kann im Rahmen eines Reiches, das mächtig

bleiben soll, nie geboten werden ... Der Preis, den jetzt Österreich als Staat allmonatlich zahlen muß, um die Fortexistenz des Ministeriums [Taaffe] zu ermöglichen, ist ein sehr großer, und zwar ein solcher, der für die Dauer nicht gezahlt werden kann, ohne das feste Gefüge Österreichs und seinen Rang unter den Culturstaaten auf das Spiel zu setzen.«
Er schlug vor, daß die Krone die deutsch-liberale Partei [der sich, wie er hoffte, alle übrigen liberalen Parteien im Laufe der Zeit anschließen würden] unterstützen solle, »diese durch und durch österreichische und staatserhaltende Partei, von einer im Laufe der Jahrhunderte bewiesenen, unwandelbaren Treue an die Dynastie beseelt, zugleich der intelligenteste und wohlhabendste Theil der Bevölkerung«.
Die Denkschrift widmete der Kronprinz »in treuer Liebe und mit der Bitte um nachsichtige Beurtheilung, in gehorsamster Ergebenheit« seinem ehemaligen Erzieher Latour, mit dessen politischen Überzeugungen er sich einer Meinung fühlte. In seinem Begleitschreiben offenbarte Rudolf seine Unsicherheit, ob er es wohl wagen dürfe oder nicht, diese Schrift dem Kaiser vorzulegen. Er habe sie unter dem Einfluß der nationalen Kämpfe in Böhmen geschrieben: »Die Wogen der Parteikämpfe schlugen damals hoch auf; ich sah die Zukunft sich düster gestalten, fühlte das Streben mitzuwirken, zu helfen und wußte nicht in welcher Weise diesen Gefühlen positive Form zu geben. Ich schrieb damals diesen kleinen politischen Aufsatz und wollten denselben dem Kaiser zu Füßen legen ... Wie ich es dem Kaiser übersenden wollte, stiegen in mir Skrupeln auf, und die Scheu vor Unannehmlichkeiten bewog mich das ganze liegenzulassen, so ruhte diese Arbeit durch Monate im Kasten ... Die Situation ist jetzt eine schwierigere als damals; es geht schlecht in jeder Beziehung und wir gehen ernsten, vielleicht sogar recht gefährlichen Tagen entgegen. In treuer Freundschaft übersende ich Ihnen diese Arbeit, mit der Bitte, niemandem gegenüber eine Erwähnung zu thun, lesen Sie dieselbe durch und schreiben Sie mir, falls Sie Zeit haben, was Sie davon glauben, wie Ihnen die Sache gefällt und ob Sie meinen, daß es einen günstigen oder eher schädlichen Einfluß hätte, wenn ich es dem Kaiser unterbreiten würde[14].«

In einem weiteren Brief an Latour eine Woche später, nachdem sich Latour offenbar lobend geäußert, aber von einer Übergabe der Arbeit an den Kaiser abgeraten hatte, präzisierte der Kronprinz seine einflußlose politische Stellung und seine Sorge um die Zukunft des Reiches: »Ich sehe die schiefe Ebene, auf der wir abwärtsgleiten, stehe den Dingen sehr nahe, kann aber in keiner Weise etwas thun, darf nicht einmal laut reden, das sagen, was ich fühle und glaube. Unser Kaiser hat keinen Freund. Sein Charakter, Sein Wesen lassen dies nicht zu. Er steht verlaßen auf Seiner Höhe, mit Seinen Dienern spricht Er über die Berufsgeschäfte jedes Einzelnen, doch ein Gespräch vermeidet Er ängstlich, darum weiß Er wenig über das Denken und Fühlen der Leute, über die Ansichten und Meinungen des Volkes. Diejenigen, die jetzt am Ruder sind, müssen momentan als die einzigen bezeichnet werden, die Einlaß erhalten, und diese legen natürlich die Dinge so aus, wie es ihnen am bequemsten ist.
Er glaubt, wir sind jetzt in einer der glücklichsten Epochen Österreichs, offiziell sagt man es Ihm, in den Zeitungen liest Er nur die roth-bezeichneten Stellen, und so ist er getrennt von jedem rein menschlichen Verkehr, von jedem unpartheiischen, wirklich gesinnungstüchtigen Rathschlag ...
Wird man mich, mit dem man nie ein Wort über Politik gesprochen hat, dem man ja niemals die Berechtigung einer eigenen Ansicht eingeräumt hat, nicht für keck und für einen Frondeur halten? Mißtrauen gegen mich herrscht, das merke ich seit einigen Monaten, und in der letzten Zeit noch mehr. Taaffe liebt mich nicht, der Staatsrath Braun kann mich nicht ausstehen. Ich habe den Ruf, liberal zu sein, und gehe mit Menschen in wahrhaft intimem Verkehr um, die nicht beliebt, sogar schlecht angeschrieben sind. Der Kaiser war vor drei oder vier Jahren schon bis zu einem gewissen Grad liberal und mit dem 19. Jahrhundert versöhnt. Jetzt ist Er wieder so wie zu den Zeiten der armen Großmama: klerikal, schroff und mißtrauisch; die Dinge können noch sehr weit gehen.
Ich bin, weiß Gott, nicht streberisch, will keine Rolle spielen, habe nicht die mindeste Lust, ein Frondeur zu werden. Meine Ansichten, Anhänglichkeit, Gehorsam und Klugheit sind größer als die Eitelkeit. Wollte ich eine böse, schlechte Rolle spielen, ein Frondeur

werden, ich könnte es im ausgedehntesten Maaße thun; man trägt es mir ja von allen Seiten an.

Aus mir spricht keine Stimme der Auflehnung, des selbst eine Rolle spielen wollen, sondern nur die Bekümmerniß des Rathgebers, im tiefsten Incognito, damit man ändern und dann die Früchte genießen könne; von wem die heilbringende Wendung eigentlich ausgeht, soll niemand wissen[15].«

Die Entwicklung in den achtziger Jahren war eine rapide und für die Zukunft entscheidende, was manchen der Zeitgenossen bewußt war. Die neuen politischen Parteien – Christlichsoziale und Sozialisten – bildeten sich erst. Die jungen Politiker suchten noch, wechselten ihren politischen Standort mit den sich ändernden Verhältnissen. Die Namen Schönerer, Lueger, Adler, Pernerstorfer tauchten in immer anderen politischen Gruppen auf. Soziale, nationale Standpunkte bildeten sich aus und behaupteten sich vor den alten politischen Gruppierungen, den Liberalen, den Feudalen, die Macht einbüßten oder an andere Parteien viele Anhänger abgaben (wie die Feudal-Klerikalen an die Christlichsozialen). Es dauerte etwa zehn Jahre – das Jahrzehnt von 1880 bis 1890 –, bis sich die beiden neuen Großparteien etabliert hatten. Ob es eine Chance für eine gesamtösterreichische, übernationale Partei unter dem besonderen Schutz der Krone gegeben hätte, kann im nachhinein niemand wissen. Gesamtstaatlich denkende Österreicher – wie der Kronprinz – glaubten an diese Chance und kritisierten Taaffe als Zerstörer des großösterreichischen Gedankens.

Auch in Berlin wurde die Föderalisierung Österreichs mit wachsender Sorge beobachtet. So schrieb der deutsche Botschafter in Wien nach Berlin, »daß Graf Taaffe nicht gern nach der Zukunft Österreichs gefragt wird. Es ist dies wohl begreiflich, denn wenn man untersuchen will, wohin die Monarchie kommen wird, wenn das jetzige System der sogenannten Versöhnung zwischen den verschiedenen Nationalitäten Cisleithaniens fortgeführt wird, so muß man sich leider sagen, daß anstatt der Regel der Cohäsion zu folgen, sich vielmehr ein centrifugales Bestreben in den Atomen der Monarchie immer mehr bemerkbar macht ... Daß diese geschilderte Situation die aufrichtigen schwarz-gelben Patrioten betrübt und auch in den höheren Finanzkreisen Besorgniß erweckt, habe ich häufig zu bemerken Gelegenheit. Ja, es ist mir vorgekommen, daß ich dringend gebeten wurde, dem Kaiser Franz Joseph die Augen zu öffnen, weil er nicht ahne, wohin die Monarchie mit diesem unglücklichen System treiben müsse, und hier Niemand den Muth hat, es ihm zu sagen[16].«

Auch der Kronprinz, einer dieser glühenden »schwarzgelben« Patrioten, hatte nicht den Mut und die Chance, dem Kaiser »die Augen zu öffnen«. Er klagte noch 1886 gegenüber Ignaz von Plener, der seinem Sohn Ernst schrieb: »Soeben komme ich vom Kronprinzen, die Erzherzogin war ebenfalls gegenwärtig. Ich fand Gelegenheit, ihm das Geeignete zu sagen, er und sie hörten sehr aufmerksam zu, er beklagte die gegenwärtige Politik und sprach über die Schwierigkeiten, deren Folgen zu redressieren, er redete unverhohlen von den Gefahren der Zerreissung Österreichs, von der Absicht der Czechen nach einem böhmischen Staate (Böhmen, Mähren, Schlesien), von ihrem Wunsche nach der Krönung und sagte: ›Bei uns ist alles möglich.‹ Er erkundigte sich eingehend um Deine Wirksamkeit auf dem böhmischen Landtag, um Deinen doppelten Kampf einerseits gegen die Czechen, andererseits gegen die Deutschradicalen[17].« Die Antwort Ernst von Pleners an seinen Vater: »Die Äußerungen des Kronprinzen sind recht gut gemeint, nützen aber in der Sache leider gar nicht[18].«

Ein anderer Taaffe-Gegner und politischer Gesinnungsgenosse des Kronprinzen war Johann von Chlumecky. Er schrieb über die Zeit des »Eisernen Ringes« der Klerikalen, Feudalen und Bauern unter Taaffe: »In dieser langen Zeit hätte ein schöpferischer Staatsmann die österreichische Frage, die nationalen Probleme noch zu lösen vermocht. Damals war eine schicksalhafte Zeit! ... Eine Politik der Geistesarmut und Grundsatzlosigkeit, die für Mähren andere Richtlinien als für das stammverwandte Böhmen hatte, eine ›Politik‹, der kein anderer Gedanke zugrunde lag, als die kleinen Sorgen des Alltags auf Kosten der Zukunft zu verringern und dem Kaiser so lange als möglich den Schein einer notdürftig funktionierenden Staatsmaschinerie und eines arbeitsfähigen Parlamentes vorzutäuschen. Graf Taaffe war der erste österreichische Ministerpräsident, der großzügig und skrupellos zu jener politischen Hypothekenwirtschaft Zuflucht nahm, durch welche die Zukunft auf das allerschwerste belastet wurde. Sich mit dieser Politik identifiziert zu haben, war des Kaisers schwerste Sünde an Österreich und der Dynastie. Unausgesprochen, vielleicht nicht einmal klar gefühlt, aber zweifellos im Unterbewußtsein schon damals schlummernd die wahre Devise: ›Après moi le déluge!‹ Der Leichtsinn Taaffes gab der Politik den Stempel eines frivolen Spieles[19].«

Auf dem Höhepunkt der nationalen Kämpfe in Böhmen, den Straßenschlachten zwischen deutschnationalen Burschenschaftlern und tschechischen Studenten in Kuchelbad, brachte der Kronprinz sogar den Mut auf, seinem gefürchteten Vater einen ausführlichen Bericht über die Lage in Prag zu schreiben. Der Kaiser fand die aufgeregten Berichte seines Sohnes »etwas grell gefärbt«, nahm sie aber diesmal doch so ernst, daß er für ein scharfes Durchgreifen der Regierung sorgte, um die Exzesse zu beenden: »... es muß Ordnung werden, und zwar bald, denn sonst leidet die Autorität der jetzigen Regierung, die ich erhalten sehen will, weil ich sie für nothwendig erachte, die sich aber nur halten kann, wenn sie stark ist[20]« – nicht gerade die Konsequenz, die Rudolf sich erhofft hatte.

Nur wenige Jahre nach dem Scheitern der Emmersdorfer Versöhnungsgespräche versuchte der Kronprinz seinerseits, die deutschen und tschechischen Liberalen zu einer Annäherung zu bewegen. Er verhandelte mit Rieger einerseits und Plener, Chlumecky andererseits. Doch auch der Appell des jungen Kronprinzen nach Toleranz, gemeinsamer Arbeit im gemeinsamen Vaterland, das nicht durch nationale Kämpfe aufgerieben werden dürfe, fruchtete nichts, vor allem nicht bei den Deutschen, die ihren Besitzstand erbittert verteidigten. Ein Bericht Johann von Chlumeckys an den Kronprinzen gibt Hinweise auf Rudolfs Argumentation und die Schwierigkeiten, denen er auf deutscher Seite, selbst bei Chlumecky, begegnete: »Eine Verständigung zwischen liberalen Deutschen und Slawen ist allerdings möglich, ja sie ist unerläßlich und notwendig, sie wird aber durch die heutigen Verhältnisse in immer weitere Ferne gerückt ... und ist überhaupt nur denkbar, wenn die politischen Verhältnisse den Deutschen einen tonangebenden Einfluß einräumen, wenn also sie und nicht die Slawen die Gewährenden sind ... Unterjochen unter das Diktat der siegberauschten, in ihren nationalen und politischen Anforderungen maßlosen Tschechenführer läßt sich der Deutsche in Böhmen, Mähren und Schlesien nimmermehr[21].«

Wie sehr er den Nationalismus verabscheute, schrieb Rudolf unmißverständlich seinen Freunden, so Moriz Szeps (ausgehend von einem Buch, das ihm dieser geschickt hatte): »Sehr lehrreich ist das Beispiel, wie sehr bei wirklich hoch entwickelten Völkern das Nationalitätenprinzip, die Zusammengehörigkeit der Stämme einer Rasse vor großen politischen und Machtfragen in den Hintergrund treten. Das Nationalitätenprinzip ist auf den gewöhnlichsten thierischesten Grundsätzen basiert, es ist eigentlich der Sieg der fleischlichen Sympathien und Instinkte über die geistigen und kulturellen Vortheile, welche die Ideen der Gleichheit aller Nationen, des Kosmopolitismus, für die Menschheit bringen. Ich halte die Nationalitäten- und Rassenfeindschaften für einen großen Rückschritt, und bezeichnend genug ist es, daß eben alle die fortschrittsfeindlichen Elemente Europas diesen Prinzipien huldigen und dieselben ausbeuten. Wie die Wissenschaft eine kosmopolitische ist, so werden es auch alle Theile der menschlichen Gesellschaft in allen ihren Beziehungen zueinander mit der Zeit sein müssen. Wir in Österreich sind, ohne dem Grafen Taaffe nahetreten zu wollen, noch nicht ganz auf dem Wege, der in jene goldenen Zeiten führt[22].«

Diese Sätze gehören zu den am boshaftesten kommentierten, bis zum »Völkischen Beobachter«[23].

Zum Verständnis des Dilemmas, in dem sich übernational, »altösterreichisch« denkende Politiker in den achtziger Jahren befanden, sei hier auch die Haltung Anton Gindelys angeführt, mit dem Rudolf weiterhin herzlichen Kontakt hatte. Gindely war, als die tschechische Universität in Prag 1882 gegründet wurde, bereits seit 19 Jahren Professor für Geschichte an der alten Prager Universität. Er hatte dort deutsche und tschechische Studenten unterrichtet, abwechselnd deutsche und tschechische Vorlesungen gehalten, seine Lehrbücher in beiden Sprachen verfaßt. Er war halb deut-

scher und halb tschechischer Abstammung und hatte sich seit jeher weder als Tscheche noch als Deutscher, sondern immer nur als Österreicher gefühlt. Als die Tschechen über ihre eigene Universität jubilierten und die deutschen Professoren froh waren, die tschechischen Kollegen aus ihrer nunmehr rein deutschen Universität entfernt zu sehen, stand der »Altösterreicher« Gindely zwischen den Fronten. Einerseits hatte er sich für die Verstärkung des tschechischen Elementes an der Universität ausgesprochen und war deshalb von seinen deutschen Professorenkollegen als tschechischer Nationalist verfemt worden, andererseits machte ihn aber die Idee einer nunmehr rein tschechischen Universität unglücklich, denn sie widerstrebte seiner übernationalen Überzeugung. Diese Gründung habe ihm, so schrieb er 1882 an den Minister für Kultus und Unterricht, »viel Schmerz verursacht«, sie erschien ihm »als ein Unglück für das Land[24]«.
Er entschloß sich, an der gewohnten, nunmehr deutschen Universität zu bleiben und zog sich damit die Mißachtung der Tschechen zu. Er mußte sich gegen seine Überzeugung verpflichten, nunmehr ausschließlich deutsche Vorlesungen zu halten. Aber selbst das genügte den deutschen Professoren nicht. Sie protestierten gegen die Zusammenarbeit mit Anton Gindely und faßten den Beschluß, ihn aus der Fakultät auszuschließen. Dieser Beschluß wurde mit nur zwei Gegenstimmen gefaßt. Man warf Gindely vor, er hätte erwogen, »ob man nicht mit vereinten Kräften dahin arbeiten könnte, aus Österreich eine Art europäische Schweiz heranzubilden[25]«. Der überzeugte Österreicher Gindely wurde zwischen den nationalen Mühlsteinen zerrieben, resignierte schließlich und ging in den vorzeitigen Ruhestand. Vor diesem Hintergrund werden die scharfen Worte Rudolfs über die Nationalitätenpolitik des Kabinetts Taaffe vielleicht verständlicher.
Eigenartig ist, daß über Rudolfs Prager Aktivitäten in der Nationalitätenpolitik so außerordentlich wenige Quellen erhalten sind. Seine Beziehungen zum Führer der Alttschechen, Rieger, bleiben ebenso im Dunkel wie sein Verhältnis zur deutschsprachigen liberalen Prager Zeitung »Politik«. Die Vermutung, daß dieser eklatante Quellenmangel gerade zu diesem Thema mit einer der kompromit-

tierendsten Aktionen des Kronprinzen wenige Monate vor seinem Selbstmord, der Zeitschrift »Schwarzgelb«, zusammenhängt (auch dort tauchte der Name Rieger auf, und »Politik« leistete Schützenhilfe), liegt nahe, bleibt aber Vermutung.

Ebenso unklar bleibt das Ausmaß der Beziehungen Rudolfs zu Adolf Fischhof, dessen Spuren in Rudolfs Denken und Schriften so deutlich wahrnehmbar sind. Ob persönliche Kontakte bestanden, wissen wir nicht. Jedenfalls gab es unter Rudolfs Lehrern und Freunden eine ganze Reihe von Fischhof-Sympathisanten: Gindely, Grün, Zhisman, Jirecek, Szeps. Sichere, wenn auch spärliche Quellenhinweise deuten vor allem auf eine Mittelsperson hin: Moritz Benedikt.

Rudolf lernte den Neurologen Professor Benedikt als Patient kennen. Die Begegnungen fanden in aller Heimlichkeit im Atelier des Malers Canon statt. Die überraschenden Parallelen in Rudolfs Prager Denkschrift und den politischen Schriften Benedikts machen die Aussage glaubwürdig, daß es zwischen den beiden eine jahrelange Verbindung gab, die weit über den medizinischen Anlaß hinausging und vor allem die Politik betraf.

Moritz Benedikt (geb. 1835) war enger Freund, politischer Mitarbeiter und Arzt Adolf Fischhofs. Nach dem Scheitern der Emmersdorfer Konferenzen zur Versöhnung der tschechischen und deutschen Liberalen, für die er sich wie Fischhof eingesetzt hatte, zog er sich voll Groll von der Verfassungspartei zurück. 1882 war Benedikt unter den Gründern der »Deutschen Volkspartei« (gemeinsam mit Adolf Fischhof, Robert Walterskirchen, Theodor Hertzka und Edmund Singer), die sich eine freundschaftliche Einigung der deutschen mit den nicht-deutschen Völkern der Monarchie zum Ziel gesetzt hatte, aber auch für soziale Reformen, vor allem eine stärkere Berücksichtigung der Arbeiter im Staat, eintrat. Die Parteiversammlung wurde durch Lärmszenen Deutschnationaler (darunter der spätere Sozialist Pernerstorfer) gestört und mußte geschlossen werden. Der Plan einer Versöhnungspartei unter liberalem Vorzeichen mit Einschluß der Arbeiter war kläglich gescheitert, nicht zuletzt daran, daß man sie wegen des hohen Anteils der Juden sofort als »jüdische« (und daher »undeutsche«) Partei verketzerte.

Moritz Benedikt veröffentlichte kurz darauf sein politisches Glaubensbekenntnis: »Politische Betrachtungen eines Unabhängigen«, selbstverständlich anonym. Scharf trat er gegen jede Art von Nationalismus, Klerikalismus, Feudalismus auf. Er forderte Schutz für nationale und religiöse Minderheiten: »Das, was in Österreich anzustreben ist, ist Harmonie, nicht Einförmigkeit. Die Mannigfaltigkeit, in ungeschickten Händen eine Hemmung, kann, geschickt benützt, eine Vervielfältigung der Kraft bedeuten[26].« Als Jude trat er für die Assimilation ein und führte einen Kampf auf zwei Fronten: Einerseits gegen die Juden, die sich zum deutschen Nationalismus bekannten (wie etwa Heinrich Friedjung), und andererseits gegen den wachsenden jüdischen Nationalismus.
Um sich Rudolfs Haltung in der Nationalitätenfrage vergegenwärtigen zu können, muß man ihn sich in der Gesellschaft liberaler Versöhnungspolitiker abseits der großen politischen Parteien wie Gindely, Fischhof und Benedikt vorstellen, die stets ihr Österreichertum über ihre nationale Zugehörigkeit stellten, einer für höfische Verhältnisse wahrlich suspekten Gesellschaft von alten Revolutionären, Assimilationsjuden und Freimaurern.

Eine der Hauptaktivitäten der Taaffe-Regierung richtete sich gegen die liberalen Schulgesetze des Jahres 1869. Den Argumenten der Bauern, die von jeher gegen die achtjährige Schulpflicht waren, wurde nun mehr Beachtung geschenkt mit der Begründung, zwölfjährige Kinder müßten arbeiten, und außerdem seien Kinder, die volle acht Jahre Schulbildung hinter sich hätten, nicht mehr bereit, auf dem Lande als Dienstboten zu arbeiten. Der Führer der Klerikalen, Kardinal Schwarzenberg, gab im Herrenhaus eine Erklärung der österreichischen Bischöfe gegen die liberale Schule ab: »Den Ansprüchen der christlichen Bevölkerung kann nur eine konfessionelle Volksschule genügen, die jetzige ist es nicht[27].«
Die liberalen Politiker, vor allem der Historiker Alfred von Arneth, der Geologe Eduard Sueß und Johann von Chlumecky, kämpften für die Beibehaltung der Schulgesetze, die auch Juden und Protestanten erlaubten, Lehrer an staatlichen Schulen zu sein. Der Kronprinz bestärkte sie in diesem Kampf. Er schrieb an Latour: »Daß ich

im allgemeinen mich gegen eine Verkirchlichung der Schule, eine religiöse Verballhornung der Schul-Gesetze ausgesprochen habe, will ich gar nicht läugnen; auch mache ich niemals ein Geheimnis daraus, daß ich für einen Einfluß der Kirche im Staate gar keine Sympathien habe und mehr denn je schroffe Abneigung gegen alle kirchlichen Tendenzen hege. Auch wäre es mir viel lieber, um mich Ihres Beispieles zu bedienen, meine Kinder in eine Schule zu schicken, deren Leiter ein Jude als ein verrannter Vorkämpfer der schwarzen Tendenzen, irgend ein Geistlicher ist. Der Staat muss alle Confessionen gleich behandeln, durch ein Mächtigwerden der katholischen Hierarchie, hat uns bis jetzt immer nur Unglück geblüht. Bösen Zeiten gehen wir entgegen und immer kleiner wird die Schaar jener, die sich treu halten an die liberale Fahne[28].«

An Außenminister Kalnoky schrieb Rudolf besorgt: »Die klerikale Partei tritt ganz bestimmt mit einem Gesetzentwurf schon in den ersten Wochen der bevorstehenden Session hervor, der die Einführung der konfessionellen Schule zum Zwecke hat. Von diesem Vorhaben wird Fürst Liechtenstein sich nicht abbringen laßen.« Seinen Gesprächen mit Plener und Chlumecky hatte Rudolf entnommen, »daß sämmtliche Abgeordneten von der Linken unter Protest den Reichsrath verlaßen, daß sie förmlich aus dem Reichsrath ausscheiden werden. Das ist ganz gewiß. Es besteht darin zwischen Plener und Chlumecky, Herbst und Neuwirth keine Meinungsverschiedenheit[29].«

Die Liberalen konnten sich jedoch nicht durchsetzen. Bauern, Feudale und Klerikale, der »eiserne Ring« der Taaffe-Regierung, siegten auf der ganzen Linie, jedoch nach langen, erbitterten Debatten. Eduard Sueß im Abgeordnetenhaus: »Das ist der Tag der Erniedrigung, das ist der Tag an welchem kaiserliches Gesetz gebeugt werden soll unter päpstlichen Willen. Das muß man wissen, wenn man dieses Gesetz beschließt[30].«

Das Gesetz wurde mit knapper Mehrheit (170 gegen 162 Stimmen) am 28. April 1883 angenommen. Die Verminderung der Zahl der Lehrer, die Reduktion der Schulpflicht mit großzügigen »Schulbesuchserleichterungen« in ländlichen Gebieten, vor allem aber die engherzigen Bestimmungen über die Konfession der Lehrer empör-

ten die Liberalen. Aus dem Passus des alten Schulgesetzes: »Der Dienst an öffentlichen Schulen ist ein öffentliches Amt und allen österreichischen Staatsbürgern ohne Unterschied des Glaubensbekenntnisses zugänglich« wurden nun die Worte »ohne Unterschied des Glaubensbekenntnisses« gestrichen. Der Schulleiter mußte dem Glaubensbekenntnis der relativen Mehrheit der Schüler angehören. Für den Geist der neuen Gesetze charakteristisch war die Ausnahmebestimmung, daß dieser Artikel nicht für Galizien und Dalmatien Geltung habe, um die Juden und Griechisch-Orthodoxen zu hindern, in Ländern, wo sie die Mehrheit hatten, eine größere Anzahl von Schulleiterstellen zu erhalten.
Kronprinz Rudolf war außer sich vor Zorn und Enttäuschung über die seinen Prinzipien widersprechenden neuen Gesetze. Er schrieb an seinen Freund und Gesinnungsgenossen Alfred Brehm: »Kraft und Trost braucht man in düsteren Zeiten um Geist und frischen Sinn wach zu erhalten. Unser gutes österreichisches Schulgesetz, die Bürgschaft für culturelle und liberale Entwickelung fällt nun dem heillosen Treiben der schwarzen Partei zum Opfer! Schweren Zeiten gehen wir entgegen[31]!«
An Moriz Szeps, der im »Neuen Wiener Tagblatt« für die liberale Sache gekämpft hatte, schrieb Rudolf: »Die Schulgesetz-Novelle! Dieser Rückschritt, diese Erniedrigung. Wie hatte sich dieses stolze, liberale, hoffnungsvoll sich entwickelnde Österreich in wenigen Jahren verändert! Das sind trübe Zeiten und was jetzt geschieht, ist nur der erste Schritt auf der Bahn des Rückganges. Wir kehren zum Konkordat zurück. Ich bin sehr verstimmt; das Lesen der Blätter in den letzten Tagen konnte nicht erheitern – nicht erfreuen. Dieser von Überzeugung getragene Verzweiflungskampf der Männer der ›vereinigten Linken‹ hat etwas Großartiges und kennzeichnet die Situation. Nicht immer wird es so trüb sein, auch lichte Tage werden folgen, doch dann muß weit gegangen werden und Gesetze werden geschaffen werden müssen, die uns die Sicherheit bieten, eine solche Zeit nie mehr erleben zu können[32]!«
An einen der Hauptredner der liberalen Opposition, Johann von Chlumecky, schrieb Rudolf: »Ihre Rede kenne ich genau. Ich verschaffte mir die stenographischen Protokolle aller Sitzungen, in de-

nen über die Schulgesetznovelle verhandelt wurde. Es ist keine leere Phrase, wenn ich Sie versichere, wie sehr ich mit pochendem Herzen Ihre Worte las, und wenn ich in meiner Unerfahrenheit Ihnen überhaupt eine Ansicht über das, was Sie sprachen, sagen darf, so sei es ein Glückwunsch zur Art und Weise, in der Sie die Gefühle und Gesinnungen jedes Großösterreichers, jedes wahren, patriotisch denkenden, fortschrittlichen Mannes zum Ausdruck brachten.
Von all den düsteren Erfahrungen, die wir schon machen mußten, hat mich keine so sehr ergriffen als dieser Anlauf gegen die liberale Schule, als dieses Zurückdrängen in längst vorüber geglaubte schlimme Zeiten.
Als Österreicher war ich stolz auf die so vorgeschrittenen, wahrhaft modernen Institutionen, die wir nach langen Kämpfen in cultureller Beziehung erworben hatten, und stolz bin ich auf die Bildung, die ich selbst dem österreichischen Lehrer- und Gelehrtenstande, der dieser Ära entstammte, zu verdanken habe.
Daher fühle ich in diesem Kampfe, den Sie und Ihre Kollegen für die Prinzipien des Fortschrittes so glänzend durchkämpften, lebhaft mit und eine Entrüstung, ein Ekel vor den jetzigen Zuständen hat sich meiner ermächtigt, den nur gute Tage einmal zu verwischen im Stande sein können.
Ich glaube, jeder, der auf die Stellung seines Vaterlandes unter den Kulturstaaten bedacht ist und auf seine Heimath gerne stolz sein möchte, dürfte in der selben Weise über die momentane Lage der Dinge denken.
Ein Trost bleibt, und zwar die frühere Aussicht auf baldige Änderung. Feudale, Aristokraten, Clericale und dergleichen Elemente und alle jene, die es jetzt noch für gut finden, ihnen zu folgen, können für eine kurze Spanne störend auf die Entwicklung eines Reiches einwirken, doch den großen Strom fortschrittlicher Bewegung, die Zunahme liberaler Institutionen, auf die Länge einzudämmen, das sind sie nicht und werden nie Gottlob zu thun im Stande sein.
Wie lange soll es noch dauern, daß die Slaven alle jener reaktionären Richtung folgen? Giebt es denn keine liberalen Slaven? Ist eine Verständigung zwischen den liberalen deutschen und liberalen slavischen Elementen ein Ding der Unmöglichkeit? Das sind Fragen,

die uns die Zukunft beantworten wird. Doch meiner Ansicht nach werden sie einmal zur Sprache kommen, wenn die jetzige reaktionäre Stimmung noch weitergehende Forderungen stellen wird. In der Natur der Dinge liegt es aber, daß bessere Zeiten kommen müssen, doch dann wird es zur Pflicht werden, weiter zu gehen in den liberalen Forderungen, insbesondere die Schule von clericalen Einflüssen zu schützen, um Garantien zu bekommen, daß derartige Zeiten, wie es die jetzigen sind, nicht wiederkehren können[33].«

Im selben Maße, wie Rudolfs Verbundenheitsgefühl mit den Männern der liberalen Opposition wuchs, steigerte sich sein Haß auf die politischen Gegner, neben Taaffe vor allem den Fürsten Schwarzenberg, Erzbischof von Prag, und die beiden Fürsten Liechtenstein, damals Hauptredner der Klerikalen. Moriz Szeps protokollierte nach einer Unterredung mit dem Kronprinzen: »Auf die beiden Fürsten Liechtenstein, die im Abgeordnetenhaus sitzen, war der Kronprinz sehr schlecht zu sprechen. ›Diese beiden Herren‹ – sagte er – ›hassen mich persönlich und verfolgen mich förmlich.‹ Die ›roten Prinzen‹ sind zwei ganz gefährliche Individuen[34].«

Auch beim Kaiser versuchte der Kronprinz seinen (äußerst geringen) Einfluß gegen die beiden Fürsten geltend zu machen. Szeps: »Aus einem längeren Gespräch über den Anarchismus ging hervor, daß der Kronprinz dem Kaiser über Alois Liechtenstein u. die Social-Feudalen ausführliche Mittheilungen gemacht habe u. schreibt der Kronprinz diesem Umstande den Klage-Artikel des ›Vaterland‹ vom Juni 1884 zu u. ebenso die Verwarnung, welche dem Fürsten Liechtenstein von allerhöchster Seite zugekommen sein soll[35].«

Die vielen, oft hochtrabenden Schriften des jungen Kronprinzen in den ersten Prager Jahren dürfen nicht den Eindruck erwecken, als hätte sich Rudolf neben seinen militärischen Pflichten ausschließlich mit Politik und Wissenschaft beschäftigt, ganz im Gegenteil: Er genoß trotz aller pflichtbewußt absolvierten und freiwillig auf sich genommenen Arbeit doch seine Selbständigkeit in vollen Zügen. In Gesellschaft von Adeligen gab er sich zwar gern als Blaustrumpf und zeigte nur zu deutlich, wie langweilig es für ihn war, »mit Comtessen herumzuhupfen«. Im Kreis seiner Kollegen, der bürgerlichen

Offiziere, jedoch ging er aus sich heraus. Er machte alle Vergnügungen mit, alle Maskenfeste, Trinkereien, Eroberungen, auch hier wollte er sich als einer der Ihren erweisen.

Es gab eine Reihe von Affären. Es gab aber auch die Tragödie mit einem armen Prager Judenmädchen, das Rudolf bei seinen Streifzügen durch die Armenviertel kennengelernt hatte. Aus Angst, ihre Tochter könne von dem Prinzen verführt werden, schickten die Eltern das Mädchen aufs Land und verlobten es mit einem Landkrämer. Es starb wenige Tage darauf an einer Art Nervenfieber, in dem es nur vom Kronprinzen phantasiert hatte. Die Eltern brachten ihm nicht ohne Vorwurf letzte Grüße.

Über die Reaktion Rudolfs berichtet uns die Tochter des zu Hilfe gerufenen Nervenarztes Benedikt: »Der Prinz kann natürlich nicht zum Begräbnis, aber um Mitternacht schleicht er an ihr Grab, verbringt mehrere Stunden weinend und schreiend am Prager Judenfriedhof. Diese Szene wiederholte sich so oft, daß ihn einmal die Friedhofswächter anhalten und erst freilassen, als sie zu ihrer Verwunderung den Kronprinzen erkennen. Er pflanzt gegen jüdischen Brauch Blumen auf das Grab, legt sie unter seinen Kopfpolster, das Bild des Mädchens umschwebt ihn vorwurfsvoll Tag und Nacht. Verzweifelt und voll Geisterglaubens vertraut er sich dem Maler Canon an, der bei der Kaiserin erwirkt, daß der Prinz auf einige Wochen zur Zerstreuung nach Wien gerufen wird. In seinem Atelier veranstaltet Canon mehrere lange Zusammenkünfte des Prinzen mit meinem Vater, der bei diesen unabsichtlichen Zusammenkünften den Kronprinzen wieder einigermaßen beruhigt[36].«

Wenn auch bei diesem Bericht einige Übertreibungen einkalkuliert werden müssen, so bleibt doch einiges für den Kronprinzen Typische erkennbar: seine Vorliebe, unerkannt Armenviertel zu besuchen, damit seinen bewunderten Oheim, Kaiser Joseph II., imitierend, sein Hang zu einfachen Mädchen. Vor dem Hintergrund ständiger Gespenster- und Geisterfurcht schon als Kind müssen die so übertrieben wirkenden Versuche Rudolfs gesehen werden, sich etwa in dieser Zeit intellektuell mit dem Spiritismus auseinanderzusetzen, sich von ihm mit Hilfe des wissenschaftlichen Denkens zu befreien. Das wichtigste aber, das sich in dieser Prager Episode zeigte, war Rudolfs hysterisch übertriebenes Schuldgefühl. Diese schon als Kind gezeigte Eigentümlichkeit, eigene Schuld nur schwer zu verkraften, sich in Selbstvorwürfen bis zur Krankheit aufzureiben, gilt es zu bedenken, wenn ein Urteil über den Kronprinzen gefällt werden soll.

Ob diese Prager Affäre in Wien bekannt war, bleibt unklar. Hier war man in dieser Zeit vollauf damit beschäftigt, eine Braut für den noch nicht 20jährigen Kronprinzen zu finden.

Ein Eheprojekt mit einer Tochter des Erzherzogs Joseph und Clotilde von Coburg-Cohäry brachte Erzherzog Albrecht mit seinen Einwänden zu Fall. Er hatte Mängel im Stammbaum der Coburg-Cohäry entdeckt und rügte überdies die enge Verwandtschaft dieser Habsburg-Linie mit ungarischen Magnaten.

Schließlich sprach man in Diplomatenkreisen auch davon, daß die deutsche Kronprinzessin Viktoria nichts lieber sähe, als eine ihrer Töchter mit dem österreichischen Kronprinzen verheiratet zu sehen, »um auf diese Weise den staatlichen Bund zwischen den beiden Reichen auch durch einen Familienbund zwischen den beiden regierenden Dynastien zu stärken und zu festigen«. Konfessionelle Unterschiede standen diesem Plan entgegen.

Es blieben also nur die ebenbürtigen katholischen Herrscherhäuser, und das waren ziemlich wenige. Rudolf mußte zunächst auf Brautschau nach Madrid und Lissabon reisen, dann nach Sachsen, wo ihm die Prinzessinnen auch nicht besser gefielen. So blieb unter den katholischen Herrscherfamilien mit heiratsfähigen Töchtern nur noch das belgische Königshaus. Die älteste belgische Königstochter, die schon zitierte Prinzessin Louise, war mit Rudolfs Jagdfreund Philip von Coburg verheiratet. Sie schwärmte für den Kronprinzen und mag ihren Teil zu einer günstigen Stimmung für das belgische Projekt mit ihrer Schwester, der fünfzehnjährigen Prinzessin Stephanie von Belgien, beigetragen haben.

Die belgische Königin bemerkte zwar bei einem vorfühlenden Besuch des österreichisch-ungarischen Gesandten Chotek im Jahre 1879, daß ihre Tochter Stephanie »jetzt noch weder Fleisch noch Fisch sei« und in ihrer körperlichen Entwicklung etwas zurückgeblieben, aber doch ansonsten »musterhaft gesund«. König Leopold II., dessen Haus sich schon durch eine Reihe von günstigen Ehen beträchtliche Beziehungen geschaffen hatte, »schien über meine Mittheilung ganz entzückt«, berichtete Chotek, »und bat mich in gehobenster Stimmung, vor allem Euer Majestät Seinen tiefergebenen Dank auszusprechen für die zarte und freundliche Behandlung des Gegenstandes und dafür, daß Allerhöchstdieselben den Blick auf seine Tochter zu werfen und dieser Verbindung, wenn sie Seiner kaiserlichen Hoheit dem Kronprinzen zusagen würde, die eventuelle Zustimmung allergnädigst zu gewähren geruht haben[37].«

Als Rudolf im März 1880 auf Brautschau nach Brüssel fuhr, war das Programm gut vorbereitet. Am dritten Tag seines Aufenthaltes sollte er seine Werbung vorbringen. Nach dem Dejeuner, bei dem »eine gewisse nervöse Spannung obwaltete«, ließ die Gesellschaft wie zufällig die beiden »jungen höchsten Herrschaften, bei offenen Flügelthüren, im Nebenzimmer allein«.

Stephanie schilderte Rudolfs Werbung und ihre Verlobung so: »Er küßte mir die Hand, sprach mich deutsch an und erzählte mir von meiner Schwester Louise, die er verehre. Dann sagte er mir einige schmeichelhafte, aber sehr förmliche Worte, und schon nach einigen Minuten stellte er die große Frage, die über unsere Zukunft entscheiden sollte. Hierauf reichte er mir den Arm, und so näherten wir uns meinen Eltern und baten sie, unsere Verlobung zu segnen. Hocherfreut küßten sie ihren zukünftigen Schwiegersohn und erlaubten uns, fortan Du zu sagen[38].«

Chotek wurde dieser Familienszene zugezogen: »Wonach ich eintretend, Kronprinz Rudolf mit freudig erregter Miene, den früher von der Prinzessin getragenen Maiglöckchen-Strauß sich am Knopfloche befestigend, die junge Prinzessin ganz rothverweint, doch freudig und Königin Marie Henriette nebst dem hohen Brautpaare mit Thränen in den Augen dastehend fand. Es war ein still erhebender, weihevoller Augenblick, die höchsten Herrschaften vermochten kaum zu sprechen.« Telegramme mit der guten Nachricht gingen nach Wien. Um über die verlegene Stimmung hinwegzuhelfen und die Atmosphäre aufzulockern, war ein Taschenspieler engagiert worden, der Brautpaar, Brauteltern und Gefolge mit seinen Kunststücken unterhielt.

Rudolf hatte sich als treuer Sohn erwiesen. Er kannte die Habsburgischen Familiengesetze und die strengen Bestimmungen über ebenbürtige Ehen. Er unterwarf sich wie selbstverständlich dem Willen des Souveräns und den Gepflogenheiten seines Hauses. Er tat noch ein übriges: er bemühte sich nach Kräften, als glücklicher Bräutigam zu erscheinen. Am Verlobungstag noch schrieb er seinen Freunden, so Wilczek: »Lieber Freund! Ich eile Ihnen am Tage meiner Verlobung mein Glück mitzutheilen. Ich schwelge in Glück und Freude. Was ich gesucht, habe ich gefunden, einen treuen, guten Engel! Stephanie wird eine treue Tochter und Unterthanin unseres Kaisers und eine gute Österreicherin werden.« Selbst der Schwiegervater, König Leopold, wurde von Rudolf in die Begeisterung einbezogen (die allerdings nur kurz anhielt): »Der König spricht viel von Ihnen«, schrieb Rudolf an Wilczek, »er interessiert sich sehr für die Geographie, daher auch für große Reisen, ist überhaupt ein sehr gescheidter Herr[39].«
Daß Stephanie nicht nur treue Österreicherin, sondern auch seine Frau werden sollte, konnte sich der Kronprinz offenbar nicht recht vorstellen. Denn sein Privatleben blieb selbst in Brüssel von dieser offiziellen Verlobung unberührt. Neben einem Gefolge von 21 Personen hatte Rudolf auch seine damalige Geliebte mit nach Brüssel genommen, laut Konfidentenbericht eine »junge hübsche und fesche Jüdin«, Schauspielerin des Badener Theaters[40].
Peinlich wurde die Angelegenheit dadurch, daß Königin Marie Henriette, Rudolfs zukünftige Schwiegermutter, von dieser Begleitung des Bräutigams erfuhr. Bezeichnend für die geschäftsmäßige Einstellung auch der Coburger zu dieser Verlobung war es, daß dieser Skandal, von dem Stephanie erst viel später erfuhr, keineswegs zum Bruch führte. Das Bild eines glücklichen Brautpaares wurde aufrechterhalten, wenn auch der Tratsch vor allem in Aristokratenkreisen blühte.
Die Patrioten Österreich-Ungarns und Belgiens schwammen in Wonne und Rührung. Die Zeitungen da und dort wurden nicht müde, die Schönheit, Klugheit, Anmut, die gute Erziehung, Gesundheit, das Pflichtbewußtsein, die Religiosität und den makellosen Stammbaum der kindlichen Braut zu rühmen.

Die Meinung des Diplomaten Lützow: »Bei uns war das Projekt einer Verbindung des Kronprinzen mit dem belgischen Königshaus äußerst populär, sobald die ersten Gerüchte in die Öffentlichkeit drangen. Unwillkürlich, und ich möchte sagen, automatisch, brachte man sie in Zusammenhang mit der ›liberalen‹ Richtung, die man im Thronerben zu finden hoffte. Die Verbindung wurde gewissermaßen als das Pfand und das Wahrzeichen einer neuen, besseren Zeit angesehen. Unser Kaiser war keineswegs dafür begeistert; König Leopold war ihm in der Seele zuwider, und auch für die Königin hatte er wenig verwandtschaftliche Gefühle[41].«
Kaiserin Elisabeth stellte sich auf ihrer Rückreise von ihrem Jagdaufenthalt in England kurz zur Gratulation in Brüssel ein. Das Brautpaar und die belgische Königsfamilie erwarteten sie am Bahnhof. Gräfin Marie Festetics, die Hofdame Elisabeths, legte sich in ihren Erzählungen keine Hemmungen auf: »Der Kronprinz sah nicht sehr glücklich aus, und seine Braut machte einen ungünstigen Eindruck. Sie war bekanntlich noch sehr jung, sehr lang mit großen Gliedern. Ihre gelben Haare fingen erst am Mittelkopfe an (die Haare, die sie vorn trägt sind eine Perücke, die sie damals selbstverständlich noch nicht aufhatte). Sie sah aus wie ein Albino, hatte kleine schlaue Augen, die rot umrändert waren, und angenehm war nur ihr schöner, weißer Teint. Ich bin auch heute noch der Ansicht, daß der Kronprinz eingefangen wurde von dem sehr klugen König Leopold II. und wie ich glaube, beeinflußt von seinem Obersthofmeister Graf Bombelles[42].«
Skepsis waltete auch bei der bayrischen Verwandtschaft, so Elisabeths Bruder, Herzog Carl Theodor: »Dieser frühreife, geistig ungewöhnliche junge Mensch und eine erst fünfzehnjährige Koburgerin[43]?«
Berge von Glückwünschen trafen in den nächsten Wochen in Brüssel und Wien ein. Ein glänzender Empfang erwartete den Bräutigam in Prag. Rudolfs Dank an die Prager Bürger ließ es an Herzlichkeit nicht fehlen: »Des Volkes Stimme ist Gottes Stimme, und in den freudigen Kundgebungen des Volkes erkenne ich das beste Omen für mein künftiges Glück[44]«, eine Formulierung, die kaum die Zustimmung Erzherzog Albrechts gefunden haben dürfte.

Die Freude über die Zustimmung in Österreich brachte in die unerquickliche Verlobungsgeschichte einen versöhnlichen Ton. Rudolf konnte sich in dem Bewußtsein sonnen, mit dieser ebenbürtigen Verlobung nicht nur dem Kaiser und der Dynastie, sondern auch dem Volk einen Dienst erwiesen zu haben.

Daß die Heirat in den nächsten Monaten immer wieder verschoben werden mußte, konnte dem Kronprinzen nur recht sein – abgesehen davon, daß der Grund der Verschiebungen, die noch nicht eingetretene körperliche Reife Stephanies, allgemein bekannt und reichlich betratscht wurde. Die Begeisterung Rudolfs für seine Braut und seine Schwiegereltern stieg dadurch nicht gerade. Er schrieb aus Brüssel an Latour: »Der König empfing mich überaus freundlich, aber sichtlich verlegen, noch konfuser war die Königin. Als ich auf eine bestimmte Antwort drang, hieß es, daß es beßer sei, keinen Termin zu bestimmen, weil man sonst vielleicht noch einmal verschieben müßte; aber man finde es ganz unnöthig zu warten, weil hier schon oft Ehen unter diesen Umständen geschloßen wurden, aber der König und die Königin wünschen, nicht all zu sehr zu drängen, da sie fürchten, in Wien in den Ruf zu kommen, sie wollen ihr Kind um jeden Preis, ohne Rücksicht auf Gesundheit u. spätere Folgen verheirathen. Ich dachte mir wohl, daß sie sich dieses schöne Renomé schon glücklich errungen haben, aber sagte es als feiner Hofmann natürlich nicht. Also jetzt heißt es, wie bisher geduldig warten[45].«

Selbst Kaiserin Elisabeth schaltete sich energisch in die peinliche Angelegenheit ein und schrieb an den Kaiser: »In den Zeitungen steht wieder viel von der Hochzeit im Mai. Ich habe der Königin recht deutlich und bestimmt gesagt, daß erst wenn alles in Ordnung ist, Du über den Zeitpunkt, wann die Hochzeit stattfinden könne, Dich mit den belgischen Majestäten würdest ins Einvernehmen setzen[46].«

Trotz Elisabeths Einspruch fand die Hochzeit im Mai 1881 statt. Die sechzehnjährige Braut konnte sich nicht beschweren, von den Wienern kühl empfangen worden zu sein. Der »Myrthenblüthenwalzer« von Johann Strauß, zum Festtag komponiert, war in aller Munde:

»Dein neues Vaterland / Begrüsst Dich heut mit Herz und Hand / Belgiens Königskind! / Nordisches Röselein / Dich grüßt der Süd / Liebesdurchglüht!«
In Schönbrunn war ein Volksfest, »wo ein feenhaftes Feuerwerk die ganze Umgebung in Licht badete und unsere Initialen R und S auf dem dunklen Nachthimmel erstrahlen ließ[47]«, berichtete Stephanie. Die Praterfahrt von 62 Hofequipagen, an der Spitze die belgischen und österreichischen Majestäten mit dem Brautpaar, mußte abgebrochen werden, weil das Menschengewühl eine Fortbewegung unmöglich machte.
Die Wiener erfreuten sich an den Vorträgen der Militär-Musikkapellen, des Wiener Männergesangsvereins, der immer wieder den »Stephanie-Walzer« singen mußte, einem Monsterkonzert mit 1300 Sängern. Turn- und Fechtproduktionen, eine große Lotterie machten den Pratertrubel perfekt. »Von allen Seiten regnete es Blüten und wir fuhren auf Rosenblättern«, schrieb Stephanie.
Festspiele von Laiendichtern wurden aufgeführt, Festreden in Schulen und Kirchen gehalten. Der Presseklub Concordia huldigte dem Kronprinzen mit der Gratulation an den »höchstgestellten Schriftsteller Österreichs«.
Wien entfaltete seine ganze Pracht als Zentrum eines bunten Vielvölkerstaates. Moriz Szeps schilderte die Auffahrt der Gäste: »Kaum ein anderes Reich der Welt könnte eine solche Mannigfaltigkeit, eine solche Farbenfülle in den Stammestrachten und Nationalkostümen aufweisen, es ist ein lebendiges Stück Kostümgeschichte, das sich hier bietet.« Die Vielfalt habe »für eine willige Phantasie sogar etwas ›Lessing'sches‹ Gepräge, etwas an den ›Nathan‹ und seine drei Ringe Gemahnendes, wenn man so die Bekenner des Kreuzes Arm in Arm mit den Bekennern des Halbmondes daherkommen sah, wirklich und wahrhaftig Gestalten wie der Derwisch, der fromme Klosterbruder und der Patriarch im ›Nathan‹. Hier der Fez, dort das Franziskaner-Tonsurkäppchen, hier der etwas schmutzige Rock des mohamedanischen Landmannes, dort die gerade auch nicht allzu reinliche Kutte des Trappisten-Vollblutmohamedaners, orthodoxe Türken schritten, geführt von einem die ungarische Beamtenuniform tragenden Herrn und einem

mit den Bischofsinsignien bekleideten Franziskanermönch [dem apostolischen Vikar], die Treppen in den Hofappartements hinauf[48].«

Beim Galadiner im Redoutensaal der Hofburg, am Vorabend der Hochzeit, demonstrierte der Hof mit über hundert Gedecken in Gold und 64 Silbergedecken den alten Reichtum der Habsburger. Hofballmusikdirektor Eduard Strauß musizierte mit seiner Kapelle und wartete neben dem »Myrthenblüthenwalzer« auch mit einer eigenen Komposition »Schleier und Krone«, ebenfalls einem Walzer, auf.

Doch während das Volk jubelte und die Zeitungen der Monarchie vor Patriotismus trieften, wurde das Brautpaar im engeren Kreis des Hofes ausgerichtet. Graf Lützow: »In dem eckigen, schüchternen Kinde mit den mageren, roten Ärmchen lag nichts, was zu der Erwartung berechtigt hätte, daß es sich einst zu einer hervorragend anmutigen und hoheitsvollen Frauengestalt herausbilden würde. Der Kronprinz hatte damals ... wenig Bestrickendes in seinem Auftreten, es war ein seltsames Gemisch von Schüchternheit und Hochmut, gepaart mit hochgradiger Rücksichtslosigkeit für die Wünsche anderer. Der unruhige Blick, ein gewisser harter Zug um den Mund und eine allzu gekünstelte Frisur vervollständigten das Bild. Der jugendlichen Braut gegenüber zeigte er das bloße Existenzminimum an empressement[49].«

Fürst Khevenhüller machte es kurz: »An der Kronprinzessin ist nicht viel, fadblond, wenig Haare, Gesicht ohne Ausdruck, Nase lang[50].« Schließlich Marie Larisch, die intime Vertraute der Kaiserin und wohl auch zeitweilig des Kronprinzen: »Die belgische Prinzessin sah in ihrem Brautkleid so unvorteilhaft wie möglich aus; ihre Arme waren rot, ihr stumpfes, gelbes Haar sehr unkleidsam frisiert. Sie war sehr groß und ihre Figur in jenen Tagen geradezu kläglich ... Sie hatte weder Augenbrauen noch Wimpern, das einzig Schöne an ihr war ihr makelloser Teint[51].« Die Quintessenz der Beobachtungen ist wiederum bei Gräfin Larisch nachzulesen: »Die zahlreichen Damen, die ihn kannten und liebten, waren überglücklich. Denn bei der Braut stand nicht zu befürchten, daß jemals ein vorbildlicher Ehemann aus ihm werden würde.«

Wie schon über der Verlobung, so stand auch über der Hochzeit ein Unstern. Stephanie fühlte sich an ihrem Hochzeitstag »eher wie eine Märtyrerin«. Rudolf war gedrückter Stimmung. Gräfin Festetics schrieb in ihr Tagebuch: »Als ich in großem Staat aus meiner Tür trat, rannte der Jäger mit dem fabelhaften Brautbouquet des Kronprinzen vorbei. Mir wurde eiskalt und als ich die Schleppe über den Arm schlug, hörte ich die liebe, sympathische Stimme des Kronprinzen: ›Gräfin Marie, laufen Sie nicht davon, warten Sie ein bißchen.‹ Das tat ich und ich war ergriffen, so ernst, nein, so nervös und mißmutig sah er aus. ›Ich freue mich, daß wir uns noch treffen als die Alten.‹ Er blieb stehen, konnte sich nicht recht entschließen, durch die Tür zu treten. ›Das Bouquet wartet schon‹, sagte ich. ›Ja‹, antwortete er, ›es war mir zu schwer und so ist es auch gut.‹ Dabei machte er eine Bewegung mit der Hand, die ich nicht apostrophiere. Mir war es so peinlich, er merkte es auch und sagte: ›Sind Sie pressiert?‹ – ›Ja, kaiserliche Hoheit, eher.‹ ›Ich nicht‹, sagte er sehr ernst. ›Ich habe Zeit dazu!‹ – ›O, Hoheit!‹ rutschte es mir heraus, worauf er mir die Hand reichte und sagte: ›Gott befohlen, sagen Sie mir irgend etwas Gutes.‹ Die Tränen rollten mir herunter und ich sagte: ›Gott segne Sie und werden Sie glücklich! liebe, gute kaiserliche Hoheit!‹ – ›Danke‹ und der Händedruck war eines und er verschwand auch schon hinter der Tür des Appartements. Das war das Vorspiel zur Trauung[52].«
Die Trauung vollzog Kardinal Fürst Schwarzenberg, Rudolfs Erzfeind aus Prag, assistiert von 24 Bischöfen und Erzbischöfen, in der Augustinerkirche, die schon viele unglückliche Brautpaare gesehen hatte. Gräfin Festetics: »Der Zug war wundervoll, die Kaiserin ganz unbeschreiblich in Ihrer Anmut, Hoheit und Ergriffenheit, der Kaiser ganz bei der Sache, eher geschäftsmäßig in seinem hohen Pflichtgefühl ... In der Kirche war es wirklich blendend und feierlich. Schauerlich feierlich ... Sein ›Ja‹ klang sehr ernst und traurig und sehr leise, sie schrie es beinahe!«
Nach der Trauung fuhr das junge Paar nach Laxenburg. Stephanie: »Es war neblig und trüb. Fröstelnd und völlig erschöpft, lehnte ich in den Kissen des Wagens. Allein mit einem Mann, den ich kaum kannte, überkam mich im Zwielicht des hereinbrechenden Abends

ein Gefühl furchtbarer Bangigkeit. Die Stunde schien nicht enden zu wollen. Der Wagen rollte zwischen Feldern auf einsamer Straße durch eine reizlose, melancholische Gegend. Matt nur erhellten die Laternen des Wagens den Weg. Wir wußten uns nichts zu sagen, wir waren uns völlig fremd. Vergeblich wartete ich auf ein zärtliches oder liebevolles Wort, das mich aus meiner Stimmung erlöst hätte. Meine Ermüdung, vermischt mit den verworrenen Empfindungen von Furcht und Einsamkeit, steigerte sich zu einer schweren, hoffnungslosen Verzweiflung[53].«

Der zweispännige Hofwagen mit dem jungen Ehepaar fuhr an einem Spalier Schaulustiger entlang. Als der Wagen vor dem Schloß Laxenburg eintraf, trat die auf der Schloßwache aufgezogene 5. Kompanie des 38. Infanterie-Regimentes ins Gewehr und »unter Trommelwirbel und Glockengeläute betritt Kronprinz Rudolf sein Geburtshaus«.

Die Einrichtung der vierzehn Räume, die Schauplatz der ersten Flitterwoche waren, wurde in den Tagen vor dem Fest in den Zeitungen ausführlich beschrieben und bewundert. Stephanie war jedoch alles andere als entzückt: »Modrige, atembenehmende eisige Kellerluft« durchzog die viele Jahre unbewohnten Gemächer. Stephanie vermutete, »daß man in Laxenburg seit der Niederkunft der Kaiserin Elisabeth im Jahre 1858 nichts verbessert hatte. Die Betten, Matratzen und Vorhänge stammten allem Anschein nach aus dieser Zeit ... Zu allem Überfluß empfing mich eine alte, gemein aussehende Kammerfrau, die ein schauerliches, mir ganz unverständliches Deutsch sprach. Sie glich einer Hexe[54].«

Wieder einmal hatte sich die Kaiserin aller ihrer Pflichten als Mutter entledigt und sich auch bei der Hochzeit ihres Sohnes um nichts als ihre Schönheit gekümmert. Das junge Paar, jeder auf seine Art unglücklich und niedergeschlagen, fand nicht die geringste Hilfe der Familie, war in seinem Elend alleingelassen. Stephanie zog in ihren Memoiren alle Register, um auf ihr Unglück aufmerksam zu machen: »Welche Nacht! Welche Qual, welcher Abscheu! Ich hatte nichts gewußt, man hatte mich als ahnungsloses Kind zum Altar geführt. Ich glaubte, an meiner Enttäuschung sterben zu müssen.«

Nach der Flitterwoche reiste das junge Paar nach Budapest, um sich dort zu zeigen, dann nach Prag, wo es mit einem triumphalen Fest empfangen wurde. Im Prager Hradschin, fern der Intrigen des Wiener Hofes und der kritischen Blicke des Hofadels, hatte das Kronprinzenpaar seinen ersten Hausstand.

Daß sich Rudolf in den ersten Ehejahren trotz Stephanies späterer Klagen über »die Trockenheit eines Zusammenlebens ohne gegenseitiges Verständnis, ohne geistige Erhebung, ohne Liebe und Glauben[55]« um ein gutes Verhältnis zu seiner Frau bemühte oder doch wenigstens um den Anschein eines guten Verhältnisses gegenüber der Umwelt, geht aus manchen Briefen an seine Freunde hervor, in denen er mit Lob für Stephanie nicht sparte. So schrieb er ein halbes Jahr nach der Hochzeit an Latour: »Ich war nie so glücklich, wie heuer im Sommer, wo ich, umgeben von einer beseeligenden Häuslichkeit, ruhig meine Vorstudien zur ›Orientreise‹ machen konnte.« Stephanie »ist gescheit, sehr aufmerksam und feinfühlend; voller Ambitionen, eine Enkelin Louis Philippes und eine Coburg! Mehr brauche ich Ihnen nicht zu sagen! Ich bin sehr in sie verliebt, und sie ist die einzige, die mich zu vielem verleiten könnte[56]!«

Stephanies Stellung in der kaiserlichen Familie blieb jedoch problematisch. Kaiserin Elisabeth beharrte auf ihrer Verachtung für das »häßliche Trampeltier« oder den »moralischen Schwerstein«, wie sie ihre Schwiegertochter vernichtend zu nennen pflegte. Auch Rudolfs Schwester Valerie blieb ablehnend. Sie schrieb in ihr Tagebuch, wie ungünstig sich Stephanie in der eleganten Umgebung ausmachte, etwa im Vergleich mit der Tante Marie José, der Schwester der von Rudolf so umschwärmten Erzherzogin Maria Theresia: »Als ich sie [Marie José] so ansah, in ihrem schwarzen Kleid, Rehaugen und lustigen kleinen Gesicht, dachte ich mir, ob Rudolf nicht den Onkel [Herzog Carl Theodor in Bayern] um diese liebe, schöne kleine Frau beneide? Stephanie war neben ihr ein Thrum. So groß, dick, gelb und blond und in einem grauslichen weißen Atlaskleid[57].«

Rudolf stand jedoch zu seiner Frau, und das eheliche Glück wurde für die Umwelt offenbar, als Stephanie endlich, nach einigen Falschmeldungen und langem aufgeregten Warten, schwanger war. Rudolf an Latour: »... möge ich stets so glücklich bleiben als ich es

jetzt bin, mehr darf ich nicht wünschen; denn mehr ist unmöglich[58].«
Selbst Stephanie mußte in ihren Memoiren zugeben, daß die Zeit der Erwartung des Kindes eine glückliche war. Das junge Ehepaar bewies seine Verbundenheit mit Böhmen damit, daß es das noch nicht geborene Kind, von dem man hoffte, es sei der künftige Thronerbe und also ein Sohn, zärtlich »Wazlaw« nannte[59] nach dem böhmischen Landespatron, dem heiligen Wenzel.

So ausgeglichen auch das Privatleben Rudolfs um diese Zeit war, so schwierig gestaltete sich in Prag sein Verhältnis zu den böhmischen Adeligen. Sie waren es ja, die die Politik Taaffes unterstützten, unter der intellektuellen Führung des Kardinals Fürst Schwarzenberg prononciert katholisch auftraten. 1881 hatte Rudolf noch Hoffnung auf eine Änderung, als er Latour schrieb: »Ich bin viel mehr den Slaven wohlgesinnt als Sie; ich habe für die große slavische Race lebhafte Sympathien, und eben darum bin ich so ergrimmt über jene vollkommen nationslosen feudalen Herren, die das slavische Volk zu sich in den Koth ziehen, um es auszunützen zur Erreichung ihrer reactionären und clericalen Pläne. Die Slaven sind liberal und es wird der Tag kommen, wo sie diese Herren gründlich desavouiren werden ... Wir gehen einen sehr schlechten Weg, doch der Tag, wo die liberalen Principien und ihre wahren Vorkämpfer auf der ganzen Welt wieder an das Ruder kommen werden, ist in nicht allzu weiter Ferne, auch glaube ich haben diese Reactions-Bestrebungen in Österreich und Deutschland nur den einen practischen Nutzen, dass dann die liberalen Institutionen nur noch um vieles weiter sich vordrängen werden. Druck erzeugt immer Gegendruck[60].«
Seinen Hauptfeind sah Rudolf in Friedrich Kardinal Fürst Schwarzenberg, Erzbischof von Prag. Schwarzenberg, damals schon siebzig Jahre alt (geb. 1809), vereinigte alle jene Eigenschaften, die der Kronprinz bei einem Kirchenmann verabscheute. Er war kein Seelsorger, sondern in erster Linie und überall Fürst. »Seine liebste Tätigkeit war das Abhalten feierlicher Kirchenakte; an den kirchlichen Hochfesten fuhr er in dem alten vergoldeten, mit Glaswänden

und Gemälden verzierten Galawagen, bespannt mit sechs Rappen, Bedienten hinten aufstehend und zur Seite jedes Pferdepaares, vom Palaste zum Veitsdome«, schrieb der Theologe Schulte in seinen Erinnerungen[61]. »Im Adel sah er das eigentlich staatserhaltende Fundament.« Wenn er in den Audienzen auch für jedermann zu sprechen war, so schloß das doch nicht aus, »daß er ausschließlich Diners für den Adel gab, wobei nach Klassen geschieden wurde, adelige Soirées gab, selbst nur in adeligen Häusern zu Bällen, Diners und Soirées ging; der ›Fürst‹ war das einzige Wort, mit dem er von weltlicher und geistlicher Dienerschaft bezeichnet wurde«.

Gegen diese Eigenschaften richtete sich der Zorn des Kronprinzen, der sich mit anderen Bischöfen (vor allem Kutschker und Ganglbauer) ausgesprochen gut verstand. Rudolfs Aversion richtete sich nicht, wie seine Feinde munkelten, gegen den Kirchenmann, dem Verdienste nicht abzusprechen waren, sondern den adeligen konservativen Politiker Fürst Schwarzenberg, der seine Kardinalswürde dazu benützte, um seinen politischen Ambitionen besonderen Nachdruck zu verschaffen.

Der Kleinkrieg zwischen Kronprinz und Kardinal schwelte bereits seit dem Anfang von Rudolfs Prager Zeit, als der Fürst den Kronprinzen immer wieder rügen zu müssen glaubte – einmal wegen sonntäglicher Jagden, dann wieder wegen mangelnder Andacht und zu spärlicher Teilnahme Rudolfs an kirchlichen Veranstaltungen, schließlich mit der Intervention gegen den Einfluß Brehms. Rudolf erzählte später, er sei »fast isoliert« dagestanden, der Adel hätte sich von ihm zurückgezogen, »woraus ich mir übrigens nicht viel machte[62]«.

Da Rudolf seine Machtlosigkeit gegenüber dem Fürsterzbischof einsah und die Unmöglichkeit, die politischen und weltanschaulichen Gegensätze in offenem Kampf auszufechten, revanchierte er sich auf seine Art: mit einem anonymen Artikel im »Neuen Wiener Tagblatt«. Anlaß dafür bot das prunkvoll gefeierte 50jährige Priesterjubiläum des Fürsten 1883 in Prag. Szeps mußte allerdings den äußerst bissigen Artikel Rudolfs weitgehend abschwächen, um das Blatt vor der Konfiszierung zu retten.

Rudolf (im handschriftlich erhaltenen Original): »Wir von unserem

Standpunkte aus haben keinen Grund, an diesem Tag mit besonderen Sympathien eines Mannes zu gedenken, dessen Namen für Fortschritt, Cultur und Großösterreicherthum eben keinen guten Klang hat.« Schwarzenberg habe zwar »den Ruf eines gescheidten, bedeutenden Mannes. Und eben dies ist er nicht. Charakterschwäche, Unklarheit und Nichterkennen seiner Ziele sind seine größten Fehler ... Er ist vor allem Aristokrat, dann erst Priester, und seine Untergebenen, selbst seine kirchlichen Collegen können darüber viel erzählen. Der volle lächerliche Dünkel, das sich für etwas anderes, besseres Halten, die ›angeborene und ererbte‹ Noblesse des böhmischen Adels steckt auch vollends in seinen Gliedern.«
In Salzburg sei ein Kirchenfürst wie Schwarzenberg noch vertretbar gewesen, nicht aber in Prag: »Prag aber, welches mit seinen nationalen Streitigkeiten, einer grossen clericalen Partei und jener finsteren aus der Hussitenzeit stammenden Richtung des niederen Clerus einen großösterreichisch denkenden, dem Staate nützlichen, friedenliebenden Kirchenfürst brauchte, war keineswegs der Platz für einen schwankenden unsicheren Kardinal Schwarzenberg ... den großen Staatsgedanken erstens wußte er niemals zu schätzen, feudal-föderalistisch war er stets gesinnt und in den großen politischen Fragen stand er immer auf Seite der kampflustigen Bischöfe, und die klugen österreichisch denkenden Kirchenfürsten wie es ein Rauscher und ein Kutschker waren, zählten zu seinen Gegnern. Die Macht des constitutionellen Staates, die moderne Schule, liberale Gesinnung und Fortschritt in Bildung, Wissenschaft und Gesetzgebung sind ihm niemals homogen gewesen.« Das alles und noch mehr war wohlgemerkt nicht Inhalt eines Privatbriefes, sondern als Leitartikel aus Anlaß eines festlich begangenen Jubiläums gedacht.

Auch Rudolfs Rache an anderen böhmischen Adeligen war nicht gerade fein. Er gab seinem Freund Szeps Material über das Privatleben mancher Aristokraten, so eine vom Grafen Coudenhove an den Adel ausgesandte Broschüre über die Ottensheimer Affäre, die damals großen Staub aufwirbelte: Im Park des Coudenhove-Schlosses Ottensheim hatten sich zwei junge Französinnen das Leben genommen, weil die Familie Coudenhove das uneheliche Kind, das eines der Mädchen von einem jungen Mitglied der gräflichen Familie bekommen hatte, nicht standesgemäß versorgen wollte. Die Broschüre des alten Grafen Coudenhove, als Rechtfertigungsschrift gedacht, sprach in ihrem rechthaberischen, ja zynischen Ton sehr zu seinen Ungunsten.

Rudolf schrieb die Broschüre eigenhändig ab und schickte sie an Szeps mit einem Lob für die bisherige sehr scharfe Beurteilung Coudenhoves im »Neuen Wiener Tagblatt«: »Es war gut, das Publikum zu warnen und dasselbe auf die Grundsätze des Hochadels aufmerksam zu machen, bei dem das krumme Pferd und das bis zum Tode gebrochene Mädchen aus den unteren Schichten in eine Kategorie gehören, nämlich zum Sport ... An der ganzen so traurigen Ottensheimer Affaire war das einzige, was unterhaltend war, dass es eben einen Coudenhove aus dieser höchst ultramontanen Familie, einen Schüler des Kalksburger Jesuiten-Institutes treffen mußte. Die Vorkämpfer der hohen christlichen Moralität, der strengsten Ascese sind diesmal schlecht weg gekommen!« Daß Rudolf Szeps beschwor, »absolut auch keine Andeutung erkennen zu lassen, daß Sie ihn von mir erhielten, denn es würde mir dies nur viele Unannehmlichkeiten bereiten[63]«, war verständlich.

Man kann diese Affäre verschieden auslegen, muß aber auch die positiven Anliegen sehen, die Rudolf mit dieser Zeitungsinformation zweifellos hatte: sein Mitleid mit den auf unglückliche Weise geendeten Mädchen, denen auf diese Art Rechtfertigung widerfahren sollte, der Zorn über die zynische Art, wie sich manche Aristokraten über von ihnen verschuldetes Unglück Nichtadeliger hinwegsetzten, und Rudolfs unbestreitbarer, seit frühester Jugend zu belegender fast fanatischer Gerechtigkeitssinn.

Das Coudenhove-Rundschreiben erschien in vollem Wortlaut im »Neuen Wiener Tagblatt« mit der Bemerkung, es hätte »der bürgerlichen Öffentlichkeit vorenthalten werden« sollen. »Ein Freund unseres Blattes jedoch stellt uns eine Abschrift dieses Rundschreibens zur Verfügung[64].« Dieser Artikel forderte, wie vorauszusehen, einen Gegenartikel des feudal-klerikalen »Vaterland« heraus. Die Gehässigkeit der Auseinandersetzung zwischen dem liberalen und dem feudalen Lager ist bemerkenswert. Keine Partei hatte der anderen etwas vorzuwerfen. »Das Vaterland«: »Die bekannten ›ungewaschenen‹ Reporter der liberalen Presse schwelgen im Übermaß des Scandales; und – merkwürdig – angesichts des gräflichen ›Verführers‹ sind unsere liberalen Journalisten plötzlich wahre Tugendbolde geworden.« Die Affäre wurde diesmal in der aristokratischen Version aufgetischt, die jungen Selbstmörderinnen schonungslos bloßgestellt: »Man kann nicht mit mehr Raffinement sterben. Selbst die theatralische Pose fehlte nicht! Jede der beiden Selbstmörderinnen hatte sich ein Blumenbeet als letztes Lager ausgewählt und dasselbe mit ihrem Blute benetzt[65].« Diese Einzelheiten nur als Illustration zum Stil der Auseinandersetzungen, bei denen der Kronprinz auf der Seite der »israelitisch-liberalen« Presse als »ungewaschener Reporter« eine Rolle spielte.

Einige Monate später hatte Rudolf wieder eine aristokratische Geschichte aus Prag zu melden. Er schrieb an Szeps: »In aller Eile einige Zeilen, um Ihnen eine Geschichte mitzuteilen, die man meiner Ansicht nach der Öffentlichkeit übergeben sollte. Vor einigen Tagen, abends, schlugen mehrere junge Herren der hiesigen blaublütigsten sogenannten ersten, aber weiß Gott, nicht besten Gesellschaft einige Fenster in der Judenstadt ein, um ihre politische Gesinnung auf eine aristokratische Weise zu dokumentieren ...

Die ganze Geschichte ist unterhaltend und könnte recht gut im Tagblatt benützt werden. Wenn ein armer Hackerbub bei einem Juden ein Fenster einschlägt, wird gleich eine große Geschichte daraus und diese feudalen L... buben sollten ganz ungenirt und unbemerkt ihre Streiche ausführen können[66]!«

Die Meldung »Noble Fenstereinwerfer« erschien zwei Tage später im »Neuen Wiener Tagblatt[67]« und wirbelte viel Staub auf.

Viel böses Blut machte die Affäre Auersperg Anfang 1883. Gräfin Marie Festetics, eine Verwandte der Auersperg, erzählte später: »Damals sollte der Kronprinz bei Auersperg auf Schloß Vlasim als Gast erscheinen. Großartige Vorbereitungen wurden getroffen, ein Heidengeld aufgewendet, um ihn würdig zu empfangen. Am Tage vor der erwarteten Ankunft des Kronprinzen wird der Besuch plötzlich abgesagt. Was war geschehen? Statthalter Kraus hatte berichtet, der Fürst habe beim Schlusse der letzten Landtagssession das Hoch für den Kaiser unterlassen und dies so demonstrativ, daß der Statthalter sich genötigt sah, auf das Versäumnis hinzuweisen. Das wurde dem Kronprinzen gesagt, der es seinem Vater meldete und daher die Ungnade[68].«

Rudolf zu Szeps: »Nun ist aber das Merkwürdige das, daß dieser Schritt des Kaisers demselben in dem ganzen böhmischen Hochadel ohne Unterschied der Partei sehr übel genommen wird. Die Feudalen fühlen sich seit jener Zeit ebenfalls persönlich verletzt, weil die Geschichte einem Fürsten Auersperg passiert ist. Die Aristokratie hält in solchen Dingen ohne Unterschied der Parteirichtung sehr fest zusammen. Und im Grunde ist Fürst Karlos Auersperg, obgleich ein sehr gescheiter Herr, mit dem ich gerne verkehre, ein echter Feudaler. Diese Leute möchten es wieder gerne dahin bringen, daß sie wie im Mittelalter hier vor uns hintreten und uns ihren Willen diktieren könnten. Man muß wirklich mit der Aufhebung der Fideikommisse den Anfang machen[69].«

Dem Fürsten Auersperg war aber Unrecht geschehen. Der Kronprinz hatte die offenbar falsche Information weder nachgeprüft noch auszugleichen versucht, sondern nur einen hochwillkommenen Anlaß gesehen, gegen den Adel zu wirken. Diesmal zog er den kürzeren: Auf Vermittlung der Gräfin Festetics kam es zu einer Aussprache zwischen dem Kaiser und dem Fürsten Auersperg. Die demonstrative Versöhnung zwischen Rudolf und Auersperg folgte, eine peinliche Sache für den Kronprinzen, der nun versuchte, alles herunterzuspielen, so an Szeps: »Der Entrevue mit Fürst Auersperg wird zu viel Gewicht beigelegt; es war eine reine persönliche Versöhnung in Wien; und hier mußte ich dasselbe thun, ohne eigentlich je mit ihm privatim einen Grund zu welch immer Mißstimmung gehabt zu haben. Politisch wichtig ist die Geschichte nicht[70].«

Der Fürst war rehabilitiert. An dem Kronprinzen aber blieb der Makel haften, seinen Vater falsch informiert zu haben. Daß Franz Joseph Informationen aus Rudolfs Mund von nun an noch vorsichtiger und skeptischer gegenüberstand als bisher, ist nicht verwunderlich.

Unmißverständlich provozierte Rudolf den Prager Adel durch seine bevorzugte Gesellschaft, die sich (abgesehen vom Grafen Wilczek) fast ausschließlich aus Bürgerlichen zusammensetzte: Gindely, Grün, Menger, Brehm, Homeyer, Plener, Chlumecky, Moritz Benedikt, Theodor Billroth, Hans Canon. Er besuchte, nur um den böhmischen Adel zu ärgern, 1883 den Lloydball in Triest. »Nun aber müssen Sie wissen, bei wem jetzt dieser Lloydball stattfinden wird: Beim Juden Morpurgo – und da können Sie sich denken was für ein Gesicht meine Prager feudalen Gäste machen werden, wenn Sie hören, ich und meine Frau hätten diese Einladung angenommen[71].«

Zu seinen Freunden war der Kronprinz liebenswürdig, zuvorkommend, herzlich, offen, alles was er in adeliger Gesellschaft nicht übers Herz brachte. Heinrich Brugsch war von seinem Besuch in Prag sehr beeindruckt. »Nicht selten geschah es, daß der Kronprinz noch gegen Mitternacht in meinem Zimmer erschien und oft an meinem Bette niedersaß, um bei dem Genusse einer guten Zigarre – er rauchte nämlich viel und gern – stundenlang von den ernstesten Dingen zu reden und meine eigene Meinung über die schwierigsten Fragen einzuholen. Wissenschaft und Kunst, Politik und Religion gaben den Stoff dazu her und ich war erstaunt, bei dem unter strengster Obhut aufgewachsenen Prinzen den freisinnigsten Ansichten zu begegnen, die er in seinen ›akademischen‹ Zwiegesprächen mit aller Wärme vertrat. Die Erinnerungen an die Tage unseres Zusammenseins rufen mir manche unvergeßliche Stunden zurück, von denen ich keine als eine verlorene bezeichnen könnte. Selbst das gewöhnliche Leben und Treiben der Menschen und ihre soziale Lage entlockte dem Prinzen Urteile, die den scharfen und guten Beobachter erkennen ließen und seinen Blick in die Weite bezeugten[72].«

Ein Hinweis auf eines dieser nächtlichen freimütigen Gespräche hat sich im Nachlaß erhalten: dort liegen vier lange Originalbriefe des deutschen Sozialistenführers Ferdinand Lassalle an Brugsch, der Lassalles Hieroglyphen-Lehrer gewesen war. Sie waren offenkundig ein Geschenk für den Kronprinzen, der ja zeitlebens ein großes Interesse für die Arbeiterbewegung hatte. (Er gehörte auch zu den Abonnenten der sozialistischen Zeitungen »Zukunft« und »Freiheit«, die er allerdings von einem vertrauten Diener, als Student verkleidet, abholen ließ, um nicht aufzufallen[73].)

Brugsch war erstaunt, am Hradschin noch einen weiteren »freisinnigen« Geist zu finden, den Maler Hans Canon. Canon, fast dreißig Jahre älter als Rudolf, war ein Original der Ringstraßenzeit. Nicht so erfolgreich wie sein Rivale Hans Makart, war er doch in Wien eine stadtbekannte Persönlichkeit, von deren wilder Vergangenheit man sich tolle Geschichten erzählte. Uneheliches Kind eines Adeligen, verkrachter Student, 1848 verhaftet, dann Dragoner-Offizier, mußte aber »seiner losen Streiche wegen quittieren«, dann erbärmliches Malerleben, weite Reisen, schließlich der Durchbruch mit dem Bild »Die Loge Johannis«, einer Verherrlichung der Freimaurerei, zu der er sich öffentlich bekannte. Canon fühlte sich als Universalgenie, als Philosoph, Schriftsteller, Taschenspieler, Kunstreiter, Turner, Raufer, Schütze, Angler und Redner.

Sein Auftreten in Prag an der Seite des Kronprinzen stellte eine ungeheure Provokation dar. So besuchten beide zum Beispiel spiritistische Sitzungen der aristokratischen Gesellschaft, freilich nur, um sich darüber lustig zu machen und den geistergläubigen Adeligen ihre Verachtung zu zeigen.

Wieder kämpfte Rudolf mit seinen üblichen Mitteln, anonymen Zeitungsartikeln, und schrieb an Canon: »Mit Dr. Menger bespreche ich heute noch die Art und Weise, wie man gegen diesen Schwindel aufkämpfen kann[74].« Einige Tage später erschien in der »Neuen Freien Presse« ein aggressiver Artikel gegen den Spiritismus. Fürst Khevenhüller: »Es schrieb sie gewiß der Kr. Pr. mit seinen Juden und dem besoffenen Maler Canon[75]«, womit er recht hatte. 1882 erschien in Wien eine 39 Seiten lange anonyme Broschüre »Einige Worte über den Spiritismus« aus Rudolfs Feder, sicherlich sein schwächstes Werk, in dem er sich zu Sätzen wie diesem verstieg: »Dem wahren, von ernster Überzeugung beseelten und durch die Früchte langjähriger Studien herangereiften Materialisten obliegt der Kampf gegen den Spiritismus.«

Die Anonymität dieser Schrift blieb nicht gewahrt (im Gegensatz zur Adelsschrift). Autoreneitelkeit und das Bedürfnis, die dem Spiritismus ergebenen Aristokratenkreise zu verspotten, brachten Rudolf dazu, die Broschüre an einige böhmische Adelige, vor allem aber an seinen Gastgeber, den Fürsten Khevenhüller, mit freundlicher Widmung zu verschenken. Die Zahl der Feinde Rudolfs wuchs weiter an.

Mit seinen antispiritistischen Aktivitäten machte der Kronprinz immer wieder Schlagzeilen, vor allem mit der Entlarvung des Mediums Bastian zwei Jahre später in Wien. Man mag diese Ambitionen Rudolfs mit Recht belächeln, muß sich aber auch vor Augen halten, welchen Wert der Einfluß Mengers und Canons, später auch des Erzherzogs Johann, gerade in dieser Frage hatte. Viele Quellen sprechen von Rudolfs Gespensterfurcht, nicht nur in der Kindheit, sondern auch noch in Prag, so etwa nach dem Tod des Judenmädchens. Dazu kam der Einfluß der Kaiserin. Elisabeth war schon lange vor ihren vieldiskutierten nächtlichen Unterhaltungen mit den Geistern Heinrich Heines und des toten Ludwig II. Spiritistin, in einem viel radikaleren Sinn, als es die modischen spiritistischen Spielereien der von Rudolf so angegriffenen Aristokraten verstanden. Vor diesem – vor allem familiären – Hintergrund muß man den Antispiritismus des Kronprinzen sehen. Menger und Canon halfen ihm, sich von ererbten und in einer falschen Erziehung erworbenen Komplexen und Ängsten mit Hilfe des Intellekts zu befreien – wenigstens für ein paar Jahre.

Der unter der Autorität des Kardinals Schwarzenberg stehenden böhmischen Aristokratie freilich mußte die Gesellschaft auf der Prager Burg verdächtig erscheinen. 1883 hatte sich die Lage Rudolfs in Prag so zugespitzt, daß er alles versuchte, um nach Wien versetzt zu werden. Aus den unerquicklichen Streitereien mit dem böhmischen Adel war er nicht als Sieger hervorgegangen. Die bevorstehende Niederkunft Stephanies bildete im August 1883 den Anlaß, nach Laxenburg bei Wien zu übersiedeln. Auch nach der Geburt seiner Tochter Elisabeth (Erzsi) kämpfte der Kronprinz mit allen Mitteln, um in Wien bleiben zu dürfen, obwohl er sich damit in die Höhle des Löwen, den Machtbereich seines neuen Vorgesetzten, Erzherzog Albrechts, begab: »Unser Hierbleiben dürfte auf große Schwierigkeiten stoßen, es wird nicht glatt abgehen – doch wir müssen bleiben. Ich kann nicht mehr dahin zurück[76]!«

6. Kapitel

Eine unstandesgemässe Freundschaft

Die erste Begegnung Rudolfs mit dem Chefredakteur des liberalen »Neuen Wiener Tagblattes«, Moriz Szeps, kam durch die Vermittlung Carl Mengers im Oktober 1881 in der Hofburg zustande. Selbstverständlich war diese Begegnung alles andere als offiziell. Carl Menger umgab sie vielmehr mit großer Geheimnistuerei und Ehrenerklärungen, wohl wissend, wie kompromittierend seine Vermittlung sein mußte.

Auch Rudolf begann das Gespräch mit dem »Amtsgeheimnis«, das es zu wahren gelte, vor allem im Hinblick auf die Strenge des Erzherzogs Albrecht. Das Gespräch dauerte ein und eine halbe Stunde und war, gemessen an den Vorbereitungen, harmlos. Es ging zunächst um Rudolfs Buch »Eine Orientreise«, dann aber bald um Zeitungen. Rudolf fragte, wer die Leitartikel des »Tagblatt« schriebe, erkundigte sich nach einzelnen Journalisten, deren Namen er schon kannte, nach dem Nachrichtendienst, ja sogar nach dem Musikrezensenten (»Einem solchen Herrn müssen die Sängerinnen wohl sehr die Cour machen?«). Bald ging das Gespräch auf die Politik über.

Das Thema Prag und Taaffes Nationalitätenpolitik machten den Kronprinzen bitter: »›Es herrscht jetzt bei uns ein eigenthümlicher Fatalismus, der mir nur vielleicht deshalb nicht so fremdartig vorkommt, weil ich erst vor kurzem im Oriente war. Wohin soll das führen.‹ Szeps, ganz offensichtlich unsicher, wie er auf diese Klage antworten sollte, zog das Ganze ins Lächerliche und sagte, auf Taaffes sprichwörtlich leichtsinnige Art anspielend: ›Die Welt steht schon 1881 Jahre seit Christi Geburt und ist nicht zu Grunde gegangen. Sie wird also auch weiter nicht zu Grunde gehen. Ist das nicht die beste Rechtfertigung für die jetzige Politik?‹ Der Kronprinz lachte, frische Zigarren wurden angezündet, das Gespräch sprang von der Politik ab und führte zwanglos bald zur elektrischen Ausstellung in Paris, bald zu den Menschenwettrennen mit Hindernissen im Pariser Hyppodrom, dann ... zu den Fourgons, welche stets frische Beleuchtungsapparate für Kriegszwecke führen, eine Sache, die dem Kronprinzen neu schien und die ich näher beschreiben mußte – von da hinüber zu den elektrischen Sekundärbaterien und der Möglichkeit, mit Hilfe derselben Luftballons willkürlich zu dirigieren, bis endlich der Kronprinz abermals auf seine Bücher zu reden kam[1].«

Der Grund, warum der Kronprinz die nähere Bekanntschaft mit Szeps gewünscht hatte, ist aus diesem ersten Gespräch unschwer zu erschließen: »Ich weiß absolut nichts, was vorgeht.« Rudolf hatte sich vielfach als Parteigänger der liberalen Verfassungspartei deklariert und teilte nun, unter der Regierung Taaffe, das Schicksal der liberalen Verfassungspartei: er war auf dem Abstellgleis politischer Tätigkeit und Informationsmöglichkeit. Der Kaiser vermied es mehr denn je, mit seinem Sohn über Politik zu reden. Rudolf klagte: »Ich gehöre zu den von offizieller Seite am wenigsten informierten Leuten in ganz Österreich[2].« Da ihm Informationen auf offiziellem Weg verwehrt wurden, er aber (im Gegensatz zu anderen Erzherzögen) politisch interessiert und arbeitswillig war, mußte er andere Informationsquellen suchen. Er fand sie bei einem der prominentesten Vertreter der am Hof so verachteten »jüdisch-liberalen Presse« Wiens, in Moriz Szeps. Szeps war 1834 in Galizien geboren, also 24 Jahre älter als Rudolf. Er entstammte einer angesehenen jüdischen Familie, kam zum Medizinstudium nach Wien, wandte sich aber bald der Journalistik zu. Mit 24 Jahren schon war er Chefredakteur der Wiener »Morgenpost«. Nach dem Scheitern Carl Mengers als Herausgeber des »Neuen Wiener Tagblattes« übernahm Szeps als verantwortlicher Herausgeber und Chefredakteur dieses Blatt, dessen erste Nummer am Jahrestag der Französischen Revolution, am 14. Juli 1867, erschien, und versprach, die Politik »vom Standpunkte des vorgeschrittensten Freiheitsgedankens« zu kommentieren. Szeps führte die Zeitung zu einer Auflage von 40 000 Exemplaren, womit sie die der »Neuen Freien Presse« überflügelte.

Dieser Erfolg hatte vor allem darin seinen Grund, daß Szeps nicht

für das Bildungsbürgertum allein schrieb, sondern sich auch um den einfachen Mann bemühte. Szeps war ja auch (wie Arneth, Brehm und Brugsch) ein Vorkämpfer der Volksbildung.
Die Linie des »demokratischen Organs«, wie der »Tagblatt«-Untertitel hieß, war links-liberal, nicht nur verfassungstreu, sondern auch antiklerikal, antifeudal und religiös tolerant, wissenschaftsgläubig. Es war ein Blatt für die Bürger von der Bourgeoisie bis zum Kleinbürgertum, für den von Szeps immer hervorgehobenen Mittelstand. Die deutsche Botschaft in Wien nannte es ein »Jüdisch-deutsch-oppositionelles Bourgeoisie-Blatt vulgär-liberaler Tendenz[3]«.
Die Blütezeit der Liberalen in Österreich zwischen 1867 und 1879 war auch die Blütezeit des »Neuen Wiener Tagblattes«. Szeps verdiente, wie in einem Pariser Buch über die Wiener Gesellschaft fast ehrfürchtig berichtet wurde, 40 000 bis 60 000 Gulden jährlich, das war das zwanzig- bis dreißigfache, was Carl Menger als Universitätsprofessor bekam.
Szeps gab sein Geld mit vollen Händen wieder aus. Sein Palais in der Liechtensteinstraße wurde zum Treffpunkt des künstlerischen und wissenschaftlichen Wiener Lebens. Er pflegte intensive internationale Kontakte, war mit Richard Wagner gut bekannt, für dessen Musik er in Wien kämpfte, hatte exzellente Beziehungen zu französischen Wissenschaftlern, vor allem Naturwissenschaftlern und »Elektrikern«, an deren Erfindungen er regsten Anteil nahm und sie in Österreich propagierte. Seine Freundschaft mit französischen Politikern wie Gambetta und Clemenceau wurde in Wien argwöhnisch beobachtet, vor allem als die Szeps-Tochter Sophie 1886 den Clemenceau-Bruder Paul heiratete und zu den freundschaftlichen auch verwandtschaftliche Beziehungen kamen.
Als Carl Menger den 47jährigen Moriz Szeps mit dem 23jährigen Kronprinzen zusammenführte, war die große Zeit Szeps' schon vorbei. Die Schwierigkeiten seiner Zeitung wuchsen in der Ära Taaffe von Jahr zu Jahr. Vor allem hatte er mit dem in den achtziger Jahren rapide anwachsenden Antisemitismus zu kämpfen.
Szeps war zweifellos ein Mann von Welt, erlesener Bildung und einer der besten Journalisten, die das in dieser Hinsicht verwöhnte

Wien je hatte. Daß ein Mann wie er große Anziehungskraft auf den jungen Kronprinzen haben mußte, liegt auf der Hand. Mag das freundschaftliche Verhältnis des Kronprinzen eines konservativen, demonstrativ katholischen, exklusiven Hofes, an dem nur Personen mit den berüchtigten sechzehn Ahnen Zutritt hatten, mit dem galizischen Juden und »demokratischen« Intellektuellen auch noch so schockierend gewirkt haben, eines ist nicht zu leugnen: Für die Persönlichkeitsentwicklung Rudolfs waren nicht seine engere und weitere Familie, nicht der Hof ausschlaggebend, sondern allein die liberalen Lehrer und Freunde. Nicht mit den hochadeligen Blutsverwandten fühlte sich Rudolf geistig verbunden, sondern mit dem liberalen Bildungsbürgertum. Zhisman hatte ihn zur Toleranz gegenüber anderen Religionen, Gindely zur Toleranz gegenüber den Nationalitäten erzogen, Menger ihn gegen den Antisemitismus immun gemacht und bei ihm die Liebe zum am Hof so verachteten Journalistenstand geweckt. Diesen Weg ging der Kronprinz nun in der engen Freundschaft mit Moriz Szeps weiter.

Die Beziehung zu Szeps konnte auch nur deshalb eine so große Bedeutung haben, weil Rudolf bei ihm das fand, was der Hof, der Vater, die Regierung Taaffe ihm vorenthielten: Informationen über das Reich, das er einmal regieren sollte. Weil er keine politische Betätigungsmöglichkeit hatte, versuchte er, aus der Anonymität heraus als politischer Tagesschriftsteller Einfluß zu nehmen – durch Moriz Szeps. Über die Wichtigkeit der Presse kam ihm nie ein Zweifel: »Die Presse muß heutzutage bei großen Unternehmungen stets beigezogen werden. Als Freundin ist sie eine große, starke Bundesgenossin, als Feindin kann sie, indem sie ja doch bei den meisten Menschen die öffentliche Meinung fabriziert, einen sehr gefährlichen Krieg führen[4].«

Rudolfs oft krampfhaft wirkende Versuche, sich politisch zu betätigen, sei es auch in der Anonymität eines Leitartikels, führten zwangsläufig zu den Konflikten der letzten Lebensjahre: der ständigen Angst vor Entdeckung, sah er doch, wie sehr bereits die Tatsache der bloßen Bekanntschaft mit Szeps die Atmosphäre gegen ihn am Hof verdarb. Nicht nur die adelige Hofgesellschaft, auch die Deutschnationalen und Klerikalen führten später Rudolfs Scheitern

auf Szeps zurück, dessen »jüdischer Einfluß auf diesen ursprünglich bestens veranlagten arischen Menschen völlig vernichtend wirkte[5]«, sie brandmarkten diese »widernatürliche politische Kampfgemeinschaft, die den Kronprinzen schließlich ins Verderben reißen mußte«. Mitis: »Rudolf mußte bis an sein Lebensende und noch darüber hinaus das Kainszeichen dieser Freundschaft tragen, das ihm in den Kreisen, welche in dem Reiche seines Vaters Macht besaßen, sei es aus hergebrachten Vorurteilen, sei es aus dem politischen Daseinskampf heraus, Widerspruch und Haß zuzog[6].«
Szeps besorgte im »Neuen Wiener Tagblatt«, aber auch durch seine Beziehungen zu ungarischen und französischen Zeitungen von 1881 an die Öffentlichkeitsarbeit für den Kronprinzen. Einerseits lieferte er ihm außen- und innenpolitische Informationen, schickte ihm nicht nur Berichte und Briefe seiner Korrespondenten, sondern auch Bücher, konfiszierte Broschüren, Zeitungsausschnitte sogar aus russischen Zeitungen mit beiliegender Übersetzung. Andererseits kümmerte er sich in seiner Zeitung um das »Image« des Kronprinzen. Er berichtete ausführlich über Rudolfs Kontakte zu Wissenschaftlern, brachte Auszüge aus seinen Reisebeschreibungen und öffentlichen Reden, notierte Besuche des Kronprinzenpaares bei Wohltätigkeitsveranstaltungen und Ausstellungen. In diesen Jahren entstand im »Neuen Wiener Tagblatt« die »liberale Legende« um den Kronprinzen Rudolf.
Szeps ging auf Anregungen Rudolfs ein, bestimmte Themen in seiner Zeitung zu erörtern, über bestimmte Leute in einer bestimmten Art zu berichten. Da das »Tagblatt« immer schon antifeudal und antiklerikal eingestellt war, fielen die von Rudolf angeregten Artikel nicht sonderlich auf.
Szeps bestärkte aber vor allem Rudolfs Ehrgeiz, selbst zu schreiben. Eine Vielzahl von politischen Leitartikeln entstammte Rudolfs Feder. Freilich wurde ein großes Geheimnis darum gemacht. Szeps schrieb Rudolfs Manuskripte ab, damit niemand in der Redaktion oder Setzerei die Handschrift sehen konnte, und sandte die Originale an den Kronprinzen zurück. Die Dunkelziffer der nicht im Manuskript erhaltenen, aber von Rudolf geschriebenen politischen Leitartikel ist sehr groß.

Abmachungen über Themen dürften hauptsächlich mündlich zwischen Szeps und Rudolf getroffen worden sein. Nur gelegentlich tauchen in der Korrespondenz Hinweise auf Rudolfs Mitarbeit am »Tagblatt« auf, so schrieb Rudolf zum Beispiel 1882 aus Prag: »Ich wüßte einige Details über ägyptische Angelegenheiten, die ich leicht zu einem Artikel über die Ursachen, den Beginn und die Macht der ägyptischen Frage bearbeiten könnte, falls Sie es gerne in Ihr Blatt aufnehmen wollten[7]«, und: »Sie sollten einen Artikel über unsere Stellung zu Rumänien bringen; die Schande uns dergleichen von dem ungezogenen Carol antun zu lassen, ist zu groß; zugleich könnte Kalnoky einen Hieb bekommen und das Publikum aufmerksam gemacht werden auf diese elend schwache Politik den kleinen Orientstaaten gegenüber. Können Sie einen derartigen Artikel brauchen, dann bin ich bereit, denselben zu liefern[8]«, und: »Wollen Sie, daß ich Ihnen etwas über diese Angelegenheiten zu Papier bringe, z. B.: Die Macht des Mittelstandes als Grundlage des modernen Staates; wie wird gegen diesen Faktor in Österreich vorgegangen, auf welche Elemente will man sich jetzt stützen? 2. Ungarn als moderner Staat; seine soziale Gestaltung; Folgen derselben. 3. Was würde geschehen, wenn die jetzigen Zustände solche Dimensionen annehmen würden, daß Österreich sich in die ungarischen Angelegenheiten mischen wollte. Kann dies das Österreich unter dem Regime Taaffe erfolgreich tun? Falls Sie diese mehr doktrinär, ernst gehaltenen Auseinandersetzungen brauchen könnten, wäre es meiner Ansicht nach gut, dieselben auf mehrere Tage einzuteilen, wie Sie es diesen Winter in den Steuerangelegenheiten taten. Ich glaube, man könnte durch diese Artikel die öffentliche Meinung sehr aufmerksam machen auf den Ernst der jetzigen Situation[9].« Keiner dieser hier angekündigten, wahrscheinlich von Rudolf auch verfaßten Artikel konnte bisher sicher identifiziert werden.
Die Anschauungen Rudolfs und Szeps' waren so ähnlich, daß eine Unterscheidung zwischen den beiden Autoren äußerst schwierig, ja unmöglich ist. Nur im Stil bestand ein Unterschied: Szeps war gelegentlich pathetisch, liebte blumenreiche Worte, lieferte klassische Zitate und Anspielungen auf Texte Richard Wagners; Rudolf dagegen war in seinem Stil sehr direkt, oft sarkastisch. Viele dieser

direkten Äußerungen jedoch mußten von Szeps gemildert werden, um der Zensur keinen Anlaß zum Einschreiten zu geben. Manche Artikel können deshalb nur als Gemeinschaftsarbeiten angesehen werden.

Szeps gab gerne zu, daß Rudolfs Originalmanuskripte sehr oft die im »Tagblatt« erschienenen Artikel an Qualität übertrafen: »Das Original voller Kraft, Bestimmtheit und Entschiedenheit, die Kopie verschwommen, matt, unbestimmt. Der Staatsanwalt konnte die Kopie nicht konfiszieren mit ihren Dämmerlichtern, ihren Zaghaftigkeiten und Reserven, und so ist es auch geschehen[10].« Szeps lobte auch Rudolfs Artikel »Die Wacht an der Leitha« überschwenglich, wenn auch ein gerüttelt Maß Schmeichelei einkalkuliert werden muß: »Weil er vor Allem ausserhalb der gewöhnlichen Schablone war. So viel Kraft und Verve ist bei uns in der Redaktion nicht vorhanden. Niemand von uns besitzt dieses Feuer *und* diese Prägnanz, dieses direkte Losgehen auf das Ziel. Niemand schreibt diese stählernen Sätze[11].«

Nicht unbedenklich war der Austausch von Informationen. Denn für die Nachrichten, die Szeps ihm vor allem aus Frankreich beschaffte, gab Rudolf dem Journalisten so gut wie alles weiter, was er über seine privaten Beziehungen zu hochgestellten Persönlichkeiten erfuhr, und zwar derart: »Am 17. fuhr ich mit dem König von Serbien nach Steiermark; in der Eisenbahn sowie auch während einer Wagenfahrt hatte ich Gelegenheit, mit ihm längere Zeit zu sprechen, und da ich bemerkte, daß er viele für uns bedeutungsvolle Dinge wisse. Auf das hin lud ich ihn zum Speisen für den 18. nach Laxenburg ein. Wir speisten zu zweien ganz allein; ich gab ihm viel moussierenden Burgunder; in vino veritas! und er wurde gesprächig und ich konnte ihm sehr vieles und in der That interessante Dinge entlocken. Nicht alles ließe sich für uns journalistisch ausnützen, vieles ist zu konfiszierbar oder zu geheim; doch immerhin bleiben einige Dinge, die Effekt machen würden[12].«

Einige Tage später: »Gestern brachte der König Milan den ganzen Tag bei mir zu. Ich konnte mittels der probaten Burgunder Manipulation ihn sehr zum Sprechen bringen. Er ist noch entschlossener, aber noch ernster gestimmt als vor seiner Reise nach Homburg. Die

einstweilen noch mehr beängstigenden Zustände in seinem Lande, die Situation des Fürsten von Bulgarien und die Aussicht, dem sicheren Untergang seines Königtums entgegenzusehen, geben ihm den wahren Galgenhumor und den echten Spielerleichtsinn ... er erklärte dem Kaiser sowie auch Graf Kalnoky offen, es gebe für ihn nur zwei Wege, entweder umzukehren und sich der russischen panslawistischen Politik in die Arme zu werfen oder gut österreichisch zu bleiben und den Kampf gegen sein eigenes Volk aufzunehmen, dazu aber brauche er eine Konzentrierung österreichischer Truppen an seiner Grenze. Darüber ist man hier sehr entsetzt[13].«
In ähnlicher Tonart berichtete der Kronprinz auch über innenpolitische Angelegenheiten, soweit er sie erfuhr. Dieses Ausmaß an Indiskretion gegenüber dem Chefredakteur eines großen oppositionellen Blattes macht das Mißtrauen Taaffes und Kalnokys verständlich. Sobald die Intimität dieser Freundschaft bekannt wurde – Rudolf beschwerte sich mehrmals, daß Briefe geöffnet worden waren – rückte die offizielle Politik noch mehr vom Kronprinzen ab. Taaffe hatte nun einen immerhin plausiblen Grund, den seiner Ansicht nach indiskreten Kronprinzen von allen Verhandlungen fernzuhalten.
Rudolf beschwor Szeps immer wieder, Nachrichten, die er ihm gab, möglichst so zu verschleiern, daß man deren Herkunft nicht eruieren könne und »von der richtigen Spur abgelenkt wird. Sie werden vielleicht über meine Vorsicht lachen, doch ich muß sehr acht geben, da ich leider schon einige Male besonders in Äußerungen unvorsichtig war und seither in Wiener sehr hohen, konservativen Kreisen den Ruf eines ›Unberechenbaren‹ habe, was sehr fatal ist, da man bei Sachen, wo man sonst gar nicht an mich denken würde, gleich mißtrauische Blicke auf mich wirft[14].«
Als Szeps vorsichtig anfragte, ob er anläßlich seines fünfzigsten Geburtstages eine Notiz über eine Gratulation des Kronprinzen bringen dürfe, schrieb ihm Rudolf: »Was die Frage wegen der Notiz in das ›Tagblatt‹ betrifft, so kann ich Ihnen nur sagen, daß diese Nachricht einen Sturm von Angriffen, Vorwürfen und ganz unglaublichen Auseinandersetzungen in allen konservativen Kreisen und auch durch diese an ganz maßgebender Stelle geben würde. Mir

liegt nicht viel daran. Ich bin gegen diese Dinge schon recht abgestumpft; braten und spießen und rädern werden mich meine lieben Bekannten nur in Gedanken. De facto können sie es nicht thun und so geniert es mich weiter nicht. Haben Taaffe und seine Leute momentan Grund, mich nicht zu ärgern, dann geht diese Notiz an maßgebender Stelle spurlos vorüber; sind sie aber gerade heldenmütig gestimmt, dann dürfte die Sache rot angestrichen nach Ungarn zur Lektüre wandern[15].« (Der Kaiser befand sich zu dieser Zeit in Ungarn.)

Die Beziehungen zwischen Rudolf und Szeps blieben nur einige Monate völlig geheim. Bereits im Dezember 1882 bestellte der Kronprinz bei Szeps eine möglichst bissige Notiz über sich selbst im »Tagblatt«, um dem Verdacht, eine enge Bindung zu dieser Zeitung zu haben, entgegenzuwirken. Er klagte: »Das Tagblatt findet jetzt in der kaiserlichen Familie eine sehr große Beachtung. Alle Erzherzöge sind darauf abonniert und lesen es sehr fleißig. Man muß irgendwelche Spuren meiner Verbindung zu Ihnen haben ... Ich kenne leider nur zu gut die Kampfweise meiner Gegner; zuerst wird sondiert, angeschlichen, werden durch Kreuz- und Querfragen Fallen gelegt, und wenn gut vorbereitet, dann geht der Hauptangriff los; ich habe das schon in einer bösen, in einer schmählichen Weise durchmachen müssen, doch davon einmal mündlich. – Nun beginnen die Vorarbeiten. Man warnt und sondiert[16].«

Wie nicht anders zu erwarten, trat bald auch Erzherzog Albrecht gegen Szeps auf den Plan. Anlaß war der Tod des französischen liberalen Politikers Léon Gambetta, mit dem Szeps befreundet gewesen war und zu dessen Begräbnis er nach Paris fuhr. Rudolf an Szeps: »Ein großer Geist, einer der ersten vielleicht in unserer armen Zeit, der einzige Vorkämpfer freiheitlicher Ideen ist vom Schauplatz verschwunden. Er war eine Titanennatur, eine mächtige Gestalt, die mir immer Bewunderung und Sympathien einflößte; daß er für die liberalen Prinzipien war, ersieht man aus dem Jubel der Gegner bei seinem Tode; Sie können sich wohl denken, daß ich in allen Tonarten dieses Freudengeheul zu hören bekam.«

Die letzte Bemerkung zielte auf Erzherzog Albrecht. Er hatte seinem Großneffen einen gehässigen »Vaterland«-Artikel geschickt über

»Frankreich und die Börsenmächte«, in dem Gambetta alles andere als pietätvoll behandelt wurde. In seinem langen Begleitbrief sparte der alte Feldmarschall nicht mit Schimpfworten für den verhaßten Politiker (»Freimaurer«, »Jude«, »Republikaner«). Wie gut inzwischen das Verhältnis zwischen Rudolf und Szeps war, ersieht man daraus, daß Rudolf alles, was der Großonkel ihm geschrieben hatte, schriftlich an Szeps weitergab: »Szeps' Trauer ist daher gewiß aufrichtig und berechtigt. Überhaupt scheint mir dieses ›Tagblatt‹ ein gefährliches Blatt, selbst bedenklicher als die ›Neue Freie Presse‹, weil es sich demokratisches Organ nennt, unvermerkt für die Förderung republikanischer Ideen arbeitet und sich dabei ab und zu in dynastisch-loyalen, patriotischen Leitartikeln drapiert, damit eine Menge Gutgesinnte düpiert, und in den unteren Klassen sehr verbreitet ist. So brachte es kürzlich einen von Loyalität triefenden Artikel über Dich! Es ist interessant ...«
Rudolf an Szeps: »Aus diesen Bruchstücken werden Sie die Kampfweise kennen lernen, die diesmal etwas verändert ist. Sonst ging es anfänglich, wie diesmal über Sie, schon oft früher über meine Bekannten los – dann folgen einige Wochen Ruhe, dann kommt die heute schon mit einbezogene Epistel über die Freimaurer, dann folgt Ruhe und nach einiger Zeit geht der Sturm los. Anonyme Briefe an mich mit Denunziationen der Herren, mit denen ich in Verkehr stehe, Warnungen, Jammerrufe der Gutgesinnten und Frommen, und ganz offene Anklagen, Hetzereien und Denunziationen über und gegen mich an *sehr* hoher Stelle – das habe ich schon alles durchgemacht; als Freimaurer wurde ich angegeben mit Hinzufügung aller Beweise und Daten; und ich kenne ja gar nicht einmal die Statuten dieses Ordens.
Dieser Angriffspunkt, von dem der letzte Brief stammt, ist nicht der einzige, doch da befindet sich ein großes Zentrum und ein aktives Komitée, in dem dergleichen Pläne und Intrigen ausgekocht werden.
Lange Zeit hindurch suchte man mich zu bestechen, als dies nichts half, ging man auf die Taktik über, mich von Zeit zu Zeit zu terrorisieren und mir viele, oft recht arge Unannehmlichkeiten an den Hals zu jagen.

Daher Vorsicht und Geschicklichkeit; vielleicht kann ich Ihnen in den nächsten Tagen einen kleinen Plan für eine allenfalsige Rache senden, die neue Organisation der Armee bietet dazu verlockende Gelegenheit[17].«

Dem nächsten Brief an Szeps lag die »Rache« Rudolfs bei: »Beiliegend sende ich Ihnen auch eine kleine Notiz für Ihr Blatt. – Geben Sie dieselbe unter die gewöhnlichen kleinen Nachrichten, ohne irgend eine Zugabe, die Vermuthungen aufkommen lassen könnte. Meine Schrift ist bekannt, geben Sie nur recht mit diesem Zettel acht; vielleicht können Sie ihn abschreiben und dann gleich verbrennen lassen. Der betreffende Herr, auf den es gemünzt ist, wird sich bei seiner ausgesprochenen Eitelkeit geschmeichelt fühlen und erst seinen Freunden wird es vergönnt sein, ihn auf die kleinen Bosheiten, die darin enthalten sind, aufmerksam zu machen. Vielleicht kann ich Ihnen nach einigen Tagen über denselben Herrn einen Artikel schreiben, der nur boshaft ist, doch müsste dies sehr geschickt und vorsichtig gemacht werden, um dem Confisciren zu entgehen.«

Die Notiz zeigt die Raffinesse Rudolfs. Denn da negative Meldungen über ein Mitglied des Allerhöchsten Kaiserhauses zur Konfiszierung der Zeitung führten, verfiel Rudolf auf den Trick, einen von Lob triefenden Artikel über den Feldmarschall zu schreiben und ihm lauter Tugenden anzudichten, die dieser, was nicht nur Eingeweihte wußten, garantiert nicht besaß. Es war blanker Hohn, dem in Italien alles andere als beliebten Feldmarschall »liebevolles, leutseliges Wesen« gegenüber den von ihm verachteten Italienern anzudichten. Die »liberalen Gesinnungen« stellten den Gipfel des Spottes dar[18]. Die Zensur konnte gegen einen solch höhnenden Artikel nicht einschreiten.

Rudolf freute sich, nachdem er seine Meldung im »Neuen Wiener Tagblatt« gelesen hatte: »Einen Zweck hat dieselbe gewiß, sie wird gewisse Leute konfus machen, man wird nicht wissen, was man davon halten soll; ob es Lob sei oder Hohn[19]?«

Kurz darauf schrieb der Kronprinz einen chiffrierten Brief an Szeps, aus Angst, seine Post könnte überwacht werden: »Es besteht ein geheimer Bund zur Katholisierung Bosniens an der Spitze der jetzt oft genannte Herr« (womit Albrecht gemeint war). »Für Pester Lloid

sollten Sie Artikel schicken, den ich Ihnen senden will. Aus P. L. könnten Sie in Ihr Blatt übernehmen[20].«
Diesmal ging es um Rudolfs heftige Opposition gegen Missionierungspläne am Balkan. Wie er bei Zhisman gelernt hatte, maß Rudolf der Griechischen Kirche großen Wert bei und wehrte sich gegen die Vorstellungen Erzherzog Albrechts, die Griechisch-Orthodoxen mit allen Mitteln zu römischen Katholiken machen zu wollen.
Aber selbst Szeps hatte nun Bedenken gegen die Art, wie der Kronprinz gegen seinen Großonkel kämpfte. Er brachte den Artikel nicht. Rudolf: »Schade, daß man diese kurze Notiz, die ich Ihnen sandte, nicht in das Blatt aufnehmen kann. Doch begreife ich, daß bei der jetzt herrschenden Richtung und Art des Vorgehens gegen die Journale derlei etwas scharfe Dinge unzulässig sind[21].«
Wenig später schickte der Kronprinz einen weiteren Artikel über dieses Thema an Szeps, der wieder ablehnen mußte. Rudolf: »Sehr schade, daß dieser bewußte Aufsatz in keinem Blatte Aufnahme finden kann; er hätte eine gute Wirkung; ich kenne ja genau die Kreise und Personen, für welche er berechnet ist, und da läßt sich bestimmt voraussagen, daß dieses Aufdecken ihrer geheimsten Aspirationen und Geheimbündeleien viel Effekt gemacht hätte; ich sehe ein, daß Sie in Pest [gemeint ist der ›Pester Lloyd‹] unter den vorwaltenden Umständen nichts beginnen wollen und in Wien, da ist es absolut unmöglich; das muß selbst ich eingestehen[22].«
Immerhin erschien nach langem Hin und Her doch ein Artikel von Rudolfs Hand, der allerdings von Moriz Szeps wegen der Zensur entschärft und umgeschrieben worden war: »Zwischen Katholiken und Griechen bestehen im Oriente große Gegensätze, die aufzurühren bedenklich wären, und es wäre wunderbar, wenn man sich bestreben würde, einer *christlichen* Bevölkerung (es handelt sich ja um orthodoxe Griechen) andere Dogmen und eine andere Liturgie aufzudrängen, auf die Gefahr hin, jene Eroberungen, die wir schon in den Herzen unserer neuesten Staatsbürger gemacht haben, wieder zu verlieren. Nur eine unbedingt liberale Verwaltung, die sich in die religiösen Zwistigkeiten Neu-Österreichs gar nicht einmischt, hat Aussicht, dort dauernde Erfolge zu erringen,

und wahrlich, kein Staat Europas ist so sehr gezwungen, diese Politik unbedingter Toleranz zu verfolgen, als das aus verschiedenen Religionen und Nationen zusammengesetzte Österreich ... Soll man annehmen, daß wieder die staatlichen Interessen mit dem Fortschritte des Katholizismus identifiziert werden; daß wir auch auf der Balkanhalbinsel in den traditionellen Fehler der altösterreichischen Politik verfallen sollen, wodurch unsere ohnehin nicht allzu großen Fortschritte im Orient ganz in Frage gestellt werden würden; daß Jesuiten wieder wie dereinst als Pioniere der Politik auftreten[23]?«

Einige Wochen später nahm das »Neue Wiener Tagblatt« das Thema im Leitartikel wieder auf, der wahrscheinlich wiederum aus der Feder Rudolfs stammte: »Wenn Österreich bei den Balkanvölkern in den Verdacht geräth, *katholische Politik* zu treiben, dann wird es unmöglich sein, die Sympathie dieser Völker zu gewinnen, dann werden sich die Völker um so inniger an Rußland anschließen ... Wir haben im Orient österreichische Interessen und nicht Interessen der katholischen Kirche zu vertreten, wir haben dort eine spezifisch österreichische und nicht eine spezifisch katholische Politik zu machen ... denn die Gefahr liegt nahe, daß die Politik zu einem Werkzeug der Religion wird. Und wir in Österreich speziell haben hinreichende Erfahrungen darüber gesammelt, welche Folgen das haben kann[24].«

Die mit solcher Erbitterung geführte Kampagne zeigt die Wichtigkeit weltanschaulicher Fragen gerade im Verhältnis Rudolfs zu seinem Großonkel, der als Repräsentant der maßgebenden konservativen, katholischen Hofpartei angesehen werden muß.

Albrecht versuchte offenbar, den Kaiser über Rudolfs Beziehung zu Journalisten zu informieren. In den diplomatischen Berichten der deutschen Botschaft an Bismarck findet sich der Hinweis, »man habe, als der Kronprinz von Prag nach Wien kam und sehr unvorsichtig in seinem Umgang mit allerhand literarischem Volk war, dem Kaiser geraten, er möchte dies untersagen und ihn in bessere Disziplin nehmen. Der Kaiser habe dies entschieden abgelehnt und gesagt, wenn er seinem Sohn gegenüber den Hofmeister spielen sollte, so würde das Vertrauen bald zerstört sein und, bei dem Charakter desselben das entgegengesetzte Resultat erzielt werden. Der Kronprinz solle sich die Hörner selbst abstoßen, er werde bei seinem Verstande schon selbst sehen, daß er auf unrichtigen Wegen sich befinde.«

Der Kaiser nahm die Beziehungen Rudolfs mit »allerhand literarischem Volk« offensichtlich nicht ernst und war über das Ausmaß der Beziehungen, vor allem die Tatsache, daß sein Sohn selbst oppositionelle Leitartikel im »demokratischen Organ« des Moriz Szeps schrieb, nicht informiert. Der deutsche Botschafter Prinz Reuß charakterisierte die Haltung des Kaisers zum Kronprinzen: »Der Kaiser, so ist mir von mehreren genau eingeweihten Persönlichkeiten häufig versichert worden, läßt Seinen Sohn reden, Sich aber durchaus nicht durch ihn beeinflussen [Anmerkung des Fürsten Bismarck: ›andere aber lassen sich‹]. Einen Beweis hierfür habe ich in den inneren politischen Angelegenheiten häufig gefunden. Ich wußte, daß der Kronprinz diese oder jene Handlung der Minister seines Vaters tadelte; das hat aber niemals die geringste Änderung hervorgerufen und den Kaiser vielleicht nur darin bestärkt, seinen Sohn an den politischen Geschäften nicht Theil nehmen zu lassen. ›Der Rudolf plauscht wieder‹ – soll dann der Kaiser sagen, ohne sich viel auf politische Diskussion mit ihm einzulassen[25].«

Taaffe versetzte Anfang 1883 Szeps einen empfindlichen Schlag: aus wenig wichtigem Anlaß erließ er ein Verkaufsverbot über das »Tagblatt« in den üblichen Zeitungsverkaufsstellen, den Trafiken. Die Aktien der Zeitung fielen rapide. Doch Szeps gab nicht auf. Er mietete in einer Blitzaktion Hunderte von kleinen Verkaufslokalen für seine Zeitung in Wien und umging so das Verbot. Acht Tage nach dem vermeintlich vernichtenden Schlag gab Szeps eine prunkvolle Soirée in seinem Palais. Eduard Strauß spielte zum Tanz auf, die Miniaturausgabe der beschlagnahmten Nummer des »Tagblatt« wurde als Ballspende ausgegeben.

Daß dieser Schlag nicht nur gegen Szeps, sondern genauso gegen ihn selbst geführt war, wußte der Kronprinz zu genau. Nach dem Verkaufsverbot bestellte er Szeps zu sich in die Burg, wiederum um Mitternacht.

»Des Hofballes wegen, durch welchen die verschiedenen offiziellen

Aufgänge in die Appartements in Anspruch genommen seien, müsse er mich diesmal durch eine Reihe von geheimen Gängen führen«, protokollierte Szeps. »Er war sehr erregt, wie ich ihn nie zuvor so gesehen. ›Ich habe meine Meinung über das Verbot des Tagblatt‹ – sagte er – ›dem Bürgermeister und noch einigen anderen mehr oder minder offiziellen Personen, die auf dem Hofball waren, gesagt. Aber was wird das nützen. Man ist bei uns nun einmal in eine unheilvolle Richtung geraten und Niemand hat mehr die Macht, wie es scheint, sie zu ändern. Ein Verhängnis sind die Jesuiten, die sich mit den einflußreichsten Erzherzögen innig verbündet haben. Und zwar auch gegen mich. Ich werde in einer unglaublichen Weise überwacht und ausspioniert. Ich kann mich gar nicht bewegen, ich bin mißtrauisch gegen alle Personen in meiner Umgebung geworden, selbst gegen meine alten Diener ...[26]‹«

In Briefen klagte Rudolf: »Wir leben in einer bösen Zeit; Geldschwindel, Diebstahl, hochgestelltes Gesindel, rohe Willkür, Ausnahmeregeln, Korruption, Verfall des Staates. Das ist in einigen Worten meine Auffassung über den jetzigen Zustand der Dinge – neugierig bin ich nur als stiller Beobachter, wie lange ein so alter und zäher Bau, wie dieses Österreich, braucht, um in allen Fugen zu krachen und zusammenzustürzen ... Diese clericalen Machtentfaltungen nehmen in der Tat große Dimensionen an; nun werden Sie den Styl des Evangeliums acceptiren müssen, um nicht der Confiscation zu verfallen ... Das Kennzeichen des Selbstbewußtseins der Clericalen ist dieses sich in alles hineinmischen und das macht diese perfide Richtung so lästig, selbst das innerste Privatleben ist vor den Zudringlichkeiten dieser Menschen nicht bewahrt[27].«

Die kompromißlos antinationalistische Haltung des Kronprinzen wurde allmählich in der Öffentlichkeit bekannt. Sie brachte ihm zwar die Sympathien der Liberalen und übernationalen »Schwarzgelben«, noch mehr aber den Haß der Antisemiten und jeglicher Nationalisten ein. Da der Kronprinz aber unangreifbar schien, eröffneten deutschnationale und klerikale Antisemiten zunächst den Kampf gegen Moriz Szeps, dessen Beziehung zu Rudolf zwar nicht in vollem Ausmaß, aber doch hinlänglich bekannt war. In einem erbittert geführten Kampf mit Beleidigungen auf beiden Seiten – hier

die deutschnationale und katholische, da die »jüdisch-liberale« Presse – kam es schließlich 1884 zu einer direkten Konfrontation der beiden Protagonisten Moriz Szeps und Georg Ritter von Schönerer, dem Führer der deutschnationalen Antisemiten.
Szeps wurde in einem Ehrenbeleidigungsprozeß, den Schönerer gegen ihn angestrengt hatte, schuldig gesprochen und zu vier Wochen Arrest verurteilt. Rudolf an Szeps: »Mit großem Bedauern erfuhr ich das harte Schicksal, welches Sie und das von Ihnen geleitete Blatt getroffen hat. Ich kenne Ihren echt österreichischen Patriotismus und Ihre edlen Gesinnungen und weiß daher, um wie viel mehr Sie durch das düstere Symptom unserer Zustände betroffen wurden als durch Ihre Verurtheilung, die ja ein Opfer ist, das Sie Ihrer Überzeugung brachten, und auf das Sie stolz sein können. In den Augen aller echten Patrioten und für unsere moderne Kultur kämpfenden Menschen errangen Sie einen Märtyrer-Sieg. Wer hätte vor zehn Jahren die heutigen Zustände in Österreich für möglich gehalten? Und was für Zeiten stehen uns noch bevor!
Immer mehr und mehr gewinne ich die Überzeugung, daß ernste, vielleicht blutige Tage kommen werden und daß über kurz oder lang die Armee, als der letzte Schutz und Hort des Staatsgedankens und der Ordnung mit eiserner Hand eingreifen wird zur Rettung des Bürgerstandes und des geordneten Staatslebens[28].«
Den Stellenwert dieser Worte kann man abschätzen, wenn man nicht etwa die antisemitischen Blätter und ihre Reaktionen auf das Urteil über Szeps beobachtet – ihr Haß auf die »Judenpresse« war nichts Überraschendes –, sondern die Reaktion des feudalkatholischen »Vaterland«, der Zeitung, die am Hof gelesen wurde, von Erzherzog Albrecht und dem Kaiser geschätzt, geleitet von Freiherr von Vogelsang, dem Gründer der christlichsozialen Partei. Es hieß dort: »Neunmalhunderttausend Menschen haben in Wien heute freudig und wie von einem schweren Alp befreit wieder aufgeatmet, als sie in den Morgenblättern die erfreuliche Kunde lasen, daß die angeklagten Redakteure des ›Tagblatt‹ verurteilt und endlich der schon lange wohlverdienten Strafe zugeführt worden seien. Und so wie den Hunderttausenden in Wien, so wird es Millionen in ganz Österreich ergangen sein, denen der freche Terrorismus schon ge-

radezu unerträglich geworden ist, den ein gewisser Teil der Wiener Presse auf das Publikum ausübt ... Ja, nicht vom Zufalle zusammengewürfelte Geschworene, nein, die ganze anständige Bevölkerung Wiens hat das vernichtende Verdikt über die Herren vom ›Tagblatt‹ gefällt – das Volk hat gesprochen, und ›des Volkes Stimme ist Gottes Stimme‹. [Mit diesem Zitat aus seiner berühmten Rede in Prag 1880 wurde Rudolf eindeutig in den Kampf einbezogen] ... Die Terroristen der jüdischen Presse sind gerichtet, mit ihrer Schreckensherrschaft ists zu Ende[29]!«
Szeps schrieb voll Bitterkeit an Rudolf: »Nicht die Verurteilung ist es, die so deprimierend wirkt ... aber nun liegt die Thatsache klar zu Tage, dass die Wiener Bürgerschaft ihrer grossen Majorität nach – Schönerer gehört. Ich wußte das längst und deshalb suchte ich den Kampf von Angesicht zu Angesicht mit diesem Mann, dessen Wirken ich für so gefährlich für den Staat sowohl, wie für die Dynastie halte ... Auch Graf Taaffe wird mit den Elementen, die *da* auftauchen, nicht zurechtkommen[30].«
Szeps saß seine vom Kaiser auf 14 Tage Arrest reduzierte Strafe im Oktober 1885 im Wiener Landesgericht ab. Vom Kronprinzen erhielt er einen langen Brief zum Trost: »Ich bedaure sehr, Sie eingesponnen zu wissen; denn bei allen Erleichterungen und philosophischen Erwägungen über die gesunde Ruhe ist es denn doch immerhin eine unangenehme Sache.« Rudolf informierte seinen »eingesponnenen« Freund ausgiebig über die Vorgänge im Parlament und gestand wieder einmal seine Angst, der Parlamentarismus sei an höchster Stelle – damit war der Kaiser gemeint – unbeliebt[31].

Moriz Szeps, inzwischen einer der bestgehaßten Männer Wiens, zerstritt sich 1886 mit seinem Verlag und gründete mit einigen Getreuen (wie auch Frischauer) ein eigenes Blatt, das »Wiener Tagblatt«. Damit richtete er sich finanziell zugrunde.
Der Kronprinz half zwar nach Kräften. Er selbst hatte jedoch kein Vermögen und war auf die Hilfe vermögender Freunde angewiesen. So gab etwa der Industrielle und leidenschaftliche Antisemiten-Gegner Baron Leitenberger auf Rudolfs Bitte hin Geld für die Szeps-Zeitung. Doch das »Wiener Tagblatt« war ein Faß ohne Bo-

den. Eine Information der deutschen Botschaft in Wien: »Das Blatt scheint keine Zukunft zu haben, da es bei 14 000 Freiexemplaren nur ca. 8000 Abonnenten zählt[32].« Szeps arbeitete Tag und Nacht und schrieb sogar den üblichen Fortsetzungsroman selbst, um Honorar zu sparen: »Das Leben im Grabe«. »Das Wiener Tagblatt braucht einen Roman-Erfolg, um sich weiter zu erhalten. Was muss man nicht auf seine alten Tage alles thun[33]!«, schrieb er an Rudolf.
Rudolf half Szeps auch immer wieder mit vorzeitigen Informationen, die er am Hof oder als Militär erhielt. Prompt richtete sich der Verdacht auf ihn als den Informanten des Tagblattes. Die Lage für den Kronprinzen wurde immer schwieriger, so daß er sich rechtfertigen zu müssen glaubte, wie gegenüber dem Sektionschef im Außenministerium Szögyenyi: »Vielleicht haben Sie auch bemerkt, daß in dem Blatt des Szeps die allerneuesten und sichersten Nachrichten, vornehmlich in der allerjüngsten Zeit, früher erscheinen als in den anderen Wiener Blättern. Auch heute wird das ›Pferdeausfuhrverbot‹ als ganz neue Nachricht durch Szeps allein gebracht. Ich fürchte schon, dass die Herren am Ballplatze glauben, dass Szeps durch mich so gut informiert wird; seitdem ich aus Abbazia zurückgekehrt bin, habe ich weder Szeps noch Frischauer getroffen und war in gar keiner Verbindung mit ihnen. Woher nun Szeps die heutige neueste Nachricht bekommen hat, das weiß ich nicht[34].«
Über die Art der Finanzierung des Tagblattes gingen wilde Gerüchte in Wien um. Auch die deutsche Botschaft in Wien berichtete an den Fürsten Bismarck: »Wie ich von vertrauenswürdiger Seite höre, hat Szeps unmittelbar nach seiner Ankunft hier seinem Redaktionspersonal den gefüllten Kassenschrank gezeigt, und vor demselben gar kein Hehl daraus gemacht, daß er aus Paris mit den Taschen voller Geld zurückgekehrt. Thatsächlich hätte das Wiener Tagblatt, wenn ihm nicht außerordentliche Subventionen zu Theil würden, längst seine Redaktionsstube schließen müssen ... Vor der Pariser Reise des Herrn Szeps erschien schon ein Mal ein Zusammenbruch unvermeidlich. Szeps wußte aber seine Beziehungen zu hoher Stelle so geschickt zu verwerthen, daß einige Kapitalisten sich bewogen fühlten, dem Unternehmen unter die Arme zu greifen. Speciell ein Baron Leitenberger, böhmischer Großindu-

strieller, opferte einen großen Betrag, wenn auch, wie er durchaus nicht verhehlt haben soll, nicht aus Rücksicht für Herrn Szeps oder dessen Blatt. Wie mir ferner mitgetheilt wird, bestehe nach wie vor ein persönlicher Kontakt zwischen Seiner kaiserlichen Hoheit dem Erzherzog Rudolf und Herrn Szeps ... Es ist auch auffällig, in welch eingehender Weise gerade das Szeps'sche Organ sich mit den, den Kronprinzen betreffenden Angelegenheiten befaßt und wie wohl unterrichtet sich dasselbe über alle Pläne, Projekte und Erlebnisse des Herrn Erzherzogs bezeigt[35].«

Nachdem Rudolf in Österreich keinen potenten Geldgeber mehr finden konnte, der sich für ein Zeitungsgeschäft mit hohem Risiko, das zudem unter ständigem Beschuß durch die starken antisemitischen Parteien stand, bereitfand, selbst nicht mit kronprinzlicher Intervention, wandte er sich schließlich an einen der reichsten Männer der Zeit, den in Brüssel residierenden Moritz Baron Hirsch, der bekannt dafür war, für alle jüdischen Belange eine offene Hand zu haben.
Hirsch hatte seine Millionen mit dem Bau der Balkaneisenbahn verdient, der durch die populären »Türkenlose« mitfinanziert wurde. Die Ziehungen dieser Lose waren jedoch während der internationalen Finanzkrise und dem türkischen Staatsbankrott eingestellt worden. Viele kleine Leute hatten ihr Geld verloren. Der Ruf des »Türkenhirsch« war seither ruiniert, seine Stellung alles andere als unangefochten. Viele europäische Bankhäuser, vor allem Bismarcks Bankier Bleichröder, hatten handfeste Interessen im Orient und versuchten, den »Türkenhirsch« bei der österreichischen Regierung auszubooten.
Allem Anschein nach sollte der Kronprinz (gegen mehrere Darlehen) für Hirsch bei der österreichischen Regierung intervenieren, was er auch gerne tat. Denn daß die Orientbahn nicht nur für den österreichischen Handel, sondern auch für das Militär und vor allem die Durchsetzung der politischen Balkanpläne überaus wichtig war, wußte Rudolf nur zu gut. Ob seine Interventionen allerdings irgendeinen greifbaren Erfolg hatten, ist den Quellen nicht zu entnehmen. Hirsch gab trotzdem Geld, für Rudolfs außereheliche Es-

kapaden ebenso wie für Moriz Szeps, wahrscheinlich auch für eine weitere Zeitschrift Ende 1888 (»Schwarzgelb«).

Moritz Hirsch war 27 Jahre älter als der Kronprinz und hatte 1887 seinen einzigen 31jährigen Sohn verloren, was sicherlich in dem besonders engen, ja liebevollen Verhältnis Hirschs zum Kronprinzen eine gewisse Rolle spielte. Hirsch war bayrischer Abstammung, wohnte abwechselnd in Paris, London, Brüssel und Ungarn, sprach ein Gemisch aus Deutsch, Englisch und Französisch und war reiner Kosmopolit, was ihm die Antisemitenzeitungen gehörig vorwarfen, so etwa Verganis »Deutsches Volksblatt«: »Der gefährlichste internationale Jude ist der Baron Hirsch; in Paris wohnt er, in Wien hat er seine Zeitungen, die Türkei raubt er aus, und seine Türkenlose brachte er in Deutschland an, wo er heimatberechtigt ist. Ein wahres Prachtexemplar von internationalem Juden[36].« Nicht uninteressant mag sein, daß der Name Moritz Hirsch zum Namen einer Londoner Freimaurerloge wurde. Das nur zum weltanschaulichen Hintergrund. Ende der achtziger Jahre zog sich Hirsch mehr und mehr von seinen Geschäften zurück und widmete sich philanthropischen Unternehmungen, vor allem zur Unterstützung armer Juden in Osteuropa, die er mit Millionenspenden unterstützte.

Im Briefwechsel zwischen Rudolf und Szeps taucht der Name Hirsch erst im November 1887 auf, und zwar im Zusammenhang mit Szeps' dringendem Bedürfnis nach einer größeren Anleihe. Bei einem, wie Szeps schrieb, »magnetischen Diner« erweckte Rudolf das Interesse des »Goldonkels« an Szeps, der zwei Tage später auf den ungarischen Gütern des Barons erschien und eingehend über die triste Geschäftslage des »Wiener Tagblatt« berichtete.

Als Begründung, warum er Szeps helfen wolle, gab Hirsch nur eines an: »Der Kronprinz hat mich bezaubert. Ich war fest entschlossen, seit dem Tode meines Sohnes mich in gar keine Affaire mehr einzulassen, geschweige denn in eine Zeitungsaffaire. Ich bin nur mit einer Sache beschäftigt, alles zu liquidiren. Allein der Kronprinz hat es mir angethan. Er hat grosse Principien und erhabene Ideen. Wenn er sich für eine Sache ausspricht, so muss die Sache gut sein.«

Er sagte Szeps eine Summe von 100 000 Gulden zu: »Was ich für Ihr Journal thue, das thue ich ganz und gar, um meine Bewunde-

rung für die Persönlichkeit des österreichischen Thronfolgers auszudrücken. Niemand anderer als er wäre im Stande gewesen, mich zu bestimmen, einen Abzug von der Summe zu machen, die bereits für andere Zwecke ihre Verwendung finden sollte[37].«
Schon vier Monate später aber schrieb Szeps dem Kronprinzen, daß er für die Aktienmehrheit und die gewünschte Fusion des »Neuen Wiener Tagblatt« mit dem »Wiener Tagblatt« nicht weniger als 700 000 Gulden benötigte. Wieder wurde bei Baron Hirsch vorgefühlt, diesmal jedoch mit weniger Erfolg. Die Summe war entschieden zu hoch.
Auch wenn die für die Biographie des Kronprinzen äußerst wichtige Beziehung zu Baron Hirsch kaum völlig aufzuklären ist, so zeigt sich doch in den wenigen, eher zufällig erhaltenen Quellen eines: Hirsch war keineswegs nur Geldgeber für amouröse Abenteuer Rudolfs. Der Kronprinz nutzte die offensichtliche Gunst des Barons vor allem für die Realisierung wirtschaftspolitischer Pläne, die er ohne offizielles Amt und ohne eigenes Geld nicht durchsetzen konnte. Da seiner Meinung nach von offizieller Seite zuwenig in dieser Hinsicht geschah, versuchte er seine Ziele auf eigene Faust, hinter dem Rücken der Ministerien, durchzusetzen, immer in der Angst, Österreich-Ungarn könne durch die seiner Ansicht nach falsche Politik Kalnokys und Taaffes auch wirtschaftlich zu sehr ins Hintertreffen geraten und unaufholbare Zeit verlieren.
Bei der kurzen Bekanntschaft mit Hirsch (etwa zwei bis drei Jahre) konnten viele Pläne nicht reifen, zum Beispiel auch nicht die von Rudolf gewünschte Förderung der Handelsflotte, für die er sich ebenfalls bei Baron Hirsch einsetzte. Der Gegensatz Rudolfs zu dem gleichaltrigen Wilhelm II. zeigte sich auch in dieser Einzelheit: während der Hohenzoller mit kernigen Worten und ungeheurem finanziellen Aufwand den Ausbau der deutschen Kriegsflotte betrieb, sah der zivil denkende österreichische Kronprinz in der Handelsmarine und den Balkaneisenbahnen die Grundlage für das Gedeihen der Wirtschaft.

Das wichtigste Band zwischen Szeps und Hirsch war der Kampf gegen den Antisemitismus. Aus diesem Grund steckte Baron

Hirsch sein Geld in das »Wiener Tagblatt«. Szeps war kein jüdischer Nationalist. Er trat für die Assimilation der Juden ein und war überzeugter und begeisterter Deutsch-Österreicher. Nach einem Besuch bei Baron Hirsch informierte er den Kronprinzen über Hirschs Auffassung zum Judentum: »Baron Hirsch entwickelte einen interessanten Gesichtspunkt über den Antisemitismus – vollständige Verschmelzung der Juden mit der christlichen Bevölkerung, welcher seine religiöse Vorurteilslosigkeit darthut. – Mit welcher schwärmerischen Verehrung er von Eurer Kaiserlichen Hoheit spricht, das ist zu begreifen[38].«

Baron Hirsch zeigte seine Auffassung über die Notwendigkeit der Assimilation zwischen Juden und Christen gerade in einem Vielvölkerstaat wie Österreich-Ungarn damit, daß er 1888, zur Feier des 40jährigen Regierungsjubiläums Kaiser Franz Josephs, eine Stiftung von nicht weniger als zwölf Millionen Francs für die Erziehung jüdischer und nichtjüdischer Kinder in Galizien machte, dem ärmsten, judenreichsten Teil der Monarchie mit der höchsten Analphabetenrate (40 bis 60 Prozent). Mit diesem Geld sollten vor allem gemeinsame Volks- und Gewerbeschulen für Juden und Christen gebaut werden, um nicht nur die Bildung, sondern auch das Verständnis der Religionen untereinander zu verbessern.

Es ist sicher, daß der Kronprinz Fürsprecher, wenn nicht überhaupt Urheber dieses Planes war. Denn 1888 war die Diskussion um eine neuerliche Schulreform in vollem Gange. Die Antisemiten auch im Reichsrat fürchteten, »daß die Nationalität, die nationale Eigenart der Kinder unseres eigenen Volkes in der Schule in nachtheiliger Weise geschädigt und beeinträchtigt wird. Deswegen halten wir fest an dem Princip, daß die jüdischen Kinder und Lehrer aus den christlichen und deutschen Schulen auszuscheiden sind und wir werden dieses Princip immer vertheidigen und immer vertreten[39].« Daß Rudolf und Szeps mit allen ihnen zur Verfügung stehenden Mitteln (Zeitungskampagnen und den Millionen des Baron Hirsch) gegen solche Bestrebungen ankämpften, ist verständlich.

Die gutgemeinte Stiftung mobilisierte erst recht die antisemitischen Wiener Blätter zu wilden Beschimpfungen des »Türkenhirsch.« Aber das waren nicht die einzigen Gegner des Projektes: Auch jüdisch-or-

thodoxe Kreise waren gegen den Plan, weil sie in einem gemeinsamen Unterricht von jüdischen und christlichen Kindern eine Gefahr für die traditionelle jüdische Erziehung sahen. Der Hirsch-Biograph Adler-Rudel: »Diese Befürchtung war nicht unbegründet, da die eigentliche Leitung der Stiftung in den Händen der Wiener jüdischen Plutokratie lag, die die von Hirsch vertretenen Gedanken einer absoluten Assimilation der Juden Galiziens weitgehend teilte[40].«
Das Drama des Anton Gindely, der zwischen die Fronten der deutschen und tschechischen Nationalisten geriet, wiederholte sich nun mit den Assimilierungsideen zwischen Juden und Christen, die Baron Hirsch, gemeinsam mit dem Kronprinzen und der »jüdisch-liberalen« Presse, mit einigen Millionen Francs verwirklichen wollte. Nicht nur für ihn, sondern vor allem für den Kronprinzen war das Scheitern dieses Projektes eine große Enttäuschung.
Die Kritiker, die weitaus überwogen, sahen nur die zweifelhafte Herkunft des Geldes und die Stärkung des jüdischen Einflusses, nicht aber den Sinn, den diese Aktion haben sollte: zu versöhnen, Gegensätze zwischen Juden und Christen abzubauen und die Voraussetzungen für diese Gegensätze, soziale, wirtschaftliche und bildungsmäßige Unterschiede, zu beseitigen – letzten Endes (was für den Kronprinzen stets im Vordergrund stand) die Juden zu guten österreichischen Patrioten zu machen.

Unter Szeps' Einfluß befaßte sich der Kronprinz immer mehr mit Frankreich, für das er ja seit jeher große Sympathien hatte. Er freute sich über jeden Versuch, die Beziehungen zwischen Österreich und Frankreich zu vertiefen. So lud Szeps zum Beispiel einen der berühmtesten französischen Schauspieler der Zeit, Coquelin, ein, gemeinsam mit dem Burgschauspieler Sonnenthal eine Matinée im Carl-Theater zu geben und österreichisch-französische Freundschaft zu dokumentieren. Die Generalprobe fand zwei Abende vorher auf der Szepsschen Hausbühne statt. Rudolf an Szeps: »Wie gerne wäre ich gestern Abend Ihr Gast gewesen. Aber ich will morgen der Matinée beiwohnen, um die österreichisch-französische Verbrüderung zu genießen[41].«
Rudolf war bald Feuer und Flamme für Frankreich und schrieb an

Szeps über »die glückliche, reiche, sich lebensfähig erweisende mächtige französische Republik, die nun nach kaum 12 Jahren nach dem Tage von Sedan als unleugbar deutliches Beispiel dasteht, daß Republiken in Europa Großes leisten können. Und Rußland, in seinem Säuferwahnsinn, liegt in schweren inneren Konvulsionen und ist als Stütze für die konservativen Prinzipien, für die heiligen Allianzen verloren gegangen. Das führt die konservativen Höfe von Berlin und Wien zusammen[42].«

Begierig wartete Rudolf auf Informationen aus Paris, das Szeps mehrmals jährlich besuchte: »Einiges von Ihnen über Frankreich zu erfahren, würde mich sehr freuen ... Ich habe für dieses Land, so lange es Republik bleibt, große Sympathien! Wir haben Frankreich als Urquell aller liberalen Ideen und Institutionen am Continent doch enorm viel zu verdanken, und in allen Momenten, wo große Gedanken zum Durchbruch kommen sollen, wird es uns als Muster voran sein. Was ist Deutschland dagegen, nichts als eine enorm erweiterte preußische Soldateska, ein purer Militärstaat, was es früher war, nur noch vergrößert.

Was hat das Jahr 70 Deutschland genützt? Zu der ganzen Menagerie von kleinen Königen und Fürsten haben sie noch einen Kaiser dazu bekommen, eine viel größere Armee müssen sie zahlen und ein von Soldaten, Polizei und strammem Beamtenthum erhaltener und gedrillter Reichs- und Einheitsgedanke schwebt auf den Flügeln eines anbefohlenen und anerzogenen Patriotismusses an den Spitzen der Bajonetten. Was ist das heutige Deutschland nach einer verlorenen Schlacht gegen das republikanische Frankreich, was thut es, wenn die Armee zu wanken beginnt; dann singen die guten Deutschen: ›Allons enfants de la patrie‹, wie sie es am Ende des vorigen Jahrhunderts gesungen haben. Die tonangebende Macht, die in diesem Frankreich immer noch liegt, wenn es auch momentan wie in einem bleiernen Schlafe zu liegen scheint, macht eben die sozialistische und jetzt schon anarchistische Bewegung so ernst; wenn sie dort zuerst sich zur großen Macht entfalten sollte. Und das übrige Europa hat Elemente genug, die nur des Rufes bedürfen, um sich zu rühren ... Preußen ist nur zärtlich, wenn es jemanden braucht. Ich glaube, wir gehen ernsten Zeiten entgegen[43].«

Daß Äußerungen wie diese keinesfalls an die Öffentlichkeit dringen durften, war dem Kronprinzen klar. Deshalb auch seine Bitte an Szeps, »mein Schreiben, das arg zensurbedürftig ist, in den tiefsten Winkel eines lodernden Kaminfeuers zu werfen«, eine Bitte, die Szeps im Gegensatz zu anderen (etwa Latour) nicht erfüllte, zur Freude der Historiker.
Die erhaltenen Informationsbriefe Szeps' aus Paris sind so umfangreich, ausführlich und kenntnisreich, daß sie einer Analyse würdig wären. Der Brief aus dem November 1883 zum Beispiel ist 18 eng beschriebene Seiten lang, berichtet über ein Gespräch mit Gambetta, über sozialistische Bewegungen, über Finanzen, denen Szeps stets besonderes Augenmerk widmete. Schon früh tauchten auch Informationen über Georges Clemenceau auf, den Führer der Radikalen (so nannten sich die Liberalen Frankreichs), der in den achtziger Jahren den Grund für seine Karriere legte und mit seinen linksliberalen Ideen Furore machte. Szeps an Rudolf 1885: »Der Mann der Zukunft scheint mir – Clemenceau zu sein[44].«
Bei seinen Besuchen in Paris traf Szeps regelmäßig Clemenceau zu politischen Gesprächen, in deren Mittelpunkt stets das deutsch-französische Verhältnis und die »Revanche« für das Jahr 1871 stand. Daß Szeps in Clemenceaus Auftrag, zumindest aber Einverständnis, handelte, wenn er den Kronprinzen gegen das österreichische Bündnis mit Deutschland einnahm, liegt auf der Hand.
Szeps betonte wiederholt, daß Clemenceau zwar erbitterter Gegner Deutschlands, aber ein Freund Österreichs sei und schrieb an den Kronprinzen, »daß der rothe Clemenceau also, vor dem sich eine gewisse Gesellschaftsklasse sicher bekreuzt, mir nach meinen Aufzeichnungen in einem Gespräche am 21. August 1881 folgendes sagte: ›Gesetzt auch den Fall es käme im Laufe der Dinge dahin, daß uns Bismarck Elsass und Lothringen gegen die [Zusicherung] zurückgeben wollte, daß wir die Annexion der deutschen Provinzen Österreichs geschehen lassen, so dürfen wir das nicht annehmen. Denn es ist nothwendig für uns und für Europa, daß die Habsburgische Monarchie beisammen bleibt[45]‹«, eine Äußerung, die Clemenceau die Zuneigung Rudolfs sicherte, denn er war ja stets besorgt, Bismarck habe es auf die deutschen Provinzen Österreichs abgese-

hen, die ihm überdies von den Deutschnationalen um Schönerer förmlich angeboten wurden.
Wenn sich der Kronprinz auch in offiziellen Reden noch so freundlich über den Zweibund aussprach, wie es ihm der Außenminister aufgetragen hatte – was konnte er als politisch einflußloser, rein höfischer Repräsentant anderes tun, als diese Weisung zu befolgen –, so hörte er sich doch von Szeps voll Genugtuung an, wenn von einem wirtschaftlichen, militärischen und politischen Erstarken Frankreichs die Rede war – und von der Revanche für Sedan und Königgrätz.
Szeps wiederholte Aussagen Clemenceaus wie diese: »Wissen Sie, wie die Preußen es gemacht haben, um Paris zu nehmen? Sie hielten sich ganz ruhig, bis wir unsere Lebensmittel verzehrt hatten, und dann mußten wir uns ergeben. Wir müssen es ebenso Bismarck gegenüber machen. Wir müssen uns ganz ruhig halten. Bismarck ist von hundert Verlegenheiten umgeben, die sich stets erneuern und verstärken werden, bis aus den Verlegenheiten eine Gefahr werden wird. Erlebt er selbst einen solchen Moment nicht, dann wird ihn sein Nachfolger erleben, und wir werden, so hoffe ich, in der Lage sein, ohne große Schwierigkeiten das zurückzunehmen, was nicht aufhören kann, unser zu sein. So stelle ich mir den Verlauf der Ereignisse vor.« Clemenceau sagte Szeps (und dieser berichtete dem Kronprinzen), daß Frankreich bereit sei, »eher sogar einen Krieg zu führen um nicht zuzulassen, daß die deutschen Provinzen Österreichs an Deutschland fallen[46]«.
Das Mißtrauen gegen Bismarck durchzieht die gesamte Korrespondenz zwischen Rudolf und Szeps. Rudolf fürchtete, daß die Schönerer-Anhänger »trotz der österreichisch-deutschen Allianz eines Tages dem Alliierten in Berlin ein willkommenes Werkzeug werden könnten, um unseren Staat in die größte Verwirrung zu stürzen«, und Szeps meinte seinerseits: »Kömmt ein Moment, wo es dem Fürsten Bismarck passen sollte, uns etwas recht Unangenehmes anzuthun, so wird man sich in Berlin der deutschen Nationalparthei in Österreich schon erinnern, und man wird sich *gerne* an sie erinnern[47].«
Bei jedem Vergleich zwischen Frankreich und Deutschland schnitt

das letztere bei Rudolf schlecht ab. »Deutschland ist nur auf seine Bajonette basiert, besteht aus zu vielen Staaten und einzelnen Häuptern und ist nicht getragen von einer fortschrittlichen und zivilisatorischen Richtung. Darum ist es nie so einflußreich, als wie Frankreich es war in seinen guten Tagen[48].«

Im Laufe der Jahre näherte sich der Kronprinz immer mehr dem Standpunkt Szeps' und Clemenceaus, den Berta Zuckerkandl in ihrem Tagebuch 1885 so skizzierte: »Mein Vater und Georges haben dann lange darüber gesprochen, aus welchem Grund eigentlich Österreich sein Bündnis mit Deutschland aufrecht hält – mit diesem von ganz Europa gehaßten Staat. Und Georges sagte ganz richtig, daß Deutschland diese Allianz brauche, die für Österreich wertlos sei. Vater gab ihm recht und meinte, es sei Bismarcks größter diplomatischer Triumph, daß er in der Welt den Glauben geweckt hat, das Bündnis sei für Österreich unentbehrlich[49].«

Szeps berichtete über Annäherungen Frankreichs an England und Rußland, machte sich auch Gedanken über die deutsche Strategie: »Der kürzeste und sicherste Weg für einen Angriff Deutschlands auf Frankreich, deßen ist man sich in Paris wohl bewußt, führt über Luxemburg und Belgien. Beide sind allerdings neutral. Ihre Neutralität steht unter dem Schutze Europas. Aber wird Europa gewillt, und auch im Stande sein, die Neutralität Belgiens und Luxemburgs wirksam zu schützen? Mit dieser Frage, die eine Kardinalfrage ist, hat man sich sehr ernst und eingehend in den Pariser militärischen und politischen Kreisen beschäftigt, und ist dabei zu keinem besonders tröstlichen Resultate gelangt. Belgien ist zu schwach, um selbst seine Neutralität zu wahren. Der belgischen Armee würde im Falle einer deutschen Invasion nichts übrig bleiben, als so rasch und gut als möglich das befestigte Lager von Antwerpen zu erreichen und dort den weiteren Verlauf der Dinge abzuwarten. Einen geschriebenen Protest Belgiens braucht Deutschland ebensowenig zu fürchten, als einen formalen Protest der Mächte, welche Garanten der Neutralität Belgiens sind[50].«

Auch in einem Gespräch mit dem deutschen Militärattaché Graf Wedel verleugnete der Kronprinz seine guten Informationen über Frankreich keineswegs und nannte offen seine Befürchtungen über einen neuen Krieg und ein mögliches Bündnis zwischen Frankreich und Rußland. Brisant war die Unterhaltung deshalb, weil zwei Tage vorher im »Neuen Wiener Tagblatt« ein Leitartikel »Die zwei Gewitter[51]« erschienen war, worin Szeps ebendiese Befürchtungen ausgesprochen hatte – ein Zusammentreffen, das auch Wedel bemerkte und zur Sprache brachte.

Das Einvernehmen zwischen Rudolf und Szeps überstieg dabei alle Vermutungen Wedels: der Artikel fußte auf einem wegen seiner Schärfe nicht druckbaren Manuskript Rudolfs, in dem er offen Vermutungen ausgesprochen hatte, Bismarck steuere auf einen Krieg mit Frankreich hin: »Bismarck lernt reiten, so tönt es hier [Rudolf verfaßte das Manuskript während eines Berlin-Besuches] leise, ganz leise von Mund zu Mund. An jedem Nachmittage übt er seine alten Glieder an die zukünftigen Strapazen eines Krieges ... Das Volk hat den Frieden satt, namentlich einen Frieden in solcher Rüstung. Alle Welt klagt über schlechte Zeiten und hofft nur vom Kriege Befreiung! ... Das können Sie versichert sein, wenn Deutschland, wenn Bismarck die Zeit für gekommen hält zum Kriege, dann werden wir ihn haben und Seine Majestät der Deutsche Kaiser wird trotz seines Alters an der Spitze stehen. Für einen Hohenzollern gibt es keine Schwäche, kein Alter. Und Bismarck hält die Zeit für gekommen[52].«

Wedel berichtete Bismarck über die Unterredung mit dem Kronprinzen: »Der Kronprinz ging nach kurzer und gnädiger Begrüßung sofort auf das politische Gebiet über, indem er mit einer gewissen Feierlichkeit auf die in neuerer Zeit in Frankreich hervorgetretenen beunruhigenden Symptome hinwies. Seine kaiserliche Hoheit bemerkte hierzu, daß der Glaube an einen in diesem Sommer ausbrechenden Krieg zwischen Frankreich und Deutschland hier in journalistischen und anderen Kreisen neuerdings immer festere Wurzeln fasse, und daß dieser Glaube durch die aus Frankreich hierher gelangenden Nachrichten erzeugt und ernährt werde. Doch nicht in Frankreich allein, sondern auch in Deutschland befestige sich, wie er höre, ein solcher Glaube, besonders in den Kreisen der kleineren Geschäftsleute.«

Wedel bestritt dies entschieden, betonte die Friedensliebe Bismarcks und kritisierte dann ohne Umschweife die Quelle, aus der der Kronprinz so offensichtlich schöpfte: Moriz Szeps. Wedel: »Nichtsdestoweniger aber klang in den Worten des Kronprinzen eine gewisse pessimistische Anschauung durch, welche hauptsächlich in dem Glauben ihren Grund zu haben scheint, daß zwischen Rußland und Frankreich für gewisse Eventualitäten Abmachungen bestehen, ein Glaube, der, wie ich annehme, sich auf die jüngst von mir erwähnten Äußerungen des Herrn Clemenceau stützt[53].«

Bismarcks Mißtrauen war geweckt. Beschwichtigungsversuche des deutschen Botschafters in Wien reizten den Reichskanzler nur noch mehr. Reuß verneinte immer wieder, so auch 1886, entschieden, »daß die Ansichten des Kronprinzen irgend welchen Einfluß auf die Politik ausüben, welche sein erlauchter Vater und dessen Regierung befolgen«. (Bismarcks Randbemerkung: »Das habe ich nie befürchtet, er ist aber der *künftige* Kaiser.«) Reuß: »Der junge Herr ist ehrgeizig und mag sich mit allerhand Zukunftsplänen, auch mit Bezug auf die Balkanhalbinsel tragen. Mit gutem Gewissen kann ich aber den Kaiser nicht dafür verantwortlich machen.« (Bismarck: »Nur die Erzieher.«) Reuß: »Daß der Kronprinz wirklich Hinneigung zu Frankreich haben sollte, habe ich nie gehört ... Wie ich schon zu sagen die Ehre hatte, verkehrt der Erzherzog mit Literaten und Journalisten [Bismarck: ›C'est tout dire!‹], unter Anderen mit Herrn Szeps, dessen Tochter den Bruder des Herrn Clemenceau in Paris geheiratet hat. Der Kronprinz hält viel von dem Verstande des Redakteurs des ›Wiener Tagblatt‹ [Bismarck: ›Das genügt!‹]; er behauptet, diese Zeitung sei unabhängig [Bismarck: ›!‹], und das gefällt ihm. Nun hat Herr Szeps, der früher auch wohl französisches Geld erhalten hat, um sein Blatt am Leben zu halten, viele Verbindungen mit Paris [Bismarck: ›Wirklich!‹]. Die Briefe, die er von dort erhält, amüsieren den Kronprinzen. [Bismarck: ›Cela suffit.‹] Sein journalistischer Freund mag aber auch Äußerungen des hohen Herrn benützen (und leider fehlt es auch nicht an schriftlichen), um sich damit vor seinen französischen Bekannten zu brüsten und sich und seine Zeitung als einflußreich in Österreich darzustellen. Die Brüder Clemenceau und Genossen werden aber auch ihrerseits von der guten Gelegenheit Gebrauch machen und versuchen, hier Einfluß zu gewinnen. [Bismarck: ›Natürlich.‹] Ob mit Erfolg, das ist eine andere [Bismarck: ›?‹] Frage [›?‹].«

Reuß verwies immer wieder darauf, der Kronprinz hätte weder Macht noch Einfluß, man dürfe ihn nicht zu ernst nehmen. Darauf Bismarck: »Er kann aber jeden Tag zur Regierung kommen – nur 1 Menschenleben dazwischen[54]!«

Prinz Reuß erhielt auf seinen gutgemeinten Brief eine ungnädige Antwort des Reichskanzlers, verfaßt von Herbert Bismarck: »Einen besorglichen Eindruck muß es auf uns immerhin machen, daß der Kronprinz nicht nur mit Vorliebe mit Literaten und Journalisten verkehrt, sondern sich nach Euerer Durchlaucht eigenen Angaben von Redakteuren, die früher französisches Geld erhalten haben und jetzt intime Beziehungen zu Paris haben, imponieren läßt. Wenn der Kronprinz in diesen Bahnen bleibt, so muß uns das mit Besorgnis für die Zukunft erfüllen und zur doppelten Vorsicht in unseren politischen Entschließungen mahnen[55].«

Im folgenden Privatbrief aus der Familie Bismarck wird die Meinung des Reichskanzlers noch deutlicher. Bismarck »lege dem Liberalismus des Kronprinzen wenig Bedeutung bei«, heißt es da, »das wäre ein Liberalismus, der bei allen Thronfolgern üblich wäre, bei uns sowohl als auch in Rußland und anderswo. Wenn der Herr später das Regiment in Händen hätte und selbst die Verantwortung tragen müßte, würde er wohl anders denken. Aber sehr bedenklich wäre die Hinneigung zu Frankreich, die sich in den Beziehungen zu Clemenceau–Szeps dokumentierte. Es erinnerte ihn das an seine Frankfurter Zeit, an die Epoche der Bach–Buolschen Politik der Jesuitendemokratie. Österreich hätte damals am liebsten ein Bündnis mit Frankreich und Rußland gesehen. Am russischen Bündnis wäre es durch seine Krimpolitik gehindert worden, und Napoleon hätte sich auf nichts einlassen wollen, weil er kein Vertrauen zur österreichischen Macht gehabt hätte: on ne s' allie pas à un cadavre. Die jetzige französische Hinneigung des Kronprinzen wäre für uns gefährlich, und wir können deshalb unsere russischen Schiffe nicht verbrennen.« Es folgte darauf die Empfehlung an Reuß und Wedel, den österreichischen Kronprinzen »kühl [zu] behandeln[56]«.

Szeps bestärkte Rudolf in der Angst vor der Übermacht Bismarcks. Das Mißtrauen, daß Verträge, seien es nun Neutralitätserklärungen oder Bündnisse, nur so lange hielten, wie sie Bismarck nützten, ließ den Kronprinzen an die Möglichkeit, ja Notwendigkeit denken, sich bei einer anderen Macht rückzuversichern, jedenfalls nicht das Wohl und Wehe Österreichs vom deutschen Bündnispartner allein abhängig zu machen und sich von ihm nicht in einen Krieg mit Frankreich hineinziehen zu lassen, mit dem Österreich ja keinerlei Interessenkollisionen hatte.

Mindestens ein persönliches Treffen zwischen dem Kronprinzen und Georges Clemenceau ist sicher, und zwar in der Hofburg in Wien im Dezember 1886 (zu dieser Zeit war Clemenceau zur Hochzeit seines Bruders Paul mit der ältesten Szeps-Tochter Sophie in Wien). Rudolfs alter Kammerdiener Nehammer, der stets für delikate Aufträge eingesetzt wurde, erwartete Szeps und Clemenceau dort, »wo Herr Szeps die Kaiserliche Hoheit immer unbeobachtet aufsucht«. (Das dürfte der geheime Weg von der Albertinarampe durch verlassene Gänge und Zimmerfluchten in Rudolfs Appartements gewesen sein, den auch die Freundinnen Rudolfs bei ihren Besuchen in der Hofburg benützten.) Der Zeitpunkt war 12 Uhr in der Nacht: »Es wäre keine andere Stunde für ein ruhiges Gespräch disponibel.« Über das Gespräch notierte Szeps:

»Der Kronprinz begrüßte Clemenceau warm. ›Ich habe mir schon lange gewünscht, Sie kennen zu lernen. Sie sind ein Kenner und ein wahrer Freund Österreichs. Herr Szeps hat mir Aufzeichnungen zu lesen gegeben, die er nach einem mit Ihnen gepflogenen Gespräch gemacht hat. Ich werde Ihre Worte nicht vergessen: ‚Eher müßte Frankreich einen Krieg führen, als daß es zuließe, daß die deutschen Provinzen Österreichs an Deutschland fallen.'‹

Clemenceau: ›Abgesehen von meinen freundschaftlichen Gefühlen für Österreich – ich würde meine Gefühle niemals, wenn es um mein Land ginge, in den Vordergrund stellen – habe ich auch vom Standpunkt eines französischen Politikers stets ein freies und unabhängiges Österreich gewünscht. Denn Österreichs Freiheit ist von absolut vitaler Notwendigkeit für Frankreich als Gegengewicht für Bismarck.‹ Der Kronprinz: ›Deutschland wird es niemals verstehen, welch ungemeine Bedeutsamkeit und Weisheit es ist, die Deutsche, Slawen, Ungarn, Polen um die Krone gruppiert. Der Staat der Habsburger hat längst, wenn auch in Miniaturform, Victor Hugos Traum der ‚Vereinigten Staaten von Europa' verwirklicht. Österreich ist ein Staatenblock verschiedenster Nationen und verschiedenster Rassen unter einheitlicher Führung. Jedenfalls ist das die grundlegende Idee eines Österreich und es ist eine Idee von ungeheuerster Wichtigkeit für die Weltzivilisation. Und wenn auch vorläufig die Ausführung dieser Idee, um mich diplomatisch auszudrücken, nicht vollkommen harmonisch ist, so will das nicht besagen, daß die Idee selbst falsch ist. Es besagt nur, daß eine solche Idee im liberalsten Sinn Harmonie und Gleichgewicht sichern müßte ... Deshalb müßte meiner Meinung nach Österreich mit den westlichen Demokratien zusammengehen. Denn dort herrscht noch wahrer Liberalismus – persönliche Freiheit, Verachtung der Rassenidee und des Rassenhasses.‹

Clemenceau: ›Bismarck hält diese Eigenschaften für Schwäche. Er ist gewiß ein Genie. Aber den preußischen Junker, der in ihm steckt, wird er nie überwinden. Übrigens ist seine Politik Österreich gegenüber nicht ganz durchsichtig. Weshalb, wenn er ein starkes Österreich als Bundesgenossen wünscht, dachte er daran, uns einen Tausch anzubieten? Metz und Lothringen gegen die deutschen Provinzen Österreichs? Andererseits, warum versuchte er mit aller Kraft, Österreich in diese verrückte Ostpolitik hineinzutreiben?‹

Der Kronprinz: ›Unsere Balkanpolitik! Unsere Mission, die leider von Frankreich und England oft mißverstanden wird. Und doch ist es unsere schönste Mission, Kultur nach dem Osten zu tragen. In Frankreich ahnt man nicht, welches Werk wir in den letzten 8 Jahren seit der Okkupation in Bosnien vollbracht haben. Diese Okkupation, die Frankreich und England uns noch immer nicht verzeihen! Was ich ‚pénétration pacifique' nenne – diese Aufgabe zu erfüllen ist mein schönster Traum. Aber Rußland steht drohend dazwischen. Das betrunkene drohende Rußland, welches die Balkanvölker in Barbarei und Finsternis geknebelt haben will, um sie, wenn es ihm gefällt, gegen uns loszulassen.‹

Clemenceau: ›Auch da könnte ein wirkliches Verstehen zwischen uns und England gute Früchte tragen. Denn was hindert England, mit Eurer Balkanpolitik einverstanden zu sein? Nur daß England sich indirekt von Deutschland bedroht fühlt. Eine enge österreichisch-deutsche Allianz, die von der Nordsee und dem Baltischen Meer bis zum Mittelmeer und dem Schwarzen Meer reichen würde, dies scheint für England die deutsche Drohung noch drohender zu machen.‹

Der Kronprinz: ›Der Prinz von Wales ist mir freundschaftlich gesinnt. Wir sehen uns oft, viel Gemeinsames verbindet uns und er kommt gerne zu mir nach Wien. Ich weiß es bestimmt, daß, wenn er und ich einmal Englands und Österreichs Thron besteigen werden, England und Österreich zu einem vollständigen Einverständnis kommen müssen. Möge unsere Unterredung zu einem Zusammenwirken und zu einem harmonischen Verständnis zwischen unseren drei Ländern führen[57].‹«

Daß diesem bedeutungsvollen Gespräch, das sowohl in Wien wie in Berlin unbekannt blieb, Briefe und weitere Begegnungen zwischen Rudolf und Clemenceau folgten, in der diese Ideen weiter ausgesponnen wurden, ist nicht unwahrscheinlich. Clemenceau vernichtete kurz vor seinem Tod seine gesamte Privatkorrespondenz und damit wohl auch diese Spuren[58]. Aus dieser einzigen Gesprächsaufzeichnung wird aber die Bedeutung dieser Beziehung hinlänglich deutlich, ebenso auch die ehrliche Bemühung des Kronprinzen, Bundesgenossen und Freunde im Westen zu finden und Wege vorzubereiten, auf denen er später einmal, zur Regierung gelangt wie seine liberalen Freunde Eduard VII. in England und Friedrich III. in Deutschland, sein Ziel erreichen könne, einen toleranten, liberalen Vielvölkerstaat, die »Vereinigten Staaten von Europa« im kleinen, dem als Aufgabe die friedliche Kultivierung des Balkans zugedacht war, unter den wohlwollenden Augen der Westmächte.

Rudolfs Beziehungen zu Frankreich gingen sicherlich über die Bekanntschaft mit Clemenceau, einigen französischen Wissenschaftlern und Journalisten weit hinaus und verstärkten sich in den nächsten Jahren, bis zum Höhepunkt seiner Haßgefühle gegen Wilhelm II., der gleichzeitig ein Höhepunkt von Rudolfs Liebe zur Republik Frankreich war. Dunkle Hinweise auf eine Verbindung des Kronprinzen mit dem französischen Außenminister Goblet kurz vor seinem Tod, manche nach heutiger Quellenlage noch rätselhafte Aktivitäten Rudolfs in seinen letzten Lebensmonaten und -wochen deuten immer wieder auf Frankreich und Verstrickungen politischer Art hin, die gefährlicher kaum gedacht werden können. Denn Bismarck regte sich schon über die kleinste Tratscherei, daß es Beziehungen zwischen dem österreichischen Kronprinzen und Clemenceau gebe, maßlos auf, wie aus vielen seiner Randbemerkungen zu Berichten aus Wien zu erschließen ist: »Wenn irgend etwas unsere Beziehungen zu Österreich lähmen kann, so ist es Kokettiren mit Frankreich[59].«

Der Neunjährige

Der Zwölfjährige 1871

Der Vierzehnjährige 1873

Der Siebzehnjährige 1876

Joseph Latour von Thurmburg und sein Gegenspieler, Erzherzog Albrecht

Joseph von Zhisman *Carl Menger*

Als lebenslustiger Offizier in Prag: Porträt Rudolfs von Hans Canon 1879.

Kronprinz Rudolf in den Brehmschen Vorlesungen 1878.

7. Kapitel

Repräsentation für Wissenschaft und Gewerbe

Je mehr freimütige Äußerungen des jungen Kronprinzen in die Öffentlichkeit gelangten, desto mehr weitete sich die Diskrepanz in der Beurteilung Rudolfs: einerseits zog er sich den leidenschaftlichen Haß des Hochadels, der Antisemiten, der Christlich-Sozialen (damals noch nicht in einer Partei formiert und von Rudolf mit dem Begriff »Klerikale« versehen) und jeder Art von Nationalisten zu, andererseits sahen die Liberalen, die Intelligenz-Bourgeoisie und die von ihr getragene liberale Presse, die Assimilations-Juden, Nicht-Katholiken, Gegner des Taaffe-Regimes, die alten »Achtundvierziger« und übernational denkenden »Großösterreicher« in ihm den Garanten einer toleranteren, liberaleren Zukunft der Donaumonarchie.

Die Hoffnungen, die schon die Jugendjahre Rudolfs begleitet hatten, allein durch die Tatsache genährt, daß sich in dem Knaben ein wacher Geist regte und seine Lehrer Liberale waren, nahmen mit jeder offenherzigen politischen Äußerung des Kronprinzen in einem solchen Ausmaß zu, daß er immer wieder gezwungen war, darauf hinzuweisen, daß er in der Politik wie in der Wissenschaft nichts als ein uninformierter, doch interessierter Dilettant sei. Die häufigen verbitterten Klagen darüber, daß »Man« (womit der Kaiser gemeint war) »nie ein Wort über Politik gesprochen« habe, daß er ohne politische Betätigung und Einfluß, ja selbst ohne Informationsmöglichkeit sei und seine private Meinung deshalb von geringem Wert sei, sollten übereilige Anhänger bremsen.

Andererseits spornte der Umgang mit Gelehrten, Schriftstellern und Politikern den jungen Kronprinzen ständig an, sich weiterzubilden, zu lernen, sich des Vertrauens würdig zu erweisen. Für höfische Feste, auch für die in der Makartzeit beliebten aristokratischen Spielereien wie Kostümfeste, Karussells mit Pferden hatte er nichts als Verachtung übrig: »Man macht sich in unserer so ernsten Zeit nur lächerlich, wenn man sich durch Monate mit dergleichen Costümfexereien beschäftigt.« Statt dessen zeigte Rudolf größtes Interesse an den Naturwissenschaften, aber auch an den neuen Erfindungen, vor allem der Elektrizität, und bemühte sich nach Kräften, die Neuigkeiten in Wien bekannt zu machen.

Rudolfs Eröffnungsrede zur Elektrischen Ausstellung 1883 in der Rotunde wurde in Wien als Programm für eine moderne, wissenschaftsfreudige Zukunft Österreichs aufgefaßt (und war auch so gemeint): »Der Verwertung einer mächtigen Naturkraft durch wissenschaftliche Arbeit und der Ausnützung derselben für das tägliche Leben neue Bahnen zu brechen ist der Zweck dieses Werkes. Nicht dem Momente blühte der volle Erfolg, die Zukunft ist eine große; – und eine weitreichende, kaum zu berechnende Umwälzung, tief eindringend in das gesammte Leben der menschlichen Gesellschaft steht bevor.« Es folgte ein Lob für Wien, das zwar nicht die erste (Paris und München waren mit ähnlichen Ausstellungen vorangegangen), wohl aber die größte elektrische Ausstellung aufgebaut hatte: »Ist es denn nicht unsere Vaterstadt, aus welcher Preschels Zündhölzchen im Jahre 1833 hervorging, das alte, der Steinzeit würdige Feuerzeug für immer verdrängend? Und die Stearinkerze, hat sie nicht von Wien aus im Jahre 1837 ihren Weg durch die ganze Welt gemacht? Ja selbst die Gasbeleuchtung der Straßen, die große Umwälzung im städtischen Leben wurde vom Mährer Winzer in Wien ausgedacht und erst dann in England eingeführt. Nun stehen wir an einer neuen Phase in der Entwicklungsgeschichte des Beleuchtungswesens; auch diesmal möge Wien seinen ehrenvollen Platz behaupten und ein Meer von Licht strahle aus dieser Stadt und neuer Fortschritt gehe aus ihr hervor[1].«

Die Wirkung dieser ersten großen Rede des Kronprinzen in Wien war ungeheuerlich – vor allem in der liberalen Presse. Die Gattin des belgischen Botschafters de Jonghe schrieb nach Brüssel: »Die Zeitungen sind von der Rede begeistert. Man will in ihr eine Neigung sehen, dem Bürgertum einen Ehrenplatz einzuräumen und ihm den Geistesadel zuzuerkennen. Ich fürchte, daß er unter dem

Einfluß seines Freundes Hans W(ilczek) zu weit gehen wird und wir mit der Zeit den Pariser Liberalismus bei uns sehen werden[2].«
Am Tag der Eröffnung erschien im »Neuen Wiener Tagblatt« ein Leitartikel aus Rudolfs Feder, ein Preislied auf den Fortschritt des 19. Jahrhunderts, der Märchenträume aus 1001 Nacht wahr machte: »Tausend und ein Tag«: »Die Siebenmeilenstiefel sind durch unsere Lokomotiven überholt, unsere Botschaften in die Ferne werden mit größerer Geschwindigkeit durch die Bewegung der Elektrizität getragen, als es der dienende Geist des Märchens gethan, und jenes geheimnisvolle, dabei aber blendendhelle Licht, das in den unterirdischen Feenpalästen dem glücklichen Aladin gestrahlt, es fluthet aus allen Räumen des eisernen Kuppelgewölbes, das zu einem Wahrzeichen unserer Stadt geworden ist.
Das aber ist der Unterschied zwischen dem alten phantastischen Märchen und seiner Verwirklichung im 19. Jahrhunderte: Die Siebenmeilenstiefel gehörten nur einem Einzigen, und sie konnten nur Einem gehören, ob er sie nun durch die Gunst übermenschlicher Wesen, oder durch List und Gewalt sich angeeignet ... Der einzelne Mensch *erträumte* für sich allein jene Zaubersachen zu seinem eigensten Gebrauch, Vortheil und Genuß, um sich allen anderen Menschen gegenüber überlegen zu fühlen. Törichtes Träumen des naivsten und zugleich schrankenlosesten Egoismus. Was der einzelne Mensch aus dem Boden der Thatsachen wirklich erschafft, das gehört sofort nicht ihm allein, das wird zum Gemeingut aller anderen Menschen, das gehört zum Gebrauch, zum Vortheil und zum Genuß der ganzen Menschheit. Das Märchen ist ein aristokratischer Traum; seine Realisierung durch die Forschung und die daran sich knüpfende Erfindung ist demokratische Wirklichkeit[3].«
Szeps nützte das Protektorat des Kronprinzen über die Elektrische Ausstellung für einen Reklamegag: er druckte während der Ausstellung auf einer der neuen elektrischen Rotationsmaschinen die Eröffnungsrede Rudolfs und ließ sie an die Besucher als Erinnerung verteilen. Stolz berichtete Szeps dem Kronprinzen, die Maschine habe am Eröffnungstag nicht weniger als 32 000 Exemplare gedruckt. Die Wirkung solcher massiven Werbung blieb bei Rudolfs Feinden nicht aus. Rudolf an Szeps: »Graf Taaffe kommt morgen

früh hier an; er wollte nicht bei der Eröffnung sein; vom Adel war niemand da; wollen Sie darüber ein Feuilleton? Ich bin bereit; ließe sich unterhaltend wiedergeben. Erzherzog Albrecht verzog das Gesicht auf das entsetzlichste, als ich mit Ihnen sprach und als er die Vervielfältigung der Rede in Händen des ›Tagblatt‹ sah[4].«
Das angekündigte Feuilleton Rudolfs über das mangelnde Interesse des Adels am wissenschaftlichen Fortschritt ist im Manuskript erhalten. Bissig stellte Rudolf darin den »geistigen Adel« der Bürgerlichen und Arbeiter dem ererbten Adel gegenüber: »Der dritte und vierte Stand, die Männer geistiger und auch jene körperlicher Arbeit, letztere durch erstere in ihrem Thun und Wirken angeleitet, haben sich hier wieder ihr Heim aufgeschlagen und nicht zu kühn ist es zu sagen, der geistige Adel feiert sein Fest in der Rotunde, dem Wahrzeichen Wiener Fortschrittes. Auch einen anderen Adel giebt es und dieser will auch nicht nur in prunkenden Salons, am Spieltisch und bei den vielartigen ihm ›ererbt angeborenen‹ Passionen glänzen, sondern in der Werkstätte der arbeitenden Menschen seine Leistungen zeigen ... Darum kann es uns nicht wundern, daß diesmal, wo sie ihrem ursprünglichen Zwecke gedient hat, unser Hochadel durch volle Abwesenheit glänzte, doch das ist keine ganz neue Erscheinung. Das blaue Blut circulirt nicht leicht in den Gängen einer Ausstellung, die der Industrie und dem Fortschritt dient; es muß wohl edlere Bahnen aufsuchen[5]« (womit natürlich Pferderennbahnen gemeint waren).
Rudolf führte voll Eifer und Stolz Gäste durch die Rotunde und bemerkte triumphierend, wenn sich der eine oder andere blaublütige Besucher recht ahnungslos über die neuen Erfindungen zeigte, so König Alfonso von Spanien. Rudolf erzählte Szeps: »Ich nannte ihm eine Induktionsmaschine und er verstand offenbar Injektionsmaschine und sagte mir ganz verwundert: ›Also mit solchen kolossalen Spritzen wird jetzt *das* kuriert?‹, worüber ich so lachte, daß ich fast zehn Minuten mit ihm nicht mehr sprechen konnte[6].«
Mit Demonstrationen für Wissenschaft und Fortschritt wollte der Kronprinz seine Existenzberechtigung beweisen: »Bei uns werden von Seite des Hofes wenig Anstalten und Fabriksetablissements etc. etc. angesehen und man beschäftigt sich in hohen Kreisen wenig mit

dergleichen Dingen. In Preußen und England geschieht viel mehr, und was gethan wird, erhält doch auch in journalistischem Wege den gehörigen erläuternden Text. In einer Zeit, wie es die jetzige ist müssen Mitglieder von Dynastien sich viel zeigen und viel arbeiten, um die Existenzberechtigung zu beweisen. Aus diesem Anlasse wollen meine Frau und ich in diesem Winter viele Etablissements, Schulen und Fabriken besuchen, außerdem habe ich ja meine große militärische Thätigkeit, die mir sehr viel zu thun gibt; es gibt ja auch andere Erzherzoge, die viel, oft mehr als Prinzen in anderen Ländern, arbeiten, nur erfährt es bei uns niemand, dank dem unheilvollen Grundsatz, jede Fühlung mit der Presse ängstlich vermeiden zu müssen. Es wäre gut, wenn die Leute durch Ihr Blatt erfahren würden, was wir, meine Frau und ich, immer thun; damit man uns nicht auch für unnütze Schmarotzer halte[7].«

Kurze Zeit vorher hatte Szeps dem Kronprinzen ein Pamphlet zugespielt, in dem es wenig enthusiastisch aus Anlaß der bevorstehenden Geburt der Erzherzogin Elisabeth geheißen hatte: »Ekelhaft ist das Treiben dieser Mamelucken bei dem ›freudigen Ereignisse‹, wo sich niemand freut als das privilegierte Diebsgesindel in Frack und Uniform. Wer sollte sich auch freuen. Gewiß nicht das Volk. Der Schwindel kostet wieder einige Millionen Gulden und das Volk hat kaum trockenes Brot für seine Kinder. Wie viele Tausende fleißiger und nützlicher Frauen sehen mit Kummer und Sorge der Stunde ihrer Entbindung entgegen, nehmen sich das Leben oder werden zu Mörderinnen ihrer eigenen Kinder aus Hunger und Nahrungssorge und da sollte das Volk in freudiger Stimmung sein, weil ein Frauenzimmer, das zufällig einen gekrönten Tagdieb – dessen ganzes Verdienst darin besteht, daß er nicht mit langen Ohren und graubehaartem Fell zur Welt gekommen – geheiratet hat und seit fast zwei Jahren schwanger sein soll? – Lächerlich!« Das Flugblatt schloß mit dem Aufruf: »Nieder mit allen Tyrannen und ihren Schergen! Nieder mit allen Ausbeutern und Volksbetrügern[8]!«

Im Vollgefühl seiner rastlosen Arbeit in dieser Zeit konnten dem Kronprinzen solche Anwürfe nichts anhaben. Sein Überlegenheitsgefühl gegenüber den Aristokraten war in den frühen achtziger Jahren unerschütterlich: »Das sind Leute, die im höchsten Grad ungebildet und unwissend sind, und wahrhaftig wenn eine furchtbare soziale Katastrophe hereinbräche, so bilde ich mir ein, daß ich selbst, der ich etwas gelernt habe, mit meiner Feder oder im Kontor oder in irgendeiner Weise mir ein Stück Brot würde verdienen können. Aber diese Hocharistokraten, weil sie unwissend sind, würden nicht in der gleichen Lage sein, und da sie körperlich zu schwach sind, um als Holzhacker oder Steinklopfer zu arbeiten, so würden sie bei einer solchen Umwälzung einfach verhungern müssen[9].«

Mit ähnlichem Eifer wie für die Elektrische Ausstellung widmete sich Rudolf auch anderen repräsentativen Aufgaben auf dem Gebiet der Wissenschaft, so 1884 dem Internationalen Ornithologischen Kongreß. Alle seine ornithologischen Korrespondenzpartner waren anwesend, Girtanner aus der Schweiz, Gustav Radde aus Tiflis, Homeyer aus Deutschland, A. B. Mayer und Otto Finsch.

Sichtlich erfreut und geschmeichelt, als einer der Ihren anerkannt zu sein, rühmte Rudolf in seiner Eröffnungsrede »die Naturwissenschaften mit ihren klaren realen Thesen, mit ihrer Erforschung der Naturgesetze, mit ihrer Nutzbarmachung der Naturkräfte«. Sie »haben diesem Jahrhundert ihren Stempel aufgedrückt und unter dem Zeichen wahrer, weil wissenschaftlich begründeter Aufklärung dringen sie siegreich vor, die Forscher gleichviel ob ihre Werkstatt aufgeschlagen ist in hoher Sternwarte, im chemischen Laboratorium, im Secirsaale, in der Studirstube oder im Wald draußen bei der Beobachtung des Lebens, Schaffens und Vorgehens in der Natur[10]«.

Die »Neue Freie Presse« betonte in ihrem Bericht über Rudolfs Ansprache, sie sei wie ein »Protest gegen die den Naturwissenschaften feindliche Richtung, die auf manchen Gebieten unseres öffentlichen Lebens mittelbar und unmittelbar[11]« wahrzunehmen sei.

Rudolf setzte sich auch für die Gewerbeausstellung in Antwerpen ein und schärfte dem Präsidenten des Gewerbevereins ein, »unsere Industrie müsse alles aufbieten, um im Wettbewerb der Völker ruhmreich zu bestehen. Der Kronprinz nahm an der Ausstellungseröffnung teil und ertrotzte gegenüber den die Etikette hochhaltenden Hofschranzen, daß sein Gefolge ausschließlich aus hervorragenden Persönlichkeiten der Industrie, des Kunstgewerbes und der Wissenschaft bestand[12].«

Schließlich bestätigte der Kronprinz alle liberalen Hoffnungen mit dem zündenden Satz 1887 bei der Eröffnung der Hygiene-Ausstellung: »Das kostbarste Kapital der Staaten und der Gesellschaft ist der Mensch«, ein Satz, der im Leitartikel des »Wiener Tagblatt« präzisiert wurde: »Aber es drängt sich doch als ein Widerspruch auf, wenn wir einerseits das kriegerische, von Waffen starrende Europa sehen, und dann wieder das Europa, das auf dem hygienischen Kongresse sich versammelt hat. Wo ist denn die Wahrheit der Gegenwart zu suchen, wo spricht sie ihr letztes Wort, dort, wo sie in furchtbaren Rüstungen ihre Kräfte aufzehrt und Alles für das Blutvergießen der Zukunft vorbereitet, oder dort, wo sie den Pflichten der Selbsterhaltung, den Geboten der Humanität zu genügen und die Volksgesundheit zu schützen sucht[13]?«

Soweit es in seiner Macht stand, intervenierte der Kronprinz für wissenschaftliche Zwecke, gab sich aber wenig Illusionen über die Wirksamkeit seiner Interventionen hin. Ein gutes Beispiel für die Stellung des Kronprinzen am Hof ist sein jahrelanges Engagement für den Rudolfinerverein. Dieser Verein war von Wiens großem Mediziner Theodor Billroth mit dem Ziel gegründet worden, an einem eigenen kleinen Krankenhaus (dem noch heute bestehenden Rudolfinerhaus) Pflegerinnen für den Kriegsfall auszubilden. Die Krankenpflege lag damals noch sehr im argen, was sich vor allem im Krieg von 1866 katastrophal ausgewirkt hatte. Billroth wollte nicht, wie es bisher üblich war, geistliche Schwestern einsetzen und damit unter Kontrolle der Kirche arbeiten, sondern Laienschwestern ohne Rücksicht auf ihre Religion.

Die beiden führenden Philanthropen der Zeit, Hans Wilczek und Jaromir Mundy, engagierten sich für den Verein. Der Kronprinz übernahm 1878 das Protektorat. Das Unternehmen bot, wie es heute scheint, keine Ursache zu Konflikten. Doch klagte Rudolf gegenüber Billroth: »Der Verein hat sehr viele Feinde, das weiß ich wohl und bekam es genug oft zu hören; und leider in sehr maßgebenden Kreisen wird Propaganda dagegen gemacht; man kämpft, mit sehr einfachen, aber höchst unlauteren Mitteln. Die Schlagworte Freimaurerverein und antireligiöse Tendenz sind sehr leicht auszusprechen, und Beweise, um die kümmern sich eben gewisse Leute nicht. Wie ein Verein, der rein humanitäre Zwecke, die Linderung der notleidenden Menschheit, verfolgt und nebst dem unter meinem Protektorat steht, auch staatsgefährliche Intentionen in sich schließen kann, das ist mir nicht ganz klar, doch wie wir sehen, kann man auch den größten Unsinn wirksam verwerten[14]!«

Außerdem wurde 1880 die Österreichische Gesellschaft vom Roten Kreuz gegründet, deren Protektor der Kaiser, de facto aber sein Stellvertreter, Rudolfs alter Feind Erzherzog Karl Ludwig, war. Aus den weltanschaulichen Gegensätzen und den Rivalitäten der beiden Vereine erwuchsen ständige Spannungen, die auch die Presse ausgiebig beschäftigten.

Die Rivalitäten brachen nach dem Aufstand von Crivoscie, als es viele Verwundete zu versorgen gab, erneut auf. Fürstin Pauline Metternich warb in Ordenshäusern Pflegerinnen, um sie unter dem »Banner des Roten Kreuzes« nach Bosnien zu senden. Rudolf konterte: »Wie wäre es, wenn jetzt der Krankenwärterinnenverein sich auch wieder rühren würde, um in der Tat Gutes zu leisten und zugleich den Beweis zu liefern, daß die düsteren clericalen und reactionären Strömungen zurückzuschrecken und einzuschüchtern nicht in der Lage sind. Diese Aufrufe der Fürstin Metternich sind aristokratische Spielereien, und wahrscheinlich wird das Ganze mit einer Theatervorstellung oder mit sonst einem Fest endigen. Das Rote Kreuz wurde zu Parteizwecken benützt und in Dingen, die keinen anderen als den rein humanitären Standpunkt vor Augen haben sollten, wird clericale Politik getrieben. Unser Verein wird verfolgt, weil keine Nonnen dabei sind und einige nicht als fromm angeschriebene Namen an der Spitze stehen[15]!«

An Ministerpräsident Graf Taaffe schrieb der Kronprinz einen langen Brief mit der Bitte, »die Bestrebungen dieses Vereines kräftig zu unterstützen«. Er glaubte sich rechtfertigen zu müssen: »Den Herren, die an der Spitze stehen sowie dem Vereine liegt es keineswegs im Sinne, antikirchliche Zwecke zu verfolgen, und was die grauen Schwestern betrifft, so sind die leitenden Persönlichkeiten aus eigener Erfahrung über die außerordentlichen Eigenschaften derselben sich wohl bewußt; nur ist für die jetzigen Verheerungen eines modernen Krieges die Zahl der barmherzigen Schwestern eine zu geringe und der Verein der Krankenwärterinnen muß als eine Wohltat angesehen werden[16].«

Dieser engagierte Brief an den Ministerpräsidenten bewirkte zwar einige Versprechungen, aber hauptsächlich eine Verärgerung Taaffes. Ein zweites Mal wagte der Kronprinz es nicht, sich für den Verein bei Taaffe einzusetzen. Er schrieb resigniert an Billroth: »In militärischen Dingen bin ich einfacher Brigadier; ist ein Wunsch, den ich in solchen Angelegenheiten dann vorbringe, unbequem, so kehrt man einfach diesen Standpunkt hervor, das habe ich schon öfters erfahren müssen. Im Ganzen ist man, wie Sie wissen, nicht sehr erfreut über meine lebhafte Beteiligung an den Angelegenheiten der Rudolfiner; in nicht militärischen Dingen hingegen genügt eine kurze Antwort, um mich zum Schweigen zu bringen. Und in der Tat darf ich mich dann nicht mehr rühren und helfe somit dem Verein gar nichts[17].«

Wie bei so manchem Anlaß war der Kronprinz auch diesmal wieder nicht nur mit Taaffe, sondern auch mit der »klerikalen« Hofpartei des Erzherzogs Karl Ludwig zusammengestoßen.

Betont werden muß aber, daß er zwar immer überscharf gegen die »Klerikalen«, nie aber gegen die Kirche Stellung bezog. So war er seit 1880 rühriger Protektor des »Wiener Dombauvereins« und arbeitete sowohl mit dem Wiener Erzbischof Kutschker als auch mit dessen Nachfolger Ganglbauer (beide allerdings als »liberal« geltende Kirchenmänner) in herzlichem Einvernehmen.

Als einer der heftigsten Kritiker trat Rudolf beim Ringtheaterbrand 1881 hervor, wo 300 Menschen in den Flammen umgekommen waren, weil die Feuerschutzmaßnahmen mangelhaft waren. Die liberalen Zeitungen machten Taaffe, der ja auch Innenminister war, heftige Vorwürfe. Der Kronprinz schloß sich ihnen unmißverständlich an.

Graf Hübner kritisierte in seinem Tagebuch die oppositionelle Haltung des Kronprinzen: »Der Kronprinz beteiligte sich am Chor der Zeitungen, die Taaffe der Unfähigkeit und Sorglosigkeit beschuldigten und ihn als den wahrhaft schuldigen bezeichnen und da-

durch versuchen, den Kaiser zu depopularisieren. In den Kaffeehäusern schimpft man über die Abwesenheit des Kaisers, als wäre es ein in die Massen geschleudertes mot d'ordre[18].«
Rudolf und seine liberale Umgebung kritisierten aber nicht nur. Aus ihrem Kreis kam, ausgehend von der Ringtheaterkatastrophe, der Plan, die Freiwillige Wiener Rettungsgesellschaft zu gründen. Hans Wilczek und Jaromir Mundy setzten mit großzügigen Spenden und in harter Kleinarbeit den Plan in die Tat um, selbstverständlich wiederum von der Hofpartei angefeindet, ein »Freimaurerverein« zu sein, bei dem zu viele Juden verkehrten.
Im Lauf der Jahre nahm so gut wie jeder der öffentlichen nichtmilitärischen Auftritte des Kronprinzen den Charakter einer Demonstration an. Rudolf wich den Konflikten nicht aus. Es hat den Anschein, als suchte er sie geradezu. Er verhielt sich stets parteiisch, kaum jemals diplomatisch und brachte in das streng geordnete, jede Spontaneität unterdrückende, sich unparteiisch gerierende, aber in Wirklichkeit klerikal-konservative Hofleben nicht wenig Verwirrung. Rudolf war das, was der Kaiser zeit seines Lebens nicht ausstehen konnte: ein Vielredner, Vielschreiber, Intellektueller, Liberaler und ein erbitterter Gegner der Hofpartei.
Als Beispiele können sogar Rudolfs Ballbesuche herangezogen werden, so wenn er sich den hochadeligen Festivitäten möglichst fernhielt, aber andere Bälle auszeichnete, wie den Lloydball in Triest und den Concordia-Presseball 1884.
Der Presseklub Concordia war (und ist) die Vereinigung österreichischer Journalisten, die offizielle Vertretung vor allem der Wiener Presse. Der Verein galt in den achtziger Jahren als liberal, »verjudet« und wurde in einem zeitgenössischen Agentenbericht geschildert »als so von Freimaurern durchtränkt, daß man ihn als faktische Logen-Affilation ansehen kann[19]«.
Der Schriftsteller Carl Emil Franzos erzählte: »Jener Abend nun war vollends der glänzendste, den der Verein bisher erlebt hat. Die Nachricht, daß der Kronprinz erwartet werde, hatte sich von Mund zu Mund verbreitet und die gewaltigen Räume trotz des hohen Eintrittspreises Kopf an Kopf gefüllt ... Ein Habsburger, und nun gar der Thronerbe, sollte aus den Grenzen der starrsten Hofetiquette,

die derzeit noch in Europa aufrecht erhalten wird, heraustreten, den Ball der Presse besuchen und diesem viel befehdeten, in seiner sozialen Geltung noch lange nicht gefestigten Stande ein Zeichen seiner besonderen Wertschätzung geben; das klang an sich seltsam genug. Nun hatten sich zudem gerade damals die Beziehungen zwischen der Regierung und der Wiener Presse überaus scharf zugespitzt. Die meisten Wiener Zeitungen standen in der schärfsten Opposition gegen das herrschende Ministerium Taaffe, das zu jener Zeit längst offenkundig im Fahrwasser der Slawen, Klerikalen und Föderalisten segelte ... Kam nun der Kronprinz wirklich, so sah dies, wie immer es gemeint war, einer Demonstration gegen das Ministerium gleich, über deren Schärfe sich niemand täuschen konnte.
Nun, er kam endlich. Um elf Uhr durchbrausten Hochrufe den Saal, die Musik spielte die Volkshymne, als er ... den Saal betrat. Rasch war ein Spalier gebildet, durch das er der Estrade zuschritt ... Noch ehe wir den Prinzen sehen konnten, wußten wir, in welcher Uniform er erschienen war. ›In Gala‹, ging das freudige Flüstern von Mund zu Mund, ›mit dem Goldenen Vlies!‹ – und die Hochrufe klangen noch lauter. In der Tat war es kein Zufall, sondern gute Absicht, daß der Prinz diesmal die Galauniform eines Generals und die höchsten Orden des Reichs angelegt hatte, es sollte eine besondere Ehrung der Presse sein, die Bedeutung des Besuchs erhöhen. Und nun schritt er die Treppe zur Estrade empor, auf die wir ihm folgten. Als er oben, der ganzen Versammlung sichtbar, dastand, brachen die Tausende in neuen Jubel aus, wie ich ihn gleich stürmisch kaum je gehört habe. In das gebräunte Antlitz des Prinzen stieg eine dunkle Röte und schlug über die Stirn empor; die hellen Augen leuchteten auf, ein stolzes Lächeln huschte über die scharf geschnittenen beweglichen Züge. Dann hob er leicht abwehrend und dankend zugleich die Hand, und die Vorstellungen begannen.«
Vorgestellt wurden dem Kronprinzen die Chefredakteure der Wiener Blätter, diese vom Erzherzog Albrecht so gehaßten »Journalistiker« meist jüdischer Herkunft und liberaler Anschauung. Franzos beschrieb den Eindruck, den der 25jährige Prinz auf kritische Leute machte: »Trotz der auffallenden Beweglichkeit der Züge, der

Glieder, vor allem der rechten Hand, war der Eindruck doch ein harmonischer; er hatte die schwere Kunst der Fürsten, zugleich würdevoll und ungezwungen zu erscheinen, vollkommen inne; ohne ein natürliches Talent dazu gelingt dies keinem. Aber noch mehr konnten wir schon an jenem Abend erkennen: seine Gewandtheit in der Konversation, seine Klugheit und Geistesgegenwart. Wer Gelegenheit gehabt hat, wiederholt aus nächster Nähe zu beobachten, wie hohe Herren Cercle halten, wird schwerlich behaupten, daß dies immer ein erfreulicher Anblick ist.«

Franzos schilderte, wie der Kronprinz auf jeden der Redakteure einging, bei jedem eine andere Tonart anschlug: »Mit dem Herausgeber der ›Neuen Freien Presse‹, Dr. Bacher, konversierte er, wie etwa mit dem Botschafter einer Großmacht, ungemein verbindlich, aber doch reserviert, mit dem dicken, gemütlichen Hügel von der ›Vorstadtzeitung‹ zwanglos, das Hochdeutsch mit wienerischen Ausdrücken durchsetzt, aber herablassend wie etwa mit einem Wiener Großfuhrmann. Bei einer dieser Vorstellungen, die Weilen [der Präsident der Concordia] mit gewohnter Grandezza vornahm, konnten die Umstehenden kaum ein Lächeln unterdrücken. ›Gestatten, Kaiserliche Hoheit, der Herausgeber des ‚Neuen Wiener Tagblatt', Herr Moriz Szeps . . .‹ Der Prinz benahm sich in der heiklen Situation sehr gewandt; er fragte auch Szeps nach dem Verleger des Blattes und ob er seine eigene Druckerei habe, aber dabei spielte ein herzliches Lächeln um seine Lippen, und der Blick, mit dem er die Umstehenden streifte, schien zu sagen: ›Aber das geht einmal nicht anders, wenn man Kronprinz ist.‹«

Nach den Chefredakteuren hatte sich Rudolf drei Schriftsteller zur Vorstellung gewünscht: Ludwig Anzengruber, der mit seinen antiklerikalen und freigeistigen Stücken (»Der Meineidbauer«, »Die Kreuzelschreiber«) nicht wenige Feinde hatte; die beiden anderen waren Juden: Karl Emil Franzos und Eduard Mauthner.

Franzos: »Der Prinz reichte jedem von uns die Hand und wandte sich zunächst an Anzengruber. ›Wie freue ich mich‹, sprach er lebhaft und herzlich auf den Dichter ein, der dunkelrot mit gesenktem Haupte, in sichtbarer Befangenheit dastand und sich ab und zu durch den mächtigen Bart fuhr. ›Verzeihen Sie, wenn ich gleich

nach etwas frage, was mich schon lange interessiert. Ihre Werke geben darauf keine Antwort. Sie sind ein geborener Wiener, leben in Wien, nicht wahr? Und dennoch schildern Sie nicht Großstädter, sondern Bauern.‹ Anzengruber strich sich durch den mächtigen Bart. ›Kaiserliche Hoheit‹, sagte er langsam und bedächtig, ›so genau weiß man das selber nicht. Jeder macht halt, was ihn freut.‹
›Natürlich‹, sagte der Prinz, nun seine Rede wienerisch färbend, ›und daß Sie an Ihren Bauern Freude haben, ist kein Wunder. Das tun wir alle. Aber Sie haben wohl sehr lange auf dem Lande gelebt? Im Gebirge?‹ ›Nein‹, erwiderte Anzengruber, ›gelebt habe ich da nie. Ich bin als Schauspieler ziemlich viel herumgekommen, aber gar so zu Haus bin ich im Gebirge nicht.‹ ›Aber dann machen Sie doch häufig Landpartien?‹ Anzengruber schüttelte lächelnd den Kopf: ›Ein Stubenhocker bin ich‹, versicherte er treuherzig. ›Aber wie ist das möglich‹, rief der Prinz lebhaft, fragte dann aber, was Anzengruber nun arbeite, beantwortete die Mitteilung, daß er derzeit Novellen schreibe, mit einem herzlichen: ›Darauf freu' ich mich schon heut‹, und wandte sich nun zu mir.«
Karl Emil Franzos war in dieser Zeit schon ein recht bekannter Schriftsteller, der die Werke Georg Büchners neu entdeckt und herausgegeben hatte. In seinen Romanen schilderte er das harte Leben galizischer Bauern und Juden und prangerte die Gewalttätigkeiten der herrschenden Schichten an. Er wurde später Mitarbeiter der Hirsch-Stiftung für Galizien.
Im Gespräch beim Concordia-Ball erwies sich der Kronprinz als guter Kenner der Franzos-Schriften und interessierte sich vor allem für die sozialen Zustände in Galizien[20].
Aus dem Ballgespräch entwickelte sich eine nicht intime, aber doch aufrichtige Freundschaft, die Rudolf damit bewies, daß er mehrere Artikel für die von Franzos geleitete »Neue Illustrirte Zeitung« schrieb. Der Verkehr mit Franzos war ebenso zwanglos wie mit anderen journalistischen Freunden. Ottilie Franzos berichtete: Als Franzos »das erstemal in den Schweizerhof beschieden wurde, eilte er vom Bureau nach Hause, um sich in seinen Bratenrock zu werfen. Von da ab kam er, der lächelnden Aufforderung des Prinzen entsprechend, stets im Arbeitsröckel. Es ging überhaupt zwanglos zu

im kronprinzlichen Haushalt[21]«, ein augenfälliger Unterschied zur Umgebung des Kaisers.

Diese Zwanglosigkeit ist auch in Rudolfs Briefen an Franzos zu spüren, in denen es hauptsächlich um Korrekturen, Autorenexemplare und ähnliches ging, wie in diesem: »Lieber Herr Franzos! Beiliegend sende ich Ihnen die Correcturbögen, die ich nochmals durchlas; es ist das Ganze so harmonisch und engelsrein wie ein Gebetbuch; die nächsten Bögen möchte ich aber doch auch durchforschen, ob nicht denn doch irgendwo der Bockfuß hervorblickt. Mit herzlichem Gruß Ihr Rudolf[22].«

Die Reisebeschreibung, auf die dieser Brief anspielte, erschien Juni/Juli 1884 in drei Teilen in der »Neuen Illustrirten Zeitung«: »Einige Tage in Korfu und einige Stunden in Albanien[23].« Die Reihe war prächtig mit Illustrationen ausgestattet und erreichte insgesamt das Ausmaß von sieben ganzen Zeitungsseiten. Der Autor versteckte sich unter dem reich verzierten, vielsagenden Buchstaben »R«.

Diese Artikel unterschieden sich grundsätzlich von denen im »Neuen Wiener Tagblatt«. Stellte sich der Kronprinz hier als Reiseschriftsteller unter einem für Kenner nicht schwer zu erschließenden Pseudonym vor, so schrieb er im »Tagblatt« politische Leitartikel, deren Autor streng geheimgehalten werden mußte.

Gegenüber Franzos, dem deutschfühlenden Juden aus Galizien, beklagte sich der Kronprinz über den seiner Ansicht nach »mangelnden Patriotismus« der Deutschen in Österreich. Franzos: »Er selbst zählte sich keiner Nationalität bei. ›Ich bin ein Österreicher‹, pflegte er zu sagen, ›und fühle mich nur als solcher. Einen anderen Maßstab als den, was die betreffende Nationalität für den Staat wert ist und wie sie sich zum Staate stellt, kann ich nicht anlegen. Dies ist auch der einzige Maßstab, der für einen Habsburger möglich ist.‹ ›Und doch‹, wagte ich einzuwerfen, ›hat Seine Majestät der Kaiser nicht in feierlicher Stunde betont, daß er ein deutscher Fürst sei?‹

Der Prinz machte eine ungeduldige Bewegung; wie denn überhaupt seine erste Regung bei einem Wort des Widerspruchs oder einem freimütigen Wort überhaupt, auch wenn er es provoziert hatte, eine nervöse war. Doch währte das immer nur, wenigstens scheinbar, kaum durch Sekunden. ›Im Sinne eines Bekenntnisses zu einer bestimmten Nationalität also im modernen Sinne, wie ihn erst der Nationalitätenschwindel hervorgebracht hat, ist jenes Wort nicht gemeint gewesen und kann es gar nicht gewesen sein. Natürlich sind wir unserer Kultur nach Deutsche, unserer Abstammung nach sind wir das, was alle alten Dynastien in Europa sind: Mischblut. Damals war übrigens der Schwindel noch gar nicht so im Flor wie heute.‹«

Die Frage des Patriotismus spielte auch bei der Diskussion mit, warum so viele österreichische Schriftsteller ihre Bücher in Deutschland und nicht in Österreich drucken ließen. Rudolf: »Ihr tretet erst dann an österreichische Verlage heran, wenn es mit den Deutschen nicht geht, und da soll dann der österreichische Verlagsbuchhandel florieren. Das ist es, es liegt am Mangel an Patriotismus.« Franzos wandte dagegen einiges ein, vor allem die Auswirkungen der Metternich-Ära. »Wäre damals Österreich mit im vollen Strom des deutschen geistigen Lebens gestanden, so wäre dies gewiß anders gewesen ... ›Na ja‹, wandte er mit etwas nervösem Lächeln ein, ›der Metternich und die Zensur, die beiden Gespenster, werden einem immer vorgehalten, und etwas ist daran.‹« Franzos erinnerte daran, daß zur Zeit Metternichs nur zweitrangige Schriftsteller in Österreich verlegt wurden. »So habe sich die Tradition herausgebildet, daß der österreichische Schriftsteller, der in Österreich verlege, minderwertig sei, und ein Vorurteil gegen das in Österreich erschienene Buch. Daß die fünfziger Jahre nicht geeignet gewesen sind, dieses Vorurteil zu brechen, bedürfe keiner Ausführung. ›Und 1866 auch nicht?‹ fuhr er mit schmerzlicher Bitterkeit ein[24].«

Rudolfs Interesse an der Literatur als Kunst war eher gering. Er bevorzugte Schriftsteller, die mit seiner Weltanschauung übereinstimmten, so auch Peter Rosegger, der wegen seiner judenfreundlichen und liberalen Ansichten von den Schönerianern scharf angegriffen wurde. Der Kronprinz lud den schlichten Lehrer aus der Waldheimat demonstrativ zu einer Lesung nach Abbazia ein.

Rosegger war befangen und aufgeregt und wußte nicht, wie er sich in so vornehmer Umgebung benehmen sollte: »... fiel es mir ein, daß man sich hier nicht gehen läßt, daß man mit dem Sprechen zu warten hat, bis man angesprochen wird und daß man auch dann das nicht sagt, wovon das Herz voll ist, sondern mit anmuthigen Worten nur leicht umherkreiselt, wie das Mailüftchen auf der Oberfläche einer sonnigen See. Eine recht unbehagliche Befangenheit kam über mich, eine Art von Bangnis, wie man sie hat, wenn man in der Einsamkeit ist, von allen Menschen fern und doch vor den Augen leuchtende Nebelgestalten sieht, die man nicht fassen kann. Dieses Gefühl wurde bald zerstreut. Die Gesellschaft gerieth so gemüthlich ins Plaudern ... Das Gespräch drehte sich um die Marine, um Reisen, um naturgeschichtliche Gegenstände aus der Thierwelt, um Volksthümliches in den Alpen, um Lieder und Dialecte; in der deutschen Schriftstellerwelt ergiengen wir uns, besonders erkundigte sich die Kronprinzessin nach Hamerling, wie der Kronprinz sich nach Anzengruber.«

Rosegger: »Im ganzen wird es wohl wahr sein, daß es um die Hofluft ein eigen Ding ist. Man hat in ihr wie auf allen großen Höhen das Gefühl, als athme man zu viel Sauerstoff, man wird leicht berauscht, schwindelig. Man muß sich in solchen Kreisen wohl in Acht nehmen, daß man unbefangen sich treu bleibt. Und Fürsten müssen ein großes Herz haben, wenn sie bei der Kriecherei und Wohldienerei, die sie zu umgeben pflegt, die Achtung vor den Menschen nicht verlieren sollen[25].«

Die öffentliche Demonstration für die Sache der Intellektuellen war seit den Tagen des unglücklichen Erzherzogs Maximilian von keinem Mitglied des Erzhauses so eifrig betrieben worden wie vom jungen Kronprinzen. Sie fiel natürlich vor allem deswegen auf, weil die Atmosphäre am Hof Kaiser Franz Josephs alles andere als kulturell anregend war. Größere Extreme können kaum gedacht werden.

Ausdruck der Hoffnung auf eine wissenschaftsfreundlichere Zukunft war die Verleihung des Ehrendoktorates der Universität Wien an den Kronprinzen 1884. Die Reaktion Rudolfs auf diese auch für einen Erzherzog nicht übliche Würde war zwiespältig. Einerseits freute er sich über die hohe Ehrung von Kreisen, um deren Achtung er seit seiner Knabenzeit geradezu gebuhlt hatte. Andererseits war

ihm klar, daß seine repräsentativen Aufgaben, seine Eröffnungsreden, seine Reisebeschreibungen, sein Wohlwollen für die Sache der Wissenschaft nicht Grund genug waren, um das Ehrendoktorat wirklich verdient zu haben. Ein Mann wie er, der sich brennend gewünscht hatte, ein ordentliches Studium absolvieren zu dürfen und mit einem Doktorat abzuschließen, mußte dieses Ehrendoktorat, das ihm letzten Endes ja doch wegen seiner Stellung als Kronprinz und nicht wegen seiner wissenschaftlichen Leistung zugefallen war, als schmerzlich empfinden, trotz aller Freude über die Ehrung.
Rudolf an den alten Lehrer Krist: »Diese Auszeichnung, welche mir die Wiener Universität ertheilte, hat mich hochgeehrt und herzlich gefreut; das einzige, was mich drückt ist das beschämende Gefühl, durch meine dilettantenhaften Arbeiten und die Geringfügigkeit meiner bisherigen Leistungen im Dienste der Wissenschaft den Doctortitel wohl nicht so recht selbst verdient zu haben. Immerhin wird es für mich ein neuer Sporn sein, der Aufklärung und dem Fortschritt stets zu dienen und für dieselben zu arbeiten, so weit es in meinen schwachen Kräften steht[26].«
Obwohl 1884/85 schon die Politik im Mittelpunkt von Rudolfs Interesse stand und er auch offensichtlich den Ehrgeiz, neue Bücher zu schreiben, aufgegeben hatte (seine »Reisebilder« und die »Spanienreise« liegen als Torso im Nachlaß), bot sich in Wien keinerlei politisches Betätigungsfeld. Da er aber gesund war, viel Arbeit seit jeher gewöhnt war und nie das müßige Leben eines Erzherzogs geführt hatte, suchte er sich eine Aufgabe, die seinen literarischen und politischen Interessen zwar entgegenkam, aber in keiner Weise in die aktuelle Politik eingriff: er plante ein Monumentalwerk über die österreichisch-ungarische Monarchie, eine volkstümliche Enzyklopädie, an der die geistige Elite des Landes unter seiner Ägide mitarbeiten sollte.
Zur Vorbereitung berief Rudolf einige Wissenschaftler als Ratgeber in die Burg, vor allem den Historiker Alfred von Arneth, auch ein Vertreter des vom Kronprinzen bevorzugten Gelehrtentyps: Jahrgang 1819 (also fast vierzig Jahre älter als Rudolf), »Achtundvierziger« und Großösterreicher mit glühendem österreichischem Patriotismus, Biograph Maria Theresias. Im Herrenhaus vertrat Ar-

neth einen deutsch-liberalen Zentralismus und trat auch in der Schulgesetzdebatte immer wieder als liberaler Redner auf. Er berichtete über die Audienz beim Kronprinzen: »Da ich in der letzten Zeit fast immer nur über politische Dinge mit ihm gesprochen hatte, bildete ich mir ein, es werde sich auch diesmal um solche handeln. Schon träumte ich von der Erfüllung meiner lebhaftesten Wünsche, welche darin bestanden, der Kronprinz möge in irgend einer Weise zur Theilnahme an den Staatsgeschäften herangezogen werden. Sein reges Interesse für sie hätte für die Sache selbst und vielmehr noch für seine eigene Person kaum andere als ersprießliche Wirkungen hoffen lassen[27].«

Arneth war enttäuscht, als Rudolf ihm statt dessen seinen Plan vorlegte, ein Volksbuch über die Monarchie herauszugeben, um den Patriotismus und die Vaterlandsliebe in allen Nationalitäten zu fördern. Arneth: »So Feuer und Flamme war der Kronprinz für die Ausführung dieses Projektes, daß ihm meine Aufnahme desselben vielleicht etwas kühl vorkommen mochte. Aber wenn er mir auch, was bei seiner Jugend nicht zu verwundern war, die politische wie die wissenschaftliche Bedeutung des herauszugebenden Werkes allzu hoch anzuschlagen schien, so wäre es doch geradezu thöricht gewesen, ihn in der Verfolgung eines Planes wankend machen zu wollen, von welchem für ihn selbst wie für die Sache, um die es sich handelte, doch nur Erfreuliches zu erwarten war[28].«

Auch Eduard Hanslick, der gefürchtete Musikkritiker der »Neuen Freien Presse«, wurde zu einer Vorbesprechung in die Hofburg gerufen. Er wunderte sich über die persönliche Art der Einladung. Rudolf legte ja stets größten Wert darauf, seine Briefe eigenhändig, nie durch sein Sekretariat, zu schreiben. Das gehörte laut Hanslick »zu jenen ganz modernen und liebenswürdigen Zügen, die ihn auszeichneten ... Der Kronprinz, eine feine, elegante Gestalt, blond, mit freundlich blickenden hellen Augen und sanfter, etwas hoher Stimme, entwickelte mir eingehend seinen Plan ... Er wünsche, ich möchte die ›Musik in Wien und Niederösterreich‹ bearbeiten, außerdem auch sämtliche einschlägigen Aufsätze aus den Provinzen redigieren[29].«

Der alte Freund Wilczek war wieder an der Seite Rudolfs zu finden, ebenso Nikolaus Dumba, der gerade in dieser Zeit von den Schönerianern heftigst bekämpft wurde, da er sich im niederösterreichischen Landtag gegen den Antisemitismus ausgesprochen hatte, »der unserem Zeitalter zur Unehre gereicht, jeder wahren Bildung und Kultur ins Gesicht schlägt und den Namen Österreichs im Auslande kompromittiert[30]«.

Die Entstehungsgeschichte des 24bändigen, erst 1902 abgeschlossenen Werkes »Die österreichisch-ungarische Monarchie in Wort und Bild«, kurz »Kronprinzenwerk« genannt, liegt im Dunkel. Wahrscheinlich kam der erste Plan nicht von Rudolf, sondern von Erzherzog Johann. Ein in Rudolfs Nachlaß erhaltener Entwurf Johanns zeigt, daß zunächst nur an ein ethnographisches Werk gedacht war. Dieser Plan schon dokumentierte die Freude und den Stolz dieser beiden jungen Habsburger über die ethnographische Vielfalt der Donaumonarchie. Hier sollten nicht Deutsche und Ungarn, wie im politischen Alltag der Monarchie üblich, den Ton angeben und möglichst vergessen lassen, daß es auch noch andere Völker innerhalb der Grenzen des Reiches gab: hier sollte ein Volksstamm gleichberechtigt neben dem anderen stehen, die Juden ausdrücklich mit eingeschlossen. Es war sogar besonders hervorgehoben: »ad IX (Bd. Fremde, Juden, Zigeuner) vorurtheilsfrei: Würdigung des Judenthums als Cultur-Element[31]«.

Das Werk sollte den Beweis erbringen, »daß die Monarchie kein Gebilde des Zufalles, sondern der Nothwendigkeit. Verschiedenheit seiner Materie kein Moment der Schwäche (Schweiz), Lebensfähigkeit und Lebensberuf.«

Bei der Planung kam es zu Zwistigkeiten mit Johann, dem immer schwierigen, neidischen, trotz allem aber doch von Rudolf geliebten »enfant terrible« des Kaiserhauses. Johann, der jüngste Bruder des aus Toscana vertriebenen Großherzogs, war nicht nur ein glänzender Militär, sondern auch Schriftsteller, Komponist, Musiker, Politiker, ein Hansdampf in allen Gassen, dabei liberal und wissenschaftsbeflissen wie der Kronprinz. Auch er hatte eine antispiritistische Broschüre geschrieben. In seinem Ballett »Die Assassinen«, das es an der Hofoper zu sechs Aufführungen brachte, wendete er sich nicht nur gegen religiösen Fanatismus, sondern brachte auch

eine Huldigung an die Elektrizität an: in einem Glühlichtertanz ließ er die Tänzerinnen mit kleinen elektrischen Birnen auf den Kostümen auftreten, ein Kuriosum, das im Wien der achtziger Jahre gebührend bestaunt wurde. Mit diesem exzentrischen Vetter kam es nach tiefen Zerwürfnissen immer wieder zur Versöhnung.
Welche Absichten der Kronprinz mit der Enzyklopädie hatte, legte Moriz Szeps in einem Leitartikel dar, dem er den bezeichnenden Titel gab: »Erkennet Euch selbst«: »Als scharfer und glücklicher Beobachter, wie der Kronprinz es ist und wozu ihm das Studium exakter Wissenschaften die Befähigung ertheilt hat, mußte er erkennen, daß viele Schwierigkeiten, viele Mißverständnisse davon herrühren, daß die Völker sich nicht gegenseitig kennen, sich nicht gegenseitig verstehen, nicht die Dienste zu würdigen wissen, die sie sich gegenseitig leisten können. Man hat die Monarchie oft als ein Konglomerat von Nationalitäten bezeichnet, hat auf das Völkergemisch in derselben hingewiesen und hat daraus pessimistische Folgerungen abgeleitet. Ein solches Urtheil ist leicht ausgesprochen und es hat in der alleroberflächlichsten Beobachtung seine Begründung.
Eine viel würdigere Aufgabe ist es, in die Tiefe zu schauen und die Gesetze der inneren Solidarität zu ergründen, die in der Monarchie trotz aller trennenden ethnographischen Momente vorhanden ist, jene Gesetze zu formulieren, welche in der ruhmvollen Geschichte der Monarchie, in ihrer noch immer kraftvollen Existenz zum Ausdruck kommen und deren Erkenntniß das Vertrauen auf die Gegenwart und die Hoffnung auf die Zukunft festigen muß ...
Wissen ist Versöhnung. Je mehr der Staat als Ganzes sich seines Wesens, seiner Kraft und seiner Aufgaben bewußt wird, desto fähiger wird er sich auch erweisen, die Geschicke der Völker zu lenken, die in ihm ihre Vereinigung finden; je mehr die Völker der Monarchie über ihre eigene Bestimmung, über ihre wahren Interessen, über die Ausdehnung und Grenzen ihrer Fähigkeiten in's Klare kommen, in desto höherem Grade werden sie sich auch zur Verständigung über Alles geneigt fühlen, was dem Staate und den Völkern sich förderlich erweist. Das Interesse an dem Wachstum und der segensreichen Entwicklung der Monarchie wird befestigt und gestärkt werden; die Staatsidee wird über alle separatistischen Be-

strebungen triumphieren, unnützer Streit wird schwinden, nothwendiger Friede wird kommen ... Der höchste Werth des Werkes jedoch ist in seinem politischen Charakter, in seiner politischen Bestimmung zu suchen ... so wird es ... ein Denkmal sein der Solidarität, welche die Völker der Monarchie aneinander bindet, des einigenden Gefühls, welches nach allen Trübungen und Hemmungen wieder siegreich zur Geltung gelangt[32].«

Die »Neue Freie Presse« sekundierte: »Der Kronprinz als Führer einer geistigen Truppe, die sich aus allen Ländern und allen Waffengattungen der Literatur und Kunst rekrutiert, wird das rühmliche Beispiel dafür geben, wie Fürstentugenden auch unserer schwerfälligen Generation Schwingen zu verleihen vermögen. Mit dem Entstehen des Werkes wird dem Kronprinzen eine Fülle von Einblicken in den Staat und die Bevölkerung der Monarchie eröffnet, wie sie kein Thronfolger vor ihm sich je verschaffen konnte ... Wird dieses Werk, was es zu werden verspricht, so bietet es das beste Gefühl dafür, daß der Thronfolger seine Völker und seine Länder von Aug zu Aug vor sich hat[33].«

Daß gerade die liberalen Zeitungen, also die »Judenpresse«, so viel Reklame für das Werk des Kronprinzen machten, kam nicht von ungefähr. Die übernationale, aussöhnende Konzeption des Werkes war dazu angetan, gerade die Juden anzusprechen, die Hauptleidtragende des scharfen Nationalismus waren und, wie Rudolf meinte, besonders empfänglich für die Idee eines überparteilichen Großösterreich sein müßten.

Doch wie es bei allen Unternehmen des Kronprinzen ging, so auch hier. Es kamen Schwierigkeiten über Schwierigkeiten, vor allem finanzieller Art, deren Bewältigung viele Jahre in Anspruch nahm, in denen das Werk nur langsam und stockend herauskam und der Kronprinz vielfache Änderungen des Grundkonzeptes in Kauf nehmen mußte. Der von den Zeitgenossen und Historikern immer wieder als sprunghaft und unstet hingestellte Rudolf bewies Durchhaltevermögen. Er setzte sich schließlich durch.

Der Plan einer gleichberechtigten Reihung der Nationalitäten mußte allerdings nach dem Einspruch der Ungarn aufgegeben werden. Sie setzten eine »dualistische« Einteilung in zwei gesonderten

Ausgaben durch, einer deutschen und einer ungarischen, hergestellt in zwei getrennten Redaktionen. Rudolfs wichtigstes Anliegen, ein einheitlich geführtes, doch verschieden gestaltetes Reich zu dokumentieren, war damit durchkreuzt worden.

Ein Redaktionskomitee wurde gegründet, dem für die deutsche Ausgabe der Präsident des Concordia-Presseklubs, Joseph Ritter von Weilen, für die ungarische Ausgabe der Dichter Maurus Jokai vorstand. Das »Finanzcomité« stand unter Wilczeks, das »Künstlercomité« unter Dumbas Leitung. Die Herren trafen sich regelmäßig im »Direktionsrat«. In allen großen Sitzungen all dieser Komitees von der ersten im Juni 1884 bis zur letzten vor seinem Tod hatte der Kronprinz den Vorsitz (nur für zwei Sitzungen 1886 hatte er sich krankheitshalber entschuldigt).

Hanslick erzählte, wie der junge Kronprinz in dieser Umgebung von bedeutend älteren Intellektuellen wirkte: »Er machte den liebenswürdigsten Eindruck. Nachdem er uns Zigarren angeboten und selbst eine angezündet hatte, ließ er von dem Hauptredakteur, Professor Josef von Weilen, die Tagesordnung und den Einlauf mitteilen und brachte die Beratungen in Fluß. Alle seine Fragen und Bemerkungen waren sachlich begründet und mit gewinnendster Bescheidenheit vorgebracht. Erstaunlich fand ich seine Detailkenntnis aller ethnographischen, geographischen und nationalökonomischen Verhältnisse jeder Provinz der Monarchie. Was ich aber am meisten bewunderte, war seine Geduld. Denn Geduld gehörte dazu, um die oft weit abschweifenden, wortreichen Reden manches bejahrten Herrn anzuhören, ohne denselben zu unterbrechen und zur Sache zu bitten[34].«

Die Sitzungen für die ungarische Ausgabe fanden (selbstverständlich) in Budapest statt. Rudolfs Wirkung auf die Mitarbeiter war jedoch der in Cisleithanien gleich. Alexander Wekerle, der spätere Finanzminister, schrieb: »Die Art und Weise seines Verkehrs war so ungezwungen, ungesucht und freundlich, sein Auftreten so klar und natürlich, daß man zwar das Bewußtsein hatte, mit einem Prinzen zu sprechen, sich aber niemals beengt fühlte ... Allem voran wünschte er, daß das Werk in jeder Hinsicht der Wahrheit entspreche, nichts verberge, nichts verschönere, sondern wahre Farben gebrauche, da die falschen bald verblassen und das wirkliche Licht nicht vertrügen. Sein zweiter Wunsch war, auf den historischen Theil besonderes Gewicht zu legen. Er war stets ein Freund der Geschichte und forschte, als er diese studierte, nach der Wahrheit. Alles wollte er in seiner rechten Beleuchtung sehen, auch die sein Haus berührenden unglücklichsten Ereignisse, damit er in gründlicher Forschung ihre Ursachen erkenne[35].«

Außer zu den Arbeitssitzungen lud Rudolf die Mitarbeiter des Kronprinzenwerkes mindestens zwei- bis dreimal pro Jahr zum Diner ein, bei dem es recht leger zuging. Hanslick: »Interessant und bedeutungsvoll war es auch, daß entschiedenste Gegner der herrschenden Taaffeschen Politik beim Kronprinzen geladen waren, namentlich der Führer der deutsch-liberalen Partei, Dr. v. Plener, Nikolaus Dumba und andere. Der Kronprinz nahm auch keinen Anstand, seinen Antagonismus gegen das Taaffesche Regime im Gespräch leicht durchblicken zu lassen« und: »Daß ein österreichischer Kronprinz Diners für Künstler und Schriftsteller gab, nicht bloß für Generäle und Geheimräte, war bis dahin unerhört[36].«

Geschmeichelt und befriedigt konstatierten die Mitarbeiter des Kronprinzenwerkes, daß sich der zukünftige Kaiser in ihrer Mitte weitaus wohler fühlte als in militärischer Umgebung: »Er konnte stolz und roth werden, wenn ihm einer von diesen, auf dessen unbestochenes Urtheil er etwas gab, volles Lob spendete. Und es klang sehr sympathisch, als er einem Collegen nach einer Redaktionsconferenz sagte: ›Sehen Sie, zur Noth könnte ich doch schon von der Schriftstellerei leben – dreitausend Gulden könnte ich doch in einem Jahre mit der Feder verdienen!‹ Und wie groß war seine Freude, als die Redakteure – eine sinnige Idee Weilen's ausführend – das erste Honorar des Kronprinzen diesem – als Sparcassenbuch für sein dreijähriges Töchterchen, Prinzessin Elisabeth, überreichten[37].«

Der Kronprinz gab sich nicht mit dem Repräsentieren zufrieden, gab nicht nur seinen Namen, sondern einen Teil seiner Arbeitskraft, um dieses Werk zu fördern. Auch Jokai bestätigte, »daß sich der Kronprinz die größte Last auferlegt hat. Die Artikel gelangten in der ersten Stilisierung in seine Hände und dann mit den Bemerkungen der Kommissionen und der einzelnen Fachgelehrten wieder zurück,

endlich erschienen sie in verbesserter Gestalt wieder vor dem obersten Redakteur, welcher sodann die offenste, objektivste Kritik übte, und während er einerseits durch seine überraschende Fachkenntnis imponierte, wußte er die zwischen den beiden Redaktionen auftauchenden Meinungsverschiedenheiten mit seltenem Talente zu schlichten[38].«
Um politisch keinen Anstoß zu erregen, besprach Rudolf einige besonders heikle Aufsätze, so etwa den über österreichische Verfassungsgeschichte, mit Sektionschef Szögyenyi: »Es ist dies ein wichtiges und zugleich sehr heikles Capitel und ich wäre Ihnen zu großem Danke verpflichtet, wenn Sie den Aufsatz genau durchlesen und mir Ihre Bemerkungen mitteilen würden. Man darf nicht aus dem Auge verlieren, daß für ein derartiges Werk die Verfassungsgeschichte nothwendig ist, sie kann nicht fehlen, andererseits muß man aber auch an alle die confusen und unklaren Zustände denken, durch die wir uns durcharbeiten mußten, um auf den heutigen Standpunkt zu gelangen, und auch all die noch bestehenden Reibungen und die noch kaum vernarbten Wunden der früheren Kämpfe, so wie die in vielen Dingen leicht empfindliche Auffassung des Kaisers sollten uns vor Augen bleiben bei der Prüfung beiliegenden Elaborates. Sie kennen eben alle diese Schwierigkeiten so genau, daß ich mich ganz Ihrem Urteil fügen will[39].«
In der Einleitung zum ersten Band präzisierte Rudolf die Ziele des Werkes: »Durch den wachsenden Einblick in die Vorzüge und Eigenthümlichkeiten der einzelnen ethnographischen Gruppen und ihre gegenseitige und materielle Abhängigkeit von einander muß das Gefühl der Solidarität, welches alle Völker unseres Vaterlandes verbinden soll, wesentlich gekräftigt werden. Jene Volksgruppen, welche durch Sprache, Sitte und theilweise abweichende geschichtliche Entwicklung sich von den übrigen Volksbestandtheilen abgesondert fühlen, werden durch die Thatsache, daß ihre Individualität in der wissenschaftlichen Literatur der Monarchie ihr gebührendes Verständniß und somit ihre Anerkennung findet, wohlthätig berührt werden; dieselben werden dadurch aufgefordert, ihren geistigen Schwerpunkt in Österreich-Ungarn zu suchen.«
Diese Einleitung ist Ausdruck glühender Vaterlandsliebe. Rudolf

stellte in kurzen Worten die Eigenheiten der Stämme und Landschaften der Monarchie vor und sah in allem Grund für Patriotismus, sogar in der Verschiedenheit der Vegetation: »Das Krummholz schlängelt sich am Gletschereis empor, die Birke glänzt im nordischen Sumpfe, die Eiche rauscht im dunklen Forste neben der Tanne, Weinrebe und Lorbeer, Cypresse und Palme, sie verschönen alle Ein Vaterland – das unsrige.«

Als das erste Heft des in Lieferungen erscheinenden Werkes im Dezember 1885 herauskam, gab der Kaiser für die Mitarbeiter einen Empfang. Maurus Jokai beschrieb die Szene zwischen Vater und Sohn: »Der Kronprinz, von seinen eigenen Appartements ausgehend, schritt bis zum Gemache seines erhabenen Vaters den ganzen Korridor entlang unbedeckten Hauptes, und vor dem Herrscher angekommen, küßte er ihm ehrfurchtsvoll die Hand. Sodann richtete er – in Feldmarschalleutnantsuniform – an den König eine aus tiefstem Herzen empfundene Rede, wie eine solche bloß ein Baccalaureus seinen bürgerlichen Eltern gegenüber halten kann, wenn er das Erstlingswerk seines literarischen Erfolges vorlegt.«

Ehrfurcht und feierliche Ängstlichkeit seinem Vater gegenüber waren für Rudolfs Haltung typisch, nicht weniger aber die Reaktion des Kaisers. Jokai: »Er gab seinem Sohne eine gnädig aneifernde Antwort, ermahnte ihn zur Ausdauer, gab seiner Zufriedenheit Ausdruck. Sodann wendete er sich zu mir und fragte mich: ›Hat denn wirklich mein Sohn diesen einleitenden Artikel selbst geschrieben[40]?‹«, ein Satz, der das völlige Unverständnis des Kaisers gegenüber den Interessen seines Sohnes dokumentiert.

Das Werk wurde, wie schon bald zu sehen war, in Cisleithanien ein finanzieller Erfolg, in Ungarn dagegen ein Mißerfolg. Auch die Jungtschechen waren mit dem »großösterreichisch« konzipierten Werk nicht einverstanden. Ihre Zeitung »Narodni listy« riet vom Abonnement ab. Daß die sonst so scharfe Pressezensur diese Notiz hatte durchgehen lassen, erboste den Kronprinzen über die Maßen: »Warum hat denn dieser Baron Kraus, der ja alles mögliche zusammenkonfisciren läßt, wenn es gegen ihn oder den Taaffe gerichtet ist, nicht die Nar. listy confisciren lassen, wenn sie gegen mich ausfällt? Warum lässt man es zu, daß ein Werk in der czechischen

Bevölkerung discreditirt wird, welches ganz darauf angelegt ist, nicht bloss den einzelnen Nationalitäten gerecht zu werden, sondern dessen wesentlichstes Ziel in der Pflege u. Stärkung des österreichischen Gefühles besteht? Das wissen ja die Herren Taaffe und Kraus oder sie sollten es wenigstens wissen. Aber es scheint, daß ich diesen Herren in der Quere bin. Ich verlange gewiss nicht eine Extrabehandlung als Kronprinz, wenn aber die Herren nur sich selbst zu schützen, zusammenkonfisciren lassen was Platz hält, so sollten sie dasselbe auch thun, wenn es einmal mich betrifft[41].«
Die politische Richtung des Werkes fand auch im Ausland Gegner, vor allem in Rumänien. Rudolf: »Man muß mit den Rumänen sehr vorsichtig sein; einestheils besteht eine hinaus gravitirende Parthei ... anderentheils sind auch die guten Ungarn nicht glücklich in der Art der Behandlung der Romanen in Ungarn und Siebenbürgen[42].«
Auch weltanschauliche Konflikte blieben nicht aus, da Rudolf viele Juden an wichtigen Stellen eingesetzt hatte. Ein Chronist der Zeit berichtete, »daß vor einiger Zeit ein Jesuitenpater in einer Predigt heftige Auslassungen gegen das unter der obersten Leitung des Kronprinzen stehende Werk richtete. Die Sache machte peinliches Aufsehen, der Kronprinz bestand auf einer Genugthuung und dieselbe wurde ihm in vollstem Maße zutheil. Es wurde die Intervention des Cardinals Ganglbauer angerufen und sie hatte zur Folge, daß der betreffende Jesuitenpater Österreich verlassen mußte. Seither herrschte äußerlich Ruhe und es folgten wenigstens keine offenen Angriffe mehr[43].«
Versteckte Angriffe gegen die Zusammenarbeit des Kronprinzen mit dem »Juden« Weilen gab es jedoch in der klerikalen wie deutschnationalen Presse eine Menge. Joseph W. Weil, Ritter von Weilen, stammte aus armer jüdischer Familie, hatte als Schauspieler ein elendes Wanderleben in Böhmen und Ungarn geführt. 1848 war in Laibach sein Stück »Die Revolution des 24. Februar in Paris oder Ludwig Philipp König von Frankreich« aufgeführt worden – sein Beitrag zur Revolution, der zur Verhaftung führte. Später schrieb er glühend-patriotische Theaterstücke und gehörte bereits in den siebziger Jahren – katholisch geworden und frisch geadelt – zum Esta-

blishment der Wiener Gesellschaft. Ab 1884 traf er den Kronprinzen zweimal pro Woche zur Arbeit am Kronprinzenwerk, hatte also jahrelang eine nie verheimlichte enge Bindung zum dreißig Jahre jüngeren Rudolf.

Rudolfs politisches Interesse, sein Arbeitseifer und Tatendrang machten seine Stellung am Hofe keineswegs leichter, sondern ließen ihn als gefährlichen Faktor für die Honoratioren des Hofes erscheinen. Freunde des Kronprinzen bemerkten mit Sorge, wie dem jungen Mann keine befriedigende und seiner Begabung und Ausbildung entsprechende Tätigkeit gegeben, er immer nur auf rein militärische und repräsentative Aufgaben abgeschoben wurde. Rudolf klagte: »Einige nicht ganz schlechte Reden halten, ziemlich gute Bücher oder Aufsätze schreiben und moderne Bildung besitzen, sind Dinge, welche weit entfernt sind vom großen Erfolg im Gang der Weltgeschichte[44].«

Männer, die dem Kronprinzen wohlwollten, klagten bitter über die »Eifersucht« des Kaisers, »mit welcher er über die Prärogative der kaiserlichen Macht, selbst dem eigenen Sohn gegenüber wachte«, so die Worte Johann von Chlumeckys: »Wie eine Gruppe müßiger Gaffer durch einen Polizeikordon von einem Brande ferngehalten wird, so wurde dem Kronprinz auch mittels mächtiger Schranken der Einblick in den Regierungsapparat verwehrt, ihm, der fühlte, daß hier ein Brandherd herrsche oder zum mindest ein unterirdisch Feuer schwele, das den ganzen Bau dereinst in Flammen hüllen könne! Lebhaften Geistes, die Fragen an Ort und Stelle studierend, hat Kronprinz Rudolf auch oft versucht, sich über die Schranken des Hofzeremoniells hinwegzusetzen und hat mit Menschen Verkehr gepflogen, die das wirkliche Leben kannten. Sehr vieles lernte er daraus. Mit der ihm eigenen Impulsivität wollte er es durch Mitteilung an den kaiserlichen Vater verwerten. Dies aber war ihm nicht gestattet. Er mußte schweigen, obwohl er neue Gedankengänge zur Geltung bringen wollte – man verlangte von ihm, daß er sich mit dem nichtigen Schein äußeren Glanzes begnüge.« Chlumecky gegenüber klagte der Kronprinz: »Der letzte Hofrat hat einen größeren Wirkungskreis als ich! Ich bin zum Nichtstuer verdammt[45]!«

Die Situation spitzte sich in den achtziger Jahren zwischen Kaiser und Thronfolger ebenso zu wie zwanzig Jahre früher, als Erzherzog Ferdinand Maximilian, der jüngere Bruder Franz Josephs, Thronfolger war. Er schrieb resignierend, kurz bevor er sich in das mexikanische Abenteuer einließ: »Meine Individualität ... entspricht nun nicht den Ansichten meines älteren Bruders, dies hat er mir bei jeder Gelegenheit auf die unzweideutigste, schonungsloseste, ja kränkendste Weise fühlen lassen. Mein Freimuth, mein burschikoses offenes Wesen geniren ihn, meine liberalen Ansichten schokiren ihn, meine ungebundene Zunge fürchtet er, mein aufbrausendes Temperament erschreckt ihn, meine auf Reisen gesammelten Weltanschauungen erregen seine Eifersucht. Er ist der Herr, ihm ist die Macht, die mein strenges Rechtsgefühl jederzeit anerkennt; was bleibt mir also unter solchen Verhältnissen vom Standpunkte der Klugheit und des religiösen Gefühles übrig, als auszuweichen, ohne Kränkung und Opposition mich zurückzuziehen[46].«
Solche offenen, anklagenden Worte sind in den vielen freimütigen Briefen Rudolfs nicht enthalten. Rudolf stellte sich, nach Aussage der verfügbaren Quellen, nie direkt gegen seinen Vater. Er griff stets nur die Umgebung des Kaisers an, Taaffe und Kalnoky, die Militärs, die Hofbeamten, kurz die »Kamarilla«. Kaiser Franz Joseph wurde von seinem Sohn – und das muß betont werden, vor allem im Gegensatz zu den beiden anderen gescheiterten Thronfolgern, Maximilian und Franz Ferdinand – in einer scheuen, ja angsterfüllten Weise geliebt, vor allem jedoch gefürchtet.
Bei seinem krampfhaften Bemühen, sich als loyaler, nicht »frondierender« Kronprinz zu erweisen (wenigstens in der Öffentlichkeit), traf es ihn schwer, daß vor allem Ministerpräsident Taaffe wiederholt versuchte, einen Keil zwischen Kaiser und Kronprinz zu schieben, so 1887 im Abgeordnetenhaus: der Liberale Wilhelm Exner hatte in einer flammenden Rede Passagen aus einem Artikel Rudolfs im Kronprinzenwerk und aus der Eröffnungsrede zur Elektrischen Ausstellung zitiert. Über diese Hervorhebung des Thronerben war Taaffe ungehalten und führte wie zum Gegensatz den Leitspruch Kaiser Franz Josephs »Mit vereinten Kräften« an. Darauf erwiderte neben Exner auch der Liberale Neuwirth: »Es war

kein glücklicher Zug, daß es Seiner Exzellenz dem Herrn Ministerpräsidenten beliebt hat, völlig unprovocirt höchstgestellte Persönlichkeiten, die nicht nur im parlamentarischen Leben, sondern auch außerhalb desselben der Discussion entrückt sein sollten, sogar in einen ganz offenen Gegensatz zu stellen. (Sehr richtig! Links.)[47].«
Berthold Frischauer, der Szeps-Mitarbeiter, berichtete über Rudolfs Reaktion auf diesen Wortwechsel im Parlament: »Mit langen Schritten durchquerte er den großen Salon des Schlosses [Laxenburg], und er wurde nicht müde, zu rufen: ›Das kann ich nicht auf mir sitzen lassen, denn das sieht so aus, als ob ich gegenüber meinem Vater persönlich hervortreten wollte. Ich werde vom Grafen Taaffe Genugtuung fordern und mich nötigenfalls mit ihm schlagen.‹ Der Kronprinz beschloß, sofort nach Wien zu fahren und beim Kaiser Verwahrung dagegen einzulegen, daß man es gewagt hat, einen Gegensatz zwischen ihm und dem Kaiser öffentlich zu zeigen. Der Kronprinz stellte dem Kaiser vor, daß er wohl die Anerkennung verdiene, niemals auf Kosten des kaiserlichen Ansehens hervorzutreten, und daß er vom Grafen Taaffe fordern müsse, sich über die unpassende Gegenüberstellung von Kaiser und Thronfolger zu äußern. Der Kaiser nahm die Loyalitätserklärung seines Sohnes mit sichtlicher Rührung auf und befahl noch an demselben Abend dem Grafen Taaffe, dem Kronprinzen einen Besuch zu machen und ihm den Zwischenfall in befriedigender Weise aufzuklären ... Der Kronprinz erzählte mir gleich darauf den Verlauf der Audienz und bemerkte: ›Ich konnte das nicht auf mir sitzen lassen, mir hat meine Haltung beim Kaiser sehr genützt[48].‹«
Bis etwa 1885 betonte Rudolf übertrieben-krampfhaft die glänzende Zukunft Österreichs und glaubte fest an die Möglichkeit einer liberalen Regierung und eine Ablösung Taaffes. »Meine Schuldigkeit werde ich immer tun, treu dem Vaterlande, dessen Zukunftsmission mein Glaubensartikel ist, und treu meinen liberalen Grundsätzen, die ich für die richtigen halte, da sie auf Veredlung und Fortschritt in der geistigen Entwicklung beruhen. – Und darum, wenn die Zeiten noch so düster sich gestalten, glaube ich stets unentwegt an die Zukunft unseres Vaterlandes und unserer Prinzipien in demselben und in der ganzen Menschheit, da beides Staa-

tengesetze sind; Österreich muß bestehen, da kein anderes Gebilde an seine Stelle treten und der Raum, auf dem wir stehen, nicht verschwinden kann; und unsere Prinzipien müssen trotz Schwankungen und harten Prüfungen siegen, da alles vorwärts schreitet und eine Rückwärtsbewegung nur von kurzer Dauer sein kann[49].«

Die Resignation kam früh. Der gerade 27jährige Prinz antwortete dem väterlichen Freund Szeps auf dessen Geburtstagswünsche: »Mögen Ihre Wünsche in Erfüllung gehen; möge ich je Gelegenheit haben, das Vertrauen zu rechtfertigen, welches viele in mich setzen, und möge die Zeit bessere Tage und Gelegenheit zu Taten bringen – wenn die Kraft bis dahin nicht erlahmt ist und wenn nicht alles schon zu Ende ist[50].«

8. Kapitel

Das Militär

Den Soldatenberuf hatte sich der Kronprinz nicht ausgesucht. Er wußte aber von frühester Jugend an, daß er nach dem unumstößlichen Willen seines Vaters Soldat werden müsse und fand sich widerspruchslos damit ab.

So machte er denn eine typisch erzherzogliche Militärkarriere, war sich aber immer der Tatsache bewußt, daß er diese fulminante Karriere nicht seinen militärischen Fähigkeiten verdankte – eine Tatsache, die andere Mitglieder des allerhöchsten Kaiserhauses wenig belastete, dem nach demokratisch-liberalen Grundsätzen erzogenen Kronprinzen jedoch nicht wenig zu schaffen machte. Sein übereifrig wirkendes Bemühen, sich als guter Soldat zu erweisen, hat sicherlich seine Ursache in dieser Diskrepanz zwischen Ausbildung und Leistung einerseits und der hohen militärischen Stellung, die er von Anfang an einnahm, andererseits.

Die Stationen: vom ersten Lebenstag an Oberstinhaber des 19. Infanterie-Regimentes; 1878, ein Jahr nach der Großjährigkeitserklärung, Oberst beim 36. Infanterie-Regiment in Prag, dessen Kommandant er schon ein Jahr später (also mit 21 Jahren) wurde. 1880 Generalmajor, 1881 Kommandant der 18. Infanterie-Brigade in Prag, 1882 Feldmarschalleutnant, 1883 Kommandant der 25. Infanterie-Truppendivision in Wien, also eine Karriere, für die normale Militärs nicht nur außerordentliche militärische Fähigkeiten (die Rudolf keineswegs besaß) beweisen mußten, sondern auch beinahe ein halbes Jahrhundert Dienstzeit gebraucht hätten. 1888 schließlich Generalinspektor der Infanterie.

Das 36. Infanterie-Regiment in Prag war die erste Gemeinschaft, die der in Einzelunterricht erzogene Rudolf erlebte. Es war keines der adeligen Eliteregimenter, sondern ein aus Bürgerlichen bestehendes Offizierskorps, ganz abgesehen davon, daß die Infanterie ohnedies als viel weniger vornehm als die Kavallerie galt. Eben deshalb fühlte sich der Kronprinz vom ersten Tag an besonders wohl und bezeichnete das 36. Infanterie-Regiment als »meine eigentliche Heimat«.

Rudolf wurde gerade zu der Zeit aktiver Offizier, als die k. u. k. Armee den einzigen siegreichen Feldzug unter Kaiser Franz Joseph führte: die Okkupation Bosniens und der Herzegowina 1878. Dem General dieses Feldzuges, Joseph von Philippovich, der als kommandierender General von Prag sein militärischer Vorgesetzter war, war er in kindlich-schwärmerischer Liebe zugetan. Auch dieses persönliche Moment mag dazu beigetragen haben, daß Rudolf als Jüngling die Okkupation leidenschaftlich verteidigte (und damit gegen die von ihm bevorzugte liberale Partei Front bezog). Er war nur noch ein begeisterter Angehöriger der k. u. k. Armee, die endlich, nach so vielen Niederlagen und Enttäuschungen, einen Sieg an ihre Fahnen heften konnte: »In Bosnien scheint es magnifique zu gehen. Serajewo ist in unseren Händen, und Sieg auf Sieg. Die brave Armee thut ihre Schuldigkeit auf eine magnifique Weise[1].«

Der Zwanzigjährige trat in seinem Übereifer sogar für einen Weitermarsch der österreichischen Truppen bis zum Novi Bazar ein – wie viele andere Offiziere, vor allem aber auch Joseph von Philippovich, die die Zeit für gekommen hielten, selbst einen Krieg mit Rußland, dessen Rüstung zu dieser Zeit recht mangelhaft war, zu riskieren und eine endgültige Entscheidung der Balkanfrage herbeizuführen.

Der junge Kronprinz, ganz in den Meinungen seiner militärischen Umgebung befangen, schrieb ungestüme Briefe an Latour:

»Der Gedanke jetzt, wo wir siegreich bis an die Südgrenzen Bosniens vorgedrungen sind, sollen wir umkehren, das Land aufgeben, alles Blut umsonst vergoßen haben, und eine so entehrende Sache von unseren Truppen zu verlangen? Abgesehen von dem Mangel an Patriotismus ist es ja zu dumm; wenn ein Fremder diese Sachen erfährt, muß er die größten österreichischen Staatsmänner rein für entsprungene Kranke aus einem Narrenhaus halten; doch statt Energie, statt voller Rücksichtslosigkeit werden wieder halbe Maßregeln ergriffen, ein Theil der Armee aus Bosnien gezogen und demobilisiert; jetzt wäre der Moment, weiterzumarschieren und noch ein gutes Stück Land von der Türkei loszureißen und statt die türkische Verwaltung zu laßen, sie überall aufheben, dem Plane des Philippovich folgen, und eine Militärgrenze unter ganz österreichischer Militärverwaltung in allen occupirten Gebieten errichten. Das wäre das richtige, doch man erschrickt vor dem Geschrei unpatriotischer Stimmen, vor der Ungarns insbesondere. Könnte man nur eine Dosis Energie unseren maßgebenden Kreisen einflößen und es ginge beßer. So geht man, fürchte ich, durch diese halben Maßregeln keinen guten Tagen entgegen[2].«

Fast gleichzeitig schrieb der zwanzigjährige Rudolf wesentlich kühler und überlegter an Bombelles: »Es ist wieder Hoffnung vorhanden, daß man bis Beginn des Winters mit der ärgsten Arbeit zu Ende ist, doch darüber glaube ich, muß man sich klar sein, daß noch lange Jahre fortwährend ein kleiner Gebirgskrieg gegen Räuberbanden geführt werden muß, der viele Truppen für diese Länder verlangen wird und recht viel Geld kosten wird, das wir nicht haben. Überhaupt hat dank der Geschicklichkeit unserer Diplomaten die ganze Sache einen Charakter angenommen, den man sich in maßgebenden Kreisen nie erwartet hat. Im Ganzen halte ich die ganze Geschichte für eine wundervolle Leistung unserer braven Truppen, bei der sie sich unsterbliche Lorbeeren gepflückt haben; aber ebenso sehr auch für eine colossale Blamage der diplomatischen, sowohl wie auch militärischen Spitzen der Behörden, welche diese Occupation, als friedlichen Einzug, verbunden mit einem wahren Marsch-Maneuver zur Übung der Truppen sich ausgedacht haben[3].« Aus diesen Briefen ist zu erkennen, in welchem Ausmaß sich der noch junge Kronprinz von seiner Umgebung (wenn er sich in ihr wohl fühlte und Autoritäten wie hier Philippovich anerkannte) beeinflussen ließ.

Schon im ersten Prager Jahr versuchte sich Rudolf auf militärischem Gebiet zu profilieren. Das konnte er kaum im Reiten oder Schießen tun. Auch der vom Kaiser so geliebte »Gamaschendienst«, der tägliche militärische Kleinkram, fand nicht Rudolfs Interesse. Statt dessen studierte er mit Eifer alte Aufmarschpläne und

Schlachtverläufe, arbeitete Pläne aus, befaßte sich mit den neuen Entwicklungen der Kriegstechnik, besonders mit denen, die auf der Elektrizität fußten. Er befaßte sich mit den strategisch günstigen Verläufen neu zu bauender Eisenbahnlinien, aber auch mit den sozialen Verhältnissen innerhalb der Truppe.

Aus dieser Beschäftigung entstand ein 88 Doppelseiten langer Aufsatz über das Gefecht von Spichern im Deutsch-Französischen Krieg. In seiner einfachen und schwungvollen Sprache lobte Rudolf die Organisation der preußischen Infanterie und ihr Exerzier-Reglement, das er auch in späteren Jahren noch als Muster für die österreichisch-ungarische Armee ansah – unterließ es aber nicht, für den geschlagenen General Frossard, der vergebens um Verstärkung gebeten hatte, warme Worte zu finden.

Die Arbeit fand Anklang, und der Kronprinz ließ sich nicht lange bitten, einen zweiteiligen Vortrag im militärwissenschaftlichen Verein in Prag über dieses Thema zu halten, der großes Aufsehen erregte. Die gesamte Generalität der Prager Garnison war versammelt, auch Stabsoffiziere, soweit sie im übervollen Saal Platz fanden. Der eine unter den beiden Nichtmilitärs war Alfred Brehm, was in den Zeitungen besonders hervorgehoben wurde.

Den lobenden Zeitungsnotizen über den Vortrag folgte die Kritik des Erzherzogs Albrecht auf dem Fuße. Rudolf an Latour: »Ich bin froh, daß ich den Vortrag hinter mir habe; er hat mir genug Unannehmlichkeiten bereitet, von verschiedenen Seiten wurde mir zu verstehen gegeben, daß es sich in meiner Stellung nicht schicke, öffentlich zu sprechen, es sei dieß ein Verlaßen der *gewohnten Bahnen;* Gott sei Dank fühle ich in mir nicht den Beruf, die sogenannten gewohnten Bahnen, das leppische Alltägliche meiner mit Scheuledern versehenen Verwandten zu durchlaufen. Ich diene mit Leib und Seele in der Armee, doch nicht, wie es ja eigentlich gewünscht wird, den bloßen Gamaschendienst, sondern auch mit dem Kopf. Ich habe meine Arbeit fertig gehabt, meine Kameraden haben mich aufgefordert, sie zum besten zu geben, man versicherte es sei von gutem Einfluß, wenn ich den Vortrag halten würde und da hielt ich ihn, und gerne, mit der vollen Freude, die man empfindet, wenn man wirkliches Lob, nicht von oben, sondern aus Freundesmund, empfängt. Man muß heutzutage arbeiten, um es zu verdienen, eine solche Stellung einzunehmen, in Wien sitzen und Grandezza haben, und die Menschen nicht kennen, wie sie sind und wie sie fühlen, das taugt nicht für unser Jahrhundert! Unter anderem war auch Onkel Albrecht sehr dagegen, daß ich öffentlich sprach, unten hat es sehr gefallen, das ist für mich genug, nächstes Jahr spreche ich wieder[4].«

Die offiziellen Dienstbeschreibungen über Rudolfs Tätigkeit als Soldat sind, wie sollte es auch anders sein, gut. Aber auch Privatbriefe (in diesem Fall wohl die einzig aussagekräftige Quelle) zeigen den Eifer des jungen Kronprinzen in Prag. Oberst Hotze an General Philippovich: »Der Ernst, mit welchem der höchste Herr die Sache erfaßt hat, spiegelt sich in seiner Dir bekannten Vorlesung über die Schlacht von Spicheren. Das war eine Leistung, welche jedem alten Offizier Ehre gemacht hätte, und es war seine Arbeit, seine Überzeugung. Und seither ist er mehr und mehr gereift – es ist ein wahres Vergnügen, zu betrachten, wie jedes Samenkorn, welches man in ihn legt, alsbald Frucht treibt. Seit einem Monat kommandiert er ad interim das Regiment. Was er tut, ist überlegt, seine Kritik ist gut, seine Ruhe und Objektivität sehr lobenswert ... Ein fast ebenso wertvoller Faktor als der rein militärische ist für Seine Kais. Hoheit der Verkehr mit Menschen. In einem Regiment spielen sich im kleinen alle Nuancen menschlicher Regungen ab. Menschenkenntnis, dieses wichtige Gut eines Mannes von so hohem Berufe, wie soll sie sich bilden als durch den Verkehr mit Menschen, und wo wäre dazu mehr Gelegenheit denn als Regimentskommandant. Auch dieser Zweig ist beachtet worden, und S. kais. Hoheit hat oft sehr richtigen Blick gezeigt. Sein gutes Herz und Seine natürliche Liebenswürdigkeit werden schwerlich je eine Ausschreitung zulassen[5].«

Rudolf war in jungen Jahren so überzeugter Soldat, daß er sogar gegen seine politischen Gesinnungsgenossen, die liberale Verfassungspartei, auftrat, als sie eine Reduzierung des Heeres befürworteten: »Man hat in Wien einen nach meiner Ansicht recht unüberlegten Schritt gethan, indem man den ohnedieß schwachen Friedensstand reducirt hat ... In einer tüchtig geschulten großen Armee liegt die beste Garantie für den Frieden, die einzige Macht des Staates, das letzte Wort in den wirklich wichtigen Momenten! Heute mehr als früher. Preussen arbeitet und kräftigt fortwährend seine ohnedieß kriegsgeschulte Armee; wir schwächen die unsere, die noch vor der Feuerprobe steht, welche Gott gebe es bald kommen wird! Das ist eben Staatsklugheit in Wien!«

Er ließ sich in diesem Brief an Latour zu dem Verlangen hinreißen, im Interesse der Armee an anderen Dingen zu sparen – etwa an den Ringstraßenbauten, Parlament und Hofmuseen, an den Beamten, ja den Diäten der Parlamentarier, eine unbedachte Äußerung des 21jährigen, die ihm später von Historikern immer wieder vorgehalten wurde: »Wir stehen vor Kriegen mit Italien und Rußland; über kurz oder lang muß es kommen, und wer spricht dann das letzte Wort, wer entscheidet über Sein oder nicht Sein, die Armee, und an dieser rüttelt man jetzt[6].«

Viele begeisterte Briefe über die k. u. k. Armee, über den Soldatenstand sind aus Rudolfs Prager Zeit erhalten. Ihre Vielzahl darf aber nicht zur Überschätzung dieses Bereiches in Rudolfs Leben führen. Denn gleichzeitig schrieb er ein Vielfaches an Briefen über »zivile« Themen, vor allem über Ornithologie, immer mehr über Tagespolitik. Nach seinen pflichtschuldig absolvierten Dienststunden als Militär setzte er sich an den Schreibtisch und verfaßte seine literarischen und politischen Arbeiten, die nie aus dem Zentrum seines Interesses verschwanden.

Ganz bewußt schloß sich der Kronprinz in der Armee nicht an seine erzherzoglichen Standesgenossen an, sondern fast ausschließlich an die Offiziere seines Regimentes. Gerade weil die militärischen Fähigkeiten seiner Verwandten nur zu oft Grund zu heimlichem Spott in Offizierskreisen waren, bemühte sich Rudolf, sich von diesen zu unterscheiden, und steigerte sich geradezu in ein Sendungsbewußtsein hinein, anders als diese zu sein und zu beweisen, daß auch ein Mitglied des Kaiserhauses nicht die harte Tagesarbeit scheute, vor allem aber fähig war, sich in eine Gemeinschaft von Bürgerlichen einzufügen. »Ich gehöre mit Leib und Seele der Armee an, jedes tactlose Benehmen gegen ein Officierscorps betrachte ich als meine Angelegenheit ... Die Armee braucht wahre Freunde unter den Mitgliedern der kaiserlichen Familie, nicht nur Herrn, die der Armee in der Theorie Sympathien bezeugen, sondern Männer, die mit ihr fühlen, arbeiten und leben[7].«

Die starke persönliche Beziehung zu Philippovich, die Hochachtung vor dessen Fähigkeiten beeinflußte den Kronprinzen derart, daß er bei seinen Besuchen in Wien alle Truppen mit den Augen Philippovichs sah. Er sandte ihm etwa einen zwölfseitigen Bericht über Truppeninspizierungen des Kaisers im Prater, auf der Schmelz und in Bruck, in dem er so gut wie alles, was er dort sah, negativ beurteilte: »Es schien mir, als sei das Schiessen im Terrain nicht für den eigentlichen Zweck, sondern mehr als Paradeproduction durchgeschult worden[8].«

Dieser Brief kann als Erklärung für die Schwierigkeiten dienen, die Rudolf seit der Stationierung in Wien (1884) hatte. Seine Aversion gegen den in Wien maßgebenden Erzherzog Albrecht hatte sich durch die offene Feindschaft zwischen Philippovich und Albrecht noch vertieft. Rudolf kam mit dem Überlegenheitsgefühl eines Mannes, der in Prag unter Philippovich alles besser gemacht zu haben glaubte, nach Wien.

Dabei war die Stationierung in Wien kein leicht zu erfüllender Wunsch. Es gab beträchtliche Widerstände der Wiener Militärs, aber auch des Grafen Taaffe. Er fürchtete, die Neigung des Kronprinzen zur liberalen Oppositionspartei würde durch die ständige Anwesenheit in Wien noch wachsen. Erst nach einem Vierteljahr Ungewißheit erfüllte der Kaiser Rudolfs sehnlichen Wunsch, von Prag nach Wien versetzt zu werden. Rudolf rückte auf die Stelle seines Feind-Freundes Erzherzog Johann (der seinetwegen nach Linz versetzt wurde) als einer von zwei Divisionären in Wien auf – er hatte damit einen scharfen Kritiker mehr.

Hier in Wien gab es keine bürgerliche Offiziersgemeinschaft, die es sich zur Ehre machte, den jungen Kronprinzen zu verwöhnen. Hier mußte er sich als General, der er inzwischen war, bewähren, zudem unter den Augen seines auf militärische Angelegenheiten geradezu eingeengten Vaters und des Onkels Albrecht. Es war ja kaum zu verleugnen, daß Rudolf keineswegs aus militärischen Gründen nach Wien gestrebt hatte, sondern aus rein persönlichen: sein Interesse für Politik war inzwischen so gewachsen, daß er im Zentrum

des Geschehens sein wollte, sich bessere Informationen als in Prag erhoffte, wenn schon nicht auf offiziellem Weg, so wenigstens über Moriz Szeps und dessen Nachrichtendienst. Erzherzog Albrecht klagte gegenüber Generalstabschef Beck, der Kronprinz käme als zukünftiger Feldmarschall nicht in Betracht, da »der Thronerbe sich dem Kriegswesen abzuwenden scheint[9]«.
Diese Meinung Albrechts ist verständlich, wenn man Rudolfs Auffassung über einen möglichen, seiner Ansicht nach (zu diesem Zeitpunkt noch) wünschenswerten Krieg gegen Rußland bedenkt: Selbst bei dieser Gelegenheit dachte Rudolf nicht wie ein Militär, sondern ganz so, wie er es von dem Pazifisten Carl Menger gelernt hatte. Er sagte im Dezember 1882 zu Szeps: »Ein Krieg, und zwar ein umfassender und entscheidender, der wirklich neue und große Festsetzungen für eine lange Reihe von Jahren hinaus bringt, wäre den heutigen Verhältnissen gegenüber noch von Vorteil. Man könnte dann, wenn ein Gleichgewichtszustand der politischen Interessen eingetreten ist, wenn auch nicht zu einer völligen Entwaffnung, so doch zu einer wesentlichen Herabminderung des riesigen Armeebudgets schreiten. Die Militärausgaben verzehren die kontinentalen Völker. Der Steuerdruck ist nicht mehr zu ertragen und selbst das reiche Frankreich scheint kaum mehr in der Lage, die Last weiter zu schleppen. Nun aber sind wir, wenn dieser gegenwärtige ›Friede‹ noch einige Jahre fortdauern sollte, noch gar nicht am Ende der Rüstungen, Neuformationen, Änderungen in der Bewaffnung – was wieder allen Staaten ein ungeheures Geld kosten wird. Auf diese Weise wird die soziale Frage mit aller Gewalt von den Regierenden selbst herbeigezerrt. Sie bemerken, daß, wenn die österreichischen Heeresausgaben, welche zusammen (Ordinarium und Extraordinarium) jetzt durchschnittlich 130 Millionen jährlich betragen, auf die Hälfte reduziert würden, der Staat jährlich über circa sechzig Millionen zu disponiren hätte, um teils öffentliche Arbeiten in großem Maßstabe auszuführen, teils aber auch den unteren arbeitenden Klassen durch eine ausgiebige Invalidenversicherung usw. zu Hilfe zu kommen. Das würde in der Tat der Fall sein können, wenn nach einem großen erschöpfenden und wirklich Entscheidungen herbeiführenden Kriege die Abrüstungsfrage sich als

eine unerbittliche Notwendigkeit vor die Regierungen hinstellen würde[10].«

In diese äußerst schwierige Übergangszeit fiel eine damals mysteriöse Affäre, die sich rund um einen Vortrag Erzherzogs Johann über »Drill und Erziehung« abspielte. Johann hatte scharf das System des unbedingten militärischen Gehorsams und der straffen Disziplin (»Drill«) kritisiert und statt dessen das Prinzip der »Erziehung« als für die österreichische Armee wünschenswert hingestellt. Nach durchaus positiven Berichten in den Militärzeitungen folgte zunächst ein Zornesausbruch Erzherzog Albrechts. Er ließ allen höheren Militärs, selbstverständlich auch dem Kronprinzen, eine anonyme Gegendarstellung zusenden, die die Thesen Johanns in Grund und Boden verdammte und in den Sätzen gipfelte: »Was in unserem Stande aber gefährlich und schädlich ist, sind: Politisiren, publicistische Vielschreiberei und Sucht nach Popularität um jeden Preis, mitunter zum Nachtheile der Disciplin bei schwachen und unerfahrenen Standesgenossen ... Die kurze schlichte Betrachtung kommt aus der Feder eines alten Soldaten, der als ein Freund des verständigen Fortschrittes auch aufkeimende Talente gewiß freudig begrüßt, aber vor Allem der Armee wünscht, daß deren edler Geist und schöne stramme Disciplin ungetrübt erhalten und dieselbe von solchen pretentiösen Eloquenz-Gymnastik-Übungen wie jene ›Drill und Erziehung‹ verschont bleibe[11].«
Keine Frage, daß sich der Kronprinz durch diese Auslassungen ebenfalls angesprochen fühlte und daß er über die Identität des Autors nicht lange rätseln mußte. Rudolf stand der Schrift Johanns positiv gegenüber und schrieb im Armeeblatt ebenfalls einen anonymen Artikel, der mit der Ansicht des »alten Soldaten« ins Gericht ging, gleichzeitig aber zwischen den beiden extremen Ansichten Johanns und Albrechts vermitteln wollte. Erzherzog Johann vermutete als Verfasser sofort den Kronprinzen und bestürmte Rudolfs Stabschef mit Fragen – aber obwohl dieser das Manuskript selbst in die Setzerei getragen hatte, wahrte er das ihm anvertraute Geheimnis[12].
Unter dem Schutz der Anonymität verhöhnte der Kronprinz ungeniert seinen Großonkel, den »kühnen und so altsoldatisch biederen

Schreiber ... Nichts ist schwerer zu ertragen, als geistige Überlegenheit; ja, Alles soll so schön in der Schablone bleiben, im selben Gedankenniveau; – das wäre Stillstand und Rückschritt! Wir haben vor dem Jahre 1866 genug geistige Versumpfung, genug Lethargie durchgemacht und mussten sie schwer genug büßen. Das freie Wort, die scharfe Feder, das vertragen gewisse Leute nicht; die geistige Arbeit ist diesen kleinen Geistern ein Greuel! Nur im Wettkampf der Gedanken, im Sprühen geistiger Funken entsteht Gutes – wahrhaft Großes. Vergessen wir nicht, dass die Armee ein wichtiger Theil des Staates ist. Sie muß der Arbeit, dem nie rastenden Fortschritt, frischem geistigen Leben zugänglich sein. Und so rufe ich dem Verfasser der Gegenschrift zu: Seien wir stolz, einen Mann zu besitzen, der die Schranken des gewöhnlichen Alltagslebens verlässt, der hervorragt aus der grossen Schaar der schablonenhaften Normalmenschen; auf die engen Grenzen, die ihm seine hohe Stellung verleiht, verzichtet, in die Arena geistigen Wettkampfes als mutiger ›Ritter vom Geiste‹ heraustritt und Alle theilnehmen läßt am Fluge seiner edlen, freien Gedanken.«

Zur Sache hatte der Kronprinz vorzuschlagen: »Der stramme preußische Drill, er ist für uns nicht ganz geeignet, das gebe ich zu, wir haben ein anderes Menschenmaterial; doch es gibt auch eine österreichische Strammheit, und zwischen Exercirplatz-Marionetten und einem lockeren Menschenhaufen lässt sich noch eine schöne, zweckmässige – die goldene Mittelstraße finden[13].«

Hatte Rudolf gehofft, mit dieser versöhnenden Parteinahme Beifall zu finden bei seinem Vetter Johann, hatte er sich gründlich geirrt. Johann schrieb (ebenfalls anonym) in der nächsten Nummer des Armeeblattes: »Diese Stelle im ›Armeeblatt‹ scheint wahrhaft einem Turnierplatz gleichen zu sollen, auf welchem Ritter um Ritter mit geschlossenem Visir in die Schranken treten. Die Ritter tragen aber farbige Schärpen, an denen sie zu erkennen waren.« Es folgte eine scharfe Entgegnung: »Der Vortrag ... kann eben nur Freunde oder Gegner haben; Vermittler sind durch die Natur der behandelten Sache, wie bei soliden Geschäften, ausgeschlossen[14].«

Auf dieses, durch Zufall entdeckte und sachlich recht harmlose Streitgespräch anonymer Erzherzöge kann nicht nachdrücklich ge-

nug hingewiesen werden. Denn es ist zweifellos nur eines von vielen unbekannten und nie mehr aufzuklärenden dieser Art. Es zeigt die problematische Stellung dieser beiden ambitionierten Erzherzöge Rudolf und Johann, die sich zunächst mit journalistischen Fingerübungen versuchten, aber mit der Zeit, unter dem Siegel der Anonymität, immer waghalsiger wurden und schließlich versuchten, in den Zeitungen politische Aktionen zu starten, die der offiziellen Politik direkt zuwiderliefen, wie Johann später in der Bulgarienfrage oder Rudolf in der Frage des deutschen Bündnisses.
Schon bei diesen harmlosen militärischen Plänkeleien im Armeeblatt mag die Aufdeckung der Autorennamen gefährlich gewesen sein. Wieviel größer muß die Angst – selbst bei kaum noch zu überbietender Raffinesse im Geheimhalten – in politisch wichtigen Fragen gewesen sein! Andererseits ist in dieser wohlbegründeten Geheimnistuerei auch die Unmöglichkeit begründet, die Aktivitäten Rudolfs und Johanns restlos aufklären zu können.
Das Verhältnis zwischen Rudolf und Johann blieb weiter wechselhaft. Die Rivalität war immer spürbar, so wenn Rudolf an Johann schrieb: »... Sie haben Dich bei Papa wieder sauber hergerichtet. Du untergräbst die Subordination. Wenn ein Mitglied des Allerhöchsten Kaiserhauses, in den soldatischen Tugenden usw. – das Beispiel der Insubordination gebe, so müsse das auf die jungen Offiziere usw. – denke Dir das übrige. Papa war sehr aufgeregt, beherrschte sich aber und sagte am Schlusse des Lamentos: ›Meine Herren, seien Sie sicher, daß ich Insubordinationen in Meiner Armee nicht dulden werde. Ich erwarte in der Sache Sr. kaiserlichen Hoheit Ihre weiteren Berichte.‹ Du kannst Dich also freuen, wenn Onkel Albrecht wieder über Dich berichten wird. Jetzt bist Du nicht mehr der brave Gianni, der immer so fleißig lernt.« Und: »Das sage ich Dir: Albrecht und Beck sind über Dich einig und haben, wie immer, Papa ganz auf ihrer Seite. Wenn ich etwas sage, wird Papa nur gereizter. Es ist das Gescheiteste, Du thust Buße und versöhnst den gekränkten Helden von Custozza [15].«

Seit der Stationierung Rudolfs in Wien sind in den Quellen kaum noch positive Äußerungen über die militärische Arbeit zu finden.

Die Klagen Rudolfs über seine Vorgesetzten, vor allem Erzherzog Albrecht und General Beck, häuften sich, so an Latour: »Der Erzherzog [Albrecht] wird physisch, und noch mehr geistig, sehr alt; Beck ist müde, abgespannt und seiner Aufgabe nicht gewachsen, seine Umgebung ist nicht glücklich gewählt. Diese Erscheinungen werden von allen Officieren bemerkt, und das ernste an der Sache ist das Schwinden des Vertrauens in die oberste Leitung, in deren Hände ja unsere Zukunft, auch im Ernstfalle gelegt ist[16].« Und: »Das waren zwei hübsche Tage jetzt. Oberleitung–Corps–Commando liegen sich in den Haaren, der Fmlnt. Beck spielt eine miserable Rolle, die Supositionen, die von oben kommen, sind so elend, daß nur die mündlichen so tactvollen und gescheidten Eingriffe des FZM Bauer halbwegs ordentliche Maneuver zu Stande kommen lassen. Die Officiere lachen, die Stimmung ist eine höchst eigenthümliche ... Den ganzen Tag wird man seccirt, ordentlich gearbeitet wird ja leider nicht[17].«

Aus wenig wichtigem Anlaß kam es zu lauten Auftritten, so 1884 beim Manöver in Bruck an der Leitha, als Erzherzog Albrecht ausgerechnet an Stephanies Namenstag, als Rudolf sich auf der Jagd befand und meinte, einen freien Tag zu haben, Alarm blasen ließ. Rudolf beklagte sich bei seinem Vetter Erzherzog Franz Ferdinand, auch einem Geschädigten Albrechts: »Hier stehen die Dinge sehr schlecht, der Feldmarschall ist in einem fürchterlichen Zustand von Nervosität, Altersschwäche, Dummheit und Bosheit. Gegen mich hat er sich vorgestern so infam benommen, daß ich mich krank melden wollte und dann gehen – ganz! Ich fuhr nach Laxenburg, wo ich den Kaiser sah; der mir aber sagte, ich solle Ihm zu lieb in der Armee bleiben, da mußte ich meinen Entschluß zurückziehen[18].«

General Beck, der sich ganz auf die Seite Albrechts stellte, schrieb aus Bruck seiner Frau vom »unleidlichen Verhältnisse zwischen Kronprinz und Erzherzog Albrecht«. »Bin froh, daß der Kaiser kommt, sonst erleben wir bei diesem unbändigen Temperamente des jungen Herrn noch einen Skandal[19]!«

Diese spektakulären, aber im Grunde unwichtigen Differenzen waren nur die Spitze des Eisbergs. In Wirklichkeit, und für die Umwelt nicht zu durchschauen, ging es um erbitterte politische Diskussionen, die immer wieder die Stimmung zwischen den beiden Männern aufreizten. So war es auch in Bruck an der Leitha. Rudolf schrieb darüber an Szeps: »Ich hatte mit Erzherzog Albrecht vor zwei Tagen [am Namenstag Stephanies] ganz von selbst ohne bestimmte Ursache ein politisches Gespräch. Er entrollte mir die Ansichten und Absichten der Leute vom ›Vaterland‹, der Neu-Konservativen. Es standen mir die Haare zu Berge, aus solchem Munde die unglaublichsten Theorien zu vernehmen. Da es einen großen Einblick gestattet in die Gedankenwerkstätte dieser Herren, werde ich Ihnen einmal mündlich das Ganze mitteilen, – nur so viel schon heute: ›Wir gehen auch los und müßen ihn erringen den christlich edlen Socialismus und das gelingt nur durch die volle Niederwerfung des Capitales und des Geldmarktes.‹ Solcher Unsinn, und doch so gefährlich[20]!«

Eines wird aus diesen Briefen aus Bruck deutlich (ganz abgesehen vom Inhalt): Rudolfs Standeskollegen und Leute, die zur engeren Hofgesellschaft gehörten, waren nicht informiert über die politischen Probleme, die den Kronprinzen bewegten. Sie hielten sich mit Nebensächlichkeiten auf, waren Zeugen lautstarker Auftritte, hatten aber keine Ahnung, daß es in Wirklichkeit um viel ernstere Dinge ging als um einen lächerlichen falschen Alarm in Bruck an der Leitha.

Am selben Tag, als Rudolf seinem Vetter Franz Ferdinand wortreich sein Leid klagte, schrieb er an Moriz Szeps über diesen so aufsehenerregenden Vorfall mit Albrecht kein Wort, tat seine Tätigkeit in Bruck als »Soldatenspielerei« ab, schrieb nur über politische Meinungsverschiedenheiten. An diesem, durch zufällig günstigere Quellenlage möglichen Beispiel wird das Doppelleben des Kronprinzen deutlich, das er vor allem seit seiner Freundschaft mit Szeps führte.

Mit welcher Schärfe Rudolf die Fehler des alten Erzherzogs sah, zeigt sein späterer Brief an Franz Ferdinand: »Was den Onkel Albrecht betrifft, so kannst Du ihm nur damit unangenehm sein, daß Du ihm keine Gelegenheit giebst aufzutreten; denn er hat Freude am Schimpfen, Auszanken, am Intriguiren und Schaden, denn er ist bös. Wenn er einen Fehler oder eine Blöße an einem anderen entdeckt, ist das für ihn eine Wonne ... Auch ist er rachsüchtig ... Wenn man die Ehre hat in seiner Nähe weilen zu dürfen, muß man an nichts anderes denken, und nur da sitzen in bewundernder Erstarrung, wie die Erzengel um den lieben Gott ... Ich kenne diesen hohen Herrn sehr genau und kann Dir nur wünschen, nicht einmal die Hälfte der Reibungen und Unannehmlichkeiten mit ihm durchzumachen, die mir zu Theil wurden[21].«

Diese Klagen beschränkte der Kronprinz nicht auf seine Privatbriefe. Wiederholt verlor er, gereizt durch Anordnungen Becks oder Albrechts, die Nerven. Immer mehr Offiziere seiner Umgebung wurden Zeugen dieser wenig rühmlichen Auftritte. So schrieb Fürst Khevenhüller in sein Tagebuch: »Der Kronprinz, neben dem ich stand, schimpfte laut den Generalstabschef Beck vor Allen aus, er rief ihm alle möglichen Schimpfworte und Grobheiten zu[22].« Wenn man sich vergegenwärtigt, daß Beck ebenso wie Erzherzog Albrecht enger Vertrauter des Kaisers war und viel Einfluß hatte, wird man die Bedeutung dieser Auftritte ermessen können.

Die Eifersucht plagte den Kronprinzen nicht wenig, als er immer wieder sah, daß der alte Erzherzog weiterhin das Ohr des Kaisers hatte, er dagegen ohne Einfluß und ohne politischen Kontakt mit seinem Vater war. Deshalb ließ er keine Gelegenheit aus, um auf das Alter Albrechts hinzuweisen (der ihn schließlich noch überleben sollte): »Ich hatte heute eine sehr lange und recht trostlose Unterredung mit Erzh. Albrecht; was mich am düstersten stimmte, war die Zuversicht mit welcher der Erzherzog sprach und sich so quasi als ersten und maßgebenden Vertrauensmann des Kaisers hinstellte; das hat er gut informierten Personen gegenüber schon seit Jahren nicht mehr gethan. Die Unterredung nahm im Verlaufe einen ziemlich gereizten Ton an und bestärkte mich in meiner Überzeugung, daß der hohe Herr nicht nur physisch, sondern vielleicht noch mehr moralisch seiner Aufgabe keineswegs mehr gewachsen ist und daß es eine Pflicht ist für diejenigen, die ihrer Stellung nach in der Lage sind es zu thun, dem Kaiser darüber ganz offen zu sprechen und ihn auf die drohenden Gefahren aufmerksam zu machen. Selbst der Erzherzog Carl Ludwig, der es sonst ängstlich vermeidet, mit mir ernste Gespräche zu führen, frug mich um meine Meinung in dieser

Angelegenheit und sprach ganz offen die Ansicht aus, daß es Pflicht sei den Kaiser auf das Alter des Feldmarschalls und die Unfähigkeit des Generalstabschefs aufmerksam zu machen[23].«

Wenn sich Rudolf aber auch für den »Gamaschendienst« nicht interessierte, so suchte er sich doch auf militärischem Gebiet andere, ihm gemäßere Aufgaben. So setzte er sich zum Beispiel für eine Hebung der sozialen Stellung der k. u. k. Offiziere ein.
Der Typus des armen österreichischen Offiziers, der nur bürgerlich existieren konnte, wenn er eine reiche Frau heiratete, ansonsten aber ein entbehrungsreiches, wenn auch geachtetes Leben führte, ging als Typus in die Literatur des 19. Jahrhunderts ein. Mit seinem wachen Empfinden für Ungerechtigkeit und soziale Not nahm sich der Kronprinz dieser Sorgen an. Da er an den offiziellen militärischen und politischen Stellen mit seinen Vorschlägen jedoch keinen Erfolg hatte, wich er wieder auf Zeitungsartikel aus, etwa den im »Neuen Wiener Tagblatt« erschienenen Artikel »Große Ehre – kleine Gagen[24]«.
Zu Rudolfs militärischen Aktivitäten gehörte auch sein starker Einsatz bei der Gründung und dem Aufbau des Heeresgeschichtlichen Museums in Wien. Erzherzog Wilhelm (der jüngere Bruder Erzherzog Albrechts) hatte den Plan eines solchen Museums geäußert und Rudolf um Mitarbeit gebeten. Dieser jedoch, immer skeptisch, wenn ein Vorschlag aus dem Kreis des Hofes oder der Aristokratie kam, fragte zunächst einige (zivile) Fachleute, so den Historiker Alfred von Arneth, um Rat und berief auch außergewöhnlich viele Zivilisten in das Gründungskomitee: Arneth, Dumba, Wilczek, Graf Franz Meran, Quirin von Leitner hatten die »zivile« Majorität gegenüber drei hohen Militärs. In seiner Ansprache vor dem Komitee gab Rudolf als Ziel des Museums an, »den Nimbus und die Ehre zu verherrlichen, welche allzeit den Reichsstandpunkt hochgehalten haben und das Symbol der Zusammengehörigkeit aller Länder bildet[25]«.
Auch hier begnügte sich der Kronprinz keineswegs damit, seinen Namen für das Protektorat herzugeben. Er ging zu Sitzungen, verhandelte mit Militärs und privaten Mäzenen, schrieb viele Briefe,

um Ausstellungsstücke für das Museum zu bekommen. Er arbeitete Listen aus, welche Objekte aus welchen Sammlungen zu erbitten seien: »Klosterneuburg: 7 preußische Fahnen. Marschallstab Josephs I., franz. Trommel. St. Florian: Commandostab v. Prinz Eugen. Kremsmünster: Aus dem 30jährigen Krieg[26].«

Sorgenvoll beobachtete Rudolf in den achtziger Jahren, wie sich die Armee, die doch für ihn Garant der Überparteilichkeit und der zentralistischen Idee war, allmählich aufzuspalten drohte in einzelne nationale Teile, die sich gegenseitig nur noch mit Mühe verständigen konnten. 1884 hatte er noch voll Zuversicht an Szeps geschrieben: »Die Armee ist das einzige Mittel noch, welches in diesem Chaos den Reichsgedanken vertritt; sie ist großösterreichisch. Man muß sie schützen, pflegen und für sich gewinnen – das muß jetzt in diesen düsteren Zeiten die Bestrebung der Liberalen sein; das Officirscorps bei uns ist fast ausschließlich bürgerlich, liberal, kaiserlich und für einen mächtigen Staatsgedanken begeistert. – Ich glaube, daß in dieser Auffassung ein Programm liegt, welches nicht unterschätzt werden darf[27].«

Immer wieder beschwor Szeps den Kronprinzen, in der Armee die Rettung der Zukunft zu sehen: »Die Verhetzung aller Klassen der Gesellschaft durch den entfesselten Interessenkampf wird eine gefährliche Desorganisation zur Folge haben und da bleibt rasch eine Organisation in dieser Zersetzung übrig: das Heer. Diese Organisation zu bewahren ist von höchster Wichtigkeit und deshalb ist es von größtem Werthe, daß Eure kaiserliche Hoheit in steter und inniger Fühlung mit der Armee stehen. Schwer ist es, bei sinkendem Wohlstande das Heerwesen intakt zu erhalten, doch es wird mit allen Opfern geschehen müssen, denn was bliebe noch übrig, wenn auch diese Organisation durch Racen- und Klassenhaß, Interessenkampf, Reaktionswuth und Nihilismus angefressen würde[28]?«

Mit seinen Klagen über die Auswirkungen der föderalistischen Taaffe-Politik auf die Armee war Rudolf sogar mit seinem Erzfeind, General Beck, einig: »Gestern besuchte ich den Generalstabschef; selbst dieser so ultrakonservative Mann ist auf den Grafen Taaffe

wütend ... Er meint, Taaffe sitze fester denn je, und bedauert dies aus militärischen Gründen, da diese Desorganisation nicht ohne nachtheilige Folgen für die Armee bleiben kann[29].«
Noch aus den belanglosesten Äußerungen an »maßgebender Stelle« (dem Kaiser) zog Rudolf die Hoffnung, daß es mit der Regierung Taaffe abwärts gehe: »Aus einigen Andeutungen, die ich in Gödöllö zu hören bekam, insbesondere die Armee betreffend, scheint es mir, als sei eine eher zentralistische Strömung wieder eingetreten; man erschrak über manche Erscheinungen, die sich in böhmischen und polnischen Regimentern bemerkbar machten; auch im Ministerium des Äußern ist man dem Kabinett Taaffe nicht mehr so hold gesinnt und was nicht unwichtig ist, der Vorstand der Militärkanzlei General Popp ist durch und durch Josephiner, liberal, deutsch und zentralistisch[30].«
In seiner politischen Denkschrift von 1886 klagte der Kronprinz: »Die Armee, die sich so lange intakt und vorzüglich erhalten hat und den altösterreichischen Geist zu bewahren verstand, sie beginnt auch schon von den politischen und nationalen Strömungen angegriffen zu werden; was kein Wunder ist, wenn man die Schulen betrachtet, die national sind, aber keineswegs österreichisch; schon jetzt begegnen wir nicht allzu selten Offizieren, die sich kaum deutsch auszudrücken imstande sind. Um eine gute Armee zu erhalten, muß dieselbe eine Armeesprache besitzen und zentralistisch-großösterreichisch geleitet sein und, so gut es ist, manchmal in anderen Dingen berechtigten Wünschen der Nationalitäten nachzukommen, was das Heer und die beiderseitigen Landwehren betrifft, sollte da eine einheitliche Leitung und eine einheitliche Sprache eingeführt werden – nicht aus politischen, sondern aus Utilitätsgründen; wo es sich um Sein oder Nichtsein handelt, wird man nicht aus Höflichkeit für beschränkte Leute mit diesen zusammen das Vergnügen haben, zugrunde zu gehen[31].«

Rudolfs Zorn über die Hentzi-Affäre 1886, bei der großösterreichisch denkende mit national ungarischen Offizieren innerhalb der Armee aneinandergerieten, ist nur zu verständlich. Rudolf an Szeps: »Die Ungarn haben in der Hentzi-Affäre einen großen Blödsinn begangen; denn keine Nation der Monarchie braucht so nothwendig eine starke Armee als eben die Ungarn, die nur so lange inmitten des Ansturmes der anderen Völker bestehen können, als Österreich und dessen Heer ungeschwächt dastehen ... Sie würden in den Reihen der Armee wahren Enthusiasmus erwecken, wenn Sie einen Artikel bringen würden, der das Unsinnige der Ungarn und das Abhängen derselben eben von dieser Armee in kräftigen Worten ausdrücken würde. Und für die Ungarn wäre es eine gute Lektion, wenn gerade ein liberales Blatt ihnen den Standpunkt klar legt[32].«

Rudolf war über die nationalen Zwistigkeiten in der Armee so empört, daß er sogar massiv die Partei des Erzherzogs Albrecht gegen die Ungarn nahm. Der »Pester Lloyd« hatte nämlich den alten Feldmarschall während der Hentzi-Affäre scharf attackiert, ihn einen »abgewirthschafteten österreichischen Staatsmann« genannt und auf Albrechts Rolle im Jahre 1848 deutlich angespielt. Die Verhältnisse in Cisleithanien wurden im »Pester Lloyd« in den schwärzesten Farben geschildert[33]. Bedenkt man, daß die Beziehungen des Kronprinzen zur Presse Gegenstand des Klatsches waren (daß diese Beziehungen besonders zum »Pester Lloyd« noch viel enger und intensiver waren, als man ahnte), mußte dieser Leitartikel den Kronprinzen in ein gefährlich schiefes Licht bringen. Die Angst, als Autor verdächtigt zu werden, war sicher der Grund dafür, daß Rudolf seinem Großonkel einen unmißverständlichen, scharfen Brief gegen alle ungarischen nationalen Bestrebungen in der Armee schrieb.

Albrecht antwortete ruhig und belehrend, wieder einmal den Übereifer seines Großneffen dämpfend: »... Wenn etwas meinen tiefen Schmerz über die der Armee angethanen Beleidigungen, meine Entrüstung über die Beschimpfung aus offiziellem, offiziösem und sonstigem Munde lindern konnte, so sind es Deine Worte, die Art, wie Du als Offizier alles dieses auffassest und mitfühlest, die Empörung Deines ritterlichen Gemüthes, Deines gesamtösterreichischen Patriotismus, des richtigen Durchfühlens, wohin es mit einer Armee kommen muß, welche Spott und Schande tragen (muß) und nicht einmal vor Pöbelausschreitungen geschützt wird durch die Regie-

rungsorgane. Sie ist der Verderbnis, dem Zerfalle verfallen und muß in einer Reihe von Jahren, in Parteiungen zerrissen, bei fruchtlosen Versuchen der Selbsthilfe, zu politischen bewaffneten Körperschaften herabsinken; statt der Stütze des Thrones wird sie das Unglück des Vaterlandes! ... In keinem anderen Lande ist die Einheit, Einheitlichkeit und dynastischer Soldatengeist für die Armee notwendiger als bei uns, wo noch die Dynastie und die Armee das letzte Band des Zusammenhaltens der zerspaltenen Monarchie bilden. Spaltet sich die Armee, entwertet sich ihr Geist, so ist die Dynastie verloren, und Österreich besteht nicht mehr. Es ist dann nur mehr eine Frage weniger Dezennien, vielleicht nur einiger Jahre!
Du forderst mich auf, rasch zurückzukehren, an Euere Spitze zu treten und Satisfaktion zu begehren, also etwa einen öffentlichen Schritt zu tun, damit die Armee wisse und fühle, daß sie nicht verlassen und jeder Injurie preisgegeben sei ...« Diesen Schritt hielt Albrecht jedoch trotz seiner Empörung und seiner Vergleiche mit der Rebellion von 1848 für übertrieben: »Man muß übrigens nie zu außerordentlichen Mitteln greifen, bis nicht alle ordentlichen, vorgezeichneten Mittel erschöpft sind«, und: »Jedes unzeitige Hervortreten würde nur Seiner Majestät Verlegenheiten bereiten und der Sache nichts nützen, denn augenblicklich würde sich eine Gegenströmung bilden, die weit, sehr weit führen könnte, ohne jede Aussicht auf Besiegung derselben[34].«

Der Gegensatz zwischen Kaiser und Kronprinz offenbarte sich nirgendwo so deutlich wie auf militärischem Gebiet, für das sich ja beide interessierten. »Mehr als die Hälfte der laufenden Tagesarbeit des greisen Kaisers nahmen die militärischen Angelegenheiten in Anspruch, die er in einer zweifellos viel zu weitgehenden, selbst die nichtssagendsten Details durchdringenden Weise und mit einer geradezu erstaunlichen Geduld behandelte. Letztere wäre sicherlich einer besseren Sache, unbedingt aber größerer Ergebnisse würdig gewesen. Daß Erfolge vollkommen ausblieben, hat seinen Grund darin, daß der Kaiser sich bei seiner anscheinend ungemein umfangreichen, faktisch jedoch bedeutungslosen militärischen Betätigung nur in den alten Geleisen bewegte, welche nicht bloß längst

ausgefahren, sondern zweifellos weltverlassen waren. So kam es, daß Franz Joseph durch seine rege Einflußnahme auf den militärischen Kleinbetrieb – große Gedanken und durchschlagende Antriebe waren von ihm nicht im geringsten zu erwarten – nicht nur die zeitgemäße Entwicklung des Heeres und der Flotte nicht im mindesten förderte, sondern sie geradezu und oft recht wesentlich hemmte. Denn, da die militärisch leitenden Funktionäre genau wußten, daß der Kaiser bloß den altbekannten und allbekannten Anschauungen und Grundsätzen huldigte, traute sich keiner, Vorschläge oder Anregungen außerhalb dieses Rahmens vorzubringen und wenn überhaupt etwas in der Richtung geschah, so war man von vornherein sorgfältig darauf bedacht, daß es ja nicht die Grenzen der vom Kaiser jederzeit eingehaltenen engen Richtlinien irgendwie überschritte. Durch diese Zurückhaltung seiner Ratgeber, dieses Verschweigen der in anderen Heeren erprobten Neuerungen verlor Franz Joseph in militärischen Dingen jeden Überblick über die größeren Fragen, namentlich jene des technischen Fortschrittes[35].«
Rudolf dagegen war stolz darauf, über technische Neuerungen auf militärischem Gebiet früher als das Ministerium informiert zu sein. Er stand durch Szeps in Verbindung mit dem französischen »Elektriker« Cornelius Herz, den er auch nach Laxenburg einlud, um genauestens über die Bedeutung der Elektrizität für militärische Ausrüstungen informiert zu werden. Rudolfs Reformvorschlägen, soweit er sich überhaupt getraute, sie an »maßgebender Stelle« zu formulieren, wurde mit Mißachtung begegnet.
Bei den eintönigen und ihm nutzlos erscheinenden Truppenübungen aber hatte der Kronprinz das Gefühl, daß wichtige Zeit für überfällige Reformen verstrich, die im Ernstfall fehlen und Österreichs Chancen im Krieg entscheidend vermindern würden. Auch Erzherzog Johann stöhnte: »Hier muß ich herumsitzen, muß Rekruten drillen, muß den alten Kohl von Albrecht und Beck immer wieder aufwärmen, und ich weiß doch, daß wir daran krepieren werden. Königgrätz war noch viel zu wenig[36].«
Aus Sorge, Österreich-Ungarn müsse schlecht vorbereitet und mangelhaft ausgerüstet in einen Krieg gegen Rußland ziehen, unter-

stützte der Kronprinz alle Bestrebungen, die darauf zielten, die Kraft der Armee zu stärken. In diesem Punkt fühlte er sich sogar mit Erzherzog Albrecht einig und schrieb an Kalnoky: »Nach genauem Studium der Arbeit des Erzh. Albrecht über die Verbeßerungen welche an unserem ganzen Wehrsystem vorgenommen werden sollten, bin ich zu der Überzeugung gekommen, daß dieses Elaborat des Erzherzogs ganz besondere Beachtung verdient ... Einige der Vorschläge würden was Ungarn und Bosnien betrifft auf Schwierigkeiten stoßen, doch das muß eben überwunden werden. Mit was für Widerstand und Unannehmlichkeiten hatten es die Preußen zu thun, als sie Ende der 50er Jahre ihre Heeresorganisation durchsetzten und was für Früchte hat es getragen! Sie wissen, daß ich dem Erzherzog Feldmarschall nicht durch dick und dünn folge und daß ich häufiger gegen als für ihn gesprochen habe, doch diesmal halte ich es für meine Pflicht auf seine Pläne aufmerksam zu machen[37].«
Erfüllt von wachsender Resignation, in jeder selbständigen Regung auch auf militärischem Gebiet gehemmt, ohne Hoffnung auf wirksame Reformen, ließ sich der Kronprinz, vor allem nach dem Ausbruch seiner Krankheit, immer häufiger Disziplinlosigkeiten zuschulden kommen: er kam bei Inspektionen zu spät, machte seine Inspizierungen oberflächlich und schlampig, zeigte seiner Umgebung, der er doch immer Vorbild hatte sein wollen, wie sehr ihn der »Gamaschendienst« anödete.

Ein militärisches Avancement Rudolfs als inzwischen dienstältester Divisions-Kommandeur war 1888 überfällig. Auch die ausländischen Militärberichterstatter sahen einen Grund, über die ausbleibende Avancierung des Kronprinzen zu berichten: »Durch die Ernennung des Feldzeugmeisters Freiherrn von Bauer zum Kriegsminister kommt die Neubesetzung des von demselben bisher kommandierten Wiener, des zweiten Armeecorps in Frage. Seine kaiserliche Hoheit der Kronprinz Rudolf, als ältester Divisions-Kommandeur tritt vorläufig in das Kommando dieses Corps ein, es ist aber, wie ich höre, nicht wahrscheinlich, daß Hochderselbe zum kommandierenden General desselben ernannt wird. Wie mir Seine kaiserliche Hoheit selbst sagte, sei von Seiner Majestät dem Kaiser Franz Joseph noch nichts beschlossen worden und Er wisse noch nicht, was aus Ihm werde ... Wie ich aus Äußerungen von anderer Seite her entnehmen zu können glaube, dürfte eine Verwendung Seiner kaiserlichen Hoheit außerhalb Wiens ins Auge gefaßt werden. Man hält es an entscheidender Stelle für nützlich, daß sich der Thronerbe auch mit den Verhältnissen anderer Theile der Monarchie bekannt mache[38].«

Dieser Plan mußte jedoch für den Kronprinzen, der nie ein Hehl daraus gemacht hatte, in Wien bleiben zu wollen, den Charakter einer Bestrafung, eines Exils haben, ob er nun nach Bosnien oder an einen anderen abgelegenen Ort versetzt werden sollte. Nach längerer Ungewißheit konnte sich Rudolf durchsetzen: Er blieb in Wien als neuer General-Infanterie-Inspektor. Kommandierender General wurde er jedoch nicht.

Die neue militärische Stellung war, so klingend ihr Name auch war, kein wirklicher Aufstieg. Sie war eigens für den Kronprinzen geschaffen. Bisher hatte Erzherzog Albrecht als Artillerie-Inspektor auch die Agenden für die Infanterie besorgt. Er dachte gar nicht daran, die wichtigen Geschäfte dieses Amtes an den Kronprinzen abzugeben. Die Hauptaufgabe Rudolfs bestand darin, von einer Truppeninspektion zur nächsten zu fahren, kreuz und quer durch die weiten Länder der Donaumonarchie. Wirkliche Kompetenzen hatte er nicht, zu den unter Vorsitz des Kaisers abgehaltenen Militärkonferenzen wurde er nur dann zugezogen, wenn Unwichtiges zu verhandeln war. Wichtige Themen der Konferenz wurden erörtert, wenn der Kronprinz auf Reisen war.

Rudolfs Einfluß wurde auf diese Art fast unmöglich gemacht, zudem erschöpften die strapaziösen Reisen den gesundheitlich und nervlich schon sehr schwachen Prinzen zusehends, ja führten seinen endgültigen Ruin herbei. Selbst Stephanie konnte nicht umhin, in ihren Memoiren zu schreiben: »Die neue, eigens für ihn geschaffene Stellung des Kronprinzen als Generalinspektor der Infanterie des Heeres überanstrengte in Verbindung mit seiner unruhigen privaten Lebensführung seine Gesundheit und seine Nerven in immer steigenderem Maße. Selbst eine festere Natur als die seine würde diese Lebensweise angegriffen und zerrüttet haben[39].«

Zu den Strapazen der Reisen, der gesundheitlichen Schwäche, die er sich nicht traute offen einzubekennen, der unbefriedigenden Arbeit kam die Angst vor der Rüstung Rußlands, vor allem genährt durch Beobachtungen in Ostpolen. Aus Lemberg schrieb Rudolf im Juli 1888 an Stephanie: »Ich bin sehr abgehetzt. Die letzten Tage waren ungemein mühsam; von früh bis abends in Bewegung, dabei den Tag über die fürchterliche Hitze, Staub, Gestank, elendes Essen, jeden Abend kolossales Gewitter, aber immer ohne Abkühlung. So geht es fort in angenehmer Abwechslung. Das Land hat sich seit vorigem Sommer ganz geändert, man glaubt schon im Beginn kriegerischer Operationen zu leben; überall Zelt- und Barackenlager, Befestigungen, Depots und neue Bahnen, dabei ist alles vollgestopft mit Soldaten, die mehr oder weniger eine recht elende Existenz führen[40].«

Noch gab er aber nicht auf und versuchte neuerlich einen Vorstoß wegen einer Änderung des Exerzierreglements, die er schon in seinem Prager Spicheren-Vortrag vorgeschlagen hatte. Unüberwindlich stand diesen wie anderen militärischen Aktivitäten Erzherzog Albrecht im Weg, der kühl erklärte: »Was die in diesem Berichte angeregte Revision des Exerzierreglements der k. k. Fußtruppen anbelangt, so liegt eine solche schon seit längerer Zeit nahe und habe ich darüber meine Ansicht dem Chef des Generalstabes schon mitgeteilt ... Ich kann schließlich nicht verschweigen, daß ich meiner dienstlichen Stellung wegen, ferner deshalb, weil ich Jahrzehnte hindurch den mangelnden General-Infanterie-Inspektor, soweit es möglich war, zu vertreten suchte, endlich im Hinblick auf die gedachte Zusammensetzung der Kommission, den Vorsitz in derselben mir zu beanspruchen erlaube[41].«

Die ständigen Inspektionsreisen hatten aber doch den Erfolg, daß sich der Kronprinz wie kaum ein anderer in allen Truppenteilen auskannte, die Offiziere persönlich kennenlernte und wußte, wie es an der Basis der Armee aussah.

Die Kehrseite war, daß nicht nur er die Truppen, sondern die Truppen auch ihn sahen. Tausende von Soldaten lernten im Jahr 1888 den Kronprinzen kennen, viele von ihnen schilderten, wie er auf sie wirkte. Sie erlebten einen körperlich ruinierten, übernervösen und an seiner Arbeit, eben den Truppeninspizierungen, uninteressierten

General, der teilnahmslos, oft melancholisch geistesabwesend, die Vorführungen über sich ergehen ließ. Mit streng-forschem militärischem Geist, mit Zucht und Drill hatte dieses seltsame Verhalten wenig gemein, vor allem wenn man sich den Kommandoton des in diesem Jahr zum deutschen Kaiser aufgestiegenen Wilhelm II. vergegenwärtigt. Die Militärs hatten den Eindruck, daß der Kronprinz in seinem militärischen Beruf überfordert war.

Wenn der Kronprinz in seinen letzten Lebensmonaten auch einen denkbar schlechten Eindruck bei seinen Inspektionsreisen hinterließ, so arbeitete er doch unverdrossen weiter an grundsätzlichen militärischen Fragen. Szeps berichtete, Rudolf sei noch in den Tagen vor seinem Tod »von militärischen Dingen sehr in Anspruch genommen. Er arbeitete besonders viel für die Militärkonferenzen, welche unter dem Vorsitze des Kaisers im Monate Jänner stattfanden ... Speziell eine Denkschrift, welche wichtige militärische Angelegenheiten betraf, fand die lobende Anerkennung des Kaisers[42].« Ob diese Denkschrift lediglich Rudolfs alte Forderung nach Reform des Exerzierreglements betraf oder wichtigerer Natur war, worauf Szeps hindeutet, muß unklar bleiben, solange sie nicht vorliegt.

Wie auch immer die Einzelheiten der militärischen Pläne Rudolfs gewesen sein mögen, eines war kaum zu übersehen: Die Resignation der letzten Lebensmonate bezog sich auch auf die Zukunft der immer noch heißgeliebten österreichisch-ungarischen Armee. Die Unruhen in Budapest wegen des neuen Wehrgesetzes, die panslawistischen und deutschnationalen Bewegungen, die auch die Armee nicht verschonten, gaben zu Optimismus keinen Anlaß. Hämische Zeitungsmeldungen in Deutschland, die auf die österreichische Armee meist mit Hochmut hinabsahen, und russischer Zeitungen, die den Zerfall der vielsprachigen Armee fast genüßlich erwarteten, verfehlten ihre Wirkung auf den unsicher gewordenen Kronprinzen nicht. Das alte stolze Selbstbewußtsein hatte sich inzwischen in einen hysterisch wirkenden Patriotismus gesteigert, der den tiefen Pessimismus nur äußerlich bemänteln konnte.

9. Kapitel

UNGARN

Je mehr sich die Taaffe-Regierung in Cisleithanien konsolidierte und je unwahrscheinlicher die Wiederkehr einer liberalen Regierung wurde, desto mehr richteten sich die Hoffnungen des Kronprinzen auf Ungarn, das seit 1867 liberal regiert wurde und dessen Ministerpräsident, Koloman Tisza, die volle Sympathie des Kronprinzen besaß.

Als die Kroaten 1883 offen gegen die ungarische Regierung aufbegehrten und ein Königreich Kroatien forderten, außerdem starke antisemitische Unruhen sich auch gegen die »judenfreundliche« liberale Partei richteten, schrieb Rudolf voll Sorge an Szeps: »Das arme Ungarn! Wir stehen vor einer epochalen Krise; so kann es nicht weiter gehen. Die sogenannten Judenverfolgungen, die nehmen großartige Dimensionen an; und die kroatischen Geschichten, sie liefern den Beweis, wie sehr uns die slavische Frage immer mehr an den Leib rückt. Ungarn wird schlecht administriert, hat keinen guten Beamtenstand, keine solide Basis, es ist ein Land wie Rußland oder die Türkei; ebenso wie diese Reiche entbehrt es den reichen, gebildeten Mittelstand, es hat nur einen teils arg verlotterten Beamtenstand, viele Israeliten und armes Volk, verarmte Bauern und viel Pöbel; die wahre Basis eines modernen Staates, das große Bürgertum, fehlt. Mit Kroatien wird ein solches Land diesen Kampf nicht glücklich bestehen können und die innere Lage in Ordnung bringen, dazu fehlt die gesunde Basis und die staatliche Kraft. – Ungarn wird einem vollkommenen staatlichen Verfall entgegensehen und es wird der Moment kommen, wo man von Wien aus wird einzugreifen für notwendig finden. Doch hier, wo man die gesunde Basis zu einem modernen Staate hätte, richtet man sie systematisch politisch zugrunde und kommt durch diese slawisierende Politik auf

denselben Standpunkt wie Ungarn; nur kommt hier noch die reaktionäre Richtung hinzu und da ist mir das in sich zerfallende, liberale Ungarn noch lieber als das Taaffische Österreich.
Ungarn war bisher der Schutzwall, der auch diese Reichshälfte vor der vollen Reaktion bewahrte, sollte dieses Bollwerk fallen und ein Österreich unter den jetzigen Auspizien die Einmischung und sogenannte Rettung Ungarns in die Hand nehmen, dann gehen wir einer Revolution, dann aber auch dem selbstverschuldeten und fast möchte ich sagen, wohlverdienten Untergange entgegen[1].«
Der Bedrohung Tiszas durch die kroatische Krise maßen der Kronprinz und seine journalistischen Freunde große Bedeutung zu. Frischauer reiste nach Agram, um den Kronprinzen mit Nachrichten zu versorgen, da die Zustände dort von »wilder Rätselhaftigkeit« seien. Rudolf stand in dieser Krise – trotz seiner Kritik an der ungarischen Nationalitätenpolitik – eindeutig auf dem ungarischen Standpunkt. Er unterstützte aber keineswegs national-magyarische Tendenzen, sondern setzte sich zur Beibehaltung wenigstens des Dualismus gegenüber einer drohenden weiteren Zersplitterung des Reiches ein. Kroatien forderte ja praktisch den Trialismus, dem ähnliche Forderungen der Polen und Tschechen in Cisleithanien zweifellos auf dem Fuße gefolgt wären. Diese Haltung änderte Rudolf nie und nannte noch im Juni 1888 bei einem Besuch in Agram Kroatien demonstrativ »Perlen der heiligen Stefanskrone, welche unzertrennlich verbunden sind mit den Ländern dieser heiligen Krone, verbunden durch unzerreißbare Bande einer ruhmreichen Vergangenheit und gemeinsamer Interessen[2].«
Die kroatische Krise stärkte, wie es Rudolf befürchtet hatte, die konservativ-feudale Opposition gegen Tisza. Rudolf an Szeps: »Sonst sieht es politisch trübe aus. Tisza war vorgestern lange bei mir; Futtaky auch. Das liberale Ungarn kämpft gegen dieselben gewaltigen reaktionären Kräfte einen harten Kampf, denen in dieser Reichshälfte das liberale Prinzip unterlegen ist. Tisza scheint auf das Äußerste gefaßt zu sein, er ist eisig ruhig, kalt, doch ein böses Lächeln spielt um seine Lippen, wenn er von den hiesigen höchsten Kreisen spricht ... Er hat es fühlen müssen, daß in Österreich noch immer neben der offiziellen, parlamentarischen Politik noch eine

sehr mächtige geheime, unnahbare, ungreifbare Politik besteht, dieselbe die man 48 die Camarilla nannte und der Andrassy in den letzten Jahren weichen mußte und die auch Tisza und so manchen anderen noch zu Falle bringen wird. Die Kirche ist noch sehr mächtig; das müssen wir leider genug fühlen[3].«

Diese Klage bezog sich auf die Oberhaus-Debatte über die Zivilehe, zu der sowohl die Fürsten Liechtenstein als auch Kardinal Schwarzenberg nach Budapest gereist waren und die Opposition gegen die Liberalen entscheidend – bis zur Abstimmungsniederlage Tiszas – gestärkt hatten. Auch Prinz Philip von Coburg-Coháry, Schwager und Jagdfreund des Kronprinzen, ansonsten wenig an Politik interessiert, erschien bei der Abstimmung, allerdings um für Tisza zu stimmen, sicherlich nicht ohne vorherige Absprache mit dem Kronprinzen und mit lautstarkem Beifall des »Neuen Wiener Tagblatts«: »Große Sensation erregte auch das Erscheinen des Prinzen Philip von Coburg-Kohary, der in Generals-Uniform und mit seinen Orden geschmückt, auf der Linken neben Andrassy Platz nahm, wie um zu zeigen, daß die Hofwürdenträger, welche gegen die Vorlage sind, nicht die Ansichten des ganzen Hofes zum Ausdruck brachten ... Gegen den Hochadel, gegen die äußerste Linke, gegen den Kirchenfürsten, gegen die Kroaten und gegen den Antisemitismus gleichzeitig ankämpfen zu müssen, das ist vielleicht selbst für die Riesenkraft eines Koloman Tisza zu viel. Um da den Sieg davonzutragen, müßte die geeinte Kraft der Nation ihm zur Seite stehen[4].«

Der Kronprinz regte Szeps nicht nur an, für Koloman Tisza einzutreten. Er informierte ihn auch über ein Gespräch zwischen dem Kaiser und Tisza. Bezeichnend war, daß er diese Nachrichten keineswegs vom Kaiser, sondern vielmehr von Tisza über dessen Vertrauten Futtaki erhalten hatte: »Futtaky bat mich heute, zu mir zu kommen, um mir alles mitzuteilen, was er über Tisza weiß ... Tisza war gestern beim Kaiser, machte eine Szene! Sagte, man hätte von Wien aus in Kroatien, bei dem Antisemitismus, bei der Oberhaus-Affäre die Hand im Spiel; er wurde schweigend angehört, auf heute bestellt ... Der Kaiser bat um Entschuldigung, daß hiesige Herren hinunter gefahren sind, sagte aber im gereizten Tone, einem

Schwarzenberg und Liechtenstein kann niemand etwas ausreden oder gar befehlen. Über Dezentralisation der Bahnen und über Armee(Staats)sprache ist der Kaiser aufgeregt[5].«
Schließlich schrieb der Kronprinz im »Neuen Wiener Tagblatt« einen seiner engagiertesten Leitartikel: »Die Wacht an der Leitha«, eine zweiteilige Hymne auf die Person und die Politik Koloman Tiszas: ». . . Seien wir uns nur bewußt der Gefahren, die uns umgeben, die jene Errungenschaften zu vernichten drohen, die wir seit dem Jahre 1848 in stetem Streben und Ringen erreichten . . . Die Liberalen in Ungarn, an ihrer Spitze der Ministerpräsident, der bedeutendste Staatsmann des Landes, ein fortschrittlich gesinnter, auf der Höhe der modernen Bildung stehender Mann, sind geschlagen. Wer hat über sie den Sieg davon getragen? Die konservativen Elemente, der klerikale Adel, und, man gebe sich keiner Illusion hin, verbündet mit den untersten Schichten der Bevölkerung, gestützt auf Leute, deren Tendenzen gewiß nicht konservativer Natur sind . . . Die großen Massen, welche heutzutage antikulturellen Bewegungen, einer Verwilderung der Sitten zuneigen, boten ein geeignetes Material zu den antisemitischen Hetzen, und der Antisemitismus wurde geschickt ausgenützt, um die unteren Volksschichten gegen die liberale Partei, gegen die Männer des Fortschritts und der Bildung auszuspielen . . .
Ungarn ist tief gesunken! Dies muß jeder ernste Politiker einsehen. Ungarn, das einem England des Ostens ähnlich, in einer Zeit, wo jede freiheitliche Bewegung unterdrückt wurde, allein festhielt an den konstitutionellen Grundsätzen, das ein Hort war der Aufklärung und des Fortschrittes, und dessen beste Seele unter unsäglichen Kämpfen, Qualen und Opfern unentwegt die Fahne der Freiheit hochhielt in schweren Tagen, Ungarn muß jetzt, wo die Nation in voller Macht ihre Rechte genießt, so traurige Tage erleben . . .
Die Reaktion ist mächtig; in *Deutschland* fühlt sie sich in voller Kraft, in *Österreich* sind fast alle Männer aus maßgebenden Stellen verdrängt, die ihr in den Weg treten konnten; sie herrscht unbehindert! *Ein* Mann steht ihr im Wege, in Ungarn sich vollends auszubreiten; *Ein* Mann läßt sie nicht das Gefühl beruhigten Besitzes der eroberten Positionen genießen; das ist der einzige liberale Staats-

mann in Österreich-Ungarn, der noch eine leitende Position inne hat, der überzeugungstreue Kämpfer für die Grundsätze der Kultur und des modernen Fortschrittes, *Koloman Tisza* ...«

Auch hier wieder warf der Kronprinz jedoch Tisza vor, tatenlos der »reaktionären« Taaffe-Regierung in Cisleithanien zugesehen zu haben: »Das war vom Ministerium Tisza nicht klug, nach dem Sturze der liberalen Majorität in Österreich der dortigen Entwicklung ruhig zuzusehen, sondern im Gegenteile schadenfroh zu glauben, man könne diese, für Österreich an Kämpfen und Konfusionen so reiche Ära unbeschadet ausnützen, um für die Sonderstellung und die Rechte des ungarischen Staates Erweiterungen und Konzessionen zu erreichen. Tisza kämpfte nicht nur nicht gegen die immer mehr nach rechts abweichende Bahn der österreichischen Entwicklung, sondern unterstützte sie noch aus chauvinistisch-ungarischen Gründen, und vergaß dabei, daß es doch noch immer unmöglich ist, in Wien und Budapest nach diametral entgegengesetzten Prinzipien zu regieren ...

Die Liberalen in *Ungarn* und jene in *Österreich* sind in einer ähnlichen Lage. Gegen *dieselben* Feinde müssen sie kämpfen, und wenn auch die österreichischen Liberalen momentan in einer scheinbar ungünstigen Position sich befinden, so darf nicht vergessen werden, daß die ungarischen Liberalen einer der Zahl nach kleinen Nation angehören, welche den reaktionären und slawischen Stürmen schwerer Stand halten könnte, als die Deutschen in Österreich, die doch einem großen Volke angehören, in welchem der liberale Gedanke niemals dauernd unterdrückt werden kann ... (sic).

Gleiche Gefahren, gleiche Feinde; dieses Gefühl sollte sie zum gemeinsamen Kampfe, zu gegenseitiger Unterstützung drängen, die Liberalen Österreichs und Ungarns. Wenn höhere Interessen, wenn Fragen des Fortschrittes und der Zivilisation auf dem Spiele stehen, dann vergesse man kleinliche Differenzen, alte verjährte Nergeleien.

Mögen die Ungarn zur Besinnung kommen, ehe es zu spät ist, und mögen sie vor Allem einen Mann halten und unterstützen, um den wir sie beneiden, den letzten liberalen Staatsmann in der österreichisch-ungarischen Monarchie: Koloman *Tisza*!

Die Reaktion hat momentan gesiegt. Die Männer des Fortschritts müssen hüben und drüben der Leitha fest stehen und treu auf gemeinsamer Wacht[6]!«

Über Taaffes Reaktion auf diesen Artikel berichtete Szeps dem Kronprinzen einige Tage später. Ein hoher Beamter habe erzählt: »Da war im Tagblatt ein Artikel über die Wache an der Leitha, hat sich Graf Taaffe furchtbar darüber geärgert und hat schrecklich geschimpft ... Auf Ehrenwort, Panie! schrie er, was bin ich denn ein Niemand und der Tisza ist der Einzige in der Monarchie? Das ist persönliche Beleidigung, das ist nicht Opposition, sondern Grobheit und Affront. So hat der Taaffe geschrien und Pressbureau wird Euch schon zwicken ...[7]«

Die guten Kontakte zu Andrassy und Tisza und die liberale Atmosphäre Budapests freuten den Kronprinzen gerade in der Zeit, als er in Wien mit großen Schwierigkeiten zu kämpfen hatte. Stolz berichtete er Szeps nach dem Besuch des deutschen Prinzen Wilhelm in Budapest: »Man kann diese schöne Stadt wirklich mit Stolz Fremden produzieren; es ist Leben, Aufschwung, Selbstbewußtsein und Vertrauen in die Zukunft, Eigenschaften, welche jede liberale Ära mit sich bringen und die man hier mit Freude und Behagen beobachten kann und welche leider drüben zwischen den schwarzgelben Grenzpfählen fast vollends fehlen[8].«

Auch an der Art von Rudolfs Beziehungen zur ungarischen Presse ersieht man unschwer, daß der Kronprinz keineswegs national-magyarische Interessen hatte (eine Tatsache, die man angesichts der späteren Verdächtigungen nicht oft und deutlich genug betonen kann), sondern daß es ihm allein um die Durchsetzung liberaler Politik ging – ein Ziel, das selbstverständlich für beide Landesteile gleichermaßen bestand. Seine beiden journalistischen Freunde in Ungarn – Gyula Futtaki und Max Falk – waren die führenden liberalen Journalisten Budapests.

Das »Neue Wiener Tagblatt« und der »Pester Lloyd« Max Falks spielten häufig zusammen, wenn es darum ging, heikle Nachrichten durch die strenge cisleithanische Pressezensur zu manövrieren. Rudolf schlug Szeps etwa vor: »Wenn diese Notiz in Wien konfisziert würde, sollten Sie dieselbe dem ›Pester Lloyd‹ übergeben, dann würde es ja auch hier bekannt und die Wiener Blätter könnten es als merkwürdige Notiz aus den Pester Blättern zitieren[9].«

In Ungarn gab es ja seit 1867 weit liberalere Pressegesetze als in Österreich. Was Max Falk in Budapest unbehelligt schreiben durfte (vor allem seine scharfen Angriffe gegen die Bismarck-Politik), wäre in Wien gleich konfisziert worden.

Es ist anzunehmen, daß die Quellen über die Beziehungen Rudolfs zu diesen beiden Journalisten nicht ohne Grund unauffindbar sind und – wie im Fall Futtaki – vom Kaiser persönlich jeder fremden Einsichtnahme entzogen wurden. Ebenso wahrscheinlich ist, daß die gefährlichsten Artikel aus kronprinzlicher Hand (hier geht es aber keineswegs um ungarischen Separatismus, sondern um Rudolfs Verhältnis zu Deutschland) nicht im »Neuen Wiener Tagblatt«, sondern im deutschsprachigen »Pester Lloyd« erschienen sind.

Max Falk, dreißig Jahre älter als der Kronprinz, war der liberale Zeitungspapst Ungarns. Befreundet mit Deák, Andrassy, Tisza, mit blendenden Beziehungen zu den deutschen Liberalen, etwa Bismarcks Intimfeind Richter, ab 1869 Mitglied des ungarischen Reichstages, verfügte er über die besten Informationen für seine Zeitung. Auch er war ein glühender Vorkämpfer gegen den Antisemitismus, als überzeugter Liberaler zudem Gegner der Bismarck-Politik und Anhänger der liberalen Berliner »Kronprinzenpartei«. Auch er erhoffte sich von einem deutschen Kaiser Friedrich III. den Anstoß zu einer Liberalisierung Europas und war Gegner des betont konservativen, mit dem Antisemitismus der Stökker-Partei sympathisierenden jungen Wilhelm II. In den geheimen Akten des Auswärtigen Amtes von Berlin gibt es Stöße von Akten über Max Falk, aus denen zu ersehen ist, daß Bismarck in Falk einen seiner Hauptfeinde in Österreich-Ungarn sah. Eine freundschaftliche Beziehung zwischen dem Kronprinzen und Max Falk war also vor allem im Hinblick auf den sowieso schon mißtrauisch gewordenen Bismarck kompromittierend.

Ein Privatbrief über Falks politische Ansichten, der dem Auswärtigen Amt übergeben wurde, bezeichnete Falk als »eine Art Mit-

regent von Ungarn«. Falk habe im Gespräch (1889, einige Monate nach dem Tod des Kronprinzen) gestanden, »daß es Kreise gegeben habe, die bis in die letzten Jahre – ›und vielleicht noch heute‹ – der Allianz nicht trauen und sie namentlich nach dem Heranziehen Italiens als *unnatürlich* betrachten ... Deutschland und Italien seien die dereinstigen Erben einzelner Teile Österreichs, das Bündnis daher eigentlich unnatürlich: so sei ›auch in Wien‹ eine stark vertretene Ansicht.« Der Schreiber bemerkte dann, »es bestehen tatsächlich in Wien und Pest Strömungen, welche ein Bündnis mit Rußland und Frankreich für ›natürlicher‹ halten[10]«.
Gyula Futtaki (1850–1897) war Herausgeber der offiziellen »Budapester Korrespondenz« und Mitarbeiter Max Falks. Der Kronprinz nannte ihn einen »bei allem beteiligten« Journalisten, der »immer den liberalen Mann und Gegner des Taaffeschen Regimes betont[11]«. Er war ebenso wie Falk ein Freund Deáks, Tiszas und Andrassys. Auch er unterhielt freundschaftliche Beziehungen zu Georges Clemenceau. Auch er war leidenschaftlicher Kämpfer gegen den Antisemitismus und orthodoxer Jude. Futtaki hatte in Ungarn eine ähnliche Stellung wie Szeps in Cisleithanien. Er war Rudolfs Informant, politischer Berater, auch journalistischer Agent zur Vermittlung von Nachrichten und Artikeln für ungarische Zeitungen. Die Wichtigkeit Futtakis für die Biographie des Kronprinzen mag man daraus ersehen, daß die 98 Briefe Rudolfs an ihn, die dem Kaiser nach Futtakis Tod 1898 übergeben wurden, nicht etwa nach Durchsicht und Vernichtung kompromittierender Stücke (wie bei den Szeps-Briefen) dem Archiv übergeben, sondern sämtlich, ohne Ausnahme, »eingezogen« wurden und bis auf den heutigen Tag unbekannt blieben.

Rudolfs Demonstrationen für Liberalismus, Bürgertum, Demokratie, für völkische und religiöse Minderheiten, sein Philosemitismus, seine antiklerikale, antifeudale und antinationalistische Haltung brachten ihn schon früh in die geistige Nähe der Freimaurerei. Die Anschuldigung, der Kronprinz sei (gegen kaiserliches Verbot) Logenmitglied, wurde in der Hofgesellschaft mit Schaudern verbreitet, als sei er mit dem Teufel im Bunde. Auch Kronprinzessin Ste-

phanie war »fest davon überzeugt, daß Rudolf der Loge angehörte[12]«, was allerdings kaum als Beweis zu werten ist.
Wenn der Kronprinz jedoch Maurer war, dann konnte er das nur in Ungarn sein, denn nur in Ungarn war seit 1867 die Freimaurerei in der Monarchie erlaubt.
Da dieses Thema Ende des 19. Jahrhunderts von kaum zu überbietender Brisanz war und auch – bis zu den Beschimpfungen im »Völkischen Beobachter« über die »Freimaurergesellschaft« um den österreichischen Kronprinzen – immer wieder in der gehässigsten und ahnungslosesten Weise behandelt wird, muß hier näher darauf eingegangen werden, wenn auch wegen der Kompliziertheit des Gegenstandes weiter ausgeholt werden muß.
In Brockhaus' Conversations-Lexikon von 1884 heißt es im Artikel »Freimaurerei«: »Sie vereinigt würdige, getreue und ehrbare Männer, ohne Rücksicht auf Unterschied der Nationalität, der Hautfarbe, des Vaterlandes, des bürgerlichen Standes, der Religion und der politischen Meinung, und kennzeichnet ihr Wesen darin, jene Trennungen auszugleichen, ihre Äußerungen und Gegensätze fern zu halten und die einander entfremdeten Menschen auf dem freien Felde rein menschlicher Beziehungen und Pflichten in inniger Bruderliebe miteinander zu verbinden.«
Etwa diese Bedeutung einer geschlossenen Gesellschaft, die ihre Ideale von Toleranz, Gleichberechtigung aller Menschen und Religionen zu verwirklichen bestrebt war (mit mehr oder weniger Erfolg), hatte die Freimaurerei in den protestantischen Ländern des späten 19. Jahrhunderts. Die Zugehörigkeit eines Staatsmannes, eines Monarchen oder Thronfolgers hatte in diesen Ländern kaum mehr als gesellschaftliche Bedeutung. So war zum Beispiel Kaiser Wilhelm I. vierzig Jahre lang Großmeister der preußischen Logen, der schwedische König Ordensmeister der Großen Landeslogen von Schweden und Norwegen, der englische Thronfolger und spätere König Eduard VII. Großmeister der Vereinigten Großloge von England.
Das Kaiserhaus der Habsburger mußte naturgemäß eine andere Haltung gegenüber der Freimaurerei einnehmen, denn es war nicht nur traditionell, sondern unter Kaiser Franz Joseph auch demon-

strativ katholisch, was sich bei kirchlichen Zeremonien – etwa der Fußwaschung im Stephansdom am Gründonnerstag oder der Fronleichnamsprozession – jährlich aufs neue zeigte. Die Kirche trat gerade in diesen Jahren aggressiv gegen die liberale Weltanschauung und die Freimaurerei auf, mit Enzykliken, Hirtenbriefen und scharfen Worten von der Kanzel. Die Rücksicht auf die Kirche bewirkte, daß Kaiser Franz Joseph 1848 nach dem Aufschwung der liberalen Ideen (als sich sogar der Reichsverweser Erzherzog Johann zur Freimaurerei bekannte) die Logen schließen ließ. Was er als Kaiser von Österreich bis zu seinem Lebensende verbot, erlaubte er jedoch als König von Ungarn ab 1867: die ungarische Freimaurerei blühte ungehindert. Die ungarische liberale Regierung ab 1867 war nicht nur freimaurerfreundlich, sondern bestand zum Großteil aus Freimaurern, angefangen von Gyula Andrassy. »Das Vaterland« unter Vogelsang lamentierte: »Wohin man in Ungarn blickt, sind alle einträglichen Stellen von Freimaurern, oder was fast gleichbedeutend ist, von Juden und Judenknechten besetzt[13]«, freilich eine große Übertreibung, denn »Judenknecht« hieß bei dem Gründer der Christlichsozialen Partei jeder, der kein Antisemit war.

Sieht man einmal von den Hetzkampagnen der Klerikalen, Antisemiten und Nationalisten gegen die Freimaurerei ab und beschäftigt sich mit den offiziellen Freimaurerschriften der achtziger Jahre, vor allem mit deren Aussagen über den Staat Österreich-Ungarn, so wird rasch klar, wie nahe diese Denkweise der des Kronprinzen war – vor allem wie sehr sie seinen Idealen von Völkerverständigung in einem großen, tolerant geführten Reich und seinem glühenden Patriotismus entgegenkam.

Die Freimaurerzeitung »Das Inland« brachte zum Beispiel im Dezember 1888, also zwei Monate vor Rudolfs Tod, einen grundsätzlichen Artikel: »Welchen Einfluß kann und soll die Freimaurerei in unserem gemeinschaftlichen österreichisch-ungarischen Vaterlande zur Geltung bringen, um die schroffen nationalen Gegensätze in würdiger Weise, wenn nicht zu ebnen, so doch zu mildern zu helfen?«:

»Diese Treue gegen das eigene Volk muß aber frei sein von Fanatismus und Haß gegen die anderen. Der wirkliche Kampf, um Andersdenkende zu unterdrücken und in ihrem Rechte zu verkürzen, muß endlich einmal aufhören und dem friedlichen, edlen Wetteifer in geistiger und wirtschaftlicher Entwicklung Platz machen. Die Völkerfragmente, welche Österreich bilden, dürften ihre Kräfte nicht mehr zerstörend gegeneinander richten, sondern sie müssen sie in redlicher Arbeit vereinigen, um gemeinschaftlich die Freiheit, den Fortschritt und die Wohlfahrt zu erringen ... Je festere Wurzeln unser Bund in Österreich schlägt, desto mehr Adepten für die friedliche humane Verständigung der Nationen werden gewonnen werden und die Zunahme des Bundes ist daher nur segensreich für die Monarchie, weil sie die Ausgleichung, die gegenseitige Achtung und den Frieden im Innern befördert[14].«

Die Explosivität dieses Themas war schon in den warnenden Briefen Erzherzog Albrechts an den heranwachsenden Kronprinzen erkennbar, sich nicht von Liberalen, »Umstürzlern« und Freimaurern beeinflussen zu lassen, wie es Joseph II. zeitweilig getan hatte. Albrecht hatte bei seinen Warnungen mehrmals auf die liberalen Lehrer Rudolfs angespielt. Er wußte oder vermutete, daß sich unter diesen Gelehrten auch Freimaurer befanden. Die Vorwürfe gegen Männer wie Zhisman, er sei nicht katholisch genug, deuteten in dieselbe Richtung. Es ist schwer, wenn nicht unmöglich, diese Vorwürfe zu entkräften oder deren Richtigkeit nachzuweisen. Denn selbst wenn der eine oder andere (cisleithanische) Lehrer Rudolfs einer Loge angehört haben sollte, wird er es mit Rücksicht auf den Hof sicher unter einem Decknamen oder anonym gewesen sein und in den Listen kaum aufscheinen. So gut wie sicher ist nur die Zugehörigkeit eines (allerdings bedeutenden) Lehrers: Hyazinth Rónay, Lehrer für ungarische Geschichte, gleichzeitig Titularbischof, von dem Freimaurer Gyula Andrassy der Kaiserin Elisabeth empfohlen und von ihr als Lehrer durchgesetzt.

In der Umgebung des selbständig gewordenen Kronprinzen finden sich dann allerdings eine ganze Reihe bekannter Freimaurer: Brehm, Brugsch, Canon (die in Deutschland eintraten). Schließlich war die enge Freundschaft Rudolfs mit prominenten Liberalen und Freimaurern wie dem deutschen Kronprinzen Friedrich Wilhelm (Friedrich III.), dem Prince of Wales (Eduard VII.), auch Alexander von Bulgarien offenkundig. Der Tratsch blühte besonders, als sich der Kronprinz auch offen zu den ungarischen Liberalen bekannte, die zum Großteil der Loge angehörten.

So gut wie sicher ist, daß Rudolf zur Zeit der Brehm-Krise, als man ihn erstmals der Freimaurerei verdächtigte, nicht der Loge angehörte. Denn sonst hätte er kaum so erbost und sicher »die Einsetzung eines Kriegsgerichtes« gefordert, um diese Anschuldigung zurückweisen zu können.

Mit dem Erstarken des Antisemitismus in den achtziger Jahren, mit der unter Taaffe immer klerikaler werdenden Regierung, vor allem dem wachsenden Nationalismus verschärfte sich die liberale Geisteshaltung Rudolfs zusehends. Wo er konnte, demonstrierte er für den Liberalismus, für die Juden, für die Minderheiten. Seine oft verzweifelt wirkenden Appelle zu Toleranz waren alles andere als Taktik, sie waren ihm dringendstes Anliegen.

Im Nachlaß ist ein bemerkenswertes Zeugnis von Rudolfs Geisteshaltung erhalten: ein handschriftliches »Gebet«, wahrscheinlich aus der Zeit um 1885, offensichtlich nicht für eine Veröffentlichung bestimmt und daher wohl als intimes Glaubensbekenntnis zu werten. Das Schriftstück straft alle Behauptungen, Rudolf sei ein glaubensloser Zyniker gewesen, Lügen; es zeigt allerdings auch, wie weit er sich vom offiziellen Glauben der katholischen Kirche entfernt und den idealistisch-freimaurerisch-liberalen Vorstellungen genähert hatte:

»Gebet! Steige o Geist empor aus dem alltäglichen Getriebe in andere Sphären, die uns der Glaube gelehrt. Lasse durch eigene Vernunft und selbsttätiges Denken jene Macht erkennen, die schuf, die leitet und erhält.

Du mächtiger Lenker der Gestirne, Du Schöpfer und Herr, Dich wollen wir preisen und erkennen immerdar; die enge Schranke der Form, die kindliche Gemüter entreißt dem Reich der materiellen Gedanken, sie sei für uns kein Zwang. Denn überall in der Welt fühlt man Dein mächtiges Wirken; in uns selbst sehen wir Deine Kraft, der alles entsprungen. Leblose und lebende Natur, der Lauf der Sterne und die segenspendende Sonne, sie sind Deine Macht, Dein Wesen sichtbar kristallisiert. Gebieter des Weltalls; Jahrtau-

sende, von Deinen Werken verehrt; Du olympischer Zeus der Hellenen; segenspendende Isis der Ägypter, Brahma der Inder, Sonnengott der Perser, mächtiger Allah! des Islams, versöhnender Gott der Liebe Jesus, als Mensch am Kreuze gestorben.
Immer dieselbe Kraft, auf verschiedene Weise verehrt; nach Volk, Sitte und Bildung stets das nämliche Streben; die ewige, unfaßliche Macht des Schaffens und Seins in faßliche Formen zu zwängen. Du Schöpfer des menschlichen Geistes, lasse uns fortschreiten in wahrer Erkenntnis, in der Arbeit der Veredlung des Denkens. In gleicher Liebe wechselseitig vereint, mögen Deine Völker preisen immerdar: Den Herrn des Weltalls!«
Wenn dieser Text auch keine Formel enthält, die als Beweis dafür dienen könnte, daß der Kronprinz Freimaurer war, so ist die Nähe zu den Idealen der Loge doch nicht zu verkennen: Gleichwertigkeit der Religionen (»Immer dieselbe Kraft, auf verschiedene Weise verehrt«) und Völker (»in gleicher Liebe wechselseitig vereint«). »Der Text steckt voller Begriffe der Freimaurerei, sowohl im Deismus, im Kosmopolitismus wie in der Anerkennung und Achtung aller Religionen, der unbedingten Toleranz in Glaubensfragen. Auf den dritten Absatz ist besonders hinzuweisen. Bei der Aufnahme in den 1. Grad (Lehrlingsgrad) werden drei Sätze besonders eingeschärft: Erkenne Dich selbst, beherrsche Dich selbst, veredle Dich selbst! Von Erkennen und Veredeln wird hier ausdrücklich gesprochen, ebenso wird der in der Freimaurerei stets verwendete Ausdruck ›Arbeit‹ verwendet ... Die Anspielungen sind ... so gehäuft, daß der Text der Freimaurerei – vor allem den Lehren des 1. Grades – sehr nahe steht. Er ist kein schlüssiger Beweis, aber doch ein dringendes Verdachtsmoment[15].«
Die Unsicherheit der Um- und Nachwelt über Rudolfs Beziehung zur Loge machte selbst vor den offiziellen Freimaurerzeitungen nicht halt. Während »Das freisinnige Inland« nach Rudolfs Tod betonte, daß »Schurz und Hammer ihn nicht schmückte[16]«, schrieb »Der Zirkel«: »Der A.B.a.W. [»Allerhöchster Baumeister aller Welten« ist die freimaurerische Bezeichnung für Gott] beschütze und beschirme, tröste und erhebe unseren erhabenen Kaiser und König, und Dir, hochherziger Prinz Rudolf, Dir legen wir einen

Akazienzweig auf Dein stilles Grab[17].« Dies allerdings kann als eindeutiger Beweis für Rudolfs Zugehörigkeit zur Loge gelten: Der auf das Grab gelegte Akazienzweig gehört zum freimaurerischen Ritual für »Meister« der Loge (also für den 3. Grad). Ein solch eindeutiges Symbol wäre für einen Nichtmaurer »undenkbar[18]«.
Irgendwann zwischen 1883 und 1889 ist demnach Rudolfs Eintritt in eine Loge in Ungarn anzunehmen. Daß sich dies in aller Heimlichkeit vollzog, nur mit dem Wissen weniger Freunde, ist selbstverständlich, die Ahnungslosigkeit des »freisinnigen Inland« also nicht verwunderlich. Denn nach wie vor war die Zugehörigkeit zu einer Loge einem k.u.k. Offizier – und das war schließlich der Kronprinz – verboten. Die häufigen Jagdreisen zu ungarischen Freunden, vor allem zu Samuel Teleki in Siebenbürgen, wo sich der Kronprinz 1887 eine Jagd (Görgeny Szt. Imre) kaufte, erhalten vor diesem Hintergrund eine andere Dimension – ebenso wie die Tratschereien von geheimnisvollen Abmachungen mit Teleki, einem drohenden Kriegsgericht für den Kronprinzen vor Mayerling und ähnliches, deren Grund kaum in einer politischen Verschwörung, wohl aber in Rudolfs (verbotener) Logenarbeit liegen könnte.
Die achtziger Jahre des neunzehnten Jahrhunderts brachten mit dem Überhandnehmen des Antisemitismus, des Antiliberalismus und des Nationalismus auch eine Stärkung der Gegenbewegung der Freimaurerei als Vertreterin der Toleranzidee mit sich. In einer amtlichen Untersuchung 1902 über diese Jahre hieß es beziehungsvoll: »Es hat eine Zeit gegeben – in den 80er Jahren –, wo für die Maurer in Wien eine Periode außergewöhnlichen Aufschwunges gekommen schien, und damals sollen sich hinter den Pseudonymen auch die Träger hoher Namen verborgen haben[19].«
Die Zugehörigkeit zu einer Gemeinschaft, die Toleranz und Gleichberechtigung von Völkern und Religionen als Hauptforderung aufstellte, hatte (abgesehen von der schwerwiegenden Tatsache, daß die Logen in Cisleithanien verboten waren) nichts Verschwörerisches an sich. Daß der Kronprinz, der im Gegensatz zu seinem kaiserlichen Vater einen leidenschaftlich-aktiven Patriotismus besaß, sich nächtelang über die nötigen Weichenstellungen für eine glückliche Zukunft der Monarchie mündlich und schriftlich

verbreitete, der seit seiner Kinderzeit vehement jede Form des Nationalismus bekämpfte, und in der Stärkung nicht nur der Liberalen, sondern auch der Freimaurerei und des Assimilationsjudentums ein Gegengewicht erblickte, ist kaum verwunderlich. Ein Vielvölkerstaat wie die Donaumonarchie war seiner Ansicht nach nur dann lebensfähig, wenn er von Brüderlichkeit und Toleranz getragen war (eine Ansicht, die auch der Freimaurer Fischhof nicht müde wurde zu erklären).

Daß diesen übernationalen Idealen vor allem die Magyaren hindernd (und verhindernd) im Wege standen mit ihrer intoleranten Nationalitätenpolitik und mit dem ständigen Kampf um eine Ausweitung ihrer staatlichen Rechte über den Dualismus hinaus, wurde der Kronprinz nicht müde zu beklagen. In dieser Hinsicht war er sogar mit Erzherzog Albrecht, diesem erbitterten Ungarnfeind, einer Meinung. Die Kritik an der ungarischen Nationalitätenpolitik durchzieht Rudolfs private Korrespondenz, seine politischen Schriften: »Das Traurige für Ungarn ist das Nichteinsehenwollen und Nichtbegreifenwollen aller Magyaren, daß man mit schlechter Behandlung, mit Verachtung und mit momentanen vehementen Maßregeln nichts erreicht Nationalitäten gegenüber, die an Zahl überlegen sind und die man absolut braucht, um den ungarischen Staat so zu erhalten, in derselben Größe, die er heute noch besitzt; denn wie schon früher erwähnt wurde, gibt es nur wenige Gebiete in Ungarn, wo Magyaren kompakter auf weitere Strecken nebeneinander wohnen, sonst sind es nur einzelne Inseln und in vielen, fast den meisten Teilen der Länder der Stephanskrone sind nur der Adel, die Beamten und die Juden Ungarn, das Volk aber gehört anderen Stämmen an.
In ihrer grenzenlosen Verblendung vergessen auch die maßgebenden ungarischen Kreise die Tatsache, daß noch im Jahre 1849 Serbien und Rumänien zur Türkei gehörten, noch ganz unkultivierte und politisch unreife Länder waren, während jetzt die Königreiche Serbien und Rumänien sowie das nahe Bulgarien auch in die Reihe der europäischen Staaten eingetreten sind und Bildung, Kultur und Wohlhabenheit große Fortschritte gemacht haben; mit diesen Län-

dern sind die ungarischen Rumänen und Slawen, welche sich selbst auch um vieles weiterentwickelten, in steter Berührung; das ist für Ungarn heute eine große Schwierigkeit, von der das alte Ungarn noch keine Ahnung hatte, welches auch daher mit diesen unterjochten Völkern damals ganz anders umgehen konnte[20].«

Nicht weniger eindeutig waren Rudolfs Äußerungen über den Dualismus, den er als »Großösterreicher« und Zentralist als Haupthindernis jeder Neuordnung der Monarchie ansah. Schon 1878, anläßlich der Okkupation Bosniens und der mangelnden finanziellen Unterstützung Ungarns, schrieb er erbost an Latour: »Es müssen neue Verhältnisse, eine Umgestaltung der ganzen Staatsform eintreten; mit dem Dualismus geht es schon nicht mehr.« Rudolf hätte es damals am liebsten gesehen, wenn man die ungarische Verweigerungspolitik zum Anlaß genommen hätte, um die Reichstage in beiden Reichshälften auf ein Jahr aufzulösen: »Auf diese Weise wäre auch der Weg gefunden, um dem Dualismus ein für alle Mal ein Ende zu machen. Doch alles das sind Träume, denn gegen die Ungarn wird nichts geschehen[21].«

Freilich blieb dem Kronprinzen bei offiziellen Besuchen in Ungarn nichts anderes übrig, als den Dualismus als Staatsgrundlage anzuerkennen. Auch in Privatgesprächen mit seinen liberalen ungarischen Freunden, vor allem Andrassy, konnte er nicht zu große Zweifel am Ausgleich äußern, obwohl er bei jeder passenden Gelegenheit betonte, daß er den dualistischen Staat zwar als Tatsache anerkenne, aber die endgültige Form der Donaumonarchie seines Erachtens noch keineswegs gefunden sei.

Auch in der Denkschrift von 1886 kam er auf das Jahr 1867 zu sprechen: »Die traurige Lage des Reiches und die Notwendigkeit der Aussöhnung mit Ungarn führten die in manchen Dingen überstürzt und unvorsichtig geschaffene Grundlage des Dualismus herbei: aus einem Staate wurden deren zwei; einer so wenig lebensfähig wie der andere. Ohne die jahrhundertealte Dynastie und ohne das Heer und ohne die Schwierigkeiten, die aus dem Zusammenbruch dieser Monarchie für die Nachbarn entstanden wären, hätte sich dieses komplizierte, konfuse, aus heterogenen Elementen zusammengesetzte Reich nicht zehn Jahre erhalten können[22].«

Der Kronprinz sah (wenigstens in der Denkschrift von 1886) noch keine Gefahr, daß sich die ungarischen Nationalisten unter Kossuth gegen die gesamtstaatliche Partei eines Andrassy und Tisza durchsetzen könnten: »Die magyarische Nation ist die einzige, die außerhalb der Grenzen der Monarchie keine stammverwandten Völker aufweisen kann; sie lebt und stirbt mit Österreich und mit der Dynastie. An das Märchen einer Donaukonföderation, welches im Jahre 1849 und in den darauffolgenden Zeiten von der Emigration als letzter Trost und zugleich als Gespenst für Wien erfunden wurde, glaubt jetzt niemand mehr. Damals schon wäre ein selbständiges Ungarn nicht möglich gewesen, jetzt noch um vieles weniger; denn die magyarische Nation ist im eigenen Lande sehr zersplittert, nur in wenig Gegenden lebt sie in kompakteren Massen, und die dazwischen- und herumliegenden Völker würden bei einem Zusammenbruch Österreichs alles eher dulden, als das in diesem Moment zu einem Kleinstaat zusammenschmelzende Ungarn als selbständigen Staat. Daher gibt es in der ganzen Monarchie keine so ungefährliche Partei als die extremen Ungarn; die äußerste Linke im Budapester Parlamente verdient höchstens ein mitleidiges Lächeln, doch sie ernst zu nehmen, hieße selbst eine Posse als Wirklichkeit auffassen[23].«

Der Hoftratsch ließ es sich nach Mayerling angelegen sein, wilde Gerüchte von einer angeblichen Verschwörung Rudolfs mit ungarischen Nationalisten gegen Kaiser Franz Joseph zu verbreiten. Hauptquelle dafür waren die Memoiren der Gräfin Marie Larisch. Sie schrieb, der Kronprinz habe ihr, bevor er nach Mayerling fuhr, ein Kästchen gegeben, das sie nach seinem Tode demjenigen weitergeben solle, der die Buchstaben »R.I.U.O.« nennen würde. Dieser Unbekannte sei Erzherzog Johann gewesen. Gräfin Larisch:

»›Bedauern Sie Rudolf nicht‹, sagte er. ›Hätte der Kaiser diese Papiere gefunden, so hätten die Dinge viel schlimmer für ihn gestanden. Der Kronprinz hat Selbstmord begangen; aber hätte der Kaiser alles gewußt, so hätte er ihn vor ein Kriegsgericht stellen und als Hochverräter erschießen lassen müssen.‹

›Mein Gott‹, schrie ich, ›was hat er getan? ... [sic] Hat er an die Krone von Ungarn gedacht?‹

Der Erzherzog nickte zustimmend, und mir fielen plötzlich Tantes Worte ein, mit denen sie vor langer Zeit einmal angedeutet hatte, daß Rudolf sich in den Händen der Freimaurer befinde. Aber Elisabeth hatte wenig Grund, einen Stein auf ihn zu werfen, denn sie kokettierte selbst immer mit der Sozialistenpartei ...[24]«
Die Mayerling-Literatur sieht in diesem Text den Beweis dafür, die Erzherzöge Rudolf und Johann hätten den Kaiser absetzen und sich selbst zu Nachfolgern machen wollen – Rudolf in Ungarn, Johann in Österreich.
Ich kann diesem Text nichts anderes entnehmen, als daß die Larisch, weil sie über die Hintergründe des Dramas nicht informiert war, eine beabsichtigte Krönung Rudolfs zum ungarischen König mutmaßte. Daß Erzherzog Johann zu dieser Vermutung »zustimmend nickte«, mag richtig sein. Das heißt aber nicht, daß dieses Nicken als Bestätigung eines so ungeheuren Verdachtes wie einer Verschwörung des Sohnes gegen den Vater ausreicht. Der Erzherzog wird sich kaum mit Enthüllungen der ihm bis dahin unbekannten Gräfin in die Hand gegeben haben. Daß er sie willig auf einer falschen Fährte ließ, ist viel wahrscheinlicher. (Daß der Larisch-Text viel eher auf eine Verbindung Rudolfs und Johanns zur ungarischen Freimaurerei anspielte, ist außerdem kaum zu übersehen, besonders, da sich – mit allen nötigen Vorbehalten – auch eine Deutung der Buchstabenfolge R.I.O.U. anbietet: R. als Abkürzung vor Logennamen gebräuchlich für »respectable« ehrwürdig, I.O. als »Innerer Orient«, ein enger Kreis von Hochgradfreimaurern, schließlich U. für Ungarn.)
Eine Krönung hätte zudem gar nichts mit einer Absetzung Franz Josephs zu tun gehabt. Der Wunsch der Ungarn, sich den jeweiligen Thronfolger mit einem Eid auf die ungarische Verfassung, der mit einer Krönung untrennbar verbunden war, zu verpflichten, war auch nicht auf die Person Rudolfs beschränkt. Auch Kaiser Ferdinand, Franz Josephs Vorgänger, war noch als Kronprinz zum König von Ungarn gekrönt worden, und nach Rudolfs Tod tauchte derselbe Plan im Zusammenhang mit dem neuen Thronfolger Franz Ferdinand auf.
Eine Krönung des Kronprinzen Rudolf wurde schon gleich nach

dem »Ausgleich« und der Krönung Franz Josephs in Budapest heftig diskutiert, so 1869 im »Pester Lloyd« und 1876, kurz vor Rudolfs Volljährigkeit, was zu einem Pressekampf mit cisleithanischen Zeitungen führte. Die »Deutsche Zeitung«: »Wir sind nicht zufrieden mit dem Maße der Rechte, welches Ungarn dem Reich übrig läßt, sondern wünschen für West-Österreich das dem Osten verbürgte Recht unter gleich feierlicher Bürgschaft[25].«

Angesichts solcher Forderungen auch anderer Landesteile an die Krone überrascht es nicht, Erzherzog Albrecht als erbitterten Gegner des Krönungsplans zu finden. Rudolf erzählte im Januar 1883 seinem Freund Szeps: »Man hat ein Mittel ausgedacht, um wenigstens die Zukunft zu sichern, es war das im Sommer vergangenen Jahres (also 1882), da setzte sich Tisza mit zweien seiner Ministerkollegen und noch einer dritten nichtamtlichen politischen ungarischen Persönlichkeit, die aber ein großes Ansehen genießt, zusammen, um die Idee zu beratschlagen, mich zum König von Ungarn krönen zu lassen, und es wurde darüber eine Art Beschluß gefaßt. Aber obgleich bei dieser Beratung, wie gesagt, nur vier Personen anwesend waren, so kam doch nach einigen Wochen der Erzherzog Albrecht zu mir und sagte mir folgendes: ›Rudolf, ich höre, man will dich zum König von Ungarn krönen. Ich warne dich davor, denn der Titel Majestät, der dir dann gebühren wird, würde höchstens deiner Eitelkeit schmeicheln, im Grunde aber wenig bedeuten. Wenn du aber gekrönt wirst, so wirst du einen feierlichen Eid auf die ungarische Verfassung schwören müssen, und dann bist du für immer gebunden. Denke an Deine und an die Zukunft unserer Familie, binde dich nicht, schwöre nicht und lasse dich nicht krönen, denn man kann nicht wissen, was noch alles geschehen wird, und ein solcher Eid könnte für dich in gewissen Fällen ein furchtbares Hindernis werden.‹ Seit jener Zeit«, fügte der Kronprinz hinzu, »wo der Erzherzog Albrecht in dieser Weise, welche auf den Bestand tiefgehender Pläne hindeutet, gesprochen, war auch von meiner Krönung in Ungarn keine Rede mehr[26].«

Wenn wirklich die ungarische Krönungsfrage eine so zentrale Bedeutung in der Vorgeschichte zu Mayerling gehabt hätte, hätte doch wohl Gyula Andrassy kaum die Unbefangenheit gehabt, drei

Tage nach Rudolfs Tod bereits wieder das Thema aufs Tapet zu bringen, diesmal schon in Zusammenhang mit Erzherzog Franz Ferdinand. Andrassy zu Reuß, dem deutschen Botschafter in Wien: »Ein altungarischer Brauch sei es, den Thronfolger wie zuletzt den Kaiser Ferdinand, noch bei Lebzeiten des Kaisers zum König von Ungarn zu krönen, und durch den Eid auf die Verfassung, welche derselbe zu leisten habe, ihn zu verpflichten, und hierdurch eine Art von Garantie zu haben. Bei Kaiser Franz Joseph war diese Krönung nicht möglich. Seine Thronbesteigung fiel in eine unruhige Zeit und vor derselben war er nicht mündig. Beim Kronprinzen Rudolf hat niemand in Ungarn daran gedacht, eine solche Garantie zu verlangen, weil man seiner Person sicher war. Es wäre nicht unmöglich, daß man diese Frage in Ungarn aufwerfen werde ... Aller Augen seien natürlich auf den Erzherzog Franz von Este gerichtet, der noch wenig, und nur durch einige Garnisonsstreiche von zweifelhaftem Geschmack bekannt sei[27].«
Als Kronprinz Rudolf 1882/83 mit dem Gedanken spielte, das Angebot der Ungarn, ihn zum König zu krönen, anzunehmen, tat er das mit den Beweggründen, die er gegen Moriz Szeps offenbarte: um ein Bekenntnis zur liberalen Verfassung zu geben, mit der Hoffnung, dieser Liberalismus könne auf dem Umweg über Ungarn auch Einfluß auf Österreich gewinnen, etwa so, wie die »Deutsche Zeitung« es schon 1876 gefordert hatte. Dieser Schritt hätte jedoch auch nicht die Spur einer verschwörerischen Handlung an sich gehabt, weil er ja mit den Gesetzen völlig im Einklang gewesen und die Stellung des Kaisers nicht angetastet hätte. Von separatistischen oder gar nationalmagyarischen Bestrebungen im Gefolge der Ideen Kossuths konnte nie die Rede sein.
Diese Haltung änderte sich auch nicht, als ein neues ungarisches Wehrgesetz zur Debatte stand und radikale Kreise in Ungarn die Abschaffung der deutschen Kommandosprache forderten. Im März 1888 noch maß der Kronprinz dieser Frage keine große Bedeutung bei und beruhigte den über die hitzigen Parlamentsdebatten in Budapest besorgten Erzherzog Albrecht: »Über diese im ungarischen Parlament stattgefundene Debatte sprach ich schon mit einigen Leuten, auch mit Ungarn, und fand auch bei letzteren eine sehr de-

primierte Stimmung; man darf nicht glauben, daß diese Ideen, welche im Parlament oft in so unverantwortlicher Weise zum Ausdruck kommen, die Ansicht des ganzen Landes sind. In diesem Moment mehr als je früher weiß man dank der russischen Kriegsgefahr und der drohenden panslawistischen Bewegung ein starkes Österreich und eine starke Armee sehr zu schätzen, und nur die heilige Scheu vor dem Verlieren der Popularität und die in Regierung und Verwaltung des Landes bis zum Exzeß durchgeführte Parlaments-Wirtschaft hindern selbst die Klugen und Gutgesinnten am freien Aussprechen und Vertreten ihrer gesunden Überzeugungen. Ich habe in Ungarn so viele Bekannte und Verbindungen, daß ich glaube, meine Überzeugung als eine nicht aus der Luft gegriffene hinstellen zu können[28].«

Man darf annehmen, daß der Kronprinz auf dem üblichen Weg – Futtaki, Andrassy, Tisza – über den Fortgang der Debatten informiert wurde. Andrassy stand klar auf der Seite des von den Radikalen angefeindeten Koloman Tisza und betonte wiederholt »die Notwendigkeit einer gemeinsamen Verteidigung, aus der Gemeinsamkeit der Verteidigung das gemeinsame Wehrsystem, aus dem gemeinsamen Wehrsystem die Notwendigkeit der gemeinsamen Armee. Es folgt schließlich, daß unter den heutigen europäischen Verhältnissen weder die *gegenseitige* Verteidigung, noch das System einer *zweifachen* Armee dem Zwecke entsprechen würde[29].«

Wie unerschütterlich der Kronprinz die Tisza-Politik bis in seine letzten Lebenstage gegenüber den Radikalen unterstützte, zeigt auch die Reaktion des »Wiener Tagblatt« auf die Anti-Tisza-Rede des Grafen Pista Karolyi im ungarischen Abgeordnetenhaus Ende Januar 1889.

Pista Karolyi war als Jagdfreund Rudolfs bekannt und kompromittierte mit seiner Rede den Kronprinzen empfindlich. Szeps versuchte im »Wiener Tagblatt«, die Bedeutung der Karolyi-Rede herunterzuspielen, er tat sie als aristokratische Spielerei ab und machte sich über den in der Politik dilettierenden Karolyi lustig. Schon die Überschrift des Artikels war vernichtend: »Vom Kasino ins Parlament«: »Allein, Graf Karolyi wird nicht als politische Persönlichkeit betrachtet, nachdem er kein Parlamentarier von Beruf ist und heute erstmals im Abgeordnetenhaus gesprochen hatte.« Auch dieser Artikel schloß wie fast alle anderen, die das »Tagblatt« in dieser Zeit über ungarische Angelegenheiten veröffentlichte, mit einem Lob für Koloman Tisza[30].

Daß der Kronprinz sofort nach der Karolyi-Rede ein Telegramm nach Budapest schickte und den Jagdfreund nach Wien beorderte, kann wohl kaum, wie es häufig geschehen ist, als Bestätigung dafür angesehen werden, daß Karolyi seine Rede in Rudolfs Auftrag gehalten hätte, sondern deutet eher auf ein ernstes Zerwürfnis zwischen den Freunden hin. Graf Hoyos berichtete:

»Der Kronprinz zeigte mir drei Telegramme des Grafen Pista Karolyi aus Pest und meinte, diese seien das Resultat der Mahnungen des schlechten Gewissens, da Karolyi in Pest eine Rede gegen das neue Wehrgesetz gehalten habe, und oppositionelle Zeitungen diese und die Mitteilung, Graf Pista Karolyi habe vorher einen Brief des Kronprinzen bekommen, hintereinander brachten, um den Thronerben zu kompromittieren. Der Kronprinz meinte denn auch, die Sache sei recht fatal, man dürfe dies aber den eigentümlichen Naturen dieser Herrn nicht übel nehmen. Erst sprach Karolyi gegen das Wehrgesetz und gratuliert dann telegraphisch zur Annahme desselben[31].« Wenn Karolyi dem Kronprinzen zur erfolgreichen Abstimmung (am 29. Januar mit liberaler Mehrheit für Tisza) gratulierte, so heißt das doch unzweifelhaft, daß der Kronprinz als Tisza-Anhänger bekannt war – auch bei den Tisza-Gegnern wie Karolyi.

Mit welch akrobatischen Denkübungen die Anhänger einer Verschwörungstheorie diese eindeutige Quellenaussage zu einem Beweis für ihre Hypothesen umzufunktionieren suchen, ist recht unterhaltend, kann aber aus Platzgründen hier nicht dargelegt werden. Auch die Tatsache, daß der Akt über die Reise Karolyis nach Wien (er traf in Wien ein, als Rudolf bereits tot war) aus den Archiven »verschwand«, kann kaum als Beweis für eine ungarische Verschwörung angesehen werden. Denn es »verschwanden« ja Stöße von Dokumenten, Briefen und Schriften, die über die politischen Ideen des Kronprinzen hätten Auskunft geben können. Aus diesen Massen einen einzigen Akt herauszugreifen und damit eine den

Kronprinzen zutiefst kompromittierende und seiner Denkungsart völlig entgegengesetzte Schlußfolgerung zu ziehen, kann bestenfalls mit Hilflosigkeit, wenn nicht Böswilligkeit erklärt werden.
Auch die andere Verschwörungsvariante, die den Grafen Teleki als Mitkonspiranten des Kronprinzen nennt, stützt sich außer auf Hof- und Familientratsch auf keinerlei Beweise. Teleki war zur kritischen Zeit gar nicht in Österreich: er war auf einer Jagd- und Entdeckungsreise in Ostafrika (er entdeckte und benannte 1888 den »Rudolf«- und den »Stephanie«-See). Die Nachricht von Rudolfs Tod erreichte ihn in Ostafrika, wahrlich kein günstiger Platz für eine Verschwörung gegen den König von Ungarn.
Die wirren Assoziationen der Gräfin Larisch (Kriegsgericht, Freimaurerei, Sozialismus) und vorsichtige Andeutungen der Kronprinzessin Stephanie in den Memoiren deuten darauf hin, daß alle Verschwörungstheorien sich auf die Tatsache reduzieren, daß der Kronprinz verbotenermaßen Freimaurer in einer ungarischen Loge war. Stephanie: »Was die sogenannten ungarischen Pläne anbelangt, von denen seither viel die Rede war, so dürften auch sie für ewig im geheimnisvollen Dunkel gehüllt bleiben. Nur so viel scheint mir gewiß, daß sie in einem engen Zusammenhang mit den kulturellen Absichten, die ich eben nannte, standen[32].« Eine Absetzung Kaiser Franz Josephs kann wohl kaum mit »kulturellen Absichten« gemeint sein.
Die Tratschereien um eine angebliche ungarische Verschwörung erfüllten aber ihren Zweck: sie vernebelten die Wahrheit und die wirklichen politischen Ziele des Kronprinzen.

10. Kapitel

Balkanwirren

Die Frage, ob Österreich-Ungarn sich nach Südosten, auf der Balkanhalbinsel, ausbreiten solle, hatte schon den siebzehnjährigen Kronprinzen zu einem bemerkenswerten Aufsatz »Die Lage Wiens und unsere Zukunft« angeregt. Es ging hier dem idealistischen, von Fischhof beeinflußten Jüngling nicht um imperialistische Macht über neue Länder und Völker, sondern allein darum, den durch lange Türkenherrschaft ausgesaugten Balkanländern wirtschaftlich zu helfen, der ungebildeten Bevölkerung Bildung und deutsche Kultur zu vermitteln, Österreichs kulturelle Ausstrahlung zu beweisen, ganz so wie es Fischhof in seinem Buch »Österreich und die Bürgschaften seines Bestandes« als Aufgabe der Donaumonarchie hingestellt hatte. Rudolf: »Der Südslawe, der mit dem Hunger ringt, dessen Boden unfruchtbar ist und der durch jahrhundertelanges türkisches Joch, im Kampfe mit den Elementen und seinen Peinigern, zum wahren Thiere geworden, kann sich selbst nie helfen, er braucht einen Staat, der ihn bevormundet, der ihn erzieht. Das ferne Rußland, das selbst noch lange nicht cultivirt ist, kann diese Aufgabe nicht übernehmen. Es ist das die hohe Aufgabe des Donaustaates, unseres Österreich ... Die Nation der Zukunft sind die Slawen, und Österreich hat, sie durch den Geist beherrschend, eine große Zukunft[1].«

Ein Jahr nach diesem Aufsatz brachen die Aufstände gegen die türkische Herrschaft auf der Balkanhalbinsel aus und zwangen die beiden an diesem Gebiet interessierten Staaten, Rußland und Österreich-Ungarn, zur Stellungnahme. Rudolfs Kommentar in der Denkschrift von 1886: »Der Moment schien günstig für Österreich, die einmal durch Leichtsinn ins Rollen gekommene Frage für sich auszunützen und den Orientvölkern als Retter zu erscheinen, einen

Krieg gegen die Türken zu provozieren. Daß Zeit dazu gewesen wäre, den Russen zuvorzukommen, bewies bald darauf die endlose Mobilisierung der russischen Armee – doch die verschiedenen Strömungen bei den einzelnen Nationen des österreichischen Kaiserstaates stellten sich einem so kühnen Plan entgegen[2].«
Die Erfolge der russischen Armee gegen die Türken waren mäßig, die Chancen für Österreich-Ungarn, doch noch in den Krieg einzugreifen, nach Rudolfs Meinung recht gut. Rudolf: »Als die russische Armee die Donau überschritten hatte und bald darauf bei Plewna die türkischen Waffen einen vollen Sieg davontrugen, welcher die Russen in eine höchst bedenkliche Lage brachte, da wäre für Österreich der Moment zu einem großen Entschluß gewesen.«
Während Bismarck den damaligen Außenminister Andrassy für diesen Fehler der österreichischen Politik verantwortlich machte, versuchte der Kronprinz krampfhaft, sein politisches Vorbild Gyula Andrassy von aller Schuld reinzuwaschen und andere Sündenböcke zu finden: die Hofpartei, vor allem den rußlandfreundlichen Erzherzog Albrecht. Andrassy »wäre sehr gerne über die Russen nach dem ersten Plewna hergefallen, doch er kannte jene mächtige Parthei, die in Wien selbst, nicht aus Mangel an Patriotismus, sondern in Folge angestammter Kurzsichtigkeit unsere Feinde stets besser bediente als das Vaterland. Über den russischen Zaren meuchlings herfallen, den Sohn des unvergeßlichen Nicolaus – das ist unmöglich, das wäre nicht chevaleresque, so sprachen diese Herrschaften, als handelte es sich um ein aristokratisches Taubenschießen oder um eine Sitzliste bei einem Hofdiner. Und gegen diese Armee, an welcher die süßesten Erinnerungen von Ehrencompagnien und brillanten alterthümlichen militärischen Spielereien hängen, und gegen diesen Staat, der noch der konservativste ist unter allen, in dem der Absolutismus blüht, der Galgen seine schönsten Früchte treibt und ein ganzes Sibirien, als Kerker hergerichtet, mit politischen sogenannten Verbrechern gespeist wird, dagegen sollten wir uns, den ungarischen Wünschen huldigend, mit pöbelhaftem Liberalismus versündigen! Das waren die Ideen, die sich stark genug erwiesen, die Pläne eines Andrassy, die schönste Gelegenheit zu großen Erfolgen für einen Staat, zu vernichten.«

Rußland besiegte schließlich die türkischen Truppen und holte sich im Frieden von San Stefano reiche Beute. Die neuerliche Kriegsgefahr wurde durch den »ehrlichen Makler« Bismarck gebannt, der auf dem Berliner Kongreß vermittelte. Rußland mußte den größten Teil der Beute wieder herausgeben, Österreich-Ungarn erhielt das Okkupationsrecht über die türkischen Provinzen Bosnien und Herzegowina. Wie begeistert der junge Kronprinz für die Okkupation eintrat, wurde schon erwähnt. Fünf Jahre später, 1883, war Rudolfs Kommentar bitter geworden: »Durch den Berliner Vertrag erhielten wir eine kleine Aufgabe auf der Balkan-Halbinsel, und Bosnien und die Herzegowina durften wir uns blutig erringen[3].«
Aufstände und Unruhen in den okkupierten Provinzen und dem benachbarten Dalmatien hatten inzwischen gezeigt, daß die Österreicher keineswegs als rettende Engel vor der bösen Türkenherrschaft angesehen wurden, wie es sich auch der Kronprinz erträumt hatte. 1886 schrieb er in seiner Denkschrift: »Viel Blut und noch mehr Geld ließ Österreich in einer kurzen Reihe von Jahren in diesen neuerworbenen Gebieten, und der Nutzen, der uns aus dieser heldenmütig durchgeführten Eroberung bisher erblühte, ist ein rein ideeller und liegt nur in dem Beweise des Principes, daß wir auf die Balkanhalbinsel einen ebenso berechtigten und vielleicht bei weitem größeren Anspruch haben als Rußland.«
Um die massive Kritik Rudolfs an der Orientpolitik verständlicher zu machen, seien hier Worte Bismarcks von 1889 zitiert: Er habe sich nicht berufen gefühlt, »dem Grafen Andrassy anläßlich des Berliner Kongresses nahezulegen, daß es eigentlich im Interesse Österreich-Ungarns war, den Kongreß zu sprengen und den Krieg mit Rußland damals aufzunehmen, wo er unter günstigeren Chancen zu führen war, als sie je gegeben waren und je wiederkehren werden ... Der Kongreß selbst habe eine Lage auf der Balkanhalbinsel geschaffen, die ihm, dem Reichskanzler, wenn er sich in das österreichische Interesse hineindachte, nie gefallen habe[4].«
Nach 1878 sah der Kronprinz zunächst wenig Chancen für Österreich-Ungarn, einen siegreichen Krieg gegen Rußland zu führen. Gegenüber Moriz Szeps äußerte er sich, »unter den heutigen Umständen jedoch sei ein Krieg mit Rußland ein sehr schwieriges und

bedenkliches Unternehmen«. Auch Szeps' Einwände, ein Vorstoß gegen Kiew sei vielleicht erfolgversprechend, überzeugten den Kronprinzen nicht. Das »wäre ein Unternehmen von der größten Schwierigkeit, indem nur wenige für eine große Armee praktikable Wege dorthin führen und weil ein Teil des Korps jedenfalls ihren Marsch durch die ausgedehnten furchtbaren Sümpfe der westrussischen Senkung nehmen müßte[5]«.

Selbst Prinz Wilhelm (der spätere Wilhelm II.) bemerkte die Angst des Kronprinzen vor einem Krieg und erzählte: »Der Kronprinz Rudolf von Österreich habe schon infolge zu raschen Lebens keine Nerven mehr. Der Gedanke an einen Krieg, etwa mit Rußland, sei ihm im hohen Grade widerwärtig[6].«

Die Idee, Österreich-Ungarn müsse sich zu einem slawischen Reich bis Saloniki und Konstantinopel entwickeln, die er 1880 in Prag mit solchem Eifer vertreten hatte, gab der Kronprinz bald auf.

Er war realistisch genug, einzusehen, daß nun, bei der rapide wachsenden Macht der panslawistischen Bewegung, der Bestand des Vielvölkerstaates in Gefahr war. Der Krieg gegen Rußland würde Österreich-Ungarn nun keine neuen Länder mehr eintragen können, sondern höchstens den Panslawismus, der von Rußland aus verhängnisvoll auf die Slawen der Monarchie einwirkte, eindämmen. Ende 1883 sagte Rudolf zu Szeps: »Ich selbst war vor Zeiten ein Anhänger der slawischen Idee, aber je mehr ich in den Jahren und in der Erfahrung fortgeschritten bin, desto mehr hab ich mich von dieser Idee abgewendet, desto mehr bin ich zu der Überzeugung gekommen, daß die Slawen, Rußland an erster Stelle, die europäische Zivilisation mit dem Untergang bedrohen, wenn man die Macht Rußlands nicht eindämmt[7].«

Wenn der Kronprinz auch nicht den Erwerb neuer Länder auf der Balkanhalbinsel für Österreich-Ungarn befürwortete, so hielt er doch eine Neuordnung des Balkans für unbedingt notwendig, wenn es sein mußte, auch durch einen Krieg gegen Rußland. Vor allem ging es ihm allerdings um wirtschaftliche und kulturelle Verflechtungen mit den kleinen Balkanstaaten. Sein beträchtlicher persönlicher Einsatz bei Baron Hirsch wegen der Balkaneisenbahn ist für diese Art von erwünschter Verflechtung typisch. Österreich-Ungarn sollte, so stellte es sich der Kronprinz als Ideal vor, Schutzmacht der kleinen Balkanstaaten gegenüber Rußland werden. Diese, mit Österreich durch beträchtliche Handels-, Verkehrs- und Kulturbeziehungen verflochtenen Staaten sollten als Puffer zwischen den beiden Großmächten Österreich-Ungarn und Rußland fungieren.

Die Spekulationen um eine Neuordnung der Balkanhalbinsel zugunsten Österreich-Ungarns erhielten durch die selbständige Politik zweier Balkanfürsten gegenüber Rußland Anfang der achtziger Jahre beträchtlichen Auftrieb: des liberalen Fürsten Alexander von Bulgarien und des schwachen, aber österreichtreuen Königs Milan von Serbien, beide mit dem Kronprinzen befreundet.
Das Anlehnungsbedürfnis König Milans an Österreich ließ den alten Plan des österreichischen Gesandten in Belgrad, des Grafen Rudolf Khevenhüller, aufleben, ein Großserbien (mit Bosnien und der Herzegowina) unter Österreichs Schutzherrschaft zu bilden[8], eine Idee, die den Kronprinzen überzeugte.
Hatte Khevenhüller nur daran gedacht, das so vergrößerte Serbien zwar an Österreich-Ungarn zu binden, es aber selbständig zu lassen, ging der König von Serbien im Gespräch mit dem Kronprinzen 1883 noch weiter. Rudolf erzählte Szeps, Milans »sehnlichster Wunsch wäre es, sein ganzes Königreich mit Sack und Pack Österreich zu übergeben und sich als Privatmann nach Wien zurückzuziehen ... Er habe sich mit Leib und Seele Österreich angeschlossen, er sei bereit, Handels- und Militärkonventionen mit Österreich einzugehen, selbst wenn ihm diese nur den Schein der Unabhängigkeit lassen würde, u. sei er der aufrichtigen Meinung, daß es die beste Politik Österreichs wäre, Serbien zu Bosnien und der Herzegowina zu nehmen und sich den Weg nach Saloniki offenzuhalten[9]«.
Das war jedoch dem Kronprinzen ebenso wie Außenminister Kalnoky zuviel des Guten, denn es war bekannt, wie wenig Rückhalt Milan in seinem Land hatte: »Der Kronprinz warf ihm dazwischen ein, daß Österreich an den interessanten Volkschaften in Bosnien u. Herzegowina genug habe und nicht wünschen könne, noch die Serben dazu zu bekommen. Die slavische Idee würde dann am Ende

Österreich von Innen heraus überwältigen – worauf König Milan erwiderte, die Slaven sind nichts, sie können nichts, sie sind eine untergeordnete Race, sie können sich nicht selbst beherrschen, sie müssen immer von Anderen beherrscht werden.«

Für Milan von Serbien waren die Strapazen der Regierung zu groß, er sehnte sich danach, in Bad Homburg am Spieltisch zu sitzen, schöne Frauen neben sich zu haben und seine aufrührerischen serbischen Untertanen zu vergessen. Auf einen solchen Herrscher konnte die österreichische Politik nicht bauen, das wußte der Kronprinz zu genau, nahm den Serbenkönig auch nicht ernst, benutzte ihn aber, gelegentlich auch mit Hilfe »moussirenden Burgunders«, um Informationen zu erhalten, und die waren, was das Vordringen der Russen auf dem Balkan betrafen, alarmierend. Milan: »Der Rubel rollt nicht bloß in Serbien; ich habe die Beweise dafür, daß er auch nach Croatien gekommen ist und er dringt auch weiter nach Bosnien. Wenn Sie also was thun wollen, so ist es höchste Zeit.«

Solche Vorschläge hatten jedoch 1883 bei Kalnoky wenig Aussicht auf Gehör. Denn er bereitete eben eine Verlängerung des Dreikaiserabkommens mit Rußland vor und antwortete Milan sehr unfreundlich: »Ich will Ihre Anklage gegen Rußland nicht hören und ich verlange auch nicht nach den Berichten von dem rollenden Rubel. Vergessen Euer Majestät nicht, daß wir zu Rußland in einem innigen Freundschaftsverhältnis stehen und es ist mir nicht möglich zuzulassen, dass von einer befreundeten Macht in meiner Gegenwart in solcher Weise gesprochen wird.«

Rudolf war ein scharfer Kritiker dieser russenfreundlichen Politik: »Die Idee der Allianz mit Rußland hat offenbar ... wieder das Übergewicht, allein wie will man sich mit einem Vulkan alliieren? Rußland ist keine konservative Macht, der Czar und alle Großfürsten mit einer einzigen Ausnahme hassen die europäische Civilisation und sie unterscheiden sich darin in gar nichts von den Nihilisten. Sie wünschen uns gewiss alles Böse und wenn es ihnen möglich ist, so werden sie es uns auch anthun.«

Im Frühjahr 1884 hatte Rudolf auf einer Repräsentationsreise in die Türkei, nach Serbien, Bulgarien und Rumänien Gelegenheit, die Balkanprobleme in eigener Anschauung zu erleben.

Er schrieb über diese Reise einen politischen Bericht, mit dem er zur Genüge bewies, daß er für eine Aufgabe in der österreichischen Politik reif war. Ein ähnlich gründlicher, dabei kritischer und hinter die Kulissen orientalischer Pracht schauender Bericht ist wohl selten von Angehörigen des Kaiserhauses von einer der vielen Repräsentationsreisen mitgebracht worden. Es war auch eines der wenigen Schriftstücke des Kronprinzen, das dem Kaiser vorgelegt und von diesem gelesen wurde[10].

Rudolfs Meinung über die Türkei war, trotz aller prächtigen Empfänge, luxuriösen Geschenke und schönen Reden, von denen sich Stephanie völlig gefangennehmen ließ, eine sehr negative. »Ägypten war im Jahre 1881, wenn ich mich zurückerinnere, im Vergleich zu dem, was ich jetzt in Konstantinopel sah, noch ein Kulturstaat. Es ist unfaßbar, wie das türkische Reich unter diesen Verhältnissen sich noch so lange Zeit erhalten und wie eine Staatsmaschine, die eigentlich gar nicht funktioniert, bestehen kann.« Über die mißtrauische Haltung der Türkei gegenüber Österreich seit der Okkupation gab Rudolf sich keinen Illusionen hin.

Enthusiastische Töne fand Rudolf dagegen für die Persönlichkeit und den Regierungsstil des Fürsten Alexander von Bulgarien: »Er ist ... eigentlich rechtlich von Rußland unabhängig und doch unter genauer russischer Kontrolle und oft fast brutaler Behandlung ausgesetzt. Er klagte sehr, daß Österreich und Deutschland ihm keine moralische Hilfe zu Theil werden lassen; und meinte, im verflossenen Jahre hätte er sich von Rußland bedeutend emanzipirt, wenn wir ihn nicht im Stiche gelassen hätten.« Rudolf schrieb von zu erwartenden »ernsten Konflikten zwischen den Bulgaren und ihren sogenannten Wohlthätern«, die ja schon im folgenden Jahr wirklich ausbrachen und den sich von den Russen emanzipieren wollenden Alexander vom Throne stürzten.

Bemerkenswert positiv war auch Rudolfs Urteil über Rumänien, das auf ihn einen »konsolidierten und zivilisierten Eindruck« machte. Freilich war das österreichisch-rumänische Verhältnis überschattet von der ungerechten Nationalitätenpolitik der Ungarn gegenüber der romanischen Bevölkerung Siebenbürgens. Rudolf: »Je mehr sich Rumänien staatlich entwickelt, desto lauter werden die

Schmerzensrufe in Siebenbürgen erschallen, und desto wirksamer dürften dann alle die Agenten aus dem Königreiche unter unseren Romanen arbeiten können. Leider ist das Vorgehen der Ungarn den Rumänen gegenüber ein ebenso ungeschicktes als unkluges; wir hätten doch so viel Interesse daran, mit dieser Nation auf gutem Fuß zu bleiben, sie soviel als möglich für uns zu gewinnen, und wenn es so fortgeht, werden die Ungarn uns in jenen Gebieten, innerhalb der Monarchie und auch außerhalb viel Unannehmlichkeiten verschaffen.« An dieser Stelle schrieb der Kaiser die einzige Randbemerkung: »Sehr richtig.«

Die Anhänglichkeit König Milans von Serbien an Österreich würdigte der Kronprinz sehr wohl, überbewertete sie aber nicht, sondern kritisierte: »Seine ganze Zukunft hat er an Österreich gekettet, doch mehr noch würde er uns helfen, wenn er es verstünde, sich in seinem Lande sehr fest zu setzen und die Liebe seines Volkes zu gewinnen. Leider behandelt er seine Leute wegwerfend, zeigt nur allzu deutlich, wie wenig er sie achtet, betont bei jeder Gelegenheit seine Sehnsucht nach Wien und gab diesen Gefühlen uns gegenüber nur allzu viel Ausdruck in unvorsichtiger, lauter Weise. Er blieb ein Fremder im Lande, der auf seinem Posten unglücklich ist und dessen ganzes Sinnen und Trachten dahin geht, jedes Jahr einen recht langen und angenehmen Urlaub in Österreich zu verleben.«

Seine Reiseeindrücke zusammenfassend, schrieb der Kronprinz voll Hoffnung für seinen alten Wunschtraum der friedlichen Mission Österreich-Ungarns auf dem Balkan enthusiastische Sätze, die wohl kaum die Zustimmung des Kaisers gefunden haben dürften: »Unleugbar haben wir große Interessen im Oriente, und die Geschicke der Balkanländer sind für uns eine Lebensfrage. Im Ganzen fand ich den Boden besser vorbereitet, als ich es mir erwartet hätte; der Moment ist ein günstiger. Österreich, mit Deutschland eng alliiert, macht einen imposanten Eindruck auf jene Völker, und als nächster großer Kulturstaat, verbunden durch einen Strom, der doch vor allem eine österreichische Verkehrsstraße ist, drängt sich jedem der Gedanke auf, daß schon die geographische Lage es bedingt, unserem Reiche in der Balkanhalbinsel eine große zivilisatorische Rolle zuzuweisen.

Rußland ist weit, durch ein Meer getrennt, selbst noch ein unentwickelter Staat, nicht um Vieles kultivierter als die Völker des Balkans.

Aus Österreich und durch Österreich drängt die abendländische Kultur nach jenen noch brachliegenden Gebieten; sie sucht sich dahin auszudehnen, sie schlägt die nächsten Wege ein, und diese sind in unseren Händen; finanziell, handelspolitisch und durch die Übertragung der Bildung müssen wir jene Länder unter unseren dominierenden direkten Einfluß stellen und sie für uns erringen.«

Siegessicher schloß die Schrift: »Falls es uns gelingt, durch Eisenbahn und Schiffahrtsverbindungen, durch Unterstützung der ohnehin großen österreichischen Kolonien und durch alle zu Gebote stehenden Mittel, insbesondere durch die Wahl sehr geschickter und energischer Diplomaten an den Balkanhöfen, unentwegt auf das eine Ziel loszuarbeiten, unbekümmert darum, was Rußland dazu sagt, mit dem ohnedies, es geschehe was da wolle, einmal gekämpft werden muß, dann wird das geschehen, was in der Natur der Sache liegt: wir werden Herren sein des europäischen Orientes!«

Mit ängstlicher Beflissenheit versuchte Außenminister Kalnoky die Bedeutung der Kronprinzenreise herunterzuspielen und den Fürsten Bismarck zu beruhigen, dessen Mißtrauen vor allem durch das große journalistische Echo der Reise von neuem geweckt war. Der deutsche Botschafter schrieb an Bismarck nach einer Unterredung mit Kalnoky: »Die politische Bedeutung dieser Reise für die Beziehungen zur Pforte schlüge er, der Minister, nur sehr gering an. Der Besuch hatte keinen politischen Zweck, es wurde und sollte in Konstantinopel keine Politik gemacht werden und es wäre daher auch zwischen dem Sultan und dem Kronprinzen zu keinerlei intimer Aussprache gekommen, was ihm auch ganz recht sei. Die Eisenbahnfrage sei erwähnt worden und habe der Sultan gute Dispositionen an den Tag gelegt, ohne darauf näher einzugehen[11].«

Für den Kronprinzen war diese Orientreise vor allem deswegen von Bedeutung, weil die russenfeindlichen Ideen und Balkanpläne des österreichischen Gesandten in Belgrad, des Grafen Rudolf Khevenhüller, ihn stark beeinflußten und seine Meinung in der folgen-

den Bulgarienkrise bestimmten. Auch im Bericht über die Orientreise unterließ es der Kronprinz nicht, den befreundeten Diplomaten, der als einer der schärfsten Kritiker der Kalnoky-Politik bekannt war, gebührend zu loben.
Durch die enge Verbindung mit Alexander von Bulgarien, Milan von Serbien und Rudolf Khevenhüller war der Kronprinz über die Vorgänge am Balkan bestens informiert. Frischauers Recherchen taten ein übriges, um ihn zur Überzeugung zu bringen, daß die Orientpolitik Kalnokys falsch sei und ein Mann wie Andrassy mit seiner vehementen Kritik recht habe. Rudolf an Latour: »Im Balkan kocht es wieder sehr stark, es bereiten sich weitverzweigte Bewegungen vor; am Ballplatz weiß man wenig darüber und behandelt die Sachen mit souveräner Dummheit. Rußland benützt die so kurzsichtige Ministerschaft Kalnokys und die sogenannte Annäherung zu Österreich, um ungenirt Comités zu bilden, Gelder, Waffen etc. etc. nach Bulgarien, Rumelien, Macedonien, Serbien und selbst *Bosnien* zu schicken. Ich habe gute Quellen und weiß einige merkwürdige Sachen; ich glaube, daß wir bald sehr bewegte Zeiten an unserer südöstlichen Grenze erleben werden[12].«
Rudolf an Szögyenyi: »Die serbischen Nachrichten sind sehr interessant. Es geht auf Biegen und Brechen. Wir werden gezwungen sein, dort einzurücken und Ordnung zu machen, was die Russen nicht dulden werden. Was bleibt uns übrig als der Krieg. Denken Sie an mich[13].«

Als Rudolf auch versuchte, den Außenminister wegen des wachsenden Einflusses Rußlands auf dem Balkan zu warnen, kam er schlecht an. Kalnoky antwortete, seine Informationen hielten »den Zustand des Landes für einen befriedigenden« und glaubten »an keine imminenten äußeren und inneren Gefahren ... Daß es auf der Balkanhalbinsel nicht sehr geheuer ist und fortwährend kleine Beulen aufbrechen, die beweisen, wie viel Krankheitsstoff darin steckt, darüber ist alle Welt einig – auch darüber besteht kein Zweifel, daß der südslawische Intriguengeist nie rastet und immer genau überwacht sein will. Aber weder kann ich die jetzige Situation in Serbien und überhaupt als besonders gefahrvoll anerkennen, wie sie

König Milan mit Gewalt erspüren lassen möchte, noch viel weniger vermag ich das von Seiner Majestät immer wieder angerathene Heilmittel eines Krieges zwischen uns und Rußland à tout prix als das richtige arcanum anerkennen, welches ein gewissenhafter österreichisch-ungarischer Minister seinem Vaterlande zu verschreiben wagen möchte, so lange es ihm nicht seine Pflicht gebietet[14].«

Die österreichische Politik stand ganz im Zeichen einer österreichisch-russischen Verständigung und der beiden Treffen Franz Josephs mit dem Zaren in Skierniewicze und Kremsier. Rudolf kritisierte Kalnoky scharf: »Während sich die Monarchen umarmen werden, schicken die Russen Gewehre und Munition in Mengen nach Serbien und selbst auch nach Bosnien, um einen Aufstand vorzubereiten; man sieht, wie nützlich die Politik unseres Staatsmannes am Ballplatz ist[15].«

Über die beiden Kaisertreffen schrieb der Kronprinz einen erbosten Artikel für das »Neue Wiener Tagblatt«. Moriz Szeps wagte jedoch nicht, diesen Artikel zu veröffentlichen: »Nicht eines einzelnen Satzes wegen, sondern *aller* Sätze wegen wäre dieser Artikel beschlagnahmt worden und es war daher unmöglich, ihn durch Kürzungen ... durchrutschbar zu machen ... nur ein englisches oder amerikanisches Blatt könnte ihn unverändert drucken[16].«

Einige Kostproben aus dem erhaltenen Manuskript: »... Die Tage von Skierniewicze haben uns nichts genützt; denn mit Rußland giebt es keine ehrliche Freundschaft, nicht einmal eine halbwegs dauerhafte Verständigung, solange wir auf Theile der Balkanhalbinsel Aspirationen hegen, Provinzen derselben besetzt halten und für unsere Zukunft eine Machtsphäre im Oriente anstreben ... Wie die Dinge heute stehen, gibt es nur die Wahl zwischen vollem Verzichten auf jede Machtentfaltung im Orient oder Entscheidung durch die Waffen.«

Rudolf wies auf die Doppelzüngigkeit der russischen Politik hin, auf die seiner Meinung nach Außenminister Kalnoky hilflos hineinfiel: »Während die Kaiser sich Freundschaft beteuern und innig umarmen, benützen die Russen die Leichtgläubigkeit und Kurzsichtigkeit unserer Diplomaten, um gleichzeitig die Stellung des österreichischtreuen Königs Milan zu unterwühlen, die Agitationsherde in Bulgarien und Montenegro reich zu dotieren, Emissäre zu schikken und Waffendepots an den serbischen und bosnischen Grenzen zu gründen, um den von ihnen geplanten Aufstand in unseren Okkupationsgebieten und in Serbien vorzubereiten ... inmitten des hohlen Glanzes bleibt es bei der alten Tatsache: wir Österreicher müssen entweder auf jeden Einfluß, jede Machtsphäre im Orient verzichten oder uns für den schweren, aber unausweichlichen Kampf vorbereiten[17]!«

Wieder war der Kronprinz einer Meinung mit Andrassy, der eine Verständigung mit Rußland zu dieser Zeit für unrichtig hielt: »Es geschieht nicht zum ersten Mal, daß wir diese historische Erfahrung zu wenig beachten. Um unsere Zwecke in Deutschland zu erreichen, gingen wir 1864 mit Preußen, dessen Interessen den unseren ganz entgegengesetzt waren und wurden 1866 aus Deutschland ausgeschlossen. Um unsere Interessen auf der Balkanhalbinsel zur Geltung zu bringen, schicken wir uns jetzt an, mit Rußland zu gehen, um uns demselben Resultate auszusetzen. Die vorsichtige Politik kann Fehler begehen, doch sollten es nicht immer die nämlichen sein[18].«

Der Einfluß Andrassys auf den Kronprinzen zur Zeit der Orientkrise ist, auch wenn leider keine Korrespondenz vorliegt, nicht zu übersehen. Aus Budapest schrieb Rudolf an Szeps: »Wenn es gelingen könnte, den Grafen Kalnoky jetzt aus dem Sattel zu heben, so wäre dies ein großes Glück. Eine entscheidende Zeit steht uns bevor; Graf Andrassy wäre besser am Platze, doch wie er mir es selbst gestern sagte, will ihn der Kaiser nicht; er scheint mir bereit zu sein, dem ersten Rufe zu folgen, weil er das richtige Gefühl hat, daß unser jetziges Auswärtiges Amt in einer sehr wichtigen, ernsten Zeit planund hilflos, als Spielball von Berlin und Petersburg hin und her schwankt[19].«

Kurz darauf brach der bulgarisch-serbische Krieg aus. Die Balkanpolitik geriet in Fluß. Rudolf an Latour: »Ich bin sehr stolz, daß Alles so gekommen ist, wie ich es vorausgesagt habe. Leider sind wir am Ballplatz so ungenügend mit tüchtigen Männern bestellt und es kommen jetzt Zeiten, wo man einen guten Kopf brauchen wird. Im

Ganzen stehen die Dinge für uns gut, und es ließe sich viel machen, wenn man die Situation nur zu nützen versteht[20].«
Einen Tag später an Szeps: »Was sagen Sie zu der plötzlich so veränderten Situation. Die Serben sind geschlagen, die Bulgaren rükken vor ... Für uns ist die Sache sehr fatal; ich habe zwar eine kleine Entschädigung; denn ich prophezeite schon am 15., basiert auf meine Beobachtungen, den maßgebenden Kreisen gegenüber den Sieg der Bulgaren und wurde verhöhnt. – Ich hätte mich gern geirrt; doch nun dürften wir bald zur Notwendigkeit gedrängt werden – energisch Partei zu ergreifen[21].«
Daß Österreich-Ungarn Serbien militärisch unterstützte, führte man in Berlin auch auf den Einfluß des Kronprinzen zurück. Der deutsche Botschafter schrieb an Bismarck: »Daß der Kronprinz Rudolf, der sich mit dem geschwätzigen und gut redenden Milan bei dessen häufigen Besuchen in Wien und Laxenburg unbegreiflicherweise liierte, hierbei ein Wort mitgesprochen hat, unterliegt keinem Zweifel. Und darin hat dieser lebendige und rasch urtheilende Erzherzog die Arbeit des Grafen Kalnoky erschwert, daß er von Anfang der Krisis an überzeugt gewesen ist, dieselbe werde zum Krieg mit Rußland führen. Er wünschte diesen Krieg nicht herbei, hielt ihn aber für unvermeidlich und war der Ansicht, daß, da es doch einmal dahin kommen müsse, es besser sei, den Strauß jetzt auszufechten. [Bismarck: »Schlimm für alle Zukunft!«] Graf Kalnoky und namentlich Herr von Szögyenyi, der den Kronprinzen oft sieht, haben alle Mühe, denselben von der Thorheit dieser seiner Ansicht zu überzeugen und zu verhüten, daß die Äußerungen, die in den kronprinzlichen Gemächern fallen, nicht Verbreitung finden[22].«
Rudolf hatte Informationen erhalten, wonach Alexander von Bulgarien Khevenhüller »den direkten Vorschlag machte: Österreich solle die Union Ostrumeliens mit Bulgarien beantragen, worauf er – Alexander – die Schwierigkeiten in Serbien kennend, einen Theil des Kreises von Widdin, ohne die Festung, welche sich tapfer gehalten habe, an Serbien abzutreten bereit sei, um demselben eine Compensation zu bieten, wodurch eben die gedachten Schwierigkeiten beseitigt werden würden. Er halte darauf, daß der Vorschlag der Genehmigung der Union von *Österreich* ausgehe, weil er nicht wol-

le, daß Rußland darinnen die Vorhand habe. Von Rußland wollen die Bulgaren nichts wissen.« Khevenhüller habe diesen Vorschlag dringend befürwortet und »auseinandergesetzt, daß in diesem Momente Österreich in der Lage sei, sowohl Bulgarien als auch Serbien dauernd für sich zu gewinnen und damit die Vormacht auf dem Balkan zu werden. Nicht bloß Bulgarien sei dermalen vollständig von Rußland entfremdet, sondern auch Rumänien[23].«
Wieder verfaßte der Kronprinz eine schriftliche Notiz über die Orientpolitik, diesmal für Außenminister Kalnoky: »Österreich-Ungarn muß auf das energischeste eintreten für die Vereinigung Bulgariens und Rumeliens unter dem selbständigen Fürsten Alexander; dieser aber müßte angehalten werden, den Serben zur Wahrung ihrer Stellung einen Bezirk [Kreis von Widdin] abzutreten. Den Griechen müßte eine Gebietserweiterung im geheimen versprochen werden, welche sie erhalten, falls sie im gegebenen Moment auf unseren Wink gegen die Türkei losschlagen[24].«
Eine Verständigung mit Rumänien und vor allem England hielt Rudolf vor jedem energischen Schritt gegen Rußland für notwendig. »Wir könnten dadurch die günstige Situation herstellen, daß wir die Interessen und Wünsche der Balkanvölker vertreten, eventuell verfechten, und daß wir weiter Rußland in ein Fahrwasser mit der Türkei, also gegen die Selbständigkeit und Entwicklung dieser kleinen Staaten drängen. Wir haben uns dann die Sache der Südslawen zu eigen gemacht, und wir spielen dann die viel angenehmere Rolle der Retter, als wie die leider bei uns durch Jahrzehnte übliche Rolle der Unterdrücker und Bekämpfer unausweichlicher Bestrebungen junger Völker.
Was aber militärisch und daher auch für das Ganze die Hauptsache ist, besteht in der Freihaltung unseres Rückens durch diese Politik. Serbien, Bulgarien, Rumänien und Griechenland, also Montenegro ausgenommen, alle diese Balkanstaaten, wären unsere naturgemäßen Alliierten und die ganze Armee bleibt erhalten für den Fall eines Krieges mit Rußland.
Wenn wir diese Politik nicht einschlagen, dann gehen wir, trotzdem eben so sicher, doch unter den denkbar ungünstigsten Verhältnissen dem Kriege mit Rußland entgegen. Bulgarien wird mit Rume-

lien vereinigt, doch nicht durch uns, sondern durch Rußland, was heute schon im Werden ist; und somit gelangt dieses Gebiet wieder ganz in die momentan verloren gegangene Sphäre des russischen Einflusses. Serbien zieht geschlagen, gedemütigt, ohne eine Belohnung aus dem letzten Krieg; die österreichische Partei, an der Spitze König Milan, hat sich dort blamiert, unmöglich gemacht. Ristic und Konsorten kommen an das Ruder, und eine Herrschaft des russisch-montenegrinischen Hauses Kara-Georgevic oder eine ebenso schlechte, schwache, unter der antiösterreichisch gesinnten Königin Nathalie stehende Regentschaft gestalten ein uns direkt feindliches Serbien dicht an unserer Grenze. Die Ruhe in Bosnien und der Herzegowina verdanken wir zum großen Teile der loyalen Haltung des Königs Milan und des von ihm regierten Serbiens; kommen andere Faktoren in Belgrad ans Ruder, dann werden auch die okkupierten Provinzen uns wieder zu schaffen geben, und wahrscheinlich auch, durch montenegrinischen Einfluß aufgehetzt, die Slawen in Süd-Dalmatien.
Dieser Zustand wird uns durch seine Unerträglichkeit zum Handeln drängen, ein Einmarsch in das uns dann feindlich gesinnte Serbien gibt den Anlaß zum Krieg mit Rußland, den wir beginnen werden mit einem durchwegs antiösterreichischen Balkan, vom Schwarzen Meere bis zur Adria ... Nicht allein die Gegenwart steht auf dem Spiel, doch vielmehr noch die ganze Zukunft, für die man auch den kommenden Generationen verantwortlich ist.«
Kalnokys Antwort auf diese aus heutiger Sicht hellseherische »Notiz« des Kronprinzen war eindeutig. Er legte der Freundschaft der Balkanvölker für Österreich wenig Bedeutung bei: »... unvergleichlich schwerer wiegend als die Sympathie dieser unverläßlichen Völker, die vor allem egoistischen Zwecken huldigen, fällt die Frage in die Waagschale, ob Deutschland mit Leib und Seele mit uns in den Krieg gegen Rußland zieht ... In dieser Überzeugung halte ich es für meine Pflicht, unser Bündnis zu Deutschland und die Erhaltung guter Beziehungen zu Rußland nicht aus dem Auge zu verlieren und mit der größten Vorsicht zu handeln in der Verfolgung unserer Ziele im Orient, die einen Gegensatz zu Rußland involviren[25].«

Berlin und nicht Wien wurde durch Kalnoky also zum Schlüsselpunkt der Orientpolitik. Die rußlandfeindliche Haltung eines Andrassy, eines Khevenhüller (und des Kronprinzen) war in Berlin wohl bekannt. Reuß befürchtete in einem Brief an Bismarck, »daß die Sprache, die der Gesandte in Belgrad führt, und die russophoben Ansichten, die er hat und auch ausspricht, wirklich bedenkliche Folgen haben können. Er nimmt als ausgemacht an, daß Rußland schon längst den Krieg gegen Österreich plane, aber den gegebenen Moment, um diesen Plan zur Ausführung zu bringen, noch nicht für eingetreten halte. Österreich dürfte nicht darauf warten, daß es den Russen passe, anzugreifen[26].«

In der Presse wurde die Parteinahme Andrassys für Khevenhüller scharf gerügt, so zitierte die »Kölnische Zeitung«: »Sehr zu beklagen bleibt, daß ein so angesehener Staatsmann wie Graf Andrassy der Unbotmäßigkeit und dem Ungeschick Khevenhüllers gewissermaßen Vorschub geleistet hat. Niemand hat hier das neuliche plötzliche parlamentarische Hervortreten unseres früheren Ministers des Auswärtigen Amtes verstanden. Die besonders betonte Intimität seines Verkehrs mit Khevenhüller in Pest und unvorsichtige Äußerungen, die ihm entschlüpft sind, lassen vermuten, daß Graf Andrassy sich in seiner Muße langweilt und wieder activen Anteil an der Leitung unserer Politik haben möchte[27].«

Die oppositionellen Strömungen gegen Kalnoky wurden in Berlin eifrig und geradezu ängstlich verfolgt. Ein selbstbewußtes, eine eigene Politik treibendes Donaureich, das »nicht als ein bloßes geographisches Conglomerat gelten will«, wie Andrassy in seiner Denkschrift schrieb, sondern »als Großmacht und, in Folge ihrer geographischen Lage als Vormacht im Oriente das europäische Gleichgewicht« gewährleisten wollte, paßte kaum in Bismarcks Pläne. Andrassy stand unter ständiger Beobachtung. Seine politischen Pläne und der Inhalt seiner Denkschrift waren nur zu bald auch in Berlin bekannt. In einem an das Berliner Auswärtige Amt gelangten Brief eines nicht genannten »Österreichers« hieß es:

»Der Graf Andrassy ist mit der gegenwärtigen Politik der Monarchie seit langem sehr unzufrieden. Er sieht die Hauptfehler in der durch österreichische Schuld erfolgten Degeneration des deutsch-österreichischen Bündnisses in eine österreichischen Interessen absolut abträgliche Allianz zu dreien ... Als ... er sah, daß aus dem, was er geschaffen, durch Unverstand und Schwäche Deutschland gegenüber sich eine Situation entwickelte, welche uns über kurz oder lang in vollkommene Abhängigkeit von Deutschland bringen und zum Aufgeben unserer Interessen im Orient oder Krieg mit Rußland nöthigen würde ... arbeitete er eine Immediat-Eingabe, – ein Mémoire an den Kaiser aus, in welchem in vollster Ausführlichkeit und in einer Sprache, welche an Aufrichtigkeit und Schärfe ihres Gleichen sucht, ein volles Programm für die auswärtige Politik der Monarchie aufgestellt wurde ... Er will jetzt wieder das Ministerium übernehmen, aber nur, wenn man ihn zum Reichskanzler macht und ihm zur Besorgung der laufenden Geschäfte einen Minister unterstellt. Es ist jetzt nur eine Frage der Zeit, wann dies geschehen wird, – denn bis jetzt hat der Graf Alles, was er ernstlich gewollt hat, durchgesetzt[28].«

Reuß an Bismarck: »Darüber darf man sich keine Illusionen machen, daß eine Veränderung im Ministerium des Äußeren einen Unterschied in der Stellung desselben zu Deutschland mit sich bringen werde. Nicht daß die genannten Herren [neben Andrassy war zeitweilig auch Kalláy im Gespräch] weniger durchdrungen von dem Wert des deutschen Bündnisses wären wie Graf Kalnoky, aber sie würden versuchen, selbständigere Ansichten [von Bismarck unterstrichen und Anmerkung: ›dann wir auch‹] zu haben, als dieser, jedesmal wenn es sich darum handeln würde, eine von uns empfohlene Rücksicht auf Rußland zu nehmen[29].«

Gyula Andrassy, zu Zeiten der Gründung des Zweibundes noch als Bismarck-Freund geltend, wurde nun zu dem vom deutschen Reichskanzler bestgehaßten Politiker. Bei jeder Gelegenheit polemisierte Bismarck gegen ihn.

Die gehässige Art des Kampfes gegen Andrassy fiel selbst in Berlin unliebsam auf. Graf Holstein: »Das Motiv des Vorgehens gegen Andrassy kann also eigentlich nur ein persönliches sein. Andrassy war eine Persönlichkeit, und der Kanzler möchte, daß überall in Europa nur Nullen wie Kalnoky regierten, damit er, Bismarck, die ein-

zige Ziffer bleibe. Derartige Sachen werden wir noch öfter erleben. Kuriose Politik. Und wer kann uns noch trauen[30]?«
Vor diesem Hintergrund muß das unbedingte und begeisterte Eintreten des Kronprinzen für die Politik Andrassys gesehen werden. Zwar sind die für Rudolfs Meinung zur Balkanpolitik so wichtigen Korrespondenzen wie die mit Andrassy, Khevenhüller, Milan von Serbien und Alexander von Bulgarien unbekannt, doch Rudolfs im Januar 1886 verfaßte Politische Denkschrift war ein klares Bekenntnis zu Andrassy.
Szeps, einer der wenigen Mitwisser der Schrift, schrieb begeistert, es sei »in dieser Schrift poetische Begeisterung und Kraft, wissenschaftliche Abstraction und hinreißende That vereinigt ... Ein Programm positiver Art ist in der Broschüre niedergelegt und aus derselben werden Eure kaiserliche Hoheit eines Tages schöpfen, was zur Ausführung reif sein wird. Ein ganzes Leben voller Arbeit und Kampf ist zu solchem Vollbringen nötig. Die Ideen sind da, die Kraft ist vorhanden, der Entschluß wird der Kraft sich gesellen[31].«
Die Denkschrift begann mit einem Rückblick und einer Lobeshymne auf Andrassy: »Niemals war Österreich so stark, glücklich und geachtet, wie während der Jahre, in denen Andrassy an der Spitze der Politik stand, und trotzdem mußte dieser hervorragende Mann fallen; denn der Kampf gegen unfaßbare, unsichtbare Gegner ist unmöglich.« Mit diesen Gegnern war die »alte Kamarilla« gemeint, die »diesem Reiche wie die Erbsünde oder wie der Jesuitismus aus dem Katholizismus als untrennbarer Fluch angeklebt« sei.
Außer Andrassy beeinflußte auch Graf Rudolf Khevenhüller deutlich die Denkschrift, so wenn Rudolf zwar als großes Ziel der österreichischen Politik die »Suprematie im europäischen Orient« sah, diese aber keineswegs durch Annexionen neuer slawischer Gebiete zu erreichen trachtete. Ganz im Gegenteil dachte er sogar daran, Bosnien an Serbien und die von Rumänen besiedelten Gebiete Österreich-Ungarns (also vornehmlich Teile Siebenbürgens) an Rumänien abzutreten, um sich die Balkanstaaten zu verpflichten: »Nachdem Rußland niedergeworfen wäre, müßte dasselbe vom Balkan für immer durch Rumänien getrennt werden. Eine Vereini-

gung aller Rumänen, wenn dies auch bei uns Veränderungen mit sich bringen würde, unter unserer Oberhoheit als eigenes Staatswesen, schließt Rußland und dem slawischen Strome den Weg ab. Hinter diesem Bollwerk kann sich dann auch in einem vollkommenen Unabhängigkeitsverhältnis zu Österreich ein durch Bosnien vergrößertes Serbien entwickeln, die Herzegowina muß Hinterland von Dalmatien bleiben; Albanien bilde ein kleines Fürstentum, desgleichen Bulgarien; beide durch Militärkonventionen eng an uns gebunden. Das griechische Element als ein unseren Bestrebungen sehr homogenes, muß von Österreich unterstützt werden, und man verhelfe diesem Lande zu bedeutenden Gebietserweiterungen gegen Norden ...

Um aber der Europäisierung und Kultivierung aller dieser Gebiete wirksam zu helfen, müßte eine Sprache, die allen verständlich, als Armeesprache und als obligatorischer Lehrgegenstand in den höheren Schulen eingeführt werden. Falls bis dahin eine Weltsprache erfunden wäre und sich Eingang unter den gebildeten Völkern verschafft hätte, würde man wohl daran tun, diese zu wählen, um Niemanden zu bevorzugen, doch wenn dies nicht der Fall ist, dann hat wohl die deutsche Sprache, als die wortreichste, kultivierteste, die eine Fülle von Wissen und Literatur aufzuweisen imstande ist, am meisten recht, diesen Platz als Armee- und Kultursprache in der alten Monarchie und in dem von ihr abhängigen Oriente einzunehmen.

Und ein Verständigungsmittel ist zur Ausbreitung geistiger und materieller Kultur unbedingt notwendig, denn es kann sich nicht der Verkehr, den die aufblühende Bildung und die Handelsverbindungen mit sich bringen, in wenigstens elf verschiedenen Sprachen durchführen lassen. So notwendig das allgemeinverständliche Verkehrsmittel für die Verbreitung der Bildung ist, ebenso unerläßlich erscheint mir die Pflege des Wohlstandes, des geistigen Aufblühens, der materiellen Fortschritte, der vollen religiösen Toleranz für Österreich, wenn es in seinem Innern und vor allem im Orient in der Dominierung der jungen Völker erstarken will.

Nur durch Wohlbehagen, welches Ordnung, liberale Zustände und Reichtum hervorbringen, gelangen wir in den Besitz des europäischen Ostens. Die Kultur und deren Vorteile, die wir bieten können, müssen größer sein, als der Zauber des Rassenhasses, der uns entgegentritt[32].«

Es ist sicherlich kein Zufall, daß auch die Ansichten Alexanders von Bulgarien völlig mit denen des Kronprinzen übereinstimmten: »Zehntausendmal lieber [als die russische Herrschaft] wäre jedem bulgarischen Patrioten die milde und gerechte österreichische Herrschaft, welche jeder Nationalität ihr Recht werden und alle Pflege und Rücksicht angedeihen läßt. Eine solche österreichische Oberhoheit über die Balkanhalbinsel, wobei die innere Souveränität der einzelnen Staaten gewahrt bliebe, wäre sogar Sein, des Fürsten, politisches Ideal. Nichts Besseres, Glücklicheres könnte diesen Ländern zu Theil werden als ein Bundesverhältnis mit und unter dem Habsburg'schen Kaiserszepter nach Art der Stellung der deutschen Fürsten zur Hohenzollernkrone. Gleichwie den Staaten Deutschlands wäre den Balkanstaaten damit im Innern Friede und Freundschaft untereinander, nach außen aber ein machtvoller Schutz gesichert[33].«

Um diese Zeit, vor Ausbruch der Bulgarienkrise 1887, war der Kronprinz noch überzeugt von der Bündnistreue, aber auch der Kriegsbereitschaft Deutschlands gegen Rußland. Er schrieb über das Gasteiner Treffen zwischen Kaiser Franz Joseph und Bismarck an Szeps: »Wir waren noch niemals in den letzten Jahren mit Deutschland so intim und eng verbunden als wie jetzt. Man wirbt von Berlin aus um unsere Freundschaft auf eine ganz unglaubliche Art ... Mit der Möglichkeit eines russischen Krieges soll er [Bismarck] jetzt ganz beschäftigt sein; spricht fort von demselben, fordert gemeinsames Vorgehen auch in militärischen Dingen, will, daß wir den Aufmarsch gegen Rußland und alle unsere Vorbereitungen für den Krieg mit dem preußischen Generalstab zusammen ausarbeiten, damit eine Armee gleichmäßig geleitet und in voller Übereinstimmung von der Ostsee bis zum Schwarzen Meer den Russen entgegentreten könne ... Mir macht es den Eindruck, als wolle er bald losschlagen; Bismarck tut nichts ohne Grund[34].«

Diese Informationen, von welcher Seite auch immer sie stammten, erwiesen sich schon in kürzester Zeit als völlig falsch.

Aufgeputscht durch seine militärischen Erfolge gegen Serbien und seine persönliche Beliebtheit beim bulgarischen Volk, sicherlich auch ermutigt von seinen Freunden in Berlin (dem Kronprinzenpaar, aber auch den Russenfeinden Holstein und Waldersee), glaubte Fürst Alexander, sich des russischen Einflusses in Bulgarien entledigen zu können, indem er die russischen »Berater« aus dem Lande verwies. Der Traum von der Selbständigkeit war kurz. Im August 1886 wurde Alexander von der »russischen« Partei gestürzt und nach Rußland gebracht.

Rudolf an Szeps: »Ich kann Sie versichern, daß man in Gastein keine Ahnung hatte und daß sich sowohl Fürst Bismarck als auch Graf Kalnoky sehr erfreut darüber äußerten, daß der Bulgare sich so gut auf seinem Throne erhalte. In Berlin ist man viel konsternierter als in Wien; nun will man so lange als nur möglich einen Krieg vermeiden[35].«

Die russophile Regierung in Sofia überdauerte nicht mehr als drei Tage und wurde ihrerseits durch den österreichfreundlichen Politiker Stambulow gestürzt. Alexander kehrte nach Bulgarien zurück. Er fand aber keinerlei Hilfe von Berlin oder Wien. Der Kronprinz tat das einzige, was er für seinen Freund tun konnte: er bat Moriz Szeps um journalistische Unterstützung Alexanders. »In Bulgarien geht alles sehr gut. Wenn der Fürst in Sofia angekommen ist, sollten Sie einen großen Artikel schreiben, in dem Sie dartun, wie Rußland sich blamiert hat; es rechnete auf das Volk, und das bulgarische Volk braucht keine Beglückungen. Der Zar hat dem kleinen Fürsten Alexander gegenüber den kürzeren gezogen. Sie würden mit diesem Artikel viel Effekt machen und beweisen, wie Österreich trotz aller Fehler und Ungeschicklichkeiten immer Glück hat und am Balkan gegen seinen Willen Fortschritte macht; warum? Weil es ein Naturgesetz ist. Die Donau fließt von uns hinab. Die Balkanhalbinsel hängt mit uns zusammen; und abendländische Kultur siegt gegen moskowitische Unkultur; das in Ihrer brillanten Art dargestellt, würde einen großen politischen Leitartikel geben, doch rate ich Ihnen zuzuwarten, bis der Fürst in Sofia sitzt, sonst wird vielleicht ein Luftstoß daraus[36].«

Die Rückkehr Alexanders nach Sofia war wirklich nicht mehr als ein »Luftstoß«. Er mußte sich von Rußland zur Abdankung nötigen lassen und verließ auf einem österreichischen Donaudampfer wiederum Bulgarien – diesmal für immer. Weder Bismarck noch Kalnoky hatten den Versuch gemacht, sich für ein selbständiges Bulgarien einzusetzen.

Rudolf gab die Hoffnung auf eine Neuordnung des Balkans im österreichischen Sinne mit deutscher Unterstützung noch nicht auf. Auf Szeps' Einwände, Deutschland habe sich hinter dem Rücken Österreich-Ungarns sicherlich schon mit Rußland verständigt, schrieb er: »Sie sehen, was Deutschland betrifft, zu schwarz. Man ist dort nur altersschwach; will absolut Krieg vermeiden und schwankt nach rechts und links; von Freundschaft zu Rußland ist keine Rede; nur der alte Kaiser und Bismarck vertreten diese matte Politik; der Tod, der bald in Berlin Ernte halten wird, dürfte viel verändern[37].«

Rudolf hoffte also, daß dem inzwischen fast neunzigjährigen, stets kränkelnden Kaiser Wilhelm I. bald dessen liberaler, mit Alexander von Bulgarien befreundeter Sohn Friedrich (III.) auf den Thron folgen würde und somit die Bulgarienfrage doch noch im Sinne Alexanders (und Österreich-Ungarns) gelöst werden könne.

Doch Szeps, der über ausgezeichnete Informationen aus Berlin verfügte, behielt recht. Rudolf verhehlte seine Enttäuschung nicht, selbst nicht gegenüber dem deutschen Militärattaché: »Im Publikum lasse man sich den Glauben nicht nehmen, daß Gastein und Kissingen nur den Zweck verfolgt hätten, Österreich zu beruhigen und lahm zu legen, um Rußland freie Hand zu machen. Der Fürst Alexander sei von uns [Deutschland] nach der öffentlichen Meinung nur geopfert, um Rußland einen Liebesdienst zu erweisen[38].«

In den liberalen Zeitungen Ungarns (die Anhänger Andrassys waren) und im Kreis um den Kronprinzen tauchten in diesen Monaten die ersten Unmutsäußerungen über das deutsch-österreichische Bündnis auf, verbunden mit der Überlegung, ob Österreich-Ungarn nicht besser daran täte, sich Frankreich und England zu nähern.

Moriz Szeps klagte in einem Brief an den Kronprinzen: »Es ist eine bange Zeit. Sind es wirklich nur Kartenhäuser, die jeder politische Hauch umblasen kann, diese mächtigen Allianzen, diese intimen

Freundschaften, diese vertraulichen Verabredungen, diese gemeinschaftlichen Symposien? Eine einzige Frage wird, wie in Österreich so in Ungarn, mit leidenschaftlichem Eifer diskutiert: was nützt uns die Allianz mit Deutschland und was ist plötzlich dem Fürsten Bismarck durch den Kopf gefahren, daß er uns nicht bloß im Stich läßt, sondern sich Rußland offen zuwendet? Überall in Europa fühlt man, daß die alten Gruppierungen sich auflösen und daß neue an ihre Stelle treten können. Aber welche[39]?«

Das liberale »Neue Pester Journal« griff ähnlich wie der »Pester Lloyd« Max Falks die Frage auf, »was uns denn das vielgepriesene deutsche Bündnis nütze, wenn es Rußland vollkommen freie Hand läßt? Ebensowenig wie Deutschland auf der Balkanhalbinsel haben wir im Elsaß oder Lothringen ein Interesse. Seit die italienischen Provinzen verloren gingen, gibt es keinen möglichen Konflikt zwischen uns und Frankreich, wir grenzen nicht aneinander, wir werden nicht von ihm bedroht, und wenn die deutsche Allianz den Übergriffen Rußlands keinen Damm entgegenstellt, dann wäre es beinahe klüger, sich direkt mit Rußland auseinanderzusetzen und das Geschäft, bei welchem wir doch den Kürzeren ziehen, ohne Makler von Hand zu Hand abschließen[40]«.

Zur selben Zeit, als sich nun auch Gerüchte um einen bevorstehenden deutsch-französischen Krieg verdichteten, erhielt Bismarck Informationen über enge Beziehungen des österreichischen Kronprinzen mit Clemenceau. Daß der Kronprinz und Clemenceau im Dezember 1886 in Wien politische Gespräche führten und Clemenceau dem Kronprinzen die deutschen Provinzen Österreichs gegen den Zugriff Deutschlands garantierte, wußte Bismarck jedoch nicht, ahnte es höchstens, so wie der Kronprinz seinerseits über einen Geheimvertrag Bismarcks mit Rußland mutmaßte.

In dieser von Mißtrauen zwischen den Bündnispartnern und ständiger Kriegsgefahr erfüllten Situation vermochte sich die schwankende, Bismarck-gläubige Außenpolitik Kalnokys trotz aller Opposition zu behaupten. Ende 1886 waren Kalnokys Hauptgegner ausgebootet: Alexander von Bulgarien abgesetzt und aus dem Lande verjagt, Milan von Serbien durch den verlorenen Krieg geschwächt, Andrassys Vorstoß ins Außenministerium erfolgreich abgewehrt. Im Dezember 1886 wurde schließlich Kalnokys Widersacher, Rudolf Khevenhüller, aus Belgrad abberufen, ohne einen anderen Posten zu bekommen. Kommentar des Fürsten Johann Carl Khevenhüller, seines älteren Bruders: »Ich glaube, es ist eine Conzession an die Russen vom Kalnoky[41].«

Kronprinz Rudolf hatte offenkundig Weisung, sich in Gesprächen mit deutschen Diplomaten klar zu Kalnokys Balkanpolitik zu bekennen, um Bismarcks Mißtrauen nicht weiter zu nähren. Im Gespräch mit dem Grafen Wedel sagte er ungewöhnliche Dinge, die dem Fürsten Bismarck als völlige Kapitulation erscheinen mußten: Er sprach sich »für eine entschiedene Enthaltung der österreichisch-ungarischen Politik in Bulgarien und für eine Verständigung mit Rußland« aus[42].

Nach diesen unerwartet einlenkenden Worten sprach der Kronprinz allerdings davon, »daß Er in der letzten Zeit sehr häufig Stimmen begegnet sei, welche behaupteten, daß ein österreichisch-deutsches Bündnis niemals bestanden haben könne, daß das Verhältnis der beiden Staaten zueinander vielmehr lediglich auf mündlichen Verabredungen beruhen müsse«. Diese deutlichen Worte allerdings schwächte er gleich darauf mit einigen höflichen Floskeln wieder ab.

Mit vielen komplizierten Umschweifen kam der Kronprinz dann doch wieder zur Hauptsache: der Drohung eines österreichisch-französischen Bündnisses. Selbstverständlich konnte er sich nicht zu dieser Meinung bekennen. Er wandte deshalb eine von ihm viel geübte Taktik an, seine eigene Meinung anderen, in diesem Fall Windhorst, in den Mund zu legen und sich, um sicher zu sein, daß man ihn nicht eines Einverständnisses verdächtigte, sogar noch über diese Meinung zu empören:

»Seine Kaiserliche Hoheit sagte mir, ein Österreicher habe ihm im vorigen Jahr erzählt, Windhorst hätte dem betreffenden gegenüber seine Verwunderung darüber ausgedrückt, daß sich Österreich-Ungarn nicht mit Rußland und Frankreich verbände, weil ja dann Deutschland lahm gelegt sein würde.«

Aus diesem so gewunden geführten Gespräch wird deutlich, wieso dem Kronprinzen gerade von deutscher Seite immer wieder Gesinnungswandel vorgeworfen werden konnte. Rudolfs Gespräche mit Diplomaten waren mit Kalnoky genau vorbereitet. Er hatte Richtlinien für das, was er sagen durfte und was nicht. So sagte er, wenn er diese Anordnungen befolgte, die offizielle Meinung (verklausulierte freilich seine Privatmeinung, indem er sie anderen Personen in den Mund legte wie auch hier). Wenn ihm aber sein Temperament durchging (was nicht selten geschah), sagte er recht brüsk seine eigene Meinung, die der offiziellen fast immer entgegengesetzt war. Ein Mann wie Wedel, der den Kronprinzen nicht genau kannte, mußte dieses Verhalten so auffassen, als ob Rudolf seine Ansichten über die Politik ständig änderte, was er auch in diesem Brief rügend bemerkte.

Die Diskussionen über Bulgarien rissen auch nach der unmittelbaren Kriegsgefahr nicht ab. Der bulgarische Fürstenthron war ja unbesetzt, eine Rückkehr Alexanders immer noch im Bereich des Möglichen. In der verworrenen Situation mit mehreren Thronprätendenten versuchte auch ein Erzherzog, Johann Salvator, im trüben zu fischen. Er betrieb heimlich, ohne Information des österreichischen Außenministeriums, seine Kandidatur als Fürst von Bulgarien, im Glauben, er nütze damit seinem Vaterland Österreich-Ungarn. Auch er hatte sich seit jeher unter den Kritikern der Kalnokyschen Balkanpolitik befunden: »An Energie hat es aber unseren Staatsmännern immer, und ebenso an einem zielbewußten Vorgehen gefehlt. Man dreht am Ballplatze den Mantel nur immer nach dem Winde, und hält die Politik ›von Fall zu Fall‹ immer noch für die für die österreichische Monarchie einzig richtige; man versäumt dann immer die Überfuhr. Damit nun das nicht auch in der Balkanfrage geschehe, muß man, im Staatsinteresse, über die Köpfe der Diplomaten hinweg ein fait accompli schaffen; mögen sie sich dann die Finger wund schreiben – gleichviel – wenn nur der Monarchie ein Dienst geleistet wird[43]«, eine fragwürdige Ansicht, die der Kronprinz, obwohl er selbst ebenfalls mit der Balkanpolitik unzufrieden war, nicht gutheißen konnte. Er schrieb an Johann: »Deine bulgarische Geschichte finde ich odios. Ich möchte Dich ganz gerne als Admiral an der Spitze meiner großen österreichisch-ungarischen Flotte sehen (jetzt sind es ja nur ein paar alte, qual-

mende Kasten), aber als Balkanese könntest Du mir zuwider werden[44].«
Auch gegenüber Kalnoky nahm sich der Kronprinz kein Blatt vor den Mund: »... ich habe schon viel unkorrektes Benehmen von diesem Herrn erlebt, doch ein Unterhandeln mit einer fremden Deputation in auswärtigen Angelegenheiten, in dieser kritischen Zeit ohne Erlaubnis und hinter dem Rücken des Kaisers und des Ministers des Äußeren, das ist geradezu für einen Erzherzog und General eine Handlungsweise, die aufs strengste bestraft werden muß. Wohin kommen wir, wenn dergleichen Dinge innerhalb der kaiserlichen Familie und der Armee möglich sind, wenn der Kaiser sich nicht mehr auf diese Elemente verlassen kann, die kein anderes Prinzip kennen dürfen, als die des unbedingten Gehorsams und der vollsten Treue ... wie kann man Minister des Äußeren sein, wenn Erzherzoge ungeniert hinter dem Rücken ihre eigene auswärtige Politik treiben[45].« Diese Sätze klingen freilich pharisäisch, bedenkt man, daß Rudolf nicht weniger ungeniert hinter dem Rücken des Außenministers seine eigene Politik trieb – etwa mit Clemenceau.

Unter dem Einfluß Moriz Szeps', der aus Angst vor einem sich anbahnenden russisch-französischen Bündnis einen möglichst frühen Waffengang mit Rußland bevorzugte, und Andrassys bekannte sich Kronprinz Rudolf schließlich zur Kriegspartei. Der deutsche Botschafter in Wien berichtete an Bismarck, Andrassy habe geraten, »man solle die günstige diplomatische und die noch immer vorteilhaftere militärische Lage benutzen und sich mit Rußland auseinandersetzen. Das heiße, die Tripelallianz solle mit England den Russen sagen: *wir* wollen keinen Krieg, wir wollen die strikte Erhaltung des Berliner Vertrages, den du, Rußland, immer im Munde führst, und wollen uns auf dieser Basis verständigen, aber definitiv. Willst du darüber hinaus, so hast du es mit allen zu tun.«
Reuß erwähnte in demselben Bericht, »Kronprinz Rudolf ist ganz im Kriegsfahrwasser. Er faßt die Sachen sehr leidenschaftlich auf und meint, daß, wenn Österreich den Moment versäumte, sich gegen Rußland zu schlagen, solange es noch entschiedene militärische Vorteile besäße, es besser tun würde, dann ganz von der Groß-

machtstellung zu abdizieren. Diese Ansichten gebe ich nur als Symptom wieder, wie die Militärs denken. Politische Bedeutung haben sie nicht[46].«

Die Kriegsgefahr wurde durch die Veröffentlichung des Zweibundvertrages Anfang Februar 1888 gebannt.

Der Verlauf der Orientkrise, vor allem die zwielichtige Haltung Bismarcks, änderten die Zukunftsvorstellungen des Kronprinzen grundlegend. Zudem wurde 1887 unter deutschem Druck der Dreibund mit Italien geschlossen – mit dem sich als verhängnisvoll herausstellenden Paragraphen, daß Italien Rechtsansprüche auf Kompensationen auf der Balkanhalbinsel habe.

Die Chancen für eine aktive österreichische Balkanpolitik waren zwischen 1885 und 1887 rapide gesunken. Von Bismarck war keine Unterstützung zu erwarten. Rußland und Deutschland rückten näher aneinander. Österreich-Ungarn sah sich mehr denn je Rußland allein gegenüber. Die militärische Überlegenheit der russischen Truppen erschien den eingeweihten Militärs als zweifellos. Man hatte ja stets auf die militärische Unterstützung durch Deutschland gehofft, die allein die Chance für einen günstigen Ausgang eines drohenden Krieges gab.

Während die offizielle österreichische Außenpolitik unter Kalnoky keinen Grund sah, aufgrund der geänderten Situation auch über eine neue Politik nachzudenken, zog Kronprinz Rudolf die Konsequenzen, indem er seine Zukunftsträume von einem österreichisch beeinflußten Balkan begrub. Die große Wende in Rudolfs politischem Denken ab 1887, letztlich der Grund für sein Scheitern in Verzweiflung, war die Reaktion auf die Ereignisse am Balkan.

11. Kapitel

Deutschland

Als Rudolf acht Jahre alt war, ging Österreichs Vormachtstellung in Deutschland in der Schlacht bei Königgrätz verloren. Als er dreizehn Jahre alt war, sann Österreich kurze Zeit auf Rache und dachte an ein Eingreifen in den deutsch-französischen Krieg auf der Seite Frankreichs. Die blendenden, schnellen Siege der preußischen Armee machten alle Hoffnungen zunichte. Aus dem preußischen König wurde in Versailles ein deutscher Kaiser, der die Vormachtstellung in Europa beanspruchte, vom österreichischen Kaiserhaus alles andere als freundschaftlich beobachtet.

Um ein französisch-österreichisches Bündnis zu verhindern, bemühte sich Bismarck, das Verhältnis zwischen dem neuen deutschen Kaiserreich und dem alten Habsburgerreich zu verbessern. Der erste Besuch Wilhelms I. in Österreich 1871 jedoch wurde vom dreizehnjährigen Kronprinzen mit wahren Haßtiraden kommentiert.

Auf dem Berliner Kongreß 1878 setzte sich Bismarck für das Okkupationsrecht Österreich-Ungarns in den ehemals türkischen Provinzen Bosnien und der Herzegowina ein und lenkte die österreichische Politik damit geschickt von einer westlich orientierten (und damit Deutschland bedrohenden) Haltung in unabsehbare Balkankämpfe ab. Die gar nicht so ehrlichen Hintergedanken des ehrlichen Maklers wurden in Wien nicht durchschaut. Bismarck 1878: »Es liegt nicht im deutschen Interesse, einen dauerhaften Frieden im Osten herbeizuführen, weil bei unserer geographischen Lage die großen Mächte, die uns alle hassen, einen Vereinigungspunkt mit der Spitze gegen Deutschland suchen und finden würden, sobald sie die Hände ganz frei hätten. Österreich könnte in überraschend kurzer Zeit einen Regierungs- und Systemwechsel durchmachen, welcher die deutschfeindlichen Elemente dort ans Ruder brächte. Die Annäherung an Frankreich würde unter erzherzöglichen Auspizien zweifellos zu einer Allianz dieses Landes und Frankreich führen. Aus diesem Grunde würde es ein Triumph unserer Staatskunst sein, wenn es uns gelänge, das orientalische Geschwür offenzuhalten, dadurch die Einigkeit der anderen Mächte zu vereiteln und unseren eigenen Frieden zu sichern[1].«

Die Sympathien des damals erst zwanzigjährigen Kronprinzen Rudolf für Frankreich waren, wie aus dieser Quelle zu ersehen ist, dem deutschen Reichskanzler durchaus bekannt.

In einem politischen Gespräch in Berlin 1878 versuchte Bismarck dem jungen Kronprinzen die Vorteile des deutschen Bündnisses nahezulegen und sagte ihm, »daß wenn etwa ein Krieg zwischen Österreich-Ungarn und Rußland entbrennen sollte, Österreich-Ungarn im Falle einer Niederlage vollständig sicher sei, daß es keinen Gebietsverlust und keine Minderung seiner Machtstellung erleiden werde. Deutschland werde dies unter keiner Bedingung zugestehen[2].« Ob Bismarck den Kronprinzen bewußt irreführte, um ihn auf diese Art zu einem Befürworter des Zweibundes zu machen, ist nicht zu beweisen. Sicher ist jedoch, daß Rudolf dem deutschen Reichskanzler später immer wieder falsches Spiel vorwarf.

Der Zweibundvertrag zwischen Österreich-Ungarn und dem Deutschen Reich wurde 1879 auf zunächst fünf Jahre abgeschlossen. Er war ein geheimes Verteidigungsbündnis (der Wortlaut wurde erst 1888 bei der Orientkrise veröffentlicht), das Österreich-Ungarn deutsche Unterstützung zusagte, falls Rußland es angreifen würde, und Deutschland die österreichische Neutralität in einem Krieg gegen Frankreich versprach. Mit diesem Bündnis, das Verzicht auf jede aktive Deutschlandpolitik selbstverständlich einschloß, »hatte Österreich-Ungarn endgültig auf seine Vormachtstellung im deutschen Raume verzichtet und die durch Preußen im Kampf gegen die Habsburgermonarchie erzwungene deutsche Einigung anerkannt[3]«.

Rudolf: »Man ließ sich von Bismarck gar vieles einreden und vergaß darüber, daß Preußen keinen einzigen ehrlichen Alliierten finden kann, während wir von Frankreich durch keinen unbesiegbaren

Haß getrennt sind und auch mit Rußland zu einer gemeinsamen Aktion im Orient passende Gelegenheiten gefunden hätten, wäre nicht immer Bismarck dazwischengetreten, um uns zu entzweien[4].«
Politisch bedeutsam war freilich die Meinung des Kronprinzen nicht. Er mußte bei den unzähligen Familienbesuchen zwischen Habsburg und Hohenzollern in den nächsten Jahren Freundschaft mimen, beklagte sich darüber bei dem glühenden Bismarck-Hasser und Franzosenfreund Moriz Szeps und machte dem seiner Meinung nach viel zu deutschfreundlichen Außenminister Kalnoky Vorstellungen. Denn es war ihm unangenehm, immer wieder unter fadenscheinigen Vorwänden nach Berlin geschickt zu werden.
Rudolf gab Szeps eine dieser Unterredungen mit Kalnoky wieder. »Ein Vorwand«, sagte Kalnoky, »wird sich schon finden, ja er hat sich sogar schon gefunden, denn es wird in Berlin in feierlicher Weise die silberne Hochzeit des Kronprinzenpaares gefeiert werden und da Ew. Kais. Hoheit namentlich mit dem ältesten Sohn des preußischen Kronprinzen sehr befreundet sind, so könnte sich das sehr gut arrangieren lassen, daß man Sie einladet.« Rudolf: »Darauf zog ich aus meiner Mappe einen Brief des Prinzen Wilhelm hervor ... Da sehen Sie nur hin, was mir mein Freund schreibt; es soll ein ganz intimes Familienfest werden, und die Hauptsache werden dabei lebende Bilder sein, gestellt von den Mitgliedern der Familie Hohenzollern ... Und nun sagen Sie mir, lieber Graf Kalnoky, wissen Sie, was lebende Bilder sind?
Der Graf erwiderte: Ja, das sind solche Tableaus aus der Vergangenheit. –
Ganz richtig, antwortete ich. Sie erinnern sich ja an die lebenden Bilder, die wir selbst gestellt haben für die silberne Hochzeit der österreichischen Majestäten. Das waren lauter Tableaus ruhmvoller Erinnerungen unseres Hauses und Österreichs. Nun, glauben Sie, lieber Graf Kalnoky, wenn Sie sich ein wenig die Weltgeschichte vergegenwärtigen, was die in Berlin für lebende Bilder stellen werden? Sie können doch nicht annehmen, daß bei einer solchen Gelegenheit die Erinnerung an Jena und Auerstädt lebendig gemacht werden wird. Die Preußen haben zwei große Tage, in welchen wir nicht vorkommen: das sind Sedan und Versailles. Aber damit stellt

man nur zwei Bilder und das ist zu wenig. Um wenigstens das halbe Dutzend voll zu machen, muß man noch vier andere Bilder stellen. Da gibt es keine andere Wahl: erster schlesischer Krieg, Huldigung Schlesiens, siebenjähriger Krieg, Sadowa und noch vieles andere, was man will, und überall sind wir dabei. Denn die ganze Geschichte Preußens bis auf Sedan ist ja nichts anderes als entweder ein langsames Absägen oder ein plötzliches Herunterhauen eines Stückes von Österreich, das dann an Preußen fällt. Sehen Sie, Graf Kalnoky, das lehrt die Geschichte über die lebenden Bilder. Und nun frage ich Sie, wie soll ich bei solchen Produktionen dabeisitzen? Mich selbst würde das zwar wenig genieren, denn ich anerkenne ja die Tatsachen der Geschichte, anerkenne das, was gewesen und was nicht zu ändern ist. Aber diejenigen, die mir Gastfreundschaft gewähren, die könnte es genieren[5].«

Der sonst so wenig geliebte Großonkel Erzherzog Albrecht war es, der dem Kronprinzen den Rücken stärkte. Albrecht war dezidierter Gegner des Bismarck-Planes, den Zweibund durch die Parlamente zum Gesetz erheben zu lassen, und schrieb warnend an seinen Neffen (der den Inhalt des Briefes an Szeps weitergab), daß die Souveränität der Krone durch diesen Schritt entscheidend geschwächt werde. »Man müsse auch bedenken, ... daß das deutsche Parlament ein einheitliches sei, daß in Österreich-Ungarn dagegen zwei Parlamente bestehen, welche oft verschiedene Interessen haben; daraus ergebe sich, daß es das deutsche Parlament und die Regierung Deutschlands wären, welche bei einer solchen Form der Allianz dominierten. Die Österreicher würden ganz gewiß zu Preußen zweiter Klasse herabsinken, denn die Erblande würden sehr bald unter die Souverenität Deutschlands kommen ...

Sei daher vorsichtig; es wäre am besten, wenn Du überhaupt Dich von der Angelegenheit fernhalten und nicht als Unterhändler nach Berlin gehen würdest.«

Es war noch ein Postskriptum angefügt, in welchem der Erzherzog Albrecht die Geschichte Polens in den letzten hundert Jahren seines Bestandes anführte, um darzutun, wie die Einmischung auswärtiger Staaten in die inneren Angelegenheiten eines Landes dessen Untergang herbeiführt. Einer solchen Einmischung würde aber auch

Österreich ausgesetzt sein, wenn das deutsche Parlament und die deutsche Regierung durch die erwähnte Allianzform eine Art von Recht dazu erhielten[6].

Sowohl Rudolf als auch Szeps fanden die Einwände Albrechts »nur zu berechtigt«.

Kaiser Franz Joseph dagegen ließ sich nicht beirren: Er kündigte dem deutschen Kaiser die Ankunft des Kronprinzen mit herzlichen Worten an: »Vielleicht wird dieser Besuch auch der Tatsache der glücklichen Beziehungen Ausdruck geben, welche zwischen unseren Reichen walten; Beziehungen, die wir unseren Nachkommen ebenso unversehrt erhalten wollen, wie wir sie selbst seit einer Reihe von Jahren beharrlichen Sinnes gepflegt und gehütet haben[7].«

Bismarcks Hauptgesprächsstoff mit Rudolf war, wie vorauszusehen, die engere Verbindung der beiden Kaiserreiche: »Ich bin froh, daß wir wieder das Bündnis verlängert haben; ich bin alt und will dieses Werk über jeden Zweifel und jede Ankämpfung erhaben sehen; in diesem Bündnis liegt die Zukunft Europas; es muß für alle Zeiten vor allenfallsigem Unverstand oder vor jedwedem Zwischenfall gesichert sein; und wenn auch so für den Moment unser Verhältnis ein genügend festes ist, wird doch die Zukunft meinen Gedanken eines noch engeren Anschlusses verwirklichen müssen.«

Rudolf: »Nun folgte eine lange Auseinandersetzung der Allianz mit Gesetzeskraft, deren Lösung nur durch einen gemeinschaftlichen Beschluß beider Monarchen und beider Parlamente – bei uns nannte er die Delegationen – möglich sei. Er gebrauchte fast dieselben Worte, die ich über denselben Punkt schon in zwei Unterredungen zu hören bekam und schon zweimal nach Wien berichtet habe[8].«

Rudolf reagierte, wie der Großonkel ihm geraten hatte, höflich und kühl. Bismarck lobte den jungen Habsburger gegenüber dem österreichischen Botschafter: »Ihr Kronprinz war, als er mich mit seinem Besuche beehrte, liebenswürdig, wie er ja stets zu sein pflegt. Doch was die Entwicklung seines geistigen Wesens und die Reife seiner Ansichten und Auffassungen anbelangt, so haben dieselben meine Erwartungen weit übertroffen. Sein politisches Verständnis, welches bezeugt, daß er trotz seiner Jugend selbständig und ernst über vieles nachgedacht habe, ist kein gewöhnliches und hat mich wahrhaft überrascht. Wir waren nicht stets einerlei Meinung, doch wußte er seinen Standpunkt ganz vortrefflich zu vertreten, und was mir dabei auffiel, das war die Vorsicht, mit der er dabei vorging, als ich einige heikle Fragen, wie die polnische, die italienische und andere, in etwas kühner und unternehmender Weise zur Sprache gebracht hatte[9].« Selbst in dieser diplomatischen Lobhudelei fehlte also der Hinweis auf eine Meinungsverschiedenheit nicht.

Die umfangreiche Korrespondenz zwischen dem Kronprinzen und Moriz Szeps ist voll von Mißtrauen gegen Bismarck. Rudolf 1884: »Ich hielt ihn lange für ehrlich, jetzt habe ich großes Mißtrauen schon seit einiger Zeit gegen Berlin und mit Grund. Warum unterstützt man die Politik des Grafen Taaffe in Berlin? Warum schmeichelt man den konservativen Gesinnungen hier? Warum ist man so froh, daß hier alles in dasselbe absolutistische Horn bläst? Weil Österreich nach dem Osten gedrängt werden soll. Es soll bei den Deutschen abwirtschaften, sich in einem großen Teil von Cisleithanien in der jetzigen Form als nicht lebensfähig erweisen und dann von Berlin aus sachte nach dem Orient hinüber geschoben werden. Deshalb war man mit mir in Berlin immer so zärtlich, man wollte mich ganz für sich gewinnen. Ich habe aber eine gute Nase! Die Geschichte kommt mir schon seit einiger Zeit faul vor[10].«

Kernpunkt von Rudolfs Angst war die Faszination Bismarcks auf die Deutschen der Monarchie. Als nach Bismarcks Februarrede 1886 an die deutschen Österreicher die Deutschliberalen in einer Kundgebung ihren österreichischen (und nicht reichsdeutschen) Patriotismus demonstrierten, freute sich der Kronprinz und schrieb anerkennend an den Führer des deutsch-österreichischen Klubs, Johann von Chlumecky: »Sie haben dem Fürsten Bismarck und dem ganzen In- und Auslande gezeigt, daß es Deutsch-Österreicher gibt, welche nur innerhalb der Grenzen unseres Vaterlandes ihre Zukunft suchen, und das wird ihnen an maßgebender Stelle hoch angerechnet werden. Ich werde nicht ermangeln, den Kaiser gesprächsweise auf diese Dinge aufmerksam zu machen[11].«

In der Sorge, nach den kleinen deutschen Residenzen erstrebe Bismarck als nächstes Ziel die deutschen Provinzen Österreichs, waren sich Rudolf und Albrecht einig. Beide nahmen auch Partei für den 1866 aus Hannover vertriebenen und nach Österreich emigrierten Herzog von Cumberland. Rudolf an seinen Großonkel 1884: »Was Du über den Mangel an gerechter Auffassung über Mein und Dein bei den preußischen Staatsmännern sagst, ist auch vollkommen meine Ansicht. Seit 1866 sind sie durch die ersten Annexionen in diese Richtung gedrängt worden, welche sie jetzt unmöglich verlassen können. Cumberland hat das Deutsche Reich nicht anerkannt, ist durch die infame Behandlung im Jahr 66 zum erbitterten Feinde Preußens geworden; jetzt wäre es ein Zeichen der Schwäche, ihm das Land zu geben, und es würde selbst eine Gefahr darin liegen, im Herzen des Reiches einen Agitationsherd zu dulden. Die seit 66 inaugurierte preußische Politik drängt zur Vereinigung des ganzen Reiches. Braunschweig nicht nehmen, hieße der alten Richtung untreu werden, würde ein Schwanken in der Politik bedeuten, und den kleinen Ländern gegenüber ein Symptom der Schwäche geben.

Ob aber diese Politik seit 1866 eine so kluge war, als man es meint, das lasse ich dahingestellt. Das hohenzollerische Deutschland kann nicht alle kleinen Fürsten nacheinander aufspeisen, so gut auch sein Magen bis jetzt zu sein scheint, doch es hat eine Richtung erfunden und als Grundsatz hingestellt, die nur von der Deutschen Republik fortgesetzt und auch durchgeführt werden kann. Hierin sehe ich auch die Gefahr für uns; denn die Hohenzollern, so sehr sie auch vielleicht Lust verspüren nach unseren deutschen Ländern, wißen ganz gut, daß sie dies durch zu führen nie im Stande wären[12].«

Das Klima gegen den Kronprinzen Rudolf verschlechterte sich in Berlin ab 1886 auch noch dadurch, daß die deutsche Botschaft in Wien einen bedeutenden Informanten aus der engsten Umgebung Rudolfs gewann: Ladislaus von Szögyenyi, Sektionschef im Ministerium des Äußeren und engster Mitarbeiter Kalnokys. Er wurde 1886 beauftragt, dem Kronprinzen politische Informationen zu geben – die ersten, die Rudolf von offizieller Stelle erhielt. Rudolf hatte zu Szögyenyi uneingeschränktes Vertrauen und schmeichelte dem begeisterten Ungarn, indem er mit ihm meist ungarisch sprach, un-

garische Briefe an ihn schrieb und häufig freundliche Phrasen über »unser geliebtes Ungarn« einflocht.
Rudolf war Szögyenyi gegenüber offen, vertrauensselig, geradezu kindlich eifrig bemüht, seine politischen Fähigkeiten zu zeigen, seine politische Existenzberechtigung zu beweisen und nicht als müßiger, uninteressierter Erzherzog zu gelten. Er studierte die Informationen Szögyenyis fleißig und pflichtbewußt und erbrachte eine nicht zu unterschätzende freiwillige Gegenleistung, wie sie wohl noch kein Erzherzog dem Außenministerium geliefert hatte: Er leitete die politischen Informationen, die er über seinen privaten, gut organisierten Nachrichtendienst erhielt, an das Außenamt weiter.
Diese Informationen vor allem aus Frankreich hatten, was Rudolf nur zu gut wußte und auch Szögyenyi bald schätzte, für das k. u. k. Außenministerium einen hohen Wert. Leute wie Szeps, Frischauer, Futtaki, Baron Hirsch verfügten nicht selten über weit bessere Beziehungen zu den wichtigen ausländischen Politikern als manche österreichische Diplomaten.
Rudolf dachte nur daran, in welcher Form er sich als politischer Faktor allmählich profilieren könne, nicht aber, ob nicht eine solche arglose Offenherzigkeit ihm selbst schaden könne.
Die Folge der Zusammenarbeit mit Szögyenyi war, daß Rudolfs bisher mit einigem Erfolg verheimlichte Beziehungen zu seinen journalistischen Freunden aktenkundig wurden. Das verhängnisvollste aber war, daß Szögyenyi die Informationen des Kronprinzen mit der Quellenangabe Szeps nicht nur dem Außenminister Kalnoky weitergab, sondern ebenso (vielleicht da und dort etwas abgeschwächt, aber doch im wesentlichen) an die Deutsche Botschaft, mit der ihn die besten Beziehungen verbanden. Wie die diplomatische Korrespondenz beweist, gingen diese Informationen von dort direkt an den Fürsten Bismarck. Über Rudolfs Beziehungen zu Clemenceau erfuhr Bismarck auf dem Umweg über Szögyenyi.
Die Sprengkraft, die darin lag, daß ein Vertrauter des Kronprinzen indirekt den Fürsten Bismarck über Rudolfs enge Beziehungen zu Frankreich unterrichtete, übersah der sonst als vorsichtig und klug

beschriebene Szögyenyi. Die deutsche Botschaft in Wien wußte freilich seine Dienste zu würdigen.
Rudolf war über die Person des Informanten völlig ahnungslos und schrieb ausgerechnet an Szögyenyi: »In Berlin war Szeps bei mir und erzählte viel über Paris. Einige weniger wichtige Sachen erzählte ich dem Prinzen Wilhelm; als ich ihm sagte, daß ein Herr bei mir war, den ich aus Wien kenne und der jetzt aus Frankreich kommt, frug er gleich: ›Nicht wahr: Szeps?‹ Worauf ich antwortete: ›Woher kennst Du diesen Namen?‹, worauf er erwiderte: ›Wir bekommen durch die Berichte unserer Botschaft in Wien immer Nachricht, so oft Szeps bei Dir oder bei Szögyenyi war, und auch, wenn Szögyenyi Dich besucht.‹ Es wäre interessant zu wissen, durch wen sie so auf uns aufpassen[13].« Verdacht gegen Szögyenyi hatte Rudolf nie.
Noch manche Berichte dieser Art könnten zitiert werden. Sie zeigen, wie intensiv der Kronprinz nicht nur von österreichischen Polizeiagenten (die den Polizeipräsidenten und durch ihn Taaffe benachrichtigten), sondern auch vom deutschen Bündnispartner beobachtet wurde. Seine Furcht vor Bespitzelung, seine Heimlichtuerei mit chiffrierten Briefen und nächtlichen Treffen in der Hofburg waren wohl begründet.
Rudolfs Hauptsorge galt freilich den offiziellen Polizeiagenten, die er mit viel Geschick und Raffinesse in die Irre zu führen wußte. Gegen die weit größere Gefahr der Bespitzelung durch Bismarck-Freunde war er so gut wie wehrlos, weil er sie (im Gegensatz zu den Polizeiagenten) nicht kannte. Das läßt durchaus den Schluß zu, daß der Kaiser über Einzelheiten des »Umgangs« seines Sohnes weit weniger informiert war als Bismarck in Berlin. In den erhaltenen Berichten der Polizeiagenten kommen die Namen Szeps, Futtaki, Clemenceau im Gegensatz zu den Berichten der Deutschen Botschaft nicht vor, nur der Hoftratsch informierte über die unstandesgemäßen Freundschaften des Thronerben.
Bismarck mußte sich für Informationen aus Wien nicht sonderlich echauffieren. Sie wurden ihm frei Haus geliefert. Denn die Bismarck-Anhängerschaft war in Österreich nicht nur unter Schönerianern zahlreich, und schließlich waren Österreich-Ungarn und

das Deutsche Reich Verbündete. Der Kronprinz hatte, schon durch seine extrem liberalen und »bürgerlichen« Ansichten, eine stattliche Reihe mächtiger Feinde im konservativen Lager, aber auch in der Verwandtschaft. Rudolfs Onkel, Herzog Ludwig in Bayern, zum Beispiel, der älteste Bruder der Kaiserin und Vater der durch Mayerling zu solch trauriger Berühmtheit gelangten Gräfin Marie Larisch, genierte sich nicht, dem Fürsten Bismarck (offenbar gegen Zusicherung eines Ordens und über einen Mittelsmann) Informationen über seinen Neffen Rudolf geradezu aufzudrängen. Einige der Geheimberichte über die Informantentätigkeit des Herzogs sind im Archiv des Auswärtigen Amtes erhalten geblieben, so jener überaus wichtige vom März 1887:

»Nach Mitteilungen eines dem Österreichischen Kaiserhaus nahestehenden Gewährsmannes herrscht in den höchsten Kreisen der Wiener Hofburg wenig Befriedigung über die Entwicklung, welche S. K. H. der Kronprinz Rudolf genommen hat, namentlich wird dem Erzherzog seitens seiner Verwandten persönliche Unzuverlässigkeit vorgeworfen und demnach nur ein geringer Grad von Vertrauen entgegengebracht.

Von der Beteiligung S. K. Hoheit am Ministerrat hat Abstand genommen werden müssen wegen des von den Majestäten beklagten intimen Verkehrs des Thronfolgers mit Journalisten extremer Richtung, die Seiner Eitelkeit schmeicheln, und denen gegenüber Indiskretionen befürchtet wurden. Es hat sich demnach dieses Mittel, den Kronprinzen zu beschäftigen, als unvollziehbar erwiesen; die Übernahme eines Kommandos in der Provinz hat Höchstderselbe abgelehnt, da Er Wien nicht mehr verlassen will.

Nach derselben Quelle entbehren die persönlichen Beziehungen zwischen dem Monarchen und Seinem Sohne jenes Charakters von Herzlichkeit, welcher sonst im höchsten Familienkreise herrscht. Seine Majestät der Kaiser Franz Joseph beobachtet wider Seine sonstige Gewohnheit dem Kronprinzen gegenüber eine gewisse äußerliche Strenge, um demselben stets die Grenzen vor Augen zu halten, welche der Erzherzog in Wort und Urteil zu überschreiten geneigt sei. Bezeichnend ist, daß beide Majestäten in Ihrem Urteil über deren alleinsten Sohn übereinstimmen[14].«

In einem weiteren Bericht verdächtigte Herzog Ludwig hohe österreichische Militärs – Erzherzog Albrecht war namentlich genannt – »im Falle kriegerischer Komplikationen das persönliche Vertrauen des Deutschland ergebenen Kaisers zum Reiche zu erschüttern und dadurch Schwankungen verhängnisvoller Art, namentlich Zögerungen bei Ergreifung der Offensive hervorzurufen«. Herzog Ludwig bot sich an, seiner Schwester, der Kaiserin, »genau die Richtungen zu bezeichnen, gegen welche Höchstdieselbe aufzutreten haben würde«. Er fügte hinzu, »daß Sein erlauchter Schwager zwar Ratschläge der Kaiserin nicht liebe, denselben aber Sich in der Regel füge«.

Der deutsche Botschafter in Wien, Prinz Reuß, der eine offensichtliche Sympathie vor allem für den Kronprinzen hatte, dementierte alle Verdächtigungen, Wien wolle sich vom deutschen Bündnis abwenden. Er schrieb an einen weiteren Österreichfreund, Friedrich von Holstein: »Ich bin ganz mit Ihnen einverstanden, daß eine Ablösung Österreichs von uns nicht wahrscheinlich ist ... Sollte die Partei, die der Herzog Ludwig fürchtet, einmal ans Ruder kommen, so wird sie vielleicht widerwillig an dem deutschen Karren ziehen, aber sich ausspannen wird sie nicht können. Das tut weder der Kaiser noch sein Sohn[15].«

Die Voraussetzungen für einen neuerlichen Berlinbesuch Rudolfs waren im März 1887 die allerschlechtesten. Bismarcks Mißtrauen gegen die politischen Ziele des Kronprinzen war geweckt und auch nicht durch begütigende Berichte des Prinzen Reuß zu zerstreuen. Kurz vorher war der Name Clemenceau zum erstenmal in der diplomatischen Korrespondenz im Zusammenhang mit Rudolf genannt worden. Die Berichte des Herzogs Ludwig heizten Bismarcks Mißtrauen weiter an. Die Bulgarienkrise war noch nicht ausgestanden. Österreich-Ungarn beklagte sich über mangelnde Unterstützung durch den deutschen Bündnispartner. Bismarck seinerseits verhandelte hinter dem Rücken Österreich-Ungarns mit Rußland, um den streng geheimen Rückversicherungsvertrag vorzubereiten. Von einem innigen Freundschaftsverhältnis zwischen Deutschland und Österreich-Ungarn konnte zu diesem Zeitpunkt wirklich keine Rede sein.

Doch Kaiser Wilhelm I. wurde im März 1887 neunzig Jahre alt, und Rudolf mußte – mit größtem Widerwillen und außerdem krank – wiederum als Vertreter der kaiserlichen Familie nach Berlin reisen.

Prinz Reuß an Bismarck: »Graf Kalnoky meinte, der junge Herr sei jetzt gerade in einem sehr ruhigen Fahrwasser. Er sei ernster geworden, ließe Sich nicht mehr von ersten Eindrücken hinreißen und da wäre es ihm sehr wichtig für die Zukunft, wenn Er Euere Durchlaucht wieder einmal hören könnte, den Verkehr mit den Mitgliedern unseres Allerhöchsten Königshauses zu pflegen, sei durchaus notwendig und auch der Wunsch des Kronprinzen[16].« Und eine Woche später: »Er Graf Kalnoky, hoffe, daß man in Berlin die gleichen günstigen Eindrücke haben und andererseits Erzherzog Rudolf höchstlich, wenn dies überhaupt noch möglich, noch mehr von dem Werte unserer Freundschaft für seinen zukünftigen Thron überzeugen werde[17].«

Erzherzog Albrecht allerdings hatte eine andere Meinung vom Wert der deutschen Freundschaft für Österreich-Ungarn: Er gab dem Kronprinzen eine Denkschrift mit auf die Reise nach Berlin, in der er die mangelnde militärische Unterstützung Österreichs durch Deutschland anprangerte: »Die österreichisch-deutsche Allianz muß *bilateral* sein, ist es aber heute nicht mehr. Indem Bismarck bei orientalischen Verwicklungen sich nicht zu beteiligen erklärte, kann er bei einem Angriffe Rußlands auf Österreich Zuschauer bleiben, weil er uns als amoralische Angreifer hinstellt. Wir werden also trotz Allianz-Vertrag, oder vielleicht wegen dessen unrichtiger Auslegung preisgegeben. Gelingt es ihm umgekehrt, durch Provokationen Frankreich zum Angriffe auf Deutschland zu bewegen, und fällt darauf Rußland ihm in den Rücken, so soll Österreich bis zur Selbstvernichtung und fast allein gegen Rußland kämpfen. Ist es da nicht angezeigt, die Bedingung zu stellen, daß wenigstens ein gewisser Teil der deutschen Wehrkraft mit gegen Rußland kämpft? In dieses Verhältnis muß volle Klarheit gebracht, diese Eventualitäten und ihre Folge besprochen und die Allianzverpflichtung auf gleiche Basis gestellt werden[18].«

In welchem Gegensatz die klugen und präzisen Bemerkungen Erz-

herzog Albrechts, die mit der Berliner Wirklichkeit vollkommen übereinstimmten, zur offiziellen Wiener Außenpolitik standen, beweist eine lange Erwiderung Kalnokys auf dem für den Kronprinzen vorbereiteten Exemplar der Denkschrift: »Es liegt uns keinerlei ernster Anhaltspunkt für die Supposition vor, daß Deutschland wortbrüchig werden und trotz Allianz-Vertrag oder in Folge verdrehter Auslegung desselben bei einem Angriff Rußlands auf Österreich-Ungarn Zuschauer bleiben oder uns preisgeben wollte, während es andererseits von uns Rückendeckung gegen Rußland bis zur Selbstvernichtung aufgrund desselben Vertrages zu fordern beabsichtigte. Wenn zwischen Bundes- und Waffengenossen für deren politische und militärische Aktion das gegenseitige Mißtrauen von vorneherein als Basis angenommen werden wollte, so könnte dies nur zu schwankenden Kombinationen und bedingten Schlüssen führen, welche für die Leiter der politischen Geschicke der Staaten sehr bedenklich, für die Leiter der militärischen Geschicke aber noch viel gefährlicher werden könnten. Die österreich-deutsche Allianz ist nicht auf Gefühlspolitik basiert; sie ist entstanden, weil weder wir noch Deutschland *allein* stark genug sind, den Gefahren, die uns umringen, zu widerstehen. Das beiderseitige Bedürfnis, welches das Bündnis geschaffen hat, dauert fort, unverändert und ungeschwächt auf beiden Seiten, daher hat sich auch das Bündnis trotz aller Interpretationen und mancher Sprengversuche so fest erhalten, daß es die Feuerprobe bestehen wird.«
Es spricht wohl für die politische Begabung des Kronprinzen und für die Güte seiner Informationen, wenn er diesen Kalnoky-Worten keinen Glauben schenkte. Er trat in Berlin als erklärter Anhänger des Erzherzogs Albrecht auf und stellte etwa an Feldmarschall Graf Waldersee recht peinliche Fragen, auf die er keine befriedigende Antwort erhielt: Waldersee berichtete, der Kronprinz »legte mir zahlreiche Fragen des Erzherzogs Albrecht vor, bezugnehmend auf unseren gemeinsamen Krieg gegen Rußland, fügte aber gleich hinzu, daß er wohl verstehe, wenn ich einige davon nicht beantworten würde. Vor allem wollte er gern wissen, mit wieviel Korps wir uns gegen Rußland wenden würden, wer kommandieren solle usw. Er teilte mir auch die Namen der drei österreichischen Oberbefehls-

haber mit. Ich suchte mich so gut herauszuziehen als es ging, und hatte es insofern leicht, als ich ihm versichern konnte, daß bei uns ganz feste Entschlüsse nicht möglich seien, weil wir nicht wissen, ob wir es erst mit Frankreich oder gleich mit Frankreich und Rußland zu tun haben werden[19].«
Auch in Rudolfs Gespräch mit Bismarck stand die Kriegsgefahr im Vordergrund. Bismarck betonte seine Friedensliebe und schimpfte auf die Generäle Moltke und Waldersee. Er beschwor Österreich, sich gegen Rußland still zu verhalten und auf einen Einfluß in Bulgarien zu verzichten. Andererseits drängte er zur Verstärkung der österreichischen Armee und äußerte Mißtrauen gegen die österreichischen Slawen und deren militärische Verläßlichkeit. Er schimpfte auf österreichische Journale und »daß es in Wien Leute gebe, die ihn wegen Russenfreundschaft nur deshalb verdächtigen, um womöglich das deutsch-österreichische Bündnis zu lockern oder gar zu sprengen« – ein recht deutlicher Hieb auf Moriz Szeps.
Rudolfs und Albrechts Befürchtungen, in einem neuen deutsch-französischen Krieg stehe Österreich-Ungarn ohne nennenswerte militärische Unterstützung durch Deutschland dem übermächtigen russischen Gegner gegenüber, erwiesen sich als richtig, denn Bismarck sagte dem Kronprinzen, wenn Boulanger es »erreicht Präsident zu werden, dann gibt es Krieg, denn er sowohl wie die Orléans, falls sie zur Macht gelangen würden, brauchen militärische Erfolge, um sich halten zu können. In diesem Falle braucht Deutschland sehr viele Truppen gegen Frankreich, weit mehr als wie das letztemal, denn Frankreichs Wehrkraft ist eine enorme; der Sieg immerhin kein so sicherer; deshalb ist es notwendig, eine feste Koalition zu gründen für Deutschland ebensosehr wie für uns; und wir müssen, um uns für den eventuellen Doppelkrieg vorzubereiten, mit England und Italien ein sicheres Abkommen treffen, welches Österreich in die Lage setzt, auch ohne allzu bedeutende deutsche Hilfe einen Krieg mit Rußland aufnehmen zu können. Auf die österreichisch-englischen Vereinbarungen kam der Kanzler mehrmals und mit Nachdruck zu sprechen[20].«
Was er freilich selbst dem deutschen Reichskanzler gesagt hatte, schrieb der Kronprinz in seinem Bericht an Kalnoky nicht. Denn er

handelte eindeutig gegen die Weisungen des Außenministers und ganz so, wie Erzherzog Albrecht es mit ihm besprochen hatte. Lucius von Ballhausen berichtete: »Der Erzherzog habe sehr bedauert, daß Bismarck so entschieden betont hat, der Orient ginge uns nichts an. Sie würden von Rußland allein geschlagen, denn das habe einen enormen Nachschub, während Österreichs Kräfte schnell erschöpft seien. Bismarck entgegnete: Hunderttausend Österreicher seien ebensoviel wert wie hunderttausend Russen und ihr Offizierskorps sei besser. Man müsse nur energisch vorgehen[21].«
Nach der Begegnung machte sich Bismarck über Rudolfs Angst vor einem Krieg gegen Rußland lustig und sagte zu Lucius: »Der Erzherzog Rudolf habe ihm einen schwächlichen, ängstlichen Eindruck gemacht, wie ein Mann, der sich überall umsieht, ob ihm nicht ein Stein auf den Kopf von irgendwoher fällt! Gott meine es mit den Monarchien nicht gut, welchen er so schwächliche, ›chétive‹ Sprößlinge gebe, wie jetzt in Österreich und Rußland.«
Offiziell aber, Botschafter Reuß gegenüber, fand Bismarck diplomatischere Worte, die freilich für den Gebrauch am Wiener Hof bestimmt waren, aber ebenfalls Meinungsverschiedenheiten durchblicken ließen: »Mit dem Kronprinzen Rudolf habe ich gleichfalls sehr ausgiebig geredet und dabei Seine Kaiserliche Hoheit in der Politik wohl orientiert und von einsichtigem Urteil gefunden. Nur schien der Erzherzog von der Überlegenheit der russischen Armee über die österreichische mehr impressioniert zu sein, als es für seine Stellung erlaubt wäre. Ich habe es mir angelegen sein lassen, Seiner Kaiserlichen Hoheit Vertrauen einzuflößen, sowohl auf die relative Stärke des österreichischen Heeres wie auf die Dauer der friedlichen Zustände, indem ich dabei den Wunsch betonte, daß Österreich seinerseits den Frieden nicht stören oder gefährden möchte. Der Kronprinz nahm meine Bemerkungen gut auf, machte mir aber freundschaftliche Vorstellungen über die Enttäuschung, welche meine Reichstagsreden im Januar in Österreich-Ungarn hervorgerufen hätten.
Ich erwiderte darauf, daß es gerade mein Zweck gewesen sei, die zu hoch gespannten Erwartungen, welche in der öffentlichen Meinung Österreich-Ungarns an unser Bündnis geknüpft wurden, auf das

richtige Maß zurückzuführen, die Situation wäre durch Übertreibungen der Presse wie der ungarischen Parlamentarier auf Kosten des Glaubens an unsere Vertragstreue und mit unnötiger Gefährdung des Friedens gefälscht worden, und ich freute mich, daß die Demonstration meiner Reichstagsrede im Interesse des Friedens eine nützliche gewesen wäre, wenn sie die kriegerischen Gelüste einiger unverantwortlicher Parlamentarier sowie der für die Presse arbeitenden Zivilisten abgekühlt hätte[22].«

Die Diskussion über den Wert des deutsch-österreichischen Bündnisses hatte sich ja am Bulgarienproblem entzündet, das zur Zeit von Rudolfs Berlinbesuch auch in Deutschland noch hochaktuell war. Die Fronten am Berliner Hof waren heillos verhärtet zwischen Bismarck und dem Prinzen Wilhelm einerseits, die Bulgarien zur russischen Einflußspähre rechneten und persönliche Feinde Alexanders von Bulgarien waren, und dem Kronprinzenpaar andererseits, vor allem der Kronprinzessin Viktoria, die eine schwärmerische Zuneigung für den berühmt schönen und erklärt liberalen Battenberger hatte, eine Hochzeit zwischen ihm und ihrer Tochter Viktoria herbeisehnte und alles aufbot, um im Kampf gegen Bismarck Bundesgenossen zu finden, unter anderem auch den österreichischen Kronprinzen, der ja sowohl mit dem deutschen Kronprinzenpaar als auch dem Battenberger befreundet war.

Rudolf geriet am Hohenzollernhof in ein wahres Wespennest. Kronprinzessin Viktoria fragte ihn über ihren Sohn Wilhelm aus, mit dem sie selbst kaum ein Wort sprach. Prinz Wilhelm wiederum wollte jede Einzelheit wissen, die seine Mutter dem österreichischen Kronprinzen gesagt hatte. In einem zehn Seiten langen Brief an seinen damaligen engsten Vertrauten Herbert Graf Bismarck schrieb Wilhelm, Rudolf habe ihm über seine Unterredung mit der Kronprinzessin folgendes berichtet: »Zuerst habe man bitter geklagt über den Antisemitismus, die *Unterdrückung der Liberalen,* das jetzige Regime überhaupt.« Die Damen hätten dann ein »langes Loblied auf den Bulgaren« gesungen, dann »habe man sich über die Gemeinheit der Russen ihm gegenüber des Längeren ergangen. Da ich dem Kronprinzen Rudolf den Rat gegeben, er möge bei dem Gespräch bedenken, daß was er sage, sofort in England an die Kaiserin

Die 16jährige Prinzessin Stephanie von Belgien und der 22jährige Kronprinz als Brautpaar im Mai 1881.

Das junge Ehepaar im »Türkischen Zimmer« der Hofburg. Die Einrichtung hatte Rudolf zum Großteil von seiner Orientreise mitgebracht.

Unten links: Nach der Geburt der Erzherzogin Elisabeth im September 1883: die jungen Eltern mit Erzherzogin Valerie und dem Kaiserpaar.

Unten rechts: Das Bild ehelicher Harmonie 1888 stimmte längst nicht mehr mit der Wirklichkeit überein. Das Kronprinzenpaar lebte schon getrennt.

Redaktionskonferenz für »Österreich-Ungarn in Wort und Bild«
Von links: Franz Miklosich, Joseph von Weilen, der Kronprinz, Hans Graf Wilczek, Nikolaus von Dumba, Maurus Jokai, Ladislaus von Szögyenyi, Alfred von Arneth.

Unten links: Moriz Szeps, Chefredakteur des »Neuen Wiener Tagblatt«, ab 1886 »Wiener Tagblatt«.

Unten rechts: Max Falk, Chefredakteur des deutschsprachigen »Pester Lloyd«.

Oben links: Mizzi Caspar, Rudolfs Geliebte in den letzten drei Lebensjahren. Mit ihr gemeinsam wollte er im Sommer 1888 Selbstmord verüben.

Oben rechts: Sie war für den Kronprinzen zeit seines Lebens das (unerreichbare) Ideal einer Frau: Erzherzogin Maria Theresia, geborene Prinzessin von Braganza, die Gemahlin von Rudolfs Onkel Erzherzog Karl Ludwig.

Unten links: Das Opfer von Mayerling: Baronesse Mary Vetsera kurz vor ihrem Tod in dem Kleid, das sie bei ihrer Flucht aus dem Elternhaus trug und mit dem man sie in den Sarg legte.

Unten rechts: Rudolfs einziges Kind: »Erzsi« mit achtzehn Jahren. Sie heiratete Fürst Otto Windischgrätz (vier Kinder). Nach der Scheidung ging sie eine damals sensationelle Ehe mit dem Sozialdemokraten Leopold Petznek ein, dem stellvertretenden Landeshauptmann von Niederösterreich.

von Hindustan und Salisbury berichtet werde, so habe er sich vorgesehen und fast gar nicht gesprochen nur gehört.«
Prinz Wilhelm sah in den ausführlichen Gesprächen der Kronprinzessin mit Rudolf ein Komplott der »englischen Schar«: »Wahrscheinlich soll Österreich die englischen Kastanien im Orient aus dem Feuer holen, da Deutschland nicht gegen Rußland gehen will, so soll nun Österreich heran. Die vielfachen Erkundigungen, ob in Wien und Österreich viel Sympathien für Alexander von Bulgarien seien, bestätigen die Annahme, daß es sich auch um Bulgarien dabei handele und um ihn. Sei es, daß er wiedereingesetzt werde, sei es, daß in Österreich er irgend eine anständige Stellung erhalte, die ihn dann als künftigen hiesigen Schwiegersohn dem Publikum schmackhafter macht. Jedenfalls werde wieder einmal der Versuch gemacht, die Dreikaiserallianz zu sprengen und Österreich herauszuziehen, es sogar vielleicht auf Rußland zu hetzen. Da eine Verständigung Österreichs und Rußlands im Balkan England natürlich das Unangenehmste sei, was passieren könne. Hier stimmte er Beifall nickend zu, man habe ihn für den Bulgaren zu gewinnen versucht, um seine Privatpläne mit demselben um so sicherer zum Ziel zu führen ... Sie sehen, lieber Herbert, daß der Bulgare nach wie vor immer wieder aufs Tapet kommt, und wie die alte Schlange der heimlichen englischen Intrige ihr Haupt wieder mächtig hebt[23].«
Rudolf hatte seine schwierige Rolle zwischen den haßerfüllten Parteien am Berliner Hof so diplomatisch gespielt, daß beide Seiten von seiner Freundschaft überzeugt waren. Prinz Wilhelm schimpfte zwar auf seine Mutter, auf seine Großmutter, auf seinen Onkel, den englischen Thronfolger, auf den Battenberger, nicht aber auf den Kronprinzen, den er weiterhin als seinen Freund ansah.
Einen ganz anderen Bericht über die Unterredung mit Rudolf gab allerdings Kronprinzessin Viktoria ihrer Mutter, der Queen Victoria. Kein Wort davon, daß Rudolf »fast gar nicht gesprochen, nur gehört« habe. Ganz im Gegenteil hatte er sich recht deutlich für ein Zusammengehen Österreichs mit England ausgesprochen, ein Wunsch, der an die Adresse der Königin von England gelangen sollte, was auch umgehend geschah. Die Kronprinzessin schrieb an die Queen einen langen Brief über Rudolfs Ansichten:

»Er meinte, wie außerordentlich wünschenswert ein gutes Verhältnis zwischen England, Deutschland, Österreich und Italien wäre. Besonderen Wert schien er auf das gute Einvernehmen zwischen Österreich und England zu legen und sagte, daß die österreichische Regierung fürchtete, nicht in der Lage zu sein, eine wertvolle Entente zu sichern; obgleich Lord Salisbury vielleicht nichts dagegen haben würde, wechselten die englischen Kabinette und mit ihnen die Politik des Landes so oft, daß es schwierig sei, sich auf Englands Hilfe und Worte zu verlassen.«

Diese Wendungen stimmen fast wörtlich mit denen Kalnokys überein, der in diesen Wochen den Beitritt Österreichs zum Mittelmeerabkommen vorbereitete, ein Plan, der die volle Zustimmung des Kronprinzen fand, sah er darin doch den ersten Schritt zu einer westlichen Orientierung Österreich-Ungarns. Mit welcher Begeisterung er sich für ein österreichisch-englisches Abkommen einsetzte, konnte er kaum dem Prinzen Wilhelm enthüllen, der in einem maßlosen Haß gegen seine englischen Verwandten befangen war.

Die nach menschlichem Ermessen für die Zukunft wichtigsten politischen Persönlichkeiten waren ja angesichts des hohen Alters Wilhelms I. nicht Prinz Wilhelm, auch nicht Bismarck, sondern das deutsche Kronprinzenpaar, vor allem die ihrem Mann eindeutig überlegene Kronprinzessin Viktoria. Rudolfs Gespräch mit ihr hatte demnach eine weit größere Bedeutung für Österreichs Zukunft (so mußte er jedenfalls im März 1887 annehmen) als das mit Fürst Bismarck, zumal über das intime Verhältnis zwischen der englischen Queen und ihrer ältesten Tochter kein Zweifel bestand.

Selbstverständlich schnitt Rudolf im Gespräch mit Viktoria auch das ihn beherrschende Thema eines russischen Krieges an: »Rudolf glaubt, daß, wenn in dem bevorstehenden Kriege England nur im Schwarzen Meere Hilfe leisten und die Türken in Ordnung halten und sie von der Vereinigung mit den Russen abhalten würde, der Dienst, den es der Welt damit leisten könnte, ein ungeheurer sei. Er meinte sehr vernünftigerweise, daß man in einem Kriege Rußland nicht ernstlich zu schädigen vermöge – man könne ihm keine Provinzen nehmen usw.; der einzige positive Nutzen, den man zu erreichen imstande sei, wäre, Rußland von der Gewinnung seiner Ziele

und der Betätigung seines Willens abzuhalten. Er scheint zu glauben, daß Rußland Österreich in Galizien angreifen will; es sei von größter Wichtigkeit, daß Italien sich ruhig verhalte und Österreich nicht angreife, so daß letzteres keine Soldaten an der italienischen Grenze lassen müsse, sondern alle verfügbaren Kräfte im Norden verwenden könne ...
Rudolf meint, daß, wenn Deutschland Österreich gegen Rußland hilft, die Franzosen sofort Deutschland angreifen und der kommende Krieg sehr ernst werden würde! Er hält Frankreich für stärker, besser bewaffnet, besser vorbereitet und patriotischer als früher – auch Rußland für kampfbereiter als im Russisch-Türkischen Krieg, aber so schlecht regiert und mit Mißtrauen erfüllt, daß die Regierung schon deswegen den Krieg wünschte, um eine Ablenkung zu schaffen, Rudolf sagt, man könne nicht leugnen, daß gegenwärtig Rußland die erste Geige in Europa spiele, die stärkste Macht sei und den übrigen ihren Willen aufzwänge; daß dies eine beständige Gefahr bedeute, da es jederzeit imstande sei, Frankreich auf seine Seite zu ziehen. Man könne es nur durch eine Allianz der vier obenerwähnten Mächte in Schach halten ... Er sprach mit wundervoller Klarheit, Klugheit und gesundem Menschenverstand, ist vollkommen au fait über alles und mit verschiedenen schwierigen Botschaften an den Fürsten Bismarck betraut worden. Er ist sich vollkommen klar, daß seine Ansichten mehr mit unseren als mit denen des Kaisers oder Willys übereinstimmen[24].«
Daß der österreichische Kronprinz Parteigänger der liberalen Kronprinzenpartei am Berliner Hof war, wurde nur zu bald publik. Aus allen Berichten über Rudolfs Berlinbesuch im März 1887 wehte Kampfstimmung.
Der k. u. k. Botschafter in Berlin schrieb dem Kronprinzen: »In der kronprinzlichen Familie ist die Erinnerung, die man Ihnen weiht, eine besonders herzliche und wahrhaft anerkennende. Die Frau Kronprinzessin ist förmlich entzückt und macht kein Hehl aus dem Wohlgefallen, das sie in jeder Richtung an Euerer kaiserlichen Hoheit gefunden hat. Es liegt wohl ein ungemein bedeutsames und beruhigendes Moment in dieser Eroberung der Zukunft, die in jeder Minute zur Gegenwart werden kann, gleichwohl jedoch hier das nie

zum Verblassen gelangte Bewußtsein, daß man als englische Prinzessin geboren ist, einigermaßen auch mitspielt. Der rege Verkehr, gnädigster Herr, den Sie hier mit dem Kronprinzenpaar gepflegt haben, sowie auch das ganz besonders freundschaftliche Entgegenkommen seitens dieser beiden Herrschaften sind indes hier sehr bemerkt worden und auch lebhaft kommentiert. Hierbei fragt man sich, ob dies nicht etwa eine Erkältung zwischen Ihnen und Prinz Wilhelm bedeute[25].«

Eine »Erkältung« zwischen Rudolf und Wilhelm war inzwischen selbst in der vorsichtigsten diplomatischen Korrespondenz nicht mehr zu leugnen. Der Berlinbesuch Rudolfs hatte ein monatelanges Nachspiel. Im Juli noch schrieb Graf Radolin an Holstein: »Nach dem Essen ging ich mit Pr. W. en tête à tête rauchen. Da goß er mir sein Herz bezüglich seiner Mutter aus und ich sah, daß er sie schrecklich haßt. Seine Erbitterung kennt keine Grenzen. Was soll das werden? Dann sprach er wieder von der Sache Rudolf und sagte, die Kr. Pz. habe versucht, mit ihm das Dreikaiserbündnis zu sprengen, und habe ihn aufgefordert, gegen Rußl. Front zu machen. Also noch eine neue Version, anders als es mir B. s. Zt. erzählte. Was mag die Wahrheit sein[26].«

Daß die »englische Partei« – die deutsche Kronprinzessin, ihr Bruder, der Prince of Wales, und die Queen Victoria – den österreichischen Kronprinzen als den Ihren ansahen, wurde wenig später auch bei Rudolfs Englandreise zum 50jährigen Regierungsjubiläum der Queen offenbar. Rudolf wurde über die Maßen hofiert. In einem Privatbrief an Außenminister Kalnoky heißt es: »Die Königin überhäufte ihn mit Ehren und Liebenswürdigkeiten. Er führte sie neulich zum Diner und ging allen Königen vor ... Er wurde auffallend fêtiert. Die Verleihung des Hosenbandordens wurde hier als besondere Auszeichnung angesehen, und es ist derselbe sicher mit dieser Intention verliehen worden. Der Prinz von Wales sagte mir ausdrücklich, er sei sehr froh, denn es wäre eine besondere, ausnahmsweise Auszeichnung, da der Orden sonst nur Familienmitgliedern oder gekrönten Häuptern verliehen wird, und er hoffe, der Kronprinz fasse es auch so auf[27].«

Die Differenzen zwischen den Bündnispartnern Deutschland und

Österreich 1887 personifizierten sich in den beiden Thronerben, hier Rudolf, dort Prinz Wilhelm. Die beiden waren gleich alt (Rudolf geboren im August 1858, Wilhelm im Januar 1859) und waren schon gleich nach Königgrätz und Sedan auf Bismarcks Wunsch hin bei allen Gelegenheiten offiziell wie privat zusammengespannt worden. Von Freundschaft war viel die Rede, vor allem in den Zeitungen. Doch hatten sich die beiden Thronerben recht wenig zu sagen. Rudolf hatte den am Wiener Hof recht hinterwäldlerisch auftretenden, plump-unerfahrenen deutschen Prinzen zunächst wie die anderen »Kavaliere« behandelt: von oben herab, aber freundlich, aus der Warte des intellektuell haushoch überlegenen, eleganten und weltgewandten Gastgebers. Trotz und Stolz, daß sein Vaterland zwar im Krieg geschlagen, trotz allem aber das alte deutsche Kaiserreich war neben dem neureichen Deutschen Reich, setzte er dem durch die frischen Siege unerhört selbstbewußten Hohenzollern entgegen.

Rudolf hatte für den sich schon früh als »Reaktionär« mausernden Wilhelm nichts als Verachtung übrig, wenn er auch den Unerfahrenen durch die liebevoll-höfliche Umgangsart, die Wilhelm aus Berlin nicht gewöhnt war, lange über seine wahren Gefühle täuschen konnte. Rudolf schrieb 1883 nach einem Berlinbesuch an Moriz Szeps, daß »Prinz Wilhelm trotz seiner Jugend ein hartgesottener Junker und Reaktionär ist. Er spricht von dem Parlament nie anders als ›diese Saubude‹ und von den Oppositionsmitgliedern als von diesen ›Hundekerlen, die man mit der Peitsche traktieren muß‹.« Rudolf erzählte auch von Wilhelms (gescheitertem) Plan, den Liberalen Eugen Richter durch sechs Unteroffiziere »durchhauen« zu lassen[28].

Kronprinzessin Stephanie: »Der Kronprinz liebte Deutschland nicht und begab sich nur auf Befehl des Kaisers, seines Vaters, hin. Er besaß eine gewisse ehrerbietige Verehrung für den greisen Kaiser Wilhelm, dessen Würde, dessen ritterlich liebenswürdige Art er schätzte. Fürst Bismarck aber erdrückte ihn; er ertrug weder seine beispiellose Willenskraft, seine Überlegenheit, seinen genialen Blick, noch seinen Eindruck von absoluter Sicherheit. Gegen den Prinzen von Preußen vollends hegte der Kronprinz eine aus-

gesprochene Abneigung, die sich bei jeder neuen Begegnung verstärkte[29].«
Freilich hatte auch Prinz Wilhelm seinerseits starke Vorbehalte gegen seinen liberalen Freund, um dessen Gunst sich seine Mutter, die Kronprinzessin Viktoria, mit solchem Eifer bemühte. Doch stand die Aversion gegen Rudolf nicht dermaßen im Zentrum seines Denkens wie umgekehrt Rudolfs Aversion gegen ihn. Er war in der Position des Stärkeren. Er war auf der Siegerseite, Rudolf auf der der Verlierer. Er brauchte keiner Minderung der Macht seines Vaterlandes nachzutrauern. Er brauchte sich vor Österreich-Ungarn, das immer deutlichere Schwächesymptome aufwies, nicht zu fürchten wie Rudolf vor dem Bismarck-Reich. Seine Kritik am österreichischen Kronprinzen war demgemäß auch weniger politisch als persönlich gefärbt.
Wilhelm schrieb in seinen Erinnerungen: »Er war eine anregende, kluge und in ihrer frischen Lebhaftigkeit fesselnde Natur, voll sprudelnden Humors, freilich auch nicht ohne eine beträchtliche satirische Ader ... Zu meinem Leidwesen mußte ich aber im Lauf der Jahre bemerken, daß er es mit der Religion nicht eben ernst nahm, und es war mir schmerzlich, wenn mein Kamerad auch über die Kirche und Geistlichkeit wie über den schlichten Glauben des Landvolks die Lauge seines spöttelnden Witzes ausgoß. Auch andere Charakterschwächen konnten mir nicht verborgen bleiben, und so kam es, daß mein ursprüngliches Vertrauen schwand, und daß wir mit der Zeit mehr und mehr auseinandergerieten. Hinzu trat, daß ich allmählich erkennen mußte, wie wenig der Kronprinz innerlich dem Deutschen Reiche und dem Zweibund geneigt war; vor allem die Idee des Preußentums war ihm in der Seele verhaßt. Aus allen diesen Gründen wurden unsere Beziehungen kühler und schließlich auf beiden Seiten lediglich unter dem Gesichtspunkt politischer Notwendigkeiten gepflegt[30].«
Ganz abgesehen von den politischen Gegensätzen waren die beiden »Freunde« schon als Typen konträr: Hier der sensible, intellektuelle, unmilitärisch auftretende, freidenkerische, übernational fühlende Liberale, dessen Hauptwaffe beißende, aber stets leise, subtile Ironie war – und da die Inkarnation militärischen Denkens, zackig,

laut, plump, direkt, nationalistisch, jemand, der die Welt mit preußischen Waffen zu erobern gedachte, den Namen Gottes stets für pathetische Reden auf den Lippen hatte und auf andere Länder – nicht nur Österreich-Ungarn – voll Überheblichkeit herabsah, dabei nicht dumm und auch weit offener wirkend neben einem Mann von soviel überzüchteter Raffinesse wie dem österreichischen Kronprinzen. Beide waren glühende Patrioten und überzeugt von der Größe ihres Vaterlandes. Deshalb mißtrauten sie einander. Es gab kaum eine Übereinstimmung, außer der einen: der Freude am süßen Leben.

Wilhelm spielte zwar gerne den sittenstrengen und gottesfürchtigen Ehemann und Familienvater, nahm aber günstige Gelegenheiten zu amourösen Abenteuern vor allem auf Reisen gerne wahr. Das Wiener Nachtleben des stets unter Geldnot leidenden Hohenzollernprinzen wurde gelegentlich sogar vom Kronprinzen finanziert. Eine Quittung ist noch erhalten: »3000 Gulden zu Wohlthätigkeitszwecken empfangen zu haben bescheinige ich hiermit.[31]« Unterschrift Wilhelm. Rudolf an Stephanie: »Wilhelm unterhält sich sehr gut; ich muß ihm 3000 fl. leihen – auf unbestimmte Zeit! Den Kaiser unterhalten diese Geschichten sehr gut[32]!«

Rudolf nützte diese Schwäche Wilhelms mindestens in einem Fall kaltblütig aus, und zwar zugunsten seiner politischen Information. Zentralfigur der Affäre aus der Wiener Halbwelt war eine Kupplerin (freilich die vornehmste des damaligen luxuriösen Wien) namens Wolf. Die Wolf hatte berühmt schöne Frauen unter ihrer Obhut, Frauen, die sich auch in höchster Gesellschaft perfekt benahmen und oft mehrere Sprachen beherrschten. Dementsprechend vornehm war die Kundschaft.

Die Wolf hat, auch wenn sich in den Archiven noch so wenig über sie finden läßt, für die Biographie des Kronprinzen eine nicht unbedeutende Stellung. Denn erstens war sie es, die Mizzi Caspar an den Kronprinzen vermittelt hatte, und zweitens unterhielt sie neben ihrem Hauptgeschäft eine Art Nachrichtendienst für den Kronprinzen. Wenn Rudolf seinen abenteuerlustigen »Freund« Wilhelm zur Wolf und ihren Damen führte, quasi als Krönung des eleganten Wiener Nachtlebens, so hatte er einen Hintergedanken: den groß-

sprecherischen, im Grunde aber naiven Hohenzollern aushorchen zu lassen.
Über solche Dinge gibt es im allgemeinen keine schriftlichen Quellen. Es ist ein Glücksfall für den Historiker, daß ein langer Brief Rudolfs in dieser Angelegenheit vom Empfänger nicht, wie es der Wunsch Rudolfs war, verbrannt wurde, sondern in ein Wiener Archiv gelangt ist. Über die Informationen, die die Wolf vom Prinzen Wilhelm aus Berlin mitbrachte – auf dem Umweg über eine ihrer Damen –, berichtete Rudolf mit großer Geheimnistuerei dem k.u.k. Militärbevollmächtigten in Berlin, Oberst Steininger:
»Ein Herr, dem ich mein Wort gab seinen Namen nicht zu nennen, ich will nur so viel sagen, daß er mit mir verwandt ist, sagte mir, er sei in den letzten Tagen hier in Wien bei der bekannten Kupplerin Wolf gewesen, die schon seit Jahren hie und da mit Prinz Wilhelm in Verbindung steht, und diese Frau habe ihm mitgeteilt, sie wisse Dinge aus Berlin, die man hier hören soll, nur wolle sie es unter der Garantie der vollen Verschwiegenheit, und ohne für ihre Aussagen entlohnt zu werden aus purem österreichischen Patriotismus erzählen. Ich schickte diesen Herrn wieder hin und sagte ihm, er solle sagen, sie könne ihm alles mitteilen und er stehe gut dafür daß niemand etwas von der Sache erfahren werde.« (Diese umständlichen Bemerkungen über den geheimnisvollen Unbekannten sind für Rudolfs Versteckspiel typisch. Er konnte sich einem ihm nur flüchtig bekannten Diplomaten kaum als Stammgast der Wolf zu erkennen geben.)
Prinz Wilhelm habe »in gehobener Weinstimmung auf das tactloseste über seine intimsten Gedanken« gesprochen: »Er sprach nicht ganz respektvoll über unseren Kaiser, sehr abträglich über mich, verglich mich mit seinem Vater als eitlen, künstlerisch, schriftstellerisch verjudeten Popularitätshascher, ohne Charakter, ohne Tüchtigkeit etc. etc., dann meinte er, es gehe nur in Preußen alles gut; in Österreich sei der ganze Staat morsch, der Auflösung nahe, werde in sich zusammenbrechen, die deutschen Provinzen werden als reife Frucht Deutschland in den Schoß fallen, sie werden als ein unbedeutendes Erzherzogtum in noch abhängigerer Stellung als Bayern unter Preußen kommen. Der Kaiser von Österreich kann als unbedeu-

tender Monarch, wenn er will, sein Leben in Ungarn fortsetzen. Preußen wird nichts tun, um das rasch herbeizuführen, es kommt ja ohnehin sehr bald von selbst.
Ferner sagte er, er jage gern mit uns, wir seien alle angenehme Leute, aber unbrauchbare, verweichlichte Schlemmer, die nicht mehr lebensfähig sind. In der Politik gibt es keine Sympathien; seine Aufgabe wird es sein, Deutschland auf unsere Kosten zu vergrößern. Nachdem er noch seinen Großvater und noch weit mehr sich selbst gelobt und in der zynischesten Weise über seine Eltern und seine Frau geschimpft hatte, schloß er diese erbauliche Konversation mit den zwei unsauberen Frauenzimmern. Alles konnte ich Ihnen nicht schreiben, es ließe sich das nur erzählen; einige Bemerkungen über Personen und Verhältnisse bei uns sind so übereinstimmend mit dem Gedankengang des Prinzen Wilhelm, daß ich das ganze als bare Münze annehmen muß. Als Kommentar dazu muß ich Ihnen auch noch erwähnen, daß ich schon seit nahezu 5 Jahren einen Brief besitze, den Prinz Wilhelm, ohne verstellte Schrift ganz offiziell an Frau Wolf nach Wien schrieb, und der auch ein Unicum an Unvorsicht und Taktlosigkeit ist und den ich damals durch den selben Weg wie diese letzten Nachrichten erhielt[33]!«
Die großsprecherischen Worte Wilhelms bestätigten Rudolfs Mißtrauen gegen die Bismarck-Politik, deren glühendster Anhänger ja Prinz Wilhelm zu dieser Zeit war.
Die Gräben zwischen Berlin und Wien wurden immer tiefer. Im Juni 1887 schloß Bismarck den Rückversicherungsvertrag ab, anerkannte darin Rußlands Einfluß auf Bulgarien und Ostrumelien und sicherte Rußland die deutsche Neutralität zu, falls Österreich-Ungarn Rußland angriffe. Von diesen Bestimmungen, die sich ja gegen Österreich-Ungarn wandten, hatte weder der österreichische Bündnispartner noch der deutsche Generalstab Kenntnis.
Bismarcks Sohn Herbert war in diesen Monaten der maßgebende Politiker in Berlin. Der Reichskanzler, von Krankheiten und Schlaflosigkeit gepeinigt, blieb die meiste Zeit in Friedrichsruh, führte die Geschäfte schriftlich und über seinen Sohn. Herbert Graf Bismarck, von glühendem Österreichhaß beseelt und mit einer Vorliebe für Rußland, trug das Entscheidende zur schlechten Stimmung zwi-

schen Berlin und Wien bei. Er ließ sogar die weinseligen Reden des russischen Botschafters in Berlin unwidersprochen: »Es ist unbedingt notwendig, daß Rußland und Deutschland jenes Kaisertum [Österreich-Ungarn] von der Karte Europas verschwinden lassen. Das Deutsche Reich soll die deutschen Provinzen Österreich-Ungarns annektieren und nichts wird dann die verbleibenden beiden Kaiserreiche mehr trennen können[34].« Genau das war der Alptraum des Kronprinzen Rudolf.

Ein neuer deutsch-französischer Krieg wurde in alle Berechnungen Bismarcks als feste Größe einbezogen. Holstein: »Statt daß wir jetzt mit Österreich, Italien, England und der Türkei – die alle bereit sind – eine Allianz schließen und dann ruhig abwarten, was Rußland und Frankreich tun, ist der Plan jetzt der, daß wir uns gegen Frankreich schlagen, und daß Rußland als Preis seiner Neutralität freie Hand im Orient bekommt, gleichviel ob Österreich dabei zugrunde geht oder nicht. ›Wir machen uns mit Frankreich zu tun und sehen mal eine Zeitlang nicht hin nach dem, was hinter unserem Rücken vorgeht‹, meint Herbert[35].«

Die nächste Folge des Rückversicherungsvertrages war, daß Rußland – abgesichert durch den Vertrag mit Deutschland – Österreich-Ungarn durch ständige Truppenverschiebungen nach Galizien provozierte und reizte, um es zum Angriff zu bewegen. Es bestand höchste Kriegsgefahr, die Moltke und Waldersee noch verstärkten, als sie (in Unkenntnis des Rückversicherungsvertrages) zum Präventivkrieg rieten. Als Bismarck ablehnte, wendeten sich die beiden Militärs, mit denen auch Kronprinz Rudolf in Verbindung war, nach Wien, um die dortigen Rüstungen zu beschleunigen und Österreich-Ungarn zu einem Präventivkrieg gegen Rußland zu bewegen.

Erzherzog Albrecht erwies sich in dieser wirren Lage als kühler Denker. Er schrieb an Beck: »Mir machts den Eindruck, als ob der stets kriegslustige Waldersee uns mitbenützen möchte, um mit seinen Absichten in Berlin durchzudringen ... Jedenfalls sind wir in einer niederträchtigen, zwickmühlenartigen Situation mit dem elastischen casus foederis, dessen Auslegung in Bismarcks Händen liegt[36].«

Kronprinz Rudolf schrieb ratlos an Szeps: »Situation ist sehr ernst. Eigentlich kennt man sich nicht aus; was will Rußland? Soll es noch im Winter losgehen? Sollen wir anfangen, Truppen nach Galizien zu senden? Das sind die Hauptpunkte der Konfusion. Einen anderen Namen gibt es nicht für diesen eigentümlichen Zustand. Ich glaube, es wäre gut, das ohnehin heute aus der Friedensduselei unsanft erweckte Publikum nicht noch mehr aufzuregen. Ruhe und noch einmal Ruhe, das brauchen wir jetzt alle als Haupteigenschaft[37].«
Einen Monat später: »Man predigt von Berlin aus offiziell Frieden und zugleich bereitet man auch offiziell den gemeinschaftlichen Krieg vor. Es ist eine merkwürdige, ganz unklare Zeit[38].«
Der Kaiser jedoch ließ sich in seiner Treue zum Deutschen Reich nicht beirren und schrieb an seinen Freund Albert von Sachsen: »Das nervöse, ungestüme und leider oft widerspruchsvolle Drängen von Berlin aus hat in der hiesigen öffentlichen Meinung mehr geschadet als genützt und das hier nicht auszurottende Mißtrauen gegen Fürst Bismarck nicht vermindert. Hier muß ich Dir die Versicherung geben, daß ich dieses Mißtrauen nicht im geringsten teile, daß ich nie daran gezweifelt habe, daß Deutschland uns gegenüber aufrichtig ist, und daß wir auf die Erfüllung seiner uns gegenüber eingegangenen Verpflichtungen mit Sicherheit und Beruhigung rechnen können. Auch war das so notwendige gegenseitige Vertrauen, wenigstens unsererseits, nie getrübt. Ich betrachte die genaueste Verständigung und das engste Zusammengehen mit Deutschland in allen politischen und militärischen Fragen als den Leitstern unserer Politik[39].«
Doch auch Kaiser Franz Joseph war bei den Bismarcks nicht gerade hoch geachtet. Herbert Bismarck sagte forsch: »Die Bornierung der Österreicher liege primo loco an Franz Joseph, der in langer Übung eine gewisse Geschäftsroutine hat, aber doch ganz ungewöhnlich beschränkt und nebenbei Jesuitenknecht ist[40].«
Kurze Zeit nach Rudolfs Rückkehr aus Berlin 1887 änderte sich die politische Szene schlagartig. Gerüchte über eine schwere Krankheit des deutschen Kronprinzen Friedrich Wilhelm gingen um, des Mannes, auf den Rudolf alle seine Hoffnungen auf ein liberales Europa der Zukunft gesetzt hatte. Szeps wußte bald zu berichten, daß

diese Krankheit wahrscheinlich unheilbar sei und auf den neunzigjährigen Kaiser Wilhelm I. in kürzester Zeit Prinz Wilhelm als Wilhelm II. folgen würde. Das bedeutete ebenfalls, daß aller Wahrscheinlichkeit nach kein Ende der Bismarck-Dynastie abzusehen war. Denn der Reichskanzler war sich der Bewunderung des jungen Wilhelm ebenso sicher wie sein Sohn, Graf Herbert Bismarck, der Freundschaft des Thronerben.

Rudolf versuchte zunächst, die Bedeutung des Prinzen Wilhelm herunterzuspielen, ja sich einzureden, Wilhelm sei ebenfalls krank, man brauche sich also seinetwegen keine zu großen Sorgen zu machen. Er schrieb an Szeps im September 1887: »In Berlin sucht man Frieden, der Kaiser ist sehr schlecht, der Kronprinz ein halbtoter Mann. Prinz Wilhelm sehr kränklich und nicht als ernster Faktor aufgefaßt; mit Rußland will man sich verständigen; nicht aus Sympathie, sondern aus Schwäche. Mit uns ist man zärtlicher denn je, nur Rußland gegenüber sehr mißtrauisch. Ich habe viel in den letzten Tagen mit Graf Waldersee, dem eigentlichen jetzigen Moltke, gesprochen und habe nun eine Überzeugung gewonnen: Berlin ist altersschwach. Woanders ist man aber auch nicht jung. Die ganzen Großmächte sind eine matte Gesellschaft[41].«

Je schwächer im Winter 1887 aber der deutsche Kaiser und der deutsche Kronprinz wurden, desto mehr stieg der Stern des 28jährigen Prinzen Wilhelm und der Dynastie Bismarck. Holstein: »Herbert ist über das Ende des Kronprinzen so vergnügt, daß es im Amt allgemein auffällt. Mir erzählte er, sein Vater habe ihm mal vor Jahren gesagt: ›Wenn es unser Herrgott mit Deutschland gut meint, dann läßt er den Kronprinzen nie zur Regierung kommen[42].«

Der Traum eines liberalen Deutschland unter Friedrich III. war ausgeträumt. Auch Rudolfs Glaube an die Zukunft hielt diesen Erschütterungen nicht stand. Er hatte ja gehofft, gemeinsam mit einem liberalen deutschen Kaiser Friedrich III., einem liberalen englischen König Eduard VII., einer mit Deutschland durch die Rückgabe Elsaß-Lothringens versöhnten Republik Frankreich unter der Führung des Liberalen Clemenceau als erklärt liberaler Kaiser von Österreich am Bau eines friedlichen, miteinander verbündeten

Europa zu arbeiten. Alle diese Träume zerrannen in diesen Monaten in nichts. Der junge Prinz Wilhelm, Bismarck-Verehrer, Feind der Liberalen und erklärter Konservativer, unversöhnlicher Feind Frankreichs und persönlicher Feind des englischen Hofes, Soldat durch und durch, der Rußland als konservativer Macht Avancen machte, wurde zum Mann der Stunde.

Wilhelm I. starb im März 1888. Das »Wiener Tagblatt« druckte einen Nachruf aus Rudolfs Hand. Ein Hauptmerkmal von Rudolfs Schreibweise, die Ironie, beherrscht diesen Aufsatz, den Moriz Szeps wegen der allzu großen Schärfe gegenüber »Preußen« in manchen Ausdrücken mildern mußte. Hier sei nach dem handschriftlich vorliegenden Manuskript zitiert:

»Er war religiös, gottesfürchtig und gottvertrauend, und hatte das Talent, selbst immer davon durchdrungen zu sein, daß alle seine Taten, wenn sie auch noch so unrecht waren, der Wille Gottes seien, er war immer das Werkzeug, dessen Gott sich bediente! Pflichttreu und arbeitsam, pünktlich und genau, eine geistig und körperlich stramm gedrillte Natur.

Soldat von Jugend auf, mit Leib und Seele preußischer Offizier, hing er mit ganzem Herzen an seiner Armee. Er erkannte sehr genau, daß die Hohenzollernmacht nur auf der Tüchtigkeit der preußischen Armee beruhe, und so hegte und pflegte er sein Heer mit größter Fürsorge. Als Soldat war er eine schöne, mutige, ritterliche Erscheinung, er wußte sehr gut mit Soldaten umzugehen, väterlich, ohne nach Popularität zu streben.

Er war nie stolz auf seine großen Taten, sondern hielt dieselben für die selbstverständliche, von Gott gewollte historische Entwicklung der Hohenzollernmacht.

Er war konservativ, mehr als das: absolutistisch ... Er hielt sich für den Schutzherrn aller guten konservativen Ideen, stahl aber dabei seinen Nachbarn die Länder weg. Er war ländergierig, entthronte Könige und Fürsten, doch nicht gerne, immer unter dem Zwang des göttlichen Willens, der ein mächtiges Preußen zum Schutz alles Guten und Alten in Europa brauchte. Diese Ideenverwirrungen waren bei ihm nicht Komödie, es sind das die echten, alten Hohenzollerntraditionen.«

Zur Auseinandersetzung Preußens mit Österreich 1866 schrieb Rudolf: »Der Krieg in Böhmen lebte in seiner Erinnerung als ein Unglück, wir haben ihn durch eine falsche Politik gezwungen, das Schwert zu ergreifen, Gott hat es zugelassen und gewollt, daß Preußen siegt. Nun aber hat er – und das forderte er auch von uns – dieses Duell ganz vergessen und knüpft seine alten Gefühle für Österreich an die Zeiten der Heiligen Allianz wieder an ...

Er hatte kein hartes Herz, aber ebensowenig ein empfindsames Gemüt. Familienunglücke griffen ihn nur auf kurze Zeit an, was man ja häufig bei religiösen Menschen findet. Mit dem Willen Gottes, dem Vertrauen auf Gott, seinen guten Nerven und seiner felsenfesten Überzeugung, die Macht und die Waffen Preußens können nicht unterliegen, half er sich über alle Emotionen hinaus. Vor und nach Schlachttagen aß und schlief er so gut wie in seinem Palais in Berlin, und auch die Greuel des Krieges gingen ziemlich spurlos an ihm vorüber.

Er war ein Preuße durch und durch, für die großdeutsche Idee und selbst für die deutsche Kaiserkrone hatte er keine allzu großen Sympathien. Er war der echte Preußenkönig, der mittels der Macht der preußischen Bajonette Deutschland in Ordnung halten, aber nicht in demselben aufgehen wollte[43].«

Der todkranke, schon stumme Kaiser Friedrich III. wurde von den Liberalen Europas wie ein Märtyrer begrüßt. Vor allem das »Wiener Tagblatt« tat sich mit Lobpreisungen des kranken Kaisers hervor. Rudolf dagegen verfiel in Resignation: »Ich glaube, der stumme Kaiser wird seine Zeit, so kurz sie auch bemessen sein mag, zu Reformen aller Art benützen; sein Nachfolger wird wieder alles auf das alte zurückschrauben wollen. Resultat: Desorganisation, Konfusion! Auch gut[44].«

An eine Ablösung Bismarcks war unter diesen traurigen Umständen nicht zu denken, ebensowenig an eine Aussöhnung mit Frankreich. Der kranke Kaiser hatte nicht mehr als 88 Tage Regierungszeit. Sein Sohn Wilhelm war bereits der Fixpunkt, um den sich die Berliner Politik drehte.

Bismarck sprach offen von einem deutsch-französischen Krieg: »Mit dem alten Kaiser habe man nicht mehr in einen Krieg hineintreiben dürfen, mit dem jetzigen friedlichen, schwerkranken Herrn sei die Sache ähnlich, wenn aber der junge kriegslustige Herr erst auf den Thron gelange, so sei die Sache anders. Er sage das nur als eine naturgeschichtliche Bemerkung, wenn er annehme, daß der Kronprinz leicht zu einem Krieg entschlossen sein würde, und der sei da, wenn man ihn nicht wie bisher ängstlich und geflissentlich vermeide[45].«

12. Kapitel

DIE GROSSE WENDE

In den Monaten nach der Rückkehr aus Berlin 1887, der wachsenden Gewißheit, daß der Traum eines liberalen Europa mit der Todeskrankheit des deutschen Kronprinzen Friedrich Wilhelm zu Ende war und dem Militarismus rund um Wilhelm II. die Zukunft gehörte, änderte der österreichische Kronprinz seine Meinung über das Bündnis mit Deutschland und über die österreichische Balkanpolitik. Auf Deutschlands Hilfe gegen Rußland war nach den deutlichen Bismarck-Worten nicht zu rechnen, ebensowenig mit einer Ablöse Bismarcks unter Wilhelm II. Das Damoklesschwert eines neuen deutsch-französischen Krieges – von Kriegsminister Boulanger offen gefordert – hing lastend über Europa und damit die Gefahr, daß Rußland das ohne deutsche Militärhilfe schwache Donaureich angreifen und – was für Rudolf unausbleiblich schien – besiegen und zerstören würde.

Die einzige Hoffnung, diese Katastrophe abzuwenden, sah Rudolf in einer Änderung des Bündnissystems: Nichtverlängerung des 1889 auslaufenden, ihm unnütz und gefährlich erscheinenden Zweibundes mit Deutschland, auch des Dreibundes mit Italien, gegen den er von Anfang an opponierte, und eine friedliche Verständigung mit Rußland über Balkanfragen, was das Ende der österreichischen Großmachtstellung bedeutet hätte. Das wichtigste aber: ein Bündnis mit Deutschlands Erzfeind Frankreich, kurz, ein »renversement des alliances« nach Kaunitz-Muster. Die Saat Clemenceaus und Moriz Szeps' war aufgegangen.

Bedenkt man die zynischen Auslassungen des Grafen Herbert Bismarck, der zu dieser Zeit in Berlin der maßgebende Mann war, über Österreich und auch das Säbelrasseln des jungen Prinzen Wilhelm, ist diese Reaktion Rudolfs verständlich. Wir müssen ja auch annehmen, daß Rudolfs Informationen aus Berlin (auf dem Weg über die deutschen Liberalen) weitaus besser waren als die Berichte der Diplomaten und die österreichfeindlichen Strömungen zur Zeit der Vorbereitung und Schließung des Rückversicherungsvertrages ihm weit besser bekannt waren als etwa dem Kaiser.

Mit diesem Problem sind wir in der politischen Vorgeschichte von Mayerling. Entsprechend spärlich und widersprüchlich fließen die Quellen. Der Historiker sieht sich recht hilflos einer Mauer des Schweigens und verwirrenden Tratsches gegenüber. Denn Hof und Regierung taten alles, um diese, das Bündnis mit Deutschland belastenden Aspirationen des Kronprinzen zu vertuschen.

Es ist wahrscheinlich, daß der Kaiser nicht über diese politischen Pläne seines Sohnes informiert war und daß er auch jene deutschsprachige Broschüre nicht zu lesen bekam, die im April 1888 in Paris erschien und mit großer Sicherheit aus der Feder seines Sohnes stammte: »Österreich-Ungarn und seine Alliancen. Offener Brief an S. M. Kaiser Franz Joseph I. von Julius Felix.«

Der Autor sagt über sich selbst wenig, nur: »Ich bin Österreicher wie Sie, Majestät, liebe mein Vaterland wie Sie und denke, daß einige Zeilen, die ein Unterthan an seinen Fürsten richtet, nicht ohne Interesse sein können ... da auch ich meinerseits nicht die Geduld habe, einen Brief an meinen Kaiser erst nach meinem Tode veröffentlicht zu sehen, so will ich keck der Mode folgen, und das Voranstehende wie das Nachfolgende in Druckerschwärze verewigen lassen. – Ich will!? – Werden diese Zeilen das Licht der Welt erblicken, und wenn, werden dieselben bis an die Stufen Ihres durch Jahrhunderte festgegründeten Thrones gelangen, den Sie selbst, Majestät, durch Ihr Vertrauen in unselbständige Rathgeber und falsche Freunde erschüttern wollen!? – Wird mein schwaches Wort Hörer finden, die es anerkennend verbreiten, Feinde genug, die es laut bekämpfen, bis das Geschrei auf dem politischen Markte die Aufmerksamkeit der öffentlichen Meinung zu fesseln und das Urtheil der öffentlichen Gerechtigkeit herauszufordern im Stande ist?!«

Die Ähnlichkeit dieser Sätze mit denen, die Rudolf mit seiner ersten politischen Denkschrift 1881 an Latour schrieb, ist unverkennbar. Dort hieß es: »Wird man mich, mit dem man nie ein Wort über Politik gesprochen hat, dem man ja niemals die Berechtigung einer eigenen Ansicht eingeräumt hat, nicht für keck und für einen Frondeur halten? ... Ich sehe die schiefe Ebene, auf der wir abwärtsgleiten, stehe den Dingen sehr nahe, kann aber in keiner Weise etwas thun, darf nicht einmal laut reden, das sagen, was ich fühle und glaube ... Aus mir spricht keine Stimme der Auflehnung, des selbst eine Rolle spielen wollen, sondern nur die Bekümmerniß des Rathgebers, im tiefsten Incognito, damit man ändern und dann die Früchte genießen könne; von wem die heilbringende Wendung eigentlich ausgeht, soll niemand wissen.«

Ging es 1881 um die nach Rudolfs Meinung verfehlte Nationalitätenpolitik der Regierung Taaffe, in der Denkschrift von 1886 um die Orientpolitik Kalnokys, so ging es jetzt um das Bündnis mit Deutschland: »Was suchen Sie, Majestät, in einer Alliance mit Deutschland und was verfolgen Sie mit einem Kriege gegen Rußland? Ich will zuerst von Ihren Interessen sprechen, um praktisch zu sein, und dann in zweiter Linie an Ihre Ehre, die Ihres Hauses und Ihrer Vorfahren appelliren, um nicht, mit Gefühlssachen beginnend, im Vorneherein als politischer Schwärmer verurtheilt und ohne weiteren, gründlicheren Richtspruch verdammt zu werden«, wieder typische Rudolf-Wendungen.

Der Aufbau des 35 Seiten langen Offenen Briefes stimmt mit den beiden früheren Denkschriften Rudolfs überein: ein Vorwort in elegischer Stimmung, dann eine historische Rückschau, die den Hauptinhalt des Offenen Briefes wie der Denkschriften bildet, dann Schlußfolgerungen aus der Vergangenheit für die zeitgenössische Politik mit neuen Lösungsvorschlägen. (Die Denkschrift von 1886 weist darüber hinaus noch ein aktuelles Schlußkapitel auf, das nachträglich geschrieben wurde.)

Konkret warf »Julius Felix« dem Kaiser vor, 1870 nicht für Frankreich Partei gegen Preußen ergriffen zu haben: »Österreich ließ diese einzige Gelegenheit vorübergehen, die sich darbot, alle Treulosigkeiten, moralische Schlappen und Niederlagen, die uns Bismarck seit 10 Jahren beigebracht hatte, im Interesse Aller zu rächen!« Statt dessen habe sich Österreich durch einen »Winkelzug« Bismarcks in die Balkanpolitik drängen lassen.

»Dionysos-Bismarck, Tyrann von Berlin« wurde von Julius Felix als Hauptverantwortlicher für Österreichs unglückliche Balkanpolitik hingestellt: »Mit dem Danaergeschenke eines schmutzigen Winkels im Balkan, der aber groß genug ist, um die Eifersucht der Anderen zu erregen, Ihnen denselben abzujagen, und Ihre Eigenliebe anzustacheln, ihn zu behalten, mit diesem Schachzuge, den Ihre geehrten Politiker, Majestät, nicht durchschauten, hat Bismarck erreicht, was er erreichen wollte. Er hatte dem Zaren einen Gegner in den Weg gestellt, über dessen naive Leichtgläubigkeit er keinen Zweifel mehr besaß ...

Nun war der Kanzler eine direkte Sorge in bezug auf Rußland los: Österreich hat die liebenswürdige Aufgabe übernommen, für das heilige Preußen zu kämpfen. Im Falle eines Sieges würde Bismarck Rußland's ledig sein, während die Niederlage Österreichs – und ich bin sicher, daß er eher damit, als mit dem Gegenteile rechnete – diesen getreuen Freund zerbröckeln, seinem Feinde Befriedigung verschaffen oder Zeit zur Verdauung rauben und ihm selbst vielleicht noch einen guten Bissen eintragen würde. Doch, als praktischer Mensch, spielte er, während die berühmte Urkunde der deutsch-österreichischen Allianz in geheimen Fächern ruhte, auf alle Fälle sein Spiel mit Rußland weiter und wußte die Komödien von Skierniewicze und Kremsier zu inszenieren. Und je nachdem er in Petersburg kalt oder warm verspürte, zeigte er sich warm oder kalt Österreich gegenüber. Glaubte er in seinen Beziehungen zum Zaren glücklicher zu sein, so ließ er den sogenannten Bundesgenossen in seiner Reptilienpresse beschimpfen und sogar einmal erklären – Majestät, hat sich Ihre alte Habsburger-Ehre nicht aufgebäumt – ›daß sich das jugendliche Deutschland nicht an das alte und morsche Österreich anschließen und binden könne!‹ – Fühlte er kalt im Rücken – denn sein Gesicht ist stets nach den Vogesen gerichtet – so ließ er so lieblich schreiben, als eine schwere, aber wohl geschmierte preußische Pfote nur tun kann, und ließ Sie ja nicht an die ihm so kostbare Armee vergessen.«

»Sagen Sie sich doch los, Majestät, so lange es noch Zeit ist! Verständigen Sie sich doch direkt mit Rußland, indem Sie als Basis dazu die Zustände annehmen, wie sie, was Österreich-Ungarn betrifft,

vor dem Jahre 79 im Balkan bestanden, und wenn ernste Politiker im Petersburger Kabinett sitzen, welche auf eine friedliche, unblutige Verwirklichung ihrer Pläne hoffen, muß man Ihnen ja mit offenen Armen entgegen kommen. Denn was hat Rußland bei einem Kriege zu gewinnen? Es würde ein entsetzliches, unmenschliches Schlachten hervorrufen, dessen Folgen materiell grauenhaft und moralisch unabsehbar wären!«
»Lassen Sie den Balkan, Majestät, so lange es noch Zeit ist! Eine Gefahr, die von dort her Europa bedrohte, würde nicht Sie allein und Österreich, sondern alle übrigen Mächte den Slawen gegenüberstellen; also wozu sich über Dinge den Kopf zerbrechen, die nicht existieren und die, wenn sie eintreten, Sie weder allein bekümmern, noch von Ihnen allein geordnet werden müssen?
Lassen Sie Bulgarien, den Coburg, seine Mutter, seine Minister, die Türkei und das ganze Gesindel im Balkan, und werfen Sie denselben womöglich noch Ihr Bosnien und die Herzegowina an den Kopf.«
Angst vor einem Krieg mit Rußland durchzieht die ganze Schrift: »Für den nächsten Frühling sagt man also Schauerdinge voraus, und ganz Europa steht mit eingezogenem Atem da. Will man es denn ersticken lassen? Dazu noch der Tod des Kaisers Wilhelm, dessen hohes Greisenalter wie ein Briefbeschwerer auf so manchen Friedensdocumenten lag, die jetzt beim ersten Windstoße nach allen Himmelsgegenden auseinanderfliegen werden. Kaiser Friedrich, der Dritte, der sehnsüchtig Erwartete, kann auch nicht mehr thun, als den Unglücksweg verfolgen, auf welchem sich die Geschichte Deutschlands fortbewegt. Seine Tage sind gezählt, und schon heute, wenige Wochen nachdem die Hülle des alten Kaisers mit ungeheuerem Pompe aber unter der cynischesten Gleichgültigkeit seiner getreuen Berliner in die Gruft hinabgelassen worden war, hört man von einer stillen, hartnäckigen Opposition, welche den friedlichen Absichten des kranken Kaisers mit allen Mitteln entgegenzutreten bereit ist. An der Spitze dieser Gegenpartei, die aus ungeduldigen, blutrünstigen Offizieren und dem hochnasigen Feodaladel zusammengesetzt ist, steht der eigene Sohn Friedrichs III., der im Ohre nicht nur ein skrophulöses Absceß, sondern auch einen Ehrgeizfloh trägt, welchen ihm der Fürst Bismarck hin-

eingesetzt hat. Und wenn der jetzige Kaiser mit dem Tode abgeht, was dann? Ein unerfahrener preußischer Offizier, ein Hitzkopf der Chef der deutschen Kaserne, und weiß der liebe Himmel, was dann kommen wird!

Und allenthalben wird gerüstet, in den Arsenalen Kanonen gegossen, Flinten fabrizirt, Säbel geschliffen, in den Häfen Schiffe gebaut und ausgerüstet; die fieberhafteste Thätigkeit überall! Militäranleihen und Wehrgesetze in den Parlamenten Europa's an der Tagesordnung; man athmet nicht mehr, man lebt kaum!

Wer denkt an den Bauer, den Kaufmann, den Arbeiter, den Gelehrten! Bismarck braucht noch Blut, um sein wackeliges Werk fester zu kitten, und sein würdiger Schüler möchte bald Kaiser werden!«

»Niemand glaubt an eine Moral in der Politik; die unverschämteste Heuchelei aber sollte den Leitern der Völker und den Geschichtemachern wenigstens ferne bleiben; aber auch diese muß dem eisernen Makler ein Atout im Spiele liefern, das er stets nur durch seine betroffen machende Unverschämtheit und die Kleinmüthigkeit seiner Gegner gewann!«

»Und da ist Niemand in Europa, kein einziger, ehrlicher Dritter, der eine edle Respectirung der Menschenrechte und des Volkswillens auch auf eine andere Provinz auszudehnen vorschlagt, deren gewaltsame Zurückhaltung vom Mutterlande eigentlich das ganze Unglück in Europa heraufbeschwor!?

Da ist Niemand unter den Mächtigen und Gekrönten, der mit standhaftem Ernste und edelmüthiger Ausdauer auf Elsaß-Lothringen weist, das, in übermüthiger Selbstsucht erobert, mit vielleicht schon bedauerter Hartnäckigkeit behalten und geknechtet wird!? ... Unterdrückung, Knechtung, Hohn und Spott, Gefängniß und Confiszirung – was hat es genützt? Nichts, gar nichts! Ja, das Land ist erbittert, der Handel ruinirt, der Boden wird verschleudert und ganz Europa zu ewiger Unruhe verdammt, zu fortwährender Angst vor einem entsetzlichen, unmenschlichen Kriege!«

»... und kein Fürst wagt dem Despoten eine bescheidene Bemerkung entgegenzustellen! – In allen Parlamenten sitzen Männer und auch Minister, welche die Stellung Frankreichs als würdig, seine Forderungen als gerecht und die Zustände in Europa als unnütz geschraubt erklären, und dennoch sollte Bismarck fortfahren, dem gesunden Menschenverstande in's Gesicht zu schlagen und über die Feigheit Europa's in's Fäustchen zu lachen? ...«

»Sie haben mit Deutschland einen Vertrag abgeschlossen, in welchem sich die beiderseitigen Reiche ihre heutige Länderausdehnung garantiren. Das ist ja eine neue Fabel mit einer höchst lehrreichen Moral, wie jemand, welcher bedroht ist, mit dem Diebe, der ihn zu bestehlen beabsichtigt, einen Vertrag eingeht, ihm einen schon begangenen Raub bewahren zu helfen, unter der Bedingung, daß der gefürchtete Pikpoket des Freundes Eigenthum verschone! – Denn so muß man diese Garantie verstehen, da bekanntlich nur Preußen, und in zweiter Linie Italien, also unsere Bundesgenossen, Österreich zu bestehlen gedenken.«

Auch das Folgende ist Kennern der Rudolf-Briefe vertraut: »Während sich Ihr Reich, Majestät, lediglich von Rußland bedroht sieht, und was auch nur ein von Bismarck zu seinem eigenen Besten geschaffener Zustand ist, – denn wenn Österreich heute noch, Majestät, in richtiger Erwägung seiner Interessen und seiner Ehre, mit Rußland direct in Verbindung tritt und, anstatt Seifenblasen im Balkan nachzujagen, an seine frühere Stellung in Deutschland denkt, so fällt auch der einzige Zwist hinweg, den es haben kann und fürchten muß – während Ihr Reich also nur einen fictiven imaginairen Feind besitzt, findet sich Ihr geehrter Bundesgenosse in der unangenehmen Lage, zwischen zwei Feuern zu sitzen: Auf der einen Seite das unangreifbare, tausendarmige Rußland, das einen ersten Napoleon vernichtete, und auf der anderen Seite das neu erstandene, erstarkte Frankreich, das im gegebenen Falle einen zweiten finden kann! Kommt es nun wirklich zwischen Österreich und Rußland zum Kriege und hält Deutschland – wider alle Erwartung – Wort, so kann Europa schon heute versichert sein, daß Frankreich, durch achtzehn Jahre gehöhnt, geneckt und provozirt, nicht ruhig hält, sondern sich wie ein Mann erhebt, und dann wehe Deutschland! wenn nur ein Soldat seines Heeres im Westen fehlt, nur eine Kanone in Österreich oder Rußland zurückbleibt! Dann können Sie versichert sein, Majestät, sich Rußland allein, mutterseelenallein gegenüber zu befinden! ...

Wo ist also Majestät, Ihr Vortheil in diesem gepriesenen Bundesvertrage, den Sie doch nur geschlossen haben, um einer gefürchteten Eventualität, dem Alleinsein, auszuweichen, Eventualität, die aber in jedem Falle eintreten muß, und in welcher Sie Bismarck sogar direct seiner Sicherheit zum Opfer bringen kann!«

»Und nicht nur, daß der preußisch-punische Politiker Österreich in einen Engpaß drängt, der durch den Morast der Lächerlichkeit führt und vor einem Abgrunde endigt, so hat er Ihnen noch die Gesellschaft Italiens aufgedrungen, dessen er sich direkt gegen Frankreich bedienen will ...

Sie glauben in Rußland einen Gegner zu erblicken und rüsten, und Sie wissen, daß Italien ein offener Feind ist, welcher, sans gêne, von Südtyrol, von Triest und Dalmatien wie ein Dieb spricht, der einen Streich beabsichtigt, oder wie ein lachender Erbe, der auf den Tod des alten Verwandten spitzt, und Sie, Majestät, verbünden sich mit ihm! So muß denn Österreich stets den Betrogenen spielen?

Jedenfalls dürfte der Geschichtsschreiber, der die Ereignisse unserer Tage erzählen will, sich schwer des Lachens enthalten, wenn er auf die Bündnisse Österreichs zu sprechen kommen wird, und diese Seite der Geschichte, zwar mit Blut und Thränen getränkt, wird sich wie ein bitterlich spöttelndes Witzblatt lesen! ...

Die Menschheit hat also fünf Jahrtausende gekämpft und gelitten, jeden Fortschritt mit Blut, viel Blut, jeden Rückschritt ebenso theuer bezahlt, Entdeckungen gemacht, die den Gesichtskreis vergrößern, Erfindungen hervorgerufen, die das Leben erleichtern und verschönern sollen, und das alles, um dahin zu gelangen, wo wir heute angekommen sind? Der Spielball des Fürsten Bismarck zu sein! Zu sehen, wie das Genie und das ganze Leben von Hunderttausenden dem Militarismus, das heißt der grausamen Vernichtung der Nebenmenschen, gewidmet ist.«

In der Behandlung der österreichischen Innenpolitik beschränkte sich »Julius Felix« auf die deutschnationale Bewegung. »Es ist traurig, aber wahr, Majestät, in Ihrem Reiche giebt es Deutsche, welche die Feigheit, die Niederträchtigkeit besitzen, ihr Vaterland zu verleugnen! In Ihrem Parlamente sitzen Abgeordnete, die – Schande und dreimal Schande – offen ihre elenden Neigungen eingestehen,

die in der Verkündigung eines Schlagwortes, das sie in Berlin holten [gemeint ist das Bismarckwort: ›Wir Deutsche fürchten Gott und sonst nichts auf der Welt‹, das Schönerer in den Titel seiner ›Unverfälschten Deutschen Worte‹ aufgenommen hatte], in der Verbreitung von Lehren, welche die Nachwelt beurtheilen wird, ihren Lebenszweck erblicken und in ihren Bestrebungen oft glücklicher sind, als jene ehrlichen, stolzen Österreicher, die ihr zurückgedrängtes Vaterland immer noch höher halten, als den trunkenen, johlenden Sieger. – Und unter den Männern, die frei nach Bismarck I., dem Zwietrachtstifter, von einer Annexion des deutschen Österreichs an Preußen sprechen, die den deutschen Kaiser ihren Kaiser, Bismarck ihren Minister nennen, welche Ihre Porträts, Majestät, vernichten, Ihre Büsten zertrümmern, sind Lehrer, die Sie besolden, Majestät, denen Sie die Jugend Ihres Reiches anvertraut haben! ... welche Entschuldigung kann es aber für jene ehrlosen, feigen Männer und Buben geben, die ihre Fahne wie ein Schnupftuch wechseln, die hinter dem Besieger und Verdränger Ihres Vaterlandes herlaufen? Welche ihrer Jugend nach nur für Freiheit glühen und nur für die ganze Menschheit sich begeistern sollten, und statt dessen den größten Tyrannen, den blutigsten Despoten besingen, weil es ihm vor Jahren gelang, der vorbeihuschenden Glücksgöttin einige Siege abzubetteln!
Und wenn jene Wirtshauspolitiker nur wissen würden, mit welch gleichgültiger Verachtung jeder echte ›Preiße‹ auf den sogenannten ›österreichischen Bruder‹ herabsieht, wie wenig er denselben als national gleichwertig erachtet, mit welcher Miene er bei sich in Deutschland oder im Auslande von und mit einem Österreicher spricht! Wer wollte auch behaupten, daß wir, die wir seit einem Jahrtausend und mehr von Slaven, Lateinern und Ungarn umgeben, fast eingeschlossen sind, nicht ein Volk darstellen, das zwar aus einer Mischung hervorgegangen, dennoch ein eigenes Gepräge, einen eigenen Nationalcharakter besitzt ... denn niemals wird es sich mit dem Stolze und der Würde eines Volkes vereinigen, seine Stellung auf Grund feiger, jesuitischer Prinzipien aufzugeben und sich, zumal dem, der es besiegt und zurückgedrängt hat, freiwillig in die Arme zu werfen!

Der Österreicher hat ein Vaterland,
Er liebts und hat auch Ursach es zu lieben! Wir sind Österreicher, nur und nichts als solche, und diejenigen, welche von Preußen sprechen, sind Schulbuben, die auf heuchlerisch feigem Wege in eine vermeintlich höhere Klasse aufsteigen wollen!«

Außenminister Kalnoky bekam wegen seiner zu großen Deutschfreundlichkeit eine kräftige Rüge: »Bismarck drückt des Kalnoky Hand, verhandelt aber mit Rußland, als ob unser auswärtiges Ministerium auswärtig hieße, weil es sich in Berlin und nicht in Wien befindet.«

Friedrich III. wurde als rühmlicher Widerpart der Bismarck-Politik hingestellt: »Ja, mit dessen festem und uneigennützigem Beistande hoffte Deutschland seine Geografie in Ordnung zu bringen und sich als ehrbare, creditfähige Firma in die großen Bücher der Geschichte eintragen zu lassen, da es das heutige Schwindelgebahren einsieht und wohl fühlt, daß es mit Verlust an Menschen, Geld und Zeit arbeitet und eine plötzlich geforderte Bilanz mit einem schrecklichen Bankrotte abschließen würde!«

Über den Kronprinzen Wilhelm, den baldigen Wilhelm II.: »Übrigens steht im Hintergrunde der Ereignisse ein Bismarck-Augustulus bereit, der durch seinen ungestümen und verbrecherischen Ehrgeiz, dem das Genie fehlt, an der Zerstörung dessen arbeiten wird, was sein Herr und Meister Bismarck zum Ruine Europa's aufgebaut hat. Doch das wäre wieder nur in einem Meere von Blut, worin Österreich und Deutschland, wie es heute dasteht, versinken würde.«

»Julius Felix« beschwor den Geist Maria Theresias, jener Herrscherin, die gegen Preußen kämpfte und gerade in den achtziger Jahren des 19. Jahrhunderts als Inkarnation österreichischen Patriotismus aufgebaut wurde – durch den liberalen Kreis um den Maria-Theresia-Biographen Alfred von Arneth und schließlich durch den Bau des großen Denkmals zwischen den neuen Hofmuseen, das im Mai 1888 feierlich enthüllt werden sollte. »Ihre Urgroßmutter, Majestät, die stolze, herrliche Frau war es, die von dem Hohenzollern Friederich überfallen und beraubt ward. Und was that Maria Theresia?

Sie setzte ihr letztes und äußerstes daran, das Verlorene wiederzugewinnen, und hatte die Großmacht zur Verbündeten, welcher Sie heute feindlich gegenübergestellt werden. Ja. Ihre Vorfahren haben an der Seite, niemals gegen Rußland gekämpft!
Eine Frau also, dem weichherzigen und schwachen Geschlechte angehörend, stritt, bis sie erschöpft war, und begann von neuem, als sie sich erholt glaubte!
Sieben Jahre führte Ihre Ahnin um Schlesien Krieg, während Sie, Majestät, kaum nach Verlauf derselben Zeit mit dem, der Sie verdrängt und besiegt hatte, einen verderblichen Bund eingingen. Bismarck gab vor, nach 70 Jahren noch Deutschland an Frankreich rächen zu wollen und raubte eine Provinz, die vor 200 Jahren den Habsburgern genommen worden war!
Groll, der so lange währte, haben Sie nicht gekannt, Majestät, und wer heute von dem uns geraubten preußisch-Schlesien sprechen wollte, würde als Verrückter in's Narrenhaus gesperrt werden! Was würde, frage ich, die kaiserliche Frau, Ihre Urgroßmutter, sagen, deren Standbild sich in der Nähe des österreichischen Parlaments erheben soll, wenn sie die Abgeordneten sehen könnte, die Ihrem einstigen, größten Feinde so liebevoll die Soldatenstiefel küssen! Wenn Maria Theresia ihren Urenkel in der Gefolgschaft Preußens einherziehen sehen würde, welches sie so eifersüchtig verfolgte!
Und es war nur eine Frau!
Und schlägt denn nicht auch Ihr Fürstenherz vor Trauer, wenn Sie an die deutsche Kaiserkrone denken, die Ihr Großvater noch trug, der Mann, der Sie auf seinen Knien wiegte, der Ihnen, als Sie noch Kind waren, vielleicht oft ins Ohr raunte, das Verlorene wiederzugewinnen, oder niemals an eine große, glorreiche Erinnerung eine Frevlerhand legen zu lassen, und der darin seine theuersten und letzten Hoffnungen auf das blonde Haupt des geliebten Enkels setzte!
Ja, welche Bitterniß, wenn Sie mein Kaiser, an die Krone denken, welche die Habsburger durch ein halbes Jahrtausend und mehr ruhmvoll besaßen! Die Krone, welche Ihr erlauchter Großvater im Kriegsgetümmel verlor, das am Anfang unseres Jahrhunderts über Europa brauste und alles durcheinander warf! Dieselbe Krone, welche Bismarck aus blutigen Schlachtfeldern ausgrub

und Ihrem Rivalen, Ihrem eifersüchtigen Nachbarn auf's Haupt setzte!
Und Sie, Majestät, Sie helfen jetzt noch, zu Ihres Hauses Demüthigung und Ihres Volkes Unglück diese Krone auf den Schädel des neuen Inhabers festzunageln? Sie sind bereit, das Fehlende an der Machtstellung Ihres Feindes aus eigenem Besitze beizutragen? Sie wollen wirklich aus den stolzesten Seiten der Geschichte der Habsburger, wie man es mit einer alten Zeitung für einen alten Großvaterhut macht, eine Schleife falten, welche die deutsche Kaiserkrone, *Ihr oder Niemandes Eigenthum,* fester und besser auf eines Fremden Haupt sitzen machen soll ...
Ich bin Österreicher wie Sie, Majestät, aber mein Herz ist voll Trauer und Bitterkeit, meine Fäuste ballen sich, meine Zähne knirschen in ohnmächtiger Wuth bei so bitteren Nachrichten aus meinem Vaterlande ...
Entschließen Sie sich Majestät, kehren Sie auf der Bahn um, die zu einem Abgrunde führt, und verwirklichen Sie den stolzen Wahrspruch Ihrer Väter: Austria erit in orbe ultimo!
Wenn nicht, rauben Sie uns doch mit einem Schlage eine letzte Hoffnung, eine letzte Illusion, indem Sie offen zu Gunsten Preußens zurücktreten! Aber geben Sie Acht, Majestät! Nicht ungewarnt ziehen Sie die Wege, die Sie jetzt eingeschlagen haben ...
Eine Freundschaft giebt es: Österreich-Rußland-Frankreich! Alles andere ist Schein und Heuchelei!
Bismarck, der heute noch in den Himmel gehoben, in zwanzig Jahren aber verdammt sein wird, veranlaßt Sie, Majestät, zu einer Politik, welche in der Gegenwart lächerlich, für die Zukunft vernichtend ist!
Sie siegen, er wird Sie Ihrer Erfolge berauben!
Sie verlieren, er theilt Österreich als Beute mit Ihren Feinden!
Er sucht Ihr Vertrauen, Majestät, um es zu mißbrauchen! Er umarmt Sie, um Sie lautlos zu erdrücken und er nennt sich Ihren Bruder, um Sie als Nächster zu beerben!
Fort mit Preußen!
Hoch Österreich und die Habsburger!«
Dieser verzweifelte, beschwörende Appell, dieser Ausdruck der

letzten Hoffnung auf eine Änderung der österreichischen Politik, verpuffte wirkungslos. Das Pamphlet fand weder Hörer noch Feinde. Die Schrift wurde gleich nach ihrem Erscheinen, schon in Sachsen von dortigen österreichischen Diplomaten als staatsfeindlich angekündigt, konfisziert und kam gar nicht über die österreichische Grenze, außer einigen auf dunklen Kanälen geschmuggelten Exemplaren.
Am 29. April 1888, also nur wenige Tage nach dem Pariser Erscheinen der Schrift, schickte der Kronprinz dem Sektionschef Szögyenyi »eine recht interessante Brochure«, die vielleicht mit der des Julius Felix identisch war. Szögyenyi war ja die einzige offizielle Persönlichkeit der österreichischen Politik, mit der der Kronprinz auf gutem Fuß stand und durch die er Meldungen oder Schriftstücke zumindest an Außenminister Kalnoky weitergeben konnte. Ob dieser »Offene Brief« jemals seine Adresse, den Kaiser, erreichte, ist höchst unwahrscheinlich.

Kurz nach dem Erscheinen der Broschüre des Julius Felix gab es mehrere geheimnisvolle Affären, die das deutsche Bündnis betrafen und in die der Kronprinz verwickelt war. Nur sehr wenig ist aufzuklären, weil der Hof mit erstaunlicher Gründlichkeit jeden Hinweis auf neue Bündnispläne des Kronprinzen vernichtete und ihn posthum zu einem überzeugten Freund des Zweibundes machte.
Doch manchmal hat der Historiker Glück: Erst kürzlich tauchte das jahrzehntelang verschollene Tagebuch des Kriegsministers General Kuhn auf, das auch eine Lücke in Rudolfs Biographie schließt. Kuhn war eine der farbigsten Persönlichkeiten der k. u. k. Armee. Er war leidenschaftlicher Liberaler, für straffen Zentralismus im Innern, dabei »altösterreichischer« Patriot, Preußengegner und einer der Hauptbefürworter eines Eintretens Österreich-Ungarns auf französischer Seite in den deutsch-französischen Krieg 1870. Aus seinen Ansichten machte er auch in den achtziger Jahren, als sich Österreich-Ungarn zum Zweibund bekannte, keinen Hehl. So sagte er im September 1886 zu Erzherzog Albrecht: »An der Orientpolitik gehen wir zu Grunde – Wir können allein den Kampf mit Rußland nicht aufnehmen! Preussen spitzt auf unseren Untergang – die

Hohenzollern wissen recht gut, daß, solange Habsburg-Lothringens Macht existirt, sie immer für ihre Existenz zu fürchten haben.«
Kuhns Konsequenz: »Allianz mit Frankreich u. Rußland. Aufgeben der Orientpolitik. Bosnien u. Herzegowina müssen den Mandataren des Berliner Vertrages zurückgegeben werden, augenblickliche Räumung dieser Provinzen im Einvernehmen mit Rußland – dann Krieg gegen Preußen! – Vernichtung dieses Staates[1].«
1888 analysierte er in einer (ungedruckt gebliebenen, im Nachlaß aufgefundenen) Denkschrift[2] das deutsch-österreichische Bündnis und kam zu dem Ergebnis, daß Österreich-Ungarn keinerlei Vorteile von diesem Vertrag habe, daß Österreich sich im Falle eines Krieges allein dem russischen Heer gegenübersehe und deshalb keine Chance auf einen Sieg habe. Kuhn vermutete sogar das Bestehen eines geheimen »Rückversicherungsvertrages« Bismarcks mit Rußland!
Kuhns Haßausbrüche gegen den deutschen Bündnispartner sollen auch Bismarck nicht verborgen geblieben sein. Laut Gründorf von Zebegény habe er sich in Wien über Kuhn beschwert. Kuhn sollte offiziell gerügt werden – von niemand anderem als dem Generalinfanterie-Inspektor Kronprinz Rudolf: »Als nun Kuhn während eines zweitägigen Zusammenseins mit dem Thronfolger in Graz, in seiner klaren, überzeugenden Weise darstellte, wie tief die Habsburger gegenüber den Hohenzollern gesunken seien, loderte die wilde Glut in der Brust des Thronerben so heftig auf, daß er nach seiner Rückkunft nach Wien dem kaiserlichen Herrn offen erklärt haben soll, Kuhn denke ganz richtig[3].«
Laut Kuhn-Tagebuch fand die Unterredung zwischen dem Kronprinzen und Kuhn am 24. und 25. Mai 1888 in Graz statt. Es ging im Gespräch zunächst um die Kriegsgefahr des letzten Winters, die Kuhn »als eine Finte Bismarcks betrachtet um seinen 140 Millionen Mark-Kredit durchzubringen, und wir dabei gewaltig aufgesessen sind«. Kuhn kritisierte dann Außenminister Kalnoky heftig: »Welche Dummheit!! Gar kein Blick in die Zukunft!« Schließlich kam der General wieder auf sein Hauptthema, das Bündnis mit Deutschland, kritisierte den deutschen Reichskanzler, »daß er es mit uns nicht aufrichtig meine u. wir ihm kolossal aufsitzen, – daß sie uns,

wenn es zum Kriege mit Russland kommen sollte, im Papp sitzen lassen werden! – «

Der Kronprinz hätte diesen Auslassungen energisch widersprechen müssen, ging es doch um die Grundsätze der Politik seines Vaters. Wie so oft, wenn er zu einem Menschen seiner Geistesrichtung Vertrauen gefaßt hatte, vergaß Rudolf auch hier seine Stellung und sprach seine Meinung offen aus. Kuhn: »Er zog auch über Preussen los u. scheint gegen sie erbittert zu sein! ... Als wir auf Frankreich zu sprechen kamen, sagte ich, daß ich schon viele Wetten gemacht habe, das deutsche Heer werde beim nächsten Kriege geschlagen werden – der Kronprinz nahm diesen Gedanken sehr begeistert auf – sagte daß auch er mit Freuden dieselbe Wette um jeden Preis eingehe[4].«

Sieben Wochen nach dieser Unterredung wurde Kuhn »aus Altersgründen« plötzlich entlassen. Er erhielt sogar die Weisung, sich in Graz aufzuhalten und nicht nach Wien zu ziehen. Nach langem Rätselraten über den Grund der Entlassung kam Kuhn zu dem Schluß, daß Kronprinz Rudolf dem Kaiser, Erzherzog Albrecht oder Graf Kalnoky über den Inhalt der Unterredung Mitteilung gemacht haben müßte.

Die Offiziere nahmen die Brüskierung ihres Generals nicht widerspruchslos hin. Sie demonstrierten für ihn mit einem Fackelzug, trugen ihn auf den Schultern, spannten einmal sogar die Pferde seines Wagens aus und zogen Kuhn im Triumphzug durch Graz. Das mußte als Demonstration gegen den Kaiser aufgefaßt werden, vor allem, da die liberalen Zeitungen, das »Wiener Tagblatt« an der Spitze, überaus schmeichelhaft über Kuhn berichteten. Der deutsche Botschafter berichtete dem aufgebrachten Bismarck nach Berlin, das starke Presseecho »erkläre sich zur Genüge aus den intimen und freundschaftlichen Beziehungen, welche der von semitischem Blute stammende General infolge seiner nicht unbedeutenden literarischen Tätigkeit mit den Vertretern der Publizistik seit Jahren unterhalten habe[5]«.

Über Rudolfs Reaktion auf die Entlassung Kuhns ist nichts bekannt. Die Taktik des Hofes, die Gesinnungsfreunde des Kronprinzen mundtot zu machen – außer Kuhn hatten ja auch schon Alfred

Brehm und Moriz Szeps diese Erfahrung machen müssen –, war kaum geeignet, den im Sommer 1888 schon schwer depressiven Kronprinzen zu beruhigen. Er mußte die Entlassung Kuhns als Tadel für sich und seine politische Einstellung auffassen und mußte sich außerdem Vorwürfe machen, diese so ungerechte Beendigung einer verdienstvollen Karriere verschuldet zu haben.

Der Regierungsantritt Wilhelms II. im Juni 1888 vollzog sich unter Säbelrasseln und forschen Worten. Die erste Proklamation des neuen Kaisers galt nicht dem Volk, sondern der Armee. Kommentar des »Wiener Tagblatts«: »Das Gelöbniß der Liebe zur Armee geht dem Eide auf die Verfassung voraus. Man versteht diese Zeichen, und sie bedürfen keiner näheren Deutung.« Szeps sah in diesem Armeebefehl den »vollständigen Triumph des Militarismus[6]«.
Noch aggressiver kommentierte der »Pester Lloyd« Wilhelms zweite Rede an das Volk, in der dieser mit großen Worten wie »Frömmigkeit und Gottesfurcht« nicht gespart hatte: »Wie gewaltig aber auch die materielle Potenz eines Reiches und eines Volkes sein mag, die Millionen der Bajonette schützen es nicht dauernd vor dem Niedergange, wenn es die Sympathien der freien zivilisirten Völker verscheucht, weil es einen Widerspruch gegen die edelsten Überlieferungen der europäischen Welt verkörpert[7].«
Dieser Artikel löste in Berlin Entrüstungsstürme aus. Herbert Bismarck ersuchte die Wiener Regierung, »dem Falkschen Unfuge nach Möglichkeit [zu] steuern ... Überdieß gebe es kaum ein auswärtiges Blatt, das die inneren Angelegenheiten Deutschlands stets auf eine so hämische sarkastische und mit peinlichen Spitzen durchspickte Art besprechen würde wie der ›Pester Lloyd‹[8].«
Max Falk wurde von Ministerpräsident Tisza öffentlich gerügt. Bismarck hatte sich ereifert, »wenn Herr von Tisza mit Falk und Letzterer mit unserer Fortschrittspartei Fühlung halte, so werde die Fühlung zwischen uns und Herrn von Tisza auf die Dauer nicht bestehen können[9]«.
Der Tratsch befaßte sich ausgiebig mit der neuen Konstellation in Deutschland und ihrer Auswirkung auf den österreichischen Kronprinzen. Fürst Khevenhüller schrieb triumphierend in sein Tage-

buch: »Die Thronrede des jungen deutschen Kaisers hat mich unendlich gefreut, er scheint ein echter Conservativer zu sein und zu werden, doch die Juden, die Freiheitler und die Socialdemokraten haben sie mit Mißfallen gesehen, Saujuden, der Pester Lloyd Jud Dr. Falk hat sogar einen Schandartikel darüber geschrieben, nur unser Kronprinz wird die Nase lang hängen lassen, denn er ist ein liberaler Papler, und mag den deutschen Kronprinzen als Kaiser nicht.« Er kritisierte heftig »unsren Kronprinzen, der ganz in Judenhänden steckt[10]«.

Auch den liberalen Hoffnungen auf eine Verständigung mit Frankreich trat Wilhelm gleich zu Anfang seiner Regierungszeit dezidiert entgegen, und zwar in einer furchterregenden, markigen Rede, die auf den Ratschlag des Prinzen von Wales antwortete, sich mit Frankreich zu versöhnen und sogar an die Rückgabe Elsaß-Lothringens zu denken (wobei sich Wales auf angebliche Pläne Friedrichs III. berief): »Es giebt Leute, die sich nicht entblöden zu behaupten, daß mein Vater das, was er ... mit dem Schwert erkämpfte, wieder herausgeben wollte.

Wir alle haben ihn zu gut gekannt, als daß wir einer solchen Beschimpfung seines Andenkens nur einen Augenblick ruhig zusehen könnten. Er hatte denselben Gedanken als wir, daß nichts von den Errungenschaften der großen Zeit aufgegeben werden kann ... daß wir lieber unsere gesamten 18 Armeekorps und 42 Millionen Einwohner auf der Walstatt [in anderen Quellen: ›auf der Strecke‹] liegen lassen, als daß wir einen einzigen Stein von dem, was Mein Vater und der Prinz Friedrich Karl errungen haben, abtreten[11].«

Rudolf schrieb an Szeps: »Wilhelm II. macht sich; er dürfte bald eine große Konfusion im alten Europa anrichten; dieses Gefühl habe ich auch; er ist ganz der Mann dazu. Von gottbegnadeter Beschränktheit, dabei energisch und eigensinnig wie ein Stier, sich selbst für das größte Genie haltend, was will man mehr. Er dürfte im Lauf weniger Jahre das hohenzollerische Deutschland auf den Standpunkt bringen, den es verdient[12].« Der Adressat der Rede vom totalen Krieg war auch Rudolf wohlbekannt: »Zwischen dem Prince of Wales und dem jetzigen deutschen Kaiser, die sich als gute Verwandte seit jeher hassen, gehen merkwürdige Dinge vor, die auch die Ursache der berühmten 42 Millionen-Strecke-Rede waren[13].«

Als Demonstration für die neue Berliner Politik mußte die erste Auslandsreise Wilhelms II. aufgefaßt werden. Sie führte nicht zum Bündnispartner Österreich-Ungarn, sondern zum Feind Österreichs, nach Rußland. Das Mißtrauen Rudolfs, Berlin verständige sich hinter dem Rücken Wiens mit Petersburg, wurde dadurch bestätigt.

Wilhelm II. schrieb vor der Reise einen erklärenden, herzlich gehaltenen Brief an seinen »Freund« Rudolf in Wien, betonte, daß er mit dieser Reise die Wünsche seines Großvaters wie seines Vaters erfülle und daß er in St. Petersburg nicht nur wirtschaftliche Fragen erörtern, sondern auch ein neues Dreikaiserbündnis vorbereiten und in der bulgarischen Frage und in den russisch-österreichischen Grenzproblemen vermitteln wolle: »Ich muß auch im Interesse des Friedens meiner Völker in Petersburg die letzten Kundgebungen französischer Intrigen zerstören, zu denen sich seit meiner Thronbesteigung noch die Intrigen Englands gesellt haben ... Die letzteren, die unter bestimmten Umständen noch stärker und mächtiger als die ersteren werden könnten, schätze ich als die gefährlicheren ein.« Er versicherte dann mit höflichen Worten, nach der Rußlandreise auch nach Österreich zu kommen[14].

Abgesehen vom politischen Inhalt ist dieser Brief wegen einer mysteriösen Sache wichtig: Er gelangte noch im selben Monat (Juli 1888) in einer Abschrift an den Quai d'Orsay nach Paris, wurde dort unter die geheimen Akten eingereiht und 1895 von einer französischen Zeitung in französischer Übersetzung gedruckt mit dem Hinweis, daß der »Korrespondent« der französischen Regierung in seinem Heimatland eine Stellung innehätte, die es ihm nicht erlaube, direkt mit dem französischen Außenministerium zu verhandeln. Er habe sich eines Mittelsmannes bedient und so sei nie ein Stück der Handschrift dieses »Korrespondenten«, also ein Beweisstück, an den Quai d'Orsay gelangt.

Diese Wendungen verstärken den Verdacht, daß der Kronprinz auch in dieser Affäre die Hand im Spiel gehabt haben könnte und den privaten Brief Wilhelms, in dem dieser seine Feindschaft gegenüber Frankreich bekräftigt hatte, über einen seiner Mittelsmänner (ob Szeps oder einen der französischen Journalisten, mit denen er Fühlung hatte) in die Hände des französischen Außenministers Goblet weiterleitete, jenes Mannes, der wie Clemenceau für ein Bündnis Frankreichs mit Österreich-Ungarn eintrat.

Der Antrittsbesuch Wilhelms II. in Wien im Oktober 1888 stand unter einem schlechten Stern. Trotz aller Freundschaftsbeteuerungen war eine ernste Krise im deutsch-österreichischen Bündnis nicht zu übersehen. Die deutschnationalen Kreise um Schönerer trafen Vorbereitungen, Wilhelm II. als »ihren« Kaiser in Wien demonstrativ zu empfangen und ihre Wünsche nach Anschluß der deutschen Gebiete Österreichs anzubringen. Die Polizei hatte alle Mühe, peinliche Aktivitäten zu verhindern. Das Hissen der schwarzrotgoldenen Fahnen wurde ebenso verboten wie ein prächtiger Fackelzug, der dem deutschen Kaiser Dank sagen sollte, »weil derselbe das österreichische Bündnis in Ehren halte«.

Schönerers »Unverfälschte Deutsche Worte« wurden mehrere Male wegen österreichfeindlicher Artikel konfisziert. Die Zeitung nannte Wilhelm II. »die Hoffnung, die Zukunft, die Leuchte des deutschen Volkes«. Er sei »größter Feind der heutigen Preß-Corruption«, ein Mann, den die Juden zu Recht haßten: »Aber je mehr dieselben lästern, desto volksthümlicher wird er überall, wo Deutsche wohnen. Das Volk glaubt nur noch an eine Rettung vom Judenjoche durch Kaiser Wilhelm II.[15]«

Alle Vorsichtsmaßregeln wurden getroffen, um Wilhelm II. keinen deutschnationalen Ovationen auszusetzen. Rudolf an Kalnoky: »Der Kaiser befahl mir heute, Ihnen mitzutheilen, Er sei ganz einverstanden, wenn ich an dem Déjeuner bei Reuß theilnehme, nur meinte Er, es müsse dies mit großer Vorsicht eingeleitet werden, damit die eigentliche Absicht, den deutschen Kaiser nicht allein in Wien herumfahren zu lassen, nicht zu erkennen sei[16].«

Zu allen Widrigkeiten kam es noch zu einem Streit zwischen Wilhelm und seinem Onkel, dem Prince of Wales, der um dieselbe Zeit in Wien zu Manövern und Jagden eingeladen war.

Wilhelm ließ vor seiner Ankunft in Wien ausrichten, er wünsche, der einzige königliche Gast in Wien zu sein. Der englische Thronfolger mußte die Demütigung auf sich nehmen, während der acht »Kaisertage« aus Wien zu verschwinden, um seinem Neffen nicht unter die Augen zu kommen.

Das war Wasser auf Rudolfs Mühle. Wem seine Sympathien in diesem deutsch-englischen Familienstreit galten, zeigte er unmißverständlich, indem er den englischen Thronfolger, noch während Kaiser Wilhelm in Wien war, auf eine Jagd nach Siebenbürgen einlud. Rudolf an Stephanie: »Den Wales lad ich gern ein, den Wilhelm möchte ich höchstens einladen, um ihn durch ein elegantes Jagdabenteuer aus der Welt zu schaffen[17].«

Weltanschaulich und in ihren politischen Überzeugungen waren sich Eduard und Rudolf sehr nahe. Daß der englische Thronfolger schon in dieser Zeit an ein Bündnis zwischen England, Frankreich und Rußland dachte, für das er durch die Fürsprache des Kronprinzen Rudolf auch Österreich-Ungarn gewinnen wollte, war der politische Hintergrund dieses persönlichen Streites zwischen Onkel und Neffen.

Rudolf mischte sich insofern in den Streit ein, als er unfreundliche Bemerkungen Wilhelms über Eduard und umgekehrt weitererzählte und so das Feuer noch schürte. Bis zur Englandreise Wilhelms im August 1889, also fast ein Jahr lang, dauerten die Debatten über die Tratschereien in Wien. Dieser ernste Konflikt zwischen dem englischen und dem deutschen Hof wurde wesentlich durch Rudolfs Indiskretionen verschärft, wahrlich kein Ruhmesblatt in Rudolfs Kampf gegen den jungen deutschen Kaiser.

Die Aufregung um den Streit mit dem Prince of Wales hatte sich noch nicht gelegt, als der deutsche Kaiser neuen Wirbel in Wien auslöste: Er rügte den österreichischen Ministerpräsidenten Taaffe öffentlich wegen dessen »slawenfreundlicher« Politik, indem er den Schwarzen-Adler-Orden zwar an den ungarischen Ministerpräsidenten Tisza, nicht aber an Taaffe verlieh. Bismarck: »Im Taaffismus liege das Auflösende für unsere Beziehungen zu Österreich; es sei sehr viel von S. Majestät dem Kaiser, daß er trotzdem an Österreich festhalte, aber er könne sich nicht so weit erniedrigen, daß er Taaffe dekorire. Dies würde nicht nur würdelos, sondern auch politisch unklug sein. Wenn man auf den Fuß getreten sei, müsse man schreien; bedanke man sich dafür, so werde man weiter getreten werden[18].« Das Klima zwischen den Bündnispartnern, die sich in feierlichen Reden gegenseitig ihre Freundschaft versicherten, konnte kaum kühler sein.

Wilhelm II. und Bismarck erreichten bei Kaiser Franz Joseph gerade das Gegenteil ihres Zieles. Der Kaiser hielt nun erst recht an seinem Ministerpräsidenten fest. Bezeichnend auch, daß Kronprinz Rudolf, bisher erklärter Taaffe-Gegner, nun keine Schadenfreude zeigte, sondern ausdrücklich für Taaffe eintrat und in diesem Moment, da der österreichische Ministerpräsident von deutscher Seite gerügt wurde, offen die Partei Taaffes bezog. Berthold Frischauer: »Kronprinz Rudolf, der keine große Zuneigung für den Kaiser Wilhelm hegte, und der sich vielmehr zu dem Onkel des deutschen Kaisers, dem Prinzen von Wales, hingezogen fühlte, betrachtete die verweigerte Ordensauszeichnung seitens des Kaisers Wilhelm als eine weitaus größere Auszeichnung, als in dem Orden gelegen wäre, und er meinte: ›An dem Taaffe muß doch sehr viel sein, wenn Wilhelm so gegen ihn demonstriert[19].‹«

Doch auch die Taaffe-Affäre war noch nicht der schlimmste Fauxpas des denkbar ungeschickt auftretenden Wilhelm II. Auf Wunsch Bismarcks versuchte er, Kaiser Franz Joseph zu einem Staatsstreich gegen Parlamentarismus und Presse zugunsten der kaiserlichen Macht mit militärischer Gewalt zu überreden. Der hochbrisante Notenwechsel zwischen Bismarck und Reuß in den Tagen des Wiener Kaiserbesuches hat sich im Archiv des Auswärtigen Amtes erhalten.

Reuß versuchte, Bismarcks Pläne, die eine vehemente Einmischung in die Politik eines fremden Landes bedeuteten, vorsichtig abzuwehren. Reuß an Bismarck: »Wien, 6. Oktober 1888. Geheim! Sicher! Eigenhändig! ... Die Idee der Suspendierung der Verfassung muß von vorneherein als unausführbar [Bismarcks Randbemerkung: ›warum?‹] bezeichnet werden [›!‹]. Abgesehen davon, daß der Kaiser nicht die Energie zu einer solchen That hat, bestehen auch Verpflichtungen [›ultra posse‹], die beim Ausgleich mit Ungarn eingegangen sind, die konstitutionelle Bahn nicht zu verlassen[20].«

Die Antwort Bismarcks, geschrieben von Rottenburg, an Reuß:

»Schon bei den ersten constitutionellen Versuchen in Österreich, als Seine Durchlaucht noch in Frankfurt gewesen sei, habe er den Eindruck erhalten, daß dieses System wegen der nationalen und sprachlichen Verschiedenheit in Cisleithanien unmöglich sei, während es vielleicht in Ungarn nicht angehe, ohne dasselbe zu regiren. Das sei Sache des technischen politischen Urtheils. Noch heute halte seine Durchlaucht an der Meinung fest, daß Österreich, soweit menschliche Einsicht reiche, eines Staatsstreiches zu Gunsten des kaiserlichen Regiments bedürfen würde, wenn es nicht großen inneren Gefahren entgegengehen wollte. Durch jeden weiteren Aufschub würde diese Operation nur erschwert, da das kaiserliche Ansehen in der Armee und ländlichen Bevölkerung nicht im Wachsen begriffen sei. Früher oder später werde man doch dazu kommen müssen. Der Fehler liege darin, daß Österreich die Nationalitäten – die deutsche nicht ausgenommen – zu einer so scharfen parlamentarischen und publizistischen Ausprägung habe kommen lassen. Man hätte reine ›Österreicher‹, aber nicht Deutsche, Slaven, Polen u.s.w. cultiviren müssen.
Ob die angegebene Operation nach dem Charakter des Kaisers möglich, und ob Leute, die sie ausführen könnten, zur Hand seien, wüßte seine Durchlaucht nicht. Im Civil schwerlich. Man würde, wenn man es wollte, zu schärferen Conflicten treiben und dann militärisch eingreifen müssen.
Die vorstehenden Bemerkungen beträfen aber nur Cisleithanien. In Ungarn müsse man, nachdem einmal die traurige Trennung geschehen, es bei dem Bestehenden belassen[21].«
Auch Graf Waldersee berichtete über Berliner Einmischungen in die innere Politik Österreich-Ungarns, diesmal wegen Böhmen: »Wir haben in Österreich Vorstellungen wegen der dortigen inneren Politik erhoben. ... Wir haben sagen lassen, daß ein Föderativstaat erheblich weniger bündnisfähig für uns sei. Da im nächsten Jahr der Vertrag erneuert werden muß, ist der Druck auf Österreich vielleicht wirksam[22].«
Bei solch bewußter Demütigung des Verbündeten und dem »Blut-und-Eisen«-Vorschlag, »zu schärferen Conflicten« zu treiben, um dann »militärisch eingreifen« zu können – das alles unter dem

Druck der Bündnisverlängerung vorgebracht – ist wohl die Frage erlaubt, ob Rudolfs Reaktion nicht völlig verständlich und logisch war: Er lehnte sich gegen die Bevormundung Österreich-Ungarns durch die Bismarck-Politik auf, sein Haß gegen die Person und die politischen Anschauungen des damals noch gelehrigen Bismarck-Schülers Wilhelm II. wuchs, die Klage, Österreich sei zur »preußischen Provinz[23]« herabgesunken und verliere seine Souveränität, wurde vernehmlicher und aggressiver, vor allem, als auch noch ein persönlicher Zwist dazukam.

Diesmal ging es um Rudolfs militärische Stellung. Der russische Graf Lamsdorf erfuhr aus Wien folgende Einzelheiten: »Der deutsche Kaiser inspizierte die österreichische Armee nicht wie ein Gast, sondern wie ein Inspektor, der den strengen Auftrag erhalten hatte, eine Revision durchzuführen. Die Resultate dieser Truppenbesichtigung fielen sehr ungünstig aus, und die Kritik des Kaisers Wilhelm II. war sehr scharf. Kaiser Wilhelm II. sprach seine Unzufriedenheit über die österreichische Armee aus, besonders scharf kritisierte er die österreichische Infanterie, deren Generalinspektor der Thronfolger war. Kaiser Wilhelm nahm sich kein Blatt vor den Mund, schonte nicht den Thronfolger und sagte dem Kaiser Franz Joseph und der Kaiserin Elisabeth offen seine Meinung. Die Kaiserin war über das Verhalten Kaiser Wilhelms empört und erklärte kategorisch, daß sie sich weigere, in der Gesellschaft des deutschen Kaisers weiter zu bleiben. Wilhelm II. war gezwungen, sich zu entschuldigen.

Nach seiner Rückkehr nach Berlin schrieb Wilhelm II. an Franz Joseph einen Brief, in dem er dezidiert erklärte, daß er das Recht habe, die Aufmerksamkeit seines Verbündeten auf die Mißstände in der österreichischen Armee zu lenken, da die deutschen und österreichisch-ungarischen Truppen gezwungen seien, Schulter an Schulter zu kämpfen und die gemeinsamen Interessen der Verbündeten zu verteidigen. Kaiser Wilhelm II. stellte an Kaiser Franz Joseph das Ersuchen, den Thronfolger Rudolf von seinem Posten als Generalinspektor der österreichischen Armee zu entheben und an seine Stelle eine tüchtige militärische Persönlichkeit zu berufen. Das Resultat dieses Briefes war eine dramatische Szene zwischen Kaiser

Franz Joseph und dem Kronprinzen Rudolf. Das Drama, das sich in Mayerling abspielte, machte einer Affäre ein Ende, die vielleicht für Österreich peinliche Folgen haben konnte[24].«
Berthold Frischauer, der engste Szeps-Mitarbeiter, präzisierte die Vorwürfe, die Berlin gegen den Kronprinzen machte: »In überstürzter Weise wurde das neue Schnellfeuermagazingewehr angenommen und Hunderttausende von Gewehren waren fertiggestellt worden. Es zeigte sich jedoch, daß ein wichtiges Moment übersehen worden war. Das Schnellfeuergewehr erforderte große Munitionsmengen, die jeder Mann in seiner Patronentasche zu tragen hatte. Diese Menge war bei dem alten großen Kaliber zu schwer und konnte dem Infanteristen nicht zugemutet werden. Man hatte übersehen, daß das neue Gewehr ein kleineres Kaliber erfordere, damit die mitzutragende Munitionsmenge einem möglichen Gewicht entspreche. Es mußte also das kleinere Kaliber eingeführt werden, und dadurch war eine Umgestaltung des Gewehres bedingt. In Berlin hatte man für dieses Versehen den Generalinspektor der Infanterie verantwortlich gemacht[25].«
Daß es bei diesem Streit gerade um das neue Mannlicher-Gewehr ging, läßt aufhorchen und an eine weitere anonyme Broschüre denken, die 1887 in deutscher Sprache in Budapest erschien und großes Aufsehen erregte (sie ist in Rudolfs Nachlaß erhalten[26]). Sie trug den bezeichnenden Titel: »Wollen Sie ein zweites Königgrätz?« und kritisierte aggressiv das Mannlicher-Gewehr, »das sich schon in den nächsten Jahren als bewährter Ladenhüter aller Eisentrödler erweisen wird«. In dieser Broschüre wurde auch ausführlich niemand anderer als Moriz Szeps in einem Gespräch mit dem französischen Kriegsminister Boulanger zitiert. Als mögliche Autoren der Broschüre waren mehrere Journalisten im Gespräch, aber auch der Kronprinz selbst kommt als Autor in Frage. Er war ebenfalls gegen das neue Gewehr. Daß Wilhelm II. ihm mit der heftigen Kritik Unrecht tat, ist sehr wahrscheinlich, denn nicht der Kronprinz, sondern der von ihm angefeindete Kriegsminister war für diese umstrittene Neubewaffnung verantwortlich.
Über die Auswirkungen der Wienreise Wilhelms II. ist bei Waldersee nachzulesen: »Was mir am Ergebnis der kaiserlichen Reise am

wenigsten gefällt, ist der Umstand, daß unser Verhältnis zu Österreich nicht besser, sondern schlechter geworden ist. Auf beiden Seiten regt sich wieder Mißtrauen. Ich fürchte, Herbert Bismarck, der die Österreicher nicht leiden kann und den Kaiser immer gegen Österreich aufregt, hat hier einen Teil der Schuld. Glauben wir an Österreichs Zerfall, so mögen wir meinetwegen noch dabei mithelfen, müssen uns doch aber klar sein, was nachher sein wird[27].«

Die Befürchtungen des Kronprinzen wurden freilich durch die Wirklichkeit der späten Bismarck-Politik gegenüber Österreich noch übertroffen. Baron Holstein schrieb in sein Tagebuch: »Herbert hat einen unmöglichen Gedanken. Er meint, wenn der Krieg losgeht, sollen wir unsere ganze Kraft, womöglich zusammen mit der von Italien, auf Frankreich werfen. Gegen Rußland sollen wir nur Landwehren und sonstige ›Neubildungen‹ aufstellen, also die Österreicher ganz sich selbst überlassen. Herbert ist eben vor allem ein leidenschaftlicher Mensch. Der Taaffe-Zwischenfall hat seine alte Erbitterung gegen die Österreicher noch gesteigert, er möchte die vernichtet sehen[28].«

Graf Waldersee schrieb in sein Tagebuch, Bismarcks Haltung ließe sich »dahin zusammenfassen: Österreich ist ein unsicherer Faktor, wir dürfen es daher mit Rußland nicht verderben. Wir werden also fortfahren, Österreich mißtrauisch zu machen, und da ich bezweifle, daß es uns gelingen wird, Rußland zu befriedigen, könnten wohl aus einem Freunde zwei Gegner werden. Ich weiß ja ganz genau, daß der Fürst einen weiteren Blick hat als die meisten Menschen, bin aber recht besorgt. Gott gebe, daß er den richtigen Weg geht. Der Kanzler traut dem Kaiser von Österreich, ist aber sehr eingenommen gegen den Kronprinzen. Nun ist der Kaiser ein sehr gesunder Herr, der noch eine ganze Reihe von Jahren leben kann, die große Entscheidung liegt nahe vor uns; nach menschlichen Mutmaßungen treten wir also an dieselbe heran zu Lebzeiten des Kaisers Franz Joseph und müssen mit ihm rechnen. Ferner kennt der Kanzler den Kronprinzen sehr wenig und hat z. B. eine ganz andere Auffassung von ihm wie Reuß, der ihm doch nahe steht. Außerdem sind bekanntlich alle Kronprinzen in einer gewissen Opposition gegen den Vater, ändern nachher aber oft ihre Ansichten. All den

Klatsch über seine Vorliebe für tschechische Sprache usw. bekam ich wieder zu hören, während es der Kanzler vermied, auf Rußlands Rüstungen, auf die nichtswürdigen Gesinnungen der Panslawistenführer, auf die dortige Franzosenfreundschaft einzugehen. Kurz, er ist, wie in den letzten Jahren schon mehrfach, in die alte Liebe zu Rußland zurückgefallen[29].«

Die Übereinstimmung Bismarcks mit dem jungen Wilhelm II. hob Waldersee ausdrücklich hervor: »Unser Kaiser, der ja leicht gegen jemand einzunehmen ist, wird nachweislich durch Herbert Bismarck gegen Österreich aufgehetzt, namentlich auch gegen den Kronprinzen Rudolf[30].«

Daß sich bereits erste Differenzen zwischen Wilhelm II. und den Bismarcks gerade am Problem Österreich entzündeten, wußte der Kronprinz in Wien nicht. Graf Wedel berichtete später über den Zorn Wilhelms II., als er gehört hatte, daß Bismarck und der russische Botschafter in Berlin den Plan gehabt hätten, »Rußland in Bulgarien einrücken zu lassen, dadurch Österreich zum Losschlagen zu veranlassen und dann unsererseits den casus foederis zu negieren. Eine derartige hinter seinem Rücken eingeleitete Machenschaft übersteige doch ›alles bisher Dagewesene‹[31].«

Die Namen des Kronprinzen und Andrassys wurden in der Presse als Repräsentanten einer neuen Politik gegenüber Rußland und Deutschland genannt. Im Pressebericht aus St. Petersburg hieß es im Dezember 1888 zusammenfassend: »Der Wiener Correspondent der Nowoje Wremja [›Argus‹] läßt sich heute über die deutschfeindliche Stimmung aus, welche sich in Österreich nicht allein des Kronprinzen bemächtigt hat, sondern auch in den dortigen politischen Sphären immer mehr und mehr Platz greift. Wie sehr sich die Situation Österreichs Deutschland gegenüber verändert hat, sieht man schon daraus, daß die Furcht vor dem Panslawismus zurückgetreten ist und die Regierung jetzt um die deutschen Bezirke in Böhmen und an der Grenze besorgt ist, deren Vereinigung zu einer besonderen Provinz als ein verrätherischer Plan zur Vereinigung eines Theiles von Österreich mit Deutschland bezeichnet wird[32].«

Die »Nowoje Wremja« kommentierte das 40jährige Regierungsjubiläum Kaiser Franz Josephs mit deutlicher Anspielung auf das Jahr

1849, als russische Truppen Ungarn für Österreich retteten: »Wir Russen können nicht umhin, das Jubiläum der Thronbesteigung des benachbarten Herrschers mit Theilnahme zu begrüßen, weil dieser Thron durch russische Freundschaft und Hilfe errichtet worden ist. Wenn auch die Rathgeber Franz Josephs in ihrer Politik sich wenig von dieser Erinnerung leiten ließen, so mußten ihnen die Ereignisse der letzten Zeit selbst klar machen, wer Österreichs wahrer Freund ist und wer es auf seine Unabhängigkeit abgesehen hat. Man darf, ohne Optimist zu sein, die Hoffnung hegen, daß unsere künftigen Beziehungen den beiderseitigen Interessen mehr entsprechen werden.«

Auch der polnische »Warszawski Dniewnik« war nicht zimperlich: »Der Kaiser von Österreich hat wohl keine Ursache, die heutige Stellung seines Landes im Vergleich mit der früheren mit Befriedigung zu betrachten. – Es kann ihm nicht entgangen sein, daß das einst so mächtige Wiener Kabinett zur Berliner Filiale geworden, daß die österreichische Armee von dem preußischen Generalstab dirigirt wird; daß die Berliner officiösen Blätter Einfluß auf die inneren Angelegenheiten Österreichs ausüben wollen und daß aus den ›höchsten‹ politischen Sphären in Berlin den österreichischen Staatsmännern in demonstrativer Weise bald eine Anerkennung, bald ein Tadel zu erkennen gegeben wird[33].«

Die »Petersburger Zeitung« nahm ebenfalls Partei für die Andrassy-Politik. »Eine Rückkehr des Grafen Andrassy zu den Staatsgeschäften wird gewöhnlich als etwas für Rußland Bedrohliches betrachtet. Aber der ungarische Graf, der ja mit den Russen schon zu tun gehabt hat, muß es ja ganz genau wissen, daß man bei ihnen mit guten Worten weiter kommt, als mit Gewalt und Drohen. Unzweifelhaft ist, daß die deutsche Bundesgenossenschaft Österreichs Volkskraft und Budget ungeheuer belastet, während es vordem zwei reiche Provinzen fast mühelos und unentgeldlich erwarb[34].«

Auch der Wiener Korrespondent der »Nowoje Wremja«, Tatistschew, brachte wiederholt den Grafen Andrassy ins Spiel und stellte ihn als denjenigen österreichischen Staatsmann hin, »der die nötige Qualification zur Anbahnung einer österreichisch-russischen Verständigung besitze[35]«. Einmütig war die Ablehnung der deutschfreundlichen Kalnoky-Politik: »Der historische Entwicklungsgang Deutschlands weist auf die Verschlingung Österreichs in der einen oder anderen Form hin. Dieser Prozeß ist zur Zeit noch ein ganz in der Stille sich vollziehender, aber jedenfalls ist die deutsch-österreichische Frage der Boden, auf dem eine praktische Politik zu arbeiten hat. Denn mit dieser Frage steht in der Zukunft die Kriegs- und Friedensfrage fast ebenso eng in Zusammenhang wie mit den Balkan-Angelegenheiten[36].«

Wie die Verbindungen zwischen den russischen Korrespondenten (Tatistschew und dem unter »Argus« schreibenden Wehselitzki, der ein Freund und Mitarbeiter des »Schwarzgelb«-Herausgebers Bresnitz war, der wiederum beim »Tagblatt« mitarbeitete), den französischen Journalisten (Cohn d'Abrest, Fillon) und österreichischen Journalisten (Szeps, Frischauer, Falk, Futtaki) liefen, ist derzeit nicht zu eruieren, ebenso nicht, wie der Kronprinz und Andrassy in die verwickelten und geheimen Beziehungen einzukalkulieren sind. Auf die kaum auf Zufälligkeit beruhende Übereinstimmung gewisser französischer, russischer, österreichischer, ungarischer und auch polnischer Zeitungen muß aber hingewiesen werden, deuten sie doch auf eine politische Aktion für eine Änderung der europäischen Bündnisse hin.

Daß Kronprinz Rudolf, Andrassy und Clemenceau Drahtzieher der journalistischen Vorstöße waren, ist zu vermuten, aber nicht zu beweisen – und, nach den raffinierten Geheimhaltungstricks des Kronprinzen zu urteilen, wohl auch kaum völlig aufzuklären. Unbestreitbar und auffällig ist nur, daß die Zeitungen immer wieder diese Namen als Repräsentanten einer neuen Politik nannten.

Auffällig ist auch, daß diese offensichtlich international abgestimmte Aktion zugunsten einer neuen russenfreundlichen, aber gegen Deutschland gerichteten Politik Andrassys (und des Kronprinzen) gerade anläßlich des 40jährigen Regierungsjubiläums Kaiser Franz Josephs gestartet wurde. Ob sie mit (allerdings obskuren) Gerüchten in Verbindung steht, Kronprinz Rudolf habe erwartet, daß sein Vater nach vierzig Regierungsjahren auf den Thron verzichte und freie Bahn für eine gänzlich neue Politik geben würde, bleibe dahingestellt.

Am 31. Oktober 1888 erschien in Wien »Schwarzgelb. Politisches Journal. Organ für altösterreichische und gesammtstaatliche Ideen«. Erscheinungsweise des zunächst acht Seiten umfassenden Heftes war zweimal, nach kurzer Zeit einmal wöchentlich. »Schwarzgelb« verfocht eine scharf antideutsche Richtung, trat für eine Verständigung mit Rußland in Balkanfragen ein und propagierte ein österreichisch-französisches Bündnis. Innenpolitisch war es gegen den Dualismus und für eine starke Zentralgewalt (vor allem Aufwertung der »Delegationen«) bei gleichberechtigter Stellung aller Nationalitäten der Monarchie, ja ausdrücklicher Förderung der nationalen Minoritäten (also gegen die magyarische Nationalitätenpolitik). Das Blatt triefte geradezu von einem »altösterreichischen« militanten Patriotismus.

Es muß angenommen werden, daß dieses Blatt ebenso wie das »Wiener Tagblatt« ein Organ des Kronprinzen war. Rudolfs Öffentlichkeitsarbeit, auf die er stets soviel Wert legte, stand ja seit 1886, dem Austritt Szeps' aus der Redaktion des »Neuen Wiener Tagblatts« auf schwachen Füßen. Politisch erfolgreiche Kampagnen konnte der Kronprinz mit dieser Zeitung kaum noch führen, zumal bei den maßgebenden Stellen über die Person des »Inspirators« des »Wiener Tagblattes« kein Zweifel bestehen konnte und so ein Teil der erhofften Wirkung von Pressevorstößen von vorneherein verpuffte.

Das neue Journal gab sofort Anlaß zu Vermutungen und Tratsch. Die deutsche Botschaft wußte über den Herausgeber des »Winkelblättchens« zu berichten: »Als Redakteur ist genannt Herr Bresnitz junior, der eigentliche Herausgeber ist indeß dessen Vater Dr. Bresnitz, ein getaufter Israelit aus der Bukowina ... Da Bresnitz sich öfter Erpressungsversuche zu Schulde kommen ließ, wurde er von seinen Mitjournalisten immer mehr gemieden. Zur Zeit berichtet er für den ›Warschawski Dniewnik‹. Als Pariser Korrespondent bedient ein gewisser Badère das ›Schwarzgelb‹, ein Prager Jude, der intimere Beziehungen mit Herrn de Serres – Staatsbahn – unterhält. Die Kosten des Blattes werden nach übereinstimmender Ansicht

verschiedener hiesiger Journalisten von Rußland her bestritten[37].«
Der Hinweis auf eine Verbindung zwischen »Schwarzgelb« und de Serres ist äußerst wichtig. Denn der Name de Serres tauchte schon 1870, während des Deutsch-Französischen Krieges, auf, damals im Zusammenhang mit einem Komitée, das sich aus Franzosen, österreichischen Offizieren und Journalisten zusammensetzte und journalistisch wie militärisch-nachrichtendienstlich gegen Deutschland arbeitete. Auf französischer Seite soll Gambetta (der Szeps-Freund) über den Mittelsmann de Serres und auf österreichischer Seite General Kuhn – wiederum über einen Mittelsmann – mitgearbeitet haben[38]. Es überrascht nun auch nicht, den Namen des kurz zuvor entlassenen Generals Kuhn unter den Mitarbeitern von »Schwarzgelb« wiederzufinden[39].
Bresnitz senior war seit Jahren Agent des Informationsbüros mit monatlichen Bezügen zwischen 200 und 300 Gulden. Freilich soll er auch aus anderen Quellen Geld bekommen haben. In einem Konfidentenbericht heißt es, daß Bresnitz »auf Halbpart« mit Wehselitzki zusammenarbeitete[40], jenem Sachverständigen für österreichische Politik, der sich in russischen Zeitungen unter dem Pseudonym »Argus« verbarg. Er war auch der Autor eines großen Artikels über einen Plan der Neuaufteilung Österreich-Ungarns, den Moriz Szeps dem Kronprinzen 1885 in einer Übersetzung aus dem Russischen zugespielt hatte. Mehr als diese mittelbare Begegnung zwischen dem in russischen Diensten stehenden »Argus« und dem Kronprinzen ist freilich derzeit nicht nachzuweisen.
Daß Bresnitz nur ein Strohmann und Moriz Szeps der eigentliche Chef von »Schwarzgelb« war, ist möglich, aber nicht wahrscheinlich. Denn Szeps war Ende 1888 bereits ein schwer angeschlagener Mann, der Tag und Nacht arbeitete, um seine marode Zeitung weiter in Gang zu halten, immer wieder Geld von Baron Hirsch aufzutreiben und nebenher den Nachrichtendienst für den Kronprinzen aufrechtzuerhalten. Außerdem spricht die recht laienhafte, aggressive Aufmachung von »Schwarzgelb« nicht dafür, daß der exzellente Journalist Szeps für die Leitung verantwortlich war.
Immerhin aber war Bresnitz Mitarbeiter des »Tagblatt«, und unbestreitbar ist, daß Szeps genau die politischen Ideen vertrat, die

»Schwarzgelb« in hysterisch-übersteigerter Form verkündete. Auch er beschwor in seinen Briefen an den Kronprinzen immer wieder ein »Großösterreich«, dessen Einfluß vor den deutschen Grenzen nicht haltmache. Er maß allen Schwierigkeiten, die Bismarck mit den deutschen Fürstentümern hatte, übergroße Bedeutung bei, so nach einem Gespräch mit einem Heidelberger Wissenschaftler 1884 (unzählige andere Briefstellen ließen sich ebensogut anführen): »Ich ließ mich gerne auf den Schwingen seiner Phantasie forttragen in eine Zukunft, die für mich, als bald Fünfzigjährigen, ferne liegt, die aber für den Fünfundzwanzigjährigen einmal hoffentlich Gegenwart sein wird. Österreich und Habsburg haben noch viel tiefere Wurzeln in Deutschland als man in Berlin glaubt. Wir leben in einer schweren Übergangszeit und die Generation, der ich angehöre, wird das gelobte Land nicht sehen[41].« Das gelobte Land bedeutete für ihn eine Rückkehr Habsburgs nach Deutschland, auf dem Weg über ein von Frankreich und Österreich gemeinsam besiegtes Preußen.
Die Tatsache, daß allein die Korrespondenz mit Moriz Szeps in einem öffentlichen Archiv hinterlegt wurde, verleitet den Historiker nur zu leicht, sich ausschließlich mit Szeps als der ausschlaggebenden Persönlichkeit in Rudolfs journalistischem Freundeskreis zu beschäftigen, was sicherlich vom Hof beabsichtigt war, um von anderen, noch kompromittierenderen, abzulenken. Man muß sich immer die Tatsache vor Augen halten, daß es neben Szeps andere wichtige Journalisten in der engsten Umgebung Rudolfs gab, so in Ungarn Futtaki und Falk, in Frankreich eine ganze Reihe von deutschfeindlichen Journalisten um Georges Clemenceau.
Manche Spuren von »Schwarzgelb« führen auch nach Warschau zu Madame Gurko, der französischen Frau des russischen Generalgouverneurs für Polen. Sie galt als glühende Bismarck-Hasserin und Vorkämpferin eines französisch-russischen Bündnisses. Sie mischte sich insofern in die Politik ein, als sie die große in Warschau erscheinende Zeitung »Warszawski Dniewnik« »inspirierte« und hier gegen das Bismarckreich polemisierte. Für »Schwarzgelb« machte der »Warszawski Dniewnik« (dessen Wiener Korrespondent Bresnitz war) vom ersten Erscheinungstag an Reklame, voll

Genugtuung über deutschfeindliche Stimmen in Österreich. In den Akten des Auswärtigen Amtes Berlin tauchte gleich der Verdacht auf, »daß hinter dem Wiener Wochenblatt ›Schwarzgelb‹ nicht russisches, sondern Warschauer Geld und Frau von Gurko, eine Französin, stecken[42]«.

Madame Gurko war auch den Lesern des »Tagblattes« keine Unbekannte. Szeps stellte sie etwa im Juni 1888 in einem Leitartikel groß heraus, nachdem sie von Bismarck-Zeitungen als Deutschlandhasserin angeprangert worden war. Befriedigt wies Szeps darauf hin, daß Madame Gurko ein Hindernis auf dem Weg Wilhelms II. zur deutsch-russischen Freundschaft sei[43].

Deutsche Diplomaten drückten in ihren Berichten nach Berlin offen ihre Furcht vor einer durch »Schwarzgelb« angeregten Diskussion über das deutsch-österreichische Bündnis, vor allem in bezug auf die österreichischen Slawen, aus: »In der Habsburgischen Monarchie ist dieses Bündnis sowohl bei der ganzen slawischen Majorität ohne Ausnahme als auch bei den politischen Schwärmern, welche das alte Österreich von den Toten auferwecken wollen, verhaßt. Als Anhänger desselben könnten allein diejenigen Elemente gelten, welche für den Fortbestand Österreichs am gefährlichsten seien, nämlich die Magyaren und die Pangermanisten[44].«

Einer der wenigen in der ersten Nummer von »Schwarzgelb« genannten Namen war denn auch der des Alttschechenführers Rieger. Auch Rieger stand in dieser Zeit zwischen zwei Feuern, einerseits der Jungtschechen, denen er zu habsburgfreundlich war, andererseits der Deutschnationalen, denen er zu wenig berlinhörig war. Die »Vossische Zeitung«: »Wenn Herr Rieger die Kühnheit hatte, zu behaupten, in Deutschland habe sich in Folge der großartigen Entwicklung des Reiches der Größenwahn ausgebildet, wenn er behauptete, Österreich dürfe mit Deutschland kein ›staatsrechtliches Verhältniß‹ eingehen, keine Provinz Deutschlands werden und den Kaiser Franz Josef nicht zum Statthalter des Deutschen Kaisers werden lassen, so kennzeichnet diese Verdächtigung die Gesinnungen des altczechischen Führers weit besser als sein platonisches Bekenntniß zu der augenblicklichen Nothwendigkeit des Bündnisses mit Deutschland[45].«

Diese Hinweise auf den Sympathisantenkreis der politischen Linie von »Schwarzgelb« sind notgedrungen unvollständig. »Schwarzgelb« erklärte sich in der ersten Nummer als über allen politischen Parteien stehend und schrieb, es wolle »einen publicistischen Sammelpunkt schaffen für alle österreichischen Patrioten von der Adria zu den Karpathen«. »Der Titel unseres Blattes ist unser Programm ... Seit dem Unglücksjahre 1866 wird die Lossagung von der alten österreichischen Staatsidee gepredigt, wird die Irrlehre verbreitet, daß wir nunmehr die alte Fahne von uns werfen, und in der inneren und äußeren Politik vor neuen Göttern uns beugen sollen, wird die Lüge kultiviert, daß Königgrätz ein Glück war ... So wird das staatliche Bewußtsein demoralisiert und der österreichische Patriotismus in dem aufwachsenden Geschlechte gemordet. Haben vielleicht die Jahrhunderte unserer ruhmreichen Vergangenheit, wo die Sonne in unserem Reiche nicht unterging, und Savoyen und Brandenburg die Vasallen des Hauses Habsburg waren, gelogen?«

Unter den Themen des ersten Heftes waren »Ruthenische Beschwerden« über die Herrschaft der Polen in Galizien mit dem Appell an die polnische Majorität: »Die österreichische Staatsidee beruht darauf, daß unter dem Walten einer höheren Staatsautorität die localen und provinziellen Tyranneien unmöglich gemacht, daß die stärkeren Nationalitäten gezwungen werden, die Rechte und Interessen der schwächeren Nationalitäten zu respektieren. In dem Rechtsschutze, welchen die staatliche Gemeinschaft dem Schwachen gegen den Starken gewährt, liegt die Wurzel aller staatlichen Organisation. In Österreich, welches ein staatliches Wesen höherer Ordnung ist, gebührt dieser Rechtsschutz nicht nur den einzelnen Individuen, sondern auch den einzelnen Nationalitäten. Es heißt ein Attentat auf die österreichische Staatsidee begehen, wenn man die Autorität des Staates mißbraucht, um einer Nationalität den Rechtsschutz zu verkümmern, den sie vom Staate zu fordern und zu erwarten berechtigt ist.«

Ganz ähnlich bezog »Schwarzgelb« Stellung für die nationalen Minderheiten in Ungarn, vor allem die Rumänen, Kroaten, aber auch die Juden. Die Nationalitätenpolitik von »Schwarzgelb«

stimmte voll und ganz mit den Auffassungen überein, die der Kronprinz auch in »Österreich-Ungarn in Wort und Bild« zu propagieren gedachte.
Das außenpolitische Programm von »Schwarzgelb« war das des »Julius Felix«: »Was haben wir in der Weltgeschichte geleistet und was die Preußen? Seit wann giebt es überhaupt eine preußische Geschichte? Welche glänzende Vergangenheit hat Wien aufzuweisen und welch ein lächerlicher Parvenu ist Berlin dagegen? Und wir sollen uns beugen vor dieser improvisirten Größe, die gestern erst geboren worden und morgen schon zusammenbrechen kann. Nein, nimmermehr! *Wir verzichten nicht und wir abdiciren nicht!* ... Und wenn sich das Kriegsglück wendet? Werden wir Österreicher vielleicht uns in den Abgrund stürzen, um das Preußenthum vor dem Untergange zu retten? Warum? Weshalb? Mit dem Sieger können wir uns alliiren. Aber für den Besiegten würden wir nur eine Thräne der Convenienz haben[46].«
Nicht geringes Aufsehen erregte der Leitartikel von »Schwarzgelb« Mitte Januar 1889, also vierzehn Tage vor dem Tod des Kronprinzen (kurz vorher hatte das »Wiener Tagblatt« einen ähnlich gebauten deutschfeindlichen Artikel gebracht: »Die zehn Gebote in neuester Berliner Lesart«, der zur Konfiszierung führte):
»Die zehn Gebote des Österreichers.
1. Gebot: Du sollst keinen anderen politischen Glauben haben, als den Glauben an das alte, einige und ungetheilte kaiserliche Österreich, wie es in Jahrhunderten emporgewachsen ist und an welches deine Väter und Vorväter geglaubt haben.
2. Gebot: Du sollst dir keine neuen Götter machen, keine neuen Programme, keine neuen Staatsideen, sondern mit deinem ganzen Herzen an dem alten Österreich hängen, für welches deine Vorfahren Ströme von Blut vergossen haben.
3. Gebot: Du sollst dich vor keinem anderen Kaiser beugen als nur vor deinem Kaiser, vor dem Kaiser von Österreich, welcher auf dem ältesten und berühmtesten Throne der Welt sitzt und für dein Wohl und für das Wohl deiner Kinder wie ein Vater sorgt.
4. Gebot: Du sollst keinen Götzendienst treiben weder mit Preußen noch mit dem von Preußen beherrschten Deutschland.

5. Gebot: Du sollst dich nicht fürchten vor Bismarck oder vor Moltke und dir stets vor Augen halten, daß sie beide bereits müde und schwache Greise sind, die jeden Augenblick vor den Richterstuhl Gottes berufen werden können.
6. Gebot: Du sollst nicht begehren die Unterdrückung einer Nation, noch die Herrschaft einer Nation über die andere, denn die vollständige nationale Gleichberechtigung und die absolute Gerechtigkeit gegen alle Nationen bilden die sicherste Grundlage der österreichischen Staatsexistenz.
7. Gebot: Du sollst dich nicht bethören lassen durch die trügerische Lockung, daß Österreich seinen Schwerpunkt nach Osten verlegen soll, und sollst unerschütterlich daran festhalten, daß Österreich bleiben muß, was es war und wo es war.
8. Gebot: Du sollst mit felsenfester Zuversicht auf die Zukunft Österreichs vertrauen und dir von Niemandem die Überzeugung rauben lassen, daß Österreich ebenso eine Nothwendigkeit für die eigenen Völker wie für das europäische Gleichgewicht ist.
9. Gebot: Du sollst nicht vergessen, daß Österreich die größte Monarchie der Welt war, in welcher die Sonne nicht untergieng, daß es noch bis auf unsere Tage in Deutschland und Italien regiert hat und daß es von der Vorsehung berufen ist, bis an das Ende aller Welten zu bestehen.
10. Gebot: Du sollst bei Tag und bei Nacht unablässig darauf sinnen, wie Österreich seine frühere Macht und Bedeutung zurückgewinnen kann[47].«

»Schwarzgelb« entfachte mit seinen massiven Äußerungen einen Pressekrieg zwischen deutschen und österreichischen Zeitungen über den Wert des deutsch-österreichischen Bündnisses. Auf der Seite von »Schwarzgelb« kämpften die von Schönerer als »Judenblätter« titulierten Zeitungen, also die liberale Presse, vor allem das »Wiener Tagblatt« unter Moriz Szeps und der »Pester Lloyd« unter Max Falk. In Prag zitierte das Jungtschechenblatt »Narodni Listy« ausführlich jeden deutschfeindlichen Artikel aus »Schwarzgelb«. Außerhalb der Monarchie stritten der »Warszawski Dniewnik« (Madame Gurko), der »Nowoje Wremja« (mit dem Korrespondenten »Argus« alias Wehselitzki) und gelegentlich der panslawistische »Swjet«, in Frankreich und England eine erstaunlich große Anzahl von Zeitungen auf der Seite Österreichs. Ganz unverhüllt wurde im westlichen Ausland der Name des Kronprinzen Rudolf in die Fehde einbezogen, als Hoffnung für eine Wendung in den Bündnissen Europas. Daß Rudolf der Initiator von »Schwarzgelb« war, wurde in Pariser Zeitungen als bekannt vorausgesetzt.

Der »Gaulois« schrieb: »Österreich, Frankreich, Rußland! das ist wirklich der Ruf, der jetzt Wien erstaunt, in dieser Zeit des Dreibundes und des sich ausbreitenden Germanismus. Man hat von dieser Zeitung mit seltsamem und fast kaiserlichem Titel gesprochen, die zu erscheinen beginnt: ›Schwarzgelb‹, das ist der Name des Organs, von dem man glaubt, daß es einer Person, die dem Habsburgerthrone am nächsten ist, kaum fremd ist. Am 1. Dezember veröffentlichte die Zeitschrift einen merkwürdigen Artikel – selbst merkwürdig, wenn man nicht annehmen könnte, daß er aus einer prinzlichen Feder stammt – in dem die Lage Europas in einem ganz neuen Gesichtspunkt behandelt wird.

›Das verkreuzte Bündnis‹, so könnte der richtige Titel des Kommentars heißen: eine Allianz zwischen Rußland, Österreich, Frankreich und Spanien auf der einen Seite, Deutschland, Italien und der Orient auf der anderen Seite, so ist die Zukunft, die der Verfasser für den Tag vorhersieht, wo die gegenwärtigen Bündnisse ... ihre Zweckmäßigkeit verloren haben. Es ist das erste Mal, daß man in Österreich offen diese zukünftige Kombination ausspricht. Aber viele wissen schon seit langem, daß die Sympathien und Antipathien des jungen und ehrgeizigen Prinzen sich auf die Seite Frankreichs gewendet haben. Viele hoffen auf eine neue Jugend für das Reich, das Franz Joseph mit so viel Weisheit regiert, das sein Sohn aber eines Tages mit ritterlichem Eifer regieren wird[48].«

Dazu ist anzumerken, daß die vom »Gaulois« erwähnte Nummer von »Schwarzgelb« in Österreich-Ungarn konfisziert wurde. Es war mir leider nicht möglich, diese Nummer in den Polizeiakten, die die konfiszierten Zeitungen verwahren, zu finden, so daß keine weiteren Zitate aus dieser Nummer hier angeführt werden können. Auch den Akten des Literarischen Büros, das laut Index Akten über

»Schwarzgelb« besaß, sind die Unterlagen über »Schwarzgelb« entnommen worden.
Bismarck ärgerte sich nicht sosehr über das Winkelblättchen »Schwarzgelb«, sondern vor allem über die Verbreitung der antideutschen Parolen durch den »Pester Lloyd« Max Falks. Das publizistische Sprachrohr des deutschen Reichskanzlers, die »Norddeutsche Allgemeine Zeitung«, griff den »Pester Lloyd« vehement an: »Wenn aber ein Blatt von der Verbreitung des ›Pester Lloyd‹ damit droht, daß die ›österreichische Monarchie sich zum Mittelpunkt einer deutschgegnerischen Koalition machen könne‹, da sie von Frankreich durch keinen natürlichen Gegensatz getrennt werde, und sich das russische Bündnis durch Zugeständnisse im Orient einkaufen könne, dann macht es doch einen wunderlichen, man kann fast sagen, unverschämten Eindruck, wenn dasselbe Blatt ›ernsten und anständigen Vertretern der öffentlichen Meinung Deutschlands‹ Vorhaltungen über die Pflege der Freundschaft beider Reiche machen will[49].«
Der »Pester Lloyd« revanchierte sich schon am nächsten Tag: »Uns treibt es die Zornesröte ins Gesicht, wenn man es wagt, das österreichisch-ungarische Bündnis, bei welchem Deutschland mindestens ebensoviel empfängt als es gibt, so darzustellen, als ob die Habsburgische Monarchie bei dem jungen Deutschland das Gnadenbrot äße, und geradezu verhungern müßte, wenn ihm dieses entzogen würde[50].«
Der von »Schwarzgelb« entfachte deutsch-österreichische Pressekrieg wurde auf zwei Ebenen ausgefochten: vordergründig ging es um den Wert oder Unwert des deutsch-österreichischen Bündnisses. Die Kontrahenten dieses Streites waren deutsche Zeitungen auf der einen und österreich-ungarische Zeitungen auf der anderen Seite. Zu diesem von den Initiatoren von »Schwarzgelb« beabsichtigten Streit kam bald ein unvorhergesehener: Innenpolitische Gegner des österreichischen Kronprinzen ergriffen die Gelegenheit, um anläßlich der längst vermuteten Verbindung Rudolfs zu »Schwarzgelb« den publizistischen Kampf gegen Rudolf in deutschen Zeitungen – ungehindert von jeder Pressezensur – aufzunehmen. So wurde der Name des Kronprinzen nicht von deutschen, sondern

österreichischen Journalisten, die für deutsche Zeitungen schrieben, zum Mittelpunkt der immer peinlicher werdenden Affäre gemacht.
Den Anfang machte der deutschnationale und antisemitische Wiener Journalist Paul Dehn in einem Artikel seiner »Dehn'schen Korrespondenz«, der von mehreren deutschen Zeitungen, so auch dem »Deutschen Tageblatt«, abgedruckt wurde: »Seitdem es bekannt ist, daß eine sehr hohe Person – im Gegensatz zum Kaiser Franz Joseph – eine von Haß und Neid gespeiste geradezu krankhafte Abneigung gegen den Deutschen Kaiser bekundet, glaubt eine gewisse Gattung industriöser Journalisten in Wien, deren Zahl von Tag zu Tag zunimmt, ein gutes Geschäft machen zu können, indem sie einen Wechsel, dessen Fälligkeit die Geschichte bestimmt, schon jetzt diskontieren. In einer Verherrlichung des Kronprinzen Rudolf von Österreich berichtete dieser Tage der Pariser ›Figaro‹ aus Wien, wie die Gestalt des Kronprinzen Rudolf sich seit einiger Zeit in Umrissen abhebe, welche allerseits Aufmerksamkeit und Sympathie wach rufen ... Kronprinz Rudolf sei für den Dualismus ohne Vorbehalt, aber er wolle kein Österreich, das der Vasall seiner Verbündeten sei. Es ist auffallend, daß diese Gedanken sich begegnen, ja bedenklich in deutschfeindlichem Sinne entwickelt werden durch eine neue Wiener Wochenschrift ›Schwarzgelb‹, welche von Pariser Blättern sehr beachtet wird.« Es folgten ausführliche deutschfeindliche Zitate aus »Schwarzgelb«.
Dehn wies auch auf die Verbindung zum »Pester Lloyd« hin: »Ähnlichen Gedanken, wenngleich nicht so keck und schroff ausgesprochen, begegnen wir im ›Pester Lloyd‹ ... Wie man sieht, ist die Ähnlichkeit des Gedankenganges der altösterreichischen Deutschfeinde und der Goldenen Internationale in Ungarn ganz überraschend ... Kaiser Franz Josephs I. Bundestreue ist allerdings über allen Zweifel erhaben. Als oberste Aufgabe haben die österreichisch-ungarischen Staatsmänner indes darauf zu rechnen, daß unter den angedeuteten staatserschütternden Strömungen Österreich-Ungarns Widerstandskraft nicht bis zur Bündnisunfähigkeit geschwächt wird. Deutschland benötigt und verlangt einen starken Bundesgenossen und nicht die Wiederherstellung eines schwachen Weltreiches, in welchem alle Nationalitäten, Stände und sonstige Interessengrup-

pen um die Herrschaft kämpfen, um dieselbe schließlich völlig unter den Einfluß der Goldenen Internationale gelangen zu lassen. Sind doch im wesentlichen alle die angedeuteten, von Paris her treibend geschürten Anfeindungen und Verhetzungen auf diese dunkle Macht zurückzuführen[51].«

Daß Bismarck gleich nach Erscheinen dieses Artikels im »Deutschen Tageblatt« telegraphisch von seiner Wiener Botschaft einen Bericht forderte, ist verständlich. Aus Wien kamen jedoch Beschwichtigungen: »Das Programm der Zeitung ... [»Schwarzgelb«] ist so ungeheuerlich, daß derarte, den Krieg mit allem Bestehenden in sich schließende Aspirationen kaum eine ernste Beachtung verdienen. Für einzelne Theile dieses Programmes könnten wohl einflußreiche Persönlichkeiten, ja auch gewisse Fraktionen und Kasten sich erwärmen, ein Groß-Österreich, im Theresianischen Geiste regirt, ist noch jetzt das Ideal der besten österreichischen Patrioten, die Gesammtheit der Tendenzen des Winkelblattes wird aber heut zu Tage innerhalb der schwarzgelben Grenzpfähle kein ernsthafter und nicht vom Ausland erkaufter Politiker vertreten wollen.

Ganz unrichtig ist es ferner, wenn Herr Dehn in der Einleitung des betreffenden Aufsatzes gewissermaßen Seine Kaiserliche Hoheit den Kronprinzen Rudolf als Gönner und Förderer derarter Bestrebungen hinstellt und von fingirten persönlichen Gegensätzen spricht, deren öffentliche Besprechung, selbst wenn sie wirklich vorhanden wären, im Interesse der Beziehungen zwischen hier und Berlin keinesfalls zulässig erscheint.

Kronprinz Rudolf steht zwar nach wie vor in Verbindung mit dem Revolver-Journalisten Szeps, der gewissermaßen die Aufgabe sich angemaßt hat, für die wissenschaftlichen Bestrebungen Seiner Kaiserlichen Hoheit Reklame zu machen, beziehungsweise auch der nicht eben großen Popularität des hohen Herrn künstlich etwas nachzuhelfen. Wenn auch die Vielseitigkeit, die Gewandtheit und die Schmeichelkünste dieses gefährlichen Individuums den Herrn Erzherzog oft ganz umgarnen, wäre es doch unbillig, Seine Kaiserliche Hoheit für jeden Artikel und die Tendenzen besser Tendenzlosigkeit des Szepsschen Tagblattes verantwortlich zu machen. Der stets in Geldnot befindliche verschwenderische Journalist nimmt eben Subventionen, von wem es auch immer sei, und bringt namentlich oft französische Artikel, die je antideutscher ausklingen, je reichlicher die Pariser Spenden fließen ... jedenfalls wird Seine Kaiserliche Hoheit zu keinerlei Berathungen herangezogen; man thut daher Unrecht, wenn man den Herrn Erzherzog für Dinge verantwortlich machen will, die Hochderselbe selbst beim besten Willen nicht zu ändern im Stande ist[52].«

Wie Botschaftsrat Graf Monts, so verteidigte auch Botschafter Prinz Reuß den Kronprinzen gegenüber Bismarck nach Kräften, wenn seine Informationen auch nicht gerade auf dem neuesten Stand waren: »Meine langjährige aufmerksame Beobachtung dieses hohen Herrn erlaubt mir indessen nicht, ihn wegen dieser Verbindungen [mit Szeps] französischer Sympathien anzuklagen. Er ist neugierig zu wissen, was in Frankreich vorgeht und macht sich ein eitles Vergnügen daraus, die Sachen früher und angeblich besser zu wissen, wie der Minister des Äußeren ... Was seine Sympathien und Antipathien in der auswärtigen Politik betrifft, so ist der Kronprinz ein entschiedener Gegner Rußlands. Ich habe dies aus häufigen Äußerungen, die er gegen mich und Andere gemacht hat, mit Bestimmtheit entnehmen können. Auch gehörte er hier zu den Militärs, die in den letzten Monaten des Jahres 1887 das Heil Österreichs nur in einem an der Seite *Deutschlands* geführten Krieg gegen Rußland suchten. Mag dieser Wunsch, an unserer Seite zu fechten, nun aus der Überzeugung hervorgehen, die hier fast jeder österreichische Officier theilt, daß nur im Bunde mit uns Lorbeeren zu pflücken seien, jedenfalls habe ich den Kronprinzen immer nur als den entschiedensten Anhänger unseres Bündnisses nennen hören. Daß dieses Bündniß bei den hiesigen Klerikalen und Czechen nicht populär ist, dürfte den Kronprinzen nur in seinen Ansichten bestärken. Es ist zu bedauern, daß der künftige Kaiser von Österreich so wenig Religion hat, daß seine Ansichten an Atheismus grenzen, denn diese Principien werden ihn seinen katholischen künftigen Unterthanen immer mehr entfremden. Andererseits ist der Erzherzog aber hierdurch der Einwirkung römisch-jesuitischer Politik entrückt, die bis jetzt vergeblich sich bemüht hat, bis zu ihm durch zu dringen[53].«

Ungleich bessere Informationen als die Deutsche Botschaft in Wien hatte allerdings der österreichische Autor eines »Wiener Briefes«, der Ende November 1888 in der konservativen Berliner »Kreuz-Zeitung« erschien. Dieser Artikel erregte große Aufregung in Rudolfs Freundeskreis, denn er zeigte, wieviel die innenpolitischen Gegner des Kronprinzen bereits über Rudolfs am Hofe so geschickt verheimlichte politische und publizistische Aktivitäten wußten. Auch in der »Kreuz-Zeitung« wurden politische und weltanschauliche Motive vermengt, der »christliche« deutsche Kaiser Wilhelm gegen den »verjudeten« österreichischen Kronprinzen ausgespielt. Der bezeichnende Titel des langen Dreispalters: »Eine internationale Aktion des Groß-Judenthums«:

»Das Großjudenthum, das in der That eine Großmacht ist, gerade weil es international und daher in allen Staaten gleichmäßig und systematisch arbeitet, ist von einem tiefen Hasse gegen Deutschland erfüllt, seit es in dessen energischem und machtbewußten Herrscher, ob mit Recht oder Unrecht, wollen wir ganz unerörtert lassen, seinen Feind und zwar nur deshalb erblickt, weil derselbe seine tiefinnerste religiöse Überzeugung und seine treue Anhänglichkeit an die Lehren des Christenthums stark betonte, und als ein mächtiger Hort der in unserer Zeit nahezu unterdrückten, oder mindestens zurückgedrängten christlichen Lebensanschauung sich zu erkennen gab.

In diesem ernsten, nicht zu unterschätzenden Kampfe war das Großjudenthum natürlich bemüht, sich Alliirte zu suchen. Vor allem lag es hiebei nahe, an Frankreich zu denken als einen Staat, der nicht nur durch seinen traditionellen Haß gegen Deutschland sich zu jeder solchen Aktion von selbst empfahl, sondern der durch den Zersetzungsprozeß, in dem er sich befindet, dem korrumpirenden und nur auf Korruption gestützten Einflusse jener dunklen Macht auch am leichtesten zugänglich war.

Mit Frankreich allein war aber noch wenig gewonnen, und so warf man sein Auge sofort auch auf Österreich-Ungarn, wo ja unter der langjährigen Herrschaft des Liberalismus das Großjudenthum alle wichtigen Positionen mehr oder weniger in seinen Besitz gebracht und bis heute erhalten hat. Da die über jeden Zweifel erhabene

Bundestreue des ritterlichen Kaisers auf Habsburgs Thron ein direktes Gelingen dieser Bestrebungen ausschloß, so versuchte man es bei einer dem Throne nahestehenden Persönlichkeit. Systematisch und von langer Hand vorbereitet wurde auf die Umgebung des hohen Herrn einzuwirken versucht. Man benützte die Vorliebe desselben für literarische Thätigkeit, um zwei ihrer Abstammung nach jüdische wenngleich getaufte, aber darum nicht minder für das Judenthum verläßliche ›Dichter‹ in persönlichen Verkehr mit ihm zu bringen, denen es auch gelang, sich in sein Vertrauen einzuschleichen. Der eine, ein ursprünglich deutscher Jude, dann chauvinistischer Magyare war zugleich dazu ausersehen, die Interessen der vollständig in Judenhänden befindlichen liberalen Partei Ungarns an jener Stelle zu vertreten.

Als die Seele und zugleich der Geldgeber für alle diese Bestrebungen trat ein Pariser Banquier und Millionenbesitzer auf, der Sohn eines ehemals baierischen Hofbanquiers, ein fanatischer Jude, der als politischer Agent Frankreichs seine großen finanziellen Erfolge im Oriente wesentlich der französischen Unterstützung zu danken hatte, und der nun sein Geld dazu benutzte, um auch in Wien und Budapest zahlreiche und wichtige Beziehungen anzuknüpfen und sich einer Reihe einflußreicher Persönlichkeiten dort zu versichern. Er nahm mehrere, ebenso gewandte als gewissenlose Journalisten in seinen Dienst, die ihm nicht nur publizistisch dienten, sondern durch ihre Beziehungen zu jenem hohen Herrn, der ahnungslos das Treiben dieser Leute in seiner Nähe duldet, ihm werthvoll erschienen. Er versicherte sich zugleich des Wohlwollens und der Dienstbereitschaft jener in Österreich so allmächtigen geheimen Nebenregierung, durch die ihm zugleich ein bedeutender Einfluß auf bureaukratische Kreise erschlossen wurde. Ja seine Beziehungen zu einer hochstehenden Persönlichkeit in England, deren Abneigung gegen Deutschland kein Geheimniß ist, ermöglichten es ihm, das Netz der gegen Deutschland gerichteten Intriguen selbst über den Kanal zu spinnen oder mindestens den Schein dafür zu erwecken. Wie weit er hierbei Werkzeug ist und was seiner eigenen Initiative zufällt, läßt sich natürlich nicht bestimmen; wohl aber treten nicht zu verkennende Anzeichen als Symptome dieser Minirarbeit immer mehr zu

Tage.« Szeps als auch Bresnitz wurden als Agenten des Baron Hirsch genannt.
Der »Wiener Brief« prangerte vor allem die liberale Partei an: »So lange die liberale Parthei in Österreich-Ungarn nur ein Werkzeug in der Hand des Großjudenthums ist, und sie ist dies heute mehr denn je, wird sie absolut nicht als die Stütze eines Bündnisses Österreich-Ungarns mit dem Deutschland Kaiser Wilhelms II. betrachtet werden können, weil der allein maßgebende Faktor dieser Parthei von einem tiefen Hasse gegen ein konservatives Deutschland und dessen christlichen Herrscher erfüllt ist[54].«
Der Kronprinz schrieb am Tag nach dem Erscheinen des Artikels an Szeps: »Eben vom Lande wiedergekehrt, finde ich in allen Blättern die Berliner Zeitungskampagne gegen uns. Haben Sie ein Exemplar der ›Kreuzzeitung‹? Was ist da für pamphletartiges Zeug geschrieben? Könnten Sie mir nicht den Artikel verschaffen[55]?«
Szeps antwortete verzweifelt: »Die ganze Pressemeute ist losgelassen. Und hier in Wien wacht sorgsam der Staatsanwalt und konfisziert jedes noch so vorsichtige Wort, das sich gegen Preussens Dynastenfamilie richtet. Aber in Berlin darf mit unverfrorener Frechheit Alles gedruckt werden ... So ein schamloses Blatt wie die ›Kreuzzeitung‹ darf den Kronprinzen Rudolf ›in ungeheuerlicher Weise‹, wie der Korrespondent telegrafirt, angreifen, aber eingeschritten wird nur – vom österreichischen Staatsanwalt gegen Wiener Blätter[56].«
Gleich begann das Rätselraten über den Autor dieses auf so stupend guten Informationen fußenden Artikels. Der Berliner Korrespondent des »Wiener Tagblatt« schrieb an Szeps, es sei wahrscheinlich, daß der Autor kein Deutscher, sondern Österreicher sei, und man vermute den klerikal-konservativen Professor Maaßen.
Der deutsche Militärattaché Graf Deines hatte für Bismarck bessere Informationen: »Im Reichskriegsministerium, wo man über die hiesigen Preßverhältnisse meist gut informiert ist, bestätigte man mir heute die von anderer Seite zu meiner Kenntniß gelangte Nachricht, daß der Einsender der Schmähartikel über den Kronprinzen Rudolf an die Berliner konservativen Zeitungen ein bekannter hiesiger Journalist Vogelsang sei. Diese Ansicht stehe bei allen Wohl-

informirten fest[57].« Durch die folgenden diplomatischen Berichte nach Berlin wurde klar, daß Karl Freiherr von Vogelsang, Chefredakteur des »Vaterland« und Mitbegründer der christlichsozialen Partei Österreichs, gemeint war.
Auch wenn der Kronprinz über die Person seines Hauptgegners in der Pressefehde vielleicht nicht richtig informiert war, so mußte ihm doch klargeworden sein, daß nicht Wilhelm II. oder gar Bismarck hinter den Angriffen auf ihn standen, sondern Österreicher, die sich, weil sie in Österreich-Ungarn durch die Zensur daran gehindert wurden, in ausländischen Zeitungen gegen ihren zukünftigen Kaiser wehrten und offene Opposition gegen ihn, seine liberale Überzeugung und seine jüdische Umgebung betrieben – und daß ihre Informationen gefährlich gut waren und allen raffinierten Geheimhaltungstricks trotzten.
Wenn man annimmt, daß die Diskussion über das deutsch-österreichische Bündnis mit voller Absicht entfacht worden war, um das Bündnis, dessen Verlängerung ja für 1889 anstand, zu Fall zu bringen, so muß das Ergebnis dieser waghalsigen Aktion als katastrophal angesehen werden. Der beabsichtigte Schuß ging nach hinten los: statt das Bündnis und den Bündnispartner zu diskreditieren, war die Person des Kronprinzen ins Schußfeld der Zeitungen geraten. Moriz Szeps war schon Ende November 1888 verzweifelt bemüht, die Wogen zu glätten. Er zog in einem schwungvollen Artikel »Die Berliner Damenkapelle« die ganze Pressefehde ins Lächerliche und schloß: »Zu einer wirklichen Beunruhigung, zu einer leidenschaftlichen Aufregung ist kein Anlaß geboten. Vielleicht singt das Orchester bald, wie im ›Faust‹ pianissimo:

›Wolkenzug und Nebelflor
Erhellen sich von oben.
Luft im Laub und Wind im Rohr,
Und Alles ist zerstoben[58].‹«

Die deutschen offiziellen und halboffiziellen Zeitungen wie die »Norddeutsche Allgemeine« oder »Die Post« erklärten schließlich, um die unfruchtbare Fehde zu beenden, es seien hauptsächlich österreichische Antisemiten gewesen, die den Kampf gegen den österreichischen Kronprinzen in deutschen Zeitungen entfacht und durchgekämpft hätten: »Diese Herren sind erbittert gegen den österreichischen Thronfolger, weil sie wissen oder glauben, daß dieser ihrer Agitation vorzugsweise abgeneigt gegenübersteht. Da die Herren überall das Judenthum sehen, so verleumdeten sie auch den Thronfolger, daß er in den Händen der Juden sei und von diesen aufgehetzt gegen den Deutschen Kaiser[59].«

13. Kapitel

Der Weg nach Mayerling

Die Enttäuschungen und Rückschläge der Jahre 1887 und 1888 konnten sich deshalb so katastrophal auswirken, weil der Kronprinz inzwischen seine Gesundheit eingebüßt hatte. Über die Art der Krankheit gab es am Hof kaum Zweifel, auch wenn offiziell lediglich von Rheuma, Bronchitis, Blasenerkrankung, Gelenkentzündung die Rede war. Im Frühjahr 1886, also im Alter von 27 Jahren, mußte sich Rudolf nach dem heftigen Ausbruch der Krankheit und völliger Erschöpfung auf die Mittelmeerinsel Lacroma zurückziehen, um sich dort zu erholen. Kronprinzessin Stephanie, die ihn begleitete, erkrankte einen Monat später. Sie schrieb (und scheute sich dann doch, den Passus in ihren Memoiren drucken zu lassen): »Ich selbst ahnte den Grund meines Leidens nicht. Auf hohen Befehl wurde alles vertuscht, die Ärzte auf Schweigen beeidigt. Erst später entdeckte ich und erfuhr ich, daß der Kronprinz an meinem Leiden schuld war. Auch ihn hatte die furchtbare Seuche erfaßt, die noch vor niemandem Halt macht, sofern ihr Leichtsinn oder fluchwürdiges Erbe Tür und Tor öffnet[1].«
Die Krankheit war der Anfang vom Ende, das wußte der Kronprinz nur zu gut. Seine immer häufigeren Depressionen, andererseits seine wilde Lebensgier der letzten beiden Lebensjahre werden erst durch die Krankheit verständlich. Das Auf und Ab zwischen Hoffnung nach vorübergehender Besserung und Verzweiflung nach neuen Krankheitssymptomen machten seinen Gemütszustand labil und schwächten seinen Willen.
Ein Übel zog das andere nach sich: Rudolf scheute sich ganz offensichtlich, dem Vater gegenüber seine Schwäche zuzugeben. So erfüllte er gewissenhaft seinen militärischen Dienst in Wind und Wetter, auf anstrengenden Reisen und arbeitete nebenher wie gewohnt

am Schreibtisch an seinen politischen Plänen und journalistischen Arbeiten, so daß ihm, wie alle Leute seiner Umgebung übereinstimmend aussagten, kaum drei bis fünf Stunden Schlaf blieben. Seine Angst vor dem übermächtigen Vater war zu groß, als daß er es gewagt hätte, ihn um Schonung zu bitten.
Im März 1887, auf der so schicksalsschweren Reise nach Berlin, nahm er zuerst, und zwar auf Anweisung des Arztes, Morphium, um die offiziellen Empfänge nicht mit seinen ständigen Hustenanfällen stören zu müssen und nicht unliebsam aufzufallen. Rudolf schrieb an Stephanie aus Berlin: »Die letzten Tage waren sehr anstrengend; von früh bis abends ununterbrochene Hetze, Besichtigungen, Diners, Frühstücke, unzählige Visiten, nebst alle dem die wichtigen Dinge, die ich hier abmachen mußte; gestern kam ich erst gegen 10½ abends zuhaus und um 1 Uhr früh saß ich noch am Schreibtisch; so geht es immer fort ... Meinen Husten kann ich nicht los werden, oft hört es für viele Stunden auf, dann kommen wieder förmliche Krämpfe, die besonders bei Diners und dergleichen Sachen sehr lästig sind. Ich bekämpfe das mit Morphin, was an und für sich schädlich ist. In Abbazia werde ich mir das abgewöhnen ...[2]«
Es sind Anzeichen dafür vorhanden, daß Rudolf von dieser Zeit an, auch als der Husten abgeflaut war, das Morphium weiter einnahm, nun jedoch heimlich, wobei offenbar der Kammerdiener Loschek half. Morphium, Alkohol und Frauen, in Stunden der Depression, der Melancholie als Rauschmittel benützt, um der tristen Wirklichkeit zu entgehen, verschlimmerten das Elend nur noch.

Noch vor der Berlinreise ließ sich der Kronprinz vom Leiter seines Sekretariates, Heinrich von Spindler, ein »Allgemeines Inventar über das bewegliche und unbewegliche Eigenthum« machen. Er gab diese detaillierte Aufstellung dem Hofmarschallamt mit folgendem Testament in Verwahrung:
»Nachstehendes Testament habe ich bei vollkommen klarer Besonnenheit eigenhändig niedergeschrieben und bitte Seine Kaiserliche und Königliche Apostolische Majestät unterthänigst, die Mühe als Testament-Executor gnädigst auf sich nehmen zu wollen; und

auch die Vormundschaft über meine Tochter Elisabeth zu übernehmen. Zur Universalerbin meines beweglichen und unbeweglichen Vermögens bestimme ich meine Tochter Elisabeth; meiner Gemahlin Stephanie bestimme ich den lebenslänglichen Nutzgenuß des gesamten Vermögens. Im Falle ihrer Wiederverehelichung hört der Nutzgenuß gänzlich auf und geht auf meine Tochter über. Im Falle der Verehelichung meiner Tochter wird der Nutzgenuß zwischen beiden getheilt.

Ferner bestimme ich:

1. 50 000 fl. schenke ich dem Leiter meines Sekretariates Oberst von Spindler, im Falle seines Ablebens seinem Sohne oder seiner Tochter, falls dieser nicht mehr lebt.
2. 20 000 fl. schenke ich dem Obersthofmeister Graf Carl Bombelles, im Falle er nicht mehr am Leben wäre, fällt dieser Betrag an die Universalerbin zurück.
3. 30 000 fl. sollen nach Angabe und Ermessen meiner Frau an meine Kammerdiener, Büchsenspanner, Stallpersonale und an jene Personen des Jagdpersonales im Wienerwald, Görgeny, Laxenburg und den Donau-Auen vertheilt werden, von denen sie weiß, daß sie mich besonders gut bedienten.
4. Den großen Kasten mit den Aquarellen (Hochzeitsgeschenk der Wiener Industriellen) vermache ich den Hofsammlungen.
5. Von meinen in Gebrauch habenden Säbeln und modernen Jagdwaffen, sowie auch von allen meinen Jagdtrophäen sollen an Bekannte und Verwandte nach Angabe meiner Frau Andenken vertheilt werden; was erübrigt, vermache ich meinen Kammerdienern und Büchsenspannern.
6. Alle meine Jagd- und Luxushunde vermache ich meinen Jägern sowie Büchsenspannern, als auch dem Personale im Wienerwald und in den Donau-Auen.
7. Alle meine Kleider, Wäsche, Schuhe vermache ich meinen Kammerdienern.
8. Meine naturhistorischen Sammlungen vermache ich Wiener Unterrichtsanstalten, nach Ermessen meiner Frau.

Ich befehle ferner, daß die bestehenden Jagdpachtungen in Görgeny Szt. Imre, Liptau und im Wienerwalde nach meinem Ableben au-

genblicklich aufzulassen sind, desgleichen nach Ausräumung meines Besitzes die Pachtung des Schlosses in Görgeny Szt. Imre.
Meine Schreibtische in Wien und Laxenburg sollen in Gegenwart meiner Frau vom Sectionschef des Äußeren, Herrn Ladislaus von Szögyenyi-Marich aufgemacht und die Schriften nach seinem Ermessen theils vertilgt, theils aufgehoben werden.
Daß diese eigenhändig von mir geschriebene Anordnung mein freier Wille ist, bestätige ich mit meiner Unterschrift und meinem Siegel.
Wien, 2. März 1887. Kronprinz Erzherzog Rudolf, Fmlt[3].«

Noch nicht einmal acht Jahre waren seit Rudolfs erstem Testament vor der Spanienreise vergangen, in dem er jungenhaft-burschikos einen »letzten Abschiedskuß in Gedanken allen schönen Frauen Wiens, die ich so sehr geliebt!« vermacht und Bombelles seine Jagdhunde angepriesen hatte (»der eine ist gut und treu und der andere kann sehr schön lachen«). In diesem zweiten, endgültigen Testament, das schon knapp zwei Jahre später in Kraft treten sollte, machte ein 28jähriger müder und kranker Mann Bilanz über recht bescheidene Werte, bedenkt man den Anspruch, mit dem dieser einst strahlende Prinz in die Welt getreten war.
Rudolfs Berlinreise im März 1887, die zum Umschwung seiner politischen Pläne geführt hatte, zeichnete ihn sichtbar. Stephanie: »Als ich nach Wien zurückkam, fand ich den Kronprinzen stark verändert. Nicht nur, daß seine Gesundheit erschüttert war, auch seine Unrast hatte zugenommen; seine Jagdleidenschaft hatte sich ins Unnatürliche gesteigert und seine Abende verlebte er in Kreisen, in die ich ihm nicht folgen konnte. Ich fühlte deutlich, daß er mir jetzt völlig entglitten war, hinabgezogen in eine andere Welt. Heute weiß man, daß das veränderte äußere Wesen des Kronprinzen nur eine Folge des schweren moralischen und politischen Konfliktes war, aus dem er sich nicht mehr befreien konnte. Das war die Zeit, da sich das Schicksal des Kronprinzen Rudolf entschied ... Es war traurig, daß man von alledem, solange es sich noch vorbereitete, nichts wußte oder aber wissen wollte[4].«
Eine Zeitlang fand der Kronprinz Entspannung in der Natur. Bei

seinen tage- und nächtelangen Streifzügen durch die Auen, oft nur mit einem Begleiter, meist einem der treuen Diener, manchmal auch ganz allein, verlor er die Angst, die ihn in der Wiener Hofburg wie ein düsterer Schatten verfolgte.

Im Februar 1888 trat eine ansteckende Augenentzündung auf, die auch die Jagd unmöglich machte. Bei seinen Reisen wurde Rudolf inzwischen von einem Arzt begleitet, nicht dem kaiserlichen Leibarzt Dr. Widerhofer oder seinem persönlichen Leibarzt Dr. Auchenthaler, sondern Dr. Johann Lanyi, dessen Anwesenheit scharfe Beobachter gleich richtig deuteten. Er war Stabsarzt und Spezialist für venerische Krankheiten. Die üblichen Quecksilberkuren wurden angewendet. Bezeichnend für die Geheimnistuerei rund um die Person des Kronprinzen ist, daß aus dem Rezeptbuch der Hofapotheke selbst das Blatt mit den Rezepten für den Kronprinzen aus dem Jahr 1888 herausgerissen und sorgfältig ein früheres, harmloses eingeklebt wurde.

Rudolfs Zeitgenossen wußten trotzdem Bescheid. Die Symptome der Krankheit waren vor allem in Armee- und auch Hofkreisen wegen der großen Verbreitung gut bekannt. (Medizinische Sachverständige, die eine Rekonstruktion des Krankheitsbildes versucht haben, neigen der Auffassung zu, daß Rudolf an Gonorrhöe litt, die nach dem damaligen Stand der Medizin unheilbar war.)

Immer quälender wurden die Gelenkschmerzen, die vor allem das öffentliche Exerzieren, das Paradeabnehmen, das Reiten erschwerten und zu peinlichen Szenen führten. Der Kronprinz magerte ab, wurde bleich und alt. Der 30. Geburtstag im August 1888 war Anlaß zu tiefer Resignation. Rudolf schrieb an Szeps: »30 Jahre ist ein großer Abschnitt, kein eben zu erfreulicher; viel Zeit ist vorüber, mehr oder weniger nützlich zugebracht, doch leer an wahren Taten und Erfolgen. Wir leben in einer schleppenden, versumpften Zeit; wer weiß, wie lange das noch so fortgehen wird. Und jedes Jahr jetzt macht mich älter, weniger frisch und weniger tüchtig, denn die notwendige und nützliche, doch auf die Länge hin ermattende alltägliche Arbeit, das ewige Sichvorbereiten und die stete Erwartung großer umgestaltender Zeiten erschlaffen die Schaffenskraft! Sollen die Hoffnungen in Erfüllung gehen und die Erwartungen, die Sie auf

mich setzen, dann muß bald eine große, für uns glückliche, kriegerische Zeit kommen, nach deren siegreichen Abschluß die Basis geschaffen wird, um auch in friedlicher Arbeit im alten Österreich umgestaltend Großes zu leisten.
Ein Menschenleben, wenn es in ruheloser Bewegung und oft, ich kann sagen, meistens, in aufreibender, anspannender, weil so vielgestaltiger Thätigkeit zugebracht wird, ist kurz, kurz in der Epoche der wahren geistigen Beweglichkeit und Leistungsfähigkeit. Wie immer es sei, man muß an die Zukunft glauben; ich hoffe und rechne auf die nächsten zehn Jahre[5]!« (Die Wendung, daß »bald eine große, für uns glückliche, kriegerische Zeit kommen« müsse, bietet Anlaß für Mißverständnisse: Es war kaum ein Krieg Österreichs gegen Rußland gemeint, wie in Rudolfs Briefen während der Orientkrise 1885 bis 1887, sondern – gleichlautend dem Sprachgebrauch der Zeitschrift »Schwarzgelb« – eine Auseinandersetzung Frankreichs mit Deutschland, bei der Österreich an der Seite Frankreichs und mit Rußland durch Verträge abgesichert um die Wiederherstellung seiner »alten« Größe kämpfen würde.)
Während Rudolf immer deutlicher erkennen mußte, daß er nach menschlichem Ermessen nicht den Thron besteigen und auch ohne männliche Nachkommen bleiben würde, mußte er den unaufhaltsamen Aufstieg seines Intimfeindes, des Prinzen Wilhelm, miterleben. Dieser hatte es inzwischen zu vier Söhnen gebracht und wurde mit 29 Jahren Kaiser. Rudolfs hysterisch wirkende Aktionen gegen seinen deutschen »Freund« sind sicherlich auch aus der Erkenntnis der eigenen Schwäche und Hilflosigkeit erklärbar.
Aggressivität wurde zu einem vorher nicht gekannten Wesensmerkmal des Kronprinzen, was auch der gut informierte Anonymus des »Börsen-Courirs« bestätigte: »Diese Lebensführung, verbunden mit fortgesetzten ganz ungewöhnlichen geistigen Anstrengungen – er arbeitete fieberhaft und in den schwersten Disciplinen, z. B. der National-Ökonomie – steigerte seine Nervosität so sehr, daß der Verkehr mit ihm immer schwieriger wurde. Peinliche Szenen, die sich seit dem Frühjahr 1887 immer häufiger ereigneten, beweisen, daß er schon damals zeitweilig die Herrschaft über sich selbst verloren hatte; kam es nicht direct zu peinlichen Auftritten, so gab er

doch fortwährend seinen Sympathien und Antipathien so unverhohlen Ausdruck, wie es ein Mann in seiner Lebensstellung nicht thun darf, und die unzähligen Verdrießlichkeiten, die er sich dadurch zuzog, wirkten wieder ungünstig auf seine Stimmung zurück. Er litt nun wieder an Anfällen der tiefsten Melancholie, sprach bald in ganz stereotypen Ausdrücken und gegen Jedermann die Ahnung seines frühen Todes aus (›Ich weiß, daß ich jung sterben muß‹ – ›Mir ist prophezeit, daß ich durch eine Kugel fallen muß‹ – nach einer Pause ›also natürlich auf dem Schlachtfeld‹), und fragte Jedermann – darunter Leute, an deren Ansicht ihm wahrlich nichts liegen konnte –, um seine Meinung über das Jenseits (›Glauben Sie an die Unsterblichkeit der Seele?‹)[6].«

In seiner Verzweiflung und Resignation, dann wieder seinem fanatischen Patriotismus der letzten Lebensmonate war sich der Kronprinz selbst der größte Feind. Er lud Schuld auf sich, die wenige Jahre vorher noch undenkbar gewesen wäre, so in der Affäre um Engelbert Pernerstorfer. Pernerstorfer (der später Sozialist wurde) war 1888 noch erklärter Deutschnationaler und Habsburggegner. Er wurde deswegen immer wieder vom »Wiener Tagblatt« angegriffen, vor allem im Februar 1888, als er im Abgeordnetenhaus das Wort vom »bornierten österreichischen Patriotismus« hatte fallen lassen. Außerdem hatte er unter dem Schutz der Immunität auf die Verwilderung der Sitten in der höchsten Gesellschaft hingewiesen und folgende Einzelheiten, freilich ohne Namen zu nennen, aufgetischt:

»Mir ist eine Geschichte bekannt von einem sehr jungen und sehr hohen Herrn, der mit seinen Kameraden, lauter hohen Herrn, auch sehr jungen Herren, nach einem wüsten Gelage diese seine Freunde in das Zimmer seiner Frau führen wollte. Weiter ist mir die Geschichte bekannt von einem sehr jungen, sehr hohen Herrn, der mit seinen Kameraden, lauter fürstliches Blut, dahinstürmte auf den Pferden auf einem weiten Felde, wo sie von fern einen Leichenzug sahen, den sie stillzustehen zwangen, und all dies edle Fürstenblut machte sich ein Vergnügen daraus, über den Sarg hinüberzuspringen. Da ist mir weiter eine Geschichte bekannt aus einer Stadt, die freilich keine Universität besitzt, aber eine Kavalleriekaserne, wo junge Herren etwas getan haben, was vielleicht dem Herrn Unterrichtsminister bekannt ist; wenn sie ihm aber nicht bekannt ist, dann möge er sich erkundigen und die patriotische Entrüstung, welche der Herr Unterrichtsminister jederzeit zur Verfügung hat, wird deswegen nicht geringer werden, weil die Stellung eines dieser Männer eine verflucht hohe ist. Wenn man diese beglaubigten Beispiele, die man in ganzen Kronländern weiß, vorführt, dann wird man mit Berechtigung von der Verrohung und der Verwilderung sprechen können; das ist aber nicht die bürgerliche Jugend, nicht die Jugend des gemeinen Volkes, das ist eine sehr vornehme Jugend[7].«

Zur Erläuterung: die Schlafzimmergeschichte zielte auf Erzherzog Otto, den Vater des späteren Kaisers Karl, der nach einem Gelage seine Zechkumpane in das Schlafzimmer seiner berühmt frommen Frau geführt hatte, um ihnen, wie er sagte, »eine Klosterschwester« zu zeigen[8]. Auch mit der Affäre in der Kaserne war Otto gemeint, eine üble und heute schwer aufzuklärende Geschichte eines Zechgelages in Enns, bei der ein Unteroffizier der Dragoner starb[9]. Die Affäre mit dem Sarg schließlich ging auf das Konto von Ottos älterem Bruder, Erzherzog Franz Ferdinand, dem späteren Thronfolger. Alle drei Geschichten kursierten im geheimen Tratsch, gelangten aber wegen der strengen Zensur in keine Zeitung.

Zehn Jahre früher, unter Mengers Einfluß, hatte der Kronprinz selbst die Mißstände des adeligen Lebens kritisiert und ihnen die Tugenden des Bürgertums entgegengehalten. Sei es, daß er in dieser Rede einen willkommenen Anlaß sah, gegen den wegen seiner deutschnationalen Reden gehaßten Pernerstorfer aufzutreten, sei es aus Solidaritätsgefühl mit den in diesen Jahren häufiger in seiner Gesellschaft zu findenden erzherzoglichen Vettern – jedenfalls mischte sich Rudolf, der ja persönlich gar nicht angesprochen war, in diese fatale Angelegenheit ein. Er verabredete mit Erzherzog Otto (»Bolla«), Pernerstorfer verprügeln zu lassen, so wie es Prinz Wilhelm mit dem Liberalen Eugen Richter hatte machen wollen.

Zehn Tage nach seiner Rede im Abgeordnetenhaus wurde Pernerstorfer in seiner Wohnung von zwei ihm unbekannten Männern überfallen und mit Stöcken geschlagen, aber nicht schwer verletzt. Die Krone der Geschmacklosigkeit war, daß Moriz Szeps im »Wiener Tagblatt« (über die Hintermänner des Anschlages bestens informiert) sofort versuchte, den Verdacht auf die mit Pernerstorfer zerstrittenen Schönerer-Anhänger zu lenken.

Die Täuschungsmanöver mißlangen. Einige Tage später schrieb Rudolf an seine Frau, die, wie man sieht, erstaunlicherweise in die ungute Geschichte eingeweiht war: »Die Polizei hat mir schlechte Stunden bereitet, sie haben die Spuren entdeckt und auch das Regiment, von welchem die Prügel ausgegangen sind. Die Leute konnten sie nicht finden, denn wir haben den einen in Südungarn, den anderen in der Herzegowina angebaut. Es hat meine ganze Frechheit und Findigkeit dazugehört, um mich und Bolla aus allem zu salviren. Jetzt sind wir wieder ganz in Sicherheit[10].«

Doch Pernerstorfer sprach in einer geheimnisvollen Rede einen Monat später vom »Besuch zweier Strolche aus der besseren Gesellschaft« und meinte: »Gewisse Dinge, so scheint es, dürfen nicht aufgehellt werden ... Ich habe bis jetzt darüber niemals gesprochen, weil es mich anwidert, über persönliche Dinge zu sprechen, aber, meine Herren, es gibt auch Leute, die gesagt haben: ›Ja, Sie wissen nicht, wer die Leute sind? Die Polizei weiß das ganz genau[11].‹«

Die Gerüchte um eine Beteiligung des Kronprinzen an der Affäre Pernerstorfer zogen weite Kreise. Nicht nur die Deutschnationalen, auch die Antisemiten und die Christlichsozialen sahen darin einen Anlaß, um publizistisch gegen den ihnen verhaßten Kronprinzen vorzugehen. Da sie das aber in Österreich nicht tun konnten, verlegten sie den Kampf auf das Ausland, nach Paris und Berlin.

Im Oktober 1888 erschien in Paris ein neues Buch des bekannten französischen Antisemiten Edouard Drumont: »La fin d'un monde.« Im Vorwort ging Drumont ziemlich unvermittelt auf österreichische Verhältnisse ein und tadelte, daß Österreich-Ungarn »noch verjudeter« als Frankreich sei. »Keine Hoffnung auf Erholung scheint für diese Monarchie möglich, die in Verwesung fällt. Irregeführt durch schlechte Ratgeber, führt der Thronerbe, Erzherzog Rudolf, ein schändliches Leben.« Dann zitierte Drumont ausführlich die Rede des »Antisemiten« Pernerstorfer, und zwar so, daß der Leser glauben mußte, der Kronprinz sei gemeint gewesen. In einer Anmerkung hieß es außerdem: »Statt sich bei Pernerstorfer zu bedanken, daß dieser ihm die Unwürdigkeit seines Verhaltens zeigte, wollte Erzherzog Rudolf den energischen Redner halbtot schlagen lassen.«

Ganz massiv wurde Rudolfs Privatleben angegriffen: »Die Prinzen scheinen es sich heute zur Aufgabe gemacht zu haben, das Werk der Revolution zu verrichten und jedes Gefühl von Achtung und Liebe im Volk zu zerstören. Nach einigen Jahren verließ Erzherzog Rudolf seine Frau und lebte öffentlich mit einer Jüdin namens Stern, die einen Knaben gebar am selben Tag, als Kronprinzessin Stephanie eine Tochter bekam. Wen wundert es also, daß die Sympathien des Volkes sich von diesem Prinzen abgewendet haben, der seine Laster so ohne jede Scheu zur Schau trägt?«

Nicht um den Kronprinzen zu entschuldigen, sondern um die Wut verständlich zu machen, die gerade dieser Hinweis auf sein Privatleben auslöste, sei erwähnt, daß eine Dame namens Lina Stern im September 1887 versucht hatte, den Kronprinzen zu erpressen, und zwar mit einer Affäre, die vor Rudolfs Ehe mit Stephanie bereits beendet war. Der zwölf Seiten lange Brief Lina Sterns an den Kronprinzen kam 1961 in den Autographenhandel und ist leider nur bruchstückhaft bekannt:

»South Kensington, 17. 9. 1887

Mein lieber Rudolf. Ich schreibe nur einige Zeilen, sie sind von großer Wichtigkeit. Ich hatte im Jahre 78–80 das Vergnügen, mit Dir bekannt zu sein. Detektive erforschen mein Vorleben und wollen es in die Öffentlichkeit und Zeitungen bringen, worin Du natürlich stark vertreten und compromittiert sein würdest. Es wird mir nicht gelingen, es zu verhindern. Ich wende mich daher an meinen durchlauchtigsten Kronprinzen, welchem es gewiß nur einen Wink kosten würde, die Aussagen zu widerrufen, sonst wird in London und Wien ein großer Skandal entstehen[12].«

Rudolf hatte den Brief an Bombelles weitergegeben, der finanzielle Dinge dieser Art für ihn zu erledigen pflegte, und sich ansonsten nicht mehr darum gekümmert: »Beiliegenden Brief fand ich heute bei meiner Rückkehr aus Siebenbürgen. Erst nach langem Nachdenken entdeckte ich von wem er stammt. Die erste Lüge, wo sie sagt, ich wäre von 1878 bis 1880 mit ihr gewesen, brachte mich auf die falsche Fährte. Im October 1878 gieng das Verhältnis eigentlich auseinander, dann sah ich sie noch einigemale; seit December 78 aber, das sind fast 9 Jahre her, habe ich sie mit keinem Auge mehr erblickt, nicht einmal auf der Gasse begegnet. Ich halte die ganze Sache für eine gemeine Erpressung[13].«

Im Nachhinein ist die Taktik der Antisemiten, Rudolfs Ruf mit Sexgeschichten zu ruinieren, nur allzu deutlich, besonders wenn man den »verjudeten«, sittenlosen Kronprinzen dem »christlichen«, untadeligen Kaiser Wilhelm II. gegenüberstellte. Vor krassen Verleumdungen scheuten sie keineswegs zurück.

Drumont griff außer dem Kronprinzen auch Kaiserin Elisabeth wegen deren »glühender Verehrung« für den »Juden« Heinrich Heine an. Der kurz zuvor gestorbene deutsche Kaiser Friedrich III. wurde als Judenfreund beschimpft (»Die Menge nannte ihn schon Kohn I.«). Nur der junge Wilhelm II. fand die rückhaltlose Anerkennung des antisemitischen Autors.

Moriz Szeps schäumte vor Wut über diesen Angriff aus Paris. Er forschte den Hintergründen nach und berichtete dem Kronprinzen: »Drumont ist Chefredakteur des Pariser clericalen Organs ›Univers‹ und steht, wie ich sicher weiß, mit dem Prinzen Alois Liechtenstein in Beziehungen ... Die Coalition ist wahrhaft wie aus einem Hexenkessel. Deutsche Irredenten, Preussenthum und Clericalismus mit Sozialismus ... grässliches Gebräu[14].«

Die Tratschgeschichten über Rudolfs Privatleben wurden in die Pariser Tagespresse, unter anderem auch in den »Figaro«, übernommen. Diesen neuen Schlag, der besonders schmerzte, weil er aus seinem geliebten Paris und von einer Zeitung wie dem »Figaro« kam, verkraftete Rudolf nur mühsam, obwohl er an Szeps schrieb: »Frischauer war bei mir; ich glaube, daß er sich fast scandalisirt hat über meine philosophische Ruhe; ich treffe es gar nicht mehr, mich zu ärgern, über gar nichts, am allerwenigsten aber über Dinge, die mich betreffen ... Ich bin Franzosenfreund; bekannt und intim mit Journalisten und Zeitungen und überhaupt nicht ein lohnendes

Objekt, um gerade von diesen Kreisen angegriffen zu werden, das heißt: sich ins eigene Nest ... [sic]! das wäre gut, diesen Leuten einmal zu sagen; ich könnte dafür als Belohnung dem ›Figaro‹ gute Nachrichten für einen unsauberen Artikel über andere geben[15].«
Szeps bemühte sich nach Kräften, den schwer depressiven Kronprinzen aufzurichten. Er lancierte einen großen Leitartikel im Pariser »Figaro«, in dem der österreichische Kronprinz über alle Maßen gelobt und im Gegensatz zu den früheren Meldungen sogar von einer glücklichen Ehe berichtet wurde. Auch hier versagte es sich Szeps nicht, gegen das Deutsche Reich aufzutreten: »Der Erzherzog akzeptiert den österreichisch-ungarischen Dualismus ohne Vorbehalt, aber er will weder, daß Österreich der Vasall seiner Verbündeten wird noch ein Reich, in dem der Kaiser nichts mehr zu sagen hat.« Der Artikel schloß mit einer deutlichen Warnung an die Adresse Bismarcks: »Herr von Bismarck schwört gestern wie heute, daß Preußen sich nicht in die inneren Angelegenheiten Österreichs einmische. Erzherzog Rudolf nimmt diese Rede, glaube ich, wörtlich[16].«
Dieser lobhudelnde Artikel griff in den deutsch-österreichischen Pressekrieg ein, der zu dieser Zeit auf dem Höhepunkt war, und machte alles nur noch schlimmer.
Auch der »unsaubere Artikel über andere«, den Rudolf in seinem Brief an Szeps ankündigte, ist erhalten. Er zeigt, wie tief getroffen der Kronprinz durch die ständigen Vergleiche mit dem »allerchristlichsten« Kaiser Wilhelm und dessen »untadeliger« Lebensführung war. Er zeigt aber auch, wie sehr sich Rudolf, von Antisemiten und Deutschnationalen gehetzt und zeitweilig durch die ständigen Angriffe gemeinster Art außer Kontrolle geratend, mehr und mehr in seinen eigenen Netzen verstrickte, schrieb er doch (als Revanche für die Tratschgeschichten, die über ihn selbst kolportiert wurden) folgendes aus dem Privatleben des »gottbegnadeten« deutschen Kaisers – wohlgemerkt nicht in einem Privatbrief, sondern als Artikel einer der größten europäischen Zeitungen (der verständlicherweise nicht gedruckt wurde):
»Der jetzige Kaiser Wilhelm kam im Jahre 1887 zu den steierischen Gebirgsjagden nach Österreich. Eine gewisse Ella Socupis, die aber

de facto ganz anders heißt und eine Wienerin ist, mit der Prinz Wilhelm schon seit einiger Zeit in Berlin ein Verhältnis hat, traf um einige Tage früher ein. Sie empfahl dem Prinzen eine Freundin, eine gewisse Anna Homolatsch, Tochter einer gewesenen Kammerfrau der Königin von Württemberg.
Beide Damen sollten mit dem Prinzen in Schönbrunn im Garten ein Rendez-vous haben. Der Prinz kam schon vor 6 Uhr früh in Civil in den Garten; ein allzu eifriger Gardist erkannte den Prinzen u. trachtete nun die, wie es ihm schien, allzu lästigen Damen ferne zu halten, so daß die Zusammenkunft trotz ermüdenden Hin- und Herlaufens nicht zu Stande kam.
In Mürzsteg angelangt, sollte dort ein Rendez-vous stattfinden. Die Damen kamen an und sahen den Prinz zum ersten Male. Abends *am katholischen Friedhof* hierauf im einzigen Gasthause dieses kleinen Ortes. Alle Leute wußten die Geschichte. Da der Prinz die Reise der Damen nicht zahlen wollte u. ihnen nur einige Mark gab, fuhren sie grollend weg, nachdem zuvor noch Frl. Ella ihm Manchettenknöpfe mit Namenszug und Krone gestohlen hatte, um sie siegesbewußt in Wien verschiedenen Herren zu zeigen.
Verschiedenen Bitten des Prinzen folgend kamen die Damen wieder nach Eisenerz, stiegen dort im Gasthaus zum König von Sachsen ab, da sie sich als Socupis und Baronesse Wimpfen ausgaben, ihre Papiere nicht in Ordnung waren u. sich sehr auffallend benahmen, wollte sie ein Gendarm ausweisen. Im letzten Moment kam der Kammerdiener des Prinzen u. erklärte die Damen seien für seinen Herrn. Nun blieben sie und hatten des Nachts beide in einem Zimmer ein Rendezvous mit dem Prinzen, wobei so ein Lärm gemacht wurde, daß sich alle Hausbewohner darüber aufhielten. Anna Homolatsch war schon bevor sie nach Eisenerz kam in der Hoffnung von einem russischen Diplomaten. Jetzt benützte sie die Gelegenheit, um das Kind dem Prinzen Wilhelm anzuhängen. Der Prinz wurde mit Briefen von der Familie Homolatsch bombardirt, immer drohender wurden dieselben. Desgleichen erhielt Prinz Reuss einige Schreiben. Er rieth zum Zahlen, doch in Berlin zahlt man nicht gerne u. so kam der Auftrag, die Botschaft u. die Wiener Polizei mögen die Sache ohne Geld in Ordnung bringen. Ein Advocat

Dr. Meissner mischte sich in die Angelegenheit. Prinz Reuss führte die Sache in auffälligster u. ungeschicktester Weise durch. Endlich zwang unsere Polizei den Botschafter, seinen Prinzen zum Zahlen zu bewegen. Da Meissner es erreichte, daß die Summe keine allzu hohe sei, erhielt er bald nach Regierungsantritt des jetzigen Kaisers den preußischen Kronenorden. Das inzwischen geborene Kind ist ein Mädchen. Das ist die Geschichte[17].«
Auch bei vollem Verständnis für Rudolfs Erbitterung, daß er als der verjudete Frauenheld ohne Moral dem Musterbild eines christlichen Herrschers ohne Fehl und Tadel entgegengestellt wurde, noch dazu mit übertriebenen Affären, kann die Beurteilung dieser Denunziation an den Pariser »Figaro« nicht anders als negativ ausfallen. Wie in der Pernerstorfer-Affäre, so setzte sich der bis aufs Blut gereizte, nervlich überforderte Kronprinz auch hier ins Unrecht, nicht bedenkend, welcher Gefahr er sich aussetzte, als Autor dieser Zeilen über den deutschen Kaiser entdeckt zu werden.

Die heftigsten Angriffe gegen den Kronprinzen 1888 stammten von den Antisemiten. Für sie war Rudolf ein »Judenknecht«, denn seit der Studienzeit bei Menger trat er unmißverständlich gegen die Diskriminierung der Juden ein. Auch Szeps gegenüber sprach er sich schon in der ersten Begegnung »in der unzweideutigsten, stärksten und lebhaftesten Weise« gegen den Antisemitismus aus: »was will man von den Juden? Sie zahlen ihre Steuern, und die Berichte, die wir aus Bosnien und der Herzegowina haben, konstatiren, daß sich in dem dortigen Corps über achthundert Juden befinden, deren militärische Konduite eine tadellose ist und daß von den einberufenen Reserveoffizieren die Juden sich besonders hervorgethan haben, so daß der Prozentsatz derjenigen, die zu Auszeichnungen vorgeschlagen sind, ein ihrer Zahl nach bedeutend höherer ist. Wer seine Pflichten in einem Staat erfüllt, der hat auch allen Anspruch auf den Schutz desselben[18].«
Bei allen möglichen Gelegenheiten (es sei nur an seine Äußerungen über die Juden in Palästina erinnert und an seine Parteinahme für die religiösen Minderheiten in der Schulgesetzdiskussion) sprach er sich eindeutig für den besonderen Schutz der Minderheiten, eben

auch der Juden, durch den Staat aus. Auch einer der entschiedensten Artikel im »Neuen Wiener Tagblatt« gegen antisemitische Wirren in Ungarn stammt mit großer Wahrscheinlichkeit aus Rudolfs Feder:

»Man wüthet, wie man nur wüthen kann, wenn angeborene Barbarei, angeborene Gesetzlosigkeit mit Racenhaß und Religionshaß in Verbindung treten ... Ordnung und Sicherheit sind nothwendige Bedingungen des gesellschaftlichen und staatlichen Lebens, und wenn auf irgend einem Gebiete bedeutende und dauernde Störungen der Ordnung und Sicherheit eintreten, so muß der ganze Organismus darunter leiden ... Durch Vorgänge, wie sie jetzt Ungarn zum Schauplatze haben, wird der Verkehr unterbunden, wird dem Handel Muth und Selbstvertrauen genommen, wird die ganze Gesundheit des ökonomischen Lebens untergraben, wird der Kredit vernichtet ... So gehen aus den gegenwärtigen Störungen neue Störungen hervor, so bildet sich eine endlose Kette von Gefahren, und so wirken ökonomische und politische Störungen zusammen, um ein vollständiges Chaos zu schaffen. In Ungarn droht sich ein Abgrund zu bilden, und in diesen Krater kann vieles stürzen, was man jetzt noch für lebensfähig hält ...

Wenn man sieht, wie selbst Juden, welche unbedingt nützliche Faktoren des geschäftlichen Lebens sind, welche zur Hebung der gesellschaftlichen Wohlfahrt redlich das Ihrige beitragen, unter dem Religions- und Racenhaß, unter unausrottbaren Vorurtheilen leiden müssen; wenn man wahrnimmt, wie es den guten Ton und den Anstand nicht verletzt, unaufhörlich in der Judenfrage herumzuwühlen, dann muß man sagen, daß Ungarn seine Verantwortlichkeit nicht allein trägt, daß viele Faktoren außerhalb Ungarns diese Verantwortlichkeit mit ihm theilen. Dem Judenhaß steht der Markt offen, die Juden sind schutzlos allen Angriffen preisgegeben, selbst in Staaten, wo man sonst die öffentliche Meinung strenge bevormundet. Ungarn allerdings ist jetzt in einer wirklich unglücklichen Lage. Ein Theil der ungarischen Bevölkerung ist wie vom Rausche erfaßt; eine Art von Geistes-Epidemie hat das Volk ergriffen, und es ist sehr traurig, wenn man zu Bajonetten und Flintenschüssen seine Zuflucht nehmen muß, um eine solche Epidemie zu beseitigen ...

Wir werden nicht an die Gefühle der Humanität appellieren; aber schließlich wird man doch einsehen, daß es eine harte Sache ist, wenn Familienväter mit ihren Frauen und Kindern Nachts aus ihrer Wohnung flüchten müssen, um nicht einer bestialischen Wuth zum Opfer zu fallen, und wenn sie es nicht wagen dürfen, ihre zerstörten und geplünderten Wohnungen aufzusuchen. Das wird doch Jeder wissen, daß es in der Pflicht eines geordneten Staates liegt, Leben und Eigenthum zu schützen. Die Dinge in Ungarn wären nicht so weit gekommen, wenn alle dazu berufenen Faktoren von jeher ihre Pflicht gethan hätten. Aber man hat von einflußreicher Seite den Racenhaß unterstützt und gefördert und hat so das Verderben heraufbeschworen [19].«

Zum Ärger des Hofes befanden sich in Rudolfs engster (freilich nicht offizieller) Umgebung unverhältnismäßig viele Juden (gegen Ende seines Lebens fast nur Juden): der Bankier Moritz Hirsch, der Industrielle Emil Kuranda, die Schriftsteller Karl Emil Franzos, Joseph Weilen, Friedrich Kraus, die Mediziner Moritz Benedikt und Emil Zuckerkandl, die Journalisten Moriz Szeps, Berthold Frischauer, Gyula Futtaki, Max Falk (wahrscheinlich auch Cohn-d'Abrest und Bresnitz) – eine deutliche Provokation für Antisemiten jeglicher Couleur.

Im einzigen bekannt gewordenen Brief an Futtaki verteidigte sich der Kronprinz gegen die Anschuldigung, Antisemit zu sein: »Ich will persönlich nicht in die Arena dieses so ekelhaften Kampfes treten, und bei dem Charakter dieser Hetze läßt es sich erwarten, daß sie selbst eine Entgegnung dazu benützen würden, meinen Namen noch mehr in ihre Debatten hinein zu ziehen. – Falls Sie es aber für gut finden, einen Artikel in ein Pester Journal einrücken zu lassen ... bitte ich Sie dies zu thun. – Wenn später derlei Verleumdungen noch zunehmen sollten, ließe sich immerhin energischer auftreten, doch der Schritt müßte wohl erwogen werden, denn ein Antisemit ist an mancher maßgebender Stelle noch lieber gesehen als ein aufgeklärter, toleranter Liberaler [20].«

Mit »mancher maßgebender Stelle« war bei Rudolf stets der Kaiser gemeint, dessen Meinung zu dieser Sache aus dem Tagebuch der Erzherzogin Valerie ersichtlich ist: »Man sprach von Judenhaß da sagte Papa: Ja ja man tut natürlich alles, um die Juden zu schützen, aber wer ist eigentlich kein Antisemit[21].«

Das lawinenhafte Anschwellen des politischen Antisemitismus in Wien in den achtziger und neunziger Jahren sei durch einige Zahlen aufgezeigt: 1885 bekam der erste antisemitische Kandidat in Mariahilf nur 41 Stimmen, zehn Jahre später standen im Wiener Gemeinderat 74 Liberalen schon 64 Antisemiten gegenüber, Ende 1895 zogen 91 Antisemiten im Wiener Rathaus ein – gegenüber nur 46 Liberalen[22].

Moriz Szeps, der liberale Vorkämpfer gegen Antisemitismus und Nationalismus, war im Kampf gegen Schönerer ohne Chance. Er gestand seine Niederlage im Schönerer-Prozeß 1884 offen ein: »Das ist es eben nun, das die Tatsache, die aus diesem Prozesse mit so handgreiflicher Klarheit in Erscheinung tritt, das die wichtige politische, das die noch wichtigere soziale Tatsache, daß Herr von Schönerer in unserer Stadt, in den deutschen Ländern Österreichs eine Stellung gewonnen hat, wie sie jetzt kein anderer Mann einnimmt und daß dieser Stellung nichts etwas anhaben kann – nichts! Wir täuschen uns darüber nicht einen Augenblick und wir sehen einem schweren, bitteren und vielleicht für lange erfolglosen Kampfe entgegen ... Sind wir auch verurteilt worden, so zwingen uns doch unser Patriotismus und unsere politischen Überzeugungen, die Tätigkeit des Herrn von Schönerer auch weiter zu bekämpfen, wenn sie diesen unseren Überzeugungen widerspricht, aber nichts kann uns den Mut rauben, dasjenige zu tun, was unsere Prinzipien uns vorschreiben, die ewigen Prinzipien der Freiheit und der Gleichheit; was unsere ehrliche Mannespflicht, was unser österreichisches Bewußtsein uns vorschreibt, und wir werden es tun bis zum letzten Augenblicke unserer Existenz, bis zum letzten Atemzuge in unserer Brust[23].«

Sobald die Freundschaft des Kronprinzen mit dem jüdischen Journalisten Szeps in der Öffentlichkeit bekannt wurde, wurde auch er in den haßerfüllten Kampf einbezogen. In einer antisemitischen Versammlung mit Tafeln »Juden ist der Eintritt verboten« im Wiener Sophiensaal 1885 wetterte Schönerer vor 5000 Zuhörern gegen die »verderbte Judenpresse«: »Insbesondere aber möchte ich an die

Deutschen in Österreich die Mahnung richten: Stammesbrüder! Begreift doch endlich, daß selbst der genialste Semit Euch weder in der Presse, noch in der Vertretung, noch in der Rechtspflege, noch sonstwo von dauerndem Nutzen sein kann, denn unter dem unentrinnbaren Einflusse semitischen Blutes und semitischer Moral arbeitet derselbe stets bewußt oder unbewußt an der Untergrabung unverfälscht germanischen Wesens, deutscher Eigenart und deutscher Sitte! Deutsche Interessen also können nur in einer von Deutschen geschriebenen Presse vertreten werden! Dieser giftigen Preßschlange muß auf den Kopf getreten werden, trotzdem sich dieselbe der Unterstützung und Sympathien der maßgebendsten Factoren erfreut, derselben Factoren, die für die Hoffähigkeit von Rothschild und Genossen eingetreten sind, derselben Factoren, welche dem Andenken des jüdischen Dichters gedruckter Schändlichkeiten und Schamlosigkeiten zu einem Denkmale widmen wollen« – ein Hinweis auf Kaiserin Elisabeth und ihre Anregung zur Errichtung eines Heine-Denkmals in Düsseldorf. Nach endlosen Auslassungen gehässigster Art gegen die Wiener Juden, »den Vampyren gleich, die ihre Lebensfähigkeit aus der Kraft der arischen Völker saugen«, griff Schönerer auch den Kronprinzen an, zwar nicht namentlich, aber jedermann wußte, wer gemeint war: »Die Macht der Presse sei so groß geworden, daß sie bis in sehr hohe Kreise hinauf einen förmlichen Terrorismus auszuüben vermag. Das sehe man auf den ›Concordia‹-Bällen, bei der Ankunft und Abreise hoher Persönlichkeiten, bei Herausgabe gewisser Werke in Wort und Bild[24].«
Rudolf an Szeps: »Was Schönerer und seine Leute gegen mich im Sophiensaal gesagt und getobt haben, nehme ich als Kompliment auf, denn es ist immer schmeichelhaft, von dergleichen Gesindel gehaßt zu werden[25].«
Zu einem skandalösen Ausbruch des Schönerer-Antisemitismus kam es im März 1888, als Wiener Blätter einige Stunden zu früh Extrablätter über den Tod Wilhelms I. druckten und verkauften. Schönerer stellte die peinliche Angelegenheit so hin, als wollten die Wiener »Judenblätter« die Ehre des deutschen und christlichen Kaisers Wilhelm beschmutzen und auf seine Kosten Geschäfte machen. In den Abendstunden drang Schönerer mit einigen Begleitern

in die Redaktion vom »Neuen Wiener Tagblatt« ein und verprügelte die dort arbeitenden Redakteure.
Daß die betreffenden Zeitungen keineswegs aus Abneigung gegen den von der Schönerer-Partei als ihren wahren Kaiser verehrten Wilhelm I. gehandelt hatten, sondern einfach einer der falschen Informationen aufgesessen waren, die durch den langen Todeskampf des 91jährigen verursacht waren, wird aus Rudolfs Brief an Stephanie klar, der die Ereignisse dieses Tages zu einem ironischen Sketch über das Wiener Volksleben verarbeitete:
»Von gestern auf heute war hier große Hetz. Um sieben Uhr kam die Todesnachricht aus Berlin; in Berlin werden Extrablätter aufgegeben, ganz Berlin glaubte an den Tod, der Alte muß durch einige Zeit scheintod gewesen sein. Hier versprengten die Korrespondenten aller Blätter die Nachricht, es wurden um neun Uhr schon Extrablätter mit schwarzem Rand ausgetragen, große Bewegung in der Stadt. Frischauer, Szeps kamen zu mir, ich sandte, der erste, die Nachricht auf den Ballhausplatz, wollte soeben mein Beileidstelegramm loslassen, als im letzten Moment Szeps mit dem Telegramm kam. Alles falsch, der Kaiser lebt. Um Konfusion zu verhüten, lief ich zum Kalnoky hinüber, der eben im Begriff war, die falsche Todesnachricht auszusprengen. Um 12 Uhr noch viel Bewegung. Um 12 einhalb unternimmt Schönerer mit seinen Kumpanen einen Raubzug in die Zeitungsredaktion, Du wirst das im heutigen Abendblatt lesen. Heute wirkliche Todesnachricht, auf der Börse Hausse, warum, das weiß kein Mensch.
Die Stimmung im Publicum war kostbar, wie immer. Gestern abends große Hetze, nicht teilnahmvoll gerührt, sondern eben nur Hetz, wie die Nachricht kam, er ist nicht tot, hieß es allgemein: Das ist fad, der foppt einen noch beim Sterben; wie die Telegramme kamen, er hat in der Nacht noch gegessen und Champagner getrunken, war hier Heiterkeit, die richtige Todesnachricht nahm man indifferent auf, eher in der Stimmung: Gott sei Dank, jetzt hat man Ruh mit diesen ewigen Nachrichten. Schönerer-Skandal belustigt momentan, und noch mehr hat dem Interesse an dem Tod des Kaisers Wilhelm der große Brand am Bauernmarkt geschadet, der sehr merkwürdig war, da die Stiege einstürzte und die Damen im Hemd

in das Sprungtuch springen mußten. Und Pintscher, Möpse und andere Verreckerln durch den Rettungsschlauch gerettet wurden, als ob sie die wichtigsten Persönlichkeiten wären. Das ist halt weanerisch, weanerisch, weanerisch und hat an Schan, aber an eigenen Schan! Das Lied ist sehr wahr und richtig, das hab ich in den letzten zwei Tagen wieder gesehen[26].«

Der nächtliche Überfall Schönerers auf die »jüdische Pressemeute« hatte eine Gerichtsanklage zur Folge. Da Schönerer Reichsratsabgeordneter war, mußte er vom Abgeordnetenhaus »ausgeliefert« werden, um vor Gericht angeklagt werden zu können. Rudolf setzte sich vehement für eine solche Auslieferung Schönerers ein, und zwar bei Chlumecky, der zu dieser Zeit zweiter Vizepräsident des Abgeordnetenhauses war. Rudolf an Stephanie: »Um 5 einhalb war Chlumecky bei mir, den ich reden mußte wegen der Auslieferung Schönerers durch das Parlament an das Gericht. – Diesmal dürfte die Canaille politisch und sozial umstehen[27].«

Das Urteil gegen Schönerer lautete auf vier Monate Kerker und Verlust des Adels und wurde als »Justizmord« empfunden, nicht nur bei seinen engeren Anhängern, sondern auch bei den anderen Antisemiten und Antiliberalen, die aus Schönerer einen Märtyrer, ein Opfer der Judenzeitungen machten. Demonstrationen nie dagewesenen Ausmaßes mit den Schlachtrufen: »Hoch Schönerer!«, »Nieder mit den Juden!« erschütterten das öffentliche Leben Wiens, das sich gerade zu einem patriotischen Fest vorbereitete: der Enthüllung des neuen Maria-Theresien-Denkmales an der Ringstraße zwischen den Hofmuseen. In den Zeitungen wurde die große Vergangenheit Österreichs beschworen, im »Wiener Tagblatt« auch dezent auf den großen ehemaligen Feind Preußen und auf das Bündnis des Fürsten Kaunitz mit Frankreich hingewiesen. Es wurde viel von der Einheit des Staates geschrieben, von der Unabhängigkeit, dem Glauben an eine glückliche Zukunft, vor allem von der Stärke des dynastischen Gefühles in der Bevölkerung und ihrer Liebe zum Vaterland.

Am Abend vor der feierlichen Enthüllung des Denkmals organisierten die Antisemiten, unter ihnen der spätere Wiener Bürgermeister Dr. Karl Lueger, eine Ovation für den vor Gericht schuldig gesprochenen Schönerer vor dessen Wohnung bei der Bellaria (also unweit des noch verhüllten Denkmals), die auf einen Schlag alles Gerede um das dynastische Gefühl Lügen strafte: Viele Demonstranten trugen Kornblumen im Knopfloch, die Lieblingsblume Kaiser Wilhelms I., sie trugen schwarz-rot-goldene Bänder, die deutschen Farben des Jahres 1848, sie grölten immer wieder dasselbe Lied: »Die Wacht am Rhein.«

Nach der Ovation für Schönerer setzte sich der Zug der Demonstranten, an der Spitze deutschnationale Couleurstudenten, in Richtung Maria-Theresien-Denkmal in Bewegung, die ganze Breite der Ringstraße einnehmend, lärmend, alles mit sich reißend. Auch dort, vor dem noch verhüllten Denkmal der Größe und Vaterlandsliebe Österreichs, sangen sie ihr Glaubensbekenntnis, die »Wacht am Rhein«, mit dem sie sich gegen den österreichischen Staat, für ein Aufgehen der deutschen Provinzen im deutschen Bismarck-Reich auf ihre Weise aussprachen.

Der Zug bewegte sich bis zum Opernring. Unter den vielen Wagen, die an diesem Abend von der Demonstration am Weiterfahren gehindert wurden, waren auch zwei Hofwagen. In einem von ihnen saß der Kronprinz. Eingekeilt zwischen lärmenden und johlenden Fanatikern, die Rufe »Nieder mit den Juden«, »Hoch Schönerer« und die »Wacht am Rhein« im Ohr, verließ Rudolf den bewegungsunfähigen Wagen und schlug sich zu Fuß bis zur Hofburg durch. Er hatte ein bemerkenswertes Lehrstück der österreichischen Geschichte erhalten, das so gar nicht mit dem übereinstimmte, was er sich erträumt hatte.

Es ist durchaus möglich, daß Rudolf, der ja außergewöhnlich furchtsam war, die Bedeutung dieser Demonstration überbewertete und daß sich durch dieses Erlebnis seine Angst vor einem Zerfall des Reiches, vor allem einem Überhandnehmen des »Anschlußgedankens« an das Deutsche Reich, noch steigerte. Er war ja kurz vorher auch durch das Buch Drumonts als Judenfreund angepöbelt worden, diesmal von den christlichsozialen Antisemiten. Seine Solidarität mit der jüdischen Minderheit, sein Haß auf die fanatisierten Massen um Schönerer, aber auch auf die Brüder Liechtenstein und auf Lueger, wuchs.

Die welfisch-partikularistischen »Hessischen Blätter« erwähnten diesen Zwischenfall wenig später und betonten, »daß den Kronprinzen die Deutschthümelei im österreichischen Lager viel stärker afficirt als seinen Vater. Die Thatsache, daß er bei dem bekannten Schönerer-Skandal von der ›Wacht am Rhein‹ umsungen und aufgehalten wurde, soll ihn heftig alterirt haben, und direct auf seine sofortige Beschwerdeführung beim Kaiser führt man das Einschreiten gegen diese nationalpatriotischen Excesse zurück[28].«
Am nächsten Tag, bei der Enthüllung des Denkmals, sah Rudolf so schlecht aus, daß es sogar der Kaiserin auffiel. Sie bemerkte seinen flackernden, unruhigen Blick, die schwarzen Schatten unter seinen Augen und seine blasse Gesichtsfarbe und fragte ihn: »Bist du krank?« Er antwortete: »Nein, nur müde und nervös[29].« Eine Aussprache war inzwischen, bei dem gespannten Verhältnis zwischen Mutter und Sohn, nicht mehr im Bereich des Möglichen.
Die »Klerikalen« bekannten sich nun offen als Parteigänger Schönerers, so etwa die katholische Zeitung »Österreichischer Volksfreund«: »... wir glauben gewiß Herrn v. Schönerer unvergleichlich mehr als jener ekelhaften, heimtückischen Schlange, genannt Judenpresse, die sich am Busen der Arglosen nährt und wärmt, um wenn sie ihren Zweck erreicht hat, sie mit ihrem Giftzahne zu vernichten. Wir, die wir in der Erhaltung der christlichen Monarchie auch die Gewähr für die Existenz der christlichen Völker erblicken, wir haben diejenigen, die für beides zu sorgen berufen sind, oft und oft darauf aufmerksam gemacht, welche Gefahren in der ungeheuren Machtfülle des internationalen jüdischen Kapitales für Thron und Staat gelegen sind[30].«
Die liberale Presse griff die Taaffe-Regierung an, nichts gegen die Antisemiten zu unternehmen, so die »Neue Freie Presse«, die freilich gleich konfisziert wurde: »Niemals ist ein Laut vernommen worden, welcher zeigen würde, daß auf den Höhen der politischen Gewalt die giftigen Beleidigungen gegen eine Confession mißbilligt werden, deren Angehörige durch mehr als dreißigtausend Menschen in der Armee vertreten sind, welche der allgemeinen Noth gerade so unterworfen ist, wie andere Kinder der Erde, die längst praktisch von den meisten öffentlichen Stellen ausgeschlossen wor-

den ist und schwer seufzt unter der traurigen Bürde eines historischen Fluches. Graf Taaffe blieb still, und die Lippen öffneten sich leider auch nicht, als durch eine häßliche Szene in den Straßen das Vaterland beleidigt wurde.«

Als Drahtzieher hinter den antisemitischen Aktionen wurde in diesem Artikel Prinz Alois Liechtenstein bezeichnet (eine Meinung, die auch Rudolf und Szeps immer wieder äußerten). Der Koalition zwischen Antisemiten, Deutschnationalen, Feudalen und Katholiken versuchte die »Neue Freie Presse« Argumente entgegenzustellen: »Katholizismus und Antisemitismus schließen sich grundsätzlich aus[31]«, eine Meinung, die aber in dieser Zeit nur in liberalen Zeitungen zu finden war.

Die Lage des Kronprinzen wurde 1888 zusehends schwieriger. In Graz wurde ein Burschenschaftler und Schönerer-Anhänger zu elf Monaten Kerker verurteilt, weil er den Kronprinzen wegen seiner judenfreundlichen Haltung angegriffen hatte. Im Sommer wußte der Tratsch von einem Verhältnis Rudolfs mit der »Jüdin« Annie Kuranda zu erzählen. Im Herbst 1888 wurde auch die Bekanntschaft Rudolfs mit Baron Hirsch publik. Rudolf hatte in Wien ein Treffen des Barons mit dem englischen Thronfolger arrangiert, der dringend ein privates Darlehen von Hirsch brauchte. Die Zusammenkunft der beiden Thronfolger mit dem jüdischen Bankier wurde im »Wiener Tagblatt« ganz offiziell bekanntgegeben – wahrscheinlich eine Bedingung Hirschs für das Darlehen. Damit war der »Türkenhirsch« zwar nicht als hoffähig, doch als gesellschaftsfähig für zwei Thronfolger hingestellt.

Die Wiener Antisemiten entfachten nun, als auch noch Moritz Hirsch in der nächsten Umgebung des Kronprinzen auftauchte, einen wilden Sturm. Wegen der scharfen Zensur bei negativen Äußerungen über Mitglieder des »allerhöchsten Kaiserhauses« konnte der Name des Kronprinzen nicht direkt genannt werden. Aber man wußte schon, wer gemeint war mit folgenden Sätzen in Schönerers »Unverfälschten Deutschen Worten«:

»Was in Wien die Spatzen von den Dächern pfeifen, was jedem echten Ostmärker das Herz bedrückt, soll hier nicht ausgesprochen werden – wer aber mit Baron Hirsch Arm in Arm das Jahrhundert in die Schranken fordert, muß sich *üble Nachrede* gefallen lassen«, und unter der Überschrift: »Adel verpflichtet – zum Judenknecht« stand: »Daß ungezählte Thränen an diesem Gelde hängen, stört weder Ehren-Hirsch, noch seine hochadeligen Gäste. Nicht geadelte Juden, sondern Österreichs und Frankreichs *alter Adel,* die Träger historischer Namen, sie buhlen förmlich um die Gunst eines Mannes, mit dem sich ein ehrlich denkender Bürger nicht zu Tische setzen würde[32].«

Ende 1888 war nicht mehr zu leugnen, daß der Kronprinz auf keinen Rückhalt in der Bevölkerung der Monarchie rechnen konnte. Mit den neuen politischen Massenbewegungen, die sich 1888/89 formierten, der Christlich-Sozialen und der Sozialistischen Partei, hatte der Kronprinz die Mehrheit des Volkes gegen sich: die einen bekämpften ihn als »Judenknecht«, die anderen als Habsburger. Die Liberale Partei, als deren Anhänger er sich immer noch bekannte, war so gut wie aufgerieben. Antisemitismus und Nationalismus vielerlei Färbung beherrschten die öffentliche Szene.
Neben Schönerers »Unverfälschten Deutschen Worten« hatte im Herbst ein neues großes Antisemitenblatt, Verganis »Deutsches Volksblatt«, ungeheuren Erfolg. Schon in der Probenummer sparte es nicht mit gehässigen Angriffen auf den Kronprinzen, ausgehend von der Zeit der Türkenlose: »Die Corruption feierte damals wahre Orgien, und Schamröthe muß jedem ehrlichen Bürger ins Gesicht steigen, wenn er erfährt, wie Männer, deren volltönender Name geachtet war im Volke, und deren volksfreundliche, mit dem Brusttone der Überzeugung herausgeschmetterte liberale Phrasen den Widerhall stürmischer Begeisterung weckten, mit hohler Hand und krummem Rücken dem Finanzbaron sich nahten, um sich mit Hunderttausenden einkaufen zu lassen. Mit hastiger Gier wurde der Judaslohn des Volksverrathes in die Taschen gesteckt, und dann klang es jubelnd: Hoch Baron Hirsch[33]!«
Es war kein Wunder, daß unter diesen Umständen der wohlgemeinte Plan des »Türkenhirsch«, mit einer Millionenspende für christliche und jüdische Kinder Galiziens die Rassenschranken zu mildern, scheiterte und nichts als Hohn hervorrief.

Das Selbstvertrauen der Christlichsozialen äußerte sich im Dezember 1888 beim 70. Geburtstag Vogelsangs laut und vernehmlich mit einer Glückwunschadresse von nicht weniger als 10 000 Unterschriften – alles für jenen Mann, der in der Berliner »Kreuzzeitung« kurz zuvor den Kronprinzen als Handlanger des Großjudentums angeprangert hatte.
Auch der Stern Dr. Karl Luegers ging in diesen Monaten strahlend auf, und zwar im erklärten Kampf gegen die Juden, die Liberalen, die Freimaurer, die »Gottlosen«, von Begeisterungsstürmen seiner Anhänger umrauscht: »Das Jahr 1889 wird eine Art Prüfstein sein für unsere Partei ... Wir dürfen nicht aufhören, Protest zu erheben gegen die Herrschaft der fremden Personen, der fremden Ideen; wir dürfen nicht ruhen in der Wiederaufrichtung der christlichen Weltordnung. Im Jahre 1789 war die Revolution, im Jahre 1889 muß die Revision der Revolution eintreten, der katholische Priester muß wieder voran, er muß zeigen, daß er Führer des Volkes ist, daß das gesamte Volk hinter der katholischen Bewegung steht[34].«
Hauptangriffsziel Luegers war damals gerade Eduard Sueß, liberaler Abgeordneter des Reichsrates, Rektor der Wiener Universität, weltberühmter Geologe, Erbauer der ersten Wiener Hochquellwasserleitung, freilich auch Halbjude, was Lueger zu Beschimpfungen veranlaßte: »Sueß, der Culturkämpfer, Sueß, der glaubte, er könne gleich Moses mit dem Stabe an den Felsen klopfen, um Wasser hervorzuzaubern, sich aber dabei ganz gewaltig irrte.« In diesem Ton ging es weiter: »... kurz, er ist ein Mann, der alle Nationen frißt, nur nicht die Juden.«
Vogelsang sekundierte im »Vaterland«: »Bisher hat man über die Verjudung unserer Universität geklagt, von jetzt an wird man sich damit abfinden müssen, daß diese katholische Stiftung dem Antichrist dienstbar geworden ist[35].«
Die liberalen Zeitungen, vor allem das »Wiener Tagblatt«, verteidigten Sueß und brachten ausführliche Auszüge aus seinen Reden. Der prominenteste Fürsprecher für Sueß freilich war der Kronprinz. Er bat, als die Hetze auf dem Höhepunkt war, den Angefeindeten zu einem freundschaftlichen Gespräch zu sich in die Hofburg – wiederum eine Kampfansage gegen Vogelsang und Lueger.

So affektgeladen auch die Begleitumstände dieser Unterredung waren, so harmonisch verlief sie. Sueß erzählte, leider nicht auf den Inhalt der politischen Gespräche eingehend:
»Der Kronprinz war heiter angeregt und vielleicht etwas blasser von Gesichtsfarbe, als man es bei jungen Männern zu sehen gewohnt ist. Das Gespräch kam zu meiner Einladung (zur Teilnahme am Festkommers der Universität) und seinem Bedauern, nicht erscheinen zu können, auf das Fest, von diesem auf die Universität selbst, dann auf des Kronprinzen Ehrendoktorat und seine Schriften, namentlich seine Schilderungen des Pflanzenwuchses und der Tierwelt der Donauauen, auf die Vorliebe der Römer für das Labyrinth von Wasseradern, auf die überhängenden Ranken von wildem Hopfen, auf die Schwierigkeit des Forschers, sich die Herrlichkeit des Gesamtbildes nicht verkümmern zu lassen durch das Studium des einzelnen. Dann wendete sich der Kronprinz der Tagespolitik zu. Voll der glücklichsten Eindrücke verließ ich den Raum[36].«
Auch in einer anderen antisemitischen Hetzkampagne Ende 1888 nahm Rudolf demonstrativ Stellung: im Streit um Heinrich Heine. Kaiserin Elisabeth, als Heine-Verehrerin bekannt, hatte großzügig für die Errichtung eines Heine-Denkmals in Düsseldorf gespendet. Bis dahin beispiellose Kampagnen der deutschen Antisemiten bewogen Kaiser Wilhelm II., den Bau des Denkmals zu untersagen – er stellte sich damit auf die Seite der Heine-Gegner. Anhänger Heines wurden als Vaterlandsverräter und Judenknechte verunglimpft. Schönerers »Unverfälschte Deutsche Worte« zeterten:
»So muß von Heine hingegen gesagt werden, daß seine Werke einem bisher von Semiten und deren Anbetern ungebührlich verherrlichten, giftdünstenden Sumpfe zu vergleichen seien, den zu durchwaten nicht heilsam und in welchem sich das ekelhafte Gewächs und das abscheulichste Getier in Hülle und Fülle vorfindet. Bismarcks Reden – und Heines Werke; welcher Vergleich! Hier die kraftvollen Worte des größten Deutschen, dort boshafte Schnurrpfeifereien eines eitlen Tropfes; hier der Kämpfer und Retter des deutschen Vaterlandes, dort die vaterlandslosen, von Frankreich Geld nehmenden – Deutschland beschimpfenden Literaturjuden ... Weg mit diesem Schandfleck auf dem glänzenden Himmel

unserer Literatur, die Gott sei Dank ohne Juden noch bestehen kann. Schänden wir nicht unsere Dichter damit, daß wir in unseren Bücherschränken auch die jüdischen Freiheitshelden, die liberal-jüdischen Revolutionsmacher und Goethebeschimpfer haben, werfen wir sie hinaus, denn das sind nur Classiker für *jüdische* Bücherschränke, das sind die Erfinder der Chrakterlosigkeit und der Gemütsheuchelei in der Literatur, um dieselbe der jüdischen Razzia auszuliefern[37].«

Moriz Szeps verteidigte im »Wiener Tagblatt« den Dichter Heine und erwies der Kaiserin, die ja durch diese Kampagne ständig im Mittelpunkt stand, seine Reverenz: »Ein Märchen schien's, daß man Heinrich Heine in unserer Zeit ein Denkmal errichten wollte, und ein Wunder war's, entzückend und begeisternd wie die Märchenwunder des Orients, daß hohe und edle Frauen dem Andenken des Dichters ihre Sympathien zuwendeten. Ein leuchtendes Beispiel wurde gegeben, damit der Glaube an das Ideal nicht verlösche ... Die Zeit ist nicht groß, ist nicht duldsam genug, um an einem Heinrich Heine das Unsterbliche zu ehren. Er soll und darf kein Denkmal in Deutschland finden, denn er war nicht – preußenfreundlich[38].«

Diesen Artikel im Kronprinzenblatt prangerten die »Unverfälschten Deutschen Worte« als »Stilblüten jüdischer Selbsterhebung und Fälschung« an und gaben die Rede eines Antisemiten wieder, die in den Sätzen gipfelte: »Mögen Juden, Judenknechte sich für diesen schamlosen Juden begeistern, wir Deutschen wenden uns mit Abscheu von ihm ab.... Dieses Denkmal errichtet das Judenthum sich selbst, es ist eine freche Herausforderung, es ist ein Geßlerhut, den das Judenthum dem deutschen Volke aufrichten will[39].«

Über die Position des Kronprinzen in diesem Kampf konnte es keinen Zweifel geben. Wieder fühlte er sich mit seinen jüdischen Freunden auf der Anklagebank, wieder sah er sich als Gegenpol Wilhelms II., dessen großsprecherische Worte aus dem Jahre 1887 die Runde machten: Wenn er einmal darankomme, werde er nicht dulden, daß Juden in der Presse tätig seien! Auf den Einwand, das sei wegen der geltenden Gewerbeordnung nicht zu verhindern, hatte er nur zu sagen gewußt: »Dann schaffen wir die ab[40]!«

Daß nun auch Kaiserin Elisabeth in den üblen Streit hineingezogen wurde, erfüllte den Kronprinzen geradezu mit Stolz und Freude. Plötzlich zeigte er für diese Frau, mit der er lange Jahre kaum Kontakt gehabt hatte, die aber nun auch öffentlich auf der liberalen Seite stand, Verehrung und echte kindliche Liebe. Er schickte Moriz Szeps im Dezember 1888 nach Paris, um dort von einem Heine-Verwandten Autographen des angefeindeten Dichters zu kaufen. Die elf Heine-Briefe wurden das Weihnachtsgeschenk des Kronprinzen an seine Mutter. Wie nicht anders erwartet, wurde es das in der Presse am meisten kommentierte Geschenk, das Rudolf jemals gemacht hatte[41].

Ob die Kaiserin die schüchterne Huldigung ihres Sohnes, die er ihr mit diesem Geschenk machte, würdigte, ob sie fühlte, wie sehr er um ihr Verständnis geradezu buhlte, wurden sie doch beide von denselben Leuten angegriffen, ist kaum wahrscheinlich. Allen Quellen zufolge war Elisabeth um diese Zeit vollauf mit Valerie, der »Einzigen«, beschäftigt, deren Verlobung und dem bevorstehenden Trennungsschmerz von diesem ihrem Lieblingskind.

Selbst Rudolfs Zusammenbruch am Heiligen Abend 1888 konnte Elisabeth nicht dazu bewegen, sich um ihren kranken, verzweifelten und lebensmüden Sohn zu kümmern. Marie Festetics, die Hofdame der Kaiserin, erzählte laut Heinrich Friedjung: »Doch wußte die Kaiserin, wie der Kronprinz zerrüttet sei, anläßlich der Szene, die sich zu Weihnachten vor seinem Tode abspielte ... Am Weihnachtsabend ... führte die Kaiserin den Kronprinzen Rudolf seiner Schwester als Braut zu und sagte ihm, sie hoffe, er werde, wenn einmal die Eltern tot wären, sich seiner Schwester immer warm annehmen. Da fiel ihr der Kronprinz um den Hals und brach in ein langes, nicht zu stillendes Schluchzen aus, durch das sie tief erschreckt wurde. Es war das ein Vorzeichen der Katastrophe, die sich vorbereitete. Die Kaiserin und auch der Kaiser brachen in Thränen aus. Unmittelbar nach dieser Szene wurden die Gräfin Marie und die Adjutanten an den Weihnachtsbaum gerufen und fanden die Mitglieder des kaiserlichen Hauses noch verweint und gerührt ... Man legte auch seinen Äußerungen, daß es mit ihm zu Ende gehe, nicht die Bedeutung bei, die ihnen zukam und erinnerte sich ihrer erst später[42].«

Bei seiner Familie konnte der bereits schwer depressive Kronprinz keine Hilfe finden. Treue Freunde bis zuletzt blieben allein diejenigen, als deren »Knecht« der Kronprinz in der Öffentlichkeit verhöhnt wurde: die jüdischen Journalisten wie Szeps, Frischauer und Futtaki, der väterliche Freund und Geldgeber Moritz Hirsch.
Sie klagten mit ihm über die verfahrene politische Lage wie Szeps: »Der Kampf verdichtet sich gewissermaßen. Jetzt wird man es in gewissen Regionen einsehen, was man gethan hat, indem man die Schönerer und Genossen förderte, dieselben so wie die Liechtensteiner, die schwarzen Anarchisten von dem Schlage der Meyer etc. heimlich unterstützte und vollständig gewähren ließ. Remorquirt vom Antisemitismus ist die deutsch-nationale Idee in Kreise eingedrungen, in welchen das patriotisch österreichische Gefühl seine durch die Tradition gefestigte Basis hatte. Um die liberale Partei zu entwurzeln, um sie zu spalten und die Opposition derselben unschädlich zu machen, hat man jene Elemente gewähren lassen, hat man schadenfroh zugesehen, wie das Übel krebsartig um sich griff, nicht bedenkend, daß der Krebs nicht still steht, daß er nicht bloß das Gewebe zerstört, in welchem er zuerst sich einnistet, sondern daß er dann weiter um sich greift[43].«
Zu Neujahr 1889 schrieb Szeps dem verzweifelten Kronprinzen beschwörend: »In der Schwüle nicht zu ermatten, für die Zeit der That den Geist und den Arm stark zu erhalten, das ist die Aufgabe, die Sie, kaiserliche Hoheit, sich gesetzt haben, und diese Aufgabe, sie wird von Ihnen Tag für Tag mit rastloser Ausdauer und Thätigkeit erfüllt. Sie ermatten nicht, wo so viele, ermattet, dem angeblich Unabänderlichen sich fügen, und weil der Kronprinz nicht ermattet, halten wir unsere Hoffnungen auf die Zukunft eines großen, ruhmreichen, freien und wohlhabenden Österreich aufrecht. Sie haben, kaiserliche Hoheit, im abgelaufenen Jahre mancherlei Bosheit und Tücke erfahren müssen, aber Sie haben das mit wunderbarem Gleichmut abgeschüttelt. Man weiß, daß Sie Grosses wollen, Grosses zu leisten befähigt sind – und wo man das nicht weiß, ahnt man es. Deshalb werden Sie jetzt schon mit den verschiedenen Mitteln bekämpft, vertritt man Ihnen die Zukunftswege, haben Sie heute schon viele Gegner und Feinde. Aber Sie zählen auf sich selbst und

auf Ihre Natur, auf Ihr Genie, auf Ihre Kraft und Beharrlichkeit, und Sie dürfen mit Recht darauf zählen. Zu diesem ein bißchen – Glück, nicht einmal so viel Glück, als Ihnen Ihre aufrichtigen Freunde und Bewunderer wünschen – nur ein bißchen von diesem Glück, und Großes werden Sie vollbringen für diese Monarchie, die unser Vaterland ist, für Ihren eigenen Ruhm, und für das Volk, das an Ihnen hängt[44].«

Der jüdische Anatom Emil Zuckerkandl führte mit dem Kronprinzen Gespräche über den Tod, versuchte, Ängste zu mildern. Rudolf fragte ihn, »ob es nicht unheimlich sei, im Anatomischen Institut zu wohnen, von Leichen und Skeletten umgeben, in einer Atmosphäre des Todes. ›Nein‹, antwortete Zuckerkandl, ›selbst Totenschädel besitzen eine gewisse Schönheit, und bald wird man mit der Idee vertraut, daß Tod kein Unglück ist, sondern eine notwendige, wundervolle Erfüllung des Lebens.‹ Der Kronprinz schien von diesen Worten sehr frappiert zu sein und erwiderte entschlossen: ›Ja, man muß dem Gedanken an den Tod furchtlos ins Auge blicken.‹ Und er bat Emil Zuckerkandl, ihm einen Schädel zu schenken. Dieser sandte ihm einen besonders präparierten Schädel, den Rudolf dann bis zu seinem Tod auf seinem Schreibtisch stehen hatte[45].« Ideen der Freimaurerei – der Tod als Erfüllung des Lebens – tauchten als Trost auf. Der Schädel blieb auf Rudolfs Schreibtisch, bald legte er einen Revolver dazu, ein für alle Besucher sichtbares Zeichen, daß er mit Selbstmordgedanken spielte. Es war derselbe Schädel, den die siebzehnjährige Mary Vetsera bald neugierig in die Hand nehmen sollte.

Zu allen Schwierigkeiten kamen etwa ab 1887 Eheprobleme. Die Ehe des Kronprinzenpaares war in den ersten Jahren überraschend gutgegangen. Doch je älter Stephanie wurde, desto sicherer wurden ihre Ansichten, die sich gänzlich von denen ihres Mannes unterschieden. Sie mißbilligte den in ihren Augen so wenig feinen Umgang Rudolfs mit »einer Art Menschen, die sonst nicht an den Hof kamen«, und meinte damit Leute wie Szeps, aber auch die bürgerlichen Wissenschaftler, mit denen Rudolf freundschaftliche Beziehungen unterhielt: »Sein altes Blut, wohl das vornehmste Europas – und der Mangel jeglicher Scheu, sich in einer Weise unter das Volk zu mischen, die alle Grenzen aufhob ... Was ich gelegentlich beobachtete und hörte, widersprach meinem Wesen völlig; ich habe gegen diese Menschen, mit denen er einen besonders regen Verkehr pflegte und die ihn ganz in den Kreis ihres liberalistischen Denkens einmauerten, stets eine instinktive Scheu gehabt[46].«

Sie hatte kein Verständnis für die intellektuellen Ambitionen ihres Mannes, kritisierte seine negative Einstellung gegenüber dem Adel und lebte für Dinge, die er geringschätzte: Repräsentation, feierliche Empfänge, glanzvolle Bälle, bei denen sie als Kronprinzessin als Krönung des Abends gefeiert wurde, hochadelige Umgebung. Sie wurde zeremoniös, steif, würdevoll und paßte immer weniger zu ihrem temperamentvollen, unkonventionellen Gatten. Immerhin aber gelang es Rudolf noch eine Zeitlang, wenigstens die Fiktion einer guten Ehe aufrechtzuerhalten, indem er seine Frau bei jeder Gelegenheit öffentlich lobte. Nur eines konnte er nicht: dieser Frau, mit der ihn kaum mehr als die Pflicht einer ebenbürtigen Ehe verband, treu sein.

Das war nicht überraschend. Aber niemand hatte mit der äußerst heftigen, fast krankhaften Eifersucht Stephanies gerechnet, die keine Gelegenheit ausließ, um ihren untreuen Ehemann in der Öffentlichkeit zu blamieren, wohl wissend, daß ihn nichts empfindlicher traf als ein für sein Renommee ungünstiges öffentliches Auftreten. Es kam, ausgelöst durch Stephanie, zu immer häufigeren peinlichen Auftritten, die, weil sie sich vor der Öffentlichkeit abspielten, nicht mehr als Privatsache gewertet werden konnten und die mühevoll konstruierte Fiktion einer glücklichen Ehe gründlich zerstörten.

In der Skandalpresse ist (als eins unter mehreren ähnlichen Beispielen) folgende Affäre nachzulesen, die sich wahrscheinlich vor dem Haus Mizzi Caspars auf der Wieden abspielte. Dort sah man oft den Leibfiaker des Kronprinzen, Josef Bratfisch, stundenlang in der Straße mit seinem »Zeugl« warten. Eines Tages, zur Stunde des größten Straßenverkehrs, fuhr ein Hofwagen vor. Die Kronprinzessin stieg aus, ging zu Bratfisch und befahl ihm, sie in die Hofburg zu fahren. Währenddessen sollte der Hofwagen auf den Kronprinzen warten. Das Wiener Publikum war von jeher schaulustig, und ein

Hofwagen lockte Hunderte Zuschauer herbei. So mußte der Kronprinz, als er nach der Liebesstunde aus dem Haus trat, statt unbemerkt zu bleiben, eine begeisterte Ovation der Menge über sich ergehen lassen.

Der gut informierte Anonymus des »Berliner Börsen Courir«: »Keine Intervention der beiderseitigen Elternpaare, keine Berufung auf die Staatsraison – die Ehe war ja noch mit keinem Sohn gesegnet – vermochte die Prinzessin zu bestimmen, mit ihrem Gemahl anders als im Beisein Dritter zu verkehren. Gewiß ist, daß der Kronprinz sich dadurch maßlos gedemütigt fühlte, daß er die ihm nun entgegengebrachten Empfindungen voll entgalt, gewiß aber ist auch, daß er sich in dieser, allerdings höchst peinlichen Situation nicht so benahm, wie ihm seine hohe Intelligenz, seine sonst so wahrhaft vornehme Gesinnung hätten gebieten sollen, sondern wie ihm seine Nervosität, seine unheilvolle psychische Veranlagung gebot ... er aber glaubte sich nun zu einer Lebensführung berechtigt, die ihn der Welt gegenüber, deren Sympathien doch anfangs wahrlich ungetheilt auf seiner Seite standen, in's Unrecht setzen mußte[47].«

Selbst dem so übervorsichtigen Grafen Josef Hoyos erschien die Haltung Stephanies bedeutsam genug, um sie in seiner Denkschrift nach Rudolfs Tod zu erwähnen: »Seine Gemahlin soll ihm, aus begründeter oder nicht begründeter Eifersucht, wie mir Oberst-Hofmeister Graf Bombelles sagte, gewisse Rechte verweigert haben, die ihn erbitterten und auf schlimme Abwege brachten[48].«

Zudem registrierte die elegante Damenwelt Wiens nicht ohne Schadenfreude, wie ungünstig sich das Aussehen Stephanies entwickelte. Sogar die Frau des belgischen Botschafters de Jonghe mußte zugeben: »Sie ist sehr verändert, häßlich geworden, mit fast ordinärem Aussehen« und gab nach Brüssel weiter, »daß Stephanie enorme Ausmaße annimmt und vor Fett platzt[49]«.

Jedenfalls fand die Kronprinzessin im Wien des ausgehenden 19. Jahrhunderts, das Schnitzler so treffend konterfeite, wenig Verständnis. Untreue Ehemänner waren wohl, falls sie es sich finanziell leisten konnten, die Regel. Die Toleranz war groß (freilich nur für Männer). Der Anonymus des »Börsen Courir«: »Wie sich sein Eheleben gestaltet hatte, wußte man ja: ihm völligen Verzicht auf Frauengunst zuzumuten, fiel keinem Menschen bei; was man mit Sorge verfolgte, war nur, daß er so viele, so flüchtige Beziehungen knüpfte, daß er – auch in dieser Richtung minder vorsichtig und würdevoll geworden – seine Gunst Frauen zuwendete, welche dieselbe in einer seinem persönlichen Ansehen abträglichen Weise auszubeuten suchten ... Er hatte selbst in seinen gesunden Tagen, da er an den Adel der Menschennatur glaubte und selbst ein Mann von wahrhaft adeliger Denkweise war, von den Frauen nicht allzu hoch gedacht – und vollends nun, wo sich der sonst so klare Geist zu umdüstern begann.«

Der Hofbeamte Slatin erhielt nach Rudolfs Tod von Kammerdienern und Jägern »ein schreckliches Bild von der nervenzerrüttenden Lebensweise des Kronprinzen ... es ist unglaublich, was sich dieser Mann zumutete. Der Kronprinz wollte arbeiten und arbeitete auch viel und war gleichzeitig maßlos genußsüchtig und unterhaltungsbedürftig. Infolgedessen war jede Minute seines Tages mit hastender Eile ausgefüllt, mit Arbeit und Genuß. Kam er dann spätabends oder in der Nacht nach Hause, so arbeitete er noch stundenlang an seiner ausgebreiteten Korrespondenz oder seinen politischen Schriften. Um sich aufrechtzuerhalten, trank er eisgekühlten Champagner mit Cognac gemischt und begab sich häufig erst um zwei oder drei Uhr morgens zu Bett, um am nächsten Tage ziemlich zeitlich früh dasselbe Leben wieder zu beginnen. Mußte eine solche Lebensweise nicht auch eine normal veranlagte, sehr kräftige Konstitution zugrunde richten und den tiefsten Lebensüberdruß erzeugen[50]?«

Wenn man freilich allem Tratsch der Hofgesellschaft glauben wollte, müßte man annehmen, der Kronprinz habe in seinen letzten beiden Lebensjahren von morgens bis abends nichts anderes getan als Frauen verführt. Man muß sich immer vor Augen halten, daß Rudolf erwiesenermaßen auch in dieser Zeit trotz seiner Krankheit, die ihn zu alles anderem als einem Sexprotz machte, eine gewaltige Arbeitslast bewältigte. Die anstrengenden Dienstreisen als General-Infanterie-Inspektor hetzten ihn quer durch die weiten Räume der Donaumonarchie. Neben den Dienststunden am Kasernenschreibtisch hatte er vielfältige Repräsentationsaufgaben und bewältigte seine umfangreiche, vielsprachige Korrespondenz weiterhin eigenhändig. Der größte Teil der wenigen Freizeit war für die politisch-schriftstellerische Arbeit reserviert. Daß er – 1888 dreißig Jahre alt geworden – seiner häuslichen Misere zu entfliehen suchte und hin und wieder nicht nein sagte, wenn romantisch angehauchte Damen den meist melancholischen Prinzen zu trösten versuchten, war kaum erstaunlich. So gab es neben der gefühlsmäßig tiefen Bindung zu Mizzi Caspar einige Episoden, die freilich großen Staub aufwirbelten, wie jene mit der schönen Frau Emil Kurandas.

Der (jüdische) Industrielle Emil Kuranda plante in dieser Zeit, den Adria-Kurort Abbazia zum Treffpunkt der mondänen Welt zu machen. Er baute Luxushotels (»Stephanie«) und verstand es, das Kronprinzenpaar für sein Vorhaben zu begeistern. Abbazia galt von Anfang an als zwar elegant, aber »jüdisch«. Erzherzog Franz Ferdinand etwa schimpfte später über »dieses eckelhafte Judenaquarium Abbazia, eingekeilt zwischen Slawen und Irredentisten[51]«.

Rudolf jedoch liebte es, sich in Abbazia zu erholen, und kam prompt ins Gerede, und zwar derart: »Jedenfalls bewirkte bei den alten Bekannten des Kronprinzen in Abbazia und Fiume sein freundschaftlicher Verkehr mit den anrüchigsten Presse- und Finanzjuden schließlich nicht weniger bittere Enttäuschung als sein mit lächelndem Zynismus öffentlich zur Schau gestelltes intimes Verhältnis zu einer Vollblutjüdin, der üppigen Gattin eines widerlich hebräischen Generaldirektors aus Fiume[52]«, womit Annie Kuranda, geborene Frankfurter, gemeint war.

Die Aufregung in Abbazia war recht groß. Rudolf schrieb an Bombelles: »Was die Familie Kuranda betrifft, können Sie sich ganz beruhigen und die lieben, guten Nebenmenschen werden sich auch allmählich ausgeschnäuzt haben. Mit ihm Kuranda hatte ich zu thun; auf ungarischen Wunsch hin nahm ich mich für die ›Adria‹ an, selbst hier am Ballplatz; durch ihn lernte ich sie, durch sie ihre Schwester Gusti kennen, durch mich machte Fritz [Erzherzog Friedrich] die Bekanntschaft dieser ganzen Gesellschaft. Da ich wegen meiner Augen nicht jagen durfte, und mich in Abbazia sehr

langweilte, gieng ich mit den Kurandas viel um, die mich recht gut unterhielten. Wir speisten einmal mit ihnen und promenirten zusammen und spielten bei ihnen Roulette. Weder Fritz noch ich haben mit Madame Kuranda und Schwester einen Fehltritt begangen, das kann ich mit meinem Wort verbürgen. Mit hochgehobener Stirn und meinem alten Selbstbewußtsein werde ich in wenigen Tagen nach Abbazia kommen. Sowohl Stephanie als auch Isabelle [die Gattin des Erzherzogs Friedrich] wißen jeden Schritt, den wir damals mit den Kurandas gemacht haben und lachten uns viel aus über unsere Judenbekanntschaften[53].«
Nicht so sehr die Tatsache, daß der Kronprinz möglicherweise ein untreuer Ehemann war, hatte bei dieser Tratscherei Wichtigkeit (in dieser Hinsicht war die Öffentlichkeit von den Erzherzogen einiges gewöhnt), sondern einzig und allein, daß es eine »Vollblutjüdin« war, mit der sich der Kronprinz offenbar gut unterhielt.
Daß Rudolf aus purem Trotz und dem Bedürfnis, seine Umwelt zu provozieren, im Laufe des Sommers dann doch Annie Kuranda öfter sah, mag wohl stimmen. Die Eifersucht Stephanies gegen Annie Kuranda, die »kleine« Vetsera, vor allem aber Mizzi Caspar war begründet. Die Tratschgeschichten der Gesellschaft jedoch sind als das zu nehmen, was sie waren: willkommene Mittel, um den politisch verhaßten Kronprinzen moralisch unmöglich zu machen.
Was Ursache und was Wirkung bei der Ehemisere des Kronprinzenpaares war, ist schwer zu beurteilen. Stephanies Schwester sah das Elend aus nächster Nähe: »Die beiden Naturen paßten nicht zusammen, beide herrschsüchtig, unversöhnlich, und so faßte die Entfremdung bald tiefe Wurzeln. Jähzornig waren sie beide und es spielten sich unerquickliche Szenen ab. Bis zur Unverzeihlichkeit verletzten sich beide – so daß ich entsetzt über die Kälte meiner Schwester Stephanie war, mit der sie am Sarge ihres todten Gatten stand. Die Haltlosigkeit, die Unzufriedenheit mit sich selbst, der Drang sich zu betäuben, trieb den Kronprinzen in der letzten Zeit zum Alkoholgenuß; in so einem Zustande war der Kronprinz geradezu gewaltthätig[54].«
Seinem Zynismus gegenüber Stephanie ließ Rudolf bei vielen Gelegenheiten freien Lauf. So diktierte er zum Beispiel seiner Frau einen

Brief an den Großonkel Albrecht, entschuldigte sich, wegen seiner gerade akuten Augenentzündung nicht selbst schreiben zu können, klagte, daß er wegen der Ansteckungsgefahr »von der Kleinen abgesperrt« sei und »nur indifferente Persönlichkeiten sehe, deren Gesundheit weniger wichtig ist[55]«, ein nur zu deutlicher Hieb auf die neben ihm sitzende und schreibende Stephanie.
Vor der Öffentlichkeit, der »Gesellschaft« mußte notgedrungen die Komödie einer glücklichen Ehe weitergespielt werden. Neben der in Geschmeiden, Hermelin und Diamanten prangenden, mit riesigen Hüten aufgedonnerten stämmigen Kronprinzessin wirkte Rudolf klein, schmächtig und fahrig. Die Komödie gelang immer weniger gut. Gräfin Edith Salburg, eine verläßliche, wenn auch sehr gefühlvolle Quelle, schilderte den Eindruck, den das Kronprinzenpaar bei seinem Besuch in Graz 1888 auf das Publikum machte: »Ein Galawagen bringt zwei Menschen – Mann und Frau. Er sieht rechts, sie links. Beide grüßen; sie gezwungen strahlend, er tötlich gleichgültig, automatenhaft. Im Statthaltergebäude ... warten alle Spitzen. Die Kaiserzimmer sind für das Paar bereit. – Schon abends erzählt man, der Kronprinz hat sein Bett selbst aus dem gemeinsamen Zimmer zur Türe hinausgeworfen und kampiert im Empfangssalon[56].«
Da kaum Aussicht bestand, daß der Hauptzweck dieser Ehe – ein männlicher Nachkomme – jemals erfüllt wurde, mußte der Gedanke an eine Scheidung naheliegen. Stephanies Schwester Louise: »Es war in letzter Zeit gar kein Geheimniß, daß er die Ehe mit Stephanie zu lösen strebte und sich zu diesem Zwecke an den Papst wandte[57].«
Der Anonymus des »Berliner Börsen Courir« berichtete, Rudolfs Wunsch nach Auflösung seiner Ehe sei »zur beherrschenden Idee« geworden: »Da er sich gleichzeitig eifrig mit den Bestimmungen des canonischen Rechts zu beschäftigen begann und die Rede oft auf jene Fälle lenkte, wo eine katholische Ehe gelöst worden, so nahm man an, daß er an eine Intervention des Papstes denke. Nebenbei sei bemerkt, daß der Kronprinz, obwohl im Allgemeinen trotz aller Aufgeklärtheit und seines darwinistischen Standpunktes ein guter Katholik, gleichwohl niemals ein Anhänger der Unauflöslichkeit

der Ehe war, im Gegentheil oft, und zwar auch in jenen Tagen, da seine eigene Ehe noch recht glücklich war, bekannte, daß die starre Satzung oft zur Unmoralität führe und viele Menschen unglücklich mache, die sonst glücklich und sittlich leben könnten.« Das war die Meinung, die Rudolf von Adolf Exner bezogen hatte.

Es gab in den achtziger Jahren spektakuläre Ehescheidungen, die die Kirche anerkannte, vor allem die Scheidung der Lady Hamilton vom Erbprinzen von Monaco. Die Hamilton heiratete nach ihrer Scheidung einen der Jagdfreunde Rudolfs, Tassilo Graf Festetics. Über diesen ihm wohl vertrauten Fall äußerte sich Rudolf gegenüber dem Musiker Udel: »Eine merkwürdige Geschichte, aber man kann darüber nicht sprechen. Es ist aber ein Beweis, daß man auch beim Papst mit Geld alles richten kann[58].«

Die Scheidungsgerüchte waren im Januar 1889 so verbreitet, daß Kalnoky den österreichischen Gesandten in Brüssel, Graf Rudolf Khevenhüller, beauftragte, »auf etwaiges Befragen dazu berufener Persönlichkeiten hier selbst [also in Brüssel] Gerüchte über seitens des Kronprinzen beabsichtigte Ehescheidung als unbegründet in Abrede zu stellen[59]«. Khevenhüller erklärte das spätere Dementi der Wiener Nuntiatur, die Scheidung betreffend, »als unglaubwürdig«. Da Khevenhüller ein enger Freund des Kronprinzen war, kann man dieser Aussage wohl Glauben schenken.

Daß Rudolf wegen seines Scheidungswunsches an den Papst schrieb, dieser aber nicht ihm, sondern dem Kaiser antwortete und damit die große Krise Ende Januar 1889 auslöste, ist durchaus möglich, aber derzeit nicht mit primären Quellen (etwa aus dem Vatikanischen Archiv) zu belegen.

Das hektische Dasein Rudolfs in seinen letzten beiden Lebensjahren hatte einen Ruhepunkt: Mizzi Caspar. Ein Name, der noch Jahrzehnte später bei Stephanie Haßgefühle auslöste, als sie zur Gräfin Stockhausen von der Tragödie von Mayerling sprach: »Mary Vetsera? Wer war die Vetsera? Eine von Vielen. Die Nacht, bevor er nach Mayerling fuhr, hat er mit der grande cocotte von Wien, Mitzi Kaspar, verbracht[60].« Gräfin Stockhausen kommentierte diese Worte: »Es sprudelte wie ein Sturzbach aus der Prinzessin hervor.

Ein Ausdruck von Haß war in dem rosig glatten Gesicht; der allzu lang unterdrückte Haß eines alten Menschen.«

Über Mizzi Caspar gibt es wenig verläßliche Angaben. Die Fotografie, die sich im Nachlaß Rudolfs erhalten hat, zeigt eine schöne, grazile, schwarzhaarige Frau, ganz der Typ, den er bevorzugte. Sie stammte aus Graz, war unverheiratet und offenbar ohne Beruf, wenn man die Tätigkeit nicht als Beruf gelten läßt, die sie durch die Vermittlung der Wiener Kupplerin Wolf ausübte.

Von 1886 an wurde sie in Begleitung des Kronprinzen gesehen und tauchte gelegentlich auch in den Garnisonen auf, so in Enns, worauf Erzherzog Franz Ferdinand seinem Vetter Rudolf begeistert schrieb: »Eine wunderschöne Frau« (wobei das »wunderschöne« dreimal unterstrichen war)[61].

1886 kaufte sich Mizzi um 60 000 Gulden ein Haus auf der Wieden, dem vornehmen Wiener Bezirk, und hatte damit in den amtlichen Formularen einen Beruf: »Hauseigenthümerin«. Das Geld stammte offensichtlich aus der für Rudolf schier unerschöpflichen Quelle des Baron Hirsch. Aus seiner Apanage als Kronprinz konnte er jedenfalls Ausgaben dieses Ausmaßes nicht bestreiten: sie betrug alles in allem nicht mehr als 45 000 Gulden jährlich.

Je unglücklicher, kränker und erfolgloser Rudolf wurde, desto mehr suchte er Erholung und Vergessen in kleinen, oft schäbigen Heurigen am Stadtrand von Wien in Begleitung Mizzis und des Heurigensängers Josef Bratfisch, den er sich 1887 als seinen »Leibfiaker« engagiert hatte, um weder auf die Dienste der Hofwagen noch anonymer und nicht immer diskreter Fiakerkutscher angewiesen zu sein. In Mizzis und Bratfischs Begleitung, bei Schrammelmusik, löste sich Rudolfs Verzweiflung in melancholische Dulliöh-Stimmung. Seine Lieblingslieder waren das Fiakerlied, »Vindobona, du herrliche Stadt«, »Wien bleibt Wien« und »Der Schwalbe Gruß«.

Bratfisch sang auch folgendes, von Rudolf für Mizzi gedichtetes Couplet zur Melodie »Das hat ka Goethe gschriebn, das hat ka Schiller dicht«:

»Zur schwarzen Mitzi sagt a Herr ganz leis
Mei Schatzerl s' Herz brennt für Dich gar so heiß.

Sein mir mitsamm' bekannt auch schon sehr lang,
So ist uns doch für d'Zukunft no nit bang,
Denn wenn auch Eifersüchtige uns trennen woll'n
Sag m'r höchstens arm Tschaperl'n, die ihr seid
Denn mir kennen uns ja doch gar zu gut
Wir zwei Echten vom Weanerblut
Ja Ja!
Das hat kan Göthe gschriebn, das hat ka Schiller dicht
S'ist von kein Claßiker, von kan Genie
Das ist ein Wiener der zu einer Wienerin spricht
Un's klingt halt doch so voller Poesie.«

Ein anderes vom Kronprinzen für Mizzi gedichtetes Couplet (zur Melodie: »Das was nur a Weaner«):

»Mit a harben Fiaker s'fescheste Madel
Fahrt aini in Prater zum Staunen vom Adel
S'is schon a so zam g'wichst wie d'nobeste Dam
A klan Zwergdachsel zerrts von Stamm zu Stamm,
Nun kummt abi d'Verehrer uj je do is gar
Da lacht freundlich das Madel na das is ja klar.
Und wie's da nur schiangelt und wie sichs freut
Ein echts Weanerherz lieben hat keinen no greut
Ja das was nur a Weaner, a weanerisches Blut
Was a weanerisches Madel a Weaner all's thut[62].«

Rudolfs Hang zu volkstümlichen Vergnügungen, möglichst inkognito, hatte die würdevolle Kronprinzessin schon lange gereizt. Einmal, am Anfang ihrer Ehe, hatte sie sich herabgelassen, ihren Mann zu begleiten, worüber sie später naserümpfend schrieb: »Nur einmal ließ ich mich dazu herbei, ihn, als fesches Bürgermädel verkleidet, zu begleiten. Zunächst erschien mir ein solches Unternehmen nicht ohne Reiz. War ich aber schon einigermaßen erstaunt, wie wenig der Kronprinz dabei die Vorsichtsmaßregeln des Incognito beobachtete, so war meine Enttäuschung erst recht groß, als wir die verschiedenen Cafés chantants und andere fragwürdige Lokale in und außerhalb der Stadt zusammen aufsuchten. Die Luft war überall erstickend; ein Geruch von Knoblauch, schlechtem Fett, Wein und Tabak betäubte mich. Man saß bis zum Morgengrauen an ungedeckten, schmutzigen Tischen, neben uns spielten Fiakerkutscher Karten, pfiffen und sangen. Man tanzte, Mädchen sprangen auf Tische und Sessel und sangen immer wieder die gleichen sentimental-ordinären Schlager, die ein furchtbares Orchester nicht müde wurde zu begleiten. Gern hätte ich mich darüber amüsiert, aber den Aufenthalt in dieser verrauchten Kneipe fand ich zu abstoßend, unwürdig und noch dazu langweilig. Ich begriff nicht, was der Kronprinz darin fand[63].«

Diese Neigung Rudolfs, sich unters Volk zu mischen, wurde gegen Ende seines Lebens stärker. Er zeigte dem urwüchsig-wienerischen Bratfisch offen seine Zuneigung, indem er sich zuweilen in dessen guter Stube einfand, wo Bratfischs Frau, die eine gute Köchin war, ihm deftige Mahlzeiten bereitete und Bratfisch Wiener Lieder sang und pfiff. So und kaum anders sah das berüchtigte Privatleben des Kronprinzen Rudolf in seiner letzten Lebenszeit aus. Ein Don Juan par excellence, zu dem ihn die Nachwelt machte, war er gewiß nicht (oder richtiger: nicht mehr).

Mizzi war weniger verschwiegen und vorsichtig als Bratfisch. Sie erzählte recht freimütig der Kupplerin Wolf, die sie weiterhin betreute, über ihre Erlebnisse mit dem Kronprinzen. Die Wolf ließ sich wiederum von einem auf sie angesetzten Polizeiagenten namens Dr. Florian Meißner bereitwillig ausfragen. Ins Polizeipräsidium kamen also Informationen dieser Art: »K. R. äußerte zur Mitzi: Er sch ... (sic) auf die Regierung u.s.w. Der Franzl (Franz d'Este) solle die Geschichte fortmachen[64].« Arglos und bereitwillig erzählte Mizzi der Wolf auch (und diese dem Polizeiagenten) von Rudolfs Potenzschwierigkeiten, die er mit Hilfe von Champagner zu überwinden versuchte. Es sind nur die wenigen Berichte Meißners bekannt, die dieser im Februar 1889 (also nach Mayerling) an das Polizeipräsidium gab. Alle früheren, wahrscheinlich wichtigeren, sind mit anderen Agentenberichten, die Rudolf betrafen, aus dem Polizeiarchiv entnommen worden.

Meißner versuchte nicht nur über die Wolf, mit der er offensichtlich sehr gut war, an Informationen zu kommen. Er stellte zum Beispiel auch den Hausmeister Mizzi Caspars bei sich als Zimmerputzer ein, um auch auf diesem Wege Einzelheiten zu erfahren (wie oft und wie

lange Rudolf bei Mizzi war, wieviel Geld Mizzi ausgab und ähnliches).
Ob Meißner die Informationen nur für den Wiener Polizeipräsidenten und damit den Grafen Taaffe verwendete oder nicht auch hie und da seinem hohen Mandanten in Berlin, dem deutschen Kaiser Wilhelm II., zukommen ließ, ist ungewiß, aber nicht unwahrscheinlich. Sicher ist jedenfalls, daß der sich so außergewöhnlich intensiv mit dem Privatleben des Kronprinzen beschäftigende Polizeiagent Meißner mit eben jenem Rechtsanwalt Meißner identisch war, der den damaligen Kronprinzen Wilhelm 1888 im Alimentenprozeß gegen Anna Homolatsch vertreten und einen deutschen Orden für »besondere Verdienste« erhalten hatte.
Auch die Gestalt der Kupplerin Wolf ist mehr als schillernd. Denn wenn man Mizzis Reden noch als Ungeschicklichkeit und falsche Vertraulichkeit gegenüber einer Freundin erklären kann, so darf die Wolf, von deren »purem österreichischen Patriotismus« Rudolf so schön zu erzählen wußte, kaum auf viel Entschuldigung rechnen. Denn sie wußte ja, daß dieser Meißner, dem sie bereitwillig die Intimitäten ihres hohen Kunden ausplauderte, ein Polizeiagent war, außerdem wußte sie, daß er der Anwalt Wilhelms II. war, denn sie selber hatte ja in der Alimentensache mit ihm verhandelt und war, wie wir aus Rudolfs Brief an Steininger wissen, auch über die Feindschaft der beiden Thronerben wohl informiert.
Der Kronprinz, der immer in der Angst und Gewißheit lebte, beobachtet und kontrolliert zu werden, der kaum noch Schriftliches aus der Hand gab, aus Angst, seine Post würde kontrolliert, der seine politischen und journalistischen Freunde in der Nacht und über verlassene Stiegen der Hofburg zu sich kommen ließ, aus Angst vor Agenten, wurde gerade dort am meisten beobachtet, wo er sich völlig sicher glaubte – bei Mizzi.
Neben Mizzi, dem schönen Mädchen aus dem Volke, hatten alle anderen Frauen in Rudolfs Umgebung nur mindere Bedeutung, einschließlich Annie Kuranda und Mary Vetsera. Nicht zu Mary, der »Petite«, wie er und Stephanie sie wenig achtungsvoll nannten, sprach er zuerst von Doppelselbstmord, sondern zu Mizzi. Meißner: »Vom ›Erschießen‹ sprach K. R. seit Sommer 1888. Er machte

auch der Mizi den Vorschlag, sich mit ihm im Hußaren-Tempel zu erschießen. Mizi lachte darüber ... K. R. äußerte sich Mizi gegenüber wiederholt – aber immer erst seit dem Sommer 1888 – es erheische seine Ehre, daß er sich erschieße. Warum es seine Ehre erheische, detailirte er nicht näher.«

Mizzi nahm die Sache aber doch so ernst, daß sie zum Polizeipräsidenten ging und eine Aussage über den geplanten Selbstmord des Kronprinzen zu Protokoll gab. Was konnte sie anderes tun? Conte Corti, der über diese Angelegenheit Untersuchungen anstellte, schrieb: »Aber man scheint es vermieden zu haben, Franz Joseph davon Mitteilung zu machen, obwohl die Beweise in Gestalt eines klaren Briefes vorliegen[65].«

Als das Unglück in Mayerling geschehen war, wollte jeder von der Sache gewußt haben. Auch Reuß schrieb an Bismarck: »Mündlich hat der Kronprinz bekanntlich öfter Selbstmordgedanken geäußert, und sogar einem Mädchen niederer Extraktion, mit der er bis kurz vor seinem Tode Umgang gepflogen hatte, im September v. J. proponirt, sich mit ihm zu erschießen[66].«

Der Selbstmordplan im Sommer 1888 läßt Schlüsse auf den Grund der Lebensmüdigkeit Rudolfs zu. Er ist der Beweis, daß die Theorie des Liebestodes mit Mary Vetsera und wegen Mary Vetsera kaum stimmen kann, ebensowenig wie die Theorien, die Rudolfs Tod mit der Wehrgesetznovelle in Ungarn in Verbindung bringen wollten – die war ja im Sommer 1888 überhaupt nicht aktuell. Der Zeitpunkt dieses ersten, schon ziemlich konkreten Selbstmordplanes mit Mizzi Caspar und im Husarentempel und die von nun an ständigen Reden von Selbstmord, ja einer »Selbstmordmanie«, bis zum endlichen Vollzug Ende Januar 1889 deuten eher auf eine Verbindung mit dem Umschwung der europäischen Politik durch den Tod des deutschen Kaisers Friedrich III. und den Regierungsantritt Wilhelms II. im Juni 1888 hin.

Der Husarentempel bei Mödling als Ort des Selbstmordes des Kronprinzen von Österreich-Ungarn: das sollte eine Demonstration sein. Der auf der Höhe des kleinen Anningers mit weitem Rundblick bis Wien und das Leithagebirge mitten im Wiener Wald erbaute klassizistische Tempel (Architekt: Kornhäusel) ist eigent-

lich ein Mahnmal für die Gefallenen von Aspern und Wagram. Auf dem Dachfirst steht die patriotische Widmung: »Für Kaiser und Vaterland. Den ausgezeichneten Völkern der österreichischen Monarchie gewidmet.«
Dieser Tempel der österreichischen Vaterlandsliebe, gegen den Angreifer und Sieger Napoleon erbaut, sollte eine effektvolle Kulisse darstellen für den Selbstmord des über die Politik seines Landes verzweifelten Kronprinzen. Von Liebesselbstmord wegen Mizzi Caspar konnte beim Husarentempel mit ebensowenig Recht die Rede sein wie wenig später in Mayerling wegen Mary Vetsera.

Baronesse Mary Vetsera, geboren 1871, 1888 also siebzehn Jahre alt, war die Tochter jener Helene Vetsera, die 1877 dem jungen Rudolf so aufdringlich mit ihren Liebesbezeigungen nachgestellt hatte. Helene Vetsera, seit 1887 Witwe, gehörte nach wie vor zur Wiener Gesellschaft, ebenso wie ihre vier Brüder Baltazzi.
Die Vetseras galten als reich. Ob sie es wirklich waren, ist zweifelhaft. Gräfin Larisch behauptete, der große Aufwand sei mit der allmählichen Aufzehrung des Kapitals bezahlt worden, um die auffallend schöne jüngere Tochter Mary in der Hocharistokratie zu verheiraten, um deren gesellschaftliche Anerkennung die Familie geradezu buhlte. Prinz Miguel von Braganza, lebenslustiger Witwer mit drei kleinen Kindern, galt als Bewerber um Marys Hand und wäre eine glänzende Partie gewesen.
Ein ausgezeichneter Kenner der Vorgeschichte von Mayerling schrieb über Mary: »Die Baronesse war nicht eigentlich, was man eine Schönheit nennt, am wenigsten eine edle, vornehme Schönheit; das Wort Schopenhauers vom ›Knalleffect der Natur‹ paßt selten so gut wie hier; von der üppigen, früh erblühten Gestalt, dem hübschen Gesichtchen mit den zuckenden Lippen, dem kecken Stumpfnäschen, den feuchtschimmernden blauen Augen ging ein Hauch heißer Sinnlichkeit aus, welcher um so mehr auf die Männer wirkte, je sinnlicher ihre eigene Natur war ... Sie war mäßig begabt, ihre Bildung entsprach nothdürftig jener ihrer Kreise, was für jeden Kenner einer gewissen Schichte des österreichischen Adels zur Orientierung genügen wird. Sie hatte keinerlei, und zwar buchstäblich keinerlei

geistige Interessen und interessierte sich, außer für ihre Toilette, nur für den Rennsport[67].«

Wie Mary es schaffte, als gutbehütetes Mädchen heimlich Kontakt mit ihrem großen Schwarm, dem Kronprinzen, aufzunehmen, schilderte Gräfin Larisch. Mary habe ihm einen Brief geschrieben: »Ich sagte ihm, daß ich ihn liebe, und daß ich nur den einen Wunsch hätte, ihn zu sprechen. Ob er mir eine Zusammenkunft bewilligen wolle. Ein postlagernder Brief unter der und der Nummer würde mich erreichen.« Rudolf sei darauf eingegangen: »Er teilte mir mit, daß jede Nacht um zwölf Uhr ein Fiaker eine Stunde lang in der Salesianergasse [wo sich das Vetsera-Palais befand] warten würde. Wenn ich also entschlüpfen könne, würde ich wissen, was ich zu tun hätte.« Sie habe sich wirklich mit Hilfe ihrer Zofe aus dem Haus schleichen können und auch den Fiaker gefunden. Mary zur Gräfin Larisch: »Ich wurde fast ohnmächtig vor Freude, als ich ihn an meiner Seite wußte. Ich fühlte mich wie im Himmel. Wir sprachen von tausend Dingen. Er war gerade so anbetungswürdig, wie ich ihn mir vorgestellt habe[68].«

Wann diese nächtlichen Fiakerfahrten begannen, ist unklar. Marys Hauslehrer sagte aus, seit dem Frühjahr 1888 sei das Mädchen auffällig verändert gewesen und habe mit großer Begeisterung vom Kronprinzen gesprochen, sich aber auch auffällig bemüht, ihre mangelhafte Bildung zu verbessern. Er schloß daraus, daß sie einen sehr gebildeten, wissenschaftlich oder literarisch bedeutenden Mann liebte, der darauf Wert legte. Wer es war, wußte der Hauslehrer freilich nicht[69].

Um ihre verliebte Tochter auf andere Gedanken zu bringen, fuhr Helene Vetsera mit ihr nach England, von wo die Siebzehnjährige sehnsüchtige Briefe voll Heimweh nach Wien an ihren Hauslehrer schrieb. Ihre Liebe zum Kronprinzen blieb unerschüttert. Auf Vorhaltungen ihrer Vertrauten, die aussichtslose Sache doch abzubrechen, erklärte Mary, »da er sich unglücklich fühle, ihm ihre Liebe weihen zu müssen, sie könne nicht anders, es möge kommen, was da wolle[70]«.

Die Hauptquellen dieser letzten Wochen sind zwei nur beschränkt glaubwürdige Rechtfertigungsschriften zweier Frauen, die sich gegenseitig beschuldigten und bemüht waren, eigene Schuld zu leugnen: Die Denkschrift der Baronin Helene Vetsera und die Memoiren der Gräfin Larisch, die in der letzten Phase als Vermittlerin aufgetreten war. Diese Quellen müssen vom Historiker benützt werden, weil sie praktisch die einzig verfügbaren sind, andererseits bilden sie einen wahren Sumpf von Halbwahrheiten, Andeutungen und Beschuldigungen. Einig waren sich beide nur über eines: die Liebesaffäre so kurz wie möglich erscheinen zu lassen. Weder die Baronin Vetsera noch die Gräfin Larisch konnte sich dazu durchringen, die (relativ gut bezeugte) Wahrheit zu sagen, daß Mary nämlich zum Zeitpunkt ihres Todes im vierten bis fünften Monat einer Schwangerschaft war[71].

Im November 1888 kam es zu einer Krise wegen Mary. Ob die Schwangerschaft der Grund für eine Beschwerde eines Vetsera-Verwandten beim Kaiser war, kann nur vermutet werden. Jedenfalls – so berichtete der bestens informierte Anonymus des Berliner »Börsen-Courir« ebenso wie die Gräfin Larisch – soll der Kaiser seinen Sohn »energisch aufgefordert« haben, die Beziehungen zu Mary abzubrechen.

»Aber je befehlender diese Forderung an ihn erging, desto mehr mußte sie bei dem Kranken, dessen Grundzug ja nachgerade der Trotz und Widerspruch geworden, ihre Wirkung verfehlen. Er erklärte sofort, er werde dies unter keinen Umständen thun, und notorisch ist, daß er nun erst seiner Umgebung gegenüber von der Baronesse in exaltirten Ausdrücken zu sprechen begann, während er bis dahin zwar mit Wärme, aber nicht ohne Unbefangenheit über sie geurtheilt. Ebenso wird glaubwürdig berichtet, daß er auf den ersten Vorhalt, ob er seine Scheidung deßhalb anstrebe, um die Baronesse zu ehelichen, mit wahrer Entrüstung geantwortet, er sei ja nicht wahnsinnig, er wisse, welche Pflichten seine Stellung von ihm fordere, er wünsche die Scheidung, um wieder frei zu sein, und daß er wochenlang dabei blieb. Auch nachdem jenes Promemoria an den Papst heimlich abgesendet war und die Kunde hiervon zur Kenntniß des Kaisers gelangte – wie Einige erzählen, nicht auf dem Umwege über Rom, sondern durch ein directes Bekenntniß des Kronprinzen – soll dieser die Absicht, die Baronesse zu ehelichen,

auf's Entschiedenste in Abrede gestellt haben, um dann freilich kurz darauf auch mit diesem Gedanken hervorzutreten.«
Die Mutter Vetsera scheint ab November 1888 jede Beziehung ihrer Tochter zum Kronprinzen unterbunden zu haben. Deshalb wurde plötzlich die Hilfe der Gräfin Larisch gebraucht. Marie Larisch war die voreheliche Tochter jenes Herzogs Ludwig in Bayern, der Informationsbriefe über den Kronprinzen an Bismarck nach Berlin sandte, und eine Nichte der Kaiserin. Sie war wegen ihrer bürgerlichen Mutter kein anerkanntes Mitglied der Hofgesellschaft, wurde aber von ihren hohen Wiener Verwandten immer wieder für besondere Dienste herangezogen. Da sie eine Freundin Helene Vetseras war, konnte sie, ohne Verdacht zu erregen, Mary zu Spaziergängen oder Einkäufen zu Hause abholen und sie dann ohne Wissen Helene Vetseras zum Kronprinzen bringen. Der Leibfiaker Josef Bratfisch gab nach Rudolfs Tod an, Mary etwa zwanzigmal hinter dem Grand Hotel, wo Gräfin Larisch wohnte, abgeholt und in die Hofburg gebracht zu haben[72].
Die Denkschrift der Helene Vetsera zitiert einen (undatierten und nicht im Original aufgefundenen) Brief Marys über ihren angeblich ersten Besuch in der Hofburg im November 1888 mit der Gräfin Larisch. Der Kronprinz habe mit der Gräfin allein zu sprechen gehabt, schrieb Mary. Sie sei eine Weile in Rudolfs Schreibzimmer allein gewesen: »Ich untersuchte einstweilen alles. Auf seinem Schreibtisch lag ein Revolver und ein Totenkopf. Ich nahm letzteren in die Hand und besah ihn von allen Seiten. Plötzlich kam er herein, und nahm ihn mir ganz erschrocken aus der Hand. Als ich ihm sagte, daß ich mich nicht fürchte, lachte er[73].«
Das Todesmotiv wurde zusehends stärker. Marys Hauslehrer erzählte, Mary habe sich im November auffällig für den Fall Chambige interessiert. Dieser Fall eines geplanten Doppelselbstmordes eines Liebespaares, der mit dem Tod der Frau endete, der Mann aber durch einen Fehlschuß überlebte, machte damals Schlagzeilen. Mary meinte dazu, »daß eine waffengeübte Hand einen so unsicheren Schuß nicht hätte abgeben können. Später kam sie auf den Gegenstand zurück und machte hiebei die bezeichnende Äußerung, ein Freund von ihr, der ein sehr geübter Jagdschütze sei, habe ihr er-

klärt, dafür einzustehen, mit dem Spiegel in der Hand sein Ziel nicht verfehlen zu können.« Dieser glaubwürdigen Aussage ist zu entnehmen, wie genau der Kronprinz bereits im November 1888 seinen Selbstmord geplant hatte – er sollte ja in Mayerling, nachdem Mary bereits tot war, ebenfalls einen Spiegel benützen, um sein Ziel nicht zu verfehlen.

Mary beschäftigte sich Ende 1888 auch mit der Möglichkeit, Gift zu nehmen. Ihr Hauslehrer erzählte, welche Probleme die Siebzehnjährige hatte: »Sie selbst trüge übrigens keine Bedenken, das Leben zu verlassen, denn wozu diente es überhaupt? Sie hatte auch mehrfache Anfälle von Melancholie und Selbstmordgedanken, sprang aber von tiefster Niedergeschlagenheit zu ausgelassenster Lustigkeit über ... In ihren Gesprächen kam sie immer wieder auf den Tod zurück. Das Wort der Alten gefiel ihr: ›Wer jung stirbt, den haben die Götter lieb‹ ... Im Dezember war sie immer noch bald kindisch fröhlich, bald zum Sterben betrübt. Eines Tages sagte sie zu dem Freunde: ›Ich werde nicht mehr lange leben. Sehen Sie an meiner Hand die Linie, die plötzlich abbricht? Das bedeutet frühen Tod[74].‹«

Zu Weihnachten schickte Mary der Gräfin Larisch ihr Foto mit der rätselhaft erscheinenden Widmung: »Treu bis in den Tod« und schrieb dazu: »Dies ist die letzte Photographie, die ich von mir machen lasse. Ich will es wie die Kaiserin halten und in jedermanns Erinnerung in meiner Schönheit und Jugend fortleben[75].«

Auch die Geschenke Rudolfs an das ihn abgöttisch liebende Mädchen waren inzwischen eindeutig: ein eiserner Ehering mit der Gravierung: »I.L.V.B.I.D.T.« – »In Liebe vereint bis in den Tod« – und ein Medaillon, worin sich ein Stück Leinwand mit einem Blutstropfen befand. Baronin Vetsera: »Dieses Medaillon wurde von ihr zu Hause als ein Geschenk der Gräfin Larisch ausgegeben und von ihr nie, selbst nicht zur Nachtzeit abgelegt[76].«

Am 13. Januar 1889 fiel ganz offensichtlich eine Entscheidung. Die Vetsera-Denkschrift berichtete, Mary sei an diesem Tag wieder heimlich beim Kronprinzen gewesen, »kam aber an diesem Abend sehr aufgeregt nach Hause, und sagte zu ihrem Kammermädchen, wäre sie nur heute nicht hingegangen, es wäre besser gewesen. Und

noch später äußerte sie sich zu ihr, sie müsse jetzt alles tun, was er von ihr verlange, denn jetzt gehöre sie nicht mehr sich selbst, sondern ihm ganz allein an[77].« Zwei Tage später ließ sie bei einem Juwelier eine Zigarettentasche für den Kronprinzen mit den Worten gravieren: »13. Jänner. Dank dem Schicksal.«
Die Vetsera-Schrift will glauben machen, daß die Wichtigkeit des 13. Jänner darin bestanden habe, daß das Liebespaar an diesem Tag zum ersten Mal intimen Kontakt hatte, eine Angabe, die die Mitschuld der Mutter an der Tragödie auf ein Minimum reduzieren und vor allem die These von Marys Schwangerschaft dementieren sollte. Diese Angabe wurde schon von einem frühen Mayerling-Forscher, Ernst von der Planitz, als unglaubwürdig erkannt[78]. Die Bedeutung des 13. Januar 1889 lag wohl eher in einer Art Todespakt oder Versprechen eines gemeinsamen Todes. Denn fünf Tage später verfaßte auch Mary, die ja erst siebzehn Jahre alt war, ihr Testament und hinterlegte es in einer eisernen Kassette, in welcher sie auch Fotos und Geschenke Rudolfs aufhob. Die Vorbereitungen für den Doppelselbstmord waren getroffen.

14. Kapitel

MAYERLING

Die letzten Wochen

Im Januar 1889 mußte Rudolf eindeutig als Selbstmordkandidat gelten. Die kaiserlichen Eltern blieben ahnungslos, obwohl Rudolf gerade zur Hofdame seiner Mutter, Gräfin Festetics, auffällig oft über sein nahes Ende sprach. So ließ er einmal in Gegenwart der Gräfin Festetics alle Luster des Saales aufzünden. Als die Gräfin fand, das sei zuviel und tue den Augen weh, erwiderte er: »Lassen Sie mir die Freude, denn wenn ich im Grab liege, wird es finster genug sein!« Ein anderes Beispiel, ebenfalls von Marie Festetics erzählt: »Zu Allerseelen vor seinem Tode fragte er mich, ob ich in den Segen gehen werde. Natürlich, erwiderte ich, ich werde doch für meine Toten beten. Nun, sagte der Kronprinz, werden Sie auch für mich beten, wenn ich tot bin? Was sprechen Sie da, kaiserliche Hoheit? erwiderte ich, ich bin doch um so vieles älter als Sie und werde dazu keine Gelegenheit haben. Er aber blieb bei seinem Begehren und verlangte von mir, ich solle ihm versprechen, an seinem Sarge zu Allerseelen zu beten, wenn er dahingegangen sein werde. Er ruhte nicht, bis ich zusagte[1].«

Der einzige Versuch, durch eine Aussprache mit dem Kaiser in die drohende Katastrophe einzugreifen, wurde von der Kronprinzessin unternommen. Nach der Rückkehr von einer ihrer Kreuzfahrten im Mittelmeer im Januar 1889 erschrak sie über Rudolfs Aussehen: »Nun war sein Verfall schon so weit fortgeschritten, daß es auch äußerlich stark auffiel. Ich fand den Kronprinzen erschreckend gealtert, seine Haut war fahl und schlaff, sein Blick flackernd, seine Gesichtszüge völlig verändert. Es war, als hätten seine Züge den inneren Halt, den ihnen der Wille geben muß, verloren, als lösten sie

sich von innen her auf. Ein tiefes Mitleid überkam mich und die bange Sorge: wie soll solche Verheerung enden?
In meiner Herzensangst entschloß ich mich, zum Kaiser zu gehen und ihm über alles rückhaltslos und rücksichtslos die Augen zu öffnen. Ich klammerte mich an den Gedanken, daß sein Eingreifen uns helfen und retten würde ...
Obwohl es nicht gestattet war, unangemeldet beim Kaiser zu erscheinen, nahm ich all meinen Mut zusammen und ließ mich gleich durch den Kammerdiener ansagen. Der Kaiser empfing mich gütig. Ich begann damit, daß ich sagte, Rudolf sei sehr krank und sein Aussehen und sein Benehmen bereite mir ernste Sorgen; ich bat ihn inständig, er möge seinen Sohn doch bald durch eine längere Weltreise seinem aufreibenden jetzigen Leben entziehen. Da fiel mir der Kaiser in das Wort: ›Das ist eine Einbildung von dir. Rudolf fehlt nichts. Er sieht nur blaß aus, ist zu viel unterwegs, er mutet sich zu viel zu. Er soll mehr bei dir bleiben; sei nicht ängstlich!‹ Der Kaiser umarmte mich; ich küßte ihm die Hand. Ich war entlassen, und alles, was ich dem Kaiser mitteilen wollte, war ja noch unausgesprochen. Wankend trat ich ins Vorzimmer, ich mußte an einem Sessel Halt suchen. War das alles, was mir von dieser letzten Hoffnung blieb? Das Schicksal des Kronprinzen schien mir besiegelt. Ich fürchtete das Ärgste: ein Dahinsiechen, schauerlicher als der Tod[2].«
Die letzte Woche vor Rudolfs Tod hatte zwei große politische Themen: die für den 28. Januar in Frankreich angesetzten Neuwahlen, die dem Kriegsminister Boulanger mit einem scharfen antideutschen Kriegsprogramm beträchtliche Chancen gaben, und die ungarischen Wirren wegen des neuen Wehrgesetzes.
Der Name des Kronprinzen wurde in dieser Woche zweimal in den politischen Tagesstreit gezogen: »Schwarzgelb« brachte am 23.1.1889 (es war die letzte Nummer vor Rudolfs Tod) neben wüsten Ausfällen gegen die magyarischen Radikalen ein ausführliches Zitat aus den preußenfeindlichen »Hessischen Blättern«, die auf die Verbindung von »Schwarzgelb« zum österreichischen Kronprinzen hingewiesen hatten: »Die französischen und russischen Journale glauben dagegen aus der neuen Wochenschrift die Gedanken des öster-

reichischen Kronprinzen Rudolf zu hören, und auch in Berlin hat man in einem unbewachten Augenblick des ersten Zornes verrathen, daß man diese Annahme für eine naheliegende halte und daran Befürchtungen knüpfe, die ebenso groß sind als die aus der gleichen Quelle entsprungenen französischen und russischen Hoffnungen.«
Was bisher nur in ausländischen Zeitungen zu lesen war – daß der Kronprinz ein Bündnis mit Frankreich und Rußland anstrebe –, war nun in einem Wiener Blatt ausgesprochen. Über etwaige Folgen dieses Artikels ist aus den Quellen nichts zu erfahren. Die Unterlagen über »Schwarzgelb« gehören zu den »verschwundenen« Papieren.
Auch in die Wehrgesetzdebatte in Ungarn wurde der Kronprinz (diesmal von dem ihm seit jeher feindlichen »Fremdenblatt«) hineingezogen, nachdem sein Jagdfreund Pista Karolyi am 25. Januar eine Rede gegen Tisza gehalten hatte. Von der »fatalen« Lage, in die ihn diese Rede gebracht hatte, sprach Rudolf noch in Mayerling.
Ausländische Diplomaten, die den Kronprinzen noch in den letzten Lebenstagen sahen, bemerkten übereinstimmend seine Bitterkeit gegenüber Wilhelm II., so die Gattin des englischen Botschafters, Lady Paget. Auch der französische Botschafter Décrais berichtete Ende Januar in einer vertraulichen Depesche nach Paris über Rudolfs unfreundliche Bemerkungen gegenüber Deutschland[3].
In diesen Tagen stand der kaiserliche Gegenbesuch nach Berlin zur Diskussion, der für März 1889 geplant war. Der Kronprinz sollte den Kaiser begleiten, um die Differenzen mit Wilhelm II. endlich beizulegen. Nach den Informationen, die der spätere russische Außenminister Lamsdorf erhielt, weigerte sich Rudolf jedoch, mit nach Berlin zu fahren. Laut Lamsdorf-Tagebuch erklärte er, »daß es wesentlich besser wäre, wenn er, statt nach Berlin zu fahren, diese Zeit ausnützen und zu unserem allerhöchsten Kaiser [dem Zaren] fahren würde. Zuerst wehrte man sich gegen dieses Projekt, dann wurde im Prinzip beschlossen, daß der Kronprinz im Anschluß an Berlin nach Rußland fahren dürfe. Diese Aussicht erfreute ihn unendlich. Aus ihr schöpfte er Trost bei den zahllosen Kränkungen, die ihm seine Stellung bereitete[4].«
In dieser glaubwürdigen Quelle wird also Rudolfs Wunsch, neue Bündnisse anzubahnen, vor allem eine Verständigung mit Rußland

in Balkanfragen zu erreichen, bestätigt. Das Lamsdorf-Tagebuch verzeichnete auch eine Äußerung Szögyenyis über die Hintergründe des Dramas von Mayerling, die mit der später in der Literatur so beliebten Liebestodversion kaum in Einklang zu bringen ist: »Es gibt viele seriöse Staatsmänner, die dieses Unglück ausschließlich politischen Gründen zuschreiben. Ihrer Meinung nach hat sich der Thronfolger gegenüber der derzeitigen Politik des Wiener Kabinetts und seinen Verbündeten derartig kompromittiert, seine Einstellung gegenüber Kaiser Wilhelm II. und Deutschland hatte sich derartig verschlechtert, eine Umkehr schien so unmöglich, daß er erkennen mußte, daß er für sein Vaterland zu einer Quelle ernsthafter Schwierigkeiten und sogar zu einer Gefährdung geworden war, falls er diesen Weg weiter verfolgen wollte.«
Dieser Aussage Szögyenyis muß unter den vielen phantasievollen Erklärungsversuchen für das Drama von Mayerling die größte Wahrscheinlichkeit zugesprochen werden. Daß zu diesen Problemen in bezug auf Deutschland (und Frankreich) schwerwiegendes privates Unglück kam, liegt auf der Hand – vor allem die Krankheit, die zerrüttete Ehe, die Unmöglichkeit einer Scheidung, selbstverständlich auch Schuldgefühle wegen der politischen geheimen Aktionen des letzten Lebensjahres, aber auch Zermürbung durch die ständigen gehässigen Angriffe der Antisemiten, die ihm klarmachten, daß er, selbst wenn er eines Tages Kaiser werden würde, über keinen großen Rückhalt in der Bevölkerung verfügen könnte, jedenfalls viel weniger als Kaiser Franz Joseph.
Das politische und menschliche Scheitern war dem Selbstmord vorausgegangen. Das »Geheimnis von Mayerling« kann durch diese Feststellung zwar nicht aufgeklärt werden, es verliert aber an Anziehungskraft. Denn wie in allen makabren Einzelheiten der Kronprinz von Österreich-Ungarn endete, hat politisch wenig Bedeutung. Bedeutung hat nur, daß er mit großer Wahrscheinlichkeit Selbstmord verübte, weil er gescheitert war.

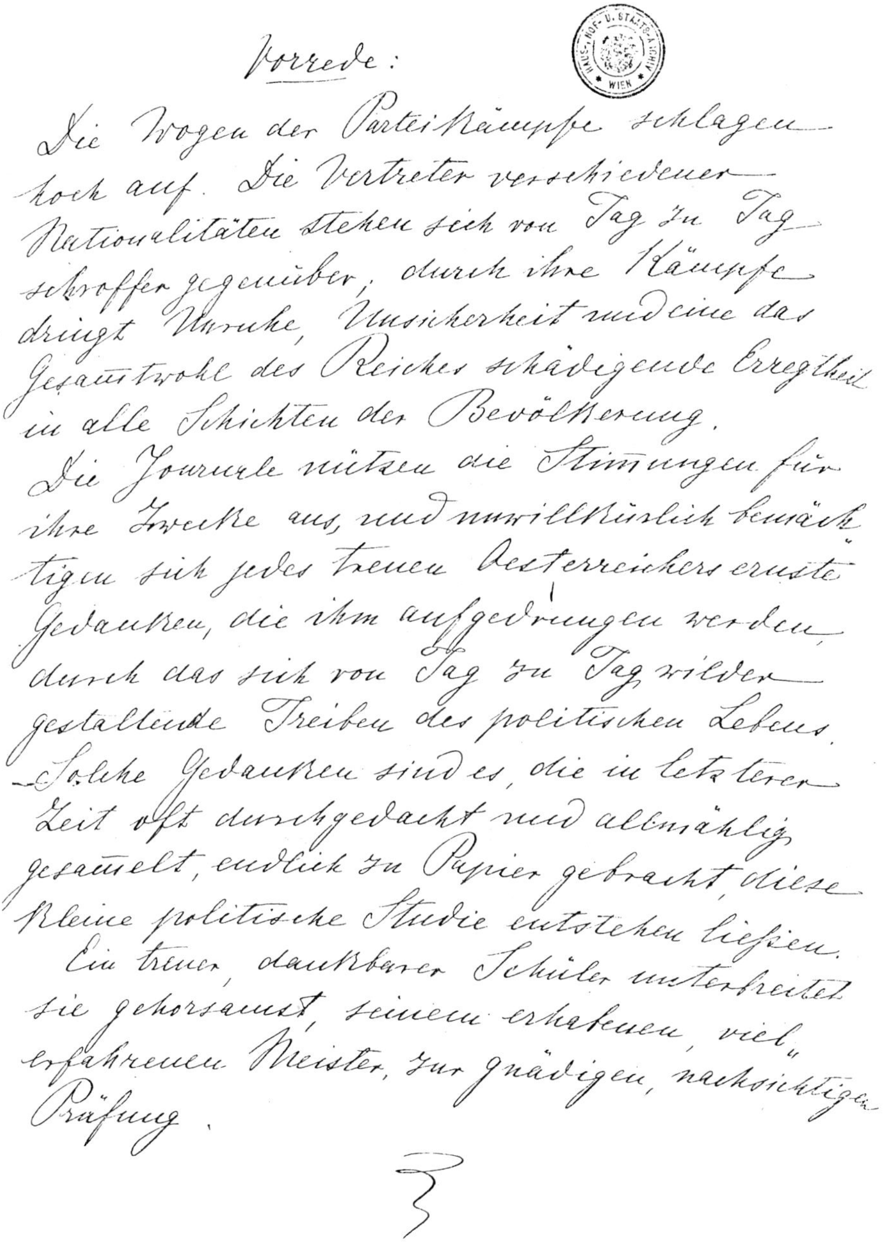

Vorrede:

Die Wogen der Parteikämpfe schlagen hoch auf. Die Vertreter verschiedener Nationalitäten stehen sich von Tag zu Tag schroffer gegenüber, durch ihre Kämpfe dringt Unruhe, Unsicherheit und eine das Gesammtwohl des Reiches schädigende Erregtheit in alle Schichten der Bevölkerung.

Die Journale nützen die Stimmungen für ihre Zwecke aus, und unwillkürlich bemächtigen sich jedes treuen Oesterreichers ernste Gedanken, die ihm aufgedrungen werden, durch das sich von Tag zu Tag wilder gestaltende Treiben des politischen Lebens.

Solche Gedanken sind es, die in letzterer Zeit oft durchgedacht und allmählig gesammelt, endlich zu Papier gebracht, diese kleine politische Studie entstehen ließen.

Ein treuer, dankbarer Schüler unterbreitet sie gehorsamst, seinem erhabenen, vielerfahrenen Meister, zur gnädigen, nachsichtigen Prüfung.

Vorrede zur ersten politischen Denkschrift, die der 23jährige Kronprinz 1881 in Prag schrieb und seinem Erzieher Latour widmete.

Für die Öffentlichkeit ein Freundespaar, privat Intimfeinde: Prinz Wilhelm von Preußen (ab 1888 Kaiser Wilhelm II.) und der österreichische Kronprinz.

Rudolf in der Uniform des Preußischen Ulanen-Regiments Nr. 2, die er auch am Abend vor seiner Fahrt nach Mayerling, beim Empfang zu Ehren Wilhelms II., trug.

Kronprinz Rudolf †: Abfahrt der Leiche vom Schlosse Mayerling.

Aus der aktuellen Berichterstattung der »Neuen Illustrierten Zeitung« nach dem Tod des Kronprinzen.

onprinz Rudolf †: Volksansammlung vor dem Schweizerhofthore in der Burg unter den Fenstern des Kronprinzen; Mittwoch den 30. Jän
6 Uhr Abends. Nach einer Skizze von Theodor Breidwiser, gezeichnet von M. Ledeli.

Eines der letzten Porträtfotos des Kronprinzen 1888.

Bis Samstag, den 26. Januar, wurde von den Augenzeugen keine Veränderung im Auftreten und Aussehen des Kronprinzen bemerkt. Er führte sein gewöhnliches Leben. Vormittags war er in der Kanzlei der Franz-Josephs-Kaserne, Schreibtischarbeit, Audienzen, Besuche (so der des ehemaligen Fürsten von Bulgarien, Alexander von Battenberg, der vergeblich in Österreich eine Stelle in der Armee suchte), politische Gespräche mit Szeps und Frischauer, zur Entspannung mal eine Praterausfahrt, mal ein Theater.
Noch am 26. Januar schrieb Rudolf an Joseph von Weilen, den Hauptredakteur des Kronprinzenwerkes in Cisleithanien, einen harmlosen Brief wie Dutzende andere vorher: »Lieber Weilen! Es war mir bisher nicht möglich, die Skizze von Gödöllö niederzuschreiben. Ich war, wie Sie wissen, diese Zeit über mit vielen, namentlich militärischen Arbeiten überhäuft, und jetzt habe ich die Qualifikationslisten durchzusehen, was sorgfältig geschehen muß und viel Zeit in Anspruch nimmt. Aber ich werde, wenn ich Montag nach Meierling komme, dort einige Stunden Muße finden, um den Aufsatz über Gödöllö fertigzustellen. Das Material dazu, welches mir zur Verfügung steht, habe ich heute durchgesehen, es ist zwar weitläufig, aber doch sehr dürftig, und es ist nur sehr wenig daraus zu benützen. Ich hoffe, Sie Mittwoch oder Donnerstag zu sehen und Ihnen dann das Manuskript zu übergeben. Mit besten Grüßen Ihr Rudolf[5].«
Selbst mit der Ornithologie beschäftigte sich der Kronprinz noch an diesem 26. Januar. Es ging um ein seltenes »Waldhuhn, das in Schweden erbeutet, am Wiener Wildpretmarkte gekauft worden« war und das der Schweizer Ornithologe Girtanner verschiedenen Forschern, unter ihnen auch dem Kronprinzen, zur Begutachtung eingesandt hatte. Rudolf antwortete am 26. Januar. Nach seinem Tod, als der Wiener Hof offiziell eine Geisteskrankheit als Grund des Selbstmordes angegeben hatte, wunderte sich die »Times« über den »klaren und sachlichen Stil« dieses Briefes[6].
Augenzeugen registrierten an diesem Tag einen grellen Umschwung der Stimmung des Kronprinzen. Die Kammerfrau der Kronprinzes-

sin, Sophie Planker-Klaps, erzählte: »Am 26. Januar 1889 ungefähr um 9 Uhr früh befand ich mich in einem Garderobezimmer in der Hofburg, als der Kronprinz auf dem Wege nach seinen Appartements durchkam. Er war in Parade und sah fürchterlich verstört, geradezu verfallen aus, und die Hand, in der er den Generalshut hielt, zitterte sichtbar. Ich fragte den Kammerdiener Beck später, was denn geschehen sei und hörte, daß der Kronprinz bei Seiner Majestät in Audienz war; es müsse etwas Schreckliches gegeben haben, denn der Kaiser solle gesagt haben: ›Du bist nicht würdig, mein Nachfolger zu werden[7].‹«

Das ist sicherlich, was die Worte des Kaisers betrifft, eine problematische Aussage, denn der Kammerdiener wird kaum der Unterredung hinzugezogen worden sein (wenn seine Informationsmöglichkeiten auch nicht zu unterschätzen waren). Die Tatsache einer erregten Auseinandersetzung zwischen Vater und Sohn kann aber als erwiesen gelten, denn gleich nach Rudolfs Tod suchten Beauftragte des Kaisers – entgegen Rudolfs Letztem Willen, der allein Szögyenyi das Recht gab, den Schreibtisch zu öffnen – in den nachgelassenen Papieren, »ob nicht etwa eine Schrift vorhanden sei, die sich auf die letzten großen Mißhelligkeiten in der Familie beziehe[8]«. Über das Ergebnis dieser Suche wurde nichts bekannt.

Die Information über eine Auseinandersetzung taucht auch in den diplomatischen Berichten an ausländische Regierungen immer wieder auf, wenn sie auch von offiziellen Wiener Stellen selbstverständlich dementiert wurde. Die Witwe Kaiser Friedrichs III., Viktoria, schrieb ihrer Mutter, der Queen Victoria: »Fürst Bismarck erzählte mir, daß die heftigen Szenen und Streitigkeiten zwischen dem Kaiser und Rudolf die Ursache des Selbstmordes wären. Ich erwiderte, daß mir Zweifel darüber zu Ohren gekommen seien, worauf er sagte, daß Reuß es geschrieben habe und es sich so verhielte[9].«

Graf Lamsdorf hatte ähnliche Informationen: »Man sagt, daß sich zwischen dem Kaiser und dem Thronfolger eine furchtbare Szene abgespielt habe, die den Thronfolger in den Tod getrieben habe.«

Die Scheidungsgerüchte und die Vetsera-Affäre kamen den Freunden wie den Feinden des Kronprinzen als Begründung für den

Selbstmord nicht ungelegen, waren sie doch geeignet, von der prekären politischen auf die rein private Ebene abzulenken und politischen Verwicklungen wirkungsvoll vorzubeugen. Auch ein Polizeiagent erfuhr von diesem Auftritt zwischen Vater und Sohn: »Die bereits zum 4. Monate gediehene Schwangerschaft einer Baronesse Wexera (?) welche als ein Ideal von Schönheit galt, soll am 26. v. Ms. zu einem fürchterlichen Auftritte zwischen Vater u. Sohn geführt haben, in Folge dessen letzterer erklärte, auf alles zu verzichten, eventuell sich zu erschießen; er könne nun einmal seine Frau nicht leiden u.s.w. [10]« Als Quelle gab der Agent »natürlich auf Umwegen« über die Kammerdiener den Prinzen Philip Coburg an, der Jagdgast Rudolfs in Mayerling war. Was von derlei Quellen zu halten ist, bleibe dahingestellt.

Auch im Hause Vetsera ging es am 26. Januar hektisch zu. Die Baronin hatte die eiserne Kassette ihrer Tochter öffnen lassen und darin neben einer Serie von Fotografien des Kronprinzen und einer Zigarettentasche mit Rudolfs Namenszug auch Marys Testament, ausgestellt am 18. Januar 1889, also eine Woche zuvor, gefunden. Das Testament ängstigte sie allerdings kaum: »Sie betrachtete dasselbe vielmehr als das Werk jugendlicher Überspanntheit und bemerkte zu ihrer Tochter, daß man sie nur auslachen müsse, solchen Unsinn zusammengeschrieben zu haben. Die Baronesse sah nach dieser Szene sehr bleich und eingefallen aus [11].« Den Familiendiskussionen wurde auch einer der Brüder der Baronin (Alexander oder Aristides Baltazzi) hinzugezogen. Am späten Nachmittag zwischen 17 und 18 Uhr flüchtete Mary aus dem Elternhaus ins Grandhotel zur Gräfin Larisch.

Marie Larisch: »Sie war totenbleich und die Augen schienen für ihr Gesicht viel zu groß. Sie machte auf mich den Eindruck, als sei ihr etwas Fürchterliches zugestoßen [12].« Als Grund für ihre Flucht gab Mary an, daß ihre Mutter sie gefangenhalte und in ein Kloster schicken wolle, um sie vom Kronprinzen zu trennen.

Gräfin Larisch half, aus welchen Beweggründen auch immer. Sie brachte die fatale Geschichte mit der Zigarettentasche in Ordnung, indem sie der Baronin Vetsera erklärte, sie selbst habe die Tasche vom Kronprinzen geschenkt bekommen und sie an Mary weitergeschenkt. Die zweite Tasche, das Gegengeschenk Marys an Rudolf mit der Gravierung: »13. Jänner. Dank dem Schicksal«, versprach sie, auf ihren Namen umschreiben zu lassen, um auch diesen Verdacht eines Übereinkommens zwischen Rudolf und Mary bei der Baronin zu zerstreuen.

Marie Larisch schrieb in einer ihrer Rechtfertigungsschriften, an diesem Nachmittag (26. Januar, 17 Uhr) sei der Kronprinz bei ihr gewesen und habe sie beschworen, die »kleine Vetsera zur Vernunft« zu bringen[13]. Ob Mary den Kronprinzen bei ihr traf, oder ob Rudolf schon fort war, als Mary ins Grandhotel »flüchtete«, blieb unklar, wie die Zeitangaben der Gräfin überhaupt viel Verwirrung stiften. Rudolf habe seiner Cousine Larisch gesagt: »Ich bin nicht ganz gefühllos und mein besseres Ich treibt mich dazu, Mary zu retten, ehe es zu spät ist. Wir dürfen uns nicht treffen, ehe meine Angelegenheiten geordnet sind. Du gehst mit Larisch an die Riviera, kannst du nicht die Baronin und Mary überreden, dich zu begleiten, damit das Kind von Wien fortkommt? Sag ihr, ich käme inkognito nach. Versprich ihr, was du willst. Nur hilf mir jetzt.« Er habe sich, wie er sagte, »die Lunge ausgeredet, sie zu bewegen, Miguel Braganza zu heiraten«, aber Mary ließe sich partout nicht abschütteln. Ihre schwärmerische Anhänglichkeit sei unerschütterlich: »Vielleicht ist es töricht, die Liebe dieses kleinen Mädchens von sich zu stoßen. Sie hat nicht den Ehrgeiz, die Pompadour zu spielen. Mein Rang ist ihr gleichgültig, sie ist nichts als ein liebendes Weib. Ich habe viele schönere gekannt, aber niemals bin ich einem treueren Gemüte begegnet.«

Rudolf klagte laut Marie Larisch: »›Diese Intrige wäre weiter nicht schlimm, wenn sie nicht mit viel wichtigeren Dingen zusammenträfe. Ich habe keine Zeit für Liebeleien, denn dringende Dinge verlangen meine ganze Spannkraft. Du weißt, wie schlecht ich mit Stephanie lebe; du weißt, wie unleidlich mein Vater ist, und dich brauche ich nicht daran zu erinnern, wie wenig meine Mutter mich liebt. Kurz, mir ekelt.‹ Rudolf ließ meine Hand los und ging im Zimmer auf und ab. Jede Bewegung verriet seine Erregung. ›Ach‹, rief er, ›ich habe dieses Leben satt! ... du hast hinter die Kulissen geblickt und weißt, was für armselige Puppen wir sind. Wir treiben Mummenschanz, um das Volk zu ergötzen, wir tanzen nach der Pfeife anderer; weh uns, wenn wir natürlich sind! Wozu bin ich bloß geboren? Was bin ich denn schließlich? Eine arme Kreatur mit dem Kainszeichen der Sünde meiner Vorfahren.‹«

Gräfin Larisch gab ein zusätzliches Rätsel dadurch auf, daß sie ganz unvermittelt erwähnte, »meine heitere Freundin Frau Müller[14], eine liebe alte Dame, die gelegentlich Besorgungen für mich machte«, sei gerade bei ihr zu Besuch gewesen, als Mary zu ihr flüchtete. Nun taucht in den Quellen eine Hof- und Herrschaftshebamme namens Theresa Miller auf. Sie hatte schon bei der Geburt des späteren Kaisers Max von Mexiko geholfen und auch den oft kränkelnden Kronprinzen als Kind gepflegt. Theresa Miller war eine Zeitlang auch Kinderfrau im Hause Larisch gewesen. Ein Enkel Theresa Millers schrieb 1928 in einem Zeitungsartikel von einem Besuch der Miller bei Gräfin Larisch kurz vor der Katastrophe von Mayerling. Bei diesem Besuch habe sie auch den Kronprinzen angetroffen und eine Äußerung von ihm gehört, »daß er binnen kurzem seinem Leben ein Ende bereiten werde, weil er sich nicht mehr zu helfen wisse.« Trotz der Geheimhaltung sei im Hause Miller einiges durchgesickert »von einem vorhergegangenen Koffertransport nach Mayerling und von einem Engagement meiner Großmutter nach England zur Niederkunft der Baronin Vetsera – somit Anzeichen einer geplanten Flucht[15]«. Mit einem mehrmonatigen Auslandsaufenthalt etwa ab dem vierten Schwangerschaftsmonat und einer heimlichen Entbindung wurden unerwünschte Schwangerschaften in der guten Gesellschaft dieser Zeit ja üblicherweise »erledigt«.

Wen auch immer die verzweifelte Mary bei ihrer Freundin Marie Larisch an diesem Nachmittag antraf, ob Rudolf oder die Hebamme Miller oder beide, ihr Zustand war jedenfalls besorgniserregend. Helene Vetsera fand die von der Gräfin nach Hause zurückgebrachte Mary am Abend »im Bette, leichenblaß und sprachlos von einer Art Nervenanfall befallen«. »Ihre älteste Tochter berichtete ihr, daß Mary gleich nach ihrer Heimkehr im Zimmer zu Boden gefallen sei, worauf man sie unter Beihilfe der Gräfin ins Bett gebracht habe[16].«

An diesem Abend des ereignisreichen 26. Januar schickte Marie Larisch laut Agentenbericht einen Brief in die Hofburg zum Kronprinzen, und es ist nicht unwahrscheinlich, daß dieser in den Larisch-Memoiren verschwiegene Brief mit jenem identisch ist, der nach Rudolfs Tod in einem Waffenrock gefunden wurde und in dem von einer hohen Geldsumme die Rede war, die die Gräfin vom Kronprinzen erhalten hatte, jenen 70 000 Gulden, die später in einem Umschlag fehlten[17]. Als man der Gräfin vorwarf, für ihre Dienste eine so horrend hohe Summe angenommen zu haben, verteidigte sie sich damit, das Geld sei ja nicht für sie, sondern für Mary bestimmt gewesen[18], eine Aussage, die wahrscheinlich stimmt, bedenkt man, daß Marie Larisch Marys Auslandsreise mit Theresa Miller vermitteln sollte.

Die Verzweiflung Marys an diesem Abend könnte also daher rühren, daß sie sich weigerte, mit Geld »abgeschoben« zu werden, und fürchtete, der Kronprinz könne allein, ohne sie, Selbstmord begehen. Mary soll zur Gräfin Larisch gesagt haben: »Rudolf hat mir von seinen Sorgen und von der schrecklichen Lage erzählt, in der er sich befindet. Es ist besser, wenn ich von Wien fern bin. Aber ich möchte ihn nicht gerade jetzt verlassen, wo er so sehr eine Stütze braucht[19].«

Der 27. Januar

Unzweifelhaft stand Rudolfs Entschluß, sich in Mayerling das Leben zu nehmen, am 27. Januar fest. In übergroßer, von allen Augenzeugen bestätigter Hektik verbrachte er diesen Tag. Morgens war er zum letztenmal in der Kanzlei der General-Infanterie-Inspektion und erteilte militärische Audienzen. Er ließ dem Grafen Joseph Hoyos die Nachricht schicken, daß die für die nächste Woche geplante Jagd in Mayerling auf den 29. und 30. Januar vorverlegt worden sei. Joseph Hoyos war schon seit Jahren Rudolfs Jagdgenosse.

Laut Agentenbericht erschien Rudolf an diesem Morgen um 10 Uhr wieder im Grandhotel »und begab sich über die rückwärtige Stiege

zu der Gräfin Larisch ... Se. kais. Hoheit war in Uniform und ist nicht bekannt, wie lange Hochderselbe bei der Gräfin verweilte[20]«.
Die Zeitangaben der Gräfin Larisch sind derartig konfus, daß sie sich mit den präzisen Angaben der Polizeiagenten nicht vereinbaren lassen. Andererseits aber bestätigen die Angaben der Agenten, daß der Kronprinz wirklich kurz vor seinem Tod einige Male die Gräfin besuchte. Ich sehe kaum einen Anlaß, an den Schilderungen der Gräfin über ihre letzten Unterredungen mit dem Kronprinzen zu zweifeln, wenn auch Einzelheiten einerseits verschwiegen, andererseits übertrieben sein mögen (selbstverständlich auch dadurch bedingt, daß Marie Larisch ihre Rechtfertigungsschrift ja erst 1913, 24 Jahre nach Rudolfs Tod, schrieb). Mit beträchtlichen Vorbehalten (die aber für alle erhaltenen Mayerling-Quellen gelten), sei hier die berühmte Szene zitiert, die wahrscheinlich auf den 27. Januar zu verlegen ist (Marie Larisch nannte den 28. Januar, 17 Uhr, als Rudolf längst in Mayerling war).
Marie Larisch: »Er war sehr erregt, und seine ersten Worte waren: ›Marie, wenn du mir nicht hilfst, ist alles verloren.‹ Ich starrte ihn wortlos an. Mein Vetter war nicht wiederzuerkennen. Er sah bleich und zermürbt aus. In seinen Augen funkelte ein seltsamer Raubtierglanz, den ich immer an ihm bemerkt hatte, wenn es in ihm tobte. Ich empfand instinktiv, daß etwas Furchtbares geschehen war. Er übte eine hypnotische Gewalt über mich aus, und ich fühlte, daß ich ihm willenlos jeden Wunsch erfüllen mußte.«
»Du kannst dir die Wirrnis nicht vorstellen, die mich umstrickt«, soll Rudolf gesagt und die Gräfin beschworen haben, Mary am nächsten Tag in die Hofburg zu bringen. »›Ich versichere dich, ich *muß* Mary sehen. Übrigens bin ich selbst in Gefahr.‹ Ich hob den Kopf. ›Du in Gefahr?‹ ›Ja, in großer Gefahr! Wir sprechen jetzt ‚Mann zu Mann'. Du bist der einzige Mensch, dem ich unbedingt vertrauen kann. Schwöre mir, daß du zu meinen Lebzeiten niemals verraten wirst, was ich dir jetzt sagen werde!‹ ... Der Kronprinz blickte mich seltsam an. Dann zog er wortlos einen kleinen, dunklen Gegenstand unter seinem Mantel hervor. Ich konnte erkennen, daß es eine kleine, in Stoff genähte Schachtel war ... ›Marie, du mußt diese Schachtel an dich nehmen und sie sofort an einem siche-

ren Orte verstecken. Sie darf unter keinen Umständen in meinem Besitz gefunden werden. Jeden Augenblick kann der Kaiser eine Durchsuchung meines Eigentums befehlen‹ ... Hiemit händigte mir der Kronprinz die Schachtel ein, die zu meinem Erstaunen schwer wie Blei war ...

›Wie lang soll ich dieses schreckliche Ding aufbewahren?‹ ›Bis ich sie zurückfordere‹, entgegnete Rudolf, ›oder bis jemand anderer sie zurückverlangt. Für den Fall, daß es dazu kommen sollte‹, sagte er ernst, ›muß ich dir Verhaltungsmaßregeln geben. Nur ein Mensch kennt das Geheimnis dieser Kasette, und er allein hat außer mir das Recht, sie zurückzuverlangen.‹ ›Wer ist das?‹ ›Sein Name tut nichts zur Sache. Du kannst sie der Person übergeben, die dir vier Zeichen nennt. Schreib sie dir auf und wiederhole sie.‹ Und langsam sprach der Kronprinz die Buchstaben: ›R.I.U.O.‹«

Rudolf habe sie daraufhin wieder gebeten, Mary in die Hofburg zu bringen. »›Ich muß Mary allein sprechen. Vielleicht kann ich dadurch der Gefahr entrinnen, die mir droht.‹ Das glaubte ich nun zwar nicht, doch ich fragte: ›Betrifft die Gefahr die Zwistigkeit mit Stephanie?‹ Rudolf lachte: ›Stephanie! – Ach nein, die ist nur ein häusliches Unheil. Die Gefahr, die mir droht, ist politischer Natur.‹ ... ›Um Himmels Willen‹, rief ich. ›Ich flehe dich an, Rudolf, verliere keine Zeit, vertrau dich der Kaiserin an oder noch besser, gehe zum Kaiser.‹ ›Du Närrin‹, schalt er. Dann fuhr er sanfter fort: ›Das kann ich nicht tun, Marie. Wenn ich dem Kaiser beichten wollte, würde ich mein eigenes Todesurteil unterschreiben[21].‹«

Angesichts der vielen zunächst unwahrscheinlich aussehenden Erzählungen der Larisch, die sich im Laufe der Zeit mit dem Auftauchen neuer Quellen doch als wahr erwiesen, kann diese Szene keinesfalls als pure Erfindung abgetan werden. Daß der Kronprinz in seinen letzten Tagen Ordnung in seinen Papieren machte, kompromittierende Schriften vernichtete oder Freunden zur Verwahrung gab, Briefe an ihre Absender zurückgab, ist auch aus anderen Hinweisen zu schließen. Die Erzählung der Gräfin, es sei Erzherzog Johann gewesen, der nach Rudolfs Tod die Kassette abholte, verstärkt die Vermutung, daß die immer wieder als Lügengespinst abgetane Erzählung einiges Wahre enthalten könnte. Erzherzog Jo-

hann war in diesen Wochen nicht in Wien, sondern in Fiume. Daß der Kronprinz wichtige Schriften nicht der Post anvertraute, sondern meist privaten Boten übergab, wissen wir. Es ist also durchaus möglich, daß er diesmal die Gräfin Larisch um Verwahrung bat, weil er die Schriften nicht vernichten, sich auch die Möglichkeit einer Rückkehr aus Mayerling offenhalten wollte, aber doch sicher sein wollte, daß die Kassette nicht in falsche Hände geriet.
Marie Larisch war dem Kronprinzen durch bedeutende Geldsummen, die er der ständig Verschuldeten verschaffte, verpflichtet. Aber nicht nur das: nur bei ihr, die keinerlei offizielle Verbindung mit dem Kaiser hatte, konnte Rudolf sicher sein, daß sie niemals die Kassette an den Kaiser weitergeben würde, wohl aber, und diese Feststellung ist wichtig, konnte er damit rechnen, daß sie, die als erklärte Vertraute und Lieblingsnichte der Kaiserin galt, Elisabeth in das Geheimnis einweihen könnte. Das war das Risiko, das Rudolf einging, als er die Kassette gerade Marie Larisch übergab.
Das Herrscherpaar vertrat so konträre politische Ansichten, hatte so wenig Gemeinsamkeiten und eine dementsprechend konträre Anhängerschaft am Hofe, daß man die Möglichkeit einkalkulieren muß, Rudolf könnte dieses Risiko mit Bedacht eingegangen sein, daß vielleicht dieselbe Sache, wegen welcher er fürchtete, vom Vater vor ein »Kriegsgericht« gestellt zu werden, von der Mutter nicht für schlimm gehalten, vielleicht sogar gebilligt werden könnte. Der Gedanke, daß es sich bei diesen Schriften kaum um Staatsstreichpläne oder gar eine geplante Absetzung des Kaisers handelte, wie Übereifrige munkelten, sondern vielmehr um weltanschauliche Fragen, liegt nahe.
Daß sich Rudolf und Johann trotz mancher Eifersüchteleien politisch und weltanschaulich nahestanden – beide waren liberal, »Reformer«, als Freimaurer verdächtigt, Gegner des Bündnisses mit Deutschland und Italien –, daß sie gemeinsame Pläne für die Regierungszeit Rudolfs ausgearbeitet hatten und Johann in diesem Fall eine wichtige – militärische – Rolle eingeräumt werden sollte, ist sicher. Ambitionen auf Ungarn ins Spiel zu bringen, blieb dem Hoftratsch und Marie Larisch vorbehalten, die keinerlei Einblick in die politischen Pläne der Erzherzöge hatte.

Kurz nach dem Besuch des Kronprinzen beobachtete der Polizeiagent: »Sonntags, 27. Jänner, Vormittags 11 Uhr, erhielt der Dienstmann Nr. 198 vom Hotel Imperial von der Gräfin Larisch ein Paket mit einem Brief, um beides in der k.k. Hofburg an seine kais. Hoheit den durchl. Kronprinzen persönlich abzugeben. Kronprinz Rudolf, der eben mit dem Oberstlieutenant Mayer Dienststücke bearbeitete, entfernte sich auf die Meldung des Kammerdieners von diesem und schickte durch den Dienstmann einen Brief zurück[22].« Das Paket dürfte Rudolfs Briefe an Mary enthalten haben, die Mary der Gräfin in Verwahrung gegeben hatte. Diese Briefe wurden von Rudolf vernichtet (im Gegensatz zu Marys Briefen an ihn, die man nach seinem Tod fand und wodurch Marie Larisch stark kompromittiert wurde).

Marie Larischs Brief an den Kronprinzen ist im Wortlaut bekannt: »Lieber Rudolph! Du weißt, daß ich Dir blind ergeben bin und Deinem Befehl *jedesmal* folgen werde, wenn Du mich rufst! Ich komme natürlich unter diesen gefahrdrohenden Umständen *mit,* ich kann sie nicht allein Unannehmlichkeiten aussetzen – ich komme also *bestimmt,* mag geschehen, was will! – Ich wollte sie allein schicken, weil ich vormittags eine wichtige Kommission habe, von der für mich *alles* abhängt, wenn ich später als zwölf hinkomme, da ich um zwei Uhr abreisen muß! doch werde ich nach dem gestrigen Vorfall mit A. [Aristides oder Alexander Baltazzi, die Brüder Helene Vetseras] mit ihr gehen, ich traue ihm alles zu! Deine ergebene Marie. Ich fahre besser mit meinem Fiaker, gegen halb elf sind wir dort[23]!«

Wie dieser Brief ankündigte, sollte Marie Larisch die »kleine« Mary am nächsten Vormittag zur angegebenen Zeit in die Hofburg zum Kronprinzen begleiten.

Kurz nach Mittag beobachtete ein Agent wiederum den Kronprinzen im Grandhotel. Er »vergriff sich an der Türklinke und öffnete die Thüre, welche in die sogenannte Schwemme führt. Die daselbst anwesenden Fiaker sprangen auf, da sie den Kronprinzen erkannten, und höchstderselbe entfernte sich verlegen[24].«

Auch Mary Vetsera war an diesem Nachmittag laut Vetsera-Denkschrift bei der Gräfin Larisch, und zwar zwischen ½3 und 6 Uhr. Sie habe sich, wie sie sagte, »verplaudert«.

Kurze Zeit später wurden der Kronprinz und Gräfin Larisch im Prater beobachtet in erregtem Gespräch, und zwar von Prinzessin Luise Coburg, der Schwester Stephanies, die in ihren Memoiren die Angaben der Larisch über Rudolfs Gemütsverfassung vollauf bestätigte: »Der Kronprinz sah meinen Wagen, gab mir ein Zeichen, daß ich auf ihn warten sollte, und kam mit raschen Schritten auf mich zu ... Rudolf war furchtbar bleich, fieberhaft, und schien seine Nerven mühsam zu beherrschen. ›Ich fahre jetzt bald nach Mayerling‹, redete er mich an, ›sag dem Dicken [Philip von Coburg], er möchte diesen Abend noch nicht kommen, sondern erst übermorgen früh‹ ... Ich wollte meinen Schwager zurückhalten und versuchte noch weiter mit ihm zu reden; ich sagte: ›Wir haben uns lange nicht gesehen, wann kommst du zu mir?‹ Er antwortete mit gleichgültiger Stimme: ›Wozu[25]?‹«
Daß Rudolf bei diesem durch Polizeiagenten bestätigten Besuch im Prater auch Mary traf, die sich ja laut Vetsera-Denkschrift bei Marie Larisch befand, ist anzunehmen.
Mary kam jedenfalls an diesem Abend »ausgelassen heiter« nach Hause. Die Mutter war froh, daß sich das Mädchen von einem Tag auf den anderen beruhigt hatte. Mary wußte nun, daß Marie Larisch sie am nächsten Tag heimlich in die Hofburg bringen sollte, sie wußte auch, daß es von dort aus direkt nach Mayerling ging. Sie hatte sich durchgesetzt. Sie durfte den Kronprinzen in den letzten Lebensstunden begleiten.
Bei der Soirée in der deutschen Botschaft in Wien an diesem Abend, zur glanzvollen Geburtstagsfeier für Kaiser Wilhelm II., fiel Mary Vetsera durch ihre geradezu triumphale Schönheit auf, dasselbe Mädchen, das am Abend vorher noch kraftlos und verzweifelt zusammengebrochen war. Louise Coburg, selbst eine glühende Verehrerin ihres Schwagers Rudolf, beobachtete mißgünstig »diese Verführerin, die uns mit brennenden Augen fixierte. Es bedarf nicht vieler Worte, um sie zu schildern; dort stand sie, strahlend wie eine Königin, die keine Rivalin fürchtete, so leuchtend und triumphierend schien ihre Schönheit; ihr Blick aus wundervollen, schwarzen Augen und ihre ganze sinnliche Grazie waren sich ihrer Macht bewußt[26].«

Der Zustand des Kronprinzen jedoch war an diesem, seinem letzten Abend in Wien, zu Ehren seines Intimfeindes Wilhelm II., erschrekkend. Louise Coburg bemerkte »erstaunt, meinen Schwager so entsetzlich nervös und enerviert zu sehen«. Lady Paget, die noch drei Tage vorher mit dem Kronprinzen in der englischen Botschaft geplaudert hatte, erzählte, daß sie Rudolf »in frappanter Weise wie alle Welt verändert gefunden habe. – Er schien niedergeschlagen, traurig, nur mit Mühe die Tränen zurückhaltend.«
Über die Gesprächsthemen, die der Kronprinz an diesem Abend anschnitt, gibt es zwei Aussagen: Dem Bildhauer Tilgner gegenüber klagte Rudolf, auf die schweren silbernen Achselklappen seiner deutschen Uniform weisend, die er Wilhelm II. zu Ehren angelegt hatte: »Unerträglich schwer, überhaupt ist mir diese Uniform zuwider[27].« (Dazu ist zu bemerken, daß sich im Nachlaß ein zwar undatierter, aber aufgrund des Briefpapiers in die letzten Januartage 1889 zu verlegender kurzer Brief des Kaisers an den Kronprinzen befindet, wohl der letzte, den Rudolf von seinem Vater erhielt: »Lieber Rudolf, Zur Soirée bei Reuß in preußischer Uniform und zwar kleine Uniform. Euch herzlich umarmend Dein Papa[28].«)
Recht zwanglos dagegen politisierte Rudolf mit dem früheren Botschafter in Paris, Fürst Richard Metternich, über die Wahlen in Frankreich. Er »richtete an ihn die Frage, die an jenem Abend auf aller Lippen war, was er über die Ereignisse in Paris denke. Fürst Metternich erzählte dem aufmerksam zuhörenden Kronprinzen, wie General Boulanger nach und nach zu seiner beispiellosen Beliebtheit gelangt sei, und Kronprinz Rudolf lächelte, als Fürst Metternich auch darauf zu sprechen kam, daß dem ehrgeizigen General besonderen Vorschub auch der Volkssänger Paulus mit dem Gassenhauer: ›En revenant de la révue‹ geleistet habe[29].«
Um das Maß des Tratsches voll zu machen, kam es am Ende der Soiree noch zu einem Wortwechsel des Kronprinzenpaares, der sich, wie Augenzeugen berichteten, an der Person Marys entzündet haben soll: »Als das Kronprinzenpaar sich vom Botschafter und der Prinzessin Reuß verabschiedet und Erzherzogin Stephanie den Saal bereits verlassen hatte, wechselte Kronprinz Rudolf noch mit dem zunächst der Tür stehenden ihm befreundeten Grafen Hoyos, der

kürzlich geheimer Rat geworden war, einige Worte, wobei er den Blick nicht von der in der Mitte des Saales stehenden Baronesse Vecsera wandte. Sein Zögern, der bereits im Vestibül seiner harrenden Gemahlin zu folgen, erschien so ungewöhnlich, daß es jedem, der die Szene beobachtete, auffallen mußte ... Prinzessin Reuß ... wußte ... zu erzählen, daß sich daran beim Herabschreiten über die Freitreppe ein so lebhafter Wortwechsel des kronprinzlichen Paares geknüpft habe, daß er nicht nur von dessen Gefolge, sondern auch von der im Vestibül befindlichen Dienerschaft vernommen wurde, die hierüber als von etwas ganz Ungewöhnlichem berichtet hätte[30].«

Zeugenaussagen solcher Art bilden die Quellen dieser Tage. Daß sie wenig wert sind und keinen Aufschluß darüber geben können, worum es wirklich ging, liegt auf der Hand.

Eines muß betont werden: Es war kaum ein Zufall, daß die (wohl erwiesene) Auseinandersetzung zwischen Vater und Sohn am Tag vor der prunkvollen Feier zum Geburtstag Kaiser Wilhelms II. stattfand und daß dieses Fest Rudolfs letztes wurde. Noch nie war der Geburtstag eines deutschen Kaisers so prächtig in Wien gefeiert worden: auf der Soiree traf sich geschlossen die »Gesellschaft« Wiens, angeführt vom Kaiser, den Erzherzögen, den Ministern. Nicht nur die deutschnationale Presse, sondern auch die »gemäßigten« Zeitungen betonten, daß diese Feier als Demonstration für das deutsch-österreichische Bündnis aufzufassen war. Der Kaiser »brachte seine Freundschaft für Kaiser Wilhelm auch noch dadurch zum Ausdruck, daß er in eigener Person, in der Uniform seines preußischen Garde-Regimentes, umgeben von den in Wien weilenden Mitgliedern seines Hauses, in den schimmernden Festräumen der deutschen Botschaft erschien. Diese vom Gesichtspunkte des höfischen Herkommens ganz ungewöhnliche Auszeichnung des deutschen Botschafters widerlegt die tendenziösen Ausstreuungen über eine angebliche Lockerung des deutsch-österreichischen Bündnisses, mit welchen eine gewisse Presse ihre Leser von Zeit zu Zeit und erst ganz kürzlich wieder regalirt hat«, schrieb die »Deutsche Zeitung[31]«.

Daß es für den Kronprinzen als Haupt der frankreichfreundlichen

Partei, der erst vier Tage vor dem Fest als Inspirator der deutschfeindlichen Zeitschrift »Schwarzgelb« genannt worden war, eine Demütigung darstellen mußte, in aller Öffentlichkeit, dazu noch in deutscher Uniform, diese Geste der Unterwerfung unter die Politik seines Vaters zu tun, sich damit zum Gespött der Deutschnationalen zu machen, ist verständlich. Es ging ja hier um die Vorbereitung zur Verlängerung des Zweibundes, die für Oktober 1889 anstand und gegen die Rudolf so verzweifelt ankämpfte.

Wenn Scheidung und Wiederverheiratung wirklich das Hauptproblem in diesen Tagen gewesen wären, hätte Rudolf kaum Veranlassung gehabt, Szeps noch in dieser Nacht nach der Soiree zu sich in die Hofburg zu rufen. Szeps fand ihn laut Berta Zuckerkandl »in unbeschreiblicher Aufregung. ›Der Kaiser (so rief er aus) hat mich vor aller Welt entwürdigt, beschimpft! Nun sind alle Bande zwischen ihm und mir zerrissen. Nun fühle ich mich frei!‹ Vergebens suchte mein Vater (der mir dies alles bestürzt erzählte) beruhigend auf ihn einzuwirken. Doch wiederholte der Kronprinz den nächsten Tag, als ihn Vater besuchte (es sollte die letzte Unterredung sein) die Worte: ›Von nun ab – hören Sie, Szeps – von nun ab sind alle Fesseln, Pflichten, Bedenken von mir abgefallen[32]!« Die Aufzeichnungen, die Moriz Szeps von seinen letzten Gesprächen mit dem Kronprinzen machte, sind, wie kaum anders zu erwarten, nicht mehr vorhanden.

Was nach dem Fest und der kurzen Unterredung mit Szeps noch geschah, wissen wir wieder aus einem Bericht des Polizeiagenten Meißner: »Montag, den 28. 1. 1889 war E. R. bei Mizi bis drei Uhr morgens, trank sehr viel Champagner und gab dem Hausmeister 10 Gulden Sperrgeld. Als er sich von Mizi empfahl, machte er ganz gegen seine Gewohnheit ihr an der Stirne ein Kreuzzeichen.« Meißner wiederholte noch einmal Rudolfs Plan, sich mit Mizzi beim Husarentempel das Leben zu nehmen. »Mizi lachte darüber und glaubte es auch nicht, als er ihr Montags den 28. 1. 1889 sagte, er werde sich in Mayerling erschießen[33].«

Einige Stunden später saß der Kronprinz schon wieder an seinem Schreibtisch in der Hofburg und empfing wie jeden Tag den ihm zugeteilten Oberstleutnant des Generalstabes, Albert Mayer, um Unterschriften für militärische Dienststücke zu geben. Prinz Reuß an Bismarck: »Am 28. früh ist dem dienstthuenden Adjutanten die unaufmerksame und flüchtige Art aufgefallen, mit der der Prinz ganz wider seine Gewohnheit die zum Vortrag gebrachten militärischen Angelegenheiten erledigt hat. Der Erzherzog hat sich zum Schluß mit sehr heftigen Kopfschmerzen entschuldigt, das beste Mittel gegen Kongestionen würde Landluft sein und möchte daher so bald als thunlich nach Mayerling fahren, um daselbst ein paar Tage zu jagen[34].« Der Kronprinz sei sehr ungeduldig gewesen mit der Begründung: »Ich muß noch, bevor ich nach Mayerling gehe, einen sehr ausführlichen und wichtigen Brief schreiben[35].«
Der Jäger Rudolf Püchel: »Nach 10 Uhr verließ der Oberstleutnant das Arbeitszimmer, und der Kronprinz trat dann zu mir heraus und sagte: ›Püchel, ich muß leider mein Programm bezüglich Mayerling ändern – ich fahre heute schon hinaus; Loschek, Vodicka und das Wirtschaftspersonale sind bereits vorausgefahren und mein Wagen ist für 12 Uhr bestellt. Ich erwarte aber noch dringend einen Brief und ein Telegramm[36].« Über Absender und Inhalt dieser Schriftstücke, die kurz darauf auch eintrafen, gibt es nicht mehr als Vermutungen.
Auch Moriz Szeps und Berthold Frischauer waren an diesem Vormittag noch beim Kronprinzen. Sie brachten die neuen Nachrichten von der Wahl in Frankreich. Boulanger hatte mit seinem antideutschen Revancheprogramm einen glänzenden Sieg erfochten. Man erwartete von ihm, daß er auf diesen Sieg hin als neuer Präsident ins Elysée einziehen würde. Daß er, wie Frischauer schrieb, dann doch nicht »den Mut zu dieser entscheidenden Tat« aufbrachte[37], konnte am 28. Januar, nach dem großen Wahlsieg, niemand vorhersehen. An diesem Tag mußte ein neuer deutsch-französischer Krieg, der zum Programm Boulangers gehörte, als so gut wie sicher erscheinen, damit verbunden ein Überfall Rußlands auf das nach

Rudolfs Meinung viel zu schwache Österreich-Ungarn – sicherlich kein Grund, ihn von seinem Selbstmordplan zurückzuhalten.
Spätestens jetzt verfaßte der Kronprinz vier seiner undatierten Abschiedsbriefe und eine Ergänzung seines seit März 1887 im Hofmarschallamt liegenden Testamentes. Er schaltete darin die Anwesenheit der Kronprinzessin bei der Öffnung seines Schreibtisches und Sichtung des schriftlichen Nachlasses aus, denn er schrieb, daß Sektionschef Ladislaus von Szögyenyi allein, und nicht wie im Testament angeordnet, Stephanie und Szögyenyi gemeinsam, diese Aufgabe zufallen sollte. Der Wortlaut des »Letzten Willens«:
»Sektions-Chef von Szögyenyi-Marich soll die Güte haben *allein gleich* meinen Schreibtisch im Türkischen Zimmer in Wien aufzumachen.
Folgende Briefe werden verschickt:
1. An Valerie
2. An meine Frau
3. An Baron Hirsch
4. An Mizi Caspar
Was an Geld sich vorfindet, bitte ich alles Mizi Caspar zu übergeben. Mein Kammerdiener Loschek weiß ihre Adresse genau.
Alle Briefe der Gräfin Marie Larisch-Wallersee und der kleinen Vetsera an mich sind allsogleich zu vernichten.
Mit den anderen Schriften kann Szögyenyi nach Gutdünken handeln, mit militärischen sich früher mit Oberstlieutenant Mayer ins Einvernehmen setzen. Rudolf[38].«
Das Geld für Mizzi legte der Kronprinz in seinem Schreibtisch bereit. Nach Rudolfs Tod fand Szögyenyi dort »30 000 Gulden, die für eine Dame zweifelhaften Rufes bestimmt waren und die über kaiserlichen Auftrag an die Betreffende ausgefolgt wurden[39]«. Dieses Geld war wie die am Vortag der Gräfin Larisch übergebenen 70 000 Gulden von Baron Hirsch geliehen.
Der Begleitbrief an Szögyenyi war (wie fast alle Briefe, die der Kronprinz an ihn schrieb) in ungarischer Sprache abgefaßt:
»Lieber Szögyenyi!
Ich muß sterben, das ist die einzige Art, zumindest wie ein Gentleman diese Welt zu verlassen.

Haben Sie die Güte, meinen Schreibtisch hier in Wien im Türkischen Zimmer, dort, wo wir in besseren Zeiten so oft zusammensaßen, aufzumachen und die Papiere so zu behandeln, wie es in meinem letzten Willen – hier beigeschlossen – aufgeschrieben ist.
Herzlichst grüßend, und Ihnen und unserem angebeteten ungarischen Vaterland alles Gute wünschend bin ich Ihr getreuer Rudolf.«

Die Schlußwendung von »unserem angebeteten ungarischen Vaterland« kann wohl kaum, wie es oft geschehen ist, als Bestätigung ungarischer Aspirationen des Kronprinzen gedeutet werden. So wie Rudolf den Brief an Stephanie höflich mit »Dein Dich liebender Rudolf« unterschrieb, so gebrauchte er im Brief an Szögyenyi die auch in anderen Briefen übliche Phrase des »geliebten« oder »angebeteten« Ungarn. Was im ungarischen Original als freundliche Formel wirkte, erhielt in der deutschen Übersetzung einen falschen Klang.
Die Wendung »zumindest wie ein Gentleman diese Welt zu verlassen« wirkt angesichts der zweiten Leiche von Mayerling, Mary Vetsera, frivol, wenn man sie nicht derart deuten will, daß Rudolf das Mädchen, wie er ja auch der Gräfin Larisch sagte, in seinen letzten Stunden zwar bei sich haben, aber nicht mit in den Tod nehmen wollte. Sie sollte ja offenbar mit der Hebamme Miller, wohlausgestattet mit Geld, von Mayerling aus fliehen.
Ladislaus Szögyenyi wurde damit zur Schlüsselfigur für Rudolfs Nachlaß. Gräfin Festetics trat später den am Hofe kursierenden Reden von einer angeblich innigen Freundschaft zwischen dem Kronprinzen und Szögyenyi dezidiert entgegen: »Nicht daß Szögyenyi ihm so nahe gestanden wäre, aber er wählte jemanden, der von dem Hofgetriebe etwas abseits stand und an den der Brief bestimmt kommen mußte[40].« Seinen wirklich intimen Freunden, den am Hof mißtrauisch beobachteten »liberalistischen«, bürgerlichen Schriftstellern hätte der Kronprinz diese Aufgabe nicht übertragen können, weil sie keinerlei offizielle Funktion am Hofe hatten. Adeligen Hofbeamten wiederum vertraute er nicht. Szögyenyi aber konnte nach menschlicher Voraussicht nicht das Recht genommen werden, allein den Nachlaß zu sichten, der ja von Rudolf schon seit Monaten pedantisch genau geordnet war. Es ist kaum anzuneh-

men, daß sich unter diesen Papieren noch politisch Kompromittierendes befand (außer einigen Manuskripten für Zeitungsartikel und den im Letzten Willen erwähnten Briefen Mary Vetseras und Marie Larischs, die Rudolf eigenartigerweise nicht vernichtete). Die auch von den Polizeiagenten bemerkte Hektik des Kronprinzen am 27. Januar mit mehreren Besuchen bei Gräfin Larisch, hin- und hergeschickten Briefen und Päckchen, hat sicherlich ihren Grund darin, daß der Kronprinz kompromittierende Papiere noch vernichten beziehungsweise an Vertraute weitergeben wollte.

Von den vier im »Letzten Willen« angegebenen Abschiedsbriefen ist nur einer im Wortlaut bekannt:
»Liebe Stephanie!
Du bist von meiner Gegenwart und Plage befreit; werde glücklich auf Deine Art. Sei gut für die arme Kleine, die das einzige ist, was von mir übrig bleibt. Allen Bekannten, besonders Bombelles, Spindler, Latour, Wowo, Gisela, Leopold etc. etc. sage meine letzten Grüße. –
Ich gehe ruhig in den Tod, der allein meinen guten Namen retten kann. –
Dich herzlichst umarmend, Dein Dich liebender Rudolf[41].«

Im Brief an die Schwester Valerie soll laut Conte Corti, der ihn gesehen hat, stehen, Rudolf »fühle sich nicht würdig, seine Eltern anzusprechen[42]«. In Cortis erster Fassung, die er später abschwächte, stand über den Inhalt des Briefes: »Seiner Schwester Valerie und ihrem Bräutigam rät Rudolf, rechtzeitig das Land zu verlassen, bevor Österreich-Ungarn in Stücke gehe, was zweifellos nach dem Tode des Kaisers, dessen Person allein alles zusammenhalte, erfolgen werde[43].« Das wäre die einzige bekannte politische Äußerung in den Abschiedsbriefen, eine Äußerung der Resignation über die Zukunft des Vielvölkerstaates, ein Einbekenntnis, daß auch er, Rudolf, sich nicht fähig fühlte, das auseinanderstrebende Reich zusammenzuhalten, daß er allerdings auch davon überzeugt war, daß die nächsten Thronfolger, Erzherzog Karl Ludwig mit seinen drei Söhnen, nicht imstande wären, diese Aufgabe zu erfüllen. Laut

Richard Sexau soll in diesem Brief auch die Formel zu finden sein, Rudolf hätte »um seiner Ehre willen« sterben müssen[44]. (Dieser Brief ist im Nachlaß der Erzherzogin Valerie erhalten. Es wäre sehr zu begrüßen, wenn sich die Nachkommen der Erzherzogin entschließen könnten, den vollen Wortlaut des Briefes zu veröffentlichen, um alle Spekulationen überflüssig zu machen. Es ist inzwischen so viel Zeit vergangen, daß selbst mögliche Hinweise auf politische Meinungsverschiedenheiten der Geschwister bezüglich Deutschland ihre Brisanz weitgehend verloren haben.)

Der Inhalt des dritten Abschiedsbriefes, an Baron Moritz Hirsch, ist nie bekannt geworden. Der Brief wurde (mit den anderen Briefen des Kronprinzen an Hirsch) 1899 vom Kaiserhaus unter erheblichem Druck der Witwe Hirschs abverlangt. Nur die Wendung im Brief der Baronin, es sei ihr äußerst schwergefallen, diese »Reliquien« herauszugeben, läßt darauf schließen, daß hier durchaus nicht nur von Geld und Anleihen die Rede war.

Der Inhalt des vierten Briefes, an Mizzi Caspar, war in einem engen Kreis bekannt, denn er war für den Kaiser geöffnet worden. Szögyenyi sagte zu Hoyos, Rudolf habe an Mizzi einen »von Liebe überströmenden Brief« geschrieben. Fürstin Nora Fugger erzählte in ihren Memoiren, auf dem Kuvert des Briefes habe das Datum »Juni 1888« gestanden[45], also die Zeit von Rudolfs Bosnien-Reise und der vorhergegangenen Attentatsdrohungen. Der Kronprinz rechnete damals wirklich mit einem Mordanschlag in Bosnien, es ist also nicht unwahrscheinlich, daß er in dieser Zeit einen Abschiedsbrief an Mizzi verfaßte und ihn bis Januar 1889 liegenließ. Ob dieser Brief heute noch existiert und ob er überhaupt in den Besitz Mizzis gelangte, ist unbekannt. Mizzi Caspar ließ nach der Katastrophe von Mayerling auch nicht die geringste Indiskretion verlauten.

Während der Kronprinz noch letzte schriftliche Verfügungen traf, fuhr Gräfin Larisch, wie am Tag vorher ausgemacht, gegen 10 Uhr vormittags in das Vetsera-Palais, um Mary abzuholen. Sie wollten, wie sie der Baronin sagten, die vielberedete Zigarettentasche auf den Namen der Gräfin Larisch umschreiben lassen.

Mary hatte sich an diesem Morgen zwei Stunden lang in ihrem

Zimmer eingeschlossen. Marie Larisch schilderte, wie Mary an diesem Morgen aussah: »Ihr Haar war schlicht zusammengeknotet, und ihre ganze Erscheinung wirkte so frisch und jungfräulich, daß sie eher wie eine unschuldige Braut als wie die leidenschaftdurchwühlte Frau der letzten Tage aussah ... Sie trug keinen Schmuck, außer ihren Boutons, dem eisernen Armband und Ring und einem goldenen Kreuz um den Hals.« Armband und Ring waren Geschenke Rudolfs, das Armband mit der Gravierung: »I.L.V.B.I.D.T.« (In Liebe vereint bis in den Tod). Marie Larisch: »Niemals werde ich den Ausdruck in ihren wunderbaren Augen vergessen. Eine fast überirdische Liebe strahlte in ihren blauen Tiefen[46].« Mary nahm weder Schmuck noch Geld mit, zog also den Gedanken an eine Flucht ins Ausland gar nicht in Betracht.

Um halb elf Uhr fuhr Gräfin Larisch mit Mary vom Palais Vetsera in der Salesianergasse ab, dirigierte den Fiaker aber nicht zum Kohlmarkt, wo sie die Rechnung umschreiben lassen wollte, sondern zunächst zu einem Wäschegeschäft, wo sie noch kurz einkauften, und dann zur Hofburg. Wie geplant, trafen die beiden Damen gegen elf Uhr in den Appartements des Kronprinzen ein, selbstverständlich nicht auf dem offiziellen Weg über die Botschafterstiege, an allen Wachen vorbei, sondern durch die kleine Tür bei der Augustinerrampe durch geheime Gänge und leere Zimmerfluchten.

Der Kronprinz erwartete sie, bat aber seine Cousine, Mary »nur zehn Minuten« allein sprechen zu dürfen. Er schloß die Tür hinter sich und Mary zu.

Die Gräfin sollte das Mädchen nicht wiedersehen. Denn es eilte denselben abenteuerlichen Weg zurück und stieg, wie ein Fiaker beobachtete, in den bereitstehenden Wagen Josef Bratfischs, der sie nach Mayerling bringen sollte. Nach Rudolfs und Marys Tod fand die Untersuchungskommission im Türkischen Zimmer des Kronprinzen eine Aschenschale aus Onyx, auf die Mary mit violetter Tinte eilig geschrieben hatte: »Lieber Revolver, nicht Gift. Revolver ist sicherer[47].«

Rudolf kam von der »Besprechung« mit Mary allein zur Larisch zurück, die nun in Panik verfiel, weil sie sich getäuscht sah. Auf ungeklärte Art gelangte sie an einen Zettel von Marys Hand: »Ich kann

nicht leben. Heute habe ich Vorsprung. Bis Du mich einholst, bin ich unmittelbar in der Donau[48].«
Die Panik der Gräfin, auch vom Polizeipräsidenten eine Stunde später erstaunt wahrgenommen, ist nur zu verständlich. Rudolf schlug ihr vor, im Hause Vetsera zu erzählen, Mary sei geflohen. Er gab ihr 500 Gulden, um den Fiaker zu bestechen, die Flucht Marys zu bestätigen.
In einer dramatischen Szene soll der Kronprinz seine Cousine gar mit dem Revolver bedroht haben. Larisch: »Ach, du bist ja wahnsinnig, Du sagtest mir, du hättest keine Zeit für Liebesgeschichten; da wären Dinge, die deine ganze Spannkraft forderten, und, nachdem du mir das gesagt hast, entführst du ein junges Mädchen. Ich glaube dir kein Wort mehr. Es ist alles ein wirres Lügengewebe.«
Rudolf soll darauf gesagt haben: »Es ist die Wahrheit. Viel kann in zwei Tagen geschehen, und ich will Mary bei mir haben. Ich stehe am Rande des Abgrundes. Warum willst du mir das bißchen Glück nicht gönnen?« Zum Schluß der leidenschaftlichen Auseinandersetzung soll der Kronprinz sich bei Marie Larisch entschuldigt haben: »Laß uns nicht in Unfrieden scheiden, Marie«, bat er, »wenn du wüßtest, wie unglücklich ich bin ... Vielleicht kommt doch alles ins rechte Gleis eines Tages. Versprich mir nochmals, Stillschweigen über alles zu bewahren[49]!«
»Mehr tot als lebendig« verließ Gräfin Larisch die Hofburg, bestach den Fiaker, führte die Komödie mit der angeblichen Flucht Marys am Kohlmarkt auf, eilte zu den Vetseras, dann ins Polizeipräsidium, um Marys Verschwinden anzuzeigen, machte aber nicht die geringste Andeutung über einen Zusammenhang mit dem Kronprinzen, obwohl sie ahnen mußte, was sich in Mayerling vorbereitete.
Während Mary Vetsera mit Josef Bratfisch in Richtung Mayerling fuhr und Gräfin Larisch beim Polizeipräsidenten vorsprach, wartete der Kronprinz in der Hofburg noch die Ankunft eines Briefes und eines Telegrammes ab, deren Absender und Inhalt unbekannt blieben. Hofjäger Püchel erzählte später: »Um 11 Uhr kam der erwartete Brief. Ich trug ihn ins Arbeitszimmer, fand aber den Kronprinzen dort nicht, auch nicht in anderen Räumen. So ging ich ins

Schlafzimmer und traf dort den Kronprinzen vor dem Fenster stehend; er hielt die Uhr in der Hand, drehte an dem Regulator und blickte auf den Franzensplatz hinab, ganz in Gedanken vertieft. Er schien mein Erscheinen nicht wahrgenommen zu haben. Ich meldete: ›Euere kaiserliche Hoheit, der Brief ist hier!‹ ›Ja danke!‹ Ich entfernte mich. Nach ungefähr einer halben Stunde traf das erwartete Telegramm ein. Als ich es überbrachte, stand der Kronprinz noch immer im Schlafzimmer vor dem Fenster mit der Uhr in der Hand und sah wieder auf den Franzensplatz hinab. Er öffnete hastig das Telegramm, las es rasch, faltete es wieder zusammen und warf es, während ich mich entfernte, erregt mit erhobener Hand und den Worten: ›Ja, es muß sein!‹ auf den Tisch. Ich fragte mich im Stillen: Was hat der Kronprinz heute, was geht mit ihm vor[50]?«

Spekulationen über den Inhalt dieses Telegrammes anzustellen, ist wohl müßig. Es ist durchaus möglich, daß das Telegramm von Pista Karolyi aus Budapest kam und die Nachricht brachte, daß die für diesen Vormittag geplante Abstimmung in der Wehrgesetzfrage wegen der Unruhen auf den nächsten Tag, den 29. Januar, verschoben worden waren. Daß in diesen Tagen nicht weniger als drei Telegramme von Pista Karolyi an den Kronprinzen geschickt wurden, wissen wir aus der Hoyos-Denkschrift. Doch waren diese Telegramme nicht die einzigen. Selbst in Mayerling kam noch eine ganze Reihe von Depeschen an. Alle Schriften dieser letzten Tage sind nie bekannt geworden. Ob sie Ungarn, Frankreich, Deutschland oder private Angelegenheiten des Kronprinzen betrafen, kann niemand sagen.

Sicher ist nur, daß sich der Kronprinz nach dem Empfang der beiden Schriftstücke zur Abfahrt bereitmachte, ohne auf die für 13 Uhr angesagte Audienz des Prager Erzbischofs Schönborn zu warten und ohne sich für die Sitzung im Heeresgeschichtlichen Museum am Nachmittag zu entschuldigen. Die Kammerdienerin der Kronprinzessin beobachtete:

»Am 28. Januar gegen 11 Uhr vormittags, ich war eben im Zimmer der Kronprinzessin, kam der Kronprinz im Jagdanzug herüber, um sich vor der Fahrt nach Mayerling zu verabschieden. Er wollte auch noch die kleine Prinzessin Elisabeth sehen, kam aber gleich wieder

aus der Richtung des Kinderzimmers zurück. ›Zu dumm‹, sagte er ein wenig ärgerlich, ›die Aja hat mich nicht hineingelassen, weil Erzsi am Thron sitzt.‹ Ich kann mich nicht erinnern, daß er besonders ernst oder aufgeregt gewesen wäre[51].«
Püchel gegenüber gab er »seiner Freude Ausdruck, wieder Waldesluft atmen zu können und hoffentlich auch Wild zu sehen. Dann gab er mir den Befehl: ›Püchel, also erwarten Sie mich morgen nachmittag, ich werde längstens fünf Uhr hier sein, da ich um sechs Uhr mit Ihrer kaiserlichen Hoheit (der Kronprinzessin) bei den Majestäten dinieren werde.‹«
Mit einem Einspänner, selbst kutschierend, aber in Begleitung eines Kutschers, verließ der Kronprinz Wien.
Etwa auf halbem Wege nach Mayerling, in der Nähe des Ausflugsrestaurants »Roter Stadl«, ließ Rudolf den Kutscher nach Wien zurückfahren und ging zu Fuß weiter. Beim »Roten Stadl« warteten vereinbarungsgemäß Mary und Bratfisch. Bratfisch gab zu Protokoll: »Gegen 1 Uhr mittags erschien Seine kaiserliche Hoheit zu Fuß. Er war offenbar schon früher dem Wagen entstiegen, der ihn dorthin gebracht hatte, um jedes Aufsehen zu vermeiden. Seine kaiserliche Hoheit waren ungewöhnlich heiter und aufgeräumt und entschuldigten sich bei Bratfisch noch mit einem Scherzwort wegen der langen Wartezeit[52].«
Zu dritt – Rudolf, Mary und Bratfisch – fuhren sie auf einem recht umständlichen Weg, um in Mayerling nicht zu früh (das heißt, nicht im Hellen) einzutreffen.
Gegen 1/2 vier Uhr nachmittags, als es schon dämmerig war, kam Rudolf, der wieder aus dem Wagen ausgestiegen war, allein zu Fuß in Mayerling an. Der Förster Karl Ratschek: »Die waren alle überrascht, daß er da ist; niemand hat ihn kommen gesehn.« Ratschek erzählte, daß Rudolf sehr müde gewesen sei und sich gleich schlafen gelegt habe, »weil er die ganze Nacht nicht geschlafen hat«. Eine Stunde nach ihm sei erst Bratfisch mit dem Wagen gekommen[53]. Daß Mary in diesem Wagen war, wußte der Förster nicht. Es ist wahrscheinlich, daß nur der Diener Loschek und Bratfisch von Marys Anwesenheit in Rudolfs Zimmer wußten.
Der Aufenthalt des Kronprinzen in dem kleinen Jagdschlößchen

sollte so unauffällig wie möglich sein. Rudolf ließ ausdrücklich den Telegrafendienst, der gewöhnlich im Schloß eingerichtet wurde, nicht avisieren und verbot dem Gendarmerieposten von Mayerling, seine Anwesenheit zu melden. Dieser Posten mußte jeden Hinweis auf die Gegenwart Rudolfs vermeiden und »durfte seinen Dienst nur in der Kappe und ohne Gewehr versehen[54]«. Die Vorsicht Rudolfs, die Angst vor Polizeiagenten, war so groß, daß er selbst die Fensterläden zur Straße hin geschlossen hielt, was bei den Jagdgästen, Graf Joseph Hoyos und Prinz Philip Coburg, bei ihrer Ankunft am nächsten Morgen Erstaunen hervorrief. Hoyos: »Der Prinz machte mich, sobald wir Mayerling in Sicht hatten, darauf aufmerksam, daß alle Jalousien der Fenster gegen die Straße und Einfahrt zu geschlossen seien, als ob das Schlößchen unbewohnt wäre[55].«

Der 29. Januar

Graf Hoyos und Prinz Coburg trafen gegen acht Uhr morgens in Mayerling ein. Der Kronprinz nahm mit ihnen das Frühstück ein und gab dabei eine nicht recht verständliche Schilderung seiner langen, schwierigen Fahrt von Wien nach Mayerling auf eisglatten Bergstraßen. Er habe sich beim Anschieben des Wagens verkühlt, sagte er, und erklärte, daß »es daher besser sei, wenn er der abzuhaltenden Jagd in Glashütte mit ihren steilen Hängen nicht beiwohne, zu was ihm auch Loschek gerathen habe. Das Frühstück verlief ganz heiter, und entließ uns der Kronprinz huldvoll mit Waidmannsheil«, schrieb Hoyos in holperigem Deutsch. Von der Anwesenheit Marys ahnten die Herren nichts.
Wie Rudolf diesen seinen letzten Tag verbrachte, wissen wir nicht. Am Abend sagte er zum Grafen Hoyos, der von der Jagd zurückkam, »er habe heute sehr viel geschrieben und sei gar nicht vor der Thüre gewesen«. Die »Neue Freie Presse« erwähnte in einer Meldung vom 30. Januar: »Der Kronprinz soll noch gestern Abends eifrig gearbeitet und mehrere Briefe geschrieben haben. Unter den letzteren befand sich auch ein Schreiben an den in Baden lebenden General der Cavallerie Baron Koller, den er für morgen (Donnerstag)

zum Diner einlud. Baron Koller empfing dieses Schreiben heute um 10 Uhr morgens«, eine Angabe, die darauf hindeutet, daß Rudolfs Beschluß zu sterben, zeitweise ins Wanken geriet. Auch der Unterförster Ratschek erwähnte Briefe vom 29. Januar: »Also der Loschek hat mir dann a paar Brief gegeben, die hab ich weggeschickt. An wen sie waren, weiß ich nicht, ich hab nicht geschaut.«
Unter den durch die Post geschickten, also nicht im Sterbezimmer oder in der Hofburg vorgefundenen Abschiedsbriefen soll auch jener gewesen sein, dessen reichlich rätselhafter, wahrscheinlich auch verstümmelter Wortlaut ohne Enthüllung des Adressaten später veröffentlicht wurde. Die von Hoyos bemerkte weiche Gemütsstimmung Rudolfs und die von Bratfisch erwähnte Fröhlichkeit Marys an diesem letzten Lebenstag würden durch diese Zeilen allerdings bestätigt:
»Mein Lieber, Guter!
Meine Kraft war erlahmt und ich habe nicht mehr den Mut gehabt, den Nimbus meiner Würde nach außen hin so lächerlich zur Schau zu tragen. Man wird mich jetzt erst recht für unüberwindlich halten und es wäre doch am Ende gar nicht gewesen, wenn ich nur gewollt hätte; aber ich bin zu müde. Du darfst nicht glauben, daß ich nichts anderes tun wollte als meine ›Schuldigkeit‹. In einer philosophischen Ruhe sind diese letzten Dinge getragen worden; und ich spüre jetzt nicht einmal mehr etwas von Nervenabspannung oder den Zwang, gegen den ich mich, wie früher so oft, auflehne. So gerne möchte ich Dir mein Herz ausschütten! Die Zeit ist jetzt so furchtbar eilig und kurz; ich muß sie besser nützen. M. sitzt neben mir und ihre Fröhlichkeit überwältigt mich. Ich bin in diesen Stunden wahrhaft glücklich. Allerherzlichste Grüße sendet Dir Dein R.[56]«
Gegen 1/2 2 Uhr kam Prinz Philip Coburg von der Jagd zurück und nahm mit dem Kronprinzen, »der in guter Laune war«, den Tee. Coburg wollte mit dem Kronprinzen, wie verabredet, nach Wien zurückfahren, denn beide waren zum Familiendiner um 18 Uhr in die Hofburg geladen. Rudolf erklärte jedoch, in Mayerling bleiben zu wollen und schickte ein Entschuldigungstelegramm an Stephanie: »Alland, den 29. Jänner 5 Uhr. Ich bitte Dich, schreibe Papa, daß ich gehorsamst um Verzeihung bitten lasse, daß ich zum Diner

nicht erscheinen kann, aber ich möchte wegen starken Schnupfen die Fahrt jetzt nachmittag unterlassen und mit Josl Hoyos hier bleiben. Umarme euch herzlichst. Rudolf[57].«

Dem Prinzen Coburg gab der Kronprinz einen eigenartigen Auftrag für den kaiserlichen Vater mit. Hoyos: »Bei dieser Gelegenheit meinte der Kronprinz, er hätte seinem Schwager etwas mitzutheilen, rieb sich die Hände, schien etwas verlegen und sagte schließlich auf Aufforderung wegen Mittheilung, da die Zeit zur Abfahrt da sei, nur, Prinz Coburg möge dem kaiserlichen Vater viele Handküsse entbieten«, eine, wenn sie nicht ironisch gemeint war, bemerkenswert devote Äußerung gegenüber dem Kaiser, der ja keinen Abschiedsbrief von seinem Sohn erhielt.

Daß dieses Familiendiner sehr wohl besondere Bedeutung haben sollte, etwa die Versöhnung des Kronprinzenpaares, läßt sich aus der Haltung Stephanies bei Erhalt des Telegrammes ablesen. Der Jäger Püchel, der ihr das Telegramm übergab, erzählte: »Die hohe Frau hielt in einer Hand das Telegramm aus Mayerling, in der anderen ein Sacktuch. Gesenkten Hauptes stand sie einige Schritte von mir. In ihrem Antlitz spiegelten sich Gram und Sorge – eine Träne glitt die blasse Wange herab. Nach einer Weile sprach die Frau Kronprinzessin vor sich hin: ›Gott, was soll ich tun – wie ist mir zu Mute – nun muß ich allein zu den Majestäten gehn!‹«

Die Verlegenheit Stephanies war groß: »Als ich zum Familiendiner in den Saal trat, schien mir, als seien aller Augen auf mich gerichtet. Kaiser und Kaiserin kamen mir mit der Frage nach dem Verbleib Rudolfs entgegen – ich antwortete, er sei verkühlt und wolle sich schonen. Er sei schon lange leidend, und sein Aussehen verursache mir Sorgen. Ich wagte es jedoch nicht, meinen Befürchtungen soweit Ausdruck zu geben, um zu bitten, daß man einen Arzt nach Mayerling sende. So versuchte ich meine mir selbst unerklärlichen, angstvollen Gefühle zurückzudrängen[58].«

In Wien liefen nun Vorbereitungen für den nächsten Tag an. Der Polizeipräsident schickte einen Agenten nach Mayerling, weil nun auch Gräfin Larisch nicht länger verheimlichte, was sich dort vorbereitete (der Agent konnte nichts als den Tod melden). Schließlich fuhr auch einer der Onkel Mary Vetseras nach Mayerling, um die

vermißte Nichte nach Hause zu holen. Alle diese Aktivitäten waren bisher unterlassen worden, weil man bis zum Familiendiner fest mit der Rückkehr des Kronprinzen nach Wien gerechnet hatte.
Telegramme gingen hin und her. Das Sekretariat des Kronprinzen telegrafierte nach Mayerling, um anzufragen, was mit den inzwischen in Wien eingetroffenen Briefen zu geschehen habe – ob sie nach Mayerling geschickt werden sollten oder nicht. Es kam keine Antwort[59]. Eine gut informierte (und gleich konfiszierte) Zeitung schrieb nach Rudolfs Tod: »Es heißt, daß noch Nachts ein lebhafter Depeschenverkehr zwischen der Hofburg und der nächsten Telegraphenstation von Mayerling, Baden, geherrscht habe. Der Bahntelegraph soll eine Reihe von chiffrierten Depeschen befördert haben, deren Inhalt aber nur Wenigen bekannt geworden sein wird[60].«
Während sich das Schicksal ihres Mannes und der kleinen Mary in Mayerling entschied, besuchte Kronprinzessin Stephanie mit dem Brautpaar Erzherzogin Valerie und Erzherzog Franz Salvator den Zirkus Renz. »Die hohen Herrschaften folgten dem Verlaufe des abwechslungsreichen Programms mit sichtlichem Interesse und verblieben auch während der heiteren Pantomime ›Japan, oder die neckischen Frauen des Mikado‹[61].«
Um 19 Uhr aß der Kronprinz mit Hoyos zu Abend. Hoyos: »Er schien mir etwas weich, milde in seinen Urtheilen und ließ den ganzen Zauber seines Wesens auf mich wirken.« Das Gespräch, das Hoyos später wiedergab, bietet wenig Aufschlußreiches. Es ging um die Jagd, den Instinkt verschiedener Vorstehhunde, die Kochkünste der nach Mayerling mitgenommenen Köchin, schließlich über die Telegramme und das »schlechte Gewissen« des Grafen Pista Karolyi. Der Schnupfen wurde wieder erwähnt. »Auf meine Anfrage, ob ich vielleicht mit Sacktüchern aushelfen dürfe, erwiderte er dankend, daß er bis morgen sein Auskommen mit solchen fände. Nachdem wir geraucht hatten, und es etwa 9 Uhr geworden war, zog sich der Kronprinz, bemerkend, daß er seinen Schnupfen pflegen müsse, mit gewohnter Herzlichkeit die Hand reichend und gute Nacht wünschend, zurück. Ich konnte nicht ahnen, daß ich diese Hand zum letztenmal geschüttelt hatte!« Daraufhin ging

Hoyos in seine »etwas entlegene Wohnung« außerhalb des Jagdschlößchens.
In der Mayerling-Literatur wird für diesen Abend der Besuch eines Geistlichen erwähnt, einer schwarz verschleierten Dame, der Aufenthalt preußischer Geheimagenten. Schließlich kursieren noch heute in der Gegend von Mayerling wilde Gerüchte über von Rudolf verführte Försterfrauen und deren rachedurstige Ehemänner[62]. Dutzende verschiedener »Försterversionen« mit immer anderen Namen und immer anderen Todesursachen Rudolfs wollen die Selbstmordversion widerlegen. All das ist, solange auch nicht der mindeste konkrete Anhaltspunkt besteht, in das Reich der Legende zu verweisen.
Sicher ist nur, daß im Laufe des Tages Bratfisch wieder in Mayerling eintraf und daß er dem Liebespaar am Abend, nachdem Hoyos gegangen war, im Billardzimmer noch einige Wiener Lieder vorsang und -pfiff. Die Stimmung dieses Abends ist aus Marys Abschiedsbrief an ihre Mutter zu erkennen: »Gestern hat Bratfisch ganz wunderbar gepfiffen[63].« Der Fiaker und Kunstpfeifer Josef Bratfisch war der letzte Mensch, der Mary lebend sah. Er sollte später der Baronin zum Trost sagen, wie fröhlich die Siebzehnjährige in ihren letzten Stunden gewesen war.
Irgendwann am Nachmittag oder Abend dieses Tages schrieben Rudolf und Mary weitere Abschiedsbriefe. Mary an ihre Mutter: »Liebe Mutter! Verzeiht mir, was ich getan; ich konnte der Liebe nicht widerstehen. In Übereinstimmung mit ihm will ich neben ihm am Friedhof von Alland begraben sein. Ich bin glücklicher im Tode als im Leben. Deine Mary[64].«
Mary an die Schwester Hanna: »Wir gehen Beide selig in das ungewisse Jenseits. Denket hie und da an mich, seid glücklich und heiratet nur aus Liebe. Ich konnte es nicht thun und da ich der Liebe nicht widerstehen konnte, so gehe ich mit ihm. Deine Mary. Weine nicht um mich, ich gehe friedlich hinüber. Es ist wunderschön hier draußen. Man denkt an Schwarzau. Denkt an die Lebenslinie in meiner Hand. Jetzt noch einmal: Leb wohl.« Dann bat sie die Schwester, am 13. Jänner und am Jahrestag ihres Todes eine Gardenie auf ihr Grab zu legen, »als letzten Wunsch einer Sterbenden bitte ich die

Mama, für die Familie der Agnes [ihre Kammerjungfer, die auch den Postillon d'amour gespielt hatte] zu sorgen, damit sie nicht durch meine Schuld leide[65]«. Mary soll auch ihrem Französischlehrer Grüße durch die Schwester geschickt und bedauert haben, daß sie ihn nicht mehr im »Bräuhaus« sehen könne[66].
Der Rudolf-Forscher Planitz erwähnte noch einen zerknüllten Zettel Marys an ihre Schwester, der in einem Kleidungsstück gefunden wurde (und wie alle anderen Briefe Marys nie von einem Historiker gesehen wurde): »Er hat mir heute endlich offen die Unmöglichkeit dargelegt, daß ich je die Seine werden könnte; – er hat seinem Vater sein Ehrenwort darauf gegeben, von mir zu lassen. Es ist aus! Ich gehe freudig in den Tod[67]!«
An den Bruder Franz schrieb Mary: »Leb wohl, ich werde über Dich wachen von der – andern Welt, da ich Dich so liebe. Deine treue Schwester[68].«
Der abgeblitzte Verehrer, Prinz Miguel von Braganza, mußte sich mit einem von Hoyos »heiter« genannten, in Wirklichkeit aber derb-spöttischen Brief Marys begnügen. Es handelte sich darin um eine Boa, die Mary ihm vermachte und die er sich über seinem Bett aufhängen sollte, »eine bekannte Wiener Phrase, die Verachtung und Spott zum Ausdruck bringen soll[69]«. Rudolf fügte diesem Brief einen burschikosen Gruß: »Servus Wasserer« hinzu. »Wasserer« (ein Fiakerausdruck für den Wasserträger für die Pferde) war Braganzas Spitzname. Der Kommentar des Mayerlingforschers Mailly: »Derlei Auslassungen ... kann man eigentlich nicht einmal als Galgenhumor bezeichnen, ... sondern weit eher als Expektorationen verrohter Gemüter, würde man nicht den logischen Schluß ziehen, daß die zwei Menschen damit ihre lebensmüde Stimmung selbst glossiert haben und in der Weinseligkeit auf die kindisch naive Idee gekommen sind, ihre Abschiedsbriefe schließlich mehr groteskkomisch als bitter ernst einzuschätzen.« Mailly sieht in dem Ton von Marys Abschiedsbriefen einen Beweis dafür, daß die beiden den Selbstmordplan bereits fallengelassen hatten und sich über sich selbst lustig machten[70], eine Annahme, die sich allerdings durch Rudolfs letzte Verfügungen und seinen in Mayerling geschriebenen Abschiedsbrief an die Kaiserin nicht bestätigen läßt.

Dieser wohl wichtigste und längste Abschiedsbrief Rudolfs ist wahrscheinlich mit anderen Papieren der Kaiserin nach deren Tod vernichtet worden. Conte Corti, der aus Erzählungen Ida Ferenczys Näheres über den Inhalt erfuhr, schrieb: »In dem Briefe an Elisabeth stehen Worte voll Liebe und Dankbarkeit gegen sie und den Kaiser, dem er nicht zu schreiben wagte. ›Ich weiß sehr gut‹, heißt es darin, ›daß ich nicht würdig war, sein Sohn zu sein.‹ Dann spricht Rudolf vom Weiterleben seiner Seele und betrachtet jene, die seinen Tod geteilt, als einen reinen, sühnenden Engel. Er bittet die Kaiserin, an der Seite des Mädchens in Heiligenkreuz begraben zu werden. Es ist klar, ohne sie hätte er es vielleicht nicht gewagt, in den Tod zu gehen, aber nicht um ihretwillen hat er es getan. Doch einen klaren Grund hat der Kronprinz in keinem Briefe ausgesprochen[71].«
Die Tochter Rudolfs, Fürstin Elisabeth Windischgrätz, erzählte dem Historiker Viktor Bibl, der Abschiedsbrief an die Kaiserin habe einen Hinweis auf die »Ehre« enthalten, »er könne nicht mehr seinem Vater vor die Augen treten, er sei seines Offiziersportepées unwürdig[72]«. Einen weiteren – allerdings rätselhaften – Hinweis auf den Inhalt des offenbar recht langen Briefes an Elisabeth bringt die Vetsera-Denkschrift, die erwähnt, Rudolf habe diesem Brief eine Fotografie von Mayerling für die Baronin Vetsera beigelegt. Laut Bratfisch soll Rudolf gebeten haben, die Fotografie der Baronin zu schicken und sie »auf die zwei geschlossenen Fenster des Schlosses aufmerksam« zu machen.
Auch Rudolfs letzter Brief an seinen Diener Loschek ist nicht im Wortlaut bekannt. Das Original wurde vom Hof eingezogen. Loschek erinnerte sich vierzig Jahre später an seinen Inhalt: »Lieber Loschek! Holen Sie einen Geistlichen und lassen Sie uns in einem gemeinsamen Grabe in Heiligenkreuz beisetzen. Die Pretiosen meiner teuren Mary nebst Brief von ihr überbringen Sie der Mutter Marys. Ich danke Ihnen für Ihre jederzeit so treuen und aufopferungsvollen Dienste während der vielen Jahre, welche Sie bei mir dienten. Den Brief an meine Frau lassen Sie auf kürzestem Wege zukommen. Rudolf[73].« Der Hinweis auf einen Brief an Stephanie ist rätselhaft, denn laut Slatin und Szögyenyi, die sehr verläßlich sind, lagen die dem Kodizill an Szögyenyi beigeschlossenen vier Abschiedsbriefe

an Valerie, Stephanie, Baron Hirsch und Mizzi Caspar ja in Rudolfs Schreibtisch in Wien.
In diesem Brief an Loschek war auch ein Gruß an Hoyos enthalten: »Graf Hoyos lasse ich grüßen. Die Baronesse läßt ihm sagen, er möge sich an das erinnern, was er ihr am Abend des Empfanges bei dem deutschen Botschafter Prinz Reuß über Mayerling gesagt hat. Hoyos soll nicht nach Wien telegraphieren, sondern nur nach Heiligenkreuz um einen Geistlichen schicken, damit dieser bei mir bethe[74].« Diese Äußerungen, die eine Vertrautheit zwischen Hoyos und Mary Vetsera andeuteten, veranlaßten den Grafen Hoyos dazu, sich in einer Denkschrift zu verteidigen und die Vorgänge in Mayerling, soweit er sie beurteilen konnte und in sie eingeweiht war, zu schildern.
Der mit der Feststellung des Nachlasses beauftragte Hofsekretär Heinrich Slatin fand im Sterbezimmer den Brief an Loschek, ein Telegramm (an den Prior von Heiligenkreuz) und fünf weitere Briefe, deren Adressaten nicht angegeben sind. Einer der Briefe war der an die Kaiserin, der zweite die in einem von Rudolfs Hand adressierten Umschlag zusammengefaßten Abschiedsbriefe Marys an ihre Familie. Über die Adressaten der drei anderen Briefe gibt es nichts als Vermutungen. Der dritte könnte Marys Brief an Miguel von Braganza gewesen sein, der vierte Marys Brief an Gräfin Larisch, der laut Larisch-Memoiren folgenden Wortlaut hatte: »Liebe Marie! Vergib mir all das Leid, das ich über dich gebracht habe. Ich danke Dir herzlichst für alles, was Du an mir getan hast. Wenn das Leben schwer für Dich werden sollte, und ich fürchte, das wird es werden, nach dem, was wir getan haben, so folge uns. Es ist das Beste, was du tun kannst. Deine Mary[75].«
Einer der Polizeibeamten, die später Marys Beerdigung zu organisieren hatten, Baron Gorup, soll im Sterbezimmer in einer Lade ein Schriftstück gefunden und abgeschrieben haben, das nach Gorups Tod von Wilhelm Polzer veröffentlicht wurde[76] und mit großen Vorbehalten, was die Echtheit angeht, hier wiedergegeben wird:
»Mayerling, 30. Jänner 1889
Abschied! Die Zeit drängt. Ich concludire: Der Kaiser wird in absehbarer Zeit nicht abdiciren. Er steuert dem Untergang zu. Ewiges

Zuwarten bei zutiefst kränkenden und mehrfachen schweren Conflicten unerträglich! Aspirationen auf Ungarn magnifique, aber gefährlich, B. auf der Hut! Für zermürbendes Eheverhältnis nirgends Verständnis. Baronesse wählt wegen Aussichtslosigkeit ihrer wahren Liebe zu mir denselben Weg. Sühne! Rudolf.«

Trotz der denkbar unseriösen und fehlerhaften Aufmachung des Buches und des Dementis von Gorups Sohn, er habe nie von einem solchen Schriftstück gehört, kann dieser Text meiner Ansicht nach nicht von vorneherein als erfunden abgetan werden. Lange vor dem Polzer-Buch schilderte Gorup selbst, wie er Mayerling am 31. Januar 1889 antraf: »Mayerling war von einem Kordon Gendarmerie umstellt, und ein Heer von Polizeiagenten zernierte das Jagdschloß. Vergebens aber suchte ich im Schlosse die Funktionäre, außer dem Zimmerwärter Zwerger war keine lebende Seele anwesend. Unheimlich lag die Stille über den Gemächern, kein Mitglied des Hofes, kein Regierungsbeamter, keiner der Herren, die sonst im Schlosse lebten, waren zu finden[77].« Gorup hatte also durchaus die Möglichkeit, ein durch Zufall entdecktes Schriftstück unbemerkt abzuschreiben. Die Wortwahl des Textes ist für den Kronprinzen nicht unüblich (etwa das Wort »abdiciren« statt des Wortes »abdanken«). Auch daß weder Gorup noch Polzer eine Erklärung für die Abkürzung »B.« bringen, deutet auf die Möglichkeit, daß der Text vielleicht echt sein könnte. Denn wenn Polzer ihn erfunden hätte, hätte er doch wohl auch eine Erklärung für das »B.« parat. (Für Kenner der letzten Lebensmonate liegt die Erklärung »Bismarck« auf der Hand.) Daß Gorup, der eine große Karriere als Polizeibeamter begann und später Polizeipräsident von Wien wurde, seinen Fund nicht an die große Glocke hing, ist nur zu verständlich. Er verfügte, daß der Text erst sechzig Jahre nach Rudolfs Tod (also 1949) veröffentlicht werden dürfe (wenn man Polzer Glauben schenken will). Die vielen sachlichen Fehler (so etwa, daß Gorup am 31. Januar noch die Leiche Rudolfs in Mayerling gesehen haben soll) können auch von Polzer herrühren und würden Gorups Glaubwürdigkeit nicht erschüttern. Die Diskussion über diesen, wenn er echt sein sollte, wichtigen Text zeigt die ganze Problematik der Quellenforschung über Mayerling.

Es darf über den zahlreichen Abschiedsbriefen nicht vergessen werden, daß Rudolf offensichtlich doch auch zögerte, seinen Entschluß, in Mayerling zu sterben, wirklich auszuführen. Er verschickte für den 31. Januar Einladungen sowohl an General Koller als auch an Graf Pista Karolyi, Tatsachen, die die Befürworter der Mordtheorie als Beweis für ihre Version geltend machten. Er zögerte auch, Mary mit in den Tod zu nehmen. So befahl er Bratfisch, am nächsten Morgen, also am 30. Januar, um acht Uhr einzuspannen. Der Generaladjutant des Kaisers, Graf Paar, erzählte der Mutter Vetsera nach der Katastrophe: »Es sei erwiesen, daß der Fiaker für Mittwoch 8 Uhr früh bestellt gewesen sei, um sie wieder nach Hause zu bringen ... Wahrscheinlich wollte sie sich nicht nach Hause schicken lassen[78].« Tatsache ist, daß Bratfisch am nächsten Morgen auf seine »Fuhre« wartete, dann jedoch vom Grafen Hoyos den Auftrag erhielt, ihn zum Bahnhof nach Baden zu fahren, da der Graf persönlich die Todesnachricht nach Wien bringen wollte.

Es ist anzunehmen, daß sich in diesen letzten Stunden das Kräfteverhältnis zwischen dem Liebespaar entscheidend zugunsten der »kleinen Mary« verschob, die, was ihre Abschiedsbriefe zeigen, in einem schwärmerisch-euphorischen Zustand war. Jetzt scheint sie es gewesen zu sein, die den zögernden Kronprinzen an sein Versprechen, gemeinsam mit ihr in den Tod zu gehen, erinnerte.

Der 30. Januar

Vor jedem Versuch, die letzten Stunden in Mayerling zu rekonstruieren, muß das Eingeständnis des Historikers stehen, daß das »Geheimnis von Mayerling« nach derzeitiger Quellenlage nicht zweifellos aufzuklären ist, wenn auch der Doppelselbstmord (Slatin: »Der Kronprinz erschoß im Einvernehmen mit Mary Vetsera diese und dann sich[79]!«) am wahrscheinlichsten ist.

Als eingeweiht können nur zwei Personen gelten: der Fiaker Josef Bratfisch – er schwieg unerschütterlich – und der Kammerdiener Johann Loschek – er schrieb als alter Mann, vierzig Jahre nach der Katastrophe, kurze Erinnerungen, die ich (bei allen berechtigten Einwänden) mangels besserer Quellen als Hauptquelle ansehe.

Die beiden vielzitierten adeligen Jagdgäste waren in der fraglichen Zeit nicht in der Nähe, sie fanden am nächsten Morgen nur die beiden Leichen: Prinz Philip Coburg war beim Familiendiner in Wien und kam erst am Morgen des 30. Januar gegen acht Uhr mit dem Frühzug aus Wien – von ihm sind keine Aufzeichnungen bekannt. Graf Josef Hoyos hatte sich, wie er angab, am Abend des 29. Januar gegen 21 Uhr nach dem Abendessen in sein Gästezimmer, das sich in einem anderen Gebäude befand, zurückgezogen und kam ebenfalls erst am nächsten Morgen zurück. Er verfaßte eine Rechtfertigungsschrift, die – trotz eidesstattlicher Erklärung – einige gravierende Unrichtigkeiten enthält. Ob sich noch andere Personen in diesen Tagen in Mayerling befanden, außer dem Personal, wissen wir nicht.

Johann Loscheks Bericht behandelt die Zeit, nachdem Hoyos gegangen war: »Spät abends war es, als wir alle schlafen gingen. Für Rudolf und Mary gab es aber keinen Schlaf mehr. Ich schlief wie gewöhnlich im Nebenzimmer, und Rudolf sagte mir beim schlafen gehen: ›Sie dürfen niemand zu mir lassen, und wenn es der Kaiser ist!‹ ... Vetsera erwartete Rudolf im Zimmer, wo sie auch das letzte Nachtmahl eingenommen hatte. Ich hörte die ganze Nacht über Rudolf und Vetsera in sehr ernstem Tone sprechen. Verstehen konnte ich es nicht. 5 Minuten vor ¼ 7 Uhr [also 6 Uhr 10] früh kam Rudolf ganz vollständig angezogen zu mir in das Zimmer heraus und befahl mir, einspannen zu lassen. Ich war noch nicht im Hofe draußen, als ich 2 Detonationen hörte, ich lief sofort zurück, der Pulvergeruch kam mir entgegen, ich stürmte zum Schlafzimmer, doch es war entgegen der Gewohnheit – sonst sperrte Rudolf das Zimmer nie ab – abgesperrt. Was nun machen, ich holte sofort Graf Hoyos, und mit einem Hammer bewaffnet schlug ich die Türfüllung ein, so daß ich gerade mit der Hand hineinkonnte, um die Tür von innen aufzusperren. Welch grauenhafter Anblick – Rudolf lag entseelt auf seinem Bette angezogen, Mary Vetsera ebenfalls auf ihrem Bette vollständig angekleidet. Rudolfs Armeerevolver lag neben ihm. Beide hatten sich überhaupt nicht schlafen gelegt. Beiden hing der Kopf herunter. Gleich beim ersten Anblick konnte man sehen, daß Rudolf zuerst Mary Vetsera erschossen hatte und dann sich selbst entleibte. Es fielen nur zwei wohlgezielte Schüsse. Die Anwesenheit einer dritten Person sowie daß Glasscherben im Kopfe Rudolfs steckten, ist wie so vieles über Rudolfs Tod frei erfunden[80].«

Loscheks Bericht weist ebenfalls eine Reihe von Unrichtigkeiten auf, die seinem Schicklichkeitsempfinden entsprangen. So gab es in Rudolfs Schlafzimmer nicht zwei Betten, sondern nur eines (das Appartement der Kronprinzessin befand sich im ersten Stock), und Marys Leiche wurde erst am nächsten Abend, als ihre beiden Onkel sie abholten, angekleidet. Wichtig ist aber Loscheks Angabe, daß der Tod des Paares *gemeinsam* erfolgte, daß zwei Schüsse fielen, und zwar kurz nach 6 Uhr 10. Das heißt, daß Loschek, entgegen seinen Angaben, fast zwei Stunden (bis kurz vor acht Uhr) wartete, bis er den Grafen Hoyos rief. Es ist erwiesen, daß die Tür zum Schlafzimmer erst gewaltsam geöffnet wurde, als (um 8 Uhr 10) Prinz Coburg eingetroffen war.

Loscheks Zeitangabe über den Tod stimmt mit einer Angabe Bratfischs überein, die dem Grafen Hoyos rätselhaft schien. Hoyos: »Der Fiaker Bratfisch hat sich zum Leibjäger Wodiczka, als dieser um 7 Uhr früh zum rendez vous der projectirten Jagd fahren wollte ... geäußert, er könne sich dies wohl ersparen, da ohnedies keine Jagd sein würde, weil der Kronprinz todt sei ... Welche Motive Bratfisch zu dieser Aussage hatte, ist mir unbekannt. Ist es auf Grund von Gesprächen, die er während der Fahrt belauschte oder nur eine Combination. Thatsache ist, daß Wodiczka nicht zur Jagd, wie sonst üblich, vorausfuhr.« Eine solch schwerwiegende Aussage Bratfischs kann kaum auf bloßen Vermutungen aufgebaut gewesen sein, sondern allein darauf, daß er zweifelsfrei bereits um sieben Uhr (eine Stunde vor Hoyos) wußte, daß der Kronprinz (und Mary Vetsera) tot und keine Rettung mehr möglich war.

Was Loschek und Bratfisch in dieser Zeit taten, ob sie von Rudolf irgendeinen Auftrag hatten, ob sie vielleicht nach den Schüssen im Sterbezimmer waren (es gab eine zweite Tür, die über eine Treppe aus dem ersten Stock in Rudolfs Schlafzimmer führte, die aber laut Loscheks Angabe verschlossen war, was Hoyos nicht nachprüfte), weiß niemand.

Es gibt nur zwei sehr beschränkt glaubwürdige Aussagen, die eine von Einheimischen, die berichteten, daß Bratfisch am Morgen des 30. Januar um sieben Uhr in das Dorfwirtshaus kam und daß er dort bis acht Uhr blieb, ohne mit irgend jemandem nur ein Wort zu sprechen[81]. Die andere Aussage, über Johann Loschek, stammt vom Unterförster Ratschek, einer eher obskuren Quelle: »Um 7 Uhr hat mich der Graf Hoyos geschickt, ich soll im Speisezimmer schauen, ob er nicht seine Zigarettentasche hat liegen lassen. Ich hab sie nicht gefunden und hab auch im Vorzimmer beim Kronprinzen schauen wollen. Ich hab die Tür aufgemacht und da hab ich den Loschek sitzen gesehen, der hat geschlafen. Da hab ich die Tür wieder ruhig zugemacht, daß er nicht wach wird und bin zum Grafen gegangen. Da hab ich mir denkt, der Kronprinz wird wieder auf der Pürsch sein, weil der a so schlaft[82].«

Das Verhalten der beiden ihrem Herrn unbedingt ergebenen Diener – der eine wirklich oder vermeintlich schlafend, der andere schweigend im Wirtshaus sitzend – deutet darauf hin, daß sie Weisungen des Kronprinzen befolgten, so etwa mit dem Aufbrechen der Tür zu warten, bis auch der zweite adelige Zeuge, Prinz Philip von Coburg, in Mayerling eintraf (dessen Ankunftszeit acht Uhr zehn stand ja fest, er kam mit dem Zug Wien–Baden, von dort mit einem bereitgestellten Wagen).

Graf Hoyos sagte aus, einige Minuten vor acht sei er von Loschek gerufen worden, weil »der Kronprinz nicht zu wecken sei«. Loschek habe ihm erzählt, »der Kronprinz sei um 1/2 7 auf gewesen, im Morgenanzug ins Vorzimmer gegangen, habe dort an Loschek, der im Nebenzimmer wohnte, den Auftrag gegeben, ihn um 1/2 8 wieder zu wecken und für selbe Stunde ein Frühstück und den Fiaker Bratfisch mit seinem Wagen zu bestellen, und habe sich dann, vor sich hinpfeifend, wieder in das Schlafgemach zurückbegeben. Loschek klopfte nun seit 1/2 8 Uhr ununterbrochen, erst mit dem Finger, dann mit einem Scheite Holz an die Thüre des Schlafzimmers, ohne daß irgend ein Lebenszeichen erfolgte. Die Thüre des Schlafzimmers ge-

gen das Vorzimmer sei von Innen und ebenso die Thüre, welche von der Wendeltreppe vom ersten Stock in das Schlafgemach führt, ebenfalls von Innen versperrt und stecken die Schlüssel.«
Diese von Loschek dem ahnungslosen Grafen Hoyos gegebene Version wurde in der Literatur als maßgebend angesehen. Die Widersprüche sind derzeit unauflösbar, vor allem, wieso Loschek, der doch, wie er später angab, zwei Schüsse hörte – und sie hören mußte, wenn sie wirklich fielen – nichts davon erwähnte. Hoyos: »Da Loschek die Verantwortung wegen eventuellem Einbruch der Thüre nicht übernehmen wollte, gab ich den Befehl, die Thüre auf meine eigene Verantwortung sofort zu erbrechen. Nun erst erklärte Loschek, daß der Kronprinz nicht allein sei, und setzte hinzu, eine Baronesse Wecsera sei bei ihm. Diese Mitteilung brachte mich begreiflicher Weise in die größte Bestürzung, umsomehr, als ich weder eine Ahnung von der Anwesenheit der Baronesse in Mayerling noch überhaupt von Beziehungen von ihr mit dem durchlauchtigsten Kronprinzen hatte, und für mich auch nicht der geringste Anlaß vorlag, irgend welche Beziehungen auch nur entfernt zu vermuthen. Nun war das Schlimmste zu befürchten, bei der Todtenstille, die im Schlafgemache herrschte, war an die Möglichkeit einer erfolgreichen Hülfe kaum zu denken.«
Hoyos besprach sich mit dem gerade eintreffenden Prinzen Coburg. »Unter den so unendlich heiklen Umständen sollte Loschek allein sich von der Sachlage überzeugen und die Bestimmung weiterer Zeugenschaft, wenn nicht Gefahr im Verzuge ist, ausschließlich Sr. a. Majestät vorbehalten bleiben.« Die Türfüllung wurde mit einer Holzhacke eingeschlagen: »Loschek, der in das Gemach blickte, erklärte, daß Beide als Leichen im Bette lägen.« Der Diener sollte sich dann im Auftrag des Grafen Hoyos überzeugen, daß »jede Hülfe vergeblich wäre«.
Daß die beiden Adeligen allein dem Diener die Zeugenschaft überließen, daß Hoyos immer nur die Aussagen Loscheks wiedergab, nie aber eigene Beobachtungen, ist auffällig und geeignet, Zweifel an der Glaubwürdigkeit der Hoyos-Denkschrift auszulösen. Hoyos tat so, als hätte er selbst nichts gesehen und gehört, obwohl er vor der inzwischen geöffneten Tür stand, von der aus, selbst wenn er das

Zimmer nicht betreten haben sollte, das Bett mit den Leichen zu sehen war[83].
Laut Hoyos »trat Loschek ein, um nach wenigen Augenblicken zu erklären, daß sich keine Spur von Leben in den Körpern befindet, der Kronprinz über den Bettrand gebeugt liege, eine große Blutlache vor sich, und der Tod voraussichtlich durch Vergiftung mit Cian Cali erfolgt sei, da hiebei solche Blutstürze vorkämen. Der Tod durch Schußwaffe wurde erst später constatirt.«
Ein Widerspruch folgt dem anderen. Die beeidete Aussage des Grafen Hoyos ist kaum geeignet, Licht in das Dunkel von Mayerling zu bringen. Denn was Hoyos beeidete, war ja nicht das, was er gesehen hatte, sondern das, was Loschek, der von Hoyos ernannte einzige Zeuge, ihm angeblich erzählt hatte. Die Wahrheit, in welchem Zustand die Leichen gefunden wurden und auf welche Art Rudolf und Mary ums Leben kamen, ist durch den Grafen Hoyos nicht zu erfahren.
Schlimmer noch: dadurch, daß der Augenzeuge Graf Josef Hoyos dem Kaiser die Todesnachricht mit der Angabe brachte, Rudolf sei vergiftet worden (und zwar durch Mary Vetsera), verwirrte er die sowieso schon konfuse Situation heillos. Auch Prinz Coburg, der den ganzen Tag in Mayerling blieb, hielt es nicht für nötig, die Giftversion telegrafisch richtigzustellen. In Wien wurde als Todesursache inzwischen offiziell Herzschlag angegeben.
Die kaiserliche Familie blieb über die wahre Todesursache den ganzen Tag über ahnungslos. Erst der kaiserliche Leibarzt, Hofrat Widerhofer, der Rudolfs Leiche in Mayerling untersucht hatte, wollte den Kaiser informieren. Er kam gegen 22 Uhr in der Hofburg an, konnte aber den Kaiser nicht mehr sprechen, da dieser sich schon »zurückgezogen« hatte[84]. Für Widerhofer hatte er den Auftrag hinterlassen, er solle sich am nächsten Morgen (31. Jänner) um 6 Uhr früh bei ihm einfinden.
Die unglückliche Helene Vetsera, die auf der Suche nach ihrer Tochter bis zur Kaiserin vorgedrungen war und von ihr die Todesnachricht erhielt, blieb den ganzen Tag über im Glauben, ihre Tochter habe den Kronprinzen vergiftet. Gerüchte durchschwirrten die Stadt. Zeitungen, die von Selbstmord oder Mord (durch Erschie-

ßen, Erschlagen) berichteten, wurden konfisziert. Zur allgemeinen Verwirrung trug auch die Meldung der Rothschild-Bank bei, der Kronprinz habe sich erschossen. Eigenartigerweise stammte diese Meldung von niemand anderem als dem Grafen Hoyos, der den Stationsvorstand in Baden gebeten hatte, den nächsten nach Wien fahrenden Zug anzuhalten und ihn mitzunehmen. Als Begründung sagte er, der Kronprinz habe sich in Mayerling erschossen[85]. Von der Südbahngesellschaft, die der Rothschild-Bank gehörte, ging diese Nachricht, die sowohl der offiziellen (Herzschlag) als auch der am Hof geglaubten (Vergiftung durch Mary Vetsera) widersprach, in die europäischen Hauptstädte. Daß unter diesen Umständen die Vermutung aufkam, der Hof suche krampfhaft immer neue Versionen, um eine ungeheuerliche Wahrheit zu vertuschen, ist nicht verwunderlich.

Der Kaiser jedenfalls erfuhr erst 24 Stunden nach dem Tod seines Sohnes, als der Leichnam längst nach Wien gebracht war, die näheren Umstände der Tragödie. Erzherzogin Valerie hielt die Szene zwischen dem Kaiser und Hofrat Widerhofer in ihrem Tagebuch fest:

»›Sagen Sie mir nur alles‹, befiehlt er Dr. Widerhofer, ›ich will genau alles wissen.‹ Der Arzt, der seinerseits der Meinung ist, daß sein kaiserlicher Herr über die näheren Einzelheiten der Geschehnisse in Mayerling schon unterrichtet worden sei, beginnt mit dem Trost: ›Die Versicherung kann ich Euer Majestät geben, daß Seine kaiserliche Hoheit nicht einen Augenblick gelitten hat, die Kugel ist direkt in die Schläfe gedrungen.‹ Da wird der sonst so beherrschte Monarch böse: ›Was reden Sie denn von einer Kugel?‹ ›Ja, Majestät, die Kugel, mit der er sich erschossen hat‹, antwortet der Leibarzt. ›Er ...‹ fragt der Kaiser, ›hat ... sich ... erschossen? Das ist nicht wahr, sie hat ihn doch vergiftet! Der Rudolph hat sich erschossen ... Was Sie sagen, das müssen Sie auch beweisen können!‹ Erschüttert von der Größe des väterlichen Schmerzes muß Dr. Widerhofer nun berichten, wie die Tatsachen an Ort und Stelle – die sorgsame Aufbahrung der Baronesse, die Art des Schusses, der zur größeren Sicherheit vor einem am Nachtkästchen angebrachten Spiegel abgegeben worden war – jeden Zweifel darüber ausschlössen,

daß der Kronprinz die Waffe gegen sich selbst gerichtet habe. Der Kaiser bricht für einen Augenblick völlig zusammen und weint in verdoppeltem Schmerz[86].«
Gleich nach dem Besuch Widerhofers ging der Kaiser in die Wohnung des Kronprinzen, wo der Leichnam aufgebahrt war. Gräfin Marie Festetics sah den Toten ebenfalls an diesem Tag, bemerkte die »Schußwunden an beiden Schläfen; die Kugel war gerade durch den Kopf gegangen. Es ist gar keine Rede davon, daß der Körper verunstaltet war, daß er Zeichen einer Gewalttat an sich trug. Bloß die Hand, in der er den Revolver und zwar zu nahe von der Schußbahn gehalten hatte, war geschwärzt und etwas verbrannt[87].« Der durch den Schuß völlig zerstörte obere Schädel war durch einen dicken Verband abgedeckt.
Auch die Abschiedsbriefe des Paares wurden erst am 31. Januar übergeben. An eine Erfüllung des Wunsches, gemeinsam in Heiligenkreuz begraben zu werden, war nicht zu denken. Vorbereitungen für eine traditionell-prunkvolle Habsburger-Beisetzung in der Kapuzinergruft wurden getroffen. Freilich war dazu das Ergebnis der Obduktion nötig, daß der Selbstmörder im »Zustande der Geistesverwirrung« Hand an sich gelegt hätte[88].
Über die Anwesenheit einer zweiten Leiche schwieg man eisig. Der Hof gab nie zu, daß der Kronprinz Mary Vetsera mit in den Tod genommen hatte. Während in der ganzen Monarchie Trauerfahnen für den Kronprinzen wehten, Totenmessen gehalten wurden, wurde der Leichnam des armen Opfers von Mayerling, Mary Vetsera, unter unwürdigsten Verhältnissen zunächst versteckt gehalten und erst, nachdem Rudolfs Leiche nach Wien überführt war, am späten Nachmittag des 31. Januar 1889 von Rudolfs Leibarzt Dr. Auchenthaler untersucht.
Aus dem Protokoll Auchenthalers (das durch eine Abschrift Slatins überliefert ist) ergibt sich, daß Mary, die Rechtshänderin war, sich zweifellos nicht selbst den Schuß beigebracht hatte:
»Am 30. Jänner 1889 wurde in der Gemeinde Mayerling ein weiblicher Leichnam aufgefunden. Der Leibarzt Dr. Franz Auchenthaler konstatiert zweifellos Selbstmord mittels Schußwaffe. Am linken Stirnwandbeine befindet sich ein fünf Zentimeter breiter lappiger

Substanzverlust der Haut, in dessen Umgebung die Haare versengt sind; es ist dies also die Eintrittsstelle des Projektils. Der Schußkanal geht quer durch das Gehirn und endet zwei Zentimeter ober dem äußeren, rechten Gehörorgan, hier eine schmale, kantige Ausschußöffnung bildend; die Knochen um den Ausschuß sind rings zersplittert; so teilweise auch die Schädeldecke. Sonst ist keine Verletzung wahrzunehmen; die Verletzung ist absolut tödlich, und muß der Tod augenblicklich eingetreten sein. Am Rücken und an den unteren Extremitäten befinden sich ausgebreitete Totenflecke[89].«

Aus der Tatsache, daß das Protokoll dieser Untersuchung Totenflecke konstatierte, ist jedoch kaum zu folgern, daß Mary einige Stunden vor dem Kronprinzen starb (der Kronprinz demnach die halbe Nacht neben der Leiche zugebracht hätte). Dieses Faktum ergibt sich zwangsläufig daraus, daß Rudolfs Leiche durch Widerhofer einen Tag vorher untersucht worden war und Mary bis zur Untersuchung 40 Stunden warten mußte, zu einem Zeitpunkt, da Totenflecken normal sind.

Der Hofsekretär Slatin betonte ausdrücklich, »daß Auchenthaler und ich bei Mary Vetsera Selbstmord konstatieren mußten, weil sonst die sofortige stille Bestattung nach dem Gesetze nicht möglich gewesen wäre. Wir beide taten dies auf unsere eigene Gefahr und Verantwortung, was allgemein gebilligt wurde.« Bei Fehlen aller Zeugenaussagen und Protokolle, die in diesen Tagen angefertigt wurden, muß diese Erklärung von einem so glaubwürdigen, weil in die Angelegenheit nicht persönlich verwickelten Zeugen wie Slatin als Bestätigung des Doppelselbstmordes gelten, präziser: als Bestätigung der Tötung Marys durch Rudolfs Hand (denn käme ein anderer, dritter Täter in Frage, hätten so gewissenhafte Beamte wie Slatin, vor allem aber Dr. Auchenthaler, kaum eine wissentlich falsche Aussage gemacht).

Auch Rudolfs Ordonnanzoffizier Baron Giesl (der allerdings nur Rudolfs Leiche, nicht die Marys gesehen hatte) bestätigte diese Version: »Der Kronprinz tötete mit ihrem Einverständnis die Baronin Mary und dann sich selbst. Es liegt in dem offenen Bekenntnis der vollen Wahrheit eine so entsetzliche, unfaßliche Tragik des Schick-

sals, daß es mir unverständlich ist, warum die Welt noch immer Schrecklicheres vermutet und nicht Ruhe gibt[90].«
Daß der Hof keinen Zweifel am Selbstmord Rudolfs hatte, zeigen selbst die Gebetserinnerungen: »Bei dem Herrn ist Verzeihung; – bei dem Herrn ist Erbarmung und überreiche Erlösung« Ps. 129, 4, 7, und »Wenn eure Sünden wären wie Scharlach, sollen sie weiß werden wie Schnee« Is. 1. 18. Auch der Grabspruch für Mary Vetsera spricht eine deutliche Sprache: »Wie eine Blume sproßt der Mensch auf und wird gebrochen.« Hiob 14, 2.

Die Frage nach den makabren Einzelheiten der Katastrophe von Mayerling verliert einen Gutteil ihrer Bedeutung, wenn man sich die desolate physische und psychische (nicht aber die geistige) Verfassung des Kronprinzen in den letzten Lebensmonaten vergegenwärtigt. Selbst wenn er letztlich durch fremde Gewalt sein Leben gelassen haben sollte (was unwahrscheinlich, aber immerhin möglich wäre, denn hundertprozentige Sicherheit geben die zugänglichen Quellen keineswegs), so ist doch nicht zu leugnen, daß dieser Mann am Ende war, vor allem körperlich und seelisch, daß sein zweifellos vorhandener Verstand diese Lage als ausweglos erkannte und daß er keine Chance sah, seine Ideen und Ideale durchsetzen zu können. Welches von vielen möglichen Motiven Anlaß der Tat wurde, ob Schuldgefühle, die Krankheit, die versagte Scheidungserlaubnis, die Differenz mit dem kaiserlichen Vater, den der Kronprinz ja (und das muß immer wieder betont werden) trotz aller politischen Gegensätze liebte und verehrte, oder ein völlig unbekanntes Motiv, weiß niemand. Es ist auch kaum ausschlaggebend.
Der Wiener Selbstmord-Forscher Erwin Ringel: »Im gesamten gestattet jedenfalls das Motiv nur den Überblick über einen kurzen Augenblick, eben über den des Selbstmordes, es beleuchtet das Geschehen nur nach Art einer Momentaufnahme. Und diese Betrachtungsweise kann dem Selbstmord niemals gerecht werden. Jedem Selbstmord geht – wenn auch noch so versteckt – eine lang dauernde Entwicklung zum Selbstmord voraus. Der Selbstmord ist keine *Reaktion* auf irgendwelche Schwierigkeiten und Umstände, sondern er ist vielmehr der Abschluß einer sich allmählich entwik-

kelnden und steigernden Verhaltensweise der gesamten Persönlichkeit. Diese Entwicklung erst bringt den Menschen in eine Verfassung, die es verschiedenen Faktoren gestattet, zum Motiv zu werden.« Bedeutsam auch für die Biographie Rudolfs ist die Aussage des Mediziners, »daß die Ursache der Selbstmorde bedeutend mehr in der *Entwicklung* der Persönlichkeit und des Lebensweges liegt, als in der akuten Situation, die unmittelbar vor dem Selbstmord besteht[91]«.

Daß Rudolfs Leben zumindest in den letzten beiden Jahren fast alle Motive zeigte, die moderne Selbstmordforscher an ihren Patienten feststellen, ist nicht zu bestreiten: die Einengung der Aktivität auf bestimmte, fast zwangsläufig wiederkehrende Themen – Rudolfs schon krankhaft wirkender, zuletzt hektischer Patriotismus, sein Haß gegen Antisemiten, Deutschnationale, Bismarck und Wilhelm II. – dann die starken Aggressionen, denen Rudolf nie nachgeben konnte und die sich letzten Endes gegen seine eigene Person richteten (denn es gab keine offene Opposition, dazu hatte Rudolf viel zuviel Angst vor dem unbezwingbaren, übermächtigen, aber geliebten Vater). Die Alkoholsucht, der Hang zu Drogen wird von Selbstmordforschern als »Selbstmord auf Raten« und »Selbstzerstörungstendenz« diagnostiziert.

Welcher Tropfen das Faß zum Überlaufen brachte, den letzten Anstoß zur Tat gab, ist von nicht mehr als zweitrangiger Bedeutung. Das viel berätselte Geheimnis von Mayerling ist im Rahmen einer Biographie keine Kernfrage. Viel wichtiger ist die Frage, welche Umstände (sowohl äußere wie innere) zu dieser unheilvollen Entwicklung des glänzend begabten Kronprinzen Österreich-Ungarns beitrugen und wieso es niemanden gab, der diese sichtlich auf eine Katastrophe hinsteuernde Entwicklung zu stoppen versuchte. Das siebenjährige Kind Rudolf – krank, verstört, vereinsamt unter der Gewalt des Erziehers Gondrecourt – war durch Latour, sein »liebes Alterle«, gerettet worden. Für den dreißigjährigen, moralisch, körperlich und seelisch kranken Kronprinzen gab es keine Rettung mehr.

Die Reaktion des Kaisers auf den Tod seines einzigen Sohnes ist aus den Akten und Briefen dieser Tage nicht zu erkennen. Schrift und Stil blieben unverändert. Kein Akt blieb unerledigt, als wäre nichts geschehen. Die Tatsache, daß der Name des Kronprinzen nach der Beisetzung am Hofe tabu war und das demonstrativ pflichtbewußte, beherrschte Verhalten des Kaisers sind Hinweise darauf, daß der Kaiser Rudolfs Tod als Schande und Schmach empfand, der öffentlich gezeigte Trauer nicht gemäß war. Aus diesem Grund wurde wohl auch jeder Versuch unterbunden, ein Denkmal des Kronprinzen zu errichten. Graf Monts: »Bekannt wurde nur, daß der Kaiser den Selbstmord als Fahnenflucht auffaßte und tiefe Scham darüber zunächst alle anderen Gefühle zurücktreten ließ. Deshalb lehnte der Kaiser auch die Teilnahme Wilhelms II. an der Bestattung ab[92].« Prinz Reuß schrieb noch im März 1889 an Bismarck, der Kaiser könne »das Gefühl der Scham und der Erniedrigung noch nicht überwinden, welches Ihn wegen des kläglichen Endes Seines Sohnes ergriffen hat[93]«.

Daß Rudolf zwar eine Reihe von Abschiedsbriefen, darunter aber keinen an den Vater, geschrieben hatte, verletzte den Kaiser tief. Prinz Reuß schrieb an Wilhelm II. über seine Unterredung mit Kaiser Franz Joseph am 1. Februar, als der Selbstmord des Kronprinzen offiziell bestätigt worden war: »Der Entschluß zu sterben, wie aus den Briefen hervorginge, sei ein vorbedachter gewesen. Gar nicht zu verwinden schien es der Kaiser zu können, daß er seinen Vater ohne einen Abschied, selbst keinen schriftlichen, verlassen hätte. Er hat ihn zum letztenmal am 27. abends bei unserer Abendgesellschaft gesehen und die Hand gedrückt, aber ihm keine Bewegung, nichts anmerken können, was darauf hindeuten könnte, daß der beklagenswerte Prinz bereits wußte, er würde seinen Vater nicht wiedersehen. Denn daß er am 28. nach Mayerling mit der bestimmten Absicht ging, sein finsteres Vorhaben auszuführen, sei wie gesagt, nunmehr erwiesen. Weder von seiner Gemahlin noch von seinem Töchterchen, welches er sehr liebte, habe er Abschied genommen. ›Wie ich das Leben nunmehr ertragen soll, weiß ich nicht‹ –

fuhr der Kaiser fort, ›ohne meinen Sohn, der meine ganze Freude war und für den ich arbeitete –, ich werde nun aber für die Monarchie arbeiten und meine Pflicht tun, ohne Freude, so lange meine alten Knochen halten wollen; Gott weiß, wie lange dies noch sein wird. Sagen Sie Ihrem Kaiser, ich würde aber nicht nachlassen, auf mich kann er immer rechnen[94]!‹«

Neben solchen, für die Diplomatie und die Öffentlichkeit bestimmten Äußerungen Franz Josephs soll freilich auch das immer wieder zitierte Wort gefallen sein, Rudolf sei »wie ein Schneider« gestorben. Man hat an diese Äußerung die abenteuerlichsten Kombinationen geknüpft, warum der Kaiser Rudolf gerade mit einem Schneider verglichen habe. Die Erklärung ist wohl in der Jägersprache zu suchen. »Schneider« bedeutet einen schwachen, feigen Hirsch, der sich furchtsam im Unterholz verkriecht und einem offenen Kampf mit dem Stärkeren ausweicht. Daß Franz Joseph als leidenschaftlicher Jäger häufig Redensarten aus der Jägersprache verwendete, wissen wir. Das Wort »Schneider« hätte demnach, auf einen Menschen angewendet, die Bedeutung von »Schwächling« oder »Feigling«. Es wäre eine verächtliche Färbung des noch harmlosen Wortes »Krepierl«, mit dem der Kaiser den Kronprinzen als Kind bedacht hatte.

Das Gutachten der Ärzte, »pathologische Befunde« in Rudolfs Gehirn gefunden zu haben, »die erfahrungsgemäß mit abnormen Geisteszuständen einherzugehen pflegen«, mußte vom Kaiser als Erleichterung empfunden und als Erklärung für die schmachvolle Tat angesehen werden, zumal Franz Joseph über die Gründe des Selbstmordes nach wie vor im Unklaren blieb. Er schrieb noch im März an Katharina Schratt: »Gestern waren Rudolphs ehemalige Herren und Widerhofer bei der Audienz, um sich für die erhaltenen Auszeichnungen zu bedanken. Letzterer war dann auch nachmittags über eine Stunde bei mir, und da sprachen wir wieder die ganzen traurigen Ereignisse durch, suchten sie in einen Zusammenhang zu bringen, suchten nach Ursachen. Das nützt alles nichts und hat auch keinen rechten Zweck, aber man kann eben an nichts anderes denken und das Besprechen gibt doch eine gewisse Beruhigung[95].«

Die im Nachlaß aufgefundenen und von Szögyenyi gesichteten

Schriften Rudolfs brachten keinen Aufschluß. Reuß an Bismarck im April 1889: »Trotz der genauesten Nachforschung ist es Herrn von Szögyenyi aber nicht gelungen, auch nur eine Zeile zu finden, welche auf eine sichere Spur hätte führen können. Ebensowenig wäre etwas zu entdecken gewesen, was auf beginnenden Irrsinn hätte schließen lassen[96].« Reuß schrieb, Rudolf habe offensichtlich seine gesamte »Korrespondenz mit seinen literarischen und publizistischen Freunden« beiseite geschafft, Szögyenyi vermutete sogar, sie seien vernichtet, denn er habe noch nicht einmal die vielen Briefe gefunden, die er, Szögyenyi selbst, an den Kronprinzen geschrieben habe. Diese Korrespondenz, die einen bedeutenden Umfang gehabt haben muß, blieb bis heute, fast neunzig Jahre nach Mayerling, verschollen, und die Hoffnung, sie noch aufzufinden, ist nur noch minimal.

So ganz ergebnislos, wie Szögyenyi dem deutschen Botschafter versicherte, scheint die Suche jedoch nicht gewesen zu sein. Es haben sich einige Zettel von Szögyenyis Hand über die Ordnung des Nachlasses erhalten. Darin scheinen zum Beispiel zwei Posten von Briefen auf, die Szögyenyi »zu verbrennen« beschloß: »Damenbriefe. Interessante Briefe[97].« Inwiefern diese vernichteten Briefe interessant waren, wissen wir nicht.

Es bleibt die Frage offen, ob Kaiser Franz Joseph Einzelheiten über politisch kompromittierende Schriften seines Sohnes überhaupt wissen wollte. Denn schließlich war Rudolf für ihn geisteskrank, und er hatte seinen Sohn nie als Politiker ernst genommen. Daß Szögyenyi nicht mit Enthüllungen den sowieso schwer geprüften Kaiser zusätzlich belasten wollte, wäre ebenfalls verständlich. Und er, der erklärter Deutschenfreund war – er ging wenig später als österreichisch-ungarischer Botschafter nach Berlin –, sah schon gar keinen Anlaß, die 1888/89 so strapazierten deutsch-österreichischen Beziehungen durch Bekanntgabe der detaillierten (bisher am Hof ja so gut wie unbekannten) Ansichten des Kronprinzen über Deutschland weiter zu verschlechtern.

Daß der Kaiser zehn Jahre später, nach der Ermordung der Kaiserin, Briefe seines Sohnes aufkaufen ließ, wissen wir. Daß er erst in diesen Briefen – an Szeps, Futtaki, Baron Hirsch, Berthold Frischauer – Aufschluß über die politischen Ideen seines Sohnes erhielt, ist anzunehmen. Da die Briefe – außer jene an Szeps – unbekannt blieben, gibt es auch darüber nichts als Vermutungen.

Sosehr die These einer Geisteskrankheit den Kaiser auch beruhigte, so verheerende Folgen hatte diese Version bei der Kaiserin. Sie hatte sich in den ersten Tagen nach Rudolfs Tod bemerkenswert tapfer gehalten (von ihrem Gatten überschwenglich dafür bei jeder Gelegenheit bedankt). Sobald das Gutachten der Ärzte aber am Hofe immer mehr Glauben fand (weil man sich die Katastrophe nicht anders erklären konnte und aus politischen Gründen wohl auch nicht wollte), verlor die Kaiserin ihre Selbstbeherrschung. Prinz Reuß: »Die hohe Frau soll gealtert haben. Sie weint viel und giebt sich fortwährend dem Grübeln über den Vorfall hin, macht Sich Vorwürfe und mißt dem vererbten Wittelsbacher Blut die geistige Verwirrung Ihres beklagenswerthen Sohnes bei[98].«

Elisabeth, die sich, als es noch Zeit gewesen wäre, nicht um ihren Sohn gekümmert hatte, machte ihn nun, wohl auch beeinflußt durch den liebevollen Abschiedsbrief Rudolfs, zu einer Idealfigur. Sie forschte den politischen Hintergründen nach, bezeichnenderweise zuerst bei Gyula Andrassy, den sie ohne Wissen des Kaisers noch vor Rudolfs Beisetzung bei der gemeinsamen Freundin Ida Ferenczy traf. Sie schickte Andrassy auch zu Marie Larisch, um sie über die politischen Hintergründe von Rudolfs Tod zu befragen, freilich ohne Erfolg.

Vor allem Rudolfs Wendung in seinem Abschiedsbrief an Erzherzogin Valerie, sie solle nach dem Tod des Kaisers Österreich verlassen, verstörte die Kaiserin. Corti schrieb, auf den Aussagen des Valerie-Tagebuches fußend: »Die Worte Rudolfs in seinem letzten Brief an Valerie machen besonderen Eindruck auf Elisabeth. Sie ist nun der gleichen Meinung, Österreich-Ungarn wird sich nicht mehr halten. Es wird auseinanderfallen, sagt sie, wenn der Kaiser, der durch die Macht seines makellosen Charakters und seiner aufopfernd selbstvergessenen Pflichterfüllung alles zusammenhält, den morschen Staat nicht mehr wird stützen können. ›Größere Gegensätze als Mama und Papa‹, sagt Valerie in ihrem Tagebuch, ›lassen sich schwer denken[99].‹« Denn Franz Joseph blieb unerschütterlich, wie auch der deutsche Militärberichterstatter nach Berlin berichtete: »Nie, auch jetzt nicht, hat Seine Majestät den festen Glauben an die Zukunft Österreichs verloren, an die hohe Mission und an die Liebe seiner Armee und seines Volkes[100].«

Wieder ging in der Kaiserfamilie das Gespenst der alten Prophezeiung um, daß die Reihe der Habsburger mit einem Rudolf begonnen habe und auch mit einem Rudolf enden werde. Elisabeth steigerte sich in eine derartige Untergangsstimmung hinein, daß man (wohl mit Recht) um ihren Geisteszustand besorgt war. Erste Meldungen, die Kaiserin sei verrückt geworden, erschienen in der ausländischen Presse[101].

Wenn in der Kaiserfamilie Furcht vor einem nahen Zusammenbruch Österreich-Ungarns geäußert wurde, dann nicht etwa wegen der gerade akuten ungarischen Wirren, auch nicht wegen des Panslawismus, sondern stets wegen der deutschnationalen Bewegung. Erzherzogin Valerie schrieb am 18. 2. 1889 in ihr Tagebuch: »Mama sagt, nur die Liebe zu Papa halte die Völker Österreichs zurück, offen zu bekennen wie sehr sie sich nach dem großdeutschen Vaterland zurücksehnen, aus dem sie verbannt sind.« Valerie bekannte sich offen als Deutschnationale: »Vor allem sind wir Deutsche, sagte Erzherzogin Valerie, dann Österreicher und erst in dritter Linie Habsburger, das Wohl des deutschen Vaterlandes muß uns vor allem am Herzen liegen, wenn es gedeiht ists einerlei ob mit Habsburg oder Hohenzollern. Deutsch ist Deutsch und das Vaterland geht vor die Familie[102].« Es ist kaum zu verwundern, daß der von einem messianischen Österreich- und Habsburg-Glauben besessene Kronprinz so eifrig bemüht war, nichts von seinen politischen Ideen an seine Familienangehörigen dringen zu lassen, selbst nicht nach seinem Tod.

Die Witwe Stephanie stand in diesen Tagen völlig im Schatten. Sie war relativ spät – erst am Nachmittag des Todestages – vom Kaiserpaar informiert worden. Auch sie hatte keine Erklärung für den Grund der Tat: »Ich habe vor dieser Selbstzerstörung gezittert, gewarnt, und trotzdem war mir an diesem Tage das Geschehen ein Rätsel. Warum hatte er das getan? war die immer wiederkehrende

Frage. In dem Augenblick der furchtbarsten Verlassenheit stürzten alle Überlegungen immer wieder in sich zusammen[103].«
Von Stephanie Worte des Mitleids für den nicht geliebten Mann zu hören, der sie auf so peinliche, sie in ihrem Stolz treffende Art verlassen hatte, konnte niemand erwarten. Das Wort Rudolfs in seinem Abschiedsbrief: »Du bist von meiner Gegenwart und Plage befreit«, kennzeichnete genau die Stimmung, die Stephanie noch vier Jahrzehnte später, als sie ihre Memoiren schrieb, bestätigte: »Dennoch, der Tod hatte mich von einem angstvollen, sorgenvollen und trostlosen Zusammenleben erlöst – allein, um welchen Preis! Alles, meine und des Landes Zukunft, schienen zerschellt, für die ich vieles geduldig ertragen hatte.« Über Stephanies Gleichgültigkeit bei Rudolfs Tod war selbst die Schwester, Prinzessin Louise von Coburg, entsetzt.
Im Gegensatz zum Adel, der sich schon bald nach dem Schock der Todesnachricht in zynischesten Worten über den Kronprinzen erging, war die Trauer beim einfachen Volk von Wien überwältigend. Eduard Hanslick schrieb in seinen Erinnerungen: »Die trostlose, verzweifelte Aufregung, die sich der ganzen Bevölkerung bemächtigte und tagelang anhielt, ist nicht zu beschreiben. Ich habe in Wien die traurigsten Katastrophen erlebt: Revolutionen, unglückliche Feldzüge, verlorene Provinzen, mörderische Verheerungen durch Wasser und Feuer – nichts von alledem war diesem grauenvollen 30. Januar entfernt zu vergleichen[104].«
Der Beisetzung des Kronprinzen als 113. Habsburger in der Kapuzinergruft am 5. Februar ging der ganze Pomp des Protokolls voraus. Die Leiche wurde zunächst in Rudolfs Wohnung in dem von Gespenstermären umdüsterten Schlafzimmer Franz I. aufgebahrt und der Familie und den hohen Hofbeamten und Freunden zur Besichtigung dargeboten, am Tag vor dem Begräbnis aber in der schwarz drapierten Hofburgkapelle auf einem hohen, von Kerzen umgebenen Katafalk ausgestellt. Über hunderttausend Wiener stellten sich mehr als zwölf Stunden bei eisiger Kälte und Schneegestöber am Josefsplatz an, um einen Blick auf den längst mit Wachs präparierten Schädel und die Schußwunde des Selbstmörders werfen zu können, der einmal der Liebling der Wiener Bürger

gewesen war. In den Zeitungen wurde die grausige Veränderung der Gesichtszüge von Tag zu Tag bis zur Beisetzung peinlich genau registriert. Es kam zu Ohnmachten, Schreikrämpfen und hysterischen Anfällen, auch zu Raufereien unter den Wartenden. Nur 20 000 Wiener konnten einen kurzen Blick auf den Katafalk und das bleiche Gesicht im Kerzenlicht werfen, die übrigen hatten keinen Zutritt mehr und mußten zurückgeschickt werden.
Die liberalen Zeitungen Österreich-Ungarns konnten kaum auf Rudolfs politische Ideen eingehen, denn jeder Hinweis auf ein problematisches Verhältnis Rudolfs zu Deutschland führte zur Konfiszierung. Sie mußten sich an Allgemeinheiten halten. Die »Neue Freie Presse«: »Es lebte in ihm ein Trieb zur Gerechtigkeit, welcher allen Vorrechten einzelner Classen widerstrebte. Der Sprosse des stolzesten und vornehmsten Geschlechts fühlte und dachte wie ein Bürger, ein Strom der Sympathie verband ihn mit den Männern, welche durch ihren Geist und ihre Arbeit den Staat erhalten, und das Größte, was wir von ihm sagen können, ist, daß er das Volk, welches er dereinst beherrschen sollte, mit ganzem Herzen liebte[105].«
Nur zwischen den Zeilen war manchmal eine Kritik an Kaiser Franz Joseph zu lesen: »Österreich sah einen Monarchen aufkeimen, der nicht in ängstlicher Abgeschlossenheit verweilte, sondern mitten im Getriebe der Gesellschaft stand, der seine Eindrücke nicht aus Vorträgen und Berichten, sondern aus dem Munde der hervorragendsten Männer gewann; der nicht von stummen Werkzeugen und unterwürfigen Dienern umgeben sein wollte, sondern stets Offenheit und Wahrheit forderte; der nicht mit kühler Hoheit auf die Massen niederschaute, sondern wirkliche Freunde in allen Schichten besaß; der trotz des Bewußtseins seiner Würde nicht selten auch den Tadel ohne Zorn und als Beweis der Treue hinnahm. Kronprinz Rudolf war volksthümlich[106].«
Der »Pester Lloyd« Max Falks: »Aber das militärische Element beherrschte seine Denkweise nicht; es wurde ausgeglichen durch einen kräftigen Zug ziviler Vorurtheilslosigkeit. In der konstitutionellen Atmosphäre des neuen Österreich-Ungarn nahm er die politischen Ideen der Zeit in sich auf, und diese klangen harmonisch zusammen mit den Motiven geistiger Freiheit, denen er wie einem

Kultus anhing. Keine Tradition hatte in seinen Augen Werth, wenn sie nicht mit dem neuen Werden vereinbarlich war; keine Größe war ihm begehrenswerth, wenn sie nicht zugleich eine intellektuelle Größe war[107].«

Ausländische Zeitungen stellten ungehindert die politischen Ansichten Rudolfs in den Vordergrund ihrer Nachrufe. Dabei war nicht zu verkennen, daß ein Gutteil der ausländischen Journalisten weit besser über Rudolfs Ideen und Pläne informiert war als die kaiserliche Familie. Freilich begann mit diesen, von Polemik gegen Wilhelm II. erfüllten Auslassungen ein neuer Pressekrieg, denn österreichische Zeitungen (vor allem das »Fremdenblatt« und »Das Vaterland«) dementierten alle diese ausländischen Berichte mit voller Schärfe.

Der »Figaro« in Paris schrieb: »Erzherzog Rudolf war nicht nur die Hoffnung derjenigen zukünftigen Untertanen, die Sadowa nicht vergessen, sondern auch derer, die fanden, daß die Ereignisse von 1866 und 1870 das europäische Gleichgewicht in einzigartiger Weise gestört haben. Er war liberal, in einem aufgeklärten und klugen Liberalismus; er liebte die Literatur und die Künste, und man sah in ihm den Mann, der bei Gelegenheit gegen die reaktionären Tendenzen in Politik und Kunst handeln könnte, die man in Berlin so protegiert ... Und wenn man denkt, daß der, der gerade gestorben ist, als Gegner Deutschlands galt, und daß vor ihm alle die, die denselben Ruf hatten, ebenso verschwunden sind, sagt man sich, daß es Länder gibt, die einzigartiges Glück haben[108].«

Ganz ähnlich schrieb die »Moskauer Zeitung«: »Ja – wie ist das alles dunkel und rätselhaft! Und in was für einer Angelegenheit! Und in Betreff welcher Persönlichkeit! Und nun kommt noch dazu, daß der Tod des Kronprinzen gerade in einem solchen Augenblick eintreten mußte, wo die österreichische Diplomatie Berliner Anweisungen folgt und die Interessen Österreich-Ungarns für identisch mit den deutschen hält, während der verstorbene Erzherzog solche Anschauungen ganz offen nicht teilte. Lange verschloß er seine Ansicht in dem Innern seiner Seele; endlich aber brach sie sich Bahn nach außen, er sprach sie aus – und man findet ihn tot! Doch dem sei, wie es wolle – jedenfalls hat das Bismarck'sche Deutschland

Glück. Einer nach dem anderen steigen sie ins Grab, die Männer, die ihm unbequem sind: Chanzy, Gambetta, Skobeleff, Ludwig II., Friedrich III., Rudolf von Habsburg. Es ist geradezu, als ob über allen irgend ein ›Vehmrichter waltet‹, wie die Deutschen sagen, der zur rechten Zeit stets diejenigen forträumt, die Deutschland schädlich und gefährlich werden[109].«
Unter den Gerüchten, Rudolf sei ermordet worden (von einem Förster, von Soldaten seines Vaters, von den Freimaurern, den Jesuiten), konnte die Schauergeschichte nicht fehlen, Bismarck habe Mörder nach Mayerling geschickt.
Besonders herzliche Nachrufe erschienen in der slawischen Presse. Die russische »Nowoje Wremja« schrieb, »an den Kronprinzen Rudolf hätten die slawischen Völker Österreichs die größten Hoffnungen geknüpft; sie hätten von dem Prinzipe der Gleichberechtigung, dessen höchster Träger der Verblichene gewesen, die Versöhnung aller sich widerstreitenden Elemente der Monarchie erwartet; von dem Thronfolger, dem künftigen Herrscher aller West- und Südslawen, hätten sie gehofft, daß er sie vor der ihnen drohenden Gefahr, von Deutschland verschlungen zu werden, retten würde[110]«.
Im selben Ausmaß, wie die peinlichen Umstände von Rudolfs Tod durchsickerten, gewannen die traditionellen Feinde des Kronprinzen an journalistischer Durchschlagskraft. Schönerers »Unverfälschte Deutsche Worte« hatten schon zwei Tage nach Rudolfs Tod den Anfang mit einer raffinierten Schmähung gemacht, gegen die die Zensur nicht einschreiten konnte: Während alle Zeitungen der Monarchie und sogar des Auslandes Nachrichten und Nachrufe über den Kronprinzen brachten, erwähnten die »Unverfälschten Deutschen Worte« den Kronprinzen mit keiner Silbe. Der große Leitartikel hieß: »Heil Wilhelm, dem deutschen Kaiser«, der Leitspruch dazu: »Laßt brausen, was nur brausen kann!«: »Wir bringen dem deutschen Kaiser Wilhelm II. unseren Heilwunsch dar in deutscher Treue, unbekümmert darum, ob tückische Feinde heimliche Verleumdung in mächtige Ohren zischen, unbekümmert darum, ob der Phäaken-Patriotismus irregeführter, verdumpfter Stammesgenossen im Bunde mit der berechnenden Bosheit va-

terlandsloser Volksausbeuter lautes Verdächtigungsgeschrei erhebt[111].«

In der nächsten Nummer hetzte Schönerer gegen Baron Hirsch und damit indirekt gegen den toten Kronprinzen: »Der unglückliche Wahn unserer Zeit, im Judenthume die Stütze einer arischen Nationalität zu finden oder zu besitzen, kann sich daher nur bitter rächen und es ist insbesondere für uns Deutsche hoch an der Zeit, jenen Zwist zu begraben, der nur durch die Judenpresse angezettelt, uns in zwei Lager spaltet[112].«

Auch der engste Freund Wilhelms II., Philipp Graf zu Eulenburg, machte aus seinem Herzen keine Mördergrube, als er an Holstein schrieb: »Was sagen Sie zu Kronprinz Rudolf? Ich denke mir, daß für Freunde des österreichischen Bündnisses der Wegfall dieser Figur nicht unangenehm ist ... S. M. [Wilhelm II.] liebt Österreich nicht. Kronprinz Rudolf war ja nach seinen Handlungen (so gleichgültig sie an und für sich sein mochten) das Barometer für die steigende oder ruhende Aversion des Kaisers gegen Österreich. So schnell wird sich hoffentlich nicht wieder eine neue Figur finden! Von diesem Gesichtspunkt aus betrachte ich die Situation ... Das Beispiel, das der gänzlich demoralisierte Mensch dem an allem Heiligen zerrenden Europa gibt, ist geradezu gefährlich! Immer mehr empfinde ich den Hort, den unser Kaiser [Wilhelm II.] in moralischer und politischer Hinsicht bedeutet[113].«

Die Schuldigen am glanzlosen Ende des Kronprinzen waren bald gefunden: Juden, Liberale, Freimaurer wurden sogar von den Kanzeln herab angeklagt. So wetterte etwa der Pfarrer von Waizenkirchen in Oberösterreich, daß ein Lehrer Rudolfs »ein Freimaurer war, weshalb auch Hochderselbe nicht die wahren christlichen Grundsätze sich eigen machte und auch nicht die rechte Vorstellung oder den Begriff von Gott gehabt[114]« habe.

»Das Vaterland« unter Rudolfs Erzfeind Vogelsang unterdrückte seine Genugtuung nur mit Mühe und schrieb von der »reinigenden Wirkung, welche durch diese Katastrophe herbeigeführt wird. Die heilende Kraft derselben werde nicht ausbleiben und der Geist der Kirche werde Alle über die leichtfertige Tagesbegebenheit erheben[115].«

Für wie überaus wichtig die weltanschaulichen Gegensätze gehalten wurden, ersieht man aus den guten Lehren, die Erzherzog Albrecht dem neuen Thronfolger Franz Ferdinand nach Rudolfs Tod und dem Ausscheiden Erzherzog Johanns aus dem Kaiserhaus einige Monate später gab: »Unsere Dynastie galt bisher als streng katholisch u. darin lag unsere Stärke u. half über die ärgsten Nöthe u. Stürme hinaus. Was der arme Rudolf u. Johann in dieser Beziehung uns Allen u. unserer Stellung geschadet, läßt sich nicht beschreiben! ... Gottlob regt sich bei uns wieder der katholische Geist, die gute Gesinnung in Cis- wie in Trans. Sie, die kräftigste Stütze des Thrones u. des wahren monarchischen Gefühls zu unterstützen, ist unser erstes Interesse, sie zu mißachten, zu froissiren, wäre einfach politischer Selbstmord[116]!« Zu den vielen ungelösten Rätseln rund um Mayerling gehört ja auch das Schicksal Erzherzog Johanns, der im Herbst 1889 den Namen Johann Orth annahm, eine Bürgerliche heiratete und wenig später mit seinem Schiff vor der Küste Südamerikas unterging. Der Brief Erzherzog Albrechts wie die Larisch-Erzählung von dem geheimnisvollen Kästchen deuten auf eine Verbindung Rudolfs und Johanns mit der Freimaurerei hin, die offenbar entdeckt worden war.

Wie sehr Rudolfs Ansehen ruiniert war, ist in einer Polizeimeldung nachzulesen: »Das Bezirkscommissariat Leopoldstadt hat laut einer soeben anhergelangten Anzeige in mehreren Geschäftslokalen im II. Bezirke Stöcke saisirt, welche in einer kleinen Öffnung mikroskopische obscöne Photographien zeigen, denen auch Portraits weiland des Kronprinzen Rudolf und der Baroneße Vetsera angereiht sind. Diese Bilder werden durch Druck auf einen Knopf in Bewegung gesetzt ... Die gesetzliche Amtshandlung ist eingeleitet[117].« Und in einem Bericht aus Bukarest hieß es, daß beim Pfingstjahrmarkt eine Schaubude mit Panorama das Liebespaar Rudolf und Mary Vetsera »in einer geradezu skandalösen Darstellung dem Besucher vor Augen geführt wird[118]«.

Die Nachricht von einer zweiten Leiche in Mayerling war also trotz aller offiziellen Unwahrheiten und Vertuschungen durchgesickert. Im selben Maß, wie die Gerüchte über immer abstrusere Scheußlichkeiten kolportiert wurden, erlahmten die alten Freunde des

Kronprinzen in ihrer Verteidigung. Dieser jämmerliche Tod, besonders die Wahrscheinlichkeit (keineswegs Gewißheit), daß Rudolf nicht nur den tödlichen Schuß auf sich, sondern auch auf das siebzehnjährige willfährige Mädchen abgegeben hatte, konnte von niemandem akzeptiert werden. Viele Gerüchte, der Kronprinz sei in Wirklichkeit ermordet worden, sind wohl auch aus der Hilflosigkeit der Freunde gegenüber einem solchen Ende zu erklären.
Auch für einen Biographen erhebt sich die Frage, ob dieser (wahrscheinlich) schuldhafte Tod geeignet ist, das ganze Leben des Kronprinzen zu entwerten. (Die politischen Gegner Rudolfs stellten ihn als natürliches Ende eines »Judenknechtes« und Liberalen hin.) Doch sei zu bedenken gegeben: die Schwäche, Verzweiflung, Krankheit, die Isolation in der kaiserlichen Familie, am Hof und in der Politik, die zerstörten Hoffnungen, jemals den Thron zu besteigen und ein friedliches liberales Europa mitschaffen zu können, zusammen mit einem sich mit Frankreich aussöhnenden Friedrich III., die tiefe Kluft zum Denken des übermächtigen Vaters, der nach Rudolfs Meinung dem Untergang zusteuerte und einem großen Krieg – greifbar nahe nach Boulangers Wahlsieg –, der das übernationale Reich Österreich-Ungarn zerstören würde (von außen durch die als unbezwingbar angesehenen russischen Truppen, von innen durch Nationalismus und Intoleranz), aber auch die Erkenntnis eigener Schuld und Unzulänglichkeit und zum Schluß der unwägbare Einfluß des euphorischen Mädchens, das mit ihm sterben wollte – all dies war wohl geeignet, die Entscheidungsfähigkeit derart einzuengen, daß es in einer schwachen Stunde zu einem so grauenhaften Ende kommen konnte.
Was wirklich in dieser Januarnacht im Jagdhaus von Mayerling geschah, werden wir nie erfahren. Wer wirft den ersten Stein?

ANHANG

Anmerkungen zu Kapitel 1

1 Dieses und die folgenden Zitate stammen aus der Wiener Zeitung, dem Pester Lloyd und der Morgen-Post vom 22. bis 27. August 1858
2 A. de Bertha, L'Archiduc Rodolphe, Paris 1889, 2
3 HHStA. N.R. Kt. 17. Grundlsee, 20. 8. 1885
4 4. 2. 1873
5 Hofdamenbriefe, gesammelt von B. v. S. Zürich 1903, 284 f.
6 Elisabeth Kovács, Geheime Notizen des Joseph Columbus, Wien 1971, 112
7 Joseph Karl Mayr (Hg.), Das Tagebuch des Polizeiministers Kempen von 1848 bis 1859, Wien 1931, 159
8 N.R. Kt. 16. an Latour. Prag, 2. 12. 1881
9 Franz Schnürer (Hg.), Briefe Kaiser Franz Josephs I. an seine Mutter 1838–1872, München 1930, 256
10 Egon Caesar Conte Corti, Elisabeth. Die seltsame Frau, Wien 1934, 395 (Valerie-Tagebuch 9. 12. 1887)
11 Schnürer, 292. Verona, 16. 6. 1856
12 ebda. Schönbrunn, 21. 10. 1860
13 HHStA. N.A. Rolle 32, Erzh. Maria Theresia an Ehg. Albrecht, Wien, 24. 11. 1860
14 Pester Lloyd 5. 2. 1889. Der Besuch war am 22. 12. 1860
15 Corti, Elisabeth 108
16 N.A. Rolle 32. Weilburg, 21. 8. 1861
17 N.R. Kt. 18. Laxenburg, 12. 11. 1861
18 ebda. 28. 2. 1862
19 Schnürer 354 (11. 5. 1866)
20 Kriegsarchiv. M.K.S.M. Sep. Fasz. 25. 12. 5. 1864
21 Der Zerfall Östreich's. von einem Deutschen Österreicher, Leipzig 1867, 19f.
22 Georg Nostitz-Rieneck (Hg.), Briefe Kaiser Franz Josephs an Kaiserin Elisabeth, II, Wien 1966, 412
23 Corti, Elisabeth 132
24 ebda.
25 HHStA. Depot Khevenhüller. Tagebucheintragung des Fürsten Franz Carl am 26. 9. 1877
26 Ignaz Pennerstorfer, Unser Kronprinz. Wien 1881, 11
27 N.R. Kt. 1. an Kaiser Franz Joseph 15. 12. 1868
28 Kt. 12. Ischl, 17. 6. 1866
29 ebda. Ischl, 18. 6. 1866
30 ebda. 25. 6. 1866
31 N.A. Rolle 31. Konzept. Hauptquartier Somma Campagna 30. 6. 1866
32 N.R. Kt. 12. 30. 6. 1866

[33] Kt. 18. 29. 6. 1866
[34] ebda. 1. 7. 1866
[35] Kt. 1. Ischl, 3. 7. 1866
[36] Kt. 12. Ischl, 8. 7. 1866
[37] Kt. 18. Schönbrunn, 5. 7. 1866
[38] Kt. 12. Ofen, 22. 7. 1866
[39] Hans Wilczek erzählt seinen Enkeln Erinnerungen aus seinem Leben, Graz 1933, 90 und 94
[40] ebda. 124
[41] N.R. Kt. 18. Schönbrunn, 19. 8. 1866
[42] Schnürer 357f., 22. 8. 1866
[43] N.R. Kt. 12. Ischl, 14. 10. 1866
[44] Ischl, 28. 10. 1866
[45] Nostitz-Rieneck, I, 57. Schönbrunn, 7. 8. 1866
[46] ebda. 61. Schönbrunn, 20. 8. 1866
[47] N.R. Kt. 16. an Latour. Prag, 2. 12. 1881
[48] Corti, Elisabeth 173f. Wien, 18. 3. 1867
[49] Egon Caesar Conte Corti, Mensch und Herrscher, Wien 1952, 384f.
[50] ebda. 396
[51] Fa. Hauswedell, Autographenkatalog Mai 1965. Nr. 204
[52] Corti, Mensch 395
[53] N.R. Kt. 2
[54] Kt. 18. Ischl, 3. 8. 1870
[55] Kt. 15
[56] Ludwig Ritter von Pribram, Erinnerungen eines alten Österreichers, Stuttgart 1912, I. 273
[57] Die Stunde 27. 4. 1923
[58] UB Zhisman-Tagebuch 4. 1. 1868
[59] Corti, Mensch 420
[60] N.R. Kt. 1. 15. 12. 1868
[61] Zhisman-Tagebuch 27. 12. 1867 und 29. 2. 1868
[62] N.R. Kt. 1. Ofen, 6. 12. 1868
[63] Schnürer 362. Schönbrunn, 26. 11. 1866
[64] N.R. Kt. 12. 22. 8. 1867
[65] Ofen, 24. 11. 1868
[66] Kt. 18. Wien, 16. 7. 1869
[67] Kt. 19. 22. 7. 1867
[68] Kt. 18. Ofen, 28. 4. 1868
[69] Schnürer 369. Schönbrunn, 28. 9. 1868
[70] HHStA. N. Corti, Abschrift Ischl, 20. 8. 1869
[71] N.R. Kt. 18. Gödöllö, 28. 11. 1870
[72] Ofen, 13. 1. 1871
[73] N. Corti, Abschrift Ischl, 21. 7. 1872

Anmerkungen zu Kapitel 2

1 HHStA. N.R. Kt. 1. Ischl, 8. 8. 1869
2 19. 12. 1867
3 UB Zhisman-Tagebuch
4 Wilhelm II., Aus meinem Leben 1859–1888, Berlin 1927, 132
5 UB Manuscripta II. 828
6 N.R. Kt. 2. Heft »Diversa« Gödöllö Dezember 1872
7 UB Manuscripta II 828 Studienheft Geschichte 1872
8 N.R. Kt. 18. Ischl, 13. 10. 1870
9 Kt. 11
10 Eugen Lennhoff, Oskar Posner, Freimaurer-Lexikon, Wien 1932, 1762
11 Ferenc Eckhart, Rudolf tronörökös gyermekeveiböl. Napkelet 1925
12 HHStA. N.A. Rolle 31. Wien, 28. 2. 1876
13 ebda. Wien im März 1876
14 ebda. Bemerkungen zu »Einzelne Gedanken über Kaiser Joseph und seine Zeit 1876« Konzept
15 z. B. Der Zirkel 15. 11. 1880 und 15. 3. 1890
16 Die geheimen Papiere Friedrich von Holsteins II. Göttingen 1957, 262
17 Richard G. Plaschka, Von Palacky bis Pekař, Graz 1955, 40
18 ebda. 41
19 N.R. Kt. 2 »Einzelne Gedanken«
20 Oskar Freiherr von Mitis, Das Leben des Kronprinzen Rudolf. neu hg. v. Adam Wandruszka, Wien 1971, 219–222
21 N.R. Kt. 1. 4. 5. 1872
22 Salzburg, 29. 12. 1871
23 17. 12. 1875
24 StbW I.N. 4062. 20. 6. 1884
25 N.R. Kt. 2 »Diversa«
26 Edmund von Glaise-Horstenau, Franz Josephs Weggefährte. Wien 1930, 230f.
27 Günther Hamann, Das Zeitalter Kaiser Franz Josephs im Spiegel der Topographie des Franz-Josefs-Landes. Publikationen aus dem Archiv der Universität Graz IV 1975, S. 142
28 Aus Gottfried Kellers glücklicher Zeit, Wien 1927, 90. Keller an Exner 9. 1. 1876
29 N.R. Kt. 18. Laxenburg, 2. 8. 1875
30 Emil Kauder (Hg.), Carl Mengers erster Entwurf zu seinem Hauptwerk »Grundsätze« ... Tokio 1963, 201
31 NFP 31. 1. 1889, S. 9
32 N.A. Rolle 31. 1876
33 Norbert Schmid, Des Thrones Jubelfest, Wien 1879, 76
34 NWT 3. 12. 1873
35 N.R. Kt. 18, 16. 1. 1875
36 Glaise-Horstenau, 231

Anmerkungen zu Kapitel 3

1 HHStA. N.A. Rolle 31
2 Mitis 389
3 Corti, Elisabeth 289
4 Der Österreichische Volksfreund 24. 5. 1877
5 N.R. Kt. 21. Wartholz, 23. 6. 1877
6 Ludwig Ritter von Pribram, Erinnerungen eines alten Österreichers, Stuttgart 1912. II, 111
7 Das Mayerling-Original, Wien 1955, 161
8 F. Hantschel, Weiland Kronprinz Rudolf, Leipa 1889, 8
9 Eduard von Wertheimer, Graf Julius Andrassy, Stuttgart 1910, 18 und 20
10 ebda. 24
11 N.R. Kt. 16. Ischl, 29. 7. 1877
12 20. 8. 1877
13 Kt. 21. ohne Datum
14 27. 7. (1877)
15 N.A. Rolle 31. Wien, 13. 10. 1877
16 Rolle 14. Wien, 5. 11. 1877
17 WZ 4. 11. 1877. Das Manuskript mit geringfügigen Korrekturen durch Menger im N.R. Kt. 2
18 N.A. Rolle 31. Weilburg, 7. 11. 1877
19 Weltindustrien, Stuttgart 1880, 311 und 309
20 NFP 31. 1. 1889
21 Albin Oppolzer, Karl Ritter von Scherzer, Diss. Wien 1949, 166
22 N.R. Kt. 16. Chester, 3. 1. 1878 an Latour
23 Kt. 16. Gödöllö, 3. 12. 1877
24 HHStA. N. Corti, Materialien Elisabeth 2
25 Corti, Elisabeth 299f.
26 Richard Barkeley, The Road to Mayerling, London 1959, 40f.
27 Mitis 57
28 Princess Catherine Radziwill, The Austrian Court from Within, London 1916, 121f.
29 Das Vaterland, 12. 3. 1878
30 NFP 21. 8. 1921, S. 3
31 HHStA. Khevenhüller-Tagebuch. Kammerburg, 3. 7. 1879
32 NFP 21. 8. 1921
33 Marie Louise von Wallersee, vormals Gräfin Larisch, Kaiserin Elisabeth und ich. Leipzig 1935, 253. Wenn in den Erinnerungen der Gräfin auch eine ganze Reihe von Fehlern, vor allem Übertreibungen und falsche Zeitangaben, zu finden sind, bin ich doch der Meinung, daß der Quellenwert ihrer Bücher sehr hoch anzusetzen ist. Daß Marie Larisch viele Jahre die Vertraute der Kaiserin war, kann ebensowenig bestritten werden wie die Tatsache, daß sie Ende 1888 im Auftrag

der Kaiserin deren Tagebücher für einen bisher unbekannten Privatdruck abschrieb.

34 München, 9. 3. 1878. Mitis 225

35 N. Corti, Abschrift 16. 2. 1877

36 N.R. Kt. 19. Hohenschwangau, 19. 11. 1877

37 Hohenschwangau, 12. 12. 1875

38 Mitis 224f.

39 München, 9. 3. 1878. Mitis 225

40 Edith Salburg, Das Enkelkind der Majestäten, Dresden 1929, 117

41 24. 2. 1889. Der glänzend informierte Autor dieses Artikels ist meiner Überzeugung nach Erzherzog Johann Salvator (Orth)

42 NB Porträtsammlung, die auch die Bibliothek des Kronprinzen verwahrt

43 Mitis 51

44 Corti, Mensch 533

45 Prinzessin Louise von Coburg, Throne die ich stürzen sah, Wien 1926, 141

46 Neues Österreich 18. 5. 1961

47 Corti, Elisabeth 312

48 WStB. N. Friedjung, Gespräch mit Marie Festetics, 27. u. 28. 3. 1909

49 HHStA. F.A. Kt. 96. Manuskript der Memoiren Geza Mattachichs

50 Prinzessin Stephanie von Belgien, Fürstin von Lonyay, Ich sollte Kaiserin werden, Leipzig 1935, 211

Anmerkungen zu Kapitel 4

1 StB Wien, 8. 1. 1877

2 (R. von Dombrowski), Rudolf Kronprinz von Österreich-Ungarn als Forscher und Waidmann, Wien o. J. (1889) 9

3 Kurt Floericke, Tiervater Brehm, Stuttgart 1929, 76

4 Fünfzehn Tage auf der Donau. Wien 1878, 147

5 Gartenlaube 1887, 192

6 Fünfzehn Tage, 159f.

7 StB. Schönbrunn, 17. 6. 1878

8 Schönbrunn, 17. 6. 1878

9 Prag, 14. 8. 1878

10 S. 2

11 50f.

12 StB o. D. (Januar 1879)

13 Fünfzehn Tage, XI

14 Mitis-Wandruszka 367. Prag, 29. 3. 1879

15 StB Schönbrunn, 26. 5. 1878

16 Schönbrunn, 17. 6. 1878

[17] Alfred Brehm, Illustrirtes Thierleben. Bd. IV. Die Vögel. I. Leipzig 1878, 398f.
[18] StB Ischl, 7. 7. 1878
[19] Prag, 14. 8. 1878
[20] Prag, 7. 4. 1879
[21] Wien, 12. 4. 1879
[22] Mitis 226f.
[23] Hans Wilczek erzählt seinen Enkeln Erinnerungen aus seinem Leben, Graz 1933, 338–350
[24] StB Mnichowitz, 3. 7. 1879
[25] HHStA. N. R. Kt. 14. Heft Spanien I.
[26] Eugen Lennhoff, Oskar Posner, Internationales Freimaurer-Lexikon. Wien 1932, Sp. 220
[27] Aman Amantus, Die Loge der Freimaurer, Wien 1885, 55
[28] V.A. M. d. I. Kt. 16/2 Konfiszierte Zeitungen. Rumburger Zeitung, 20. 2. 1889
[29] Mitis 237
[30] N. R. Kt. 16. 8. 7. 1879
[31] StB. Prag, 10. 10. 1879
[32] Wien, 27. 12. 1879
[33] Budapest, 3. 1. 1883
[34] Prag, 20. 3. 1883
[35] HHStA. Adm. Reg. F1/76 Kairo, 24. 1. 1881
[36] Heinrich Brugsch, Mein Leben und mein Wandern, Berlin 1894, 356
[37] ebda. 355f.
[38] Eine Orientreise vom Jahre 1881, beschrieben vom Kronprinzen Rudolf von Österreich, Wien 1885, 235
[39] N.R. Kt. 21. Unterredung mit Szeps 28. 10. 1881
[40] Orientreise 239
[41] 226f.
[42] 332
[43] StB Laxenburg, 16. 5. 1881
[44] N. R. Kt. 16. 17. 11. 1884

Anmerkungen zu Kapitel 5

[1] HHStA. KaA Geh. Akten Kt. 19
[2] Mitis 67
[3] N. R. Kt. 16. Prag, 16. 4. 1880 an Latour
[4] Kt. 15
[5] N. A. Rolle 14. Prag, 10. 7. 1880
[6] Prag, 2. 8. 1880
[7] N. R. Kt. 16. Prag, 10. 11. 1882
[8] Prag, 13. 10. 1879

[9] Prag, 16. 1. 1881
[10] Kt. 15
[11] an Szeps. Prag, 19. 11. 1882
[12] an Latour. Prag, 10. 11. 1882
[13] Denkschrift 35
[14] Prag, 25. 11. 1881
[15] Mitis 231ff.
[16] A. A. Bonn. Österreich 86. Nr. 2. Wien, 8. 11. 1885
[17] Paul Molisch, Briefe zur deutschen Politik in Österreich von 1848 bis 1918. Wien 1934, 265f. Wien, 14. 1. 1886
[18] HHStA. N. Plener. Kt. 17. Prag, 15. 1. 1886
[19] Leopold von Chlumecky, Erzherzog Franz Ferdinands Wirken und Wollen. Berlin 1929, 19f.
[20] Mitis 70f.
[21] Mitis 108
[22] Julius Szeps (Hg.), Kronprinz Rudolf. Politische Briefe an einen Freund. Wien 1922, 14. Prag, 26. 7. 1882
[23] Völkischer Beobachter 21. 8. 1938
[24] Archivni Sprava Prag. N. Gindely 25. 6. 1882
[25] ebda. Promemoria der deutschen Professoren an das Ministerium für Unterricht. 23. 6. 1882
[26] Wien 1883, 7
[27] Gustav Strakosch-Graßmann, Geschichte des österreichischen Unterrichtswesens. Wien 1905, 302
[28] N. R. Kt. 16. Prag, 11. 2. 1881
[29] ebda. o. D.
[30] Stenographische Protokolle des Abgeordnetenhauses. 18. 4. 1883
[31] StB Prag, 17. 4. 1883
[32] N. R. Kt. 17. Prag, 22. 4. 1883
[33] NFP 4. 6. 1933. Prag, 19. 5. 1883
[34] N. R. Kt. 21. Unterredung am 17. 12. 1882
[35] Unterredung am 18. 6. 1884
[36] NWJ 15. 8. 1923. S. 9
[37] abgedruckt in NWT 17./18. 1924. S. 7
[38] Prinzessin Stephanie von Belgien, Fürstin von Lonyay, Ich sollte Kaiserin werden. Leipzig 1935, 64f.
[39] AStW Biogr. geneal. Sammlung 201/21 Abschrift
[40] Das Mayerling-Original. Wien 1955, 183 und 216f.
[41] Heinrich Graf von Lützow, Im diplomatischen Dienst der k. u. k. Monarchie, Wien 1971, 30
[42] StBW N. Friedjung, Gespräch mit Marie Festetics 6. 3. 1913
[43] Richard Sexau, Fürst und Arzt, Wien 1963, 268
[44] Politik 1. 2. 1889

45 N. R. Kt. 16. 25. 1. 1881
46 HHSTA. N. Corti, Combermere, 26. 2. 1881. Abschrift
47 Stephanie 77
48 NWT 9. 5. 1881
49 Lützow 30
50 HHStA. Khevenhüller-Tagebuch 7. 6. 1881
51 Marie Freiin von Wallersee, Meine Vergangenheit, Berlin 1913, 93f.
52 Egon Caesar Conte Corti, Hans Sokol, Der alte Kaiser, Graz 1955, 15f.
53 Stephanie 82
54 ebda. 83
55 ebda. 104
56 N. R. Kt. 16. Prag, 2. 12. 1881
57 Sexau, 280. Valerie-Tagebuch 23. 12. 1882
58 N. R. Kt. 16. Prag, 16. 4. 1883
59 Stephanie 109
60 Kt. 16. Prag, 11. 2. 1881
61 Johann Friedrich von Schulte, Lebenserinnerungen, III. Gießen 1909, 182ff.
62 N. R. Kt. 21. Unterredung mit Szeps am 7. 4. 1882
63 Kt. 17. Reichstadt, 28. 6. 1882
64 NWT 1. 7. 1882
65 Das Vaterland 4. 7. 1882
66 N. R. Kt. 17. Prag, 17. 3. 1883
67 NWT 18. 3. 1883
68 StBW N. Friedjung, Gespräch mit M. Festetics Januar 1909
69 N. R. Kt. 21. Unterredung mit Szeps am 17. 12. 1882
70 Kt. 17. 23. 3. 1883
71 Berta Szeps-Zuckerkandl, Ich erlebte fünfzig Jahre Weltgeschichte, Stockholm 1939, 57
72 Heinrich Brugsch, Mein Leben und mein Wandern, Berlin 1894, 358
73 Max Ermers, Victor Adler, Wien 1932, 125
74 NFP 31. 1. 1890. Prag, 2. 1. 1882
75 12. 1. 1881
76 J. Szeps, 65. Wien, 23. 10. 1883

Anmerkungen zu Kapitel 6

1 HHStA. N. R. Kt. 21. Unterredung am 28. 10. 1881
2 Julius Szeps (Hg.), Kronprinz Rudolf. Politische Briefe an einen Freund. Wien 1922, 19. 19. 11. 1882. Die Originalbriefe befinden sich im N. R. Kt. 17. Sie mußten benützt werden, da Julius Szeps in seiner Edition oft entscheidende Passagen ausließ.
3 A. A. Bonn. Österreich 74. Bd. 3. Übersicht der hervorragendsten Tageblätter ... Januar 1887

[4] Wandruszka-Anhang zu Mitis, 375. an Billroth. Prag, 14. 2. 1882
[5] Julius von Stepski, Geschichte und Intrige, Wien 1940, 22f.
[6] Mitis 166
[7] Prag, 26. 7. 1882, J. Szeps 15
[8] N. R. Kt. 17. 3. 7. 1883. Es ging um einen Toast eines rumänischen Senators, der von den Perlen gesprochen hatte, die noch in der Krone Carols fehlten. J. Szeps 204f.
[9] Laxenburg, 29. 8. 1883. J. Szeps 58f.
[10] Wien, 26. 3. 1883
[11] 20. 1. 1884
[12] Laxenburg, 19. 9. 1883
[13] Laxenburg, 30. 9. 1883
[14] Reichstadt, 28. 6. 1882. J. Szeps 8
[15] Laxenburg, 5. 11. 1884. J. Szeps 104
[16] N. R. Kt. 21. Unterredung am 21. 12. 1882
[17] Prag, 13. 1. 1883. J. Szeps 27ff.
[18] 17. 1. 1883
[19] 22. 1. 1883
[20] 1. 2. 1883
[21] 19. 2. 1883
[22] Prag, 14. 3. 1883. J. Szeps 39
[23] NWT 25. 3. 1883 Der stille Bund
[24] NWT 17. 5. 1883 Der Hilfsverein für Bosnien
[25] A. A. Bonn. Österreich 86. Bd 1. Wien, 29. 3. 1887
[26] Mitis 235f.
[27] 19. 2. 1883
[28] Laxenburg, 19. 11. 1884. J. Szeps 105
[29] Das Vaterland, 19. 11. 1884
[30] 18. 11. 1884
[31] Laxenburg, 25. 10. 1885. J. Szeps 125f.
[32] A. A. Bonn. Österreich 74 Bd. 3. Januar 1887
[33] 20. 9. 1887
[34] N. R. Kt. 22. Wien, 3. 2. 1887
[35] A. A. Bonn. Österreich 74 Bd. 3. Wien, 6. 4. 1887
[36] V. A. N. Pichl. Probenummer des Deutschen Volksblattes
[37] 15. 11. 1887
[38] 22. 9. 1888
[39] Stenographisches Protokoll. Haus der Abgeordneten 3. 5. 1888
[40] S. Adler-Rudel, Baron Moritz Hirsch, Bulletin des Leo Baeck Instituts Tel Aviv 1964, 208
[41] Berta Szeps-Zuckerkandl, Ich erlebte fünfzig Jahre Weltgeschichte, Stockholm 1939, 77
[42] Prag, 2. 6. 1882 J. Szeps 6

43 Prag, 19. 11. 1882
44 15. 5. 1885
45 Wien, 16. 1. 1883
46 Mitis 230
47 Szeps an Rudolf 26. 10. 1885
48 Wien, 25. 4. 1885. J. Szeps 114
49 Szeps-Zuckerkandl 123
50 Szeps-Memoire 1. 12. 1885
51 NWT 23. 5. 1886
52 Berlin, 17. 5. 1886. J. Szeps 133 f.
53 Die Große Politik der Europäischen Kabinette 1871–1914. VI. 135 ff. Wien, 25. 2. 1886
54 A. A. Bonn. Österreich 86 Nr. 1 a Bd. 1. Wien, 25. 8. 1886
55 ebda. 30. 9. 1886
56 Walter Bußmann (Hg.), Staatssekretär Graf Herbert von Bismarck, Göttingen 1964, 374. Berlin, 16. 9. 1886
57 Szeps-Zuckerkandl 135–138
58 Frdl. Mitteilung Mr. Georges Clemenceaus am 9. 12. 1974
59 A. A. Bonn. Anmerkung Bismarcks zum Reuß-Bericht Wien, 4. 5. 1888

Anmerkungen zu Kapitel 7

1 Manuskript als Briefbeilage an Szeps. Laxenburg, 15. 8. 1883
2 Carlo Scharding, Das Schicksal der Kaiserin Elisabeth, Ms. S. 174
3 NWT 16. 8. 1883
4 Schönbrunn, 16. 8. 1883
5 NWT 21. 8. 1883
6 N. R. Kt. 21. Unterredung mit Szeps am 21. 12. 1883
7 Wien, 2. 1. 1884
8 7. 9. 1883
9 Unterredung mit Szeps 7. 4. 1882
10 Protokoll der Plenarsitzung vom 7. 4. 1884
11 NFP 7. 4. 1882
12 NWJ 25. 1. 1920
13 WT 27. 8. 1887
14 Theodor Billroth, Meine Beziehungen und Korrespondenz mit Kronprinz Rudolf. Mitis 370. Brüssel, 17. 10. 1880
15 ebda. 372. Prag, 29. 1. 1882
16 Arthur Skedl (Hg.), Der politische Nachlaß des Grafen Eduard Taaffe, Wien 1922, 354 f. Prag, 31. 1. 1882
17 Mitis 377, Prag, 8. 5. 1882
18 HHStA. N. Corti, Abschrift 19. 12. 1881

19 HHStA. P. A. XL/266 b. Die Freimaurer in Wien

20 Heinrich Benedikt, Kronprinz Rudolf und Karl Emil Franzos. Österreich in Geschichte und Literatur 1972, 306–319

21 NFP 5. 2. 1929 S. 29

22 ebda. Alland, 29. 6. 1884

23 Neue Illustrirte Zeitung 29. 6., 13. u. 27. 4. 1884

24 Benedikt 313 ff.

25 Peter Rosegger, Vom Kronprinzen Rudolf, Heimgarten Graz 1888, 37–42

26 StBW Laxenburg, 20. 6. 1884

27 HHStA. N. Arneth. Kt. 19. Ms. der Erinnerungen

28 Alfred Ritter von Arneth, Aus meinem Leben II. Wien 1892, 537

29 Eduard Hanslick, Aus meinem Leben II. Berlin 1894, 238 f.

30 Rede vom 11. 1. 1886

31 N. R. Kt. 15. 24. 12. 1883

32 NWT 27. 3. 1884

33 NFP 30. 3. 1884

34 Hanslick II. 239 f.

35 Ernst Edler von der Planitz, Die volle Wahrheit über den Tod des Kronprinzen Rudolf von Österreich. 23. Aufl. Berlin o. J. 228 ff.

36 Hanslick II. 241 f.

37 Neue Illustrirte Zeitung 24. 2. 1889 S. 429

38 Planitz 51

39 N. R. Kt. 22. Wien, 27. 12. 1887

40 Illustrirtes Wiener Extrablatt 6. 5. 1889

41 N. R. Kt. 21 Unterredung mit Szeps 7. 12. 1885

42 Autographen-Katalog Ingo Nebehay. Liste 29 Wien 1968. Laxenburg, 25. 7. 1884

43 F. A. Dorfmeister, Kronprinz Rudolf, Wien 1889, 33 f.

44 an Szeps. Wien, 1. 1. 1886

45 Leopold von Chlumecky, Erzherzog Franz Ferdinands Wirken und Wollen, Berlin 1929, 30

46 HHStA. P. A. I. Varia generalia. Lacroma, 20. 11. 1863

47 Stenographisches Protokoll. Haus der Abgeordneten 2. 5. 1887

48 Berthold Frischauer, Kronprinz Rudolf und Graf Taaffe NFP 28. 4. 1922

49 Budapest, 1. 1. 1885

50 Wien, 21. 8. 1885 an Szeps

Anmerkungen zu Kapitel 8

1 HHStA. N. R. 16. Teplitz, 22. 8. 1878

2 Prag, 7. 11. 1878

3 23. 9. 1878

[4] Prag, 4. 4. 1879
[5] Mitis 77
[6] Prag, 22. 10. 1879
[7] Prag, 16. 4. 1880
[8] Polizeiarchiv Wien. Wien, 7. 1. 1884
[9] Edmund von Glaise-Horstenau, Franz Josephs Weggefährte, Wien 1930, 277
[10] N. R. Kt. 21. Unterredung mit Szeps am 17. 12. 1882
[11] Kt. 15. Kurze Betrachtungen über einen am 3. Nov. 1883 im Militär-Casino gehaltenen Vortrag
[12] Briefe und Erinnerungen Varesanins NWJ 23. 12. 1928
[13] Armeeblatt 27. 11. 1883, 763 f.
[14] ebda. 4. 12. 1883, 779
[15] Die Stunde 27. 9. 1923, Erinnerungen der Marie Stubel
[16] Bruck, 28. 8. 1884
[17] 22. 8. 1884
[18] HHStA. Depot Hohenberg. N. Franz Ferdinand Kt. 5. Bruck, 22. 8. 1884
[19] Glaise-Horstenau 178
[20] N. R. Kt. 17. Bruck, 22. 8. 1884
[21] N. Franz Ferdinand. Laxenburg, 26. 11. 1884
[22] HHStA. Depot Khevenhüller. Tagebuch Marchegg, 6. 9. 1884
[23] N. R. Kt. 16. an Kalnoky Wien, 20. 12. 1886
[24] NWT 17. 4. 1884
[25] Günter Dirrheimer, Das k. u. k. Heeresmuseum ... Prüfungsarbeit am Institut für Österreichische Geschichtsforschung, Wien 1972 Masch.schr. 50
[26] N. R. Kt. 15
[27] Wien, 6. 2. 1884. J. Szeps 82
[28] N. R. Kt. 17. Karlsbad, 26. 8. 1884
[29] Wien, 12. 12. 1883, J. Szeps 69
[30] Wien, 12. 12. 1884, J. Szeps 106 f.
[31] Mitis 306
[32] Wien, 29. 5. 1886, J. Szeps 135 f.
[33] Pester Lloyd Abendblatt 29. 5. 1885
[34] Gleichenberg, 5. 6. 1886. Mitis 311–316
[35] Josef Schneider (Hg.), Kaiser Franz Joseph I. und sein Hof. Wien 1919, 31 f.
[36] Die Stunde 30. 9. 1923
[37] N. R. Kt. 16. Wien, 28. 1. 1887
[38] A. A. Bonn. Österreich 86 Nr. 1 a, Wien, 19. 3. 1888
[39] Stephanie 189
[40] Lemberg, 30. 7. 1888. Stephanie 194 f.
[41] Mitis 81
[42] WT 2. 2. 1889

Anmerkungen zu Kapitel 9

1 Laxenburg, 19. 8. 1883. J. Szeps 57f.
2 Pester Lloyd 11. 6. 1888
3 N. R. Kt. 17. Wien, 7. 1. 1884
4 NWT 13. 1. 1884
5 Wien, 23. 1. 1884. J. Szeps 79f.
6 NWT 19. 1. 1884. Manuskript im N. R. Kt. 15
7 Kt. 17. Szeps an Rudolf 23. 1. 1884
8 Budapest, 13. 10. 1885. J. Szeps 124
9 17. 1. 1883. J. Szeps 33
10 A. A. Bonn. Österreich 92. Nr. 4a geheim. 10. 9. 1889
11 Prag, 22. 1. 1883. J. Szeps 35
12 Juliana von Stockhausen, Im Schatten der Hofburg, Heidelberg 1952, 142
13 18. 4. 1888
14 Das Inland 1. 12. 1888
15 Frdl. Auskunft der Wiener Forschungsloge »Quattuor Coronati«
16 Das freisinnige Inland 1. 2. 1889
17 Der Zirkel 15. 2. 1889
18 Frdl. Auskunft Dr. Ernest Krivanec, Quattuor Coronati
19 HHStA. P. A. XL 266b. Die Freimaurerei in Wien
20 Mitis 304ff.
21 N. R. Kt. 16. Prag, 8. 10. 1878
22 Mitis 297
23 ebda. 302f.
24 Maria Freiin von Wallersee, Meine Vergangenheit, Berlin 1913, 240ff.
25 UB N. Zhisman, Zeitungsausschnitt o. D.
26 Mitis 237f.
27 A. A. Bonn. Österreich 86, Nr. 1b. Bd. 1. Wien, 3. 2. 1889
28 HHStA. N. Albrecht. Rolle 14. Wien, 6. 3. 1888
29 Julius Andrassy, Die Einheit der österreichisch-ungarischen Armee, Wien 1889, 27
30 WT 26. 1. 1889
31 Hoyos-Denkschrift bei Mitis 344
32 Stephanie 214f.

Anmerkungen zu Kapitel 10

1 HHStA. N. R. Kt. 2. Mitis 219–222
2 Mitis 280–311
3 Rudolfs Artikel »Alte Ursachen – Neue Folgen« im NWT 28. 8. 1883
4 Helmut Krausnick, Neue Bismarck-Gespräche. Hamburg 1940, 56f.
5 N. R. Kt. 21. Unterredung mit Szeps am 7. 4. 1882

[6] Die geheimen Papiere Friedrich von Holsteins II. Göttingen 1957, 22 (17. 12. 1882)
[7] N. R. Kt. 21. Unterredung mit Szeps am 21. 12. 1883
[8] HHStA. P. A. I. varia personalia. Belgrad, 29. 6. 1882
[9] Unterredung mit Szeps am 21. 12. 1883
[10] Mitis 252–266
[11] A. A. Bonn. Österreich 80. Wien, 28. 4. 1884
[12] Laxenburg, 23. 7. 1885
[13] N. R. Kt. 22 o. D. Im Original ungarisch
[14] 20. 7. 1885. Mitis 269
[15] Laxenburg, 4. 8. 1885. J. Szeps 121
[16] N. R. Kt. 17. 9. 9. 1885
[17] Mitis 271 f.
[18] HHStA. KaA. Geh. Akten Kt. 18. Vortrag Andrassys am 24. 11. 1885
[19] Budapest, 13. 10. 1885. J. Szeps 125
[20] Laxenburg, 19. 11. 1885
[21] 20. 11. 1885. J. Szeps 127
[22] A. A. Bonn. Österreich 70 geheim. Wien, 19. 12. 1885
[23] N. R. Kt. 21. Unterredung mit Szeps am 7. 12. 1885
[24] Dezember 1885. Mitis 273 ff.
[25] Mitis 276–280
[26] A. A. Bonn. Österreich 86 Nr. 2. Bd. 1. Wien, 27. 12. 1885
[27] ebda. Zeitungsausschnitt vom 22. 2. 1885
[28] Österreich 95 Bd. 1. 23. 10. 1886
[29] ebda. Wien, 17. 2. 1886
[30] Holstein-Papiere II, 386 (3. 5. 1887)
[31] Wien, 15. 1. 1886
[32] Mitis 280–311
[33] HHStA. P. A. I Kt. 465. Varia generalia. Sofia, 27. 7. 1886
[34] Laxenburg, 9. 8. 1886. J. Szeps 141 ff.
[35] Bruck, 26. 8. 1886. J. Szeps 143f.
[36] Bruck, 29. 8. 1886. J. Szeps 144 f.
[37] N. R. Kt. 17. Alland, 28. 9. 1886
[38] A. A. Bonn. Österreich 95 Bd. 1. 10. 9. 1886
[39] Wien, 23. 9. 1886
[40] A. A. Bonn. Österreich 95. Bd. 1. Neues Pester Journal 6. 9. 1886
[41] HHStA. Depot Khevenhüller. Tagebuch 7. 12. 1886
[42] A. A. Bonn. Österreich 95 Bd. 1. ganz vertraulich Wien, 26. 1. 1887
[43] P. Heinrich (Pollak), Erzherzog Johann, Wien 1901, 68
[44] Die Stunde 30. 9. 1923
[45] N. R. Kt. 16. 22. 12. 1886
[46] Große Politik VI, 44 f. Wien 19. 1. 1888

Anmerkungen zu Kapitel 11

1 Diktat Bismarcks am 2. 11. 1878. Zitiert bei Max Müller, Die Bedeutung des Berliner Kongresses für die deutsch-russischen Beziehungen. Leipzig 1927, 83 f.
2 StBW N. Friedjung, Gespräch mit Ludwig Doczi Nov. 1906
3 Fritz Fellner, Der Dreibund, Wien 1960, 9
4 Denkschrift von 1886. Mitis 293
5 Berta Szeps-Zuckerkandl, Ich erlebte fünfzig Jahre Weltgeschichte, Stockholm 1939, 47f. Unterredung mit Szeps am 29. 12. 1882
6 ebda. 50ff.
7 Alfred Frances Pribram, Zwei Gespräche des Fürsten Bismarck mit dem Kronprinzen Rudolf von Österreich. Österreichische Rundschau 17. München 1921, 8–19 und 57–68
8 ebda.
9 ebda. 18 f.
10 Wien, 17. 2. 1884. Julius Szeps, Politische Briefe an einen Freund. Wien 1922, 85 f.
11 Wien, 5. 2. 1886 abgedruckt in NFP 4. 6. 1933
12 HHStA. N. A. Rolle 14. 5. 11. 1884
13 N. R. Kt. 22. Budapest, 25. 3. 1887
14 A. A. Bonn. Österreich 86 Nr. 1 Bd. 1 geheim. Berlin, 8. 3. 1887
15 Die geheimen Papiere Friedrich von Holsteins III, Göttingen 1961, 189, 30. 3. 1887
16 A. A. Bonn. Österreich 86 Bd. 1. Wien, 11. 2. 1887
17 ebda. Wien, 20. 2. 1887
18 HHStA. P. A. I. 466 Denkschrift 7. 3. 1887
19 Alfred Graf von Waldersee, Denkwürdigkeiten I. Stuttgart 1922, 319 f. 19. 3. 1887
20 Pribram 57–68
21 Freiherr Robert Lucius von Ballhausen, Bismarck-Erinnerungen, Stuttgart 1920, 377 f. (28. 3. 1887)
22 Eduard von Wertheimer, Kronprinz Erzherzog Rudolf und Fürst Bismarck. Archiv für Politik und Geschichte. Berlin 1925, 355
23 A. A. Bonn. Österreich 86 Nr. 1 a, Bd. 1. Berlin, 23. 3. 1887 geheim
24 Frederick Ponsonby, Briefe der Kaiserin Friedrich, Berlin 1929, 224 f. 17. 3. 1887
25 Berlin, 8. 4. 1887. Mitis 131
26 Holstein-Papiere III, 193. Ems, 4. 7. 1887
27 Mitis 328
28 N. R. Kt. 21. Unterredung in Prag im März 1883
29 Stephanie, Prinzessin von Belgien, Fürstin von Lonyay, Ich sollte Kaiserin werden. Leipzig 1935, 113
30 Wilhelm II. Aus meinem Leben, Berlin 1927, 276 f.

[31] N. R. Kt. 22
[32] Wien, 29. 4. 1883. Stephanie 108
[33] Peter Broucek, Kronprinz Rudolf und k. und k. Oberstleutnant im Generalstab Steininger. MÖSTA 26, 1973, 446 f.
[34] Die große Politik V, 66
[35] Holstein-Papiere II, 374
[36] Glaise-Horstenau, Franz Josephs Weggefährte, 303, 29. 11. 1887
[37] 2. 12. 1887. J. Szeps 155
[38] 22. 1. 1888. J. Szeps 158
[39] E. C. Conte Corti – Hans Sokol, Der alte Kaiser, Wien 1955, 92
[40] Walter Bußmann, Herbert Bismarck, 375. Berlin 21. 8. 1886
[41] Wien, 1. 9. 1887. J. Szeps 155
[42] Holstein-Papiere II, 402. 9. 11. 1887
[43] Mitis 223 ff. Der Artikel erschien im WT am 11. 3. 1888
[44] Wien, 14. 3. 1888. J. Szeps 160
[45] Robert Freiherr Lucius von Ballhausen, Bismarck-Erinnerungen, Stuttgart 1920, 452. 13. 5. 1888

Anmerkungen zu Kapitel 12

[1] K. A. N. Kuhn B 670. Tagebuch 24. 9. 1886
[2] Archiv Familie Oberhummer. »Der deutsch-österreichische Alliance-Vertrag, 5. 2. 1888
[3] Wilhelm Gründorf von Zebegény, Memoiren eines österreichischen Generalstäblers. 2. Aufl. Stuttgart 1913, 377
[4] Kuhn-Tagebuch 24. 5. 1888
[5] A. A. Bonn. Österreich 86 Nr. 4 Bd. 1 Wien, 22. 7. 1888
[6] WT 17. 6. 1888
[7] Pester Lloyd 19. 6. 1888
[8] HHStA. P. A. Preußen Varia Kt. 135. Berlin, 27. 6. 1888
[9] A. A. Bonn. Österreich 72 Nr. 4 a Bd. 2. Friedrichsruh, 18. 12. 1888
[10] HHStA. Khevenhüller-Tagebuch 26. 8. 1888
[11] Die Reden Kaiser Wilhelms II. in den Jahren 1888–1895, hg. v. Joh. Penzler, Leipzig o. J. 16. 8. 1888
[12] N. R. Kt. 17. Wien, 24. 8. 1888
[13] Autographenkatalog Fa. Heck. Wien 1935. Rudolf an Szeps 8. 9. 1888
[14] A. A. Bonn. Österreich 86 Nr. 1 geheim. Ausschnitt aus »L'écho de Paris« vom 3. 9. 1895. Rückübersetzung aus dem Französischen
[15] Unverfälschte Deutsche Worte 1. 10. 1888
[16] N.R. Kt. 16. Wien, 29. 9. 1888
[17] Belovar, 12. 9. 1888. Stephanie 117
[18] A. A. Bonn. Österreich 86 Nr. 2 Bd. 2. Friedrichsruh, 24. 10. 1888
[19] NFP 28. 4. 1922

[20] A. A. Bonn. Österreich 70 geheim. Wien, 6. 10. 1888, siehe auch Holstein-Papiere III, 268
[21] ebda. geheim. Friedrichsruh, 10. 10. 1888
[22] Denkwürdigkeiten des General-Feldmarschalls Alfred Graf von Waldersee II. Berlin 1922, 18. (12. 11. 1888)
[23] N. R. Kt. 22. an Szögyenyi am 7. 1. 1888
[24] NWJ 3. 1. 1927. Aus den Memoiren des Grafen Lamsdorf
[25] NFP 21. 8. 1921
[26] Porträtsammlung der ÖNB, wo sich die Bibliothek Rudolfs befindet
[27] Waldersee II, 10 (21. 10. 1888)
[28] Holstein-Papiere II, 428 (1. 11. 1888)
[29] Waldersee II, 24 (2. 12. 1888)
[30] ebda. 22 (256. 11. 1888)
[31] Carl Graf Wedel, Bismarcks Entlassung. Berliner Monatshefte 1942, 171 f.
[32] HHStA. P. A. X 88. St. Petersburg, 14. 12. 1888
[33] A. A. Bonn. Österreich 86 Bd. 1. Bericht Warschau, 7. 12. 1888
[34] HHStA. P. A. X 88. St. Petersburg, 14. 12. 1888
[35] P. A. X 88 Rapports 1888/89 Bd. 15. 20. 10. 1888
[36] ebda. Pressebericht 3. 10. 1888
[37] A. A. Bonn. Österreich 86 Nr. 1 a Bd. 1. Wien, 23. 11. 1888
[38] Denkwürdigkeiten des Botschafters General von Schweinitz, Berlin 1927, I. 287 f.
[39] Artikel Kuhns am 3., 10. und 24. 3. 1889
[40] HHStA. I. B. Konfidentenbericht Nr. 122 f. 23. 8. 1888
[41] N. R. Kt. 17. 26. 8. 1884
[42] A. A. Bonn. Österreich 74 Bd. 5. Friedrichsruh, 1. 12. 1888
[43] WT 30. 6. 1888 »Die Gräfin in Acht«
[44] A. A. Bonn. Österreich 95 Bd. 3. Warschau, 29. 11. 1888
[45] ebda. adh. 1. Beilage zu Bericht Wien, 9. 12. 1888
[46] 17. 11. 1888
[47] 16. 1. 1889
[48] HHStA. P. A. IX 120. Paris, 4. 12. 1888
[49] A. A. Bonn. Österreich 92 Nr. 4 a Bd. 2. Norddeutsche Zeitung 28. 11. 1888
[50] Pester Lloyd 29. 11. 1888
[51] Mitis 336–339
[52] A. A. Bonn. Österreich 86 Nr. 1 a Bd. 1 Wien, 23. 11. 1888
[53] ebda. Wien, 2. 12. 1888
[54] Kreuz-Zeitung 28. 11. 1888
[55] Wien, 29. 11. 1888. J. Szeps 167
[56] N. R. Kt. 17. 29. 11. 1888
[57] A. A. Bonn. Österreich 74 Bd. 5 Militärbericht Nr. 80. 14. 12. 1888
[58] WT 30. 11. 1888
[59] Die Post 8. 12. 1888

Anmerkungen zu Kapitel 13

[1] Nach dem Corti-Nachlaß zitiert bei Fritz Judtmann, Mayerling ohne Mythos, Wien 1968, 17
[2] Berlin, 21. 3. 1887, Prinzessin Stephanie von Belgien, Fürstin von Lonyay, Ich sollte Kaiserin werden, Leipzig 1935, 166 f.
[3] HHStA. OMaA B 421
[4] Stephanie 169
[5] Laxenburg, 21. 8. 1888. J. Szeps 163 f.
[6] Berliner Börsen Courir 24. 2. 1889
[7] Stenographisches Protokoll des Abgeordnetenhauses 16. 2. 1888
[8] Jakub Obtulowicz – Erinnerungen. Dzienik Polski Juni/Juli 1972
[9] HHStA. I. B. 88 Kt. 671. A 2
[10] Wien, 5. 3. 1888. Stephanie 182
[11] Rede am 15. 3. 1888
[12] Dorotheum-Auktion Mai 1961 zitiert in Neues Österreich 18. 5. 1961
[13] N. R. Kt. 16. Wien, 22. 9. 1887
[14] Kt. 17. 27. 10. 1888
[15] Wien, 8. 11. 1888. J. Szeps 166 f.
[16] Le Figaro 17. 11. 1888 ausführlich zitiert in WT 19. 11. 1888
[17] N. R. Kt. 17. Beilage zum Brief vom 11. 11. 1888
[18] Kt. 21. Unterredung am 7. 4. 1882
[19] NWT 30. 8. 1883
[20] N. R. Kt. 21. Abschrift des Briefes Laxenburg, 9. 6. 1884
[21] HHStA. N. Corti, Abschrift aus dem Valerie-Tagebuch 28. 7. 1887
[22] Hans Tietze, Die Juden Wiens. Wien 1933, 252 f.
[23] NWT 19. 11. 1884
[24] UDW Nr. 6, 6. Jg. 63–67
[25] Wien, 15. 2. 1885. J. Szeps 112
[26] Wien, 9. 3. 1888. Stephanie 183 f.
[27] Wien, 13. 3. 1888. Stephanie 185
[28] Hessische Blätter zitiert in Hamburger Korrespondent 4. 12. 1888
[29] Corti, Elisabeth 401
[30] 13. 5. 1888
[31] NFP 19. 5. 1888 konfisziert. Ein Exemplar im V. A. N. Pichl
[32] UDW 16. 12. 1888, S. 299 f.
[33] V. A. N. Pichl. Probenummer
[34] Gemeinde-Zeitung 8. 1. 1889
[35] Das Vaterland 28. 6. 1888
[36] Eduard Sueß, Erinnerungen. Leipzig 1916, 388
[37] UDW 1888, Nr. 1 S. 3
[38] WT 15. 9. 1888
[39] UDW 1888, Nr. 9. S. 115

[40] Lucius von Ballhausen, Bismarck-Erinnerungen 410
[41] Die Briefe wurden ediert in NFP 25. 12. 1908. S. 31 ff.
[42] StBW N. Friedjung, Gespräch mit Marie Festetics 23. 3. 1909
[43] N. R. Kt. 17. 4. 1. 1889
[44] 17. 1. 1889
[45] Berta Szeps-Zuckerkandl, Ich erlebte 141 f.
[46] Stephanie 214
[47] 24. 2. 1889
[48] N. R. Kt. 21. Hoyos-Denkschrift
[49] Carlo Scharding, Das Schicksal der Kaiserin Elisabeth. Ms. S. 177
[50] Heinrich Freiherr von Slatin, Die Wahrheit über Mayerling, V. NWT Sonntagsausgabe 13. 9. 1931
[51] zitiert von Adam Wandruszka »Die Presse« 11./12. 12. 1976
[52] Julius von Stepski, Geschichte und Intrige. Wien 1940, 24
[53] N. R. Kt. 16. Wien, 4. 3. 1888
[54] HHStA. F. A. Kt. 96 Ms. der Memoiren Geza Mattachichs S. 15
[55] HHStA. N. A. Rolle 14. Wien, 24. 2. 1888
[56] Edith Gräfin Salburg, Erinnerungen einer Respektlosen I. Leipzig 1927, 140
[57] Mattachich Ms. S. 31
[58] NWJ 12. 1. 1926 S. 8
[59] A. A. Bonn. Österreich 86 Nr. 1 a Bd. 2. Brüssel, 18. 2. 1889
[60] Juliana von Stockhausen, Im Schatten der Hofburg, Wien 1952, 27
[61] N. R. Kt. 19. Enns, 17. 2. 1887
[62] N. R. Kt. 22
[63] Stephanie 117 f.
[64] V. A. Krauss-Akt fol. 121
[65] Corti, Elisabeth 414
[66] A. A. Bonn, Österreich 86 Nr. 1 a Bd. 2. Wien, 8. 4. 1889
[67] Berliner Börsen Courir 24. 2. 1889
[68] Wallersee, 138
[69] Ernst Edler von der Planitz, Die volle Wahrheit über den Tod des Kronprinzen Rudolf von Österreich. Berlin o. J. 129
[70] Denkschrift der Baronin Vetsera über die Katastrophe von Mayerling, hg. v. Ernst v. d. Planitz. o. J. (1900) 45
[71] Vor allem Wassilko-Protokoll bei Judtmann 379
[72] Die Stunde 30. 5. 1923
[73] Denkschrift 30 f.
[74] Planitz 130 f.
[75] Wallersee 153
[76] Denkschrift 42
[77] ebda. 46
[78] Planitz, Kommentar in Denkschrift, 31ff.

Anmerkungen zu Kapitel 14

1 StBW N. Friedjung, Gespräch mit Marie Festetics im März 1909 u. 1913
2 Prinzessin Stephanie von Belgien, Fürstin von Lonyay, Ich sollte Kaiserin werden. Leipzig 1935, 198 f.
3 Friedrich Engel-Janosi, Einige neue Dokumente zum Tode des Kronprinzen Rudolf. MIÖG 1965, 319 f.
4 Dnevnik W. N. Lamsdorfa 1886–1890. Moskau 1926, II, 180
5 WT 2. 2. 1889
6 The Times 8. 2. 1889
7 NWJ 27. 1. 1929 S. 7
8 Slatin NWT Sonntagsausg. 15. 8. 1931 S. 22
9 Briefe der Kaiserin Friedrich. Hg. v. Frederick Ponsonby, Berlin 1929, 391
10 V. A. Krauss-Akt fol. 128
11 Denkschrift der Baronin Vetsera, hg. Planitz, Berlin o. J., 18
12 Marie Freiin von Wallersee, Meine Vergangenheit, Berlin 1913, 179
13 ebda. 159
14 In der ersten englischen Ausgabe der Larisch-Memoiren wurde der richtige Name Miller genannt und in der deutschen Ausgabe irrtümlich in Müller übersetzt
15 Emil Miller, Kronprinz Rudolfs Ende. NWT Wochenendausg. 15. 8. 1928
16 Denkschrift 19
17 Hoyos-Protokoll abgedruckt bei Mitis 341–353
18 Wallersee 245
19 ebda. 164
20 V. A. Krauss-Akt
21 Wallersee 173 ff.
22 Das Mayerling-Original, Wien 1955, 116 f.
23 Corti – Sokol, Der alte Kaiser, 117, wo der Zeitpunkt der Ankunft des Briefes mit 28. Januar angegeben ist
24 Mayerling-Original 118
25 Louise Coburg, Throne die ich stürzen sah. Zürich 1926, 146, gibt für Rudolfs Praterbesuch den 28. statt des durch den Krauss-Akt erwiesenen 27. Januar an
26 Louise Coburg 137 f.
27 NFP 21. 8. 1921
28 N. R. Kt. 18
29 Planitz, Wahrheit 159
30 NWJ 2. 6. 1923
31 29. 1. 1889
32 Berta Szeps-Zuckerkandl 149
33 Mayerling-Original 106 f.
34 A. A. Bonn. Österreich 86 Nr. 1 a Bd. 2. Wien, 31. 1. 1889
35 WT 2. 2. 1889
36 Rudolf Püchel, Die letzten Stunden . . . Reichspost 31. 1. 1926

[37] NFP 21. 8. 1921

[38] Rudolf Neck, Über die Abschiedsbriefe des Kronprinzen Rudolf. MÖSTA 11, 1958, 500 ff.

[39] Slatin NWT 15. 8. 1931

[40] StBW N. Friedjung, Gespräch mit Marie Festetics 6. 3. 1913

[41] Stephanie 204

[42] Corti – Sokol 128

[43] HHStA. N. Corti, Ms. der Elisabeth-Biographie

[44] Richard Sexau, Fürst und Arzt Wien 1963, 351

[45] Nora Fugger, Im Glanz der Kaiserzeit, Wien 1932, 279

[46] Wallersee 188

[47] Slatin NWT 15. 8. 1931

[48] Vetsera-Denkschrift 53

[49] Wallersee 197 f.

[50] Reichspost 31. 1. 1926

[51] NWJ 27. 1. 1929

[52] Bratfisch-Protokoll. Die Stunde 30. 5. 1923

[53] AStW N. Mailly Kt. 42. Das Heiligenkreuzer Protokoll

[54] Slatin NWT 23. 8. 1931

[55] Mitis 342

[56] Die Stunde 29. 5. 1923

[57] Stephanie 201

[58] ebda. 201 f.

[59] Wiener Abendblatt 1. 2. 1889

[60] NöLA 1661 P 9 ad 768/1889 Preßburger Zeitung 11. 2. 1889 konfisz.

[61] Deutsche Zeitung 30. 1. 1889

[62] Eine Zusammenfassung aller Gerüchte und Mordgeschichten bei Walter Kanitz, Das Geheimnis von Mayerling. Ms. AStW N. Mailly Kt. 42. Der Autor vertritt die Ansicht, Rudolf sei von einem eifersüchtigen Förster namens Bauer ermordet worden.

[63] Erinnerungen und Gedanken des Botschafters Anton Graf Monts, Berlin 1932, 107

[64] ebda.

[65] Vetsera-Denkschrift 103

[66] N. R. Kt. 22. Xerokopie des Briefes Fery Vetseras 19. 2. 1889

[67] Planitz 167

[68] Vetsera-Denkschrift 104

[69] Kanitz Ms. S. 280

[70] ebda.

[71] Corti, Elisabeth 422

[72] Viktor Bibl, Kronprinz Rudolf. Leipzig 1938, 147

[73] Loschek erzählte seine Erinnerungen am 19. 1. 1928. Sie wurden nach seinem Tod in der Berliner Illustrierten Zeitung 24. 4. 1932 veröffentlicht

74 Hoyos-Denkschrift

75 Wallersee 230

Ergänzung anläßlich der dritten Auflage: In der Handschriftensammlung der Szechényi-Bibliothek in Budapest fand ich ein bisher unbekanntes Abschiedstelegramm des Kronprinzen aus Mayerling. Es ist eigenhändig, in einer sehr großen, ruhigen und besonders klaren Schrift verfaßt, trägt die Initialen des Kronprinzen und hat folgenden Wortlaut: »An Seine k. k. Hoheit Erzherzog Friedrich in Preßburg. Herzlichste Grüße. Rudolf.«

In der Beilage befindet sich ein Brief des Obersthofmeisters Hohenlohe an Erzherzog Friedrich: »Eurer kaiserlichen Hoheit beehre ich mich im Allerhöchsten Auftrage beifolgendes in Mayerling vorgefundenes Telegramm zu übersenden. Unterthänigst Hohenlohe«, datiert vom 31. 1. 1889.

76 Wilhelm Polzer, Licht über Mayerling. Graz 1954, 212

77 Wiener Montagspost 19. 9. 1927

78 Vetsera-Denkschrift 69

79 Slatin NWT 5. 9. 1931

80 Berliner Illustrirte Zeitung 24. 4. 1932

81 Le Figaro 14. 2. 1889

82 AStW N. Mailly Kt. 42. Heiligenkreuzer Protokoll

83 Eine Rekonstruktion des Sterbezimmers von der Tür aus gesehen verfertigte Judtmann 176 f.

84 Johann Chlumecky NWT Wochenendausg. 5. 1. 1929

85 Monts 105 f.

86 Corti – Sokol 124

87 StBW N. Friedjung, Gespräch mit Marie Festetics 23. 3. 1909

88 Der Obduktionsbefund ist unbekannt. In den Zeitungen vom 3. 2. 1889 wurde nur ein sehr kurzes, in einigen Punkten neue Rätsel aufgebendes Bulletin der obduzierenden Ärzte mit dem angeblich pathologischen Ergebnis einer Geisteskrankheit veröffentlicht, das man zur Ermöglichung eines kirchlichen Begräbnisses brauchte

89 Slatin NWT 23. 8. 1931

90 NWT 19. 12. 1937

91 Erwin Ringel, Der Selbstmord. Abschluß einer krankhaften psychischen Entwicklung. Wien 1953, 11 und 103 f.

92 Monts 109

93 A. A. Bonn. Österreich 86 Geheime Akten. 6. 3. 1889

94 Österreich 86 Nr. 1 a Bd. 2. Wien, 1. 2. 1889

95 Briefe Kaiser Franz Josephs an Frau Katharina Schratt, hg. v. Jean de Bourgoing. Wien 1949, 135. Ofen, 5. 3. 1889

96 A. A. Bonn. Österreich 86 Geheime Akten 6. 3. 1889

97 N. R. Kt. 22. Es ist möglich, daß Szögyenyi diese Papiere nicht sofort verbrannte, sondern sie zunächst Ministerpräsident Graf Taaffe (nicht aber dem Kaiser) vorlegte. Daß Taaffe, der ja als Innenminister auch den Polizeiakten wichtige Schrif-

ten entnehmen konnte, ein ganzes Konvolut von Papieren in seinem Privatarchiv ohne Wissen des Kaisers behielt, muß angenommen werden. Die Papiere konnten offiziell nicht zurückverlangt werden, da sie als »verbrannt« galten. Univ.-Prof. Dr. Felix Mainx, der 1937 vor der Ausreise des letzten Grafen Taaffe nach Irland das Taaffe-Archiv in Ellischau in Böhmen ordnete, sagte mir, der Umfang und die Bedeutung dieser Papiere seien in der Literatur sehr überschätzt worden. Allerdings habe der Sohn des Grafen Taaffe noch einige Papiere (Mainx nannte ausdrücklich auch »Damenbriefe«) besessen, sie aber vernichtet. Im Jahr 1937 seien jedenfalls keine bedeutenden Dokumente mehr vorhanden gewesen. Der letzte Graf Taaffe (der Enkel des Ministerpräsidenten) habe ausschließlich Familienpapiere mit nach Irland genommen, die übrigen (auch die wenigen, die auf den Kronprinzen Bezug hatten) habe er Prof. Mainx geschenkt. (Es sind hauptsächlich belanglose Polizeiagentenberichte, die ich einsehen durfte.) Eine Suche nach geheimnisvollen Mayerling-Papieren in Irland erübrigt sich nach dieser unbezweifelbaren Aussage also

98 A. A. Bonn. Österreich 86 Geheime Akten 6. 3. 1889
99 Corti, Elisabeth 429
100 ebda. 425
101 ebda. 431
102 HHStA. N. Corti. Abschrift
103 Stephanie 206
104 Eduard Hanslick, Aus meinem Leben II. Berlin 1894, 248 f.
105 31. 1. 1889
106 NFP 1. 2. 1889
107 31. 1. 1889
108 31. 1. 1889
109 Übersetzung in »Die Post« 8. 2. 1889
110 HHStA. P. A. X 89. Presseberich St. Petersburg, 6. 2. 1889
111 UDW 1. 2. 1889
112 ebda. 16. 2. 1889
113 Holstein-Papiere. III. 274
114 V. A. M. d. I. Präs. Kt. 9. 688/1889
115 ebda. Präs. 16/2 Kt. 627
116 HHStA. N. Franz Ferdinand Kt. 2. Weilburg, 17. 9. 1889
117 NöLA 5457, P 9 ad 768/1889 Bericht der Polizeidirektion Wien 6. 9. 1889
118 HHStA. I. B. 1564/90. 11. 6. 1890

Für Leser, die sich noch eingehender über den Kronprinzen informieren möchten, sei auf die wesentlich umfangreichere Dissertation: Brigitte Hamann, Das Leben des Kronprinzen Rudolf nach neuen Quellen, Wien 1978, verwiesen, die sich in der Österreichischen Nationalbibliothek und der Universitätsbibliothek in Wien befindet.

Abkürzungsverzeichnis

A.A.	Archiv des Auswärtigen Amtes, Bonn
Adm.Reg.	Administrative Registratur
AStW	Archiv der Stadt Wien
Diss.	Dissertation
I.B.	Informationsbüro
K.A.	Österreichisches Kriegsarchiv
KaA	Kabinettsarchiv
Kt.	Karton
HHStA.	Haus-, Hof- und Staatsarchiv
M.d.I.	Ministerium des Innern
MIÖG	Mitteilungen des Instituts für Österreichische Geschichtsforschung
MÖSTA	Mitteilungen des Österreichischen Staatsarchivs
Ms.	Manuskript
N.	Nachlaß
N.A.	Nachlaß Erzherzog Albrecht
NöLA	Niederösterreichisches Landesarchiv
N.R.	Nachlaß Kronprinz Rudolf
NFP	Neue Freie Presse
NWJ	Neues Wiener Journal
NWT	Neues Wiener Tagblatt
o.J.	ohne Jahr
OMaA	Obersthofmarschallamt
ÖNB	Österreichische Nationalbibliothek
P.A.	Politisches Archiv
S.	Seite
StB	Deutsche Staatsbibliothek Berlin, ehemals Sammlung Preußischer Kulturbesitz, Sammlung Darmstaedter Lc 1880
StBW	Stadtbibliothek Wien
UB	Universitätsbibliothek Wien
UDW	Unverfälschte Deutsche Worte
V.A.	Allgemeines Verwaltungsarchiv Wien
WT	Wiener Tagblatt

Kronprinz Rudolf – Schriftenverzeichnis

I. Bücher

1. Fünfzehn Tage auf der Donau, Wien 1878, 310 S.
2. Allerlei gesammelte ornithologische Beobachtungen, Wien 1880 (eine Sammlung der bis 1880 in den Mitteilungen des ornithologischen Vereines in Wien erschienenen Aufsätze mit zwei zusätzlichen Arbeiten über Aquila bonellii und Pandion haliaetus), 125 S.
3. Eine Orientreise, Wien 1881. 2 Bde (227 und 258 S.). Die einbändige Ausgabe Wien 1885
4. Einige Jagdreisen in Ungarn, Wien 1881, 114 S.
5. Gesammelte ornithologische und jagdliche Skizzen. Wien 1884 (Sammlung der 1881 bis 1884 in den Mitteilungen des ornithologischen Vereines erschienenen Aufsätze mit fünf weiteren Aufsätzen, vor allem Jagdbeschreibungen), 167 S.
6. Reiseerinnerungen. Orientreise 1885. 131 S.
7. Jagden und Beobachtungen, Wien 1886, 688 S.

Von allen Büchern erschienen Übersetzungen in verschiedenen Sprachen.

II. Anonym erschienene Broschüren

Rudolfs Autorschaft ist gesichert bei:

1. Der österreichische Adel und sein constitutioneller Beruf. München 1878, 48 S. (gemeinsam mit Carl Menger verfaßt)
2. Einige Worte über den Spiritismus. Wien 1882, 39 S.
3. Skizzen aus der österreichischen Politik der letzten Jahre. 1886.

Nach derzeitigem Quellenstand nicht mit einem Manuskript zu beweisende, aber wahrscheinliche Autorschaft an:

(4.) Österreich-Ungarn und seine Alliancen. Offener Brief an S. M. Kaiser Franz Joseph I. von Julius Felix. Paris 1888, 40 S.

III. Beiträge für das vom Kronprinzen herausgegebene Sammelwerk: »Die österreichisch-ungarische Monarchie in Wort und Bild«

1. Einleitung im Übersichtsband (Wien 1885), 5–19
2. Landschaftliche Lage Wiens, in: Wien und Niederösterreich I. (Wien 1886), 3 f.
3. Der Wienerwald, in: Wien und Niederösterreich II. (Wien 1888), 3–24
4. Die Donau-Auen von Wien bis zur ungarischen Grenze, ebda. 97–112 und 113–122
5. Einleitung im Band Ungarn I. (1888), 3–6

IV. Ornithologische Schriften

In Mittheilungen des ornithologischen Vereines in Wien

1. Vultur cinereus und vultur fulvus. II. 1878, 101–103
2. Aquila Fulva und aquila imperialis. II. 1878, 109–113
3. Aquila naevia und aquila pennata. II. 1878, 107–120
4. Haliaetus albicilla. III. 1879, 51–56
5. Eine kurze Notiz über den spanischen Gypaetus barbatus, III. 1879. 59–61
6. Der Weißkopfgeier (vultur fulvus). III. 1879, 97–100
7. Vultur cinereus. III. 105–109
8. Steinadler und Prinzenadler. III. 1879, 117–120
9. Über den Rackelhahn. IV. 1880, 41–43
10. Ornithologische Reiseskizzen aus dem Oriente. V. 1881, 57–66
11. Ornithologische Notizen, VI. 1882, 40–43, 51–54
12. Aquila Bonellii in Böhmen. VI. 1882, 63
13. Ornithologische Notizen aus Siebenbürgen. VI. 1882, 113–116
14. Einige Herbstbeobachtungen. VII. 1883, 1–3
15. Neue Notizen über Tetrao medius. VII. 1883, 105–109
16. Beobachtungen über Raubvögel. VII. 1883, 177–178
17. Ornithologische Beobachtungen, VII. 1883, 225–226
18. Ornithologische Beobachtungen aus der Umgebung Wiens, VIII. 1884, 33 f.
19. Herbst 1885. IX. 1885, 305 f.
20. Ornithologische Notizen aus dem Süden, X. 1886, 145–150
21. Notiz über Pastor roseus in Niederösterreich. X. 1886, 157

In Cabanis Jahrbuch für Ornithologie

22. 12 Frühlingstage an der mittleren Donau (gemeinsam mit Homeyer und Brehm) 1879, 1–83
23. Ornithologische Beobachtungen in den Auenwäldern bei Wien (gemeinsam mit Brehm), 1879, 97–129
24. Beiträge zum 6. Jahresbericht (1882) des Ausschusses für Beobachtungsstationen der Vögel Deutschlands. 1883, 52–54

In »Hugos Jagdzeitung«

25. Eine Jagd auf Rackelhähne. XXVI. 1883, 225 f.

In Alfred E. Brehm, Illustrirtes Thierleben, Bd. IV. Die Vögel, 1. Bd. Leipzig 1878 (und in späteren Auflagen)

26. Biologische Schilderung des schwarzen Milan, IV. 690–691
27. Biologische Schilderung des Wiesenweihes, IV. 701–704
28. Biologische Schilderung des Rohrweihes. IV. 705–708.

V. Zeitungsartikel

1. Die erzherzoglich Albrechtschen Domänen in Schlesien. Wiener Zeitung. 4. 11. 1877
2. Einige Tage in Korfu und einige Stunden in Albanien. Neue Illustrirte Zeitung 29. 6., 13. 7. und 27. 7. 1884
3. Die Insel Melonta (Besprechung eines utopischen Romans von Lazar von Hellenbach) NWT 14. 8. 1883
4. Der Jubilar vom Hradschin (zum 50jährigen Priesterjubiläum Kardinal Schwarzenbergs) NWT 15. 8. 1883, Leitartikel
5. Notiz über den Besuch der elektrischen Ausstellung NWT 21. 8. 1883
6. Alte Ursachen, neue Folgen (über die ungarisch-kroatische Krise) NWT 28. 8. 1883, Leitartikel
7. Die Wacht an der Leitha (über Liberalismus und Reaktion in Österreich-Ungarn) NWT 19. 1. 1884, Leitartikel
8. Die Kaiserzusammenkunft in Kremsier (geschrieben im August 1885, nicht erschienen)
9. Ein geschriebenes Porträt (Nekrolog für Kaiser Wilhelm I.) WT 11. 3. 1888, Leitartikel

(Diese Artikel liegen im Manuskript vor, wurden von Moriz Szeps mehr oder weniger geändert, da sie für den Druck meist zu aggressiv waren.)

Aus Hinweisen in der Korrespondenz zwischen Rudolf und Szeps ist auf Rudolf als Autor an folgenden Artikeln zu schließen:

1. Der stille Bund (gegen Katholisierungsbestrebungen in Bosnien) NWT 25. 3. 1883 S. 2
2. Die blau-gelb-rote Donau NWT 15. 8. 1883
3. Tausend und ein Tag (zur Elektrischen Ausstellung) NWT 16. 8. 1883
4. Tiszas Erwachen NWT 31. 1. 1883

aus anderen Hinweisen zu erschließen:

5. Nachklänge zum Thema »Drill oder Erziehung?« Armeeblatt 27. 11. 1883 S. 763 f.
6. Wiener Geisterspuk. NFP 10. 1. 1882

Die folgenden Artikel gehen auf Gespräche, Anregungen und Informationen Rudolfs zurück und können als Gemeinschaftsarbeiten Rudolfs und Szeps' angesehen werden:

1. Noble Fenstereinwerfer NWT 18. 3. 1883
2. Das Geheimnis der Wogen NWT 24. 8. 1883
3. Wachsmaske-Meßwechsel NWT 30. 8. 1883 (über den Antisemitismus in Ungarn)
4. Die Geisterfalle NWT 12. 2. 1884 (über die Entlarvung des Mediums Bastian)

5. Die verhüllte Maria Theresia WT 14. 5. 1888 (über die Schönerer-Demonstration)

Die angeführten Zeitungsartikel stellen nur einen kleinen Teil der journalistischen Aktivitäten des Kronprinzen dar. Weitere Artikel – im Wiener Tagblatt, im Pester Lloyd, in Schwarzgelb und anderen Zeitungen – sind wahrscheinlich, aber nach derzeitiger Quellenlage nicht mit Manuskripten zu belegen.

Im Nachlaß des Kronprinzen liegen noch eine Reihe von zum Teil vervielfältigten Manuskripten, so »Das Gefecht von Spichern« (88 S.), »Adlerjagden« (100 S.) und zwanzig Folio-Hefte mit Reiseskizzen, vor allem über Spanien und Siebenbürgen.

Register

Ackermann, Verlag 100
Adler, Dr. Viktor, Führer der österr. Sozialdemokraten 144
Adler-Rudel, S., Schriftsteller 197
Albert, König von Sachsen 339
Albrecht, Erzherzog, Feldmarschall 11, 16, 32, 33, 34f., 39, 45, 46, 50, 60–64, 74, 75, 81f., 86f., 91ff., 98, 127, 137f., 156, 159, 174, 175, 183–187, 190, 212, 219, 242–261, 273, 277, 281ff., 287, 316f., 319, 323, 324–327, 338f., 356f., 358, 424, 494
Alexander III., russ. Zar 1881 bis 1894 287, 296, 307
Alexander, Fürst von Bulgarien 1879–86, Prinz von Battenberg, seit 1888 Graf Hartenau 182, 273f., 290, 292, 295, 298, 303, 305–308, 310, 328f., 341, 441
Alfonso, König von Spanien 212
Andrássy, Gyula, Graf, Minister des Äußeren 1871–79 37, 41f., 44, 45, 59, 265, 268–273, 278f., 281f., 283, 287f., 297, 301ff., 307f., 311, 369ff., 487
Anzengruber, Ludwig 220f., 224
Arneth, Alfred von, Historiker, lib. Politiker 55, 150, 177, 225f., 253, 353
Aschbach, Joseph, Historiker 55
Auchenthaler, Dr. Franz, Leibarzt des Kronprinzen 393, 480f.
Auersperg, Fürst Karlos, Oberst-Landmarschall von Böhmen 170f.
Auguste Viktoria, Gemahlin Wilhelms II. 337
Bach, Alexander Freiherr von, Innenminister 1848–61 204
Bacher, Dr. Eduard, Herausgeber der NFP 220
Badère, franz. Journalist 372
Baltazzi, Alexander Freiherr von 431, 442, 450
Baltazzi, Aristides Freiherr von 431, 442, 450
Bastian, spiritist. Medium 174
Bauer, Ferdinand Freiherr von, Kriegsminister 1888–93 250, 259
Beck, Kammerdiener 442
Beck-Rzikowski, Friedrich Baron, Generalstabschef 1881–1906 36, 74, 85, 246, 250, 252, 254f., 258, 338
Benedek, Ludwig von, Oberkommandierender in Königgrätz 33, 39f.
Benedikt, Moritz, Neurologe 149f., 155, 172, 404
Bernhardine 84f.
Beust, Ferdinand Graf, Ministerpräsident 1867–71 98
Bibl, Viktor, Historiker 470
Billroth, Theodor, Mediziner 118, 172, 215, 217
Bismarck, Herbert Graf, Staatssekretär 204, 328f., 337–340, 344, 359, 368, 369
Bismarck, Otto Fürst von, deutscher Reichskanzler 40f., 89, 187f., 192f., 199f., 201–206, 208, 269, 287f., 294, 298, 301ff., 305–328, 330f., 333f., 337f., 340–355, 357ff., 363–366, 368f., 374f., 378, 380, 382f., 386f., 400, 409, 414, 430, 434, 442, 455, 472, 483f., 484, 486, 492
Bleichröder, Gerson, Berliner Bankier 193

Bombelles, Charles Graf, Obersthofmeister des Kronprinzen 88–91, 106f., 111, 114, 122, 127, 159, 241, 391f., 398f., 420, 422, 458
Boulanger, Georges Ernest, franz. General und Kriegsminister 326, 344, 367, 438, 452, 455, 495
Braganza, Prinz Miguel 431, 444, 469, 471
Bratfisch, Josef, Heurigensänger und Fiaker 419, 426ff., 434, 460f., 463, 465, 468, 470, 473, 475f.
Bratfisch, Frau 428
Braun, Adolf Ritter von, Staatsrat 143
Brehm, Alfred, Zoologe 11, 75, 112–117, 119ff., 124–129, 131, 133, 152, 167, 172, 177, 242, 273, 274, 359, 524
Bresnitz, Philipp Heinrich, Journalist 372ff.
Bresnitz, Heinrich jun., Journalist 386, 404
Broch, Hermann 9
Brown, John, engl. Industrieller 95
Brugsch-Pascha, Heinrich, Ägyptologe 129ff., 172f., 177, 273
Büchner, Georg 221
Buol-Schauenstein, Karl Ferdinand Graf von, Minister des Äußeren 1852–59 204
Buska, Johanna, Burgschauspielerin 107f.
Cambridge, Mary von 98
Canon, Hans, Maler 149, 155, 172ff., 273
Carl Theodor, Herzog in Bayern 159, 165
Carol, König von Rumänien 1881 bis 1914 180
Caspar, Mizzi 335, 419, 422f., 425–431, 454, 456, 459, 471
Cavour, Camillo Graf, Ministerpräsident von Piemont-Sardinien 23
Chambige, Selbstmörder 434
Chanzy, Antoine, franz. General 492
Chlumecky, Johann von, liberaler Politiker 145ff., 150–154, 172, 235, 318, 408
Chotek, Bohuslav Graf von, österr. Gesandter in Brüssel 1872–88 156f.
Clemenceau, Georges, Führer der franz. Radikalen 11, 13, 177, 198–208, 270, 308, 311, 320f., 323, 340, 344, 362, 371, 374
Clemenceau, Paul, Ingenieur 177, 203, 205
Clemenceau, Sophie, geb. Szeps 177, 203, 205
Clothilde, Erzherzogin 156
Coburg, Louise Prinzessin von 109, 111, 156f., 423f., 451f., 489
Coburg, Philip Prinz von 156, 265, 443, 451, 464–478
Cohn d'Abrest, franz. Journalist 371, 404
Coquelin, Constant Benoit, franz. Schauspieler 197
Corti, Egon Caesar Conte, Historiker 11, 430, 458, 470, 487
Coudenhove, Franz Carl Graf 168f.
Crenneville, Franz Graf, Generaladjutant des Kaisers 28
Cumberland, Herzog 319
Darwin, Charles 69, 71, 96
Deák, Franz, ungar. Politiker 41, 269, 270
Décrais, Pierre, franz. Gesandter in Wien 439
Dehn, Paul, Journalist 381f.
Deines, Adolf Graf von, deutscher Militärattaché in Wien 1886–93 386f.
Döllinger, Ignaz, Theologe 58
Drumont, Edouard, franz. Schriftsteller 397ff., 409
Dubray, Lehrer Mary Vetseras 432, 434f., 469

Dumba, Nikolaus, Industrieller 227, 230f., 253
Eduard VII., König von England 1901–1910 97f., 207, 271, 273, 329, 332, 340, 360f., 362ff., 411
Elisabeth, Kaiserin 15–54, 59, 74, 82f., 84, 86f., 97, 103f., 109, 117, 155, 159f., 162–165, 174, 273, 280, 322f., 366, 399, 406, 410, 414ff., 434f., 437, 444, 448f., 458, 463, 466, 469ff., 478, 486ff.
Elisabeth (Erzsi), Erzherzogin, in erster Ehe verh. Fürstin Windischgrätz, in zweiter Ehe verh. Petznek 10, 174, 213, 231, 391, 424, 458, 462f., 470, 484
Ernst, Erzherzog 33
Eschenbacher, Joseph Ritter von, Flügeladjutant des Kronprinzen 83
Esterházy, Gräfin Sophie 26
Etienne, Michael, Chefredakteur der NFP 140
Eugen, Prinz von Savoyen 50, 254
Eulenburg-Hertefeld, Philip Graf zu, deutscher Diplomat 493
Exner, Adolf, Staatsrechtler, Lehrer des Kronprinzen 75ff., 86, 425
Exner, Wilhelm, Technologe u. liberaler Politiker 236f.
Falk, Max, Chefredakteur des Pester Lloyd 43, 268ff., 308, 359f., 371, 374, 378, 380, 404, 490f.
Ferdinand I., Kaiser 1835–48 19, 20, 108, 280, 282
Ferdinand, Großherzog von Toskana 129, 227
Ferdinand, Fürst (ab 1908 König) von Bulgarien 348
Ferenczy, Ida 470, 487
Festetics, Marie Gräfin, Hofdame der Kaiserin 52, 108, 110, 159, 163, 170f., 416, 437, 457, 480
Festetics, Tassilo Graf 425
Ficker, Julius von, Historiker 58
Fillon, franz. Journalist 371
Finsch, Otto, Ornithologe 134, 214
Fischhof, Adolf, Politiker u. Schriftsteller 68, 140, 149f., 277, 286
Frankfurter, Gusti 422f.
Franz I. (II.), Kaiser 1792–1835 19, 354, 489
Franz Carl, Erzherzog, Großvater des Kronprinzen 20
Franz Ferdinand, Erzherzog 11, 47, 85, 120, 236, 250f., 280, 282, 396, 422, 426, 428, 494
Franz Joseph I., Kaiser 1848 bis 1916 15–54, 64f., 72ff., 77, 81 bis 84, 86, 88, 91, 103, 106, 109f., 120, 122, 130f., 139, 142f., 145f., 154, 159f., 163, 171, 176, 177, 178, 182f., 187f., 190f., 196, 209, 216, 218, 222, 224, 232f., 235ff., 239f., 245, 249f., 252f., 255, 257f., 260, 262, 265f., 269–272, 275f., 279 bis 282, 285, 292f., 297, 302, 305, 339, 345–358, 362, 364–371, 375, 379, 381, 385, 389ff., 404f., 410, 416, 425, 430, 433, 437f., 439f., 442ff., 448f., 452f., 458f., 463, 465f., 469ff., 474, 478ff., 482–488, 490, 495, 520
Franz Salvator, Erzherzog 467
Franzos, Carl Emil, Schriftsteller 218 bis 223, 404
Franzos, Ottilie 221f.
Friedjung, Heinrich, Historiker 12, 150, 416
Friedrich II., König von Preußen 1740–86 60, 62, 353
Friedrich III., deutscher Kaiser 1888 28, 87, 104, 207, 269, 273, 306f., 315, 328, 330ff., 336f., 339–344, 348f., 353, 360f., 399, 430, 442, 492, 495
Friedrich, Erzherzog 47, 422f., 520

Friedrich Karl, Prinz von Preußen 361
Friedrich Wilhelm IV., König von Preußen 1840–61 82
Frischauer, Berthold, Journalist 101, 103, 191f., 237, 264, 295, 320, 364, 367, 371, 399, 404, 407, 417, 441, 455, 487
Frossard, Charles, franz. General 242
Fugger, Nora Fürstin 459
Fürstenberg, Therese Landgräfin 51
Futtaki, Gyula, ung. Journalist 264f., 268ff., 283, 320f., 371, 374, 404, 417, 486
Gablenz, Anton von, großherzogl. sächs. Kammerherr 37
Gambetta, Léon, franz. Staatsmann 177, 183, 199, 373, 492
Ganglbauer, Cölestin, Fürsterzbischof von Wien 1881–89 167, 217, 234
Gemmingen, Otto Freiherr von, militär. Lehrer des Kronprinzen 83
Giesl-Gieslingen, Arthur Freiherr von, Ordonnanzoffizier beim Kronprinzen 481f.
Gindely, Anton, Historiker 11, 65 bis 68, 135, 147–150, 172, 178, 197
Girtanner, Dr. Georg Albert, Zoologe 214, 441
Gisela, Erzherzogin, Schwester des Kronprinzen 23, 27f., 37f., 48, 50, 85, 104, 114, 458
Goblet, René, franz. Außenminister 1888/89 208, 362
Goethe, Johann Wolfgang v. 58, 415
Gondrecourt, Leopold Graf, erster Erzieher des Kronprinzen 27–30, 32f., 39, 46, 51, 86, 89, 483
Gorup, Ferdinand Baron, Polizeibeamter 471f.
Grün, Dionysius, Geograph, Lehrer des Kronprinzen 67f., 149, 172
Gründorf von Zebegény, Wilhelm, Generalstäbler 357
Grünewald, militär. Lehrer des Kronprinzen 83
Gurko, Madame 374f., 378
Habsburg-Lothringen, Otto 11
Hamerling, Robert, Schriftsteller 224
Hamilton, Mary Lady 425
Hanslick, Eduard, Musikkritiker der NFP 226, 230f., 489
Hattala, Martin, Slawist 136
Heine, Heinrich 174, 399, 406, 414ff.
Helfert, Alexander von, Geograph u. Politiker 135f.
Hentzi von Arthurm, Heinrich, General 255f.
Herbst, Eduard, liberaler Politiker 151
Hertzka, Theodor 149
Herz, Cornelius, franz. »Elektriker« 258
Hinzpeter, Georg, Erzieher Wilhelms II. 28
Hirsch, Clara Baronin 458
Hirsch, Moritz Baron, Bankier 193 bis 197, 221, 289, 320, 373, 404, 411f., 417, 426, 456, 459, 471, 486, 493
Hitler, Adolf 11
Hochstetter, Arthur Freiherr von, Univ.-Prof. 11
Hochstetter, Ferdinand, Geologe, Lehrer des Kronprinzen 11, 71f., 74f., 94, 112
Hodek, Eduard, Präparator u. Ornithologe 114
Hohenberg, Fürst Albrecht 11
Holstein, Friedrich Baron von, Vortragender Rat im Auswärtigen Amt Berlin 1876–1906 65, 302f., 306, 323, 332, 338, 340, 368, 493
Holub, Emil, Forschungsreisender 75
Homeyer, Eugen von, Ornithologe 113f., 133f., 172, 214, 524
Homolatsch, Anna 401, 429

Hotze, Friedrich, Feldmarschalleutnant 243
Hoyos, Joseph Graf 284, 420, 446, 452f., 459, 462, 464–479
Hügel, Eduard, Chefredakteur der Vorstadtzeitung 220
Hugo, Victor 13
Humboldt, Alexander von 58, 82
Isabella, Erzherzogin 423
Jirecek, Hermenegild, Slawist, Lehrer des Kronprinzen 135, 149
Johann, Erzherzog, Reichsverweser 272
Johann Salvator, Erzherzog (Johann Orth) 47, 174, 227f., 245, 247ff., 258, 279f., 310f., 448f., 494, 503
Jokai, Maurus, ung. Dichter 230–233
de Jonghe-Ardoye, Gattin des belgischen Botschafters in Wien 210f., 420
Josef, Erzherzog 37, 156
Joseph I., Kaiser 1705–11 254
Joseph II., Kaiser 1765–90 19, 60 bis 65, 87, 104f., 155, 273
Kallay, Benjamin, ung. Politiker 302
Kalnoky, Gustav Graf, Außenminister 1881–95 151, 180, 182, 195, 236, 259, 290f., 294–302, 306–312, 315f., 319f., 324ff., 330, 332, 346, 353, 356ff., 362, 371, 407, 425
Karl I., Kaiser 1916–18 396
Karl VI., Kaiser 1711–40 124
Karl Ludwig, Erzherzog 85f., 88, 216f., 252f., 458
Karolyi, Pista (Stephan) Graf 283f., 439, 462, 467, 473
Kaunitz, Wenzel Graf, Staatskanzler 1753–92 344, 408
Keller, Gottfried 76
Keller, Gustav, Jurist u. Lehrer des Kronprinzen 96
Kerchnawe, Hugo, militär. Lehrer des Kronprinzen 83
Khevenhüller-Metsch, Fürst Franz Carl 11, 103, 162, 173f., 252, 359f.
Khevenhüller-Metsch, Rudolf Graf, Gesandter in Belgrad 1881–86, in Brüssel 1888–1902 290, 294f., 298f., 301, 303f., 309, 425
Klapka, Georg, ung. Revolutionsgeneral 1848/49 41
Koller, Alexander Baron, General 464f., 473
Kornhäusel, Josef, Architekt 698
Kossuth, Ludwig, ung. Revolutionär 279, 282
Kraus, Alfred Ritter von, Leiter der Statthalterei in Böhmen 170, 233f.
Kraus, Anton, Militär. Lehrer des Kronprinzen 83
Kraus, Friedrich, Volksliedforscher 404
Krauss, Franz Freiherr von, Polizeipräsident von Wien 461, 466
Krist, Josef, Lehrer des Kronprinzen 69ff., 72, 225
Kuhn von Kuhnenfeld, Baron Franz, General, österr. Kriegsminister 1868–74 11, 356–359, 373
Kuranda, Annie 411, 422f., 429
Kuranda, Emil, Industrieller 404, 422f.
Kutschker, Johann, Fürsterzbischof von Wien 1876–81 167f., 217
Lamsdorf, Vladimir Graf, russ. Außenminister 1900–1906 366, 439f., 442
Lanyi, Dr. Johann, Stabsarzt 393
Larisch, Marie Gräfin, geb. Wallersee 97, 162, 279f., 285, 322, 431–435, 443–451, 456–461, 466, 471, 487, 494, 502
Lassalle, Ferdinand 172
Latour von Thurmburg, Joseph, Erzieher des Kronprinzen 32f.

35 f., 38 ff., 46, 48 f., 51, 53 f., 56, 69, 70, 74, 84, 86 f., 90 f., 97, 122, 131, 133, 139, 142 f., 150 f., 160, 165 f., 199, 240, 242, 244, 250, 278, 295, 297, 345, 458, 483
Leitenberger, Friedrich Baron, Industrieller 191 ff.
Leopold II., Kaiser 1790–92 19
Leopold II., König d. Belgier 156 bis 161
Leopold, Prinz von Bayern 104, 114, 116, 121, 458
Lessing, Gotthold Ephraim 161
Liechtenstein, Alfred Fürst 154, 265, 409, 417
Liechtenstein, Alois Fürst 151, 154, 265 f., 399, 409, 411, 417
Liechtenstein, Rudolf Prinz 24
Lister, engl. Industrieller 95
Lonyay s. Stephanie
Lorenz, Ottokar, Historiker 55
Loschek, Johann, Kammerdiener des Kronprinzen 390, 455 f., 463 f., 470 f., 473–478
Louis Philippe, franz. König 1830 bis 1848 57, 165, 234
Lucius von Ballhausen, Robert Freiherr von 327
Ludwig II., König von Bayern 1864–86 104 ff., 174, 492
Ludwig, Herzog in Bayern 322 f., 434
Lueger, Dr. Karl, Führer der Christlichsozialen 144, 408 f., 413
Lützow, Heinrich Graf von 159, 162
Maaßen, Friedrich Bernhard, Kanonist 386
Mailly, Mayerling-Forscher 469
Mainx, Felix, Univ.-Prof. 520 f.
Makart, Hans, Maler 118, 173, 209
Maria, Königin von Sachsen 35
Maria, Königin von Neapel 97
Maria Theresia, Kaiserin 19, 64, 105, 353 f., 408 ff.
Maria Theresia, Erzherzogin, geb. Prinzessin von Braganza 85, 110, 165, 225
Marie Henriette, Königin der Belgier 156–161
Marie José, Herzogin in Bayern 165
Mariette, Auguste, Ägyptologe 129
Marno, Ernst, Forschungsreisender 75
Mauthner, Eduard, Schriftsteller 220
Max, Herzog in Bayern, Großvater des Kronprinzen 21 f., 117 f.
Maximilian, Erzherzog, Kaiser von Mexiko 1864–67 16, 38, 88, 94, 117, 122, 224, 236, 445
Mayer, Albert, Oberstleutnant 450, 455 f.
Mayer, A. B., Ornithologe 134, 214
Mayer, Dr. Laurenz, Hofburgpfarrer 129
Meissner, Dr. Florian, Advokat u. Polizeiagent 402, 428 ff., 454
Menger, Carl, Nationalökonom, Lehrer des Kronprinzen 77–81, 86, 91 ff., 95, 97–103, 105, 108, 172–178, 246, 396, 402, 523
Meran, Franz Graf 253
Metternich, Clemens Fürst, Staatskanzler 1821–48 20, 58, 223
Metternich, Pauline Fürstin 216
Metternich, Richard Fürst 452
Meyer, Rudolf, Chefredakteur des Vaterland 417
Middleton, Captain Bay 97
Milan Obrenovic, Fürst, später König von Serbien 1868–89 181 f., 290 f., 293, 295 ff., 300, 303, 308
Miller, Theresa, Hebamme 445 ff.
Mitis, Oskar Freiherr von, Historiker 10, 179
Moltke, Helmuth Graf von 326, 338, 340, 378
Montesquieu, Charles Baron de 61

Monts, Anton Graf, deutscher Diplomat 383, 484
Morpurgo, Giuseppe Freiherr von, Bankier 172
Mundy, Jaromir Freiherr von, Philanthrop 215, 218
Napoleon I., Kaiser der Franzosen 1804–14/15 57, 350, 431
Napoleon III., Kaiser der Franzosen 1852–70 23, 204
Nathalie, Königin von Serbien 300
Nehammer, Karl, Kammerdiener des Kronprinzen 205
Nestroy, Johann 17
Neuwirth, Josef, lib. Politiker 151, 236f.
Nikolaus I., Zar 1825–55 287
Otto, Erzherzog 47, 85, 396f.
Paar, Eduard Graf, Generaladjutant 473
Paget, Lady Walpurga, Gattin des brit. Botschafters in Wien 439, 452
Pálffy von Erdöd, Moritz Graf 36
Paulus, franz. Volkssänger 452
Payer, Julius von, Forschungsreisender 75
Pernerstorfer, Engelbert, deutschnationaler, später sozialdemokrat. Politiker 144, 149, 395–398, 402
Peter I., Zar 87
Petznek s. Elisabeth, Erzherzogin
Philippovich, Joseph von, General 240f., 243, 245
Philipps, George P., Historiker 654
Planitz, Ernst Edler von der, Mayerling-Forscher 436, 469
Planker-Klaps, Sophie, Kammerfrau der Kronprinzessin 442, 462f.
Plener, Ernst von, liberaler Politiker 145f., 151, 172, 231
Plener, Ignaz von 145
Polzer, Wilhelm, Schriftsteller 471f.
Popp, Leonidas, General 255
Possega, Martin, Leiblakai 31
Preschel, Johann, Erfinder des Zündhölzchens 210
Pribram, Ludwig Ritter von 88
Püchel, Rudolf, Hofjäger 455, 461ff., 466
Quirin von Leitner 253
Radde, Dr. Gustav, Ornithologe 214
Radetzky, Joseph Graf, Feldmarschall 32
Radolin-Radolinski, Hugo Graf, Hofmarschall des deutschen Kronprinzen Friedrich Wilhelm 598
Radziwill, Catherine Prinzessin 157
Rainer, Erzherzog 34
Ratschek, Karl, Unterförster 463, 465, 476
Rauscher, Othmar Ritter von, Fürsterzbischof von Wien 1853–75 17, 168
Reuß, Heinrich VII. Prinz, deutscher Botschafter in Wien 1878 bis 1894 144f., 188, 203f., 282, 294, 298, 301f., 311, 323f., 327, 362, 364, 368, 383, 402, 430, 442, 452f., 455, 471, 484, 486f.
Rheinländer, militär. Lehrer des Kronprinzen 83
Richter, Eugen, deutscher liberaler Politiker 269, 333, 396
Rieger, Dr. Franz, Führer der Alttschechen 136, 140, 146, 148f., 375
Ringel, Erwin, Mediziner 482f.
Ristic, Jovan, Führer der liberalen, russenfreundlichen Partei in Serbien, Regent 300
Rónay, Hyazinth, Titularbischof, Lehrer des Kronprinzen 59ff., 63, 65, 273
Rosegger, Peter 223f.
Rößler, militär. Lehrer des Kronprinzen 83
Rothschild, Bankhaus 406

Rottenburg, Franz von, Chef der Reichskanzlei 1881–90 364
Salburg, Edith Gräfin, Schriftstellerin 107, 424
Salisbury, Robert Cecil Marquess of, engl. Premierminister 1885–92 330
Salt, engl. Industrieller 95
Scherzer, Karl Ritter von 94 ff.
Schiller, Friedrich von 58
Schmerling, Anton von, liberaler Politiker 56
Schnitzler, Arthur 420
Schönborn-Buchheim, Franz Graf, Fürsterzbischof von Prag 462
Schönerer, Georg Ritter von, Führer der Alldeutschen 9 ff., 144, 190 f., 200, 223, 227, 321, 352, 362, 378, 397, 405–412, 414 f., 417, 492 f.
Schopenhauer, Arthur 431
Schratt, Katharina 485
Schulte, Johann Friedrich von, Theologe 167
Schwarzenberg, Friedrich Prinz zu, Fürsterzbischof von Prag 127, 150, 154, 163, 166 ff., 174, 265, 266
de Serres, Auguste, Eisenbahnbaudirektor 372 f.
Sexau, Richard, Historiker 459
Sickel, Theodor von, Historiker 55
Singer, Edmund 149
Skobeleff, Michail Dimitriewitsch, russ. General 492
Skrejsowsky, Johann, tschech. Journalist 136
Slatin, Heinrich von, Sekretär im Obersthofmarschallamt 421, 470 f., 473, 480 f.
Somsics (oder Socupis), Ella 400 f.
Sonnenfels, Joseph von 78
Sonnenthal, Adolf von, Burgschauspieler 197
Sophie, Erzherzogin, Großmutter des Kronprinzen 20–24, 26 f., 29, 32, 35, 37, 40, 43, 45, 47, 49, 51, 54, 58, 143
Sophie, Erzherzogin, Schwester des Kronprinzen 21
Spiegl, Edgar, Journalist 119
Spindler, Heinrich Ritter von, Leiter des kronprinzl. Sekretariates 122 f., 390 f., 458
Stambulow, bulgar. Ministerpräsident 1887–94 306
Steininger, Karl Freiherr von, Militärbevollmächtigter in Berlin 336 f., 429
Stephanie, Kronprinzessin, geb. Prinzessin von Belgien, wiederverheiratete Fürstin von Lonyay 10 f., 111, 145, 156–166, 174, 250, 260 f., 270 f., 285, 292, 333 ff., 335, 363, 389–392, 397 f., 407 f., 418–429, 437 f., 444, 448, 451 ff., 456 ff., 462 f., 465 ff., 470 f., 475, 484, 488 f.
Stern, Lina 398 f.
Stöcker, Adolf, Hofprediger in Berlin 1874–90 269
Stockhausen, Juliana Gräfin von (Gatterburg) 425 f.
Strauß, Eduard, Hofballmusikdirektor 162, 188
Strauß, Johann 160
Strauß, Josef 17
Sueß, Eduard, Geologe u. liberaler Politiker 150 f., 413 f.
Sybel, Heinrich von, Historiker 58
Szeps, Moriz, Chefredakteur des NWT, ab 1886 des WT 11, 18, 24, 78, 102, 127, 147, 149, 152, 154, 161, 167–171, 175–208, 211 f., 213, 220, 228, 237 f., 246, 251, 254 f., 258, 263 ff., 268, 270, 281–284, 288 ff., 290, 296 ff., 303, 305–308, 311, 315–318, 320 f., 326, 333, 339 ff., 344, 359, 360, 362, 367, 371–375,

378, 382f., 386f., 393, 397, 399f., 402, 404ff., 411, 415–418, 441, 454f., 486
Szögyenyi-Marich, Ladislaus Graf, erster Sektionschef im Ministerium des Äußeren 1883–92 192, 232, 295, 298, 319ff., 356, 392, 440, 442, 456–459, 470, 485f., 520
Taaffe, Eduard Graf, Ministerpräsident u. Innenminister 1879–93, 139–142, 150–154, 166, 175–178, 182f., 188, 191, 195, 209, 211f., 216ff., 219, 231, 233f., 236f., 245, 254f., 263f., 267f., 270, 274, 318, 321, 346, 363f., 368, 410f., 429, 520
Tatistschew, russ. Journalist 370f.
Tegetthoff, Wilhelm von 38
Teleki, Samuel Graf 276, 285
Tilgner, Viktor, Bildhauer 452
Tisza, Koloman Graf, ung. Ministerpräsident 263–267, 279, 281, 283f., 359, 363, 439
Udel, Musiker 425
Valerie, Erzherzogin, Schwester des Kronprinzen 23, 50, 82f., 86, 165, 404f., 416, 456, 458f., 467, 471, 479, 487f.
Vergani, Journalist 194, 412
Vetsera, Helene Baronin 109f., 431–436, 443ff., 459, 468, 470, 473, 478
Vetsera, Franz Baron 469
Vetsera, Hanna Baronesse 468f.
Vetsera, Mary Baronesse 109f., 418, 423, 425, 429–436, 442–453, 456–461, 463, 466–482, 494f.
Victoria, Königin von Großbritannien u. Irland 1837–1901 97f., 328 bis 332, 442
Viktoria, Gemahlin Friedrichs III. 156, 306, 315, 328–332, 334, 337, 442
Viktoria, Prinzessin von Preußen 328
Vodicka, Leibjäger des Kronprinzen 455, 475
Vogelsang, Carl (Baron), Gründer der Christlichsozialen Partei 190, 272, 386f., 413, 492
Wagner, Carl, militär. Lehrer des Kronprinzen 83
Wagner, Richard 105, 177, 180
Waldersee, Alfred Graf von, Chef des deutschen Generalstabes 1888–91 306, 325f., 338, 340, 365, 367ff.
Walterskirchen, Max Graf von 108
Walterskirchen, Robert von 149
Wedel, Carl Graf, deutscher Militärattaché in Wien 1877–87 65, 201ff., 204, 309f., 369
Wehselitzki (»Argus«), Journalist 220, 369ff., 373, 378
Weilen, Joseph Ritter von, Schriftsteller 220, 230f., 234f., 404, 441
Wekerle, Alexander, ung. Politiker 230f.
Welden, Karoline Freifrau von (Wowo), Aja des Kronprinzen 19f., 28, 31, 458
Welden, Ludwig Baron von, Feldzeugmeister 19
Wenzel, König von Böhmen 166
Weyprecht, Carl Forschungsreisender 75
Widerhofer, Dr. Hermann, kaiserl. Leibarzt 393, 478–481, 485
Wilczek, Hanns Graf 38f., 121, 123ff., 127, 158, 172, 211, 215, 218, 226, 230, 253
Wilhelm I., Deutscher Kaiser 1871–88 34, 45f., 87, 104, 202, 271, 307, 313, 317, 324, 330f., 333, 337, 340ff., 348, 361, 406f., 409
Wilhelm II., Deutscher Kaiser 1888–1918 10, 19, 28, 57, 65, 86, 100, 195, 207, 262, 268f., 289, 315,

321, 328–337, 340–344, 348 f., 353, 359–369, 375, 381, 384, 386 ff., 394, 398–402, 414 f., 429 f., 439 f., 451 ff., 483, 485 f., 491 ff.
Wilhelm, Erzherzog 37, 49 f., 253
Windthorst, Ludwig, Führer des deutschen Zentrums 309
Wolf, Kupplerin 335 ff., 426, 428 f.
Wretschko, Matthias, Botaniker, Lehrer des Kronprinzen 69, 72
Zeißberg, Heinrich Ritter von, Historiker 55
Zhisman, Joseph, Kirchenrechtler u. Lehrer des Kronprinzen 11, 47 f., 51, 55–59, 149, 178, 186, 273
Zuckerkandl, Berta, geb. Szeps 11, 201, 454
Zuckerkandl, Emil, Anatom 404, 418
Zwerger, Alois, Schloßwart in Mayerling 472

Nachweis der Abbildungen

ÖNB Porträtsammlung (25 Abb.)
ÖNB Handschriftensammlung (3 Abb.)
ÖNB zeitgenössische Zeitungen (6 Abb.)
HHStA. (1 Abb.)